十三經注疏

注 王弼·韓康伯 疏 孔穎達

책임번역 成百曉 공동번역 申相厚

譯註 周易正義 4

주역정의 附 索引

전통문화연구회

東洋古典現代化와 十三經注疏 譯註

본회가 東洋古典의 飜譯과 教育, 情報化 등 古典現代化 사업을 시작한 지 어느덧 25년이 되었다. 그간 우리나라의 고전국역 상황을 보면, 東洋古典에 대한 번역문제는 1960년 중반에 한국고전번역을 정부에서 추진하면서 우선 四書五經 등 기본고전을 모범 번역하자는 논의가 있었지만 우리 고전이 아니라고 무산되었다.

1980년대에 韓國學 연구와 한국고전번역의 先決課題는 물론, 國際政治 관계나 經濟상의 이유로도 필요하다는 논의가 제기되었다. 그 후 1988년 본회가 발족하면서 東洋古典 번역을 착수하여, 1990년대 말경 본회에서 소위 '新注'의 四書三經을 註까지 懸吐完譯함으로써 東洋學과 韓國學徒들의 袖珍本이 되고 教育界와 文化界까지 파급되었다.

그 후 본회 창립 20주년이 되면서 다시 대화의 과제와 목표를 논의하면서, 단순한 韓國學의 선결과제를 넘어 東洋文化에 대한 源泉的이며 體系的인 檢討의 필요성이 대두되었으니, 이제 우리는 東洋文化의 先導的 역할을 담당할 준비를 갖추고 21세기에 先進文化强國 건설로 새 歷史를 이루자는 것이었다.

일반적으로 十三經은 核心的 儒家經典의 總稱이지만, 이는 東洋文化의 뿌리라 하겠다. 우리 역사상으로 十三經은 저 멀리 삼국시대에 이미 高句麗의 太學에서 기본 교과로 채택하였고, 百濟에서는 五經博士 制度를 두었고, 新羅 薛聰은 九經을 方言으로 읽었고, 高麗에서는 國子監이나 九齋學堂에서 교육하였으며, 朝鮮朝 成均館과 鄕校, 書堂과 書院에서는 四書五經 등을 교육하여 人材 등용과 국가정책에 절대적 영향을 끼쳤다.

이 十三經의 代表的 註釋書는 漢・唐 시기의 '古注'라 일컬어지는 十三經注疏와, 그 후 宋代의 朱子的 世界觀이 반영된 '集註'와 '集傳' 등의 '新注'가 두 개의 軸이라 할 수 있다.

그런데 우리는 조선조에서부터 朱子學 일변도의 學風으로 경도되어, 그 偏向性이 오늘에까지 이르렀음은 심히 不幸이라 하겠다. 中國에서는 明・淸 시기에 訓詁學, 考證學이라는 學風이 일어 十三經注疏가 經學研究의 標準이 되었고, 日本에서는 反朱子的 見解와 陽明學의 영향을 받아 明治維新 때 이미 漢文大系 등의 古典整理 사업으로 '古注' 연구가

一般化된 사실을 간과해서는 안 되겠다.

이에 東洋文化의 核心이라 할 수 있는 十三經注疏를 譯註하고, 이를 통해 우리 文化의 傳統에 대해 體系的으로 이해하고 復元함으로써, 그간 편협했던 학술 風土를 넘어 多樣性과 客觀性을 모색하고, 아울러 古典現代化의 水準을 높이고 融合的이고 自生的인 韓國學을 진작시켜야 할 것이다.

오늘날 중국과 일본에서 번역하지 못한 십삼경주소를 본회에서 130여 책으로 10년 안에 完譯하고, 이와 이울러 韓中日 三國의 東洋古典語彙 情報網을 구축함으로써, 우리의 東洋學과 韓國學 연구에 礎石과 架橋가 되어 우리나라가 先進文化强國으로 昇華되고 世界文化 발전에까지 기여하기를 기대한다.

이 十三經注疏의 번역은 三經과 三禮와 春秋三傳과 ≪論語≫, ≪孟子≫, ≪孝經≫, ≪爾雅≫ 등의 十三經을 經은 물론이요 注와 疏까지 譯註하는 것으로, 原典의 傳統性과 번역의 現代性을 기본으로 하여 漢學元老와 新進學者의 協同研究飜譯으로 추진하고자 한다.

또한 註釋은 宋代의 소위 '新注'와 비교하고, 明淸代의 注와 韓國 先賢의 注와 見解, 그리고 日本의 注를 가급적 반영하며, 深度 있는 研究解題를 하기로 하였다. 한편 古典의 우리식 讀解文法인 懸吐를 經과 注에 달고 방대한 疏에는 편의상 構文을 이해할 수 있는 標點을 달며, 經·注·疏 전체에 대한 內容索引을 할 계획이다.

끝으로 오랫동안 飜譯과 校閱에 종사하여 오신 元老漢學者와 10여 년 이상 漢學을 연수한 新進學者로서, 이 십삼경주소의 연구번역에 참여하여 難解한 注疏의 譯註에 헌신하시는 모든 분들께 무한한 감사를 드린다.

또한 고전현대화에 대한 政府의 지대한 關心과 支援에 감사를 드리며, 그간 직간접으로 지도편달하여 주신 학계와 교육계 및 문화계 인사 여러분께 심심한 謝意를 표하며, 앞으로도 따뜻한 관심과 엄정한 叱正을 부탁드리며 내내 평강과 행복을 기원한다.

社團法人 傳統文化研究會 會長 李啓晃

凡 例

1. 본서는 十三經注疏 중 ≪譯註 周易正義≫의 제4책이다.
2. 본서의 底本은 阮元 校刻本 ≪周易正義≫(淸 嘉慶 21년(1816) 阮元 校刻 十三經注疏, 中華書局, 2009, 이하 '阮刻本'으로 약칭)로 하되, 北京大 整理本 ≪周易正義≫(十三經注疏整理委員會 整理, 北京大學出版社, 2000, 이하 '北京大本'으로 약칭)를 참고하였다.
3. 본서의 書名은 底本인 阮刻本의 〈重刻宋板注疏總目錄〉에는 '周易正義'로, 卷次名에는 '周易兼義'로 되어 있다. 그런데 阮刻本의 〈重刻宋板注疏總目錄〉과 ≪四庫全書總目提要≫ 등에는 '周易正義'로 되어 있고, 국내외 학자들의 견해도 '周易正義'가 적정하다고 밝히고 있어, 본서의 書名은 '周易正義'로 하고, 卷次名은 저본대로 '周易兼義'로 하였다. 그리고 '兼義'라는 명칭에 대해서는 ≪四庫全書總目提要≫에서도 그 이유를 알 수 없다 했고, 이를 밝혀낸 현대의 연구도 없다.
4. 본서는 원전의 傳統性과 번역의 現代性을 구현하기 위해 노력하였다.
5. 原文의 經과 注는 우리나라 전통 방식으로 懸吐하였다. 전통적으로 懸吐는 經에만 하고 小註나 疏에는 하지 않았으며, 또한 疏는 經과 注의 字句 해석이 중심이므로, 본서에서도 간략하게 標點만 하였다.
6. 原文은 저본의 體制에 따라 經, 注, 疏를 구분하고, 經은 大字로 표기하고, 注와 疏는 【注】와 【疏】로 표시하여 구분하였다.
7. 原文의 分節은, 經과 注는 저본의 분절을 따르고, 疏는 단락이 길 경우 의미 단락에 따라 역자 재량으로 분절하였다.
8. 저본의 反切 注는 생략하되, 문맥을 이해하기 위해 필요한 경우에만 살리고, 讀音이 특수하거나 僻字인 경우에는 (　) 속에 한글로 音을 달아주었다.
9. 疏에서 설명 대상으로 인용한 經과 注의 단어나 구절은 번역하지 않고 원문 그대로 〔　〕 속에 넣어주었다.

   예 〔飛龍在天 上治〕 聖人이 윗자리에 거하여 다스림을 말한 것이다.

10. 飜譯은 原義에 충실하게 하되, 이해가 어려운 부분은 意譯 또는 補充譯을 하였다.
11. 飜譯文은 한글과 漢字를 混用하였으며, 맞춤법과 띄어쓰기는 한글 맞춤법과 표준어 규정을 따르는 것을 원칙으로 하였다.
12. 譯註는 校勘, 人物, 制度, 官職, 역사적 사건, 인용문의 出典, 異說, 故事, 전문용어, 難解語 등에 관한 사항을 밝혔다.
13. 校勘은 원문의 誤字, 脫字, 衍字, 倒文 등을 대상으로 하였다.
14. 校勘은 저본인 阮刻本의 校勘記 중 꼭 필요한 것만 선택하여 譯註에 반영하였다. 그 외에도 北京大本을 비롯한 여러 原典 자료를 참고하였으며, 이를 譯註에 밝혔다.
15. 阮刻本에서 校勘에 참고한 書目의 略稱은 다음과 같으며, 본서의 校勘註에도 약칭으로 표기하였다.
   - 古本 : 唐나라 이전 本으로 日本 足利學校에 所藏된 書寫本
   - 石經 : 唐나라 開成(836~840) 연간의 石刻本
   - 十行本 : 南宋(1127~1279) 시기 刊行本
   - 宋本 : 南宋 紹興(1131~1162) 연간의 石刻本으로 日本 足利學校 所藏本
   - 毛本 : 明나라 崇禎(1628~1644) 연간 毛晉의 汲古閣 校刊本
   - 閩本 : 明나라 嘉靖(1522~1566) 연간 閩中禦史 李元陽의 校刊本
   - 監本 : 明나라 萬曆(1573~1620) 연간 閩本의 重刻本
   - 岳本 : 廖氏의 世綵堂本에 대한 岳珂(1183~1243)의 校勘本
   - 錢本 : 明나라 錢孫保의 校本을 淸나라 盧文弨(1717~1795)가 傳校한 本
   - 錢交本 : 淸나라 錢曾(1629~1701)의 校勘本
   - 足利本 : 日本 足利學校 所藏本
   - 釋文 : 唐나라 陸德明(?~630)의 ≪經傳釋文≫
16. 본서의 校勘에 사용된 符號는 다음과 같다.
   ( )〔 〕: (저본의 誤字)〔교감한 正字〕
   〔 〕: 저본의 脫字 보충
   ( ) : 저본의 衍字
17. 본서에 사용된 주요 符號는 다음과 같다.
   " " : 對話, 각종 引用
   ' ' : " " 안에서 再引用, 强調
   「 」: ' ' 안에서 再引用, 强調

( ) : 원문에서는 讀音이 특수한 글자나 僻字의 音
번역문에서는 간단한 譯註

〔 〕: 번역문과 뜻은 같으나 音이 다른 漢字나 句節, 譯註에서 인용한 原文
疏에서 설명 대상으로 제시한 經이나 注의 단어나 구절

≪ ≫ : 書名이나 典據

〈 〉: 篇章名, 作品名, 補充譯

【 】: 注와 疏의 표시

○ : 저본에 사용된 단락 구분 표시 遵用

18. 본서의 疏에 사용한 標點은, 中國의 출판본에 이미 상세 표점이 되어 있으므로, 한국에서 재래로 사용해오던 표점방식을 보완하여, 文理의 이해를 돕는 정도로 간략히 하였다. 본서에 사용된 標點은 다음과 같다.

. : 문장의 종결

, : 한 문장 안에서 句나 節의 구분이 필요한 곳

· : 대등한 명사나 구절의 병렬

" " : 對話, 각종 引用

' ' : " " 안에서 再引用, 强調

「 」: ' ' 안에서 再引用, 强調

: : 疏 내용을 포괄하는 '正義曰' 뒤에 사용

參考文獻

◇ 底本 및 주요 참고도서

- ≪周易正義≫, 阮元(淸) 校刻, 十三經注疏(淸 嘉慶刊本), 中華書局, 2009.
- ≪周易正義≫, 十三經注疏整理委員會 整理, 北京大學出版社, 2000.
- ≪宋本周易注疏≫, 影印本, 中華書局, 1988.

◇ 十三經注疏

- ≪論語注疏≫, 阮元(淸) 校刻, 十三經注疏(淸 嘉慶刊本), 中華書局, 2009.
- ≪孟子注疏≫, 阮元(淸) 校刻, 十三經注疏(淸 嘉慶刊本), 中華書局, 2009.
- ≪毛詩正義≫, 阮元(淸) 校刻, 十三經注疏(淸 嘉慶刊本), 中華書局, 2009.
- ≪尙書正義≫, 阮元(淸) 校刻, 十三經注疏(淸 嘉慶刊本), 中華書局, 2009.
- ≪禮記正義≫, 阮元(淸) 校刻, 十三經注疏(淸 嘉慶刊本), 中華書局, 2009.
- ≪儀禮注疏≫, 阮元(淸) 校刻, 十三經注疏(淸 嘉慶刊本), 中華書局, 2009.
- ≪爾雅注疏≫, 阮元(淸) 校刻, 十三經注疏(淸 嘉慶刊本), 中華書局, 2009.
- ≪周禮注疏≫, 阮元(淸) 校刻, 十三經注疏(淸 嘉慶刊本), 中華書局, 2009.
- ≪春秋穀梁傳注疏≫, 阮元(淸) 校刻, 十三經注疏(淸 嘉慶刊本), 中華書局, 2009.
- ≪春秋公羊傳注疏≫, 阮元(淸) 校刻, 十三經注疏(淸 嘉慶刊本), 中華書局, 2009.
- ≪春秋左傳正義≫, 阮元(淸) 校刻, 十三經注疏(淸 嘉慶刊本), 中華書局, 2009.
- ≪孝經注疏≫, 阮元(淸) 校刻, 十三經注疏(淸 嘉慶刊本), 中華書局, 2009.

◇ 기타 원전자료

- ≪經書釋義≫, 李滉(朝鮮) 著, 洌巖 朴鍾鴻 親寫本, 열암기념사업회, 1983.
- ≪舊唐書≫, 劉昫(後晉) 等 撰, 標點校勘本, 中華書局, 1975.
- ≪老子道德經≫, 王弼(晉) 注, 影印本, 中華書局, 1985.

- ≪論語集註大全≫, 朱熹(宋) 集註, 胡廣(明) 等 編, 朝鮮 內閣本, 影印本, 學民文化社.
- ≪陶谷集≫, 李宜顯(朝鮮), 韓國文集叢刊 제180-181집, 民族文化推進會 刊, 1996.
- ≪孟子集註大全≫, 朱熹(宋) 集註, 胡廣(明) 等 編, 朝鮮 內閣本, 影印本, 學民文化社.
- ≪沙溪全書≫, 金長生(朝鮮), 遁巖書院, 1932.
- ≪四庫全書總目提要≫, 永瑢(淸) 外撰, 影印本, 臺灣商務印書館, 1983.
- ≪三國志≫, 陳壽(西晉) 撰, 裴松之(東晉) 注, 標點校勘本, 中華書局, 1990.
- ≪常變通攷≫, 柳長源(朝鮮) 著, 影印本, 迎春齋, 1991.
- ≪說文解字句讀≫, 王筠(淸) 注, 標點校勘本, 中華書局, 1988.
- ≪新唐書≫, 歐陽脩(宋)・宋祁(宋) 撰, 標點校勘本, 中華書局, 1975.
- ≪與猶堂全書≫, 丁若鏞(朝鮮), 茶山學術文化財團, 俟菴, 2013.
- ≪易緯乾鑿度≫, 鄭玄(漢) 注, 文淵閣四庫全書 제53책, 影印本, 臺灣商務印書館, 1983.
- ≪玉函山房輯佚書≫, 馬國翰(淸) 編, 影印本, 中和堂, 1974.
- ≪子夏易傳≫, 卜商(周) 撰, 影印本, 中華書局, 1991.
- ≪莊子集解≫, 郭慶藩(淸) 輯, 中國書店, 1988.
- ≪周易略例≫, 王弼(晉) 撰, 邢璹(唐) 注, 范欽(明) 訂, 標點校勘本, 藝文印書館, 1965.
- ≪周易傳義大全≫, 程頤(宋) 傳, 朱熹(宋) 本義, 胡廣(明) 等 編, 朝鮮 內閣本, 影印本, 學民文化社.
- ≪周易折中≫, 李光地(淸) 撰, 文淵閣四庫全書 제28책, 影印本, 臺灣商務印書館, 1983.
- ≪周易鄭康成注≫, 鄭玄(漢) 注, 王應麟(宋) 撰, 嚴靈峰 編, 成文出版有限公社, 1976.
- ≪周易正義≫, 王弼(晉) 注, 孔穎達(唐) 疏, 標點校勘本, 北京大學出版社, 2000.
- ≪周易集解≫, 李鼎祚(唐) 輯, 影印本, 中華書局, 1985.
- ≪朱子大全≫, 朱熹(宋) 撰, 影印本, 學民文化社, 2004.
- ≪朱子語類≫, 黎靖德(宋) 編, 標點校勘本, 中文出版社, 1970.
- ≪春秋經傳集解≫, 左丘明(周) 傳, 杜預(晉) 註, 林堯叟(宋)・朱申(宋・元) 附註, 朝鮮 金屬活字本(戊申字), 影印本, 保景文化社.
- ≪華西集≫, 李恒老(朝鮮), 韓國文集叢刊 제304-305집, 民族文化推進會 刊, 2003.

◇ 飜譯書・硏究書・論文類

- 高 亨, ≪周易大全今注≫, 齊魯書社, 1979.
- 구미숙, 〈왕필의 得意忘象에 관한 연구〉, ≪大同哲學≫, 42집, 2008.

- 金碩鎭, ≪대산 주역강의≫, 한길사, 1999.
- 김주창, 〈王弼 周易의 言象意 知識體系 理論 考察〉, ≪中國學論叢≫, 16집, 2003.
- 樓宇烈 校釋, ≪老子周易王弼注校釋≫, 華正書局, 1983.
- 방 인, 〈茶山의 道家易學비판〉, ≪哲學研究≫, 108집, 2008.
- 방 인·장정욱 공역, ≪역주 주역사전≫ 1-8, 소명출판, 2007.
- 成百曉 譯註, ≪周易傳義≫, 傳統文化研究會, 1999.
- 신동준, ≪주역론≫, 인간사랑, 2007.
- 廖名春·康學偉·梁韋弦 著, 심경호 역, ≪周易哲學史≫, 예문서원, 1994.
- 柳長源, 한국고전의례연구회 역주, ≪국역 상변통고≫, 신지서원, 2009.
- 임채우 역, ≪주역 : 왕필주≫, 길, 2006.
- ───, 〈王弼 易 哲學 研究 : 以簡御繁사상을 중심으로〉, 연세대학교 박사논문, 1996.
- ───, 〈왕필 역 철학의 도가역학적 위상〉, ≪원불교사상과 종교문화≫, 40집, 2008.
- 주백곤, ≪역학철학사≫, 김학권 외 역, 소명출판, 2012.
- 한규성, ≪易學原理講話≫, 예문지, 1957.
- 황병기, 〈茶山 丁若鏞의 易象學〉, 연세대학교 박사논문, 2004.
- I.K.슈츠스키, 오진탁 역, ≪주역연구≫, 한겨레, 1988.

◇ 電子文獻 및 Web DB

- 한국고전종합DB (http://db.itkc.or.kr)
- 동양고전종합DB (http://db.cyberseodang.or.kr)
- 상우천고 (http://www.s-sangwoo.kr)
- 電子版 文淵閣四庫全書, 上海古籍出版社.

目 次

東洋古典現代化와 十三經注疏 譯註
凡　例
參考文獻

周易兼義 卷第七
周易 繫辭 上 第七 / 13

周易兼義 卷第八
周易 繫辭 下 第八 / 157

周易兼義 卷第九
周易 說卦 第九 / 267
周易 序卦 第十 / 308
周易 雜卦 第十一 / 326

〔附錄 1〕
索 引
索引凡例 / 337
綜合索引 / 343
卦名索引 / 456
書名索引 / 474
人名索引 / 479

〔附錄 2〕
1. 參考圖版 目錄 및 出處 / 487
2. '≪周易≫의 이해' 강의(QR코드) / 487
3. ≪周易正義≫ 總目次(QR코드) / 488

周易兼義 卷第七

國子祭酒上護軍曲阜縣開國子 臣 孔穎達 奉勅撰正義
韓康伯 注

周易 繫辭 上 第七

【疏】 正義曰：謂之繫辭者，凡有二義，[1] 論字取繫屬之義. 聖人繫屬此辭於爻卦之下，故此篇第六章云"繫辭焉以斷其吉凶"，第十二章云"繫辭焉以盡其言"，是繫屬其辭於爻卦之下，則上下二篇經辭是也. 文取繫屬之義，故字體從(毄)〔毄〕[2]，又音爲係者，取剛[3]係之義. 卦之與爻，各有其辭，以釋其義，則卦之與爻，各有剛係，所以音謂之係也. 夫子本作十翼，申說上下二篇經文，繫辭條貫義理，別自爲卷，總曰"繫辭."

1) 謂之繫辭者 凡有二義：≪周易≫에 나오는 '繫辭'라는 말에 크게 두 가지 뜻이 있다고 분석한 것이다. 孔穎達의 이 설명에 따르면, 繫辭의 첫 번째 뜻은 '字'의 측면에서 말한 것으로, 이때 '繫辭'는 '辭를 매달았다'는 의미가 되는바, 卦와 爻 아래에 卦辭와 爻辭를 단 것을 가리킨다. 두 번째 뜻은 '文'의 측면에서 말한 것으로, 이때 '繫辭'는 十翼 중의 〈繫辭傳〉을 가리키는 말이 되는데, 〈繫辭傳〉은 卦와 爻를 독립시켜 따로 설명한 것이므로 "綱係의 뜻을 취하였다."고 한 것으로 보인다.

한편 朱子는 〈繫辭傳〉의 첫머리에서 繫辭의 뜻을 다음과 같이 설명하였다. "繫辭는 본래 文王과 周公이 지은 글로 卦와 爻의 아래에 단 것을 이르니, 곧 지금의 經文이요, 이 篇은 바로 孔子가 지으신 繫辭의 傳文이다. 한 經의 大體와 凡例를 通論하였기 때문에 경문에 붙일 만한 곳이 없어서 별도로 上·下로 나눈 것이다.〔繫辭本謂文王周公所作之辭 繫于卦爻之下者 卽今經文 此篇乃孔子所述繫辭之傳也 以其通論一經之大體凡例 故无經可附 而自分上下云〕"

2) (毄)〔毄〕：저본에는 '繫'로 되어 있으나, 錢本과 宋本에 의거하여 '毄'로 바로잡았다.(阮元의 〈校勘記〉 참조)

3) 剛：阮元의 〈校勘記〉에 "毛本에는 '剛'이 '綱'으로 되어 있다. 아래(各有剛係)도 같다."라고 하였다.

正義曰 : '繫辭'라고 말한 것은 모두 두 가지 뜻이 있다. 〈첫 번째 뜻은〉 글자〔字〕가 '매달려 있음〔繫屬〕'의 뜻을 취함을 논한 것이다. 聖人은 이 글을 卦와 爻의 아래에 달았다. 〔繫屬〕 그러므로 이 편의 제6장에 "글을 달아서 吉凶을 결단했다."라고 하였고, 제12장에 "글을 달아서 그 말을 다하였다."라고 하였으니, 이는 글을 卦와 爻의 아래에 단 것인바, 上·下 두 편의 經의 글이 이것이다.

〈두 번째 뜻은〉 글〔文〕이 '매달아놓음〔繫屬〕'의 뜻을 취함을 〈논한 것이다.〉 그러므로 〈'繫'자는〉 글자의 體가 '毄'를 따르고 음을 '係'라 하였으니, 이는 큰 그물에 매인 뜻〔綱係〕을 취한 것이다. 卦와 爻가 각각 그 글이 있어서 그 뜻을 해석하였으니, 그렇다면 卦와 爻가 각각 큰 그물에 매여 있는 것이니, 이 때문에 음을 '係'라 한 것이다. 夫子(孔子)가 본래 十翼을 지어서 上·下 두 편의 경문을 거듭 말씀하였는데, 繫辭는 의리를 조목조목 꿰뚫고 있어서 별도로 卷이 되었으니, 총괄하여 '繫辭'라 하였다.

【疏】分爲上下二篇者, 何氏云"上篇明无, 故曰'易有太極', 太極卽无也. 又云'聖人以此洗心, 退藏於密', 是其无也. 下篇明幾, 從无入有, 故云'知幾其神乎.'" 今謂分爲上下, 更无異義, 有以簡編重大, 是以分之. 或以上篇論易之大理, 下篇論易之小理者, 事必不通. 何則. 案上繫云"君子出其言善, 則千里之外應之, 出其言不善, 則千里之外違之", 又云"藉用白茅, 无咎", 皆人言語小事及小愼之行, 豈爲易之大理. 又下繫云"天地之道, 貞觀者也, 日月之道, 貞明者也", 豈復易之小事乎. 明以大小分之, 義必不可. 故知聖人旣无其意, 若欲强釋, 理必不通.

나누어 상·하 두 편을 만든 것에 대하여, 何氏(何妥)는 "上篇은 无를 밝혔기 때문에 '易에 太極이 있다.'라고 한 것이니, 太極이 바로 无이다. 또 '聖人이 이로써 마음을 깨끗이 씻고 물러나 은밀한 곳에 감춰두었다.'라고 하였으니, 이것이 无이다. 下篇은 기미를 밝혀서 无에서 有로 들어갔으므로 '기미를 아는 것은 神일 것이다.'라고 한 것이다." 하였다. 그러나 이제 생각하건대, 나누어 上·下를 만든 것은 다시 별다른 뜻이 없고 簡編이 무겁고 크기 때문에 나눈 것으로 여겨진다.

혹자는 상편에서는 易의 大理를 논하였고 하편에서는 易의 小理를 논했다고 하니, 이는 事에는 반드시 통하지 못한다. 어째서인가? 〈繫辭傳 上〉을 살펴보건대 "君子가 그 말을 냄이 善하면 千里의 밖에서도 응하고, 그 말을 냄이 선하지 못하면 千里의 밖에서도 어긴다."라고 하였고, 또 "깔되 흰 띠풀을 사용하면 허물이 없다."라고 하였으니, 이는 모두 사람의 언어의 작은 일과 조금 삼가는 행실이니, 어찌 易의 大理가 되겠는가. 또 〈繫辭傳 下〉에 이르기를 "天地의 道는 貞하여 보여주는 것이요, 日月의 道는 貞하여 밝은 것이다."라고 하였으니, 이것이 어찌 다시 易의 小事이겠는가. 大·小로 나누는 것이 의미상 반드시 옳지 않음이 분명하다. 그러므로 聖人이 이미 별 뜻을 두지 않으셨음을 알 수 있으니, 만약 억지로 해석하고자 하면 이치가 반드시 통하지 못할 것이다.

【疏】諸儒所釋, 上篇所以分段次下, 凡有一十二章. 周氏云"'天尊地卑'爲第一章, '聖人設卦觀象'爲第二章, '彖者言乎象者'爲第三章, '精氣爲物'爲第四章, '顯諸仁藏諸用'爲第五章, '聖人有以見天下之賾'爲第六章, '初六藉用白茅'爲第七章, '大衍之數'爲第八章, '子曰知變化之道'爲第九章, '天一地二'爲第十章, '是故易有太極'爲第十一章, '子曰書不盡言'爲第十二章." 馬季長·荀爽·姚信等, 又分白茅章後, 取"負且乘", 更(갱)爲別章, 成十三章. 案白茅以下, 歷序諸卦, 獨分"負且乘", 以爲別章, 義无所取也. 虞翻分爲十一章, 合"大衍之數"并"知變化之道", 共爲一章. 案大衍一章, 總明揲蓍策數及十有八變之事, 首尾相連, 其"知變化之道"已下, 別明知神及唯幾之事, 全與大衍章義不類, 何得合爲一章. 今從先儒, 以十二章爲定.[1)]

1) 今從先儒 以十二章爲定 : 朱子는 아래 표와 같이 章을 나누었는데, 다만 '天一地二'에 대해서는 "이 쪽(竹簡)은 본래 제10장의 첫머리에 있었는데, 程子가 '마땅히 여기에 있어야 한다.'라고 하셨으니, 이제 이것을 따른다."라고 하였으며, '天數五地數五'에 대해서는 "이 쪽은 본래 大衍의 뒤에 있었는데 이제 살펴보건대 마땅히 여기(9장의 '天一地二天三地四天五地六天七地八天九地十'의 뒤)에 있어야 한다."라고 하여 章의 차례를 약간 수정하였다.

1장	2장	3장	4장	5장	6장	7장	8장	9장	10장	11장	12장
天尊地卑	聖人設卦	彖者言乎象者也	易與天地準	一陰一陽之謂道	夫易廣矣大矣	子曰易其至矣乎	聖人有以見	天一地二	易有聖人之道四焉	子曰 夫易	易曰自天祐之

諸儒가 해석하기를 상편은 단락을 나누고 차례로 내려온 것이 모두 12장이라 하였다. 周氏(周宏正)가 말하기를 "'天尊地卑'가 제1장, '聖人設卦觀象'이 제2장, '彖者言乎象者'가 제3장, '精氣爲物'이 제4장, '顯諸仁藏諸用'이 제5장, '聖人有以見天下之賾'이 제6장, '初六藉用白茅'가 제7장, '大衍之數'가 제8장, '子曰知變化之道'가 제9장, '天一地二'가 제10장, '是故易有太極'이 제11장, '子曰書不盡言'이 제12장이 된다."라고 하였다.

馬季長(馬融), 荀爽, 姚信 등은 또 '白茅章' 뒤를 나누어 '負且乘'을 취하여 다시 별도

로 한 장을 나누어 13장을 만들었다. 살펴보건대 '白茅' 이하는 차례로 여러 卦를 설명하였는데, 유독 '負且乘'을 나누어 별도로 한 장을 만든 것은 취할 만한 의리가 없다.

虞翻은 나누어 11장으로 만들되 '大衍之數'에 '知變化之道'를 아울러 합쳐서 함께 한 장으로 만들었다. 살펴보건대 大衍章은 시초를 세는〔揲蓍〕 策數와 18變의 일을 총괄하여 밝혀서 首尾가 서로 이어졌고, '知變化之道' 이하는 '知神'과 '唯幾'의 일을 별도로 밝힌 것이어서 大衍章과 뜻이 전혀 같지 않으니, 어찌 합쳐서 한 장을 만들 수 있겠는가. 이제 先儒를 따라 12장으로 정하였다.

제1장

【疏】 正義曰 : '天尊地卑'至'其中矣' 此第一章. 明天尊地卑, 及貴賤之位, 剛柔動靜·寒暑往來, 廣明乾坤簡易(이)之德, 聖人法之, 能見天下之理.

正義曰 : 經의 〔天尊地卑〕에서 〔其中矣〕까지

제1장이다. 하늘이 높고 땅이 낮음과 貴賤의 자리와 剛柔의 動靜과 寒暑의 往來를 밝혀서 乾·坤의 간략하고 쉬운 德을 聖人이 본받아 능히 천하의 이치를 봄을 널리 밝힌 것이다.

天尊地卑하니 乾坤定矣요

하늘은 높고 땅은 낮으니 乾과 坤이 정해졌고,

【注】 乾坤其易之門戶[1]니 先明天尊地卑하여 以定乾坤之體라

1) 乾坤其易之門戶 : 〈繫辭傳 下〉에 "乾과 坤은 易의 門일 것이다.〔乾坤其易之門邪〕"라고 보인다.

乾과 坤은 易의 門戶이니, 먼저 하늘이 높고 땅이 낮음을 밝혀서 乾·坤의 體를 정하였다.

【疏】 '天尊'至'定矣' ○ 正義曰 : 天以剛陽而尊, 地以柔陰而卑, 則乾坤之體安定矣. 乾健與天陽同, 坤順與地陰同, 故得乾坤定矣. 若天不剛陽, 地不柔陰, 是乾坤之體不得定也. 此經明天地之德也.[1]

1) 此經明天地之德也：孔穎達은 이 경문을 '天地의 德을 밝힌 것'으로 보았는데, 朱子는 앞 句는 天地自然에 대한 형용으로, 뒤 句는 易에 대한 형용으로 나누어 보아, "天과 地는 陰·陽과 形·氣의 실체이고, 乾과 坤은 易 가운데 純陽과 純陰의 卦 이름이다.〔天地者 陰陽形氣之實體 乾坤者 易中純陰純陽之卦名也〕"라고 하였다. 주자는 여기의 '乾坤'을 乾卦와 坤卦로 본 것이다. 주자가 이렇게 앞뒤 句를 나누어 본 것은 이 節부터 다섯 번째 節(在天成象 在地成形 變化見矣)까지 모두 같다.

經의 〔天尊〕에서 〔定矣〕까지

○ 正義曰：하늘은 剛陽으로서 높고 땅은 陰柔로서 낮으니, 乾·坤의 體가 안정된 것이다. 乾의 健은 하늘의 陽과 같고, 坤의 順은 땅의 陰과 같다. 그러므로 乾·坤이 정해짐을 얻은 것이다. 만약 하늘이 剛陽하지 않고 땅이 陰柔하지 않으면 이는 乾·坤의 體가 정해질 수 없는 것이다. 이 경문은 天·地의 德을 밝힌 것이다.

【疏】 ○ 注'先明'至'之體' ○ 正義曰：云'先明天尊地卑 以定乾坤之體'者, 易含萬象, 天地最大, 若天尊地卑, 各得其所, 則乾坤之義得定矣. 若天之不尊, 降在滯溺, 地之不卑, 進在剛盛, 則乾坤之體, 何由定矣. 案乾坤是天地之用, 非天地之體, 今云"乾坤之體"者, 是所用之體, 乾以健爲體, 坤以順爲體, 故云"乾坤之體."[1)]

1) 案乾坤是天地之用……故云乾坤之體：王弼은 乾卦 〈彖傳〉의 注에서 "天이란 형체의 이름이고 健이란 형체를 쓰는 것이다.〔天也者 形之名也 健也者 用形者也〕"라 하고, 坤卦 〈彖傳〉의 注에서 "地란 형체의 이름이고 坤이란 地를 쓰는 것이다.〔地也者 形之名也 坤也者 用地者也〕"라 하여, 乾·坤을 '天·地의 用'으로 규정한 바 있다.

그런데 여기에서 韓康伯은 乾·坤을 '體'라고 하여 그 말이 왕필의 說과 부합하지 않으므로 孔穎達이 이와 같은 설명을 덧붙인 것이다. 공영달에 따르면, '乾坤之體'는 '乾坤(用)의 體인 健順'이라는 의미이지 '乾坤이 體가 된다'는 의미는 아니며, 健順을 乾坤의 體라 할 때 그 體는 體用의 體가 아니라 '내용' 혹은 '특성'이라는 뜻의 體이다. 體用으로 말하면, 왕필과 공영달은 天·地를 體로, 乾·坤을 用으로 보았다.

注의 〔先明〕에서 〔之體〕까지

○ 正義曰：〔先明天尊地卑 以定乾坤之體〕 易은 만 가지 象을 포함하고 있으나 하늘과 땅이 가장 크다. 만약 하늘의 높고 땅의 낮음이 각각 제자리를 얻으면 乾坤의 뜻이 정해질 수 있는 것이다. 만약 하늘이 높지 못하여 내려와 침체되어 가라앉고, 땅이 낮지 못하여 나아가 강하고 성하면, 乾坤의 體가 어떻게 정해지겠는가. 살펴보건대, 乾과 坤은 바로 하늘과 땅의 用이요 하늘과 땅의 體가 아닌데, 이제 "乾坤의 體"라고 말한 것은 사

용하는 바의 體이니, 乾은 健을 體로 삼고 坤은 順을 體로 삼는다. 그러므로 "乾坤의 體"라고 말한 것이다.

卑高以陳하니 貴賤位矣요

낮은 것(땅)과 높은 것(하늘)이 진열되었으니 貴賤이 자리하였고,

【注】 天尊地卑之義 既列이면 則涉乎萬物하여 貴賤之位 明矣라

하늘이 높고 땅이 낮은 義가 이미 진열되었으면 萬物에 해당되어 貴賤의 자리가 밝혀진 것이다.

【疏】 '卑高'至'位矣' ○ 正義曰：卑謂地體卑下, 高謂天體高上. 卑高既以陳列, 則物之貴賤, 得其位矣. 若卑不處卑, 謂地在上, 高不處高, 謂天在下, 上下既亂, 則萬物貴賤, (則)[1)]不得其位矣. 此經明天地之體. 此雖明天地之體, 亦涉乎萬物之形. 此貴賤總兼萬物, 不唯天地而已.[2)] 先云卑者, 便文爾. 案前經云"天尊地卑", 天地別陳, 此"卑高以陳", 不更別陳, 總云"卑高"者, 上文詳, 於此略也.[3)]

1) (則)：저본에는 '則'이 있으나, 監本과 毛本에 의거하여 衍文으로 처리하였다.(阮元의 〈校勘記〉 참조)

2) 此經明天地之體……不唯天地而已：이 經文을 韓康伯과 孔穎達은 '天·地의 體를 밝힌 것이지만 萬物이 이 안에 포함됨'으로 해석하였는바, 그렇다면 경문의 '貴賤位矣'는 '天地와 만물의 귀천이 제자리를 잡음'의 의미가 된다.

반면 朱子는 이 역시 앞뒤 句를 나누어 해석하여, "卑와 高는 天地와 萬物의 높고 낮은 자리이고, 貴와 賤은 易 가운데 卦爻의 위·아래의 자리이다.〔卑高者 天地萬物上下之位 貴賤者 易中卦爻上下之位也〕"라고 하였다.

'卦爻의 위·아래의 자리'를 沙溪(金長生)는 "天位·人位·地位이다."라고 하였는바, 六畫의 大成卦에서 初爻와 二爻는 地位, 三爻와 四爻는 人位, 五爻와 上爻는 天位에 해당한다.(≪沙溪全書≫ 권15 〈經書辨疑 周易〉)

3) 案前經云天尊地卑……於此略也：위의 절에서 '天尊地卑'라고 하였으면 여기에서도 '地卑天高以陳'이라고 하여야 하는데 위에서 이미 상세하게 말하였으므로 地와 天을 생략하였다는 말이다.

經의 〔卑高〕에서 〔位矣〕까지

○ 正義曰 : '卑'는 地體가 卑下함을 이르고, '高'는 天體가 高上함을 이른다. 낮은 것과 높은 것이 이미 진열되었으면 물건의 貴賤이 제자리를 얻게 된다. 만약 낮은 것이 낮은 곳에 처하지 아니하여 땅을 일러 '위에 있다'고 하고, 높은 것이 높은 곳에 처하지 아니하여 하늘을 일러 아래에 있다고 해서 상하가 이미 어지러우면 萬物의 귀천이 제자리를 얻지 못한다.

이 經文은 天·地의 體를 밝혔다. 이는 비록 天·地의 體를 밝힌 것이나 또한 만물의 形體에 해당하는 것이다. 여기의 귀천은 만물을 총괄하여 겸한 것이요, 비단 天地뿐만이 아니다. 먼저 '卑'를 말한 것은 문장을 편하게 쓴 것이다. 살펴보건대 앞 경문에서는 "天尊地卑"라 하여 하늘과 땅을 별도로 말하였는데, 여기에서는 "卑高以陳"이라 하여 〈하늘과 땅을〉 다시 별도로 말하지 않고 총괄하여 "卑高"라고 말하였으니, 윗글에서는 자세히 말하고 여기에서는 생략한 것이다.

【疏】 ○ 注'天尊'至'明矣' ○ 正義曰 : '天尊地卑之義既列', 解經"卑高以陳"也. 云'則涉乎萬物 貴賤之位 明矣', 解經"貴賤位矣." 上經既云"天尊地卑", 此經又云"貴賤"者, 則貴〔賤〕[1]非唯天地, 是兼萬物之貴賤.

1) 〔賤〕: 저본에는 '賤'이 없으나, 毛本에 의거하여 보충하였다.(阮元의 〈校勘記〉 참조)

○ 注의 〔天尊〕에서 〔明矣〕까지

○ 正義曰 : 〔天尊地卑之義 既列〕 경문의 '卑高以陳'을 해석한 것이다.

〔則涉乎萬物 貴賤之位 明矣〕 경문의 '貴賤位矣'를 해석한 것이다.

위 경문에 이미 '天尊地卑'라 하였는데 이 경문에 또 '貴賤'이라고 말한 것은 귀천은 비단 天地뿐만이 아니요, 이는 萬物의 귀천을 겸한 것이기 때문이다.

動靜有常하니 剛柔斷矣요

동하고 고요함이 떳떳함(일정함)이 있으니 剛과 柔가 斷定되었고,

【注】 剛動而柔止也니 動止得其常體면 則剛柔之分著矣라

剛은 동하고 柔는 그치니, 동하고 그침이 떳떳한 體를 얻으면 剛과 柔의 분별이 드러난다.

【疏】正義曰：天陽爲動，地陰爲靜，各有常度，則剛柔斷定矣．動而有常則成剛，靜而有常則成柔，所以剛柔可斷定矣．若動而无常，則剛道不成，靜而无常，則柔道不立，是剛柔雜亂，動靜无常，則剛柔不可斷定也．此經論天地之性也．此雖天地動靜，亦總兼萬物也．[1] 萬物稟於陽氣多而爲動也，稟於陰氣多而爲靜也．

1) 此經論天地之性也……亦總兼萬物也：이 經文을 韓康伯과 孔穎達은 '天地의 性(動靜과 剛柔)을 논한 것이지만 만물도 이 안에 포함됨'의 의미로 보았는바, 그렇다면 경문의 '剛柔斷矣'는 '천지와 만물의 剛柔의 성격이 결단되어 정해짐'의 의미가 된다.

반면 朱子는 이 역시 앞뒤 句를 나누어 해석하여, "動은 陽의 떳떳함이요 靜은 陰의 떳떳함이며, 剛과 柔는 易 가운데 卦爻의 陰·陽의 명칭이다.〔動者 陽之常 靜者 陰之常 剛柔者 易中卦爻陰陽之稱也〕"라고 하였다.

正義曰：天의 陽은 動이 되고 地의 陰은 靜이 되어서 각각 떳떳한 법도가 있으니, 이렇게 되면 剛과 柔가 斷定되는 것이다. 動하여 떳떳함이 있으면 剛을 이루고 靜하여 떳떳함이 있으면 柔를 이루니, 이 때문에 剛과 柔를 단정할 수 있는 것이다. 만약 動하되 떳떳함이 없으면 剛의 道가 이루어지지 못하고 靜하되 떳떳함이 없으면 柔의 道가 확립되지 못하니, 이는 剛과 柔가 뒤섞이고 혼란하여 動과 靜이 떳떳함이 없는 것이니, 이렇게 되면 剛과 柔를 단정할 수 없는 것이다.

이 경문은 天·地의 性을 논하였다. 이는 비록 天地의 動靜이나 또한 萬物을 총괄하여 겸한 것이니, 만물이 陽氣를 많이 받으면 動이 되고 陰氣를 많이 받으면 靜이 된다.

方以類聚하고 物以群分하니 吉凶生矣라

方은 類로써 모이고 物은 群으로써 나뉘니, 吉과 凶이 생겨난다.

【注】方有類하고 物有群하니 則有同有異하고 有聚有分也라 順其所同이면 則吉하고 乖其所趣[1]면 則凶이라 故로 吉凶生矣라

1) 乖其所趣：'所趣'는 '所向'과 같은 말로, '마음이 향하여 나아가는 곳'이라는 의미이다. 같은 종류와 같은 무리는 취향이 같은데 그 취향을 따르지 않으면 '乖其所趣'하는 것이 된다.

方은 類가 있고 物은 群이 있으니, 같음이 있고 다름이 있으며, 모임이 있고 나뉨이 있는 것이다. 같은 바를 순히 따르면 吉하고, 나아가는 바를 거스르면 凶하다. 그러므로 吉

과 凶이 생겨나는 것이다.

【疏】'方以類聚'至'生矣' ○ 正義曰：方謂法術性行, 以類共聚, (固)〔同〕[1)]方者則同聚也. 物謂物色群黨, 共在一處, 而與他物相分別. 若順其所同, 則吉也, 若乖其所趣, 則凶也, 故曰"吉凶生矣." 此經雖因天地之性, 亦廣包萬物之情也.[2)]

1) (固)〔同〕: 저본에는 '固'로 되어 있으나, 毛本에 의거하여 '同'으로 바로잡았다.(阮元의 〈校勘記〉 참조)

2) 此經雖因天地之性 亦廣包萬物之情也 : 이 經文을 孔穎達은 '天地萬物의 性情을 논한 것'으로 보았으며, 方을 '法術과 性行'으로 풀이하였다.
　반면 朱子는 여기에서도 앞뒤 句를 나누었으며, '方'을 '事情의 향하는 바' 즉 '방향'으로 보았다. ≪本義≫는 다음과 같다. "方은 사정의 향하는 바를 이르니 사물의 善·惡이 각기 類로써 나누어짐을 말한 것이요, 吉과 凶은 易 가운데 卦爻의 점을 쳐서 결단한 말이다.〔方 謂事情所向 言事物善惡各以類分 而吉凶者 易中卦爻占決之辭也〕"

經의 〔方以類聚〕에서 〔生矣〕까지

○ 正義曰：方은 法術과 性行(성품과 행실)을 이르니, 類로써 함께 모여서 方이 같은 것은 함께 모인다. 物은 物色과 群黨(무리)을 이르니, 함께 한 곳에 모여 있어서 다른 물건과 서로 분별된다. 만약 같은 바를 순히 따르면 吉하고, 만약 나아가는 바를 거스르면 凶하다. 그러므로 "吉과 凶이 생겨난다."라고 한 것이다.

이 경문은 비록 天地의 性에 의거하였으나, 또한 萬物의 情을 널리 포함한 것이다.

【疏】○ 注'方有類' ○ 正義曰：云'方有類'者, 方謂法術情性趣舍. 故春秋云"敎子以義方"[1)], 注云"方, 道也"[2)], 是方謂性行法術也. 言方雖以類而聚, 亦有非類而聚者, 若陰之所求者陽, 陽之所求者陰, 是非類聚也. 若以人比禽獸, 卽是非類, 雖男女不同, 俱是人例, 亦是以類聚也. 故云"順所同則吉, 乖所趣則凶."

1) 故春秋云敎子以義方 : 이 말은 ≪春秋左氏傳≫ 隱公 3년조에 보이는바, 衛 莊公이 公子 州吁를 총애하여 주우가 兵事를 좋아하는데도 금하지 않자, 大夫 石碏이 장공에게 간하면서 한 말이다. ≪춘추좌씨전≫에는 '敎之以義方'으로 되어 있다.

2) 注云方道也 : 이 주는 ≪春秋左氏傳≫의 杜預 주에는 보이지 않고, ≪禮記≫ 〈經解〉의 鄭玄 주에 "方은 道와 같다. ≪춘추좌씨전≫에 '〈자식을〉 義方으로써 가르쳤다.' 하였다.〔方 猶道也 春秋傳曰 敎之以義方〕"고 보인다.

○ 注의〔方有類〕

○ 正義曰:〔方有類〕方은 法術과 性情의 나아가고 버림을 이른다. 그러므로 ≪春秋左氏傳≫에 "자식을 義方으로써 가르쳤다."라고 하였는데, 注에 "方은 道이다."라고 하였으니, 이 方은 性行과 法術을 이른다. '方이 비록 類로써 모임'을 말하였으나, 또한 類가 아니면서 모인 것이 있으니, 예컨대 陰이 구하는 것이 陽이고 陽이 구하는 것이 陰인 경우는 類가 아닌 것이 모인 것이다. 만약 사람을 가지고 禽獸에 견주어보면 바로 이것은 類가 아닌 것이고, 〈사람은〉 비록 남녀가 똑같지 않으나 모두 사람의 例이니, 이것 또한 類로써 모인 것이다. 그러므로 "같은 바를 순히 따르면 吉하고, 나아가는 바를 거스르면 凶하다."라고 한 것이다.

在天成象하고 在地成形하니 變化見(현)矣라

하늘에 있으면 象을 이루고 땅에 있으면 形을 이루니, 변화가 나타난다.

【注】象은 況日月星辰하고 形은 況山川草木也라 懸象運轉하여 以成昏明하고 山澤通氣하여 而雲行雨施라 故로 變化見矣라

象은 日・月과 星辰을 비유하고, 形은 山・川과 草・木을 비유한 것이다. 〈하늘에〉 매달려 있는 〈日・月・星辰의〉 象이 운행하여 어둠과 밝음을 이루고, 산과 못이 기운을 통하여 구름이 흘러가 비가 내린다. 그러므로 변화가 나타나는 것이다.

【疏】正義曰:象謂懸象, 日月星辰也. 形謂山川草木也. 懸象運轉, 而成昏明, 山澤通氣, 而雲行雨施, 故變化見也.[1)]

1) 懸象運轉……故變化見也:韓康伯과 孔穎達은 經文의 '變化'를 天地萬物의 변화로 보았으나, 朱子는 이를 易에 대한 형용으로 보아 "變과 化는 易 가운데 蓍策과 卦爻가 陰이 변하여 陽이 되고 陽이 화하여 陰이 되는 것이다.〔變化者 易中蓍策卦爻 陰變爲陽 陽化爲陰者也〕"라고 하였다.

正義曰:象은 〈하늘에〉 매달려 있는 象이니 日・月과 星辰을 이르고, 形은 山・川과 草・木을 이른다. 〈하늘에〉 매달려 있는 象이 운행하여 어둠과 밝음을 이루고, 산과 못이 기운을 통하여 구름이 흘러가 비가 내린다. 그러므로 변화가 나타나는 것이다.

是故로 **剛柔相摩**하며

이 때문에 剛과 柔가 서로 갈리며,

【注】 相切摩也니 言陰陽之交感也라

서로 갈리는 것이니, 陰과 陽이 交感함을 말한 것이다.

【疏】 正義曰：以變化形見, 卽陽極, 變爲陰, 陰極, 變爲陽, 陽剛而陰柔, 故剛柔共相切摩, 更遞變化也.

正義曰：變化로써 나타남은 바로 陽이 지극하면 변하여 陰이 되고 陰이 지극하면 변하여 陽이 되는 것이니, 陽은 剛하고 陰은 柔하다. 그러므로 剛과 柔가 함께 서로 갈려서 번갈아 변화하는 것이다.

八卦相盪하니

八卦가 서로 推盪(밀고 뒤섞임)하는 것이니,

【注】 相推盪也니 言運化之推移라

서로 推盪함이니, 運化가 推移함을 말한 것이다.

【疏】 正義曰：剛則陽爻也, 柔則陰爻也. 剛柔兩體, 是陰陽二爻, 相雜而成八卦, 遞相推盪. 若十一月一陽生, 而推去一陰, 五月一陰生, 而推去一陽,[1] 雖諸卦遞相推移, 本從八卦而來, 故云"八卦相盪"也.

1) 若十一月一陽生……而推去一陽：十二辟卦說에 따르면, 10월은 純坤卦인 坤卦䷁인데 冬至가 있는 11월이 되면 밑의 陰爻 하나가 사라지고 陽爻 하나가 생겨나서 復卦䷗가 되며, 4월은 純陽卦인 乾卦䷀인데 夏至가 있는 5월이 되면 밑의 陽爻 하나가 사라지고 陰爻 하나가 생겨나서 姤卦䷫가 되는바, 이를 말한 것이다.

正義曰：剛은 陽爻이고, 柔는 陰爻이다. 剛과 柔 두 體는 바로 陰과 陽의 두 爻이니, 이것이 서로 뒤섞여 八卦를 이루어서 번갈아 推盪한 것이다. 예를 들면 11월에 한 陽이 생겨나면 한 陰을 밀어버리고, 5월에 한 陰이 생겨나면 한 陽을 밀어버리는 것과 같으니, 비록 여러 괘가 서로 번갈아 推移하나 본래 八卦로부터 왔으므로 "八卦가 서로 推盪한다."라고 한 것이다.

鼓之以雷霆하며 **潤之以風雨**하며 **日月運行**하여 **一寒一暑**라 **乾道成男**하고 **坤道成女**하니 **乾知大**(태)**始**요 **坤作成物**이라 **乾以易**(이)**知**하고 **坤以簡能**이라

雷·霆(우레와 번개)으로써 고동하며 風·雨(바람과 비)로써 적셔주며 日·月(해와 달)이 운행하여 한 번 춥고 한 번 덥다. 乾의 道는 남자를 이루고 坤의 道는 여자를 이루니, 乾은 太始를 알고 坤은 만들어 물건을 이룬다. 乾은 쉬움으로써 알고 坤은 간략함으로써 능하다.

【注】 天地之道는 不爲而善始하고 不勞而善成이라 故로 曰 易(이)簡이라하니라

天·地의 道는 하지 않아도 시작을 잘하고 수고롭게 하지 않아도 이루기를 잘한다. 그러므로 "쉽고 간략하다"라고 한 것이다.

【疏】 '鼓之以雷霆'至'簡能' ○正義曰:'鼓之以雷霆 潤之以風雨 日月運行 一寒一暑'者, 重明上經"變化見矣"及"剛柔相摩, 八卦相盪"之事. 八卦既相推盪, 各有功之所用也, 又鼓動之以震雷離電, 滋潤之以巽風坎雨, 或離日坎月, 運動而行, 一節爲寒, 一節爲暑.[1] 直云震巽離坎, 不云乾坤艮兌者, 乾坤上下備言, 艮兌非鼓動運行之物, 故不言之, 其實亦一焉. 雷電風雨, 亦出山澤也.

1) 又鼓動之以震雷離電……一節爲暑:八卦의 상징물을 표로 정리하면 다음과 같다.

乾☰	兌☱	離☲	震☳	巽☴	坎☵	艮☶	坤☷
天	澤	火·電 (日)	雷	風	水·雨 (月)	山	地

經의 〔鼓之以雷霆〕에서 〔簡能〕까지

○正義曰:〔鼓之以雷霆 潤之以風雨 日月運行 一寒一暑〕 위 경문의 "變化見矣"와 "剛柔相摩 八卦相盪"의 일을 거듭 밝힌 것이다. 八卦가 이미 서로 推盪하여 각각 사용하는 功(일)이 있고, 또 震의 우레와 離의 번개로 고동하고 巽의 바람과 坎의 비로 적셔주며, 혹은 離의 해와 坎의 달이 움직여 운행해서 한 절기는 추위가 되고 한 절기는 더위가 된

다. 震・巽・離・坎만 말하고 乾・坤・艮・兌를 말하지 않은 것은 乾・坤은 위아래에서 자세히 말하였고 艮・兌는 고동하고 운행하는 물건이 아니기 때문에 말하지 않은 것이니, 그 실상은 또한 하나이다. 雷・電・風・雨는 또한 山과 澤에서 나온다.

【疏】 '乾道成男 坤道成女'者, 道謂自然而生, 故乾得自然而爲男, 坤得自然而成女. 必云"成"者有故, 以乾因陰而得成男, 坤因陽而得成女, 故云"成"也. '乾知太[1)]始'者, 以乾是天陽之氣, 萬物皆始在於氣, 故云"知其大始"也. '坤作成物'者, 坤是地陰之形, 坤能造作以成物也. 初始無形, 未有營作, 故但云"知"也,[2)] 已成之物, 事可營爲. 故云"作"也. '乾以易知'者, 易謂易略, 无所造爲, 以此爲知, 故曰"乾以易知"也. '坤以簡能'者, 簡謂簡省(생)凝靜, 不須繁勞, 以此爲能, 故曰"坤以簡能"也. 若於物艱難, 則不可以知, 故以易而得知也, 若於事繁勞, 則不可能也, 必簡省而後可能也.

1) 太 : 閩本・監本・毛本에는 '大'로 되어 있다.(阮元의 〈校勘記〉 참조) 經文에 '大始'로 되어 있으나 이때에도 '大'의 音은 '太'이므로 굳이 교감하지 않았다.
2) 初始無形……故但云知也 : 乾을 '知'라 한 것에 대하여 孔穎達은 '乾은 天陽의 氣로서 만물을 생겨나게 하는 것인데 이때에는 아직 형체가 생기지 않아 造作이나 營爲가 없으므로 「안다」라고 한 것'이라고 풀이하였다.
반면 朱子는 경문의 '乾知大始'와 '乾以易知'의 '知'를 모두 '주장함〔主〕'으로 訓하였다.

〔乾道成男 坤道成女〕 '道'는 자연히 생겨남을 이른다. 그러므로 乾은 自然을 얻어 男이 되고 坤은 자연을 얻어 女가 된 것이다. 반드시 "이룬다."라고 말한 것은 까닭이 있으니, 乾이 陰을 인하여 남자를 이룰 수 있고 坤이 陽을 인하여 여자를 이룰 수 있기 때문에 "이룬다."라고 말한 것이다.

〔乾知太始〕 乾은 바로 天陽의 氣인데 萬物이 모두 시작함이 이 氣에 있으므로 "乾은 太始를 안다."라고 한 것이다.

〔坤作成物〕 坤은 바로 地陰의 형체이니, 坤이 능히 만들어서 물건을 이루는 것이다. 始初에는 형체가 없어서 경영하고 만드는 일이 있지 않으므로 다만 "안다."라고 말하였고, 이미 이루어진 물건은 일을 경영할 수 있으므로 "만든다."라고 말한 것이다.

〔乾以易知〕 '易'는 쉽고 간략함을 이르니, 만드는 바가 없고 이것(易)으로 인해 알기 때문에 "乾은 쉬움으로써 안다."라고 한 것이다.

〔坤以簡能〕 '簡'은 간략하고 응집되고 고요함을 이르니, 굳이 번거롭고 수고롭지 않고 이것(簡)으로 인해 능하기 때문에 "坤은 간략함으로써 능하다."라고 한 것이다.

만약 물건에 대하여 어려워하면 알 수가 없으므로 쉬움으로써 알 수 있는 것이요, 만약 일에 번거롭고 수고로우면 능할 수가 없으니, 반드시 간략한 뒤에야 능할 수 있는 것이다.

【疏】 ○ 注'天地之道'至'易簡' ○ 正義曰 : 云'天地之道 不爲而善始'者, 釋經之"乾以易知". '不勞而善成'者, 釋經〔之〕[1]"坤以簡能"也. 案經乾易坤簡, 各自別言, 而注合云"天地"者, 若以坤對乾, 乾爲易也, 坤爲簡也, 經之所云者是也. 若據乾坤相合, 皆無爲, 自然養物之始也, 是自然成物之終也, 是乾亦有簡, 坤亦有易, 故注合而言之也. 用使聖人俱行易簡, 法无爲之化.

1) 〔之〕 : 저본에는 '之'가 없으나 四庫全書本에 의거하여 보충하였다.

○ 注의 〔天地之道〕에서 〔易簡〕까지

○ 正義曰 : 〔天地之道 不爲而善始〕 경문의 "乾以易知"를 해석한 것이다.

〔不勞而善成〕 경문의 "坤以簡能"을 해석한 것이다.

살펴보건대 경문에서는 乾은 쉽고 坤은 간략함을 각각 별도로 말하였는데, 注에서 합쳐 "天地"라고 말한 것은 〈다음과 같은 의미이다.〉 만약 坤을 乾과 상대하면 乾은 쉬움이 되고 坤은 간략함이 되니, 경문에서 말한 것이 이것이다. 만약 乾과 坤이 서로 합침을 근거하면 모두 함이 없으니〔無爲〕, 자연히 물건의 시작을 기르고 자연히 물건의 끝을 이루니, 이는 乾에도 簡이 있고 坤에도 易가 있는 것이다. 그러므로 注에서 합쳐서 말한 것이다. 이로써 聖人으로 하여금 易와 簡을 모두 행하여 无爲의 조화를 본받게 한 것이다.

易(이)則易知하고 **簡則易從**이니 **易知則有親**이요 **易從則有功**이라

쉬우면 쉽게 알 수 있고 간략하면 쉽게 따를 수 있으니, 쉽게 알 수 있으면 친함이 있고 쉽게 따를 수 있으면 功이 있다.

【注】 順萬物之情故로 曰 有親이요 通天下之志故로 曰 有功이라

萬物의 情을 순히 하기 때문에 "친함이 있다."라 하고, 天下의 뜻을 통하기 때문에 "功이 있다."라고 한 것이다.

【疏】 正義曰 : '易則易知'者, 此覆說上"乾以易知"也. 乾德旣能說易, 若求而行之, 則易可知也. '簡則易從'者, 覆說上"坤以簡能"也. 於事簡省, 若求而行之, 則易可從也. 上"乾以易知"・"坤以簡能", 論乾坤之體性也. "易則易知"・"簡則易從"者, 此論乾坤既有此性, 人則易可倣傚也.[1] '易知則有親'者, 性意易知, 心无險難, 則相和親. 故云"易知則有親"也. '易從則有功'者, 於事易從, 不有繁勞, 其功易就, 故曰"易從則有功."[2] 此二句, 論聖人法此乾坤易簡, 則有所益也.

1) 上乾以易知坤以簡能……人則易可倣傚也 : 朱子는 '乾以易知'와 '坤以簡能'의 두 句를 乾・坤의 性能을 말한 것으로 보아 "乾은 굳세고 動하니 곧 주장하는 바가 물건을 시작하여 어려운 바가 없으므로 쉬움으로써 큰 시작을 주장함이 되고, 坤은 순하고 靜하니 무릇 그 능한 바가 모두 陽을 따르고 스스로 만들지 않으므로 간략함으로써 물건을 이룸이 되는 것이다.〔乾 健而動 卽其所知 便能始物而无所難 故爲以易而知大始 坤 順而靜 凡其所能 皆從乎陽而不自作 故爲以簡而能成物〕"라고 하였으며, '易則易知' 이하는 사람이 乾・坤의 道를 본받음을 말한 것으로 보아 "사람의 하는 바가 乾의 쉬움과 같으면 그 마음이 明白하여 사람들이 알기 쉽고, 坤의 간략함과 같으면 그 일이 要約하여 사람들이 따르기 쉬우니, 알기 쉬우면 더불어 마음을 함께하는 자가 많으므로 친함이 있고, 따르기 쉬우면 더불어 협력하는 자가 많으므로 功이 있는 것이다.……위에서는 乾・坤의 德이 꼭 같지 않음을 말하였고, 여기서는 사람이 乾・坤의 道를 본받음을 말하였다.〔人之所爲 如乾之易 則其心明白而人易知 如坤之簡 則其事要約而人易從 易知則與之同心者多 故有親 易從則與之協力者衆 故有功……上言乾坤之德不同 此言人法乾坤之道〕"라고 하였다.

2) 易知則有親者……故曰易從則有功 : 疏에서 '易則易知'를 풀이하면서는 '쉬움을 알 수 있음〔易可知〕'이라 하고, '簡則易從'을 풀이하면서는 '쉬움을 따를 수 있음〔易可從〕'이라 하였다. 그런데 여기에서는 '性意易知'라 하고 '於事易從'이라 하여 '易知'와 '易從'을 '쉽게 알 수 있음(알기가 쉬움)'과 '쉽게 따를 수 있음(따르기가 쉬움)'으로 풀이하였는바, 앞뒤의 풀이가 통일되지 못하였으나 疏는 우선 글에 따라 번역하였고, 經文은 후자의 해석을 따라 '易'를 '쉽게'로 번역하였다.

正義曰 : 〔易則易知〕 이는 위의 "乾以易知"를 거듭 설명한 것이다. 乾의 德이 이미 능히 기뻐하고 쉬우니, 만약 이것(乾의 德)을 구하여 행하면 쉬움을 알 수 있는 것이다.

〔簡則易從〕 위의 "坤以簡能"을 거듭 설명한 것이다. 일에 간략하니, 만약 이것(坤의 德)을 구하여 행하면 쉬움을 따를 수 있는 것이다.

위의 "乾以易知"와 "坤以簡能"은 乾・坤의 體와 性을 논한 것이요, "易則易知"와 "簡則易從"은 乾・坤이 이미 이 性을 가지고 있어서 사람이 쉬움을 모방하고 본받을 수 있음을 논한 것이다.

〔易知則有親〕 남의 성질과 뜻을 쉽게 알아서 마음에 험하고 어려움이 없으면 서로 화합하고 친하다. 그러므로 "쉽게 알 수 있으면 친함이 있다."라고 한 것이다.

〔易從則有功〕 일에 따르기가 쉬워서 번거롭고 수고로움이 있지 않으면 그 功을 이루기가 쉽다. 그러므로 "쉽게 따를 수 있으면 功이 있다."라고 한 것이다.

이 두 구는 聖人이 乾·坤의 易·簡을 본받으면 유익한 바가 있음을 논한 것이다.

有親則可久요 有功則可大니

친함이 있으면 오래할 수 있고 功이 있으면 커질 수 있으니,

【注】 有易簡之德이면 則能成可久可大之功이라

易簡의 德을 소유하면 능히 오래할 수 있고 커질 수 있는 功을 이룬다.

【疏】 正義曰 : '有親則可久'者, 物旣和親, 无相殘害, 故可久也. '有功則可大'者, 事業有功, 則積漸可大. 此二句, 論人法乾坤, 久而益大.

正義曰 : 〔有親則可久〕 물건이 이미 화합하고 친하면 서로 殘害함이 없으므로 오래할 수 있는 것이다.

〔有功則可大〕 事業에 功이 있으면 점점 쌓여 커질 수 있는 것이다.

이 두 句는 사람이 乾과 坤을 본받으면 오래하여 더욱 커짐을 논한 것이다.

可久則賢人之德이요 可大則賢人之業이라

오래할 수 있으면 賢人의 德이요, 커질 수 있으면 賢人의 業이다.

【注】 天地易簡이로되 萬物各載其形하고 聖人不爲로되 群方各遂其業이라 德業旣成이면 則入於形器라 故로 以賢人目其德業하니라

天地가 쉽고 간략하나 萬物이 각각 그 형체를 이루었고, 聖人이 작위하지 않으나 萬方이 각각 그 業을 이룬다. 德과 業이 이미 이루어지면 形器에 들어가기 때문에 賢人을 가지고 그 德業을 지목한 것이다.

【疏】 '可久'至'之業' ○ 正義曰 : '可久則賢人之德'者, 使物長久, 是賢人之德, 能養萬物, 故云“可久則賢人之德”也. ‘可大則賢人之業’者, 功勞旣大, 則是賢人事業. 行天地之道, 總天地之功, 唯聖人能然, 今云“賢人”者, 聖人則隱迹藏用, 事在无境, 今云“可久”·“可大”, 則是離无入有, 賢人則事在有境, 故可久可大, 以賢人目之也.

經의 〔可久〕에서 〔之業〕까지

○ 正義曰:〔可久則賢人之德〕 물건으로 하여금 長久하게 하는 것이 바로 賢人의 德인 것이니, 능히 萬物을 길러주므로 “오래할 수 있으면 賢人의 德이다.”라고 한 것이다.

〔可大則賢人之業〕 공로가 이미 크면 이것은 현인의 事業이다.

天地의 道를 행하고 천지의 功을 총괄함은 오직 聖人만이 할 수 있는데 지금 “賢人”이라고 말한 것은, 성인은 자취를 숨기고 功用을 감추어서 일이 无의 경계에 있는데, 지금 “오래할 수 있음”과 “커질 수 있음”을 말했으면 이것은 无를 떠나 有로 들어간 것이니, 현인은 일이 有의 경계에 있으므로 ‘오래할 수 있음’과 ‘커질 수 있음’을 현인을 가지고 지목한 것이다.

【疏】 ○ 注‘聖人’至‘其業’ ○ 正義曰:云‘聖人不爲 群方各遂其業’者, 聖人顯仁藏用, 唯見生養之功, 不見其何以生養, 猶若日月見其照臨之力, 不知何以照臨. 是聖人用无爲, 以及天下, 是聖人不爲也. 云‘德業旣成 則入於形器’者, 初行德業未成之時, 不見其所爲, 是在於虛无, 若德業旣成, 復被於物, 在於有境, 是入於形器也. 賢人之分, 則見其所爲, 見其成功, 始末皆有, 德之與業, 是所有形器, 故以賢人目其德業. 然則本其虛无玄象, 謂之聖, 據其成功事業, 謂之賢也.

○ 注의 〔聖人〕에서 〔其業〕까지

○ 正義曰:〔聖人不爲 群方各遂其業〕 聖人은 仁을 드러내고 功用을 감추어서 〈사람들이〉 오직 〈성인의〉 낳고 기르는 功을 볼 뿐이요 어떻게 낳고 기르는지는 보지 못하니, 이는 마치 해와 달에 대해 그 비추고 임하는 힘만 보고 어떻게 비추고 임하는지는 알지 못하는 것과 같다. 이는 성인이 无爲를 사용하여 天下에 미치는 것이니, 바로 ‘성인이 작위하지 않음’이다.

〔德業旣成 則入於形器〕 처음 德業을 행하여 아직 이루어지지 않았을 때에는 그 작위하는 바를 보지 못하니, 이는 虛无에 있는 것이요, 만약 덕업이 이미 이루어져서 다시 물건에 입혀지면 有의 경계에 있는 것이니, 이는 形器로 들어간 것이다. 賢人의 분수는 그 작위하는 바를 보고 그 성공을 보아서 始와 終을 모두 가지고 있으니, 德과 業을 바로

〈현인이〉 소유한 것이다. 그러므로 현인을 가지고 그 덕업을 지목한 것이다. 그렇다면 虛无한 玄象(日・月・星辰 등의 天象)을 근본함을 '聖'이라 이르고, 그 성공한 事業을 근거함을 '賢'이라 이른 것이다.

易簡而天下之理得矣니라

쉽고 간략함에 天下의 이치가 얻어진다.

【注】 天下之理 莫不由於易簡하여 而各得順其分位也라

天下의 이치가 쉽고 간략함으로 말미암아 각각 그 분수와 지위를 순히 하지 않음이 없는 것이다.

【疏】 '易簡'至'得矣' ○正義曰：此則贊明聖人能行天地易簡之化, 則天下萬事之理, 並得其宜矣.

經의 〔易簡〕에서 〔得矣〕까지

○正義曰：이는 聖人이 天地의 易簡의 조화를 능히 행하면 천하 만사의 이치가 모두 그 마땅함을 얻음을 찬미하고 밝힌 것이다.

【疏】 ○注'易簡' ○正義曰：若能行說(열)易簡靜, 任物自生, 則物得其性矣, 故列子云"不生而物自生, 不化而物自化."[1] 若不行易簡, 法令玆章則物失其性也. 老子云"水至淸則無魚, 人至察則無徒."[2] 又莊云"馬翦剔羈絆, 所傷多矣."[3] 是天下之理未得也.

1) 故列子云不生而物自生 不化而物自化：≪列子≫ 〈天瑞〉에 "낳음이 있으면서도 낳지 않고 化함이 있으면서도 化하지 않으니, 낳지 않는 자는 낳고 또 낳으며, 化하지 않는 자는 화하고 또 화한다.……그러므로 물건을 낳는 자는 낳지 않으며, 물건을 화하는 자는 화하지 않는다.〔有生不生 有化不化 不生者 能生生 不化者 能化化……故生物者不生 化物者不化〕"라고 보인다.

2) 老子云水至淸則無魚 人至察則無徒：이 말은 ≪大戴禮記≫에 보인다.

3) 又莊云馬翦剔羈絆 所傷多矣：≪莊子≫ 〈馬蹄〉에 "말은 굽으로 서리나 눈을 밟을 수 있고 털로 바람과 추위를 막을 수 있으며, 풀을 뜯고 물을 마시며 발을 들고 뛰어다니니, 이것이 말의 참된 本性이다. 비록 義臺(禮儀를 행하는 臺)나 路寢(궁궐의 正寢)이 있더라도 말에게는 쓸 데가 없다. 그런데 伯樂에 이르러 '나는 말을 잘 다룬다.'고 말하며 털을

태우고 깎으며 발굽을 깎고 낙인을 찍으며 굴레를 씌우고 다리를 묶어 연결시켜놓고 구유와 마판에 줄줄이 묶어놓으면, 죽는 말이 열에 두세 마리가 된다. 또 굶기고 목마르게 하며 달리고 뛰게 하며 정돈시키고 가지런히 해서 앞에는 재갈과 가슴받이 장식으로 끌어대는 괴로움이 있고 뒤에는 가죽 채찍이나 대나무 채찍으로 때려대는 위엄(두려움)이 있으면 죽는 말이 이미 절반을 넘게 된다.〔馬 蹄可以踐霜雪 毛可以禦風寒 齕草飮水 翹足而陸 此馬之眞性也 雖有義臺路寢 無所用之 及至伯樂曰 我善治馬 燒之 剔之 刻之 雒之 連之以羈馽(칩) 編之以皁(조)棧 馬之死者 十二三矣 飢之 渴之 馳之 驟之 整之 齊之 前有橛飾之患 而後有鞭筴之威 而馬之死者 已過半矣〕"라고 보인다.

○ 注의〔易簡〕

○ 正義曰 : 만약 기뻐하고 쉽고 간략하고 고요함을 능히 행하여 물건에 맡겨 스스로 낳게 하면 물건이 제 性을 얻게 된다. 그러므로 列子는 "낳지 않아도 물건이 저절로 생겨나고 化하지 않아도 물건이 저절로 化한다."라고 한 것이다.

만약 쉬움과 간략함을 행하지 않아서 法令이 더욱 드러나면 물건이 제 性을 잃는다. 老子는 "물이 지극히 맑으면 물고기가 없고, 사람이 지극히 살피면 무리가 없다."라고 하였고, 또 莊子는 "말의 갈퀴를 자르고 발굽을 깎아내고 고삐를 묶으니, 상한 바가 많다."라고 하였으니, 이는 天下의 이치를 얻지 못한 것이다.

天下之理得이면 而成位乎其中矣니라

天下의 이치가 얻어지면 그 가운데에 자리를 이루는 것이다.

【注】 成位는 (至)〔況〕[1] 立象也라 極易簡則能通天下之理니 通天下之理故로 能成象하여 並乎天地하니 言其中이면 則並明天地也라

1) (至)〔況〕: 저본에는 '至'로 되어 있으나, 岳本·宋本·古本·足利本과 아래 疏에 의거하여 '況'으로 바로잡았다.(阮元의 〈校勘記〉 참조)

'자리를 이룸'은 象을 세움을 비유한 것이다. 易簡을 지극히 하면 능히 天下의 이치를 통달하니, 천하의 이치를 통달하기 때문에 능히 象을 이루어서 하늘·땅과 똑같은 것이다. '그 가운데'라고 말하였으면 하늘·땅과 같음을 밝힌 것이다.

【疏】 正義曰 : 成位況立象, 言聖人極易簡之善, 則能通天下之理, 故能成立卦象於天地之中, 言並天地也.[1]

1) 成位況立象……言並天地也 : 韓康伯과 孔穎達은 '成位乎其中矣'를 '聖人이 卦象을 하늘과 땅 가운데에 성립시킴'의 뜻으로 해석하고 이를 '卦象이 하늘·땅과 똑같이 天地 사이에 존재함'을 의미하는 것으로 본 듯하다.

한편 朱子는 이 단락을 윗글과 연계시켜 사람에 대한 것으로 해석하여 "成位는 사람의 자리를 이루는 것이요, 그 가운데는 天·地의 가운데이니, 이에 이르면 道를 體行하는 지극한 공부와 聖人의 능사가 天地와 더불어 참여할 수 있는 것이다.〔成位謂成人之位 其中謂天地之中 至此則體道之極功 聖人之能事 可以與天地參矣〕"라고 하였다. 이는 사람이 천지의 易簡을 체행하면 위에는 하늘이 있고 아래에는 땅이 있고 중간에는 사람이 있어 天·地·人의 三才가 이루어짐을 말한 것이다. ≪周易傳義大全≫의 小註에는 朱子의 말을 다음과 같이 인용하고 있다. "'易簡理得'은 다만 〈사람의 마음이〉 깨끗하고 깨끗하여 허다한 수고로움과 委曲이 없는 것이니, 이는 張子(張載)가 말한 '사람의 道를 다하여 천지와 나란히 서서 삼재를 이루면 사람의 道를 다하는 것이니, 이는 성인이 아니면 할 수 없다.'라는 것이다.〔易簡理得 只是淨淨潔潔 无許多勞擾委曲 張子所謂盡人道 竝立乎天地 以成三才 則盡人道 非聖人 不能也〕"

經文의 '其中'을 '天地의 中'으로 해석한 것은 注疏와 朱子가 같지만 그 뜻은 크게 다른바, 주자는 사람이 道를 다하면 천지의 가운데에 서서 三才를 이루는 것으로 본 반면, 주소에서는 단지 卦象이 이 세상(천지간)에 존재한다는 뜻으로 본 것이다.

正義曰 : '자리를 이룸'은 象을 세움을 비유한 것이니, '聖人이 易簡의 善을 지극히 하면 능히 天下의 이치를 통달하므로 능히 卦象을 하늘과 땅 가운데에 성립시킬 수 있음'을 말한 것인바, 이는 〈卦象이〉 하늘·땅과 같음을 말한 것이다.

제2장

【疏】 正義曰 : '聖人設卦'至'不利此' 第二章也. 前章言天地成象成形簡易之德, 明乾坤之大旨, 此章明聖人設卦觀象, 爻辭吉凶悔吝之細別.

正義曰 : 經의 〔聖人設卦〕에서 〔不利此〕까지

제2장이다. 앞 장에서는 '天地가 象을 이루고 形을 이루며 簡易한 德을 소유함'을 말하여 乾坤의 큰 뜻을 밝혔고, 이 장은 聖人이 卦를 만들 적에 象을 관찰하여 爻辭의 吉凶과 悔吝을 세세히 분별하였음을 밝혔다.

聖人設卦觀象하니

聖人이 卦를 만들 적에 象을 관찰하니,

【注】 此는 總言也라

이는 〈이 章의 아래 經文을〉 총괄하여 말한 것이다.

【疏】 '聖人'至'觀象' ○ 正義曰：謂聖人設畫(획)其卦之時, 莫不瞻觀物象, 法其物象, 然後設之, 卦象則有吉有凶, 故下文云"吉凶者, 失得之象也, 悔吝者, 憂虞之象, 變化者, 進退之象, 剛柔者, 晝夜之象." 是施設其卦, 有此諸象也.

經의 〔聖人〕에서 〔觀象〕까지

○ 正義曰：'聖人이 卦를 만들어 그을 적에 물건의 象을 보지 않음이 없어서 물건의 象을 본받은 뒤에 〈卦를〉 만듦'을 말하였으니, 卦象에는 길함이 있고 흉함이 있기 때문에 아래 글에 "吉凶은 失得의 象이고, 悔吝은 憂虞의 象이고, 變化는 進退의 象이고, 剛柔는 晝夜의 象이다."라고 한 것인바, 이는 卦를 만들어 배치함에 이 여러 象이 있는 것이다.

【疏】 ○ 注'此總言也' ○ 正義曰：此設卦觀象, 總爲下而言, 故云"此總言也."[1)]

1) 此設卦觀象……故云此總言也：韓康伯과 孔穎達은 '聖人設卦觀象'을 아래의 여러 節을 총괄한 말로 보았다.

반면 朱子는 이 절의 '觀象'을 아래의 '繫辭焉而明吉凶'과 연결시켜, "이는 聖人이 易을 지을 적에 卦爻의 象을 보고 글을 달았음을 말한 것이다.〔此言聖人作易 觀卦爻之象 而繫以辭也〕"라고 하였다.

○ 注의 〔此總言也〕

○ 正義曰：이는 '卦를 만들 적에 象을 봄'이 아래 경문을 총괄하여 말한 것이므로 "이는 총괄하여 말한 것이다."라고 한 것이다.

繫辭焉而明吉凶하고 剛柔相推[1)]而生變化하니라

1) 推：'移(바뀌다)'의 뜻이다.

글을 달아 吉凶을 밝히고, 剛과 柔가 서로 바뀌어〔推〕 變化를 낳았다.

【注】 繫辭는 所以明吉凶이요 剛柔相推는 所以明變化也니 吉凶者는 存乎人事也요 變化者는 存乎運行也라

'글을 달음'은 吉·凶을 밝힌 것이고, '剛과 柔가 서로 바뀜'은 變化를 밝힌 것이니, 길·흉은 人事에 달려 있고, 변화는 運行에 있다.

【疏】 正義曰:'繫辭焉而明吉凶'者, 卦象·爻象有吉有凶, 若不繫辭, 其理未顯, 故繫屬吉凶之文辭於卦爻之下, 而顯明此卦爻吉凶也. 案吉凶之外, 猶有悔吝憂虞, 直云"而明吉凶"者, 悔吝憂虞, 是凶中之小, 別擧吉凶則包之, 可知也. '剛柔相推而生變化'者, 八純之卦,[1] 卦之與爻, 其象既定, 變化猶少, 若剛柔二氣相推, 陰爻陽爻交變, 分爲六十四卦, 有三百八十四爻, 委曲變化, 事非一體, 是"而生變化"也. 繫辭而明吉凶, 明繫辭之意, '剛柔相推而生變化', 明其推引而生雜卦之意也.

1) 八純之卦:上卦와 下卦가 같은 卦로 이루어진 8개의 卦로, 重天乾䷀·重地坤䷁·重水坎䷜·重火離䷝·重雷震䷲·重風巽䷸·重山艮䷳·重澤兌䷹이다.

正義曰:〔繫辭焉而明吉凶〕 卦象과 爻象이 吉함이 있고 凶함이 있으니, 만약 卦辭와 爻辭를 달지 않으면 그 이치가 드러나지 못한다. 그러므로 길·흉의 글을 卦와 爻의 아래에 달아서 이 卦와 爻의 길·흉을 드러내어 밝힌 것이다. 살펴보건대 길·흉 외에도 悔·吝과 憂·虞가 있는데, 다만 "길과 흉을 밝힌다."라고 한 것은, 悔·吝과 憂·虞는 바로 흉함 중에 작은 것이니, 특별히 길·흉을 들었으면 이것을 포함하였음을 알 수 있다.

〔剛柔相推而生變化〕 8개의 純卦는 卦와 爻가 그 象이 이미 정해져서 變化가 오히려 적지만, 만약 剛과 柔 두 기운이 서로 바뀌어서 陰爻와 陽爻가 서로 변화함으로 말하면, 나뉘어 64卦가 되어서 384爻가 있어 곡진히 변화해서 그 일이 한 體가 아니니, 이것이 '變化를 낳음'이다.

'글을 달아 길흉을 밝힘'은 글을 단 뜻을 밝힌 것이요, '강과 유가 서로 바뀌어 변화를 낳음'은 바뀌고 이끌어서 여러 卦를 낳은 뜻을 밝힌 것이다.

是故로 吉凶者는 失得之象也요

이러므로 吉과 凶은 失과 得의 象이요,

【注】 由有失得故로 吉凶生이라

〈일에〉 失(잘못함)과 得(잘함)이 있음으로 말미암아 吉과 凶이 생겨난 것이다.

【疏】 正義曰：此下四句經,[1] 總明諸象不同之事. 辭之吉者, 是得之象, 辭之凶者, 是失之象, 故曰"吉凶者, 是失得之象也." 初時於事, 有失有得, 積漸成著, 乃爲吉凶也. 然易之諸卦及爻, 不言吉凶者, 義有數等. 或吉凶據文可知, 不須明言吉凶者. 若乾"元亨利貞"及九五"飛龍在天, 利見大人"之屬, 尋文考義, 是吉可知, 故不須云吉也. 若其剝"不利有攸往", 離之九四"突如其來如, 焚如, 死如, 棄如"之屬, 據其文辭, 其凶可見, 故不言凶也. 亦有爻處吉凶之際, 吉凶未定, 行善則吉, 行惡則凶, 是吉凶未定, 亦不言吉凶. 若乾之九三"君子終日乾乾, 夕惕, 若厲, 无咎", 若屯之六二"屯如邅如, 乘馬班如, 匪寇, 婚媾, 女子貞不字, 十年乃字", 是吉凶未定, 亦不言吉凶也.

1) 此下四句經：'吉凶者 失得之象也'부터 '剛柔者 晝夜之象也'까지 4개의 節을 가리켜 말한 것이다.

正義曰：이 아래 네 구의 經文은 여러 象이 똑같지 않은 일을 총괄하여 밝힌 것이다. 글(卦辭와 爻辭) 중에 吉한 것은 得의 象이고, 글 중에 凶한 것은 失의 象이다. 그러므로 "吉과 凶은 失과 得의 象이다."라고 말한 것이다. 처음에는 일에 있어서 失이 있고 得이 있다가 점점 쌓여 드러나게 됨에 비로소 吉과 凶이 되는 것이다.

그러나 易의 여러 卦와 爻 중에 吉・凶을 말하지 않은 것은 그 뜻이 몇 가지 있다. 혹은 글을 근거해보면 그 길・흉을 알 수 있어서 굳이 길・흉을 분명히 말하지 않은 것이 있다. 예컨대 乾卦의 "元하고 亨하고 利하고 貞하다."는 것과, 九五 爻辭의 "나는 龍이 하늘에 있는 것이니, 大人을 봄이 이롭다."는 것과 같은 등속은 글을 찾아보고 뜻을 상고해보면 길함을 알 수 있으므로 굳이 길함을 말하지 않은 것이다. 剝卦의 "가는 바를 둠이 이롭지 않다."는 것과, 離卦의 九四 爻辭의 "갑자기 오니, 불타며 죽으며 버림받으리라."는 것과 같은 등속은 글을 근거해보면 흉함을 알 수 있으므로 흉함을 말하지 않은 것이다.

또한 爻가 길과 흉의 중간에 처하여 길과 흉이 아직 정해지지 않아서 善을 행하면 길하고 惡을 행하면 흉한 것이 있으니, 이는 길과 흉이 아직 정해지지 않아서 또한 길과 흉을 말하지 않은 것이다. 예컨대 乾卦의 九三 爻辭의 "君子가 종일토록 부지런히 힘써서 저녁까지도 두려워하면 위태로운 듯하나 허물이 없으리라."는 것과, 屯卦의 六二 爻辭의 "어려워하고 머뭇거리며 말을 타고서 맴도니, 賊이 아니면 婚媾이다. 여자가 貞操를 지켜서 사랑하지 않다가 10년이 되어서야 비로소 사랑한다."는 것은 바로 길과 흉이 아직 정해지지 않았으므로 또한 길과 흉을 말하지 않은 것이다.

【疏】又諸稱无咎者, 若不有善應則有咎, 若有善應則无咎, 此亦不定言吉凶也. 諸稱吉凶者, 皆嫌其吉凶不明, 故言吉凶以正之. 若坤之六五"黃裳元吉", 以陰居尊位, 嫌其不吉, 故言吉以明之, 推此, 餘可知也. 亦有於事无嫌, 吉凶灼然可知, 而更明言吉凶者, 若剝之初六"剝牀以足, 蔑貞凶", 六二"剝牀以辨, 蔑貞凶"者, 此皆凶狀灼然而言凶也. 或有一卦之內, 或一爻之中, 得失相形, 須言吉凶. 若大過九三"棟橈凶", 九四"棟隆吉", 是一卦相形也, 屯卦九五"屯其膏, 小貞吉, 大貞凶", 是一爻相形也. 亦有一事相形, 終始有異. 若訟卦"有孚, 窒惕, 中吉, 終凶"之類是也, 大略如此. 原夫易之爲書, 曲明萬象, 苟在釋辭, 明其意, 達其理, 不可以一爻爲例, 義有變通也.

또 여러 〈卦・爻에〉 '无咎'라고 말한 것은, 善한 應이 있지 않으면 허물〔咎〕이 있고 善한 應이 있으면 허물이 없는 것이니, 이 또한 길과 흉을 정해 말하지 않은 것이다.

여러 〈卦・爻에〉 '길・흉'을 말한 것은, 모두 길과 흉이 분명하지 않음을 혐의하였으므로 길과 흉을 말하여 바로잡은 것이다. 예컨대 坤卦의 六五 爻辭의 "누런 치마처럼 하면 크게 길할 것이다."는 것은 陰이 尊位에 거하여 길하지 못함을 혐의하기 때문에 길함을 말하여 밝힌 것인바, 이것을 미루어보면 나머지를 알 수 있다.

또한 일에 혐의가 없어서 길과 흉을 분명히 알 수 있는데도 다시 길과 흉을 분명히 말한 경우가 있으니, 예컨대 剝卦의 初六 爻辭의 "牀을 깎되 상의 발을 함이니, 바름을 깎아 흉하다."는 것과, 六二 爻辭의 "牀을 깎되 辨에 이름이니, 바름을 깎아 흉하다."는 것은 모두 흉한 형상이 분명한데도 凶을 말한 경우이다.

혹은 한 卦의 안이나 혹 한 爻의 가운데에 得과 失이 서로 나타나서 마땅히 吉과 凶을 말해야 하는 경우가 있다. 예컨대 大過卦의 九三 爻辭의 "들보 기둥이 휘어지니, 흉하다."는 것과, 九四 爻辭의 "들보 기둥이 높이 솟아 길하다."는 것은 이는 한 卦 안에서 서로 나타난 것이요, 屯卦의 九五 爻辭의 "은택을 어렵게 함이니, 조금 바르게 함은 길하고 크게 바르게 함은 흉하다."는 것은 한 爻 가운데에 서로 나타난 것이다.

또한 똑같은 일이 서로 나타났는데도 始와 終에 차이가 있는 것이 있다. 예컨대 訟卦의 "진실이 있으나 막혀 두려워하여 중지하면 길하고, 끝까지 하면 흉하다."는 것과 같은 따위가 이것이니, 대략 이와 같다.

따져보건대, ≪周易≫ 책은 만 가지 象을 곡진히 밝힌 것이어서 진실로 卦辭와 爻辭를 해석함에 달려 있으니, 그 뜻을 밝히고 그 이치를 이해함에 한 爻를 준례로 삼을 수가 없어서 뜻에 변통함이 있는 것이다.

悔吝者는 憂虞之象也요

悔와 吝은 憂와 虞(앞으로 닥칠 우환을 미리 헤아림)의 象이요,

【注】 失得之微者 足以致憂虞而已라 故로 曰 悔吝이라하니라

失과 得 중에 작은 것은 憂와 虞를 이룰 뿐이다. 그러므로 "悔吝"이라고 한 것이다.

【疏】 正義曰：經稱悔吝者, 是得失微小、初時憂念虞度(탁)之形象也, 以憂虞不已, 未是大凶, 終致悔吝. '悔'者, 其事已過, 意有追悔之也. '吝'者, 當事之時, 可輕鄙恥, 故云"吝"也. 吝既是小凶, 則易之爲書, 亦有小吉, 則无咎之屬, 善補過是也. 此亦小吉, 而不言者, 下經備陳之也,[1] 故於此不言. 其餘元・亨・利・貞, 則是吉象之境, 有四德別言, 故於此不言也. 其以祉・有慶・有福之屬, 各於爻卦別言, 故不在此而說. 且易者, 戒人爲惡, 故於惡事備言也.

1) 下經備陳之也：아래 3장에 "无咎는 허물을 잘 補塡한 것이다.〔无咎者 善補過也〕"라고 한 것을 가리킨다.

正義曰：經文에서 '悔吝'이라고 한 것은, 바로 得과 失이 작아서 처음에 근심하고 헤아리는 형상이니, 근심과 헤아림을 그치지 않으면 크게 凶하지는 않으나 끝내 悔와 吝을 이루는 것이다.

〔悔〕 일이 이미 지나감에 마음에 뒤늦게 뉘우침이 있는 것이다.

〔吝〕 일을 당했을 때에 가볍고 비루하고 부끄럽게 여길 만한 것이므로 "吝"이라고 말한 것이다.

吝이 이미 小凶이면 ≪周易≫ 책에는 小吉도 있으니, 无咎와 같은 등속이니 허물을 잘 補塡한 것이 이것이다. 이 또한 小吉인데 말하지 않은 것은, 아래 경문에 자세히 말했으므로 여기에서 말하지 않은 것이다.

그 외 元・亨・利・貞은 吉한 象의 경계이나 四德에서 특별히 말했으므로 여기에서 말하지 않은 것이다. 以祉, 有慶, 有福과 같은 등속은 각각 爻辭와 卦辭에서 특별히 말했으므로 여기에서 말하지 않은 것이다. 또 ≪주역≫은 사람들이 惡을 행함을 경계하였

으므로 악한 일에 대해 자세히 말한 것이다.

變化者는 進退之象也요

變과 化는 나아가고 물러가는 象이요,

【注】 往復相推하여 迭進退也라

가고 옴이 서로 바뀌어서 번갈아 나아가고 물러가는 것이다.

【疏】 正義曰：萬物之象, 皆有陰陽之爻, 或從始而上進, 或居終而倒退, 以其往復相推, 或漸變而頓化, 故云"進退之象也."

正義曰：만물의 象에 모두 陰爻와 陽爻가 있어서 혹은 始初로부터 위로 나아가고 혹은 終末에 거하여 거꾸로 물러가니, 가고 옴이 서로 바뀌어서 혹은 점점 變하고 갑자기 化하므로 "나아가고 물러가는 象이다."라고 말한 것이다.

剛柔者는 晝夜之象也요

剛과 柔는 낮과 밤의 象이요,

【注】 晝則陽剛이요 夜則陰柔라 始總言吉凶變化하고 而下에 別明悔吝晝夜者는 悔吝은 則吉凶之類요 晝夜亦變化之道니 吉凶之類는 則同因繫辭而明하고 變化之道는 則俱由剛柔而著라 故로 始總言之하고 下則明失得之輕重하고 辨變化之小大라 故로 別序其義也니라

낮은 陽과 剛이요 밤은 陰과 柔이다. 처음에는 吉凶과 變化를 총괄하여 말하고 아래에서는 별도로 悔吝과 晝夜를 밝힌 것은 〈다음과 같은 이유이다.〉 悔吝은 길흉의 종류이고 晝夜는 또 變化의 道이니, 길흉의 종류는 똑같이 '글을 달음'을 인하여 밝혔고 變化의 道는 모두 剛柔를 따라 드러난다. 그러므로 처음에는 총괄하여 말하였고, 아래에서는 失得의 경중을 밝히고 變化의 小大를 구별하였다. 그러므로 그 뜻을 별도로 서술한 것이다.

【疏】 '剛柔'至'象也' ○ 正義曰：晝則陽日照臨, 萬物生而堅剛, 是晝之象也. 夜則陰潤浸被, 萬物〔生〕[1]而皆柔弱, 是夜之象也.

1) 〔生〕: 저본에는 '生'이 없으나, 글 뜻에 의거하여 보충하였다.

經의 〔剛柔〕에서 〔象也〕까지

○ 正義曰 : 낮에는 陽의 해가 비추고 임하여서 만물이 생겨남에 견고하고 강해지니, 이는 낮의 象이다. 밤에는 陰의 濕潤이 두루 입혀져서 만물이 생겨남에 모두 유약하니, 이는 밤의 象인 것이다.

【疏】 ○ 注'始總'至'變化' ○ 正義曰 : 云'始總言吉凶變化'者, 謂上文云"繫辭焉而明吉凶, 剛柔相推而生變化", 是始總言吉凶變化也. 云'而下別明悔吝晝夜'者, 謂次文云"悔吝者, 憂虞之象"·"剛柔者, 晝夜之象", 是別明悔吝晝夜也. 言'悔吝則吉凶之類'者, 案上文"繫辭而明吉凶", 次又別序云"吉凶者, 失得之象"·"悔吝者, 憂虞之象", 是吉凶之外, 別生悔吝, 是悔吝亦吉凶之類. 大略總言吉凶, 是細別之, 吉凶之外, 別有悔吝也, 故云"悔吝則吉凶之類." 云'晝夜亦變化之道'者, 案上文云"剛柔相推而生變化", 次文別云"變化者, 進退之象"·"剛柔者, 晝夜之象", 變化之外, 別云晝夜, 總言之則變化晝夜是一, 分之則變化晝夜是殊, 故云"晝夜亦變化之道"也.

○ 注의 〔始總〕에서 〔變化〕까지

○ 正義曰 : 〔始總言吉凶變化〕 윗글에 "글을 달아 吉凶을 밝히고, 剛과 柔가 서로 바뀌어 變化를 낳았다."라고 한 것이 바로 처음에 吉凶과 變化를 총괄하여 말한 것임을 이른다.

〔而下別明悔吝晝夜〕 다음 글에 "悔와 吝은 憂와 虞의 상이다."라고 한 것과, "剛과 柔는 낮과 밤의 象이다."라고 한 것이 바로 별도로 悔吝과 晝夜를 밝힌 것임을 이른다.

〔悔吝則吉凶之類〕 살펴보건대 윗글에서 "글을 달아 吉凶을 밝혔다."라 하고, 다음에 또 별도로 서술하기를 "吉과 凶은 失과 得의 象이다."라고 하고 "悔와 吝은 憂와 虞의 상이다."라고 하였으니, 이는 길흉 외에 별도로 悔吝이 생긴 것이니, 이 悔吝은 또한 길흉의 종류이다. 대략 총괄하여 말하면 길흉인 것이고 세세히 구별하면 길흉 외에 별도로 悔吝이 있는 것이다. 그러므로 "悔吝은 길흉의 종류이다."라고 한 것이다.

〔晝夜亦變化之道〕 살펴보건대 윗글에서 "剛과 柔가 서로 바뀌어 變化를 낳았다."라 하고, 다음 글에 별도로 "變과 化는 나아가고 물러가는 象이다.", "剛과 柔는 낮과 밤의 象이다."라 하여 變化 외에 별도로 晝夜를 말했으니, 총괄하여 말하면 變化와 晝夜가 하나이고 나누면 變化와 晝夜가 다르다. 그러므로 "晝夜 또한 變化의 道이다."라고 말

한 것이다.

【疏】 云'吉凶之類則同因繫辭而明'者, 案上文云"繫辭焉而明吉凶", 次文別序云"吉凶"·"悔吝", 兩事同因上繫辭而明之也, 故云"吉凶之類, 則同因繫辭而明"也. 云'變化之道則俱(田)〔由〕[1]剛柔而著'者, 上文"剛柔相推而生變化", 次文別序云"變化者, 進退之象, 剛柔者, 晝夜之象", 上文則變化剛柔合爲一, 次文則別序變化剛柔分爲二. 合之則同, 分之則異, 是變化從剛柔而生, 故云"變化之道 俱由剛柔而著"也.

1) (田)〔由〕: 저본에는 '田'으로 되어 있으나, 注에 의거하여 '由'로 바로잡았다.(北京大 整理本 참조)

〔吉凶之類則同因繫辭而明〕 살펴보건대 윗글에 "글을 달아 吉과 凶을 밝혔다."라 하고, 다음 글에 별도로 서술하기를 "吉凶", "悔吝"이라고 하여, 두 가지 일을 똑같이 위의 '글을 달음'을 인하여 밝혔다. 그러므로 "길흉의 종류는 똑같이 '글을 달음'을 인하여 밝혔다."라고 말한 것이다.

〔變化之道則俱由剛柔而著〕 윗글에 "剛과 柔가 서로 바뀌어 變化를 낳았다."라 하고, 다음 글에 별도로 서술하기를 "變과 化는 나아가고 물러가는 象이요, 剛과 柔는 낮과 밤의 象이다."라고 하여, 윗글에서는 變化와 剛柔를 합하여 하나로 만들었는데 다음 글에서는 變化와 剛柔를 별도로 서술하여 나누어서 둘로 만들었다. 합하면 같고 나누면 다르니, 이는 變化가 剛柔를 따라 생겨난 것이기 때문이다. 그러므로 "變化의 道는 모두 剛柔를 따라 드러난다."라고 말한 것이다.

【疏】 云'故始總言之'(也)〔者〕[1], 上文"繫辭焉而明吉凶", 不云悔吝, 是總言之也. 又上文"剛柔相推而生變化", 不云晝夜, 是總變化言之也. 云'下則明失得之輕重 辨變化之小大 故別序其義'者, 案次文別序云"吉凶者, 失得之象", 是失得重也, "悔吝者, 憂虞之象", 是失得輕也. 又次經云"變化者, 進退之象", 是變化大也, "剛柔者, 晝夜之象." 是變化小也. 兩事並言, 失得別明輕重, 變化別明小大, 是別序其義.

1) (也)〔者〕: 저본에는 '也'로 되어 있으나, 疏의 체제에 의거하여 '者'로 바로잡았다.

〔故始總言之〕 윗글에 "글을 달아 吉과 凶을 밝혔다."라고 하여 悔吝을 말하지 않았으니, 이는 총괄하여 말한 것이다. 또 윗글에 "剛과 柔가 서로 바뀌어 變化를 낳았다."라고 하여 晝夜를 말하지 않았으니, 이는 變化를 총괄하여 말한 것이다.

〔下則明失得之輕重 辨變化之小大 故別序其義〕 살펴보건대 다음 글에 별도로 서술하기를 "吉과 凶은 失과 得의 象이다."라고 하였으니 이는 失과 得이 중한 것이고, "悔와 吝은 憂와 虞의 象이다."라고 하였으니 이는 失과 得이 가벼운 것이다. 또 다음 경문에 "變과 化는 나아가고 물러나는 象이다."라고 하였으니 이는 變과 化가 큰 것이고, "剛과 柔는 밤과 낮의 象이다."라고 하였으니 이는 變과 化가 작은 것이다. 두 가지 일을 함께 말하여 失과 得은 輕·重을 구별하여 밝히고 變과 化는 小·大를 구별하여 밝혔으니, 이는 그 뜻을 별도로 서술한 것이다.

六爻之動은 三極之道也라

六爻의 동함은 三極의 道이다.

【注】 三極은 三材也니 兼三材之道라 故로 能見吉凶하여 成變化也라

三極은 三材(三才)이니 三材의 道를 겸하였으므로 능히 吉凶을 보아서 變化를 이룬 것이다.

【疏】 正義曰 : 此覆明變化進退之義. 言六爻遞相推動而生變化, 是天地人三才至極之道. 以其事兼三才, 故能見吉凶而成變化也.

正義曰 : 이는 變化와 進退의 뜻을 반복해 밝힌 것이다. '六爻가 번갈아 서로 바뀌고 움직여서 변화를 낳으니, 이는 天·地·人 三才의 지극한 道임'을 말한 것이다. 이 일이 三才를 겸하였으므로 능히 吉凶을 보아서 變化를 이룬 것이다.

是故로 君子所居而安者는 易之序也요

이 때문에 君子가 거처하면서 편안히 여기는 것은 易의 次序요,

【注】 序는 易象之次序라

序는 易象의 차서이다.

【疏】 正義曰 : 以其在上, 吉凶顯其得失, 變化明其進退,[1] 以此之故, 君子觀象, 知其所處. 故(可居)〔居可〕[2]治之位, 而安靜居之, 是易位之次序也. 若居在乾之初九,而安在勿用, 若居在乾之九三, 而安在乾乾, 是以所居而安者, 由觀易(之位)〔位之〕[3] 次序也.

1) 以其在上……變化明其進退 : 여기에서 말한 '易의 차서'는 乾・坤・屯・蒙……, 즉 64괘의 순서보다는 卦의 爻에 따른 위치를 가리킨 듯하다. 六爻는 天位・人位・地位로 나뉘는바, 人位의 四爻와 天位의 五爻는 사람으로 비유하면 大臣과 君主의 자리에 해당한다. 윗사람의 得失(잘잘못)은 吉・凶에 크게 나타나고, 윗사람의 변화는 進・退에 직접 관련되는바, 이를 말한 것으로 보인다.

2) (可居)〔居可〕: 저본에는 '可居'로 되어 있으나, 監本과 毛本에 의거하여 '居可'로 바로잡았다.(阮元의 〈校勘記〉 참조)

3) (之位)〔位之〕: 저본에는 '之位'로 되어 있으나, 글 뜻에 의거하여 '位之'로 바로잡았다.(北京大 整理本 참조) 바로 위에도 '易位之次序'라고 보인다.

正義曰 : 윗자리에 있기 때문에 吉凶에 그 得失이 드러나고 變化에 그 進退를 밝히니, 이 때문에 君子가 그 象을 보고서 거처할 바를 아는 것이다. 그러므로 다스릴 수 있는 지위에 거하여 安靜하게 거처하니, 이는 易位의 차서인 것이다. 예컨대 乾卦의 初九에 거하면 편안함이 '쓰지 않음'에 있고, 乾卦의 九三에 거하면 편안함이 '부지런히 힘씀'에 있으니, 이 때문에 거처하면서 편하게 여기는 것은 易位의 차서를 봄에 말미암은 것이다.

所樂而玩者는 **爻之辭也**라 **是故**로 **君子居則觀其象而玩其辭**하고 **動則觀其變而玩其占**이라 **是以**로 **自天祐之**하여 **吉无不利**하나니라

즐거워하면서 익숙히 보는 것은 爻의 글이다. 이 때문에 君子가 거처하면(동하지 않고 가만히 있으면) 象을 보고 爻辭를 익숙히 보며 동하면 變을 보고 占을 익숙히 본다. 이 때문에 하늘로부터 도와서 吉하여 이롭지 않음이 없는 것이다.

【疏】 '所樂'至'无不利' ○ 正義曰 : '所樂而玩者 爻之辭也'者, 言君子愛樂而習玩者, 是六爻之辭也. 辭有吉凶悔吝, 見善則思齊其事, 見惡則懼而自改, 所以愛樂而耽玩也. 卦之與爻, 皆有其辭, 但爻有變化, 取象既多, 以知得失, 故君子尤所愛樂, 所以特云"爻之辭"也. '是故君子居則觀其象而玩其辭'者, 以易象則明其善惡, 辭則示其吉凶, 故君子自居處其身, 觀看其象, 以知身之善惡, 而習玩其辭, 以曉事之吉凶. '動則觀其變而玩其占'者, 言君子出行興動之時, 則觀其爻之變化, 而習玩其占之吉凶. 若乾之九四"或躍在淵", 是動則觀其變也. 春秋傳云"先王卜征五年",[1] 又云"卜以決疑",[2] 是動玩其占也. '是以自天祐之 吉无不利'者, 君子旣能奉遵易象, 以居處其身, 无有凶害. 是以從天以下, 悉皆祐之, 吉无不利, 此大有上九爻辭.

1) 春秋傳云先王卜征五年 : 이 말은 ≪春秋左氏傳≫ 襄公 13년조에 보이는바, ≪春秋左傳正義≫의 孔穎達의 疏에 "征行하기 5년 전에 그 길흉을 점친 것이니, 征行 5년 전에 미리 점침을 말한 것이다. '征'은 行의 뜻이다.〔先征五年而卜其吉凶也者 以謂征前五年而預卜之也 征 訓行也〕"라고 한 것에 의거하여 아래와 같이 번역하였다. '征行'은 '멀리 출행함'의 뜻이다.

2) 又云卜以決疑 : 이 말은 ≪春秋左氏傳≫ 桓公 11년조에 보이는바, 楚나라 屈瑕가 鬪廉에게 군대의 운용에 대해 점쳐보라 명하자, 투렴이 "점은 의심을 결단하기 위하여 치는 것이니, 의심스럽지 않은데 어찌 점을 치겠습니까.〔卜以決疑 不疑何卜〕"라고 답하였다.

經의 〔所樂〕에서 〔无不利〕까지

○ 正義曰 : 〔所樂而玩者 爻之辭也〕 君子가 사랑하고 좋아하여 익숙히 보는 것은 六爻의 爻辭임을 말한 것이다. 爻辭에 吉凶과 悔吝이 있으니, 善을 보면 그 일과 똑같기를 생각하고 惡을 보면 두려워하여 스스로 잘못을 고치기 때문에 〈爻辭를〉 사랑하고 좋아하여 익숙히 보는 것이다. 卦와 爻에 모두 辭(글)가 있으나 다만 爻에 變化가 있어서 象을 취함이 이미 많아 得失을 알 수 있다. 그러므로 君子가 〈爻辭를〉 더욱 사랑하고 좋아하는 것이니, 이 때문에 특별히 "爻의 辭"라고 말한 것이다.

〔是故君子居則觀其象而玩其辭〕 易의 象은 善惡을 밝히고 易의 辭는 吉凶을 보여준다. 그러므로 君子가 자기 몸을 거처함에 그 象을 자세히 살펴보아서 자신의 善惡을 자세히 알고, 그 爻辭를 익숙히 보아서 일의 吉凶을 깨닫는 것이다.

〔動則觀其變而玩其占〕 君子가 출행하고 일어나 움직일 때에는 爻의 변화를 관찰하여 占卦의 吉凶을 익숙히 봄을 말한 것이다. 예컨대 乾卦의 九四의 "혹 뛰어올라 연못에 있다."는 것은 동함에 그 변화를 보는 것이다. ≪春秋左氏傳≫에 "先王이 征行하기 5년 전에 점을 쳤다."라고 하고, 또 "점은 의심을 결단하기 위하여 치는 것이다."라고 하였으니, 이는 동함에 그 점을 익숙히 보는 것이다.

〔是以自天祐之 吉无不利〕 君子가 이미 易의 象을 받들어 따라서 자기 몸을 거처하여 凶害가 없다. 이 때문에 하늘로부터 이하가 모두 다 도와주어서 길하여 이롭지 않음이 없는 것이니, 이것은 大有卦 上九의 爻辭이다.

제3장

【疏】 正義曰 : '彖者言乎'至'生之說' 此第三章也.[1] 上章明吉凶悔吝繫辭之義, 而細意未盡, 故此章更委曲說卦爻吉凶之事. 是以義理深奧, 能彌綸天地之道, 仰觀俯察, 知死生之說.

1) 此第三章也 : 朱子는 '辭也者 各指其所之'까지만 3장에 해당시키고, '易與天地準'부터 '故神无方而易无體'까지를 4장으로 묶었다.

正義曰 : 經의 〔彖者言乎〕에서 〔生之說〕까지

이는 제3장이다. 위의 장에서는 吉凶・悔吝의 글을 단 뜻을 밝혔으나 세세한 뜻을 다하지 못하였다. 그러므로 이 장에서 다시 卦와 爻의 吉凶의 일을 곡진히 말한 것이다. 이 때문에 義理가 심오하여 天地의 道를 彌綸해서 우러러 〈天文을〉 보고 굽어 〈地理를〉 살펴서 死生의 說을 알 수 있는 것이다.

彖者는 言乎象者也요

彖(卦辭)은 象을 말한 것이요,

【注】 彖은 總一卦之義也라

彖은 한 卦의 뜻을 총괄한 것이다.

【疏】 正義曰 : 彖謂卦下之辭, 言說乎一卦之象也.[1]

1) 彖謂卦下之辭 言說乎一卦之象也 : 여기의 '彖'은 彖辭 즉 卦辭의 뜻이다. 阮元의 〈校勘記〉에 "石經・岳本・閩本・監本・毛本은 같고, 古本은 '彖' 아래에 '曰'자가 있다."고 하였는데, 古本처럼 '彖曰者'라고 하면 '彖'이 彖辭(卦辭)가 아니라 〈彖傳〉이라는 뜻이 되어 맞지 않는다. 朱子 역시 이를 卦辭로 보았다.

正義曰 : 彖은 卦 아래의 글을 이르니, 한 卦의 象을 말한 것이다.

爻者는 言乎變者也요

爻(爻辭)는 變함을 말한 것이요,

【注】 爻는 各言其變也라

爻는 각각 그 〈象의〉 變함을 말한 것이다.

【疏】 正義曰 : 謂爻下之辭, 言說此爻之象改變也.

正義曰 : 爻 아래의 글(爻辭)을 이르니, 이 爻의 象이 바뀌어 변함을 말한 것이다.

吉凶者는 **言乎其失得也**요 **悔吝者**는 **言乎其小疵也**요 **无咎者**는 **善補過也**라 **是故**로 **列貴賤者**는 **存乎位**하고

吉과 凶은 失과 得을 말한 것이요, 悔와 吝은 작은 하자를 말한 것이요, 无咎는 허물을 잘 補塡한 것이다. 이 때문에 貴賤을 나열함은 爻의 자리에 있고,

【注】 爻之所處曰位니 六位有貴賤也라

爻가 처한 곳을 位라 하니, 六位에 貴賤이 있는 것이다.

【疏】 正義曰 : '吉凶者 言乎其失得也'者, 謂爻卦下辭也. 著其吉凶者, 言論其卦爻失之與得之義也. 前章言據其卦爻之象, 故云"吉凶者, 失得之象." 此章據其卦爻之辭, 故云"吉凶者, 言乎其失得也." '悔吝者 言乎其小疵也'者, 辭著悔吝者, 言說此卦爻有小疵病也, 有小疵病, 必預有憂虞, 故前章云"悔吝者, 憂虞之象." 但前章據其象, 此章論其辭也. '无咎者 善補過也'者, 辭稱无咎者, 卽此卦爻能補其過, 若不能補過, 則有咎也. 案略例无咎有二, 一者, 善能補過, 故无咎, 二者, 其禍自已招, 无所怨咎. 故節之六三"不節之嗟, 又誰咎也." 但如此者少, 此據多者言之, 故云"善補過也."[1] 前章擧其大略, 故不細言无咎之事, 此章備論也.[2] '是故列貴賤者 存乎位'者, 以爻者言乎變, 以此之故, 陳列物之貴賤者, 在存乎六爻之位, 皆上貴而下賤也.

1) 案略例无咎有二……故云善補過也 : 여기에서 인용한 節卦 六三의 말은 六三爻 〈象傳〉의 말인바, 節卦 六三 爻辭는 "六三은 節制하지 않으면 슬피 한탄하리니, 허물할 곳이 없도다.〔六三 不節若 則嗟若 无咎〕"이다. 王弼의 ≪周易略例≫의 말은 다음과 같다. "무릇 '无咎'라고 말한 것은 본래 모두 허물이 있는 것인데, 방비함에 그 道를 얻었기 때문에 无咎를 얻는 것이다. '吉 无咎' 또한 본래 허물이 있는데 길하기 때문에 면함을 얻는 것이다. '无咎 吉'은 먼저 허물을 면하고 뒤에 길함이 따라온 것이며, 또는 처함이 제때

를 얻어서 길함에 功을 기다리지 않고 허물을 범하지 않으면 길함을 얻는 것이다. 혹 죄를 자기가 불러들여서 원망하고 허물할 곳이 없을 때에도 '무구'라고 한 경우가 있다. 그러므로 節卦 六三 爻辭에 '節制하지 않으면 슬피 한탄하리니, 허물할 곳이 없도다.'라고 하였는데, 〈象傳〉에 '不節의 한탄을 또 누구를 허물하겠는가.'라고 하였으니, 이를 말한 것이다.〔凡言无咎者 本皆有咎者也 防得其道 故得无咎也 吉无咎者 本亦有咎 由吉 故得免也 无咎吉者 先免於咎 而後吉從之也 或亦處得其時 吉不待功 不犯於咎 則獲吉也 或有罪自己招 无所怨咎 亦曰无咎 故節六三曰 不節若 則嗟若 无咎 象曰 不節之嗟 又誰咎也 此之謂矣〕"

2) 前章擧其大略……此章備論也 : 2장에서는 吉凶・悔吝・變化・剛柔만 들고 无咎를 언급하지 않았으므로 이렇게 말한 것이다.

正義曰 : 〔吉凶者 言乎其失得也〕 爻와 卦의 아래에 있는 爻辭와 卦辭를 말한 것이다. 吉凶을 드러냄은 卦와 爻의 失과 得의 뜻을 논한 것이다. 앞 장은 卦와 爻의 象을 근거함을 말하였기 때문에 "吉과 凶은 失과 得의 象이다."라고 한 것이고, 이 장은 卦辭와 爻辭를 근거하였기 때문에 "吉과 凶은 失과 得을 말한 것이다."라고 한 것이다.

〔悔吝者 言乎其小疵也〕 卦辭와 爻辭에 悔吝을 드러냄은 이 卦와 爻에 작은 하자가 있음을 말한 것이니, 작은 하자가 있으면 반드시 미리 근심과 헤아림이 있다. 그러므로 앞 장에서 "悔와 吝은 憂와 虞의 象이다."라고 한 것이다. 다만 앞 장은 象을 근거하였고 이 장은 卦辭와 爻辭를 논하였다.

〔无咎者 善補過也〕 卦辭와 爻辭에 '无咎'라고 칭한 것은 바로 이 卦와 爻가 그 허물을 잘 補塡할 수 있는 것이니, 만약 허물을 보전하지 못하면 허물이 있는 것이다. 살펴보건대, ≪周易略例≫에 无咎가 두 가지 있으니, 첫 번째는 허물을 잘 보전하기 때문에 허물이 없는 것이요, 두 번째는 禍를 자기가 불러들여서 원망하고 허물할 곳이 없는 것이다. 그러므로 節卦의 六三 〈象傳〉에 "不節의 한탄을 또 누구를 허물하겠는가."라고 한 것이다. 다만 이와 같은 경우가 적으니, 여기에서는 많은 것을 근거하여 말했으므로 "허물을 잘 보전한 것이다."라고 말한 것이다. 앞장에서는 대략을 들었으므로 无咎의 일을 세세히 말하지 않았고, 이 장에서는 자세히 논한 것이다.

〔是故列貴賤者 存乎位〕 爻를 가지고 〈象의〉 變함을 말한 것이다. 이 때문에 물건의 귀천을 진열한 것이 여섯 爻의 자리에 있는 것이니, 모두 위는 귀하고 아래는 천하다.

齊小大者는 存乎卦하고

小와 大를 분별함은 卦辭에 있고,

【注】 卦有小大也하고 齊는 猶言辨也니 卽彖者言乎象也라

卦에는 小와 大가 있고 齊는 분별한다는 말과 같으니, 이는 바로 '彖은 象을 말했다.' 라는 것이다.

【疏】 正義曰 : 以彖者言乎象, 象有小大, 故齊辨物之小大者, 存乎卦也. 猶若泰則小往大來, 吉亨, 否則大往小來之類是也.[1]

1) 猶若泰則小往大來……否則大往小來之類是也 : 泰卦䷊와 否卦䷋의 卦辭를 들어 말한 것이다. 小는 陰을 가리키고 大는 陽을 가리키니, 泰卦는 陰이 물러가고 陽이 자라는 象이기 때문에 卦辭에 "小往大來 吉亨"이라 하였고, 否卦는 陽이 물러가고 陰이 자라는 象이기 때문에 "大往小來"라 한 것이다.

正義曰 : 彖을 가지고 象을 말하니, 象에는 小와 大가 있으므로 물건의 小와 大를 분별하는 것이 卦辭에 달려 있는 것이다. 예컨대 泰卦는 小가 가고 大가 와서 吉하여 형통하고, 否卦는 大가 가고 小가 오는 것과 같은 따위가 이것이다.

辯吉凶者는 存乎辭하고

吉과 凶을 분별함은 爻辭에 있고,

【注】 辭는 爻辭也니 卽爻者言乎變也라 言象은 所以明小大요 言變은 所以明吉凶이라 故로 小大之義는 存乎卦하고 吉凶之狀은 見(현)乎爻하니 至於悔吝无咎하여도 其例一也라 吉凶悔吝小疵无咎는 皆(主)〔生〕[1]乎變하니 事有小大故로 下歷言五者之差也라

1) (主)〔生〕: 저본에는 '主'로 되어 있으나, 아래 疏에 의거하여 '生'으로 바로잡았다.(北京大 整理本 참조)

辭는 爻辭니, 바로 '爻는 變함을 말했다.'라는 것이다. 〈卦辭에서〉 象을 말함은 小와 大를 밝히는 것이고, 〈爻辭에서〉 變을 말함은 吉과 凶을 밝히는 것이다. 그러므로 小와 大의 뜻이 卦에 있고 吉과 凶의 형상이 爻에 나타나는 것이니, 悔吝과 无咎에 이르러서도 그 體例가 똑같다. 吉凶・悔吝・小疵・无咎는 모두 變에서 생겨나니, 일에 小와 大가 있으므로 아래에 다섯 가지의 차별을 차례로 말한 것이다.

【疏】 '辯吉'至'乎辭' ○ 正義曰 : 謂辯明卦之與爻之吉凶, 存乎卦爻下之言辭是也.

經의 〔辯吉〕에서 〔乎辭〕까지

○ 正義曰：卦와 爻의 吉과 凶을 분별하여 밝힘이 卦와 爻의 아래에 있는 글(卦辭와 爻辭)에 있음을 말한 것이다.

【疏】○ 注'辭爻'至'差也' ○ 正義曰：云'辭 爻辭也'者, 其實卦之與爻, 皆有其辭, 知是爻辭者, 但卦辭變化少, 爻辭變化多, 此經"辯吉凶者, 存乎辭", 與"齊小大者, 存乎卦", 二文相對, 上旣云卦, 故此辭爲爻辭也. 云'言象 所以明小大'者, 卽齊小大者存乎卦是也. 云'言變化 所以明吉凶'者, 則辯吉凶者存乎辭是也. 云'故小大之義 存乎卦'者, 覆說言象所以明小大也. 云'吉凶之狀 見乎爻'者, 覆說言變所以明吉凶也. 云'悔吝无咎 其例一也'者, 謂悔吝无咎, 體例與吉凶一也, 皆是存乎辭. 云'悔吝小疵无咎 皆生乎變'者, 謂皆生於爻也, 言乎變者, 謂皆從爻變而來. 云'事有小大'者, 大則爲吉凶, 小則爲悔吝无咎也. 云'故下歷言五者之差'者, 謂於吉凶下, 歷次言五者之差別, 數五者, 謂吉一, 凶二, 悔三, 吝四, 无咎五. 然諸儒以爲"五者皆數, 列貴賤者存乎位, 是其一也, 齊小大者存乎卦, 是其二也, 辯吉凶者存乎辭, 是其三也, 憂悔吝者存乎介, 是其四也, 震无咎者存乎悔, 是其五也." 於經數之爲便, 但於注理則乖. 今並存焉, 任後賢所釋.

○ 注의 〔辭爻〕에서 〔差也〕까지

○ 正義曰：〔辭 爻辭也〕 실제로는 卦와 爻에 모두 글이 있는데 이것이 爻辭임을 아는 것은, 다만 卦辭는 변화가 적고 爻辭는 변화가 많은바, 이 경문에 "吉과 凶을 분별함은 爻辭에 있다."라 하고, 〈위 경문에〉 "小와 大를 분별함은 卦辭에 있다."라고 하여 두 글이 상대하였으니, 위에서 이미 卦辭를 말하였기 때문에 이 글이 爻辭가 됨을 〈아는〉 것이다.

〔言象 所以明小大〕 바로 "小와 大를 분별함이 卦辭에 있다."는 것이 이것이다.

〔言變化 所以明吉凶〕 "吉과 凶을 분별함이 爻辭에 있다."는 것이 이것이다.

〔故小大之義 存乎卦〕 '象을 말함은 小와 大를 밝히는 것'임을 반복하여 말한 것이다.

〔吉凶之狀 見乎爻〕 '變을 말함은 吉과 凶을 밝히는 것'임을 반복하여 말한 것이다.

〔悔吝无咎 其例一也〕 悔吝과 无咎의 體例가 吉凶과 똑같음을 말한 것이니, 이는 모두 爻辭에 있는 것이다.

〔悔吝小疵无咎 皆生乎變〕 모두 爻에서 생겨남을 말한 것이니, 變을 말함은 모두 爻가 변함으로부터 온 것임을 이른다.

〔事有小大〕 大는 吉凶이 되고, 小는 悔吝과 无咎가 된다.

〔故下歷言五者之差〕 吉凶의 아래에 다섯 가지의 차별을 차례로 말함을 이르니, 다섯 가지를 나열해보면, 吉이 첫 번째, 凶이 두 번째, 悔가 세 번째, 吝이 네 번째, 无咎가 다섯 번째임을 이른다. 그러나 諸儒들은 말하기를 "다섯 가지를 모두 세어보면, '貴賤을 나열함이 爻의 자리에 있음'이 첫 번째이고, '小와 大를 분별함이 卦辭에 있음'이 두 번째이고, '吉과 凶을 분별함이 爻辭에 있음'이 세 번째이고, '悔와 吝을 근심함이 介에 있음'이 네 번째이고, '動하여 허물이 없음이 悔에 있음'이 다섯 번째이다."라고 한다. 경문으로 세는 것이 편하나 다만 注의 이치에는 어긋난다. 이제 함께 남겨두어서 後賢의 선택에 맡긴다.

憂悔吝者는 存乎介하고

悔와 吝을 근심함은 介(작은 하자)에 있고,

【注】 介는 纖介也라 王弼曰 憂悔吝之時에 其介를 不可慢也[1]라하니 卽悔吝者言乎小疵也라

1) 王弼曰……不可慢也 : 이 말은 ≪周易略例≫ 〈明卦適變通爻〉에 보인다.

介는 纖介(미세함)이다. 王弼이 말하기를 "悔와 吝을 근심할 때에는 그 介를 소홀히 해서는 안 된다."라고 하였으니, 바로 '悔와 吝은 작은 하자를 말한 것이다.'라는 것이다.

【疏】 正義曰 : 介謂纖介, 謂小小疵病.[1] 能預憂虞悔吝者, 存於細小之疵病也.

1) 介謂纖介 謂小小疵病 : 韓康伯과 孔穎達은 '介'를 '작은 하자'의 의미로 보았는바, '介'는 '芥'와 통용되어 '미세함'의 의미가 있고 또 위 經文에서 '悔吝者 言乎小疵也'라고 하였으므로 '介'를 '小疵'의 뜻으로 풀이한 것이다.
  반면 朱子는 '介'를 '界'로 訓하여 경문을 '善과 惡이 변별되는 처음에 悔와 吝을 근심해야 함'의 의미로 해석하였다. ≪本義≫는 다음과 같다. "介는 변별의 단서를 이르니 善·惡이 이미 동하였으나 아직 나타나지 않은 때이니, 이때에 근심하면 悔·吝에 이르지 않는다.〔介謂辨別之端 蓋善惡已動而未形之時也 於此憂之 則不至於悔吝矣〕"

正義曰 : '介'는 纖介를 이르니, 소소한 하자를 말한다. 능히 悔와 吝을 미리 우려함은 소소한 하자에 달려 있는 것이다.

震无咎者는 存乎悔라

動하여 허물이 없음은 悔에 있다.

【注】无咎者는 善補過也라 震은 動也라 故로 動而无咎는 存乎悔過也라

无咎는 허물을 잘 補塡한 것이다. 震은 動함이다. 그러므로 동하여 허물이 없음은 허물을 뉘우침에 달려 있는 것이다.

【疏】正義曰：震, 動也. 動而无咎者, 存乎能自悔過也.

正義曰：震은 動함이니, 동하여 허물이 없음은 능히 스스로 허물을 뉘우침에 달려 있는 것이다.

是故로 卦有小大하고 辭有險易(이)하니

이 때문에 卦는 小와 大가 있고 辭는 험하고 평탄함이 있으니,

【注】其道光明曰大요 君子道消曰小니 之泰則其辭易하고 之否則其辭險이라

그 道가 光明한 것을 大라 하고, 君子의 道가 사라지는 것을 小라 하니, 通泰함으로 가면 그 辭가 평탄하고, 否塞함으로 가면 그 辭가 험하다.

【疏】正義曰：其道光明謂之大, 其道消散謂之小. 若之適通泰, 其辭則說易(열이), 若之適否塞, 其辭則難險也.

正義曰：그 道가 光明한 것을 大라 이르고, 그 道가 사라지고 흩어지는 것을 小라 이른다. 만약 通泰함으로 가면 그 글이 기쁘고 평탄하며, 만약 否塞함으로 가면 그 글이 어렵고 험하다.

辭也者는 各指其所之라 易與天地準[1)]이라

1) 辭也者……易與天地準：朱子는 '辭也者 各指其所之'에서 단락을 끊어 이상을 3장으로, '易與天地準' 이하를 4장으로 나누었다.

辭는 각각 그 가는 바를 가리킨 것이다. 易이 天地와 똑같다.

【注】 作易以準天地라

易을 지어서 天地와 똑같게 한 것이다.

【疏】 正義曰 : '辭也者 各指其所之'者, 謂爻卦之辭, 各斥其爻卦之之適也. 若之適於善, 則其辭善, 若之適於惡, 則其辭惡也. '易與天地準'者, 自此已上, 論卦爻辭理之義, 自此已下, 廣明易道之美. 言聖人作易, 與天地相準, 謂準擬天地, 則乾健以法天, 坤順以法地之類是也.

正義曰 : 〔辭也者 各指其所之〕 爻辭와 卦辭가 각각 그 爻와 卦의 가는(지향하는) 바를 가리킨 것임을 이른다. 만약 善으로 가면 그 글이 좋고, 만약 惡으로 가면 그 글이 나쁜 것이다.

〔易與天地準〕 이로부터 이상은 卦辭와 爻辭의 이치의 뜻을 논하였고, 이로부터 이하는 易道의 아름다움을 널리 밝혔다. 聖人이 易을 지어서 天地와 더불어 똑같게 함을 말한 것은 천지를 準擬함(본보기로 삼아 똑같게 함)을 이르니, 乾卦가 健하여 하늘을 본받고 坤卦가 順하여 땅을 본받는 따위가 이것이다.

故로 能彌綸天地之道하니라 仰以觀於天文하고 俯以察於地理라 是故로 知幽明之故[1]하며 原始反終이라 故로 知死生之說하니라

1) 幽明之故 : 朱子의 ≪本義≫에는 '幽'는 귀신세계, '明'은 인간세계로 풀이하고, '故'는 所以의 원인으로 풀이하였다.

그러므로 능히 天地의 道를 彌綸한다. 우러러 天文을 관찰하고 굽어 地理를 살핀다. 이 때문에 幽明의 일을 알며 始와 終을 따져 궁구하고 반복해 연구한다. 그러므로 死生의 說을 아는 것이다.

【注】 幽明者는 有形无形之象이요 死生者는 終始之數也라

幽와 明은 有形과 无形의 象이요, 死와 生은 終과 始의 數이다.

【疏】 正義曰 : '故能彌綸天地之道'者, 以易與天地相準, 爲此之故. 聖人用易, 能彌綸天地之道, 彌謂彌縫補合, 綸謂經綸牽引, 能補合牽引天地之道, 用此易道也. '仰以觀

於天文 俯以察於地理'者, 天有懸象而成文章, 故稱文也. 地有山川原隰, 各有條理, 故稱理也. '是故知幽明之故'者, 故謂事也. 故以用易道, 仰觀俯察, 知无形之幽, 有形之明, 義理事故也. '原始反終 故知生死之說'者, 言用易理, 原窮事物之初始, 反復事物之終末, 始終吉凶, 皆悉包羅, 以此之故, 知死生之數也. (止)〔正〕[1]謂用易道, 參其逆順, 則禍福可知, 用蓍策, 求其吉凶, 則死生可識也.

1) (止)〔正〕: 저본에는 '止'로 되어 있으나, 監本에 의거하여 '正'으로 바로잡았다.(阮元의 〈校勘記〉 참조)

正義曰 : 〔故能彌綸天地之道〕 易이 天地와 서로 똑같음은 이 때문인 것이다. 聖人이 易을 사용하여 능히 天地의 道를 彌綸하니, '彌'는 미봉하고 꿰매어 합침을 이르고, '綸'은 經綸하고 牽引함을 이르니, 능히 天地의 道를 꿰매어 합치고 견인함은 이 易의 道를 사용하는 것이다.

〔仰以觀於天文 俯以察於地理〕 하늘은 매달려 있는 象이 있어서 文章을 이루므로 '文'이라 칭하고, 땅은 산천과 평원과 습지가 있어서 각각 조리가 있으므로 '理'라 칭한 것이다.

〔是故知幽明之故〕 '故'는 일을 이른다. 이 때문에 易의 道를 사용하여 우러러 〈天文을〉 보고 굽어 〈地理를〉 살펴서 无形의 幽와 有形의 明의 義理와 事故를 아는 것이다.

〔原始反終 故知生死之說〕 '易의 이치를 사용하여 事物의 始初를 따져 궁구하고 事物의 終末을 반복해 연구해서 始終과 吉凶을 모두 포함하고 망라하니, 이 때문에 死生의 數를 아는 것'임을 말한 것이다. 이는 바로 '易의 道를 사용하여 逆과 順을 참고하면 禍와 福을 알 수 있고, 蓍草의 策數를 사용하여 吉과 凶을 추구하면 死와 生을 알 수 있음'을 말한 것이다.

제4장

【疏】 正義曰 : '精氣爲物'至'鮮矣' 此第四章也. 上章明卦爻之義, 其事類稍盡, 但卦爻未明鬼神情狀. 此章說物之改變而爲鬼神, 易能通鬼神之變化, 故於此章明之.

正義曰 : 經의 〔精氣爲物〕에서 〔鮮矣〕까지

이는 제4장이다. 위의 장은 卦爻의 뜻을 밝혀서 그 일의 종류를 거의 다하였으나 다만 卦와 爻에 鬼神의 情狀을 밝히지 못하였다. 이 장은 물건이 바뀌고 변하여 鬼神이 됨을 말하였으니, 易은 능히 鬼神의 變化를 통하기 때문에 이 장에서 밝힌 것이다.

精氣爲物이요 遊魂爲變이라

精氣가 물건이 되고, 魂이 떠돌아다님이 變이 된다.

【注】 精氣烟熅[1]하여 聚而成物하고 聚極則散하여 而遊魂爲變也라 遊魂은 言其遊散也라

1) 烟熅 : 閩本・監本・毛本은 '絪縕'으로 되어 있다.(阮元의 〈校勘記〉 참조)

精氣가 烟熅(陰陽 두 氣가 서로 붙고 화합함)해서 모여 물건을 이루고, 모임이 지극하면 흩어져서 魂이 떠돌아다녀 變이 된다. '遊魂'은 혼이 흩어져 떠돌아다님을 말한 것이다.

【疏】 正義曰 : 云'精氣爲物'者, 謂陰陽精靈之氣, 氤氳積聚而爲萬物也.[1] '遊魂爲變'者, 物旣積聚, 極則分散, 將散之時, 浮遊精魂, 去離物形, 而爲改變, 則生變爲死, 成變爲敗, 或未死之間, 變爲異類也.

1) 云精氣爲物者……氤氳積聚而爲萬物也 : 經文의 '精氣'를 孔穎達은 '정령한 기운'으로 해석하였다.

반면 朱子는 '陰의 精'과 '陽의 氣'로 나누어보았다. 그리하여 '精氣爲物 遊魂爲變'을 "陰의 精과 陽의 氣가 모여서 물건을 이룸은 神의 펴짐이요, 魂이 돌아다니고 魄이 내려와서 흩어져 變이 됨은 鬼의 돌아감이다.〔陰精陽氣 聚而成物 神之伸也 魂游魄降 散而爲變 鬼之歸也〕"라고 풀이하였다.

正義曰 : 〔精氣爲物〕 陰陽의 精靈한 氣가 氤氳(烟熅)하여 쌓이고 모여서 萬物이 됨을 말한 것이다.

〔遊魂爲變〕 물건이 이미 쌓이고 모여서 지극하면 나뉘고 흩어지니, 장차 흩어지려 할 때에 精魂이 떠돌아다녀서 물건의 형체를 떠나 바뀌고 변하면, 生이 변하여 死가 되고 變이 이루어져 腐敗가 되며, 혹 죽지 않은 사이에 변하여 異類가 되는 것이다.

是故로 知鬼神之情狀[1]하여

1) 是故 知鬼神之情狀 : 朱子는 '仰以觀於天文'부터 여기까지를 한 단락으로 보고 "이는 이치를 궁구하는 일이다. '以'는 聖人이 ≪周易≫ 책을 이용하는 것이다."라고 풀이하였다.

이 때문에 鬼神의 情狀을 알아서

【注】 盡聚散之理하면 則能知變化之道하여 无幽而不通也라

모이고 흩어지는 이치를 다하면 능히 變化의 道를 알아서 아무리 그윽하여도 통달하지 못함이 없는 것이다.

【疏】 '是故'至'情狀' ○ 正義曰：能窮易理，盡生死變化，以此之故，能知鬼神之內外情狀也. 物旣以聚而生，以散而死，皆是鬼神所爲，但極聚散之理，則知鬼神之情狀也，言聖人以易之理而能然也.

經의 〔是故〕에서 〔情狀〕까지

○ 正義曰：易의 이치를 능히 연구하면 生死의 變化의 이치를 다할 수 있으니, 이 때문에 능히 鬼神의 內外의 情狀을 아는 것이다. 물건이 이미 모여서 생기고 흩어져 죽으니, 이는 모두 귀신이 하는 것인데, 다만 모이고 흩어지는 이치를 다하면 귀신의 정상을 아는 것이니, '聖人이 易의 이치를 가지고 능히 그러함'을 말한 것이다.

【疏】 ○ 注'知變化之道' ○ 正義曰：案下云"神无方"，韓氏云"自此以上，皆言神之所爲"，則此經情狀，是虛无之神. 聖人極虛无之神，如變化之道，幽冥悉通，故能知鬼神之情狀.

○ 注의 〔知變化之道〕

○ 正義曰：살펴보건대 아래에 "神은 일정한 방소가 없다."라고 하였는데, 韓氏(韓康伯)가 이르기를 "이로부터 이상은 모두 神의 하는 바를 말한 것이다."라고 하였으니, 이 경문의 '情狀'은 바로 虛无의 神인 것이다. 聖人이 허무의 神을 다하기를 變化의 道와 같이 하여 幽冥한 것도 모두 통달하였다. 그러므로 능히 鬼神의 情狀을 안 것이다.

與天地相似라 故로 不違하며

天地와 서로 같으므로 어기지 않으며,

【注】 德合天地故로 曰 相似라

德이 天地에 합하므로 "서로 같다."고 말한 것이다.

【疏】 正義曰：天地能知鬼神，任其變化，聖人亦窮神盡性，能知鬼神，是與天地相似所爲所作, 故不違於天地, 能與天地合也.

正義曰 : 天地가 능히 鬼神을 알아서 變化에 맡겨두는데 聖人 또한 神을 다하고 性을 다하여 능히 귀신을 아니, 이는 천지의 하는 바와 만드는 바와 서로 같은 것이다. 이 때문에 천지를 어기지 않아서 천지와 능히 합하는 것이다.

知周乎萬物하여 而道濟天下라 故로 不過하며

아는 것이 萬物에 두루 하여 道가 天下를 구제하므로 허물이 없으며,

【注】 知周萬物이면 則能以道濟天下也라

아는 것이 萬物에 두루 하면 능히 道로 天下를 구제할 수 있는 것이다.

【疏】 正義曰 : '知周乎萬物 而道濟天下'者, 聖人无物不知, 是知周於萬物. 天下皆養, 是道濟天下也. '故不過'者, 所爲皆得其宜, 不有愆過, 使物失分也.

正義曰 : 〔知周乎萬物 而道濟天下〕 聖人이 사물마다 알지 못하는 것이 없으니, 이는 아는 것이 萬物에 두루 함이다. 天下를 모두 기르니, 이는 道가 天下를 구제함이다. 〔故不過〕 하는 바가 모두 마땅함을 얻으므로 허물이 없어 물건으로 하여금 분수를 잃게 하지 않는 것이다.

旁行而不流하며

사방으로 행하면서도 流淫(법도를 따르지 않고 마음대로 함)하지 아니하며,

【注】 應變(考)〔旁〕[1]通이로되 而不流淫也라

1) (考)〔旁〕 : 저본에는 '考'로 되어 있으나 阮元의 〈校勘記〉에 "살펴보건대 '考'는 '旁'이 되어야 하니, 글자의 모양이 비슷하여 잘못된 것이다. 毛本은 바로 '旁'으로 되어 있다."라고 한 것에 의거하여 '旁'으로 바로잡았다.

變에 응하여 사방으로 통하면서도 流淫하지 않는 것이다.

【疏】 正義曰 : 言聖人之德, 應變旁行, 无不被及, 而不有流移淫過. 若不應變化, 非理而動, 則爲流淫也.

正義曰 : 聖人의 德이 변화에 응하여 사방으로 행해져서 널리 입혀지지 않는 것이 없으나 流亡하고 淫佚함이 있지 않음을 말한 것이다. 만약 변화에 응하지 아니하여 이치가 아닌데도 動한다면 流亡하고 淫佚함이 되는 것이다.

樂天知命이라 故로 不憂하며

하늘을 즐거워하고 命을 알기 때문에 근심하지 않으며,

【注】 順天之化故로 曰 樂也라

하늘의 조화를 순히 따르므로 "즐겁다."라고 말한 것이다.

【疏】 正義曰 : 順天施化, 是歡樂於天, 識物始終, 是自知性命. 順天道之常數, 知性命之始終, 任自然之理, 故不憂也.

正義曰 : 하늘이 베푸는 造化를 순히 따름은 바로 하늘을 즐거워하는 것이요, 물건의 始終을 앎은 바로 스스로 性命을 아는 것이다. 天道의 常數를 순히 따르고 성명의 시종을 알아서 자연의 이치에 맡기기 때문에 근심하지 않는 것이다.

安土하고 敦乎仁이라 故로 能愛[1)]며

1) 故能愛 : 朱子는 '與天地相似'부터 여기까지를 한 단락으로 보았으며, '知'를 '智'로 해석하였다. 그리하여 다음과 같이 설명하였다. "이는 聖人이 性을 다하는 일이다. 天·地의 道는 智와 仁일 뿐이니, 智가 만물에 두루 함은 하늘이요, 道가 천하를 구제함은 땅이니, 지혜로우면서도 仁하면 지혜롭되 지나치지 않은 것이다. 사방으로 행함은 權道를 행하는 智이고, 흐르지 않음은 바름을 지키는 仁이다. 이미 天理를 즐거워하고 또 天命을 알기 때문에 근심이 없어 그 지혜가 더욱 깊고, 있는 곳에 따라 모두 편안하여 한 번 숨 쉴 때라도 仁하지 않음이 없기 때문에 물건을 구제하려는 마음을 잊지 않아 仁이 더욱 돈독하니, 仁은 사랑의 이치이고 사랑은 仁의 用이다. 그러므로 서로 表·裏가 됨이 이와 같은 것이다.〔此聖人盡性之事也 天地之道 知仁而已 知周萬物者 天也 道濟天下者 地也 知且仁 則知而不過矣 旁行者 行權之知也 不流者 守正之仁也 旣樂天理而又知天命 故能无憂而其知益深 隨處皆安而无一息之不仁 故能不忘其濟物之心而仁益篤 蓋仁者 愛之理 愛者 仁之用 故其相爲表裏 如此〕"

땅을 안정시키고 仁을 돈후하게 하므로 사랑할 수 있으며,

【注】 安土敦仁者는 萬物之情也니 物順其情이면 則仁功贍矣라

땅을 안정시키고 仁을 돈후하게 함은 萬物의 情이니, 물건이 그 情을 순히 따르면 仁의 공효가 넉넉한 것이다.

【疏】 正義曰：言萬物之性, 皆欲安靜於土,[1] 敦厚於仁, 聖人能行此安土敦仁之化, 故能愛養萬物也.

1) 言萬物之性 皆欲安靜於土：'安土'를 韓康伯과 孔穎達은 '백성의 삶의 터전을 안정시킴'의 의미로 보았는데, 朱子는 이를 '安分' 즉 '자신의 처지를 편안히 여김'의 의미로 보았다.

正義曰：'萬物의 성품이 모두 땅을 안정하게 하고 仁을 돈후하게 하고자 하는데, 聖人이 이 땅을 안정하게 하고 仁을 돈후하게 하는 교화를 능히 행하기 때문에 만물을 사랑하여 기를 수 있음'을 말한 것이다.

範圍天地之化而不過하며

天地의 조화를 範圍(본받고 두루 구비함)하여 허물이 없으며,

【注】 範圍者는 擬範天地하여 而周備其理也라

'範圍'는 天地를 본받아서 그 이치를 두루 구비하는 것이다.

【疏】 正義曰：範, 謂模範. 圍, 謂周圍. 言聖人所爲所作, 模範周圍天地之化養, 言法則天地, 以施其化, 而不有過失違天地者也.

正義曰：範은 模範(본받음)을 이르고, 圍는 周圍(두루 함)를 이른다. '聖人의 하는 바와 만드는 바가 天地의 조화와 길러줌을 본받고 두루 구비함'을 말하였으니, '천지를 본받아 그 교화를 베풀어서 過失이 있어 천지를 어기지 않음'을 말한 것이다.

曲成萬物而不遺하며

萬物을 곡진히 이루어 빠트리지 않으며,

【注】 曲成者는 乘變以應物하여 不係一方者也니 則物(宜得)〔得宜〕[1)]矣라

1) (宜得)〔得宜〕: 저본에는 '宜得'으로 되어 있으나, 古本·足利本에 의거하여 '得宜'로 바로잡았다.(阮元의 〈校勘記〉 참조)

'曲成'은 變化를 타고 물건에 응하여 한 방소에 매여 있지 않은 것이니, 이렇게 하면 물건이 마땅함을 얻게 된다.

【疏】 正義曰 : 言聖人隨變而應, 屈曲委細, 成就萬物, 而不有遺棄細小而不成也.

正義曰 : 聖人이 變化에 따라 응하여 곡진하고 자세해서 만물을 성취하여 작은 것을 빠트려서 이루지 않음이 없음을 말한 것이다.

通乎晝夜之道而知라

晝夜의 道를 통달하여 안다.

【注】 通幽明之故면 則无不知也라

幽明의 일을 통달하면 알지 못함이 없는 것이다.

【疏】 正義曰 : 言聖人通曉於晝夜之道. 晝則明也, 夜則幽也, 言通曉於幽明之道, 而无事不知也. 自此以上, 皆神之所爲, 聖人能極神之幽隱之德也.

正義曰 : 聖人이 晝夜의 道에 통달함을 말한 것이다. 낮은 明이고 밤은 幽이니, '幽明의 道에 통달하여 일마다 알지 못함이 없음'을 말한 것이다. 이로부터 이상은 모두 神이 하는 바이니, 聖人이 神의 그윽하고 숨겨진 德을 능히 다하는 것이다.

故로 神无方하고 而易无體하나니라

그러므로 神은 일정한 방소가 없고 易은 일정한 형체가 없는 것이다.

【注】 自此以上은 皆言神之所爲也라 方體者는 皆係於形器者也니 神則陰陽不測이요 易

則唯變所適하여 不可以一方一體明이라

이로부터 이상은 모두 神이 하는 바를 말한 것이다. '方'과 '體'는 모두 形器에 매여 있는 것이니, 神은 陰陽을 측량할 수 없고 易은 오직 가는 바대로 변하여 한 방소와 한 형체로 밝힐 수가 없다.

【疏】'故神'至'无體' ○ 正義曰：神則寂然虛无, 陰陽深遠, 不可求難, 是无一方可明也, 易則隨物改變, 應變而往, 无一體可定也.

經의 〔故神〕에서 〔无體〕까지

○ 正義曰：神은 寂然히 虛无해서 陰陽이 깊고 멀어 추구하고 따질 수가 없으니, 이는 한 방소로 밝힐 수가 없는 것이며, 易은 물건에 따라 바뀌고 변하여 변화에 응하여 가므로 한 형체로 정할 수가 없는 것이다.

【疏】○ 注'自此以上' ○ 正義曰：'自此以上 皆言神之所爲'者, 謂從'神无方'以上至'精氣爲物'以下, 經之所云, 皆言神所施爲. 神者, 微妙玄通, 不可測量, 故能知鬼神之情狀, 與天地相似, 知周萬物, 樂天知命, 安土敦仁, 範圍天地, 曲成萬物, 通乎晝夜, 此皆神之功用也. 作易者因自然之神, 以垂教, 欲使聖人用此神道以被天下, 雖是神之所爲, 亦是聖人所爲. 云'方體者 皆係於形器'者, 方是處所之名, 體是形質之稱. 凡處所形質, 非是虛无, 皆係著(착)於器物, 故云"皆係於形器"也. 云'神則陰陽不測'者, 旣幽微不可測度(탁), 不可測, 則何有處所, 是神无方也. 云'易則唯變所適'者, 旣是變易, 唯變之適, 不有定往, 何可有體, 是易无體也. 云'不可以一方一體明'者, 解无方无體也. 凡无方无體, 各有二義. 一者神則不見其處所云爲, 是无方也, 二則周遊運動, 不常在一處, 亦是无方也. 无體者, 一是自然而變, 而不知變之所由, 是无形體也, 二則隨變而往, 无定在一體, 亦是无體也.

○ 注의 〔自此以上〕

○ 正義曰：〔自此以上 皆言神之所爲〕 '神无方' 이상으로부터 '精氣爲物' 이하까지는 經文에 말한 바가 모두 神이 시행한 바임을 말한 것이다. '神'은 미묘하고 玄通하여 측량할 수가 없다. 그러므로 능히 귀신의 情狀을 아는 것이니, 天地와 서로 같으며, 앎이 萬物에 두루 하며, 하늘을 즐거워하고 명을 알며, 땅을 안정시키고 仁을 돈후하게 하며, 천지를 範圍하며, 만물을 곡진히 이루며, 晝夜를 통달함은 이는 모두 神의 功用이다. 易을

지은 자가 自然의 神을 인하여 가르침을 남겨서 聖人으로 하여금 이 神道를 사용하여 天下에 입혀지게 하고자 하였으니, 이는 비록 神이 하는 바이나 또한 성인이 하는 바인 것이다.

〔方體者 皆係於形器〕 '方'은 處所의 이름이고, '體'는 形質의 칭호이다. 무릇 처소와 형질은 虛无한 것이 아니요, 모두 器物에 매여 있고 붙어 있는 것이다. 그러므로 "모두 形器에 매여 있다."라고 말한 것이다.

〔神則陰陽不測〕 이미 그윽하고 미묘하여 측량하고 헤아릴 수가 없으니, 측량할 수 없으면 어찌 처소가 있겠는가. 이것이 '神은 일정한 방소가 없음'이다.

〔易則唯變所適〕 이미 變易하면 變化에 나아가서 일정하게 감이 없으니, 어찌 일정한 형체가 있을 수 있겠는가. 이것이 '易은 일정한 형체가 없음'이다.

〔不可以一方一體明〕 '无方'과 '无體'를 해석한 것이다. 무릇 无方과 无體는 각각 두 가지 뜻이 있다. 〈无方의 두 가지 뜻 중에〉 첫 번째는, 神은 그 처소와 云爲를 볼 수 없으니 이것이 방소가 없는 것이요, 두 번째는, 周遊하고 운동하여 항상 한 곳에 있지 않으니 이 또한 방소가 없는 것이다. 无體의 〈두 가지 뜻 중에〉 첫 번째는, 自然스럽게 변하여 변하는 이유를 알지 못하니 이것이 형체가 없는 것이요, 두 번째는, 變을 따라가서 일정하게 하나의 (일정한) 體(형질)에 있지 않으니 이 또한 체가 없는 것이다.

一陰一陽之謂道니

一陰과 一陽을 道라 이르니,

【注】 道者何오 无之稱也니 无不通也요 无不由也니 況之曰道라 寂然(天)〔无〕[1]體하여 不可爲象이라 必有之用極이라야 而无之功顯이라 故로 至乎神无方而易无體라야 而道可見矣라 故로 窮變以盡神하고 因神以明道니 陰陽雖殊나 无一以待之라 在陰이면 爲无陰하여 陰以之生하고 在陽이면 爲无陽하여 陽以之成이라 故로 曰 一陰一陽也라하니라

1) (天)〔无〕: 저본에는 '天'으로 되어 있으나, 아래 疏와 岳本·宋本·古本·足利本에 의거하여 '无'로 바로잡았다.(阮元의 〈校勘記〉 참조)

道는 무엇인가? 无의 칭호이니, 통하지 않음이 없고 말미암지 않음이 없는바, 이를 비유하여 道라 한다. 寂然히 형체가 없어서 形象할 수 없다. 반드시 有의 用이 지극함에 无의 功이 드러난다. 그러므로 '神은 일정한 방소가 없고 易은 일정한 형체가 없음'에 이

르러야 道를 볼 수 있는 것이다. 그러므로 變化를 다하여 神을 다하고, 神을 인하여 道를 밝히는 것이니, 陰과 陽이 비록 다르나 无의 一로써 陰陽에 擬待(擬定하여 상대함)한다. 陰에 있으면 陰이 无가 되어서 陰이 이 때문에 생겨나고, 陽에 있으면 陽이 无가 되어서 陽이 이 때문에 이루어진다. 그러므로 "一陰과 一陽"이라고 한 것이다.

【疏】 '一陰'(是)〔至〕[1]'謂道' ○ 正義曰：一謂无也, 无陰无陽, 乃謂之道. 一得爲无者, 无是虛无, 虛无是大虛, 不可分別, 唯一而已, 故以一爲无也. 若其有境, 則彼此相形, 有二有〔三〕[2], 不得爲一. 故在陰之時, 而不見爲陰之功, 在陽之時, 而不見爲陽之力, 自然而有陰陽, 自然无所營爲, 此則道之謂也. 故以言之爲道, 以數言之謂之一, 以體言之謂之无, 以物得開通謂之道, 以微妙不測謂之神, 以應機變化謂之易, 總而言之, 皆虛无之謂也. 聖人以人事名之, 隨其義理, 立其稱號.

1) (是)〔至〕: 저본에는 '是'로 되어 있으나, 阮元의 〈校勘記〉에 "살펴보건대, '是'는 '至'가 되어야 한다. 毛本은 잘못되지 않았다."라고 한 것에 의거하여 '至'로 바로잡았다.

2) 〔三〕: 저본에는 '三'이 없으나, 毛本에 의거하여 보충하였다.(阮元의 〈校勘記〉 참조)

經의 〔一陰〕에서 〔謂道〕까지

○ 正義曰 : '一'은 无를 이르니, 陰도 없고 陽도 없는 것이어야 비로소 '道'라 이른다. 一이 无가 될 수 있는 까닭은, 无는 虛无이니 虛无는 바로 大虛인바, 분별할 수가 없고 오직 하나일 뿐이기 때문에 一을 无라 한 것이다. 만약 有의 경계라면 彼와 此가 서로 드러나서 二가 있고 三이 있어서 一이 될 수 없다. 그러므로 陰의 때에 있어서는 陰의 功이 됨을 보지 못하고 陽의 때에 있어서는 陽의 힘이 됨을 보지 못하여 자연히 陰과 陽이 있어서 자연히 경영하고 행하는 바가 없으니, 이는 道를 이른다. 그러므로 이것을 일러 道라 한 것이니, 數로써 말하면 一이라 이르고, 體로써 말하면 无라 이르고, 물건이 開通됨을 얻음으로써 말하면 道라 이르고, 미묘하여 측량할 수 없음으로써 말하면 神이라 이르고, 機에 응하여 변화함으로써 말하면 易이라 이르는바, 총괄하여 말하면 모두 虛无함을 이른다. 聖人이 人事를 가지고 이름하여 의리에 따라 칭호를 세운 것이다.

【疏】 ○ 注'道者'至'一陽也' ○ 正義曰：云'道者何 无之稱'者, 此韓氏自問其道而釋之也. 道是虛无之稱, 以虛无能開通於物, 故稱之曰道. 云'无不通 无不由'者, 若處於有, 有則爲物礙難, 不可(當)〔常〕[1]通, 道旣虛无爲體, 則不爲礙難, 故曰"〔无〕[2]不通也." 无

不由者, 言萬物皆因之而通, 由之而有. 云'況之曰道'者, 比況道路, 以爲稱也. '寂然无體 不可爲象'者, 謂寂然幽靜而无體, 不可以形象求, 是不可爲象. 至如天覆(부)地載, 日照月臨, 冬寒夏暑, 春生秋殺, 萬物運動, 皆由道而然, 豈見其所營, 知其所爲. 是寂然无體, 不可爲象也. 云'必有之用極 而无之功顯'者, 猶若風雨, 是有之所用, 當用之時, 以无爲心, 風雨旣極之後, 萬物賴此風雨而得生育, 是生育之功, 由風雨无心而成, 是有之用極, 而无之功顯. 是神之發作動用, 以生萬物, 其功成就, 乃在於无形. 應機變化, 雖有功用, 本其用之所以, 亦在於无也. 故至乎神无方而易无體, 自然无爲之道, 可顯見(현)矣, 當其有用之時, 道未見也.

1) (當)〔常〕: 저본에는 '當'으로 되어 있으나, ≪周易集解纂疏≫에 의거하여 '常'으로 바로잡았다.(北京大 整理本 참조)
2) 〔无〕: 저본에는 '无'가 없으나, 閩本·監本·毛本에 의거하여 보충하였다.(阮元의 〈校勘記〉 참조)

○ 注의 〔道者〕에서 〔一陽也〕까지

○ 正義曰 : 〔道者何 无之稱〕 이는 韓氏(韓康伯)가 스스로 道를 묻고 해석한 것이다. 道는 虛无의 칭호이니, 虛无로써 능히 물건을 開通한다. 그러므로 이것을 칭하여 "道"라 한 것이다.

〔无不通 无不由〕 만약 有에 처하면 有는 물건에게 막히고 어려움을 당하여 항상 통할 수는 없으니, 道가 이미 虛无를 體로 삼았으면 막히고 어려움을 당하지 않는다. 그러므로 "통하지 않음이 없다."라고 말한 것이다. '无不由'는 萬物이 모두 이것을 인하여 開通되고 이것으로 말미암아 있게 됨을 말한 것이다.

〔況之曰道〕 道路를 비유하여 〈道의〉 칭호로 삼은 것이다.

〔寂然无體 不可爲象〕 寂然히 그윽하고 고요하여 형체가 없어서 形象으로 찾을 수가 없음을 이르니, 이것은 형상을 할 수 없는 것이다. 예컨대 하늘이 덮어주고 땅이 실어주며, 해가 비추고 달이 임하며, 겨울이 춥고 여름이 더우며, 봄에 낳고 가을에 죽임에 이르기까지 만물이 운동하는 것이 모두 道로 말미암아 그러하니, 어찌 그 경영하는 바를 보고 그 하는 바를 알겠는가. 이것이 '적연히 형체가 없어서 형상을 할 수 없음'이다.

〔必有之用極 而无之功顯〕 예컨대 바람과 비는 有가 사용하는 바이니, 사용할 때에 无를 마음으로 삼아서 바람과 비가 이미 지극한 뒤에 만물이 이 바람과 비를 의뢰하여 낳고 길러짐을 얻으니, 이는 낳고 길러지는 功이 바람과 비의 무심함으로 말미암아 이루어지

는 것인바, 이것이 '有의 用이 지극함에 无의 功이 드러남'이다. 이는 神이 발동하고 작용하여 만물을 낳아서 그 공의 성취됨이 바로 无形에 있는 것이다. 機에 응하여 변화함은 비록 功用이 있으나 그 공용의 원인을 근본해보면 또한 无에 있다. 그러므로 '神은 일정한 방소가 없고 易은 일정한 형체가 없음'에 이르면 자연의 无爲한 道가 드러날 수 있는 것이고, 그 공용이 있을 때에는 道를 볼 수 없는 것이다.

【疏】 云'故窮變以盡神'者, 神則杳然不測, 千變萬化. 聖人則窮此千變萬化, 以盡神之妙理, 故云"窮變化以盡神." 云'因神以明道'者, 謂盡神之理, 唯在虛无, 因此虛无之神, 以明道之所在, 道亦虛无, 故云"因神以明道"也. '陰陽雖殊 无一以待之'者, 言陰之與陽, 雖有兩氣, 恒用虛无之一, 以擬待之. 言在陽之時, 亦以爲虛无, 無此陽也, 在陰之時, 亦以爲虛无, 无此陰也. 云'在陰爲无陰 陰以之生'者, 謂道雖在於陰, 而无於陰, 言道所生皆无陰也. (班)〔雖〕[1]无於陰, 陰終由道而生, 故言"陰以之生"也. '在陽爲无陽 陽以之成'者, 謂道雖在陽, 陽中必无道也. 雖无於陽, 陽必由道而成, 故言"陽以成之"也. 道雖無於陰陽, 然亦不離於陰陽, 陰陽雖由道成, 卽陰陽亦非道, 故曰"一陰一陽"也.[2]

1) (班)〔雖〕: 저본에는 '班'으로 되어 있으나, 阮元의 〈校勘記〉에 "'班'은 '雖'가 되어야 하니, 아래의 '雖无於陽'과 대거하여 말한 것이다. 毛本은 잘못되지 않았다."라고 한 것에 의거하여 '雖'로 바로잡았다.

2) 道雖無於陰陽……故曰一陰一陽也 : 韓康伯과 孔穎達은 '一陰一陽之謂道'의 해석에 玄學의 의리를 적용하여 이를 '无의 陰과 无의 陽을 道라고 한다.'고 풀이하였다. 한강백과 공영달에 따르면, 无를 '一'이라고 한 것은 이때의 无가 有無를 초월한 絶對의 一者이기 때문이고, 이 절대의 无를 待對的 개념인 陰・陽과 나란히 쓸 수 있는 것은 道의 운용이 미묘해서 설령 도가 음・양으로 작용하더라도 도가 거기에 없는 것과 같아 도의 절대성에 문제가 되지 않기 때문이다.

반면 朱子는 '一陰一陽'을 '한 번 陰하고 한 번 陽함'으로 풀었는바, ≪本義≫는 다음과 같다. "陰과 陽이 번갈아 운행함은 氣이고, 그 이치는 이른바 道라는 것이다.〔陰陽迭運者 氣也 其理則所謂道〕"

〔故窮變以盡神〕 神은 아득하여 측량할 수가 없어서 천 가지로 變하고 만 가지로 化한다. 聖人은 이 천 가지로 변하고 만 가지로 화함을 다하여 神의 妙理를 다하였다. 그러므로 "變化를 다하여 神을 다한다."라고 말한 것이다.

〔因神以明道〕'神의 이치를 다함은 오직 虛无에 달려 있으니, 이 허무의 神을 인하여 道의 소재를 밝힘'을 말한 것이니, 道 또한 허무이므로 "神을 인하여 道를 밝힌다."라고 한 것이다.

〔陰陽雖殊 无一以待之〕陰과 陽이 비록 두 가지 氣가 있으나 항상 虛无의 一을 사용하여 擬待함을 말한 것이다. 陽의 때에 있어서도 허무가 되어 이 陽이 없고, 陰의 때에 있어서도 허무가 되어 이 陰이 없음을 말한 것이다.

〔在陰爲无陰 陰以之生〕道가 비록 陰에 있으나 陰 속에는 없음을 말한 것이니, 道의 생겨나는 바가 모두 陰이 없음을 말한 것이다. 비록 陰에 없으나 陰이 끝내 道로 말미암아 생겨나므로 "陰이 이 때문에 생겨난다."라고 말한 것이다.

〔在陽爲无陽 陽以之成〕道가 비록 陽에 있으나 陽 가운데에는 반드시 道가 없음을 말한 것이다. 비록 陽에 없으나 陽은 반드시 道로 말미암아 이루어지므로 "陽이 이 때문에 이루어진다."라고 말한 것이다.

道가 비록 陰과 陽에 없으나 陰과 陽을 떠나지 않으며, 陰과 陽이 비록 道로 말미암아 이루어지나 陰과 陽이 道가 아니다. 그러므로 "一陰과 一陽"이라고 한 것이다.

繼之者善也요 成之者性也라 仁者見之에 謂之仁이요 知者見之에 謂之知요

계승하는 것은 善이요, 성취하는 것은 性이다. 仁者가 이것을 보면 仁이라 이르고, 知者(智者)가 이것을 보면 知(智)라 이르고,

【注】 仁者는 資道以見其仁하고 知者는 資道以見其知하여 各盡其分이라

仁者는 道를 의뢰하여 그 仁을 보고 知者는 道를 의뢰하여 그 知를 보아서 각각 자기 분수를 다하는 것이다.

【疏】 正義曰：'繼之者善也'者, 道是生物開通, 善是順理養物, 故繼道之功者, 唯善行也.[1] '成之者性也'者, 若能成就此道者, 是人之本性.[2] 若性仁者, 成就此道爲仁, 性知者, 成就此道爲知也, 故云"仁者見之謂之仁, 知者見之謂之知", 是仁之與知, 皆資道而得成仁知也.

1) 繼之者善也者……唯善行也：'繼之者善也'를 孔穎達은 "道를 계승하는 것은 선행이다."라고 해석하였는바, 즉 경문을 '道는 물건을 낳고 기르는 것이니, 사람이 이 도를 계승

하는 방법은 남을 길러주는 善을 행하는 것이다.'라는 의미로 본 것이다.

반면 朱子는 이를 위의 '一陰一陽之謂道'와 연결하여 '한 번 陰하고 한 번 陽하는 천도의 운행을 계속함은 善이다.'라는 의미로 보았는바, 이를 '善'이라고 할 수 있는 이유는 이 그침 없는 운행으로 인해 만물이 화육되기 때문이다.

2) 成之者性也者……是人之本性 : '成之者性也'를 孔穎達은 "道를 성취하는 것은 사람의 본성이다."라고 해석하였다.

반면 朱子는 이를 '천도를 사람이 부여받아 갖추고 있음은 사람의 性이다.'라는 의미로 보았는바, ≪本義≫는 다음과 같다. "成은 갖추고 있음을 말한 것이고, 性은 물건이 받은 것을 이르니, 물건이 생기면 性을 간직하고 있어서 각각 이 道를 갖춤을 말한 것이다.〔成言其具也 性謂物之所受 言物生則有性而各具是道也〕"

正義曰 :〔繼之者善也〕道는 물건을 낳아 開通하게 하는 것이고, 善은 이치를 순히 따라 물건을 기르는 것이다. 그러므로 道의 功을 계승하는 것은 오직 善行인 것이다.

〔成之者性也〕이 道를 성취할 수 있는 것은 바로 사람의 본성이다.

예컨대 성품이 仁한 자는 이 道를 성취하여 仁으로 만들고, 성품이 지혜로운 자는 이 道를 성취하여 知(지혜)로 만드는 것과 같은 것이다. 그러므로 "仁者가 이것을 보면 仁이라 이르고, 知者가 이것을 보면 知라 이른다."라고 하였으니, 이는 仁과 知가 모두 道를 의뢰하여 仁과 知를 이루는 것이다.

百姓은 日用而不知라 故로 君子之道鮮矣니라

百姓은 날마다 사용하면서도 알지 못한다. 그러므로 君子의 道가 적은 것이다.

【注】 君子는 體道以爲用也라 仁知則滯於所見이요 百姓則日用而不知하니 體斯道者 不亦鮮矣아 故로 常无欲하여 以觀其妙[1]라야 始可以語至而言極也라

1) 故常无欲 以觀其妙 : 이 말은 ≪道德經≫에 보인다.

君子는 道를 체행하여 用으로 삼는다. 仁者와 知者(智者)는 소견에 막혀 있고 백성은 날마다 사용하면서도 알지 못하니, 이 道를 체행하는 자가 적지 않겠는가. 그러므로 항상 욕심이 없어서 그 묘함을 보아야 비로소 至를 말하고 極을 말할 수 있는 것이다.

【疏】 '百姓'至'鮮矣' ○ 正義曰 : '百姓日用而不知'者, 言萬方百姓, 恒日日賴用此道而得生, 而不知道之功力也, 言道冥昧, 不以功爲功, 故"百姓日用而不能知"也. '故君子之道鮮矣'者, 君子謂聖人也. 仁知則各滯於所見, 百姓則日用不知, 明體道君子不亦少乎.

經의 〔百姓〕에서 〔鮮矣〕까지

○ 正義曰 : 〔百姓日用而不知〕 만방의 백성이 항상 날마다 이 道를 의뢰해 사용하며 살아가고 있으면서도 道의 공력을 알지 못함을 말한 것이니, 道가 아득하고 어두워서 功을 功으로 여기지 않음을 말한 것이다. 그러므로 "백성은 날마다 사용하면서도 알지 못한다."라고 말한 것이다.

〔故君子之道鮮矣〕 君子는 聖人을 이른다. 仁者와 知者는 각각 소견에 막혀 있고 백성은 날마다 사용하면서도 알지 못하니, '道를 체행하는 군자가 적지 않겠는가'라고 밝힌 것이다.

【疏】 ○ 注'君子體道'至'極也' ○ 正義曰 : '君子體道以爲用'者, 謂聖人爲君子, 體履於至道, 法道而施政, 則老子云"爲而不宰, 功成不居"是也.[1] 云'仁知則滯於所見'者, 言仁知雖賢, 猶有偏見, 仁者觀道, 謂道爲仁, 知者觀道, 謂道爲知, 不能徧曉, 是滯於所見也. 是道旣以爲用, 若以仁以知, 則滯所見也.[2] 至於百姓, 但日用通生之道, 又不知通生, 由道而來, 故云"百姓日用而不知"也. 云'體斯道者 不亦鮮矣'者, 是聖人君子獨能悟道, 故云"不亦鮮矣." 云'故常無欲以觀其妙'者, 引老子道經之文, 以結成此義. 無欲謂無心, 若能寂然無心無欲, 觀其道之妙趣, 謂不爲所爲, 得道之妙理也. 云'始可以語至而言極也'者, 若能無欲, 觀此道之妙理, 無事無爲, 如此, 可以語說其至理, 而言其極趣也. 若不如此, 不可語至而言極也.

1) 老子云……功成不居是也 : 이 말은 ≪道德經≫에 "하면서도 믿지 않고 공이 이루어져도 거하지 않는다.〔爲而不恃 功成而弗居〕"라고 보이는데, 그 주석서인 ≪河上公章句≫에 '爲而不恃'에 대해서는 "道는 베풀어 행함에 그 보답을 믿고 바라지 않는다.〔道所施爲 不恃望其報也〕"라고 하였고, '功成而弗居'에 대해서는 "功이 이루어지고 일이 성취되면 물러나 피하여 그 지위에 거하지 않는다.〔功成事就 退避不居其位〕"라고 하였다.

2) 若以仁以知 則滯所見也 : 일반적으로 仁은 行으로 말하여 마음이 仁愛한 것이고, 智는 知로 말하여 지혜가 밝음을 이른다. 道는 仁과 智를 겸해야 하는데, 여기의 仁者와 智者는 道의 全體를 보지 못하고 자기가 알고(보고) 있는 것을 전체라고 생각하기 때문에 "소견에 막혔다."라고 한 것이다.

朱子는 "仁의 陽과 智의 陰은 각각 이 道의 한쪽만을 얻었다. 그러므로 그 보는 바에 따라 전체라고 지목하는 것이다.〔仁陽知陰 各得是道之一隅 故隨其所見而目爲全體也〕"라고 해석하였다.

○ 注의 〔君子體道〕에서 〔極也〕까지

○ 正義曰 : 〔君子體道以爲用〕 聖人을 일러 君子라 하였으니, 지극한 道를 체행해서 道를 본받아 정사를 베푸는 것이니, 老子가 말하기를 "하면서도 주재하지 않고 功이 이루어져도 거하지 않는다."라고 한 것이 이것이다.

〔仁知則滯於所見〕 '仁과 知가 비록 훌륭한 것이지만 오히려 편견이 있어서 仁者는 道를 보면 道를 일러 仁이라 하고 知者는 道를 보면 道를 일러 知라 해서 두루 깨닫지 못하니, 이는 소견에 막혀 있는 것임'을 말한 것이다. 이미 道를 用으로 삼았는데, 만약 仁이라 하고 知라 한다면 이는 소견에 막혀 있는 것이다.

百姓에 이르러서는 다만 〈만물을〉 開通시키고 낳는 道를 날마다 사용하면서 또 개통시키고 낳음이 道로 말미암아 온 것임을 알지 못한다. 그러므로 "백성은 날마다 사용하면서도 알지 못한다."라고 말한 것이다.

〔體斯道者 不亦鮮矣〕 이는 聖人君子가 홀로 道를 깨닫기 때문에 "적지 않겠는가."라고 말한 것이다.

〔故常無欲以觀其妙〕 老子 ≪道德經≫의 글을 인용하여 이 뜻을 맺어 이룬 것이다. '無欲'은 無心함을 이르니, 만약 寂然히 사심이 없고 욕심이 없을 수 있으면 그 道의 妙趣를 보게 되니, '작위를 하지 않아서 道의 妙理를 얻음'을 말한 것이다.

〔始可以語至而言極也〕 만약 욕심이 없어서 이 道의 妙理를 보아 일이 없고 함이 없다면, 이와 같아야 지극한 이치를 말하고 지극한 旨趣를 말할 수 있는 것이다. 만약 이와 같지 못하면 至를 말하고 極을 말할 수 없는 것이다.

제5장

【疏】 正義曰 : '顯諸仁'至'之門' 此第五章也. 上章論神之所爲, 此章廣明易道之大與神功不異也.

正義曰 : 經의 〔顯諸仁〕에서 〔之門〕까지

이는 제5장이다. 위의 장에서는 神이 하는 바를 논하였고, 이 장에서는 易의 道가 커서 神功과 다르지 않음을 널리 밝혔다.

顯諸(저)仁하며 藏諸用하여

仁에 드러나며 用을 감추어서

【注】 衣被萬物故로 曰 顯諸仁이요 日用而不知故로 曰 藏諸用이라

萬物에 입혀지므로 "仁에 드러난다."라고 말하였고, 날마다 사용하면서도 알지 못하므로 "用을 감춘다."라고 말한 것이다.

【疏】 正義曰 : '顯諸仁'者, 言道之爲體, 顯見(현)仁功, 衣被萬物, 是顯諸仁也. '藏諸用'者, 謂潛藏功用, 不使物知, 是'藏諸用'也.

正義曰 : 〔顯諸仁〕 道의 體가 仁의 功에 드러나서 萬物에 입혀짐을 말하였으니, 이것이 '仁에 드러남'이다.

〔藏諸用〕 功用을 숨기고 감추어서 물건으로 하여금 알지 못하게 함을 말하였으니, 이것이 '用을 감춤'이다.

鼓萬物而不與聖人同憂하나니

萬物을 고동하면서도 聖人과 함께 근심하지 않으니,

【注】 萬物由之以化라 故로 曰 鼓萬物也라하니라 聖人雖體道以爲用이나 未能(至)〔全〕[1]无以爲體라 故로 順通天下하면 則有經營之跡也라

1) (至)〔全〕 : 저본에는 '至'로 되어 있으나, 岳本 · 錢本 · 宋本 · 足利本 및 아래의 疏에 의거하여 '全'으로 바로잡았다.(阮元의 〈校勘記〉 참조)

萬物이 이로 말미암아 변화한다. 그러므로 "萬物을 고동한다."라고 한 것이다. 聖人이 비록 道를 체행하여 用으로 삼으나 全无를 體로 삼지는 못한다. 그러므로 천하의 〈이치를〉 순히 통하면 경영하는 자취가 있는 것이다.

【疏】 '鼓萬物'至'同憂' ○ 正義曰 : 言道之功用, 能鼓動萬物, 使之化育, 故云"鼓萬物." 聖人化物, 不能全无以爲體, 猶有經營之憂, 道則虛无爲用, 无事无爲, 不與聖人同用, 有經營之憂也.

經의 〔鼓萬物〕에서 〔同憂〕까지

○ 正義曰 : 道의 功用이 능히 萬物을 鼓動하여 만물로 하여금 化育하게 함을 말하였다. 그러므로 "만물을 고동한다."라고 한 것이다. 聖人이 물건을 변화시킬 적에 全无를 體로 삼지는 못해서 오히려 경영하는 근심이 있으나, 道는 虛无를 用으로 삼아서 일이 없고 함이 없어서 성인과 用을 함께하여 경영하는 근심이 있지 않은 것이다.

【疏】 ○ 注'聖人雖體〔道〕[1]以爲用' ○ 正義曰 : 云'聖人雖體道以爲用'者, 言聖人不能无憂之事. 道則无心无跡, 聖人則亦无心有跡, 聖人能體附於道, 其跡以有爲用. 云'未能全无以爲體'者, 道則心跡俱无, 是其全无以爲體, 聖人則无心有跡, 是跡有而心无, 是不能全无以爲體. 云'故順通天下 則有經營之跡'者, 言聖人順通天下之理, 內則雖是无心, 外則有經營之跡, 則有憂也. 道則心跡俱无, 无憂无患, 故云"不與聖人同憂"也.

1) 〔道〕 : 저본에는 '道'가 없으나, 위의 注와 이 疏에서 '聖人雖體道以爲用'이라 한 것에 의거하여 보충하였다.(北京大 整理本 참조)

○ 注의 〔聖人雖體道以爲用〕

○ 正義曰 : 〔聖人雖體道以爲用〕 聖人은 근심이 없지 못한 일을 말한 것이다. 道는 마음이 없고 자취가 없고, 성인은 또한 마음은 없으나 자취가 있으니, 성인은 능히 道를 체행하여 합치하지만 그 자취가 有를 用으로 삼는다.

〔未能全无以爲體〕 道는 마음과 자취가 모두 无이니 이는 全无를 體로 삼는 것이요, 聖人은 마음은 없으나 자취가 있으니 이는 자취는 有이나 마음이 无인 것인바, 이것이 '全无를 體로 삼지 못함'이다.

〔故順通天下 則有經營之跡〕 '聖人이 天下의 이치를 순히 통하여 안은 비록 마음이 없으나 밖은 경영하는 자취가 있으니, 이는 근심이 있는 것임'을 말한 것이다. 道는 마음과 자취가 모두 없어서 근심이 없고 우환이 없다. 그러므로 "성인과 함께 근심하지 않는다."라고 말한 것이다.

盛德大業이 至矣哉라

盛德과 大業이 지극하다.

【注】 夫物之所以通과 事之所以理 莫不由乎道也라 聖人功用之母 體同乎道하니 盛德大

業이 所以能至라

물건이 開通(개발하고 통달시킴)하는 이유와 일이 다스려지는 이유가 道에 말미암지 않음이 없는 것이다. 聖人의 功用의 모체는 그 體가 道와 같으니, 이 때문에 盛德과 大業이 지극할 수 있는 것이다.

【疏】 正義曰：聖人爲功用之母, 體同於道, 萬物由之而通, 衆事以之而理, 是聖人極盛之德, 廣大之業, 至極矣哉. 於行謂之德, 於事謂之業.

正義曰：聖人이 功用의 모체가 되어서 그 體가 道와 같아 만물이 이로 말미암아 개통하고 여러 일이 이로써 다스려지니, 이는 성인의 지극하고 성대한 德이요 넓고 위대한 業이니, 지극하도다. 행실에 있어서는 '德'이라 하고, 일에 있어서는 '業'이라 한다.

富有之謂大業이요

풍부히 소유함을 大業이라 이르고

【注】 廣大悉備故로 曰 富有라하니라

廣大하여 모두 갖추었으므로 "풍부히 소유함"이라고 한 것이다.

【疏】 正義曰：自此已下, 覆說大業盛德, 因廣明易與乾坤及其占之與事, 幷明神之體. 以廣大悉備, 萬事富有, 所以謂之大業.

正義曰：이로부터 이하는 大業과 盛德을 반복하여 말하여 이어서 易과 乾坤 및 그 占과 일을 널리 밝히고 아울러 神의 體를 밝혔다. 광대하여 모두 갖추어져서 만사가 풍부하게 소유되어 있기 때문에 '大業'이라 이른 것이다.

日新之謂盛德이라

날마다 새로워짐을 盛德이라 이른다.

【注】 體化合變故로 曰 日新이라

化를 체행하고 變에 합하므로 "날로 새로워짐"이라고 한 것이다.

【疏】 正義曰：聖人以能變通, 體化合變, 其德日日增新, 是德之盛極, 故謂之盛德也.

正義曰：聖人이 능히 變通하여 化를 체행하고 變에 합해서 그 德이 나날이 더하고 새로워지니, 이는 德이 성하고 지극한 것이다. 그러므로 '盛德'이라 이른 것이다.

生生之謂易이요

낳고 낳음을 易이라 이르고,

【注】 陰陽轉易하여 以成化生이라

陰과 陽이 운행하고 바뀌어서 化生을 이룬다.

【疏】 正義曰：生生, 不絶之辭. 陰陽變轉, 後生次於前生, 是萬物恒生, 謂之易也. 前後之生, 變化改易. 生必有死, 易主勸戒, 奬人爲善, 故云生, 不云死也.

正義曰：'生生'은 끊이지 않는다는 말이다. 陰과 陽이 변하고 바뀌어서 뒤에 생겨난 것이 앞에 생겨난 것보다 다음에 있으니, 이는 만물이 항상 생기는 이유인바, 이것을 일러 '易'이라 한다. 앞뒤의 생겨남이 변화하고 바뀐다. 살면 반드시 죽음이 있으나 易은 勸戒를 위주로 하여 사람들이 선행을 하도록 장려하였으므로 生을 말하고 死를 말하지 않은 것이다.

成象之謂乾이요

象을 이룸을 乾이라 하고,

【注】 擬乾之象이라

乾의 象을 모의한 것이다.

【疏】 正義曰：謂畫卦成乾之象, 擬乾之健, 故謂卦爲乾也.

正義曰：卦를 그어 乾의 象을 이루어서 乾의 굳셈을 모의함을 말하였다. 그러므로 卦를 일러 乾이라고 한 것이다.

效法之謂坤이요

法을 본받음을 坤이라 하고,

【注】 效坤之法이라

坤의 法을 본받은 것이다.

【疏】 正義曰 : 謂畫卦效坤之法, 擬坤之順, 故謂之坤也.

正義曰 : 卦를 그어 坤의 法을 본받아서 坤의 순함을 모의하였다. 그러므로 이를 일러 坤이라고 한 것이다.

極數知來之謂占이요 通變之謂事요

數를 다하여 미래를 앎을 占이라 이르고, 변하여 통함을 일이라 이르고,

【注】 物窮則變이요 變而通之는 事之所由生也라

사물이 궁극하면 변하고 변하여 통함은 일이 말미암아 생겨나는 원인이다.

【疏】 正義曰 : '極數知來之謂占'者, 謂窮極蓍策之數, 豫知來事, 占問吉凶, 故云謂之占也. '通變之謂事'者, 物之窮極, 欲使開通, 須知其變化, 乃得通也. 凡天下之事, 窮則須變, 萬事乃生, 故云"通變之謂事"

正義曰 : 〔極數知來之謂占〕 蓍策의 數를 지극히 하여 미래의 일을 미리 앎을 이르니, 점을 쳐서 吉凶을 묻기 때문에 이를 일러 占이라 한 것이다.

〔通變之謂事〕 사물의 궁극함을 개통하고자 하면 모름지기 그 변화를 알아야 비로소 통할 수 있는 것이다. 모든 천하의 일은 궁극하면 모름지기 변하여 만사가 비로소 생겨난다. 그러므로 "변하여 통함을 일이라 이른다."라고 한 것이다.

陰陽不測之謂神이라

陰과 陽을 측량할 수 없음을 神이라 한다.

【注】 神也者는 變化之極이니 妙萬物而爲言[1)]이요 不可以形詰者也라 故로 曰 陰陽不

測이라하니라 嘗試論之曰 原夫兩儀之運과 萬物之動하면 豈有使之然哉아 莫不獨化於大虛하여 (故兩)〔欻爾〕[2]而自造矣라 造之非我요 理自玄應이며 化之无主요 數自冥運이라 故로 不知所以然을 而況之神이라 是以로 明兩儀인댄 以太極爲始하고 言變化인댄 而稱極乎神也라 夫唯知天之所爲者는 窮理體化하여 坐忘遺照하나니 至虛而善應이면 則以道爲稱하고 不思而玄覽[3]이면 則以神爲名하니 蓋資道而同乎道하고 由神而冥於神也라

1) 妙萬物而爲言 : 아래 〈說卦傳〉에 "神也者 妙萬物而爲言者也"라고 보인다.
2) (故兩)〔欻爾〕 : 저본에는 '故兩'으로 되어 있으나, 岳本·閩本·監本·毛本에 의거하여 '欻爾'로 바로잡았다.(阮元의 〈校勘記〉 참조)
3) 玄覽 : 老子 ≪道德經≫에 "玄覽을 깨끗이 씻고 닦아서 흠이 없게 할 수 있겠는가.〔滌除玄覽 能無疵乎〕"라고 보이는데, 王弼은 "玄은 사물의 극이니, 능히 사악한 꾸밈을 깨끗이 없애서 極覽에 이르러 능히 사물이 그 밝음에 끼어들지 않게 하고 그 神에 흠이 없게 하면 끝내 玄과 같아질 것이다.〔玄 物之極也 言能滌除邪飾 至於極覽 能不以物介其明 疵之其神乎 則終與玄同也〕"라고 하였고, 高亨은 '覽'을 '鑒'으로 고쳐 '玄鑒(사람의 현묘한 마음)'으로 읽어야 한다고 주장하였다.

神이란 변화의 지극함이니, 만물을 미묘하게 함을 말한 것이요, 형체로 힐문할 수 없는 것이다. 그러므로 "陰과 陽을 측량할 수 없다."라고 한 것이다.

한번 논해보건대, 兩儀(陰陽)의 운행과 만물의 움직임을 근원해보면 어찌 이렇게 시키는 자가 있겠는가. 大虛에서 홀로 化하여 별안간에 저절로 만들어지지 않음이 없는 것이다. 만드는 것이 내가 아니고 이치가 저절로 玄空하게(보이지 않게) 응한 것이며, 化함이 주체가 없고 數가 저절로 은연중에 운행된다. 그러므로 그 所以然을 알지 못함을 神에 비유한 것이다. 이 때문에 兩儀를 밝히려면 太極을 始初로 삼아야 하고, 변화를 말하려면 極을 神이라 칭하는 것이다. 오직 天의 하는 바를 아는 자는 이치를 연구하고 변화를 체행해서 앉아서 잊고〔坐忘〕 비춤을 버리니〔遺照〕, 지극히 虛하여 잘 응하면 道라고 칭하고, 생각할 수 없고 현묘하게 보면〔玄覽〕 神이라고 이름하는바, 道를 의뢰하여 道와 같아지고 神으로 말미암아 神에 은연중 부합하는 것이다.

【疏】 '陰陽'至'謂神' ○ 正義曰 : 天下萬物, 皆由陰陽, 或生或成, 本其所由之理, 不可測量之謂神也, 故云"陰陽不測之謂神."

經의 〔陰陽〕에서 〔謂神〕까지

○ 正義曰 : 天下의 萬物이 모두 陰과 陽으로 말미암아 혹 생겨나고 혹 이루어지니, 그

연유한 이치를 따져봄에 측량할 수 없는 것을 '神'이라 이른다. 그러므로 "陰과 陽을 측량할 수 없음을 神이라 한다."라고 한 것이다.

【疏】○ 注'神也者'至'神也' ○ 正義曰：云'神也者 變化之極'者, 言神之施爲, 自將變化之極以爲名也. 云'妙萬物而爲言'者, 妙, 謂微妙也. 萬物之體, 有變象可尋, 神則微妙於萬物而爲言也, 謂不可尋求也. 云'不可以形詰'者, 杳寂不測, 无形无體, 不可以物之形容所求而窮(語)〔詰〕[1]也. 云'造之非我 理自玄應'者, 此言神力也. 我謂宰主之名也, 言物之造作, 非由我之宰主所爲, 其造化之理, 自然玄空相應, 而自然造作也. 云'是以明兩儀 以太極爲始'者, 言欲明兩儀天地之體, 必以太極虛无爲初始, 不知所以然, 將何爲始也. 云'言變化 而稱極乎神'者, 欲言論變化之理, 不知涯際, 唯稱極乎神, 神則不可知也.

1) (語)〔詰〕: 저본에는 '語'로 되어 있으나, 四庫全書本에 의거하여 '詰'로 바로잡았다. 北京大 整理本에는 校勘註 없이 '詰'로 되어 있다.

○ 注의 〔神也者〕에서 〔神也〕까지

○ 正義曰：〔神也者 變化之極〕 神의 시행함이 본디 '변화의 지극함'을 가지고 이름한 것임을 말한 것이다.

〔妙萬物而爲言〕 '妙'는 微妙함을 이른다. 萬物의 體는 변하는 象이 있어서 찾을 수 있으나, 神은 만물을 미묘하게 함을 말한 것이니, '찾을 수가 없음'을 이른다.

〔不可以形詰〕 아득하고 고요하여 측량할 수가 없어서 形이 없고 體가 없으니, 물건의 형용을 가지고 찾아서 연구하고 힐문할 수 있는 바가 아닌 것이다.

〔造之非我 理自玄應〕 이는 神의 힘을 말한 것이다. '我'는 宰主(主宰)의 이름을 말한 것이니, 물건의 만들어짐이 나의 宰主가 하는 바에 말미암은 것이 아니요, 造化의 이치가 저절로 玄空하게 서로 응해서 자연히 만들어짐을 말한 것이다.

〔是以明兩儀 以太極爲始〕 兩儀의 天地의 體를 밝히고자 하면 반드시 太極의 虛无함을 始初로 삼아야 함을 말한 것이니, 所以然을 알지 못하면 장차 무엇을 시초로 삼겠는가.

〔言變化 而稱極乎神〕 변화의 이치를 논하고자 하면 끝을 알 수가 없어서 오직 極을 神이라고 칭하는 것이니, 神은 알 수 없는 것이다.

【疏】云'夫唯知天之所爲者 窮理體化 坐忘遺照'者, 言若能知天之所造爲者, 會能窮其物理, 體其變化, 靜坐而忘其事, 及遺棄所照之物, 任其自然之理, 不以他事係心, 端然玄寂, 如此者, 乃能知天之所爲也, 言天之道, 亦如此也. 坐忘遺照之言, 事出莊子大宗師篇也.[1] 云'至虛而善應 則以道爲稱'者, 此解道之目也, 言至極空虛而善應於物, 則乃目之爲道, 故云"則以道爲稱." 云'不思而玄覽 則以神爲名'者, 謂不可思量而玄遠覽見者, 乃目之爲神, 故云"則以神爲名"也. 云'蓋資道而同乎道'者, 此謂聖人設教, 資取乎道, 行无爲之化, 積久而遂同於道, 內外皆无也. 云'由神而冥於神也'者, 言聖人設教, 法此神之不測, 无體无方, 以垂於教, 久能積漸, 而冥合於神, 不可測也. 此皆謂聖人初時, 雖法道法神以爲无, 體未能全无, 但行之不已, 遂至全无不測, 故云"資道而同於道, 由神而冥於神也."

1) 坐忘遺照之言 事出莊子大宗師篇也 : '坐忘'은 감각적 의식을 포함하여 모든 인위적 인식을 잊는 것을 말하고, '遺照'는 외부 대상을 비추는 마음의 작용을 버리는 것을 말한다.

'坐忘'은 ≪莊子≫ 〈大宗師〉에 "四肢百體를 버리고 耳目의 작용을 물리쳐서 형체를 떠나고 지식을 버려서 大通(大道)과 같아지는 것, 이것을 일러 坐忘이라 한다.〔墮枝體 黜聰明 離形去知 同於大通 此謂坐忘〕"라고 보이는바, 〈人間世〉에서 말한 '坐馳(마음이 사물을 향해 치달려가서 멈추지 않음)'와 반대되는 개념이다.

'遺照'는 ≪莊子≫에는 보이지 않는데, 唐나라 司馬承禎의 ≪天隱子養生書≫ 〈坐忘論〉에 "외물과 자아를 모두 잊어서 전혀 비추는 바가 없다.〔彼我兩忘 了無所照〕"라고 하였는바, 이 역시 '坐馳'와 반대되는 개념이다.

〔夫唯知天之所爲者 窮理體化 坐忘遺照〕 '만약 하늘의 만들고 행함을 알려고 하면, 능히 그 사물의 이치를 연구하고 변화를 체행해서 고요히 앉아 일을 잊고, 비추는 바의 사물을 버리고서 자연의 이치에 맡겨 다른 일을 가지고 마음에 매어두지 아니해서 단정히 비고 고요해야 하니, 이와 같은 사람이라야 비로소 하늘의 하는 바를 알게 됨'을 말한 것이니, 하늘의 道 또한 이와 같음을 말한 것이다. '坐忘遺照'란 말은 그 일이 ≪莊子≫ 〈大宗師〉에 나온다.

〔至虛而善應 則以道爲稱〕 이는 道의 조목을 해석한 것이니, 지극히 공허하면서 사물에 잘 응하면 마침내 이것을 지목하여 道라 함을 말하였다. 그러므로 "道라고 칭한다."라고 한 것이다.

〔不思而玄覽 則以神爲名〕 생각하고 측량할 수가 없어서 현묘하게 보는 것을 마침내 지목하여 神이라 함을 말하였다. 그러므로 "神이라고 이름한다."라고 한 것이다.

〔蓋資道而同乎道〕 이는 聖人이 가르침을 베풂에 道를 의뢰하고 취해서 无爲의 교화를 행하여 오랫동안 쌓아서 마침내 道와 같아져서 內와 外가 모두 无임을 말한 것이다.

〔由神而冥於神也〕 聖人이 가르침을 베풂에 이 '神의 측량할 수 없음'을 본받아서 형체가 없고 방소가 없어서 가르침을 남겨 오래되어 점점 쌓이면 은연중 神에 부합하여 측량할 수 없음을 말한 것이다.

이는 모두 聖人이 처음 때에는 비록 道를 본받고 神을 본받아 无로 삼으나 體가 全无하지는 못하고 다만 이것을 행하여 그치지 않으면 마침내 全无하여 측량할 수 없음에 이름을 말하였다. 그러므로 "道를 의뢰하여 道와 같아지고 神으로 말미암아 神에 은연중 부합한다."라고 말한 것이다.

夫易이 廣矣大矣라 以言乎遠則不禦하고

易이 넓고 크니, 멂을 말하면 그치지 않고,

【注】 窮幽極深하면 无所止也라

그윽함을 다하고 깊음을 다하면 그치는 바가 없는 것이다.

【疏】 正義曰 : '夫易廣矣大矣'者, 此贊明易理之大, 易之變化, 極於四遠, 是廣矣, 窮於上天, 是大矣, 故下云"廣大配天地"也.[1] '以言乎遠則不禦'者, 禦, 止也, 言乎易之變化, 窮極幽深之遠, 則不有禦止也, 謂无所止息也.

1) 易之變化……故下云廣大配天地也 : 孔穎達은 아래 經文에 "夫乾……大生焉, 夫坤……廣生焉."이라고 한 것에 의거하여 '廣'을 '地의 넓음'으로, '大'를 '天의 큼'으로 풀이하고 있는바, 이 때문에 廣에 대해서는 '四遠'이라 하고, 大에 대해서는 '上天'이라 한 것이다.
　朱子는 乾에 대해서는 大라 하고 坤에 대해서는 廣이라고 한 이유에 대하여 "乾은 一(⚊)이어서 實하므로 質로써 말하여 大라 하였고, 坤은 二(⚋)여서 虛하므로 量으로써 말하여 廣이라 한 것이다.〔乾 一而實 故以質言而曰大 坤 二而虛 故以量言而曰廣〕"라고 하였다.

正義曰 : 〔夫易廣矣大矣〕 이는 易의 이치가 큼을 찬양하여 밝힌 것이니, 易의 변화가 사방 먼 곳에 끝까지 이르니 이는 넓은 것이요, 上天에 끝까지 이르니 이는 큰 것이다. 그러므로 아래에 "넓고 큼이 天地에 배합한다."라고 한 것이다.

〔以言乎遠則不禦〕 '禦'는 그침이니, 易의 변화가 그윽하고 깊음의 멂을 다하면 그침이

있지 않음을 말하였으니, 그치는 바가 없음을 말한 것이다.

以言乎邇則靜而正하고

가까움을 말하면 고요하여 바르고,

【注】 則近而當이라

가까우면서도 마땅한 것이다.

【疏】 正義曰：邇, 近也, 言易之變化, 在於邇近之處, 則寧靜而得正. 謂變化之道, 於其近處, 物各靜而得正, 不煩亂邪僻也. 遠尙不禦, 近則不禦可知, 近旣靜正, 則遠亦靜正, 互文也.[1)]

1) 遠尙不禦……互文也：互文은 두 개 이상의 문장이 서로 내용상 보완될 수 있으면 한 쪽에 하나씩만 써서 뜻을 통하게 하는 것이다. 이 두 節의 經文이 호문이란 것은, 경문에서 '遠'에 대해서는 '不禦'만 쓰고 '近'에는 '靜而正'만 썼지만 이는 하나를 생략하고 하나씩만 쓴 호문으로, 그 뜻을 다 갖추어 쓰면 "以言乎遠則不禦靜而正 以言乎邇則不禦靜而正"이라고 해야 된다는 말이다.

正義曰：'邇'는 가까움이니, 易의 변화가 가까운 곳에 있으면 편안하고 고요하여 바름을 얻음을 말하였다. 변화의 道가 가까운 곳에 있어서는 사물이 각각 고요하여 바름을 얻어서 번거롭고 어지럽고 邪辟하지 않음을 말하였다. 먼 것도 오히려 그치지 않는다면 가까운 것도 그치지 않음을 알 수 있고, 가까운 것이 이미 고요하여 바르면 먼 것 또한 고요하고 바르니, 이는 互文이다.

以言乎天地之間이면 **則備矣**라 **夫乾**은 **其靜也專**하고 **其動也直**이라 **是以**로 **大生焉**하며

天地의 사이를 말하면 구비하였다. 乾은 靜하여 專一하고 動하여 剛正하다. 이 때문에 大가 생겨나며,

【注】 專은 專一也요 直은 剛正也라

專은 전일함이요, 直은 剛正함이다.

【疏】 正義曰 : '以言乎天地之間則備矣'者, 變通之道, 遍滿天地之內, 是則備矣. '夫乾其靜也專 其動也直 是以大生焉'者, 上經旣論易道資陰陽而成, 故此經明乾, 復兼明坤也. 乾是純陽, 德能普備, 无所偏主, 唯專一而已, 若氣不發動, 則靜而專一, 故云"其靜也專." 若其運轉, 則四時不忒, 寒暑无差, (則)〔剛〕[1]而得正, 故云"其動也直." 以其動靜如此, 故能大生焉.

1) (則)〔剛〕 : 저본에는 '則'으로 되어 있으나, 毛本에 의거하여 '剛'으로 바로잡았다.(阮元의 〈校勘記〉 참조)

正義曰 : 〔以言乎天地之間則備矣〕 變通하는 道가 天地의 안에 두루 가득하니, 이것이 구비함이다.

〔夫乾其靜也專 其動也直 是以大生焉〕 위의 經文에서 이미 '易의 道가 陰과 陽을 의뢰하여 이루어짐'을 논하였다. 그러므로 이 경문에서는 乾을 밝히고 다시 겸하여 坤을 밝힌 것이다. 乾은 純陽이고 그 德이 널리 구비되어 편벽되이 주장하는 바가 없어서 오직 전일할 뿐이니, 만약 氣가 發動하지 않으면 靜하여 專一하다. 그러므로 "靜하여 전일하다." 라고 한 것이다. 만약 그 운행함으로 말하면 四時가 어긋나지 않고 추위와 더위가 어긋남이 없어서 剛하여 바름을 얻는다. 그러므로 "動하여 剛正하다."라고 한 것이다. 動과 靜이 이와 같기 때문에 능히 大가 생겨난 것이다.

夫坤은 其靜也翕하고 其動也闢이라 是以로 廣生焉하나니

坤은 靜하면 거두고 動하면 열린다. 이 때문에 廣이 생겨나니,

【注】 翕은 斂也라 止則翕斂其氣하고 動則(闢)〔闢〕[1]開以生物也라 乾은 統天首物[2]하여 爲變化之元하여 通乎形外者也요 坤則順以承陽[3]하여 功盡於已하여 用止乎形者也[4]라 故로 乾은 以專直言乎其材하고 坤은 以翕闢言乎其形이라

1) (闢)〔闢〕 : 저본에는 '闢'으로 되어 있으나, 毛本에 의거하여 '闢'으로 바로잡았다.(阮元의 〈校勘記〉 참조)

2) 乾 統天首物 : 乾卦 〈彖傳〉에 "위대하다, 乾의 元이여. 만물이 자뢰하여 시작하니 마침내 하늘을 통솔하도다.……만물에서 첫 번째로 나옴에 만국이 모두 편안하다.〔大哉 乾元 萬物資始 乃統天……首出庶物 萬國咸寧〕"라고 보인다.

3) 坤則順以承陽 : 坤卦 〈彖傳〉에 "지극하다, 坤의 元이여. 만물이 자뢰하여 생겨나니, 마

침내 하늘을 순히 받든다.〔至哉 坤元 萬物資生 乃順承天〕"라고 보인다.

4) 功盡於己 用止乎形者也 : 孔穎達은 坤卦 〈彖傳〉의 '만물이 자뢰하여 생겨남'에 대해서 疏를 달기를 "만물이 땅을 자뢰하여 생겨남을 말한 것이다. 처음 그 氣를 받는 것을 '始'라 하고, 형체를 이룸을 '生'이라 한다. 乾卦는 氣의 처음을 근본하였으므로 '資始'라 하였고, 坤卦는 이루어진 형체를 근거하였으므로 '資生'이라 한 것이다.〔言萬物資地而生 初稟其氣謂之始 成形謂之生 乾本氣初 故云資始 坤據成形 故云資生〕"라고 하였다.

'功盡於己'는 만물을 낳는 功이 자기(坤)에게서 다하는 것으로, 곧 '生物의 功을 坤이 다함'을 말한 것으로 보인다.

'用止乎形'은 坤의 用이 형체에 그침을 말한 것이다. 만물이 생겨날 적에 乾陽에게서는 氣를 받으므로 乾에 대해서는 '형체의 밖을 통한다.'라고 하고, 坤陰에게서는 형체를 이루므로 '用이 형체에 그친다.'라고 한 것으로 보인다.

翕은 거둠이다. 〈靜하여〉 그치면 그 氣를 거두고, 動하면 열어서 물건을 낳는다. 乾은 하늘을 통솔하고 만물의 첫 번째가 되어서 변화의 으뜸이 되어 형체의 밖을 통하고, 坤은 순함으로 陽을 받들어서 功이 자기에게 다하여 用이 형체에 그친다. 그러므로 乾은 전일함과 剛正함을 가지고 그 재질을 말하고, 坤은 거두고 여는 것을 가지고 그 형체를 말한 것이다.

【疏】 正義曰 : 此經明坤之德也. 坤是陰柔, 閉藏翕斂, 故其靜也翕. 動則開生萬物, 故其動也闢. 以其如此, 故能廣生於物焉. 天體高遠, 故乾云"大生." 地體廣博, 故坤云"廣生." 對則乾爲物始, 坤爲物生, 散則始亦爲生, 故總云生也.[1)]

1) 對則乾爲物始……故總云生也 : 〈彖傳〉에서 乾卦에 대해서는 "만물이 자뢰하여 시작한다.〔萬物資始〕"고 하고, 坤卦에 대해서는 "만물이 자뢰하여 생겨난다.〔萬物資生〕"라고 하였듯이, 乾과 坤을 對擧하면 乾은 만물을 처음 낳는 것 즉 '始'하게 함이 되고, 坤은 만물의 형체를 이루어줌 즉 '生'하게 함이 된다. 그런데 위의 경문에서 乾卦에 대해서도 '大生'이라 하여 '生'을 쓴 것은, 이미 형체를 받고 생겨난 물건이 시간이 흐르면 흩어져서 다시 시작하게 되는데, 그때의 시작은 그 물건의 생겨남 즉 '生'이 되기 때문이다. '흩어짐'에 대해서는 위 4장의 경문 '精氣爲物 遊魂爲變'의 注疏 참조.

正義曰 : 이 經文은 坤의 德을 밝힌 것이다.

坤은 陰柔이니, 닫히고 감추고 거두므로 靜하면 거두는 것이다. 動하면 만물을 열어 낳으므로 동하면 열리는 것이다. 이와 같기 때문에 능히 물건을 널리 낳을 수 있는 것이다.

하늘의 體는 높고 멀기 때문에 乾은 "大가 생겨난다."라고 말하였고, 땅의 體는 넓고 너르기 때문에 坤은 "廣이 생겨난다."라고 말한 것이다. 〈乾과 坤을〉 상대하면 乾은 물건의 시작〔始〕이 되고 坤은 물건의 낳음〔生〕이 되는데, 흩어지면 始 또한 生이 된다. 그러므로 총괄하여 '生'이라고 말한 것이다.

廣大는 **配天地**하고 **變通**은 **配四時**하고 **陰陽之義**는 **配日月**하고 **易**(이)**簡之善**은 **配至德**하나니라

廣大는 天地에 배합하고, 變通은 四時에 배합하고, 陰陽의 義는 日月에 배합하고, 易簡의 善은 至德에 배합한다.

【注】易之所載 配此四義라

易에 기재된 바가 이 네 意義에 배합하는 것이다.

【疏】正義曰 : '廣大配天地'者, 此經申明易之德. 以易道廣大, 配合天地, 大以配天, 廣以配地. '變通配四時'者, 四時變通, 易理亦能變通, 故云"變通配四時"也. '陰陽之義配日月 易簡之善配至德'者, 案初章論乾坤易簡, 可久可大, 配至極微妙之德也. 然易初章, 易爲賢人之德, 簡爲賢人之業, 今總云至德者, 對則德業別, 散則業由德而來, 俱爲德也.[1]

1) 陰陽之義配日月……俱爲德也 : 위 1장에 "乾은 쉬움으로써 알고 坤은 간략함으로써 능하다. 쉬우면 쉽게 알 수 있고 간략하면 쉽게 따를 수 있으니, 쉽게 알 수 있으면 친함이 있고 쉽게 따를 수 있으면 功이 있다. 친함이 있으면 오래할 수 있고 공이 있으면 커질 수 있으니, 오래할 수 있으면 현인의 德이요, 커질 수 있으면 현인의 業이다.〔乾以易知 坤以簡能 易則易知 簡則易從 易知則有親 易從則有功 有親則可久 有功則可大 可久則賢人之德 可大則賢人之業〕"라고 하였는바, 乾과 坤에 배속된 개념들은 아래 표와 같다.

乾	坤
易	簡
易知	易從
有親	有功
可久	可大
賢人之德	賢人之業

여기에 입각해서 말한다면 "易簡은 德業에 배합한다."라고 해야 하는데 경문에서 業을 언급하지 않고 德만 말한 이유에 대하여 孔穎達은 '물건이 흩어져서 다시 시작될 때에는 業이 德으로부터 오기 때문'이라고 설명하고 있다. 즉 德이 業의 所從來가 되기 때문에 德만을 언급해도 그 안에 業을 포함할 수 있다고 본 것이다.

正義曰：〔廣大配天地〕이 經文은 易의 德을 거듭 밝힌 것이다. 易의 道가 廣大하므로 天地에 배합하는 것이니, 大로써 하늘에 배합하고 廣으로써 땅에 배합하는 것이다.

〔變通配四時〕四時가 變通하고 易의 이치 또한 능히 변통하므로 "변통은 사시에 배합한다."라고 말한 것이다.

〔陰陽之義配日月 易簡之善配至德〕살펴보건대, 1장에서는 乾·坤의 쉬움과 간략함이 오래할 수 있고 커질 수 있어서 지극히 미묘한 德에 배합함을 논하였다. 그러나 ≪周易≫의 1장에서는 쉬움은 賢人의 德이 되고 간략함은 賢人의 業이 된다고 하였는데, 지금 총괄하여 '至德'이라 말한 것은, 상대하면 德과 業이 구별되지만 흩어지면 業이 德으로부터 와서 모두 德이 되기 때문이다.

子曰 易은 其至矣乎인저 夫易은 聖人所以崇德而廣業也라

孔子가 말씀하였다. "易은 지극하다 할 것이다. 易은 聖人이 德을 높이고 業을 넓힌 것이다.

孔子

【注】 窮理入神은 其德崇也요 兼濟萬物은 其業廣也라

理를 다하고 神에 들어감은 그 德이 높은 것이요, 萬物을 겸하여 구제함은 그 業이 넓은 것이다.

【疏】 正義曰：'子曰 易其至矣乎'者, 更美易之至極, 是語之別端, 故言"子曰."[1] '夫易聖人所以崇德而廣業'者, 言易道至極, 聖人用之, 增崇其德, 廣大其業, 故云"崇德而廣業也."

1) 子曰……故言子曰：이 經文에서 '子曰'이라고 한 이유를 설명한 것이다. 〈繫辭傳〉이 孔子의 저작이라면 그 안에 '子曰'이라는 말이 나오는 것은 매우 부자연스럽다. 이 때문에 孔穎達은 여기에 '子曰'이라는 말을 쓴 이유에 대해 '易의 지극함을 찬미하는 말을 다시 시작하면서 별도의 단서를 일으킨 것'이라고 설명한 것이다.

한편 朱子는 여기에서 章을 나누었으며, '子曰'이라는 말이 나오는 이유를 다음과 같이 추측하였다. "十翼은 모두 夫子가 지은 것이니, 스스로 '子曰'이라는 글자를 놓을 수 없는바, 의심컨대 모두 後人이 붙인 것인 듯하다.〔十翼 皆夫子所作 不應自著子曰字 疑皆後人所加也〕"

正義曰 : 〔子曰 易其至矣乎〕 易의 지극함을 다시 찬미한 것이니, 이는 말씀의 다른 단서이므로 "子曰"이라 말한 것이다.

〔夫易 聖人所以崇德而廣業〕 易의 道가 지극한데 聖人이 이것을 사용하여 그 德을 더욱 높이고 그 業을 광대하게 함을 말하였다. 그러므로 "德을 높이고 業을 넓힌다."라고 말한 것이다.

知崇하고 禮卑하니

知(智)는 높고 禮는 낮으니,

【注】 知는 以崇爲貴하고 禮는 以卑爲用이라

知는 높음을 귀함으로 삼고, 禮는 낮음을 用으로 삼는다.

【疏】 正義曰 : 易兼知之與禮, 故此明知禮之用. 知者, 通利萬物, 象天陽无不覆, 以崇爲貴也. 禮者, 卑敬於物, 象地柔而在下, 故以卑爲用也.

正義曰 : 易은 知(智)와 禮를 겸하였다. 그러므로 여기에서 知와 禮의 用을 밝힌 것이다. 知는 만물을 通暢시켜 이롭게 하니, 하늘의 陽이 덮어주지 않음이 없음을 형상하였으므로 높음을 귀함으로 삼는 것이다. 禮는 남에게 낮추고 공경하는 것이니, 땅이 柔하여 아래에 있음을 형상하였으므로 낮음을 用으로 삼는 것이다.

崇은 效天하고 卑는 法地하나니라

높음은 하늘을 본받고, 낮음은 땅을 본받은 것이다.

【注】 極知之崇은 象天高而統物이요 備禮之用은 象地廣而載物也라

知(智)의 높음을 지극히 함은 하늘이 높아 물건을 통솔함을 형상한 것이고, 禮의 用을 구비함은 땅이 넓어 물건을 실어줌을 형상한 것이다.

【疏】正義曰 : 知旣崇高, 故效天, 禮以卑退, 故法地也.

正義曰 : 知가 이미 높기 때문에 하늘을 본받고, 禮로써 낮추고 겸손하기 때문에 땅을 본받은 것이다.

天地設位어든 而易行乎其中矣니

天地가 자리를 베풀면 易이 이 안에서 행해지니,

【注】天地者는 易之門戶니 而易之爲義 兼周萬物이라 故로 曰 行乎其中矣라하니라

天地는 易의 門戶이니, 易의 意義가 만물을 겸하여 두루 하므로 "이 안에서 행해진다." 라고 말한 것이다.

【疏】正義曰 : 天地陳設於位, 謂知之與禮而效法天地也. '而易行乎其中矣'者, 變易之道, 行乎知禮之中, 言知禮與易而竝行也. 若以實象言之, 天在上, 地在下, 是天地設位, 天地之間, 萬物變化, 是易行乎天地之中也.

正義曰 : 天地가 자리를 진설함은 '知(智)와 禮로 天地를 본받음'을 말한 것이다.

〔而易行乎其中矣〕 變易의 道가 知와 禮의 안에서 행해지는 것이니, '知와 禮가 易과 더불어 나란히 행해짐'을 말한 것이다. 만약 실상을 가지고 말하면 하늘은 위에 있고 땅은 아래에 있으니 이는 천지가 자리를 베푼 것이요, 천지의 사이에 만물이 변화하니 이는 易이 천지의 안에서 행해지는 것이다.

成性存存이 道義之門이라

본성을 이루고 존재를 보존함이 道義의 문이다."

【注】物之存成이 由乎道義也라

물건의 보존하고 이룸이 道義에 말미암는 것이다.

【疏】正義曰 : 此明易道旣在天地之中, 能成其萬物之性, 使物生不失其性, 存其萬物之存, 使物得其存成也. 性謂稟其始也, 存謂保其終也, 道謂開通也, 義謂得其宜

也. 既能成性存存, 則物之開通, 物之得宜, 從此易而來, 故云"道義之門", 謂易與道義爲門戶也.[1)]

1) 性謂稟其始也……謂易與道義爲門戶也 : 孔穎達은 '成性'을 '물건이 처음 생겨날 때에 본성을 받아서 이룸'으로, '存存'을 '물건이 죽어 없어지기 전까지 그 존재를 보존함'으로 보았으며, '道'를 '물건이 처음 생겨날 때 개통됨'으로, '義'를 '물건이 마땅함을 얻음'으로 보았는바, 이는 '成性'과 '道'를 연결시키고, '存存'과 '義'를 연결시킨 것이다.

반면 朱子는 '成性存存'을 '본래 이루어져 있는 智와 禮의 본성을 보존하고 또 보존함'의 의미로 보았는바, ≪本義≫는 다음과 같다. "天地가 자리를 베풀면 변화가 행해짐은 智와 禮가 性에 보존되어 道義가 나오는 것과 같은 것이다. '成性'은 본래 이루어진 性이요, '存存'은 보존하고 또 보존함을 이르니, 그치지 않는 뜻이다.〔天地設位而變化行 猶知禮存性而道義出也 成性 本成之性也 存存 謂存而又存 不已之意也〕"

正義曰 : 이는 '易의 道가 이미 天地의 안에 있어서, 능히 萬物의 본성을 이루어 만물로 하여금 생겨남에 그 본성을 잃지 않게 하고, 만물의 존재를 보존하여 만물로 하여금 그 보존과 이룸을 얻게 함'을 밝힌 것이다. '性'은 처음을 받음을 이르고, '存'은 終을 보존함을 이르고, '道'는 개통함을 이르고, '義'는 마땅함을 얻음을 이른다. 이미 본성을 이루고 존재를 보존하였으면 물건의 개통됨(道)과 물건의 마땅함을 얻음(義)이 이 易으로부터 온다. 그러므로 "道義의 문이다."라고 하였으니, 易이 道義와 더불어 門戶가 됨을 말한 것이다.

제6장

【疏】 正義曰 : '聖人有以'至'如蘭' 此第六章也. 上章既明易道變化, 神理不測, 聖人法之, 所以配於天地, 道義從易而生, 此章又明聖人擬議易象, 以贊成變化. 又明人擬議之事, 先愼其身, 在於愼言語, 同心行, 動擧措, 守謙退, 勿驕盈, 保靜密, 勿貪非位, 凡有七事. 是行之於急者, 故引七卦之(議)〔義〕[1)], 以證成之.[2)]

1) (議)〔義〕: 저본에는 '議'로 되어 있으나, 宋本에 의거하여 '義'로 바로잡았다.(阮元의 〈校勘記〉 참조)

2) 又明人擬議之事……以證成之 : 여기에서 나열한 7개 卦의 7가지의 일은 아래 6장과 7장에 걸쳐 나오는바, '愼言語'과 '同心行'은 6장에, '動擧措'·'守謙退'·'勿驕盈'·'保

靜密'·'勿貪非位'는 7장에 보인다. 7개 卦의 7가지의 일은 정리하면 다음과 같다.

愼言語	同心行	動擧措	守謙退	勿驕盈	保靜密	勿貪非位
中孚卦 九二	同人卦 九五	大過卦 初六	謙卦 九三	乾卦 上九	節卦 初九	解卦 六三

正義曰 : 經의 〔聖人有以〕에서 〔如蘭〕까지

이는 제6장이다. 위의 장에서는 이미 '易道의 변화와 神理의 측량할 수 없음을 聖人이 본받았으니, 이 때문에 天地에 배합하여 道義가 易으로부터 생겨남'을 밝혔고, 이 장은 또 '성인이 易象을 모의하고 의논하여 변화를 贊成함'을 밝혔다. 또 '사람이 모의하고 의논하는 일은 먼저 자기 몸을 삼가야 하는데, 이는 언어를 삼가고, 마음과 행실을 똑같게 하고, 擧措를 동하고, 謙退를 지키고, 교만하거나 가득 차지 말고, 고요하고 周密함을 보존하고, 자기 자리가 아닌 것을 탐하지 마는 것, 모두 이 일곱 가지 일에 있음'을 밝혔다. 이것은 행함에 더욱 급한 것이므로 일곱 卦의 意義를 인용하여 증명해서 글을 이룬 것이다.

聖人이 有以見天下之賾하여 而擬諸(저)其形容하고 象其物宜라

聖人이 天下의 그윽함을 보고서 그 形容에 比擬(견주어 비교함)하고 그 物宜(물건의 마땅함)를 형상하였다.

【注】 乾剛坤柔가 各有其體라 故로 曰 擬諸形容이라하니라

乾의 剛과 坤의 柔가 각각 그 體가 있다. 그러므로 "그 形容에 비의하였다."라고 한 것이다.

【疏】 正義曰 : '聖人有以見天下之賾'者, 賾, 謂幽深難見,[1] 聖人有其神妙, 以能見天下深賾之至理也. '而擬諸其形容'者, 以此深賾之理, 擬度(탁)諸物形容也, 見此剛理, 則擬諸乾之形容, 見此柔理, 則擬諸坤之形容也. '象其物宜'者, 聖人又法象其物之所宜, 若象陽物, 宜於剛也, 若象陰物, 宜於柔也, 是各象其物之所宜. 六十四卦, 皆擬諸形容, 象其物宜也. 若泰卦比擬泰之形容, 象其泰之物宜, 若否卦則比擬否之形容, 象其否之物宜也, 擧此而言, 諸卦可知也.

1) 賾謂幽深難見 : 朱子는 '賾'을 '雜亂함(천하의 복잡하고 紛亂한 사물)'이라고 풀이하였다.

正義曰：〔聖人有以見天下之賾〕'賾'은 그윽하고 깊어서 보기 어려움을 이르니, 聖人이 신묘함을 소유하여 능히 천하의 깊고 그윽한 至理를 보는 것이다.

〔而擬諸其形容〕이 깊고 그윽한 이치를 가지고 물건의 形容에 比擬하여 헤아린 것이니, 이 剛한 이치를 보면 乾의 형용에 비의하고, 이 柔한 이치를 보면 坤의 형용에 비의한 것이다.

〔象其物宜〕聖人이 또 그 물건의 마땅한 바를 본받아 형상한 것이니, 예컨대 陽의 물건은 剛에 마땅함을 형상하고 陰의 물건은 柔에 마땅함을 형상한 것과 같은바, 이는 그 물건의 마땅한 바를 각각 형상한 것이다.

64卦가 모두 形容에 비의하고 物宜을 형상한 것이다. 예를 들어 泰卦는 泰의 형용에 비의해서 泰의 物宜를 형상하고, 否卦는 否의 형용에 비의해서 否의 物宜를 형상하였으니, 이것을 들어 말하면 여러 卦를 알 수 있다.

是故로 謂之象이라 聖人이 有以見天下之動하여 而觀其會通하여 以行其典禮하니

이 때문에 象이라 한 것이다. 聖人이 天下의 動함을 보고서 會通(會合과 變通)을 관찰하여 典禮(典法과 禮儀)를 행하니,

【注】 典禮는 適時之所用이라

典禮는 時用에 적합한 것이다.

【疏】 正義曰：'是故謂之象'者, 以是之故, 謂之象也, 謂六十四卦是也. 故前章云"卦者, 言乎象者也",[1] 此以上, 結成卦象之義也. '聖人有以見天下之動'者, 謂聖人有其微妙, 以見天下萬物之動也. '而觀其會通 以行其典禮'者, 旣知萬物以此變動, 觀看其物之會合變通,[2] 當此會通之時, 以施行其典法禮儀也.

1) 故前章云卦者 言乎象者也：위 3장에 "彖은 象을 말한 것이다.〔彖者 言乎象者也〕"라고 보인다.

2) 觀看其物之會合變通：孔穎達은 경문의 '會通'을 '회합과 변통'으로 訓하였는데, 朱子는 ≪莊子≫ 〈養生主〉의 '庖丁解牛' 고사를 인용하여 다음과 같이 해석하였다. "會는 이치가 모여 있어 빠뜨릴 수 없는 부분을 이르고, 通은 이치가 행할 수 있어 막힘이 없는 부분을 이르니, 庖丁이 소를 해체할 때에 會는 〈힘줄과 뼈가〉 모인 곳이요, 通은 그 빈 곳인 것과 같다.〔會謂理之所聚而不可遺處 通謂理之可行而无所礙處 如庖丁解牛 會則其族 而通

則其虛也〕"

正義曰 : 〔是故謂之象〕 이 때문에 象이라 이른 것이니, 64卦가 이것임을 말한 것이다. 그러므로 앞 장에서는 "卦는 象을 말한 것이다."라고 하였으니, 이 이상은 卦象의 뜻을 맺어 이룬 것이다.

〔聖人有以見天下之動〕 聖人이 미묘함을 소유하여 天下의 萬物의 動함을 봄을 말한 것이다.

〔而觀其會通 以行其典禮〕 이미 萬物이 이로써 變動함을 알고서 물건이 會合하고 變通함을 관찰하여 이 會通하는 때에 그 典法과 禮儀를 시행하는 것이다.

繫辭焉하여 **以斷其吉凶**이라 **是故**로 **謂之爻**라 **言天下之至賾而不可惡**(오)**也**요 **言天下之至動而不可亂也**라

글〔辭〕을 달아서 吉凶을 결단하였다. 이 때문에 爻라 이른 것이다. 天下의 지극히 그윽함을 말함에 싫어할 수가 없고, 天下의 지극히 動함을 말함에 錯亂해서는 안 된다.

【注】 易之爲書 不可遠也니 惡之則逆於順이요 錯之則乖於理라

≪周易≫ 책은 멀리할 수가 없으니, 이를 싫어하면 順道를 거스르고, 이를 錯亂하면 正理에 어긋난다.

【疏】 正義曰 : '繫辭焉 以斷其吉凶'者, 旣觀其會通而行其典禮, 以定爻之通變, 而有三百八十四爻, 於此爻下, 繫屬文辭, 以斷定其吉凶. 若會通典禮得則爲吉, 若會通典禮失則爲凶也. '是故謂之爻'者, 以是之故, (議)〔謂〕[1]此會通之事而爲爻也. 夫爻者, 效也, 效諸物之通變. 故上章云"爻者, 言乎變者也." 自此已上, 結爻義也.

1) (議)〔謂〕 : 저본에는 '議'로 되어 있으나, 錢本·宋本과 위의 疏에서 "以是之故 謂之象也"라고 한 것에 의거하여 '謂'로 바로잡았다.(阮元의 〈校勘記〉 참조)

正義曰 : 〔繫辭焉 以斷其吉凶〕 이미 會通을 보고서 典禮를 행하여 爻의 通變을 정해서 384爻가 있게 되었으니, 이 爻 아래에 글을 달아서 그 吉凶을 단정하였다. 이를테면 회통과 전례가 〈마땅함을〉 얻으면 吉하고, 회통과 전례가 〈마땅함을〉 잃으면 凶한 것과

같은 것이다.

〔是故謂之爻〕 이 때문에 이 會通하는 일을 일러 爻라고 한 것이다. 爻는 본받음〔效〕이니, 여러 물건의 통변함을 본받은 것이다. 그러므로 위의 장에 "爻는 變을 말한 것이다."라고 하였으니, 이로부터 이상은 爻의 뜻을 맺은 것이다.

【疏】 '言天下之至賾 而不可惡也'者, 此覆說前文"見天下之賾", 卦象義也. 謂聖人於天下至賾之理, 必重愼明之, 不可鄙賤輕惡也, 若鄙賤輕惡, 不存意明之, 則逆於順道也. '言天下之至動 而不可亂'者, 覆說上"聖人見天下之至動",[1] 爻之義也. 謂天下至賾變動之理, 論說之時, 明不可錯亂也, 若錯亂, 則乖違正理也. 若以文勢上下言之, 宜云"至動而不可亂也."[2]

1) 覆說上聖人見天下之至動 : 위의 절에서는 "聖人有以見天下之動"이라 하여 '動'자 앞에 '至'자가 없다.

2) 若以文勢上下言之 宜云至動而不可亂也 : 이 말의 의미는 未詳이다. 兪樾은 ≪群經平議≫에서, ≪經典釋文≫의 말에 의거하여 "鄭玄과 虞翻이 취한 本에는 〈經文의〉 이 句(言天下之至動)도 위의 句와 마찬가지로 〈'至動'이〉 '至賾'으로 되어 있었을 것"이라고 추측하였으며, 孔穎達의 이 말에 의거하여 "공영달의 本에도 '至賾'으로 되어 있었을 것"이라고 추측하였다. 즉 유월의 분석에 따르면, 공영달의 저본에 이 句는 '言天下之至賾'으로 되어 있었는데 공영달이 이를 '言天下之至動'으로 교감하였고 이 교감 사실을 밝히기 위해 이 말을 疏에 기재한 것이 된다. 참고를 위해 소개하는 바이다.

〔言天下之至賾 而不可惡也〕 이는 앞글의 "天下의 그윽함을 본다."는 것을 반복하여 말한 것이니, 卦象의 뜻이다. '聖人이 천하의 지극히 그윽한 이치에 대하여 반드시 거듭 삼가고 밝혀서 비천하게 여기고 경시하고 싫어할 수 없음'을 말한 것이니, 만약 비천하게 여기고 경시하고 싫어하여 거기에 뜻을 두어 밝히지 않으면 順道를 거스르는 것이다.

〔言天下之至動 而不可亂〕 위의 "聖人이 天下의 지극히 動함을 본다."는 것을 반복하여 말한 것이니, 爻의 뜻이다. '天下의 지극히 그윽하고 變動하는 이치를 論說할 때에는 분명히 해서 錯亂해서는 안 됨'을 말한 것이니, 만약 착란하면 正理에 어긋난다. 만약 文勢의 上下를 가지고 말하면 마땅히 "至動而不可亂也"라고 해야 할 것이다.

擬之而後言하며 **議之而後動**하여 **擬議以成其變化**하니라

比擬한 뒤에 말하며 의논한 뒤에 動하여 비의하고 의논해서 變化를 이룬다.

【注】 擬議以動이면 則盡變化之道라

비의하고 의논하여 動하면 變化의 道를 다한다.

【疏】 正義曰 : '擬之而後言'者, 覆說上"天下之至賾不可惡也", 聖人欲言之時, 必擬度(탁)之而後言也. '議之而後動'者, 覆說上"天下之至動不可亂也", 謂欲動之時, 必議論之而後動也. '擬議以成其變化'者, 言則先擬也, 動則先議也, 則能成盡其變化之道也.

正義曰 : 〔擬之而後言〕 위의 "天下의 지극히 그윽한 이치에 대하여 싫어할 수 없다."는 것을 반복하여 말한 것이니, 聖人이 이것을 말하고자 할 때에 반드시 이것을 비의하고 헤아린 뒤에 말하는 것이다.

〔議之而後動〕 위의 "天下의 지극히 동하는 이치에 대하여 착란할 수 없다."는 것을 반복하여 말한 것이니, 동하고자 할 때에 반드시 의논한 뒤에 동함을 말한 것이다.

〔擬議以成其變化〕 말을 하게 되면 먼저 비의하고, 동하게 되면 먼저 의논하니, 이렇게 하면 變化의 道를 다함을 이룰 수 있는 것이다.

鳴鶴在陰이어늘 其子和之로다 我有好爵하여 吾與爾靡之라하니

"우는 鶴이 陰地에 있는데 그 새끼가 화답하도다. 내 좋은 官爵을 소유하여 내 너에게 흩어주겠다."라고 하니,

【注】 鶴鳴則子和하고 脩誠則物應하나니 我有好爵하여 與物散之하면 物亦以善應也라 明擬議之道하고 繼以斯義者는 誠以吉凶失得이 存乎所動하니 同乎道者는 道亦得之하고 同乎失者는 失亦違之[1]라 莫不以同相順하고 以類相應하여 動之斯來하고 (緌)〔綏〕[2]之斯至라 鶴鳴于陰에 氣同則和하고 出言戶庭에 千里或應하나니 出言猶然이어든 況其大者乎아 千里或應이어든 況其邇者乎아 故로 夫憂悔吝者는 存乎纖介[3]하고 定失得者는 愼於樞機라 是以로 君子擬議以動하여 愼其微也라

1) 同乎道者……失亦違之 : 老子 ≪道德經≫에 "그러므로 道에 종사하는 이는 道를 행함에 道와 같아지고, 得〔德〕을 행함에 得과 같아지고, 失을 행함에 失과 같아지는 것이다. 道와 같아진 자는 道 또한 기꺼이 그를 얻을 것이고(응할 것이고), 得과 같아진 자는 得 또한 기꺼이 그를 얻을 것이고, 失과 같아진 자는 失 또한 기꺼이 그를 얻을 것이다.〔故從事於道者 道者同於道 德者同於德 失者同於失 同於道者 道亦樂得之 同於德者 德亦樂得之 同

於失者 失亦樂得之〕"라고 보인다. 번역은 王弼의 注를 참고하였다.

2) (綏)〔綏〕: 저본에는 '綏'으로 되어 있으나, 阮元의 〈校勘記〉에 "'綏'은 '綏'가 되어야 하니, 형태가 비슷해서 잘못된 것이다. 毛本에는 바로 '綏'로 되어 있다."라고 한 것에 의거하여 '綏'로 바로잡았다. ≪論語≫ 〈子張〉에 "세우면 이에 서고, 인도하면 이에 따르고, 편안하게 해주면 이에 따라오고, 動하면 이에 和한다.〔立之斯立 道之斯行 綏之斯來 動之斯和〕"라고 하였다.

3) 夫憂悔吝者 存乎纖介 : 위 3장에 "悔와 吝을 근심함은 介(작은 하자)에 있다.〔憂悔吝者 存乎介〕"라고 하였는바, 작은 하자가 있을 때에 그로 인해 생길 悔吝을 미리 근심해야 한다는 말이다.

鶴이 울면 새끼가 화답하고 닦음이 성실하면 남〔物〕이 응하니, 내가 좋은 관작을 소유하고서 남에게 흩어주면 남 또한 善으로써 응하는 것이다. 比擬하고 의논하는 道를 밝히고서 이 뜻을 가지고 뒤를 이은 것은, 진실로 吉凶과 失得이 動하는 바에 달려 있어서이니, 道와 같아진 자는 道 또한 그를 얻고(그에게 응하고), 失과 같아진 자는 失 또한 그를 어긴다. 같음으로써 서로 順하고 무리로써 서로 응하지 않음이 없어서 動하면 이에 따라오고 편안히 하면 이에 이르러오는 것이다.

鶴이 음지에서 울 때에 기운이 같으면 새끼가 화답하고, 말을 戶庭에서 낼 적에 千里 밖에서도 혹 응하니, 말을 내는 것도 오히려 그러한데 하물며 이보다 큰 것이랴. 千里 밖에서도 혹 응하는데, 하물며 가까운 곳에 있어서랴. 그러므로 悔吝을 근심함은 纖介(작은 하자)에 있고, 失得을 정함은 언행〔樞機〕을 삼가는 데에 있는 것이다. 이 때문에 군자가 비의하고 의논하여 동해서 그 은미함을 삼가는 것이다.

【疏】 正義曰 : '鳴鶴在陰'者, 上既明擬議而動, 若擬議於善, 則善來應之, 若擬於惡, 則惡亦隨之. 故引鳴鶴在陰, 取同類相應以證之, 此引中孚九二爻辭也. 鳴鶴在幽陰之處, 雖在幽陰而鳴, 其子則在遠而和之, 以其同類相感召故也. '我有好爵'者, 言我有美好之爵, 而在我身. '吾與爾靡之'者, 言我雖有好爵, 不自獨有, 吾與汝外物共靡散之. 謂我既有好爵, 能靡散以施於物, 物則有感我之恩, 亦來歸從於我. 是善往則善者來, 皆證明擬議之事. 我擬議於善以及物, 物亦以善而應我也.

正義曰 : 〔鳴鶴在陰〕 위에서 이미 비의하고 의논하여 동함을 밝혔으니, 만약 善을 비의하고 의논하면 善이 와서 응하고, 만약 惡을 비의하고 의논하면 惡이 또한 따른다. 그러므로 우는 鶴이 음지에 있음을 인용하여 '同類가 서로 응함'을 취해서 증명하였으니,

이는 中孚卦 九二의 爻辭를 인용한 것이다. 우는 학이 그윽하고 어두운 곳에 있어서 비록 그윽하고 어두운 곳에서 울지만 그 새끼가 멀리 있으면서 화답하니, 이는 同類여서 서로 감동하여 부르기 때문이다.

〔我有好爵〕 내가 아름다운 관작을 소유하여 내 몸에 있음을 말한 것이다.

〔吾與爾靡之〕 내 비록 좋은 관작을 소유하였으나 홀로 소유하지 않고 내 너에게 外物을 주어 함께 흩어줌을 말한 것이다. 내 이미 좋은 관작을 소유하고서 능히 흩어주어서 남에게 베풀면 남이 나의 은혜에 감사하고 또한 나에게 귀의하여 나를 따르는 자가 있음을 말한 것이다. 이는 善이 가면 善이 오는 것이니, 모두 비의하고 의논하는 일을 증명한 것이다. 내가 善을 비의하고 의논하여 남에게 미치면 남 또한 善으로써 나에게 응하는 것이다.

子曰 君子居其室에 出其言善이면 則千里之外應之하나니 況其邇者乎아 居其室에 出其言不善이면 則千里之外違之하나니 況其邇者乎아 言出乎身하여 加乎民하며 行發乎邇하여 見(현)乎遠하나니 言行은 君子之樞機니

孔子가 말씀하였다. "君子가 방안에 있을 적에 말을 냄이 善하면 千里의 밖에서도 應하니, 하물며 가까운 자에 있어서랴. 방안에 있을 적에 말을 냄이 善하지 못하면 千里의 밖에서도 어기니, 하물며 가까운 자에 있어서랴. 말은 몸에서 나와 백성에게 가해지며 행실은 가까운 데서 나와 먼 곳에 나타난다. 말과 행실은 군자의 樞機이니

【注】 樞機는 制動之主라

樞機는 動함을 제재하는 주체이다.

【疏】 '子曰君子'至'樞機' ○正義曰：'子曰君子居其室'者, 既引易辭, 前語已絶, 故言"子曰." '況其邇者乎'者, 出其言善, 遠尙應之, 則近應可知, 故曰"況其邇者乎." 此證明擬議而動之事, 言身有善惡, 无問遠近皆應之也. '言行 君子之樞機'者, 樞謂戶樞, 機謂弩牙[1). 言戶樞之轉, 或明或闇, 弩牙之發, 或中或否, 猶言行之動, 從身而發, 以及於物, 或是或非也.

1) 弩牙 : 쇠(청동제)로 된 발사장치가 있어 그 힘으로 활을 쏘는 무기를 '쇠뇌〔弩〕'라고 하는데, 쇠뇌의 시위를 걸어매는 곳을 弩牙라고 한다.

經의 〔子曰君子〕에서 〔樞機〕까지

○ 正義曰 : 〔子曰君子居其室〕 이미 ≪周易≫의 글을 인용하여 앞의 말이 이미 끝났으므로 "子曰"이라고 〈다시〉 말한 것이다.

〔況其邇者乎〕 말을 냄이 善하면 먼 곳에서도 오히려 應하니, 그렇다면 가까운 데서 應함을 알 수 있는 것이다. 그러므로 "하물며 가까운 자에 있어서랴."라고 한 것이다. 이는 비의하고 의논하여 動하는 일을 증명한 것이니, '몸에 善과 惡이 있으면 멀고 가까움을 막론하고 모두 應함'을 말한 것이다.

〔言行 君子之樞機〕 '樞'는 문의 지도리를 이르고, '機'는 쇠뇌의 機牙를 이른다. '문의 지도리가 돎에 따라 〈방안이〉 밝기도 하고 어둡기도 하며, 쇠뇌의 기아를 발사함에 따라 맞기도 하고 맞지 않기도 하니, 이는 말과 행실의 동합이 몸으로부터 나와서 남에게 미침에 옳기도 하고 그르기도 함과 같음'을 말한 것이다.

樞機之發은 **榮辱之主也**라 **言行**은 **君子之所以動天地也**니 **可不愼乎**아 **同人先號咷而後笑**라하니 **子曰 君子之道 或出或處**하며 **或默或語**하나 **二人同心**하면 **其利斷金**이요

樞機의 發함은 영화와 치욕의 주체이다. 말과 행실은 君子가 天地를 감동시키는 것이니, 삼가지 않을 수 있겠는가."

"同人이 먼저는 울부짖다가 뒤에 웃는다."라고 하니, 孔子가 말씀하였다. "君子의 道가 혹 나가고 혹 은둔하며 혹 침묵하고 혹 말하나 두 사람이 마음을 함께하면 그 예리함이 쇠를 자르고,

【注】 同人終獲後笑者는 以有同心之應也라 夫所況同者 豈係乎一方哉아 君子出處默語 不違其中이면 則其跡雖異나 道同則應이라

同人이 뒤에 웃음을 끝내 얻는 것은 同心의 응함이 있기 때문이다. 함께한다고 비유한 것이 어찌 한 방소에만 매여 있겠는가. 君子가 나가고 은둔하며 침묵하고 말하는 것이 中을 어기지 않으면 자취가 비록 다르나 道가 같으면 응하는 것이다.

【疏】 正義曰：'言行 君子之所以動天地'者，言行雖初在於身，其善惡積而不已，所感動天地，豈可不愼乎．'同人先號咷而後笑'者，證擬議而動，則同類相應．以同人初未和同，故先號咷，後得同類，故後笑也．'子曰君子之道'者，各引易之後，其文勢已絶，故言"子曰．" '或出或處 或默或語'者，言同類相應，本在於心，不必共同一事．或此物而出，或彼物而處，或此物而默，或彼物而語，出處默語，其時雖異，其感應之事，其意則同，或處應於出，或默應於語．'二人同心 其利斷金'者，二人若同齊其心，其(纖)〔鐵〕[1]利能斷截於金．金是堅剛之物，能斷而截之，盛言利之甚也．此謂二人心行同也．

1) (纖)〔鐵〕：저본에는 '纖'으로 되어 있으나，阮元의 〈校勘記〉에 "盧文弨가 말하기를 '纖은 鐵이 되어야 한다.'라고 하였는데，이 말이 옳다."라고 한 것에 의거하여 '鐵'으로 바로잡았다．

正義曰：〔言行 君子之所以動天地〕 말과 행실이 비록 처음엔 자기 몸에 있으나，善과 惡이 쌓여 그치지 않으면 天地를 감동시키니，어찌 삼가지 않을 수 있겠는가．

〔同人先號咷而後笑〕 비의하고 의논하여 動하면 同類가 서로 應함을 증명하였다．同人이 처음에는 和同하지 못하기 때문에 먼저 울부짖고，뒤에는 동류를 얻기 때문에 뒤에 웃는 것이다．

〔子曰君子之道〕 각각 ≪周易≫을 인용한 뒤에 文勢가 이미 다하였으므로 "子曰"이라고 한 것이다．

〔或出或處 或默或語〕 同類가 서로 응함이 본래 마음에 있고 반드시 같은 일을 함께하지는 않음을 말한 것이다．혹 이 일에 대해서는 나오고 혹 저 일에 대해서는 은둔하며 이 일에 대해서는 침묵하고 저 일에 대해서는 말해서，나오고 은둔함과 침묵하고 말함이 그 때가 비록 다르나 그 감응하는 일은 그 뜻이 같아서 혹 은둔하면서도 나오는 〈동류에게〉 응하고 혹 침묵하면서도 말하는 〈동류에게〉 응하는 것이다．

〔二人同心 其利斷金〕 두 사람이 만약 그 마음을 함께하면 그 예리함이 쇠를 자를 수 있는 것이다．쇠는 단단하고 강한 물건이니，이것을 잘라 끊을 수 있다면 이는 예리함의 심함을 크게(강하게) 말한 것이다．이는 두 사람의 마음과 행실이 같음을 말한 것이다．

同心之言이 其臭如蘭이로다

마음을 함께하는 말은 그 향기가 난초와 같다."

【疏】正義曰 : 言二人同齊其心, 吐發言語, 氤氳臭氣, 香馥如蘭也. 此謂二人言同也.

正義曰 : 두 사람이 그 마음을 함께하고서 그 언어를 토해내면 氤氳한(서로 조화롭게 화합한) 냄새의 향기로움이 난초와 같음을 말한 것이다. 이것은 두 사람의 말이 같음을 말한 것이다.

제7장

【疏】正義曰 : '初六藉用'至'盜之招也' 此第七章也. 此章欲求外物來應, 必須擬議謹愼, 則外物來應之, 故引藉用白茅无咎之事, 以證謹愼之理.

正義曰 : 經의 〔初六藉用〕에서 〔盜之招也〕까지

이는 제7장이다. 이 장은, 外物이 와서 응하기를 바란다면 반드시 比擬하고 의논하여 謹愼해야 하니, 이렇게 하면 외물이 와서 응한다. 그러므로 '물건을 깔 적에 흰 띠풀을 사용함이니, 허물이 없음'의 일을 인용하여 근신하는 이치를 증명한 것이다.

初六은 藉用白茅니 无咎라하니 子曰 苟錯諸(조저)地而可矣어늘 藉之用茅하니 何咎之有리오 愼之至也라 夫茅之爲物薄이나 而用可重也니 愼斯術也以往이면 其无所失矣리라

"初六은 〈물건을〉 깔 적에 흰 띠풀을 사용함이니, 허물이 없다."라고 하니, 孔子가 말씀하였다. "우선 땅에 놓아두더라도 괜찮은데 깔되 띠풀을 사용하니, 무슨 허물이 있겠는가. 삼감이 지극한 것이다. 띠풀이란 물건은 하찮으나 쓰임은 소중히 여길 만하니, 이 방법을 삼가서 가면(해나가면) 잘못되는 바가 없을 것이다."

【疏】正義曰 : 此"藉用白茅", 大過初六爻辭也. '子曰苟錯諸地而可矣'者, 苟, 且也, 錯, 置也. 凡薦獻之物, 且置於地, 其理可矣, 言今乃謹愼, 薦藉此物而用絜白之茅, (可)〔不〕[1] 置於地. '藉之用茅 何咎之有'者, 何愆咎之有, 是謹愼之至也.

1) (可)〔不〕: 저본에는 '可'로 되어 있으나, 四庫全書本에 의거하여 '不'로 바로잡았다.(北京大 整理本 참조)

正義曰 : 이 '藉用白茅'는 大過卦 初六爻의 爻辭이다.

〔子曰苟錯諸地而可矣〕 '苟'는 우선이요, '錯'는 놓아둠이다. 무릇 올리는 물건을 우선 땅에 놓아두더라도 그 도리가 괜찮은데, '지금 마침내 謹愼하여 이 물건을 깔 적에 깨끗하고 흰 띠풀을 사용하여 땅에 놓아두지 않음'을 말한 것이다.

〔藉之用茅 何咎之有〕 '무슨 허물이 있겠는가'라는 것은 바로 謹愼함이 지극한 것이다.

勞謙이니 **君子有終**하여 **吉**이라하니 **子曰 勞而不伐**하며 **有功而不德**이 **厚之至也**니 **語以其功下人者也**라

"겸손함에 수고로우니, 君子가 끝마침이 있어서 吉하다."라고 하니, 孔子가 말씀하였다. "수고로워도 자랑하지 않으며 功이 있어도 恩德으로 여기지 않음은 篤厚함이 지극한 것이니, 그 功을 가지고 남에게 낮추는 자를 말한 것이다.

【疏】 正義曰 : '勞謙 君子有終 吉'者, 欲求外物來應, 非唯謹愼, 又須謙以下人, 故引謙卦九三爻辭以證之也. '子曰 勞而不伐'者, 以引卦之後, 故言"子曰." '勞而不伐'者, 雖謙退疲勞, 而不自伐其善也. '有功而不德 厚之至'者, 雖有其功, 而不自以爲恩德, 是篤厚之至極. '語以其功下人'者, 言易之所言者, 語說其謙卦九三, 能以其有功, 卑下於人者也.

正義曰 : 〔勞謙 君子有終 吉〕 外物이 와서 응하기를 바란다면 비단 謹愼할 뿐만 아니요 또 모름지기 겸손함으로써 남에게 낮추어야 한다. 그러므로 謙卦 九三의 爻辭를 인용하여 증명한 것이다.

〔子曰 勞而不伐〕 卦를 인용한 뒤이기 때문에 "子曰"이라고 말한 것이다.

〔勞而不伐〕 비록 겸손하여 피로하나 스스로 자기의 잘함을 자랑하지 않는 것이다.

〔有功而不德 厚之至〕 비록 功이 있으나 스스로 恩德이라 여기지 않으니, 이는 篤厚함이 지극한 것이다.

〔語以其功下人〕 ≪周易≫에서 말한 것은 謙卦 九三爻가 공이 있음으로써 남에게 능히 낮추는 자임을 말한 것이다.

德言盛이요 **禮言恭**이니 **謙也者**는 **致恭以存其位者也**라

德은 盛함을 말하고 禮는 공손함을 말하니, 謙이란 공손함을 지극히 해서 지위를 보존하는 것이다."

【疏】 正義曰 : '德言盛 禮言恭'者, 謂德以盛爲本, 禮以恭爲主, 德貴盛新, 禮尙恭敬, 故曰"德言盛, 禮言恭." '謙也者 致恭以存其位'者, 言謙退致其恭敬, 以存其位者也, 言由恭德, 保其祿位也.

正義曰 : 〔德言盛 禮言恭〕 德은 성함을 근본으로 삼고, 禮는 공손을 주장으로 삼음을 말하였으니, 德은 盛하고 새로워짐을 귀하게 여기고, 禮는 恭敬함을 숭상한다. 그러므로 "德은 盛함을 말하고 禮는 공손함을 말한다."라고 한 것이다.

〔謙也者 致恭以存其位〕 겸손하여 공경함을 지극히 해서 그 지위를 보존하는 것을 말하였으니, 공손한 德으로 말미암아 복록과 지위를 보존함을 말한 것이다.

亢龍이니 **有悔**라하니 **子曰 貴而无位**하며 **高而无民**하며 **賢人在下位而无輔**[1)]라 **是以**로 **動而有悔也**니라

1) 賢人在下位而无輔 : '貴而无位'부터 '動而有悔也'까지의 孔子의 말씀은 乾卦 〈文言傳〉에 이미 나왔다. '賢人在下位而无輔'의 乾卦 〈文言傳〉에서의 注는 "賢人이 비록 아랫자리에 있으면서 지위를 담당하였으나 上九를 위하여 도와주지 않는 것이다.〔賢人雖在下而當位 不爲之助〕"이고, 疏는 "현인이 비록 아래 지위에 있으나 上九를 위하여 도와주지 않는 것이다.〔賢人雖在下位 不爲之輔助也〕"인바, 여기에 입각하여 경문의 '而'를 역접으로 보고 '賢人이 아래 지위에 있으나'라고 번역하였다.

"亢極의 龍이니, 뉘우침이 있다."라고 하니, 孔子가 말씀하였다. "귀하나 지위가 없으며 높으나 백성이 없으며 賢人이 아래 지위에 있으나 도와주는 이가 없다. 이 때문에 動하면 뉘우침이 있는 것이다."

【疏】 正義曰 : '亢龍 有悔'者, 上旣以謙德保位, 此明无謙則有悔, 故引乾之上九"亢龍, 有悔", 證驕亢不謙也.

正義曰 : 〔亢龍 有悔〕 위에서는 이미 겸손한 德으로 지위를 보존하였고, 여기에서는 겸손함이 없으면 뉘우침이 있음을 밝혔다. 그러므로 乾卦 上九의 '亢龍 有悔'를 인용하여 교만하고 높아서 겸손하지 못함을 증명한 것이다.

不出戶庭이면 **无咎**라한대 **子曰 亂之所生也**는 **則言語以爲階**라

"문과 뜰을 나가지 않으면 허물이 없을 것이다."라고 하니, 孔子가 말씀하였다. "亂이 생겨나는 바는 언어가 階梯가 된다.

【疏】正義曰:'不出戶庭 无咎'者, 又明擬議之道, 非但謙而不驕, 又當謹愼周密, 故引節之初九周密之事以明之. '子曰亂之所生 則言語以爲階'者, 階謂梯也, 言亂之所生, 則由言語以爲亂之階梯也.

正義曰:〔不出戶庭 无咎〕또 比擬하고 의논하는 道가 비단 겸손하고 교만하지 않을 뿐만이 아니라 또 마땅히 謹愼하고 周密하여야 함을 밝혔다. 그러므로 節卦의 初九의 주밀한 일을 인용하여 밝힌 것이다.

〔子曰亂之所生 則言語以爲階〕'階'는 사다리를 이르니, 亂이 생겨나는 바는 언어로 말미암아 이것이 亂의 階梯가 됨을 말한 것이다.

君不密則失臣하고 **臣不密則失身**하고 **幾事不密則害成**이라 **是以**로 **君子愼密而不出也**하나니라

군주가 周密하지 않으면 신하를 잃고, 신하가 주밀하지 않으면 몸을 잃고, 幾微의 일이 주밀하지 않으면 해로움이 이루어진다. 이 때문에 君子가 삼가고 주밀하게 하여 〈말을 함부로〉 내지 않는 것이다."

【疏】正義曰:'君不密則失臣'者, 臣旣盡忠, 不避危難, 爲君謀事, 君不愼密, 乃彰露臣之所爲, 使在下聞之, 衆共嫉怒, 害此臣而殺之, 是失臣也. '臣不密則失身'者, 言臣之言行, 旣有虧失, 則失身也. '幾事不密則害成'者, 幾謂幾微之事, 當須密愼, 預防禍害. 若其不密而漏泄, 禍害交起, 是害成也. '是以君子愼密而不出'者, 於易言之, 是身愼密, 不出戶庭, 於此義言之, 亦謂不妄出言語也.[1)]

1) 是以君子愼密而不出者……亦謂不妄出言語也:經文의 '不出'에 두 가지 뜻이 있음을 말한 것이다. 위의 절에서 인용한 節卦 初九 爻辭의 맥락에서 말하면 '不出'은 '문과 뜰을 나가지 않음'의 뜻이 되고, 孔子가 부연한 말씀의 맥락에서 말하면 '不出'은 '말을 함부로 내지 않음'의 뜻이 된다. 경문의 번역은 후자에 입각하였음을 밝혀둔다.

正義曰：〔君不密則失臣〕 신하가 이미 충성을 다하여 위태로움과 어려움을 피하지 않고서 군주를 위하여 일을 도모하는데, 군주가 삼가고 주밀하지 못하여 마침내 신하의 하는 일을 밝게 드러내어서 아랫자리에 있는 자들로 하여금 이 사실을 듣게 하면 여러 사람이 함께 질투하고 노여워하여 이 신하를 해쳐서 죽일 것이니, 이는 신하를 잃는 것이다.

〔臣不密則失身〕 신하의 말과 행실이 이미 잘못이 있으면 몸을 잃음을 말한 것이다.

〔幾事不密則害成〕 '幾'는 幾微의 일을 이르니, 모름지기 주밀하게 하고 삼가서 禍害를 미리 방비하여야 한다. 만약 주밀하지 못하여 누설하면 禍와 害가 서로 일어나니, 이는 해로움이 이루어지는 것이다.

〔是以君子愼密而不出〕 ≪周易≫의 맥락에서 말하면 몸을 삼가고 주밀하게 하여 문과 뜰을 나가지 않는 것이요, 이(孔子의 말씀) 뜻에서 말하면 또한 언어를 함부로 내지 않음을 말한 것이다.

子曰 作易者 其知盜乎인저

孔子가 말씀하였다. "易을 지은 자는 도적이 〈오는 이유를〉 알았을 것이다.

【注】 言盜亦乘釁而至也라

도적이 또한 틈을 타고 이름을 말한 것이다.

【疏】 正義曰：此結上不密失身之事. 事若不密, 人則乘此機危而害之, 猶若財之不密, 盜則乘此機危而竊之. '易'者, 愛惡(오)相攻, 遠近相取, 盛衰相變, 若此爻有釁隙衰弱, 則彼爻乘變而奪之, 故云"作易者, 其知盜乎."

正義曰：이는 위에서 말한 '주밀하지 않아 몸을 잃는 일'을 맺은 것이다. 일을 주밀하게 하지 않으면 사람들이 이 기회의 위태로움을 타고 해치니, 이는 마치 재물을 주밀하게 〈보관하지〉 않으면 도둑이 이 기회의 위태로움을 타고 도둑질하는 것과 같은 것이다.

〔易〕 사랑과 미워함이 서로 공격하고, 먼 것과 가까운 것이 서로 취하고, 성한 것과 쇠한 것이 서로 변하니, 만약 이 爻에 틈과 쇠약함이 있으면 저 爻가 변함을 타고 빼앗는다. 그러므로 "易을 지은 자는 도적이 〈오는 이유를〉 알았을 것이다."라고 한 것이다.

易曰 負且乘이라 致寇至라하니 負也者는 小人之事也요 乘也者는 君子之器

也라 **小人而乘君子之器**하니 **盜思奪之矣**요 **上慢下暴**하니 **盜思伐之矣**라 **慢藏誨盜**요 **冶容誨淫**이니

易에 이르기를 '지고 또 타고 있는지라 도적이 오도록 불렀다.'라고 하였으니, 지는 것은 小人의 일이요, 타는 것은 君子의 기물이다. 소인이면서 군자의 기물을 타고 있으니, 도적이 빼앗을 것을 생각하는 것이요, 높은 자리에 있으면 교만하고 아랫자리에 있으면 포악하니, 도적이 칠 것을 생각하는 것이다. 보관을 태만히 하면 도둑질하라고 가르치는 것이요, 〈여자가〉 용모를 치장하면 음탕하라고(자신을 간음하라고) 가르쳐주는 것이니,

【疏】'易曰'至'誨淫' ○正義曰:'易曰負且乘 致寇至'者, 此又明擬議之道, 當量身而行, 不可以小處大, 以賤貪貴, 故引解卦六三以明之也.[1] '負也者 小人之事也', 負者, 擔負於物, 合是小人所爲也. '乘也者 君子之器'者, 言乘車者, 君子之器物, 言君子合乘車. 今應負之人而乘車, 是小人乘君子之器也, 則盜竊之人, 思欲奪之矣. '上慢下暴 盜思伐之矣'者, 小人居上位, 必驕慢, 而在下, 必暴虐, 爲政如此, 大盜思欲伐之矣. '慢藏誨盜 冶容誨淫'者, 若慢藏財物, 守掌不謹, 則教誨於盜者, 使來取此物. 女子妖冶其容, 身不精慤, 是教誨淫者, 使來淫已也. 以(此)〔比〕[2]小人而居貴位, 驕矜而不謹愼, 而致寇至也.

1) 故引解卦六三以明之也:解卦䷧ 六三 爻辭에 대한 孔穎達의 疏는 다음과 같다. "六三이 正位를 잃고 應이 없으며, 아래로 九二를 타고 위로 九四에 붙어 있으니, 바로 간사함과 말재주를 사용하여 스스로 기쁘게 하고 아첨하는 자이다. '乘'은 君子의 기물이고 '負'는 小人의 일이니, 이것을 사람에게 베풀면 바로 수레와 기마의 위에 있으면서 물건을 짊어지고 있는 것이다. 그러므로 도둑이 자기(六三)의 소유가 아닌 줄을 알고서 이에 다투어 빼앗고자 한다. 그러므로 '지고 또 타고 있으니, 盜賊이 오도록 불렀다.'라고 한 것이다.〔六三失正无應 下乘於二 上附於四 卽是用夫邪佞以自說媚者也 乘者 君子之器也 負者 小人之事也 施之於人 卽在車騎之上 而負於物也 故寇盜知其非己所有 於是競欲奪之 故曰 負且乘 致寇至也〕"

2) (此)〔比〕: 저본에는 '此'로 되어 있으나, 錢本과 宋本에 의거하여 '比'로 바로잡았다.(阮元의 〈校勘記〉 참조)

經의 〔易曰〕에서 〔誨淫〕까지

○ 正義曰 : 〔易曰負且乘 致寇至〕 이는 또 比擬하고 의논하는 道는 마땅히 자신을 헤아려 행해야 하고 小로서 大에 처하거나 賤으로서 貴를 탐해서는 안 됨을 밝혔다. 그러므로 解卦 六三 爻辭를 인용하여 밝힌 것이다.

〔負也者 小人之事也〕 '負'는 물건을 지는 것이니, 小人이 행하여야 할 바이다.

〔乘也者 君子之器〕 타는 수레는 君子의 기물임을 말하였으니, 군자가 수레를 타야 함을 말한 것이다.

지금 마땅히 져야 할 사람이 수레를 타면 이는 소인이 군자의 기물을 탄 것이니, 그렇게 되면 도둑질하는 사람이 그것을 빼앗고자 함을 생각하는 것이다.

〔上慢下暴 盜思伐之矣〕 小人이 높은 지위에 거하면 반드시 교만하고, 아랫자리에 있으면 반드시 포악하니, 政事하기를 이와 같이 하면 큰 도적이 그를 치고자 함을 생각하는 것이다.

〔慢藏誨盜 冶容誨淫〕 만약 재물을 보관하기를 태만히(허술하게) 하여 지키고 관장하기를 삼가지 않으면 도둑질하는 자를 가르쳐서 그로 하여금 와서 이 물건을 취하게 하는 것이다. 여자가 용모를 요염하게 치장하여 몸을 깨끗하게 하고 조심하지 않으면 이는 음탕한 자를 가르쳐서 그로 하여금 와서 자신을 간음하게 하는 것이다. 이로써 '소인이 귀한 지위에 거하여 교만하고 자랑하며 근신하지 않아서 도둑이 오도록 부름'을 비유한 것이다.

易曰 負且乘이라 致寇至라하니 盜之招也라

易에 이르기를 '지고 또 타고 있는지라 도적이 오도록 불렀다.'라고 하였으니, 도적을 부른 것이다."

【疏】 正義曰 : 又引易之所云, 是盜之招來也, 言自招來於盜. 以愼重其事, 故首尾皆稱"易曰", (而)〔兩〕[1]載易之爻辭也.

1) (而)〔兩〕 : 저본에는 '而'로 되어 있으나, 阮元의 〈校勘記〉에 "盧文弨의 校本에는 '而'가 '兩'으로 되어 있다."라고 한 것에 의거하여 '兩'으로 바로잡았다.

正義曰 : ≪周易≫에서 말한 것을 또 인용하니 이것이 도적을 불러오는 것인바, '스스로 도적을 불러옴'을 말한 것이다. 그 일을 신중히 하여야 하기 때문에 처음과 끝에 모두 "易曰"을 칭하고 ≪周易≫의 爻辭를 두 번 실은 것이다.

제8장

【疏】 正義曰 : '大衍之數'至'祐神矣' 此第八章. 明占筮之法・揲蓍之體, 顯天地之數, 定乾坤之策, 以爲六十四卦, 而生三百八十四爻.

正義曰 : 經의 〔大衍之數〕에서 〔祐神矣〕까지

이는 제8장이다. 占筮하는 法과 揲蓍하는 體를 밝혔으니, 天地의 數를 드러내고 乾坤의 策數를 정하여 64卦를 만들어서 384爻를 만들어낸 것이다.

大衍之數 五十이니 其用은 四十有九라

大衍의 數가 50이니, 그 쓰임은 49개이다.

【注】 王弼曰 演天地之數하면 所賴者五十也로되 其用四十有九면 則其一不用也라 不用而用以之通하고 非數而數以之成하니 斯易之太極也니 四十有九는 數之極也라 夫无不可以无明하여 必因於有라 故로 常於有物之極에 而必明其所由之宗也[1)]라하니라

1) 王弼曰……而必明其所由之宗也 : 王弼의 말이 어디까지인지 분명하지 않은데, 李鼎祚의 ≪周易集解≫에는 '四十有九 數之極也'까지를 왕필의 말로 인용하였고, 魏了翁의 ≪周易要義≫에는 이 注 전체를 왕필의 말로 인용하였다.

王弼이 말하였다. "天地의 數를 부연하면 사용하는 것이 50개인데 그 쓰임은 49개이니, 그렇다면 그 하나는 쓰이지 않는 것이다. 쓰이지 않는데도 쓰임이 이 때문에 통하고, 數가 아닌데도 數가 이 때문에 이루어지니, 이것이 易의 太極인바, 49는 數의 極이다. 无는 无로써 밝힐 수가 없어서 반드시 有를 의거해야 한다. 그러므로 항상 有物의 極에서 반드시 그 말미암은 바의 宗(근본)을 밝히는 것이다."

【疏】 '大衍'至'有九' ○ 正義曰 : 京房云"五十者, 謂十日・十二辰・二十八宿(수)也, 凡五十, 其一不用者, 天之生氣, 將欲以虛來實, 故用四十九焉." 馬季長云"易有太極, 謂北辰也, 太極生兩儀, 兩儀生日月, 日月生四時, 四時生五行, 五行生十二月, 十二月生二十四氣, 北辰居位不動, 其餘四十九轉運而用也."[1)] 荀爽云"卦各有六爻, 六八四十八, 加乾坤二用, 凡有五十. 乾初九潛龍勿用, 故用四十九也."[2)] 鄭康成云"天地之數五

十有五,[3] 以五行氣通, 凡五行減五, 大衍又減一, 故四十九也." 姚信・董遇云"天地之數五十有五者, 其六以象六畫之數, 故減之而用四十九." 但五十之數, 義有多家, 各有其說, 未知孰是. 今案王弼云"演天地之數, 所賴者五十", 據王弼此說, 其意皆與諸儒不同. 萬物之策, 凡有萬一千五百二十,[4] 其用此策, 推演天地之數, 唯用五十策也. 一謂自然所須策者, 唯用五十, 就五十策中, 其所用揲蓍者, 唯用四十有九. 其一不用, 以其虛无, 非所用也, 故不數之. 顧懽同王弼此說. 故顧懽云"立此五十數, 以數神, 神雖非數, 因數而顯. 故虛其一數, 以明不可言之義." 只如此意, 則別无所以, 自然而有此五十也, 今依用之.[5]

1) 馬季長云易有太極……其餘四十九轉運而用也 : 馬融은 大衍數(50)가 '太極(1)+兩儀(2)+日月(2)+四時(4)+五行(5)+12달(12)+24절기(24)'로 구성된 것으로 보고, '其用 四十有九'를 '태극(북극성)은 움직이지 않으므로 이를 빼고 나머지만 쓰임'의 뜻으로 본 것이다.

2) 荀爽云卦各有六爻……故用四十九也 : 여기에서 말한 '卦'는 重疊卦를 가리킨 듯하다. 중첩괘는 모두 8개(重天乾䷀, 重澤兌䷹, 重火離䷝, 重雷震䷲, 重風巽䷸, 重水坎䷜, 重山艮䷳, 重地坤䷁)이고 각 괘에 6개의 爻가 있어서 모두 48爻인데, 乾卦와 坤卦의 경우에는 用九와 用六이 하나씩 더 있으므로 모두 50이 되는바, 荀爽은 이것을 大衍數의 구성으로 보고, '49를 씀'을 '乾卦 初九는 潛龍勿用이므로 이 爻를 빼고 나머지만 씀'의 뜻으로 본 것이다.

3) 鄭康成云天地之數五十有五 : '天地의 數가 55임'은 아래 節에 보이는바, 55는 天의 數인 5개의 奇數(1・3・5・7・9)의 합과 地의 數인 5개의 偶數(2・4・6・8・10)의 합을 더하여 얻어진 것이다.

4) 萬物之策 凡有萬一千五百二十 : '만물의 數가 11,520임' 역시 아래 節에 보이는바, 이 숫자는 ≪周易≫ 전체 384爻 중에 절반인 192개의 陽爻에는 陽爻의 策數 36을 곱해서 6,912를 얻고, 또 다른 절반인 192개의 陰爻에는 陰爻의 策數 24를 곱해서 4,608을 얻은 다음, 이 두 數를 합하여 도출된 것이다.

5) 只如此意……今依用之 : 孔穎達도 언급하고 있듯이, 王弼의 說은 大衍數가 왜 50이 되는지에 대해서는 밝혀주지 못하고 있다.

반면 朱子는 다음의 말로 그 이유를 설명하였다. "大衍의 數가 50이라는 것은 河圖의 中宮에 있는 天數 5를 가지고 地數 10을 곱하여 얻은 것이요, 占을 치는 데에 사용함에 이르러는 또 다만 49를 쓰니, 이는 모두 이치와 형세의 자연스러움에서 나온 것이요, 사람의 지혜와 힘으로 가감할 수 있는 것이 아니다.〔大衍之數五十 蓋以河圖中宮天五乘地十而得之 至用以筮 則又止用四十有九 蓋皆出於理勢之自然 而非人之知力所能損益也〕"

經의 〔大衍〕에서 〔有九〕까지

○ 正義曰 : 京房은 "50은 10日, 12辰, 28宿를 이르니 모두 50이요, 그중 하나는 쓰지 않음은 天의 生氣가 장차 虛함으로써 實함을 불러오고자 하므로 49를 쓰는 것이다."라고 하였다.

馬季長(馬融)은 "'易에 太極이 있음'은 北辰(북극성)을 이르니, 태극이 兩儀를 낳고 양의가 日月을 낳고 일월이 四時를 낳고 사시가 五行을 낳고 오행이 12月을 낳고 12月이 24節氣를 낳으니, 北辰은 제자리에 가만히 있으면서 움직이지 않고 그 나머지 49가 돌아가 쓰이는 것이다."라고 하였다.

荀爽은 "卦에는 각각 6爻가 있으니 6×8은 48이요, 여기에 乾·坤 두 用을 더하여 모두 50이다. 이 가운데 乾卦의 初九는 潛龍이어서 쓰지 않으므로 49를 쓰는 것이다."라고 하였다.

鄭康成(鄭玄)은 "天地의 數가 55인데, 五行은 그 기운이 통하므로 오행에서 5를 빼고, 大衍에서 또 하나를 뺀다. 그러므로 49이다."라고 하였다.

姚信과 董遇는 "天地의 數가 55인데, 이중에 6은 6畫의 數를 형상한 것이므로 減하고 49를 쓰는 것이다."라고 하였다.

다만 50의 뜻을 풀이한 이론가가 여럿이 있어서 각각 그 說이 있으니, 누가 옳은지는 알 수 없다.

지금 살펴보건대, 王弼이 "天地의 數를 부연하면 사용하는 것이 50개이다."라고 하였으니, 왕필의 이 말을 근거해보면 그 뜻이 다 諸儒들과 똑같지 않다. 萬物의 策數가 모두 11,520이니, 이 책수를 사용하여 천지의 수를 미루어 부연함에 오직 50策을 쓴 것이다.

하나는 '자연히 사용하는 策數는 오직 50을 쓰는데, 50策 가운데에서 사용하는 揲蓍는 오직 49를 사용함'을 이른다. 그 하나는 쓰지 않음은 虛无여서 쓰는 바가 아니기 때문에 수에 넣지 않은 것이다. 顧懽은 王弼의 이 설과 같다. 그러므로 顧懽은 "이 50數를 세워서 神을 세니, 神이 비록 數가 아니나 數로 인하여 드러난다. 그러므로 한 數를 비워두어서 말할 수 없는 뜻을 밝힌 것이다."라고 하였다. 다만 이 뜻과 같다면 특별한 이유가 없고 자연히 50이 있는 것이니, 지금 그 말을 따라 사용한다.

【疏】 ○ 注'王弼'至'宗也' ○ 正義曰 : '王弼云演天地之數 所賴者五十'者, 韓氏親受業於王弼, 承王弼之旨, 故引王弼云, 以證成其義. '演天地之數 所賴者五十', 謂萬物籌策, 雖萬有一千五百二十, 若用之, 推演天地之數, 所賴者唯賴五十, 其餘不賴也. 但賴五十者, 自然如此, 不知其所以然. 云'則其一不用'者, 經旣云"五十", 又云"其用四十九也", 旣稱其用, 明知五十之內, 其一是不用者也. 言'不用而用以之通'者, 若全不用, 理應不賴, 此旣當論用, 所以幷言不用爲用. 五十者, 雖是不用, 其有用從不用而來, 以不用而得用也, 故云"不用而用以之通", 所用者則四十九蓍也. 蓍所以堪用者, 從造化虛无而生也. 若无造化之生, 此蓍何由得用也. 言'非數而數以之成'者, 太一虛无, 无形无數, 是非可數也. 然有形之數, 由非數而得成也. 卽四十九是有形之數, 原從非數而來, 故將非數之一, 總爲五十, 故云"非數而數以之成也." 言'斯易之太極'者, 斯, 此也, 言此其一不用者, 是易之太極之虛无也. 无形, 卽无數也. 凡有皆從无而來, 故易從太一爲始也.

○ 注의 〔王弼〕에서 〔宗也〕까지

○ 正義曰 : 〔王弼云演天地之數 所賴者五十〕 韓氏(韓康伯)가 직접 王弼에게서 수업하였으니, 왕필의 뜻을 계승하였으므로 왕필의 말을 인용하여 그 뜻을 증명하여 이룬 것이다.

〔演天地之數 所賴者五十〕 萬物의 籌策이 비록 11,520이나 만약 이것을 사용하여 天地의 數를 미루어 부연하면, 사용하는 것이 오직 50을 쓰고 그 나머지는 쓰지 않음을 말한 것이다. 다만 50을 사용하는 것은 자연히 이와 같은 것이요 그 所以然은 알지 못한다.

〔則其一不用〕 經文에 이미 "50"이라 말하였고, 또 "그 쓰임은 49개이다."라고 말하여서 이미 그 쓰임을 말했으니, 50의 안에서 그 하나를 사용하지 않는 것임을 분명히 알 수 있는 것이다.

〔不用而用以之通〕 만약 전혀 쓰지 않으면 이치상 응당 쓸 수 없지만, 여기에서는 이미 '씀'을 논하였으니, 이 때문에 '쓰이지 않음이 쓰임이 됨'을 아울러 말한 것이다. 50은 비록 쓰이지 않으나 쓰임이 쓰이지 않음으로부터 와서 쓰이지 않음으로써 쓰임을 얻었다. 그러므로 "쓰이지 않는데도 쓰임이 이 때문에 통한다."라고 하였으니, 사용하는 것은 49개의 蓍草이다. 시초는 쓸 수 있는 것이니, 造化의 虛无로부터 생겨난 것이다. 만약 조화의 생성작용이 없으면 이 시초가 무엇으로 말미암아 쓰일 수 있겠는가.

〔非數而數以之成〕 太一이 虛无하여 형체가 없고 數가 없으니, 이는 셀 수 있는 것이 아니다. 그러나 有形의 數는 數가 아님에 말미암아 이루어진다. 이는 곧 49인 有形의 數

가 원래 數가 아님으로부터 온 것으로, 이 때문에 數가 아닌 하나를 가지고 총계하여 50이 된 것이다. 그러므로 "數가 아닌데도 數가 이 때문에 이루어진다."라고 한 것이다.

〔斯易之太極〕 '斯'는 이것이니, 이 '그 하나는 쓰이지 않음'이 바로 易의 太極의 虛无임을 말한 것이다. 형체가 없음은 바로 數가 없는 것이다. 모든 有가 다 无로부터 왔으므로 易은 太一로부터 시작된 것이다.

【疏】 言'夫无不可以无明 必因於有'者, 言虛无之體, 處處皆虛, 何可以无說之, 明其虛无也. 若欲明虛无之理, 必因於有物之境, 可以却本虛无. 猶若春生秋殺之事, 於虛无之時, 不見生殺之象, 是不可以无明也. 就有境之中, 見其生殺, 却推於无, 始知无中有生殺之理, 是明无必因於有也. 言'故常於有物之極 而必明其所由之宗'者, 言欲明於无, 常須因有物至極之處, 而明其所由宗. 若易由太〔一〕[1], 有由於无, 變化由於神, 皆是所由之宗也. 言有且何因如此, 皆由於虛无自然而來也.

1) 〔一〕: 저본에는 '一'이 없으나, 宋本에 의거하여 보충하였다.(阮元의 〈校勘記〉 참조)

〔夫无不可以无明 必因於有〕 '虛无의 體가 곳곳마다 모두 虛하니, 어떻게 无로써 설명하여 그 허무함을 밝힐 수 있겠는가. 만약 허무한 이치를 밝히고자 한다면 반드시 有物의 경계에 의거해야 허무에 근본할 수 있다.'라고 말한 것이다. 이는 마치 봄의 낳는 일과 가을의 죽이는 일이 허무의 때에는 그 낳고 죽이는 象을 볼 수 없는 것과 같으니, 이것이 '无로써 밝힐 수 없음'이다. 有의 경계에 나아가서 낳고 죽임을 보고서 无에로 미루어야 비로소 无 가운데에 낳고 죽이는 이치가 있음을 아니, 이것이 '无를 밝힘은 반드시 有를 의거해야 함'이다.

〔故常於有物之極 而必明其所由之宗〕 无를 밝히고자 하면 항상 모름지기 有物의 지극한 곳을 의거하여 그 말미암은 바의 宗(근본)을 밝혀야 함을 말한 것이다. 예를 들면 易은 太一에 말미암고 有는 无에 말미암고 變化는 神에 말미암는 것과 같으니, 이는 다 말미암는 바의 宗인 것이다. '有가 또 무엇을 인하여 이와 같은 것인가? 모두 虛无의 自然에 말미암아 온 것이다.'라고 말한 것이다.

分而爲二하여 **以象兩**하고 **掛一**하여 **以象三**하고 **揲之以四**하여 **以象四時**하고 **歸奇於扐**(륵)하여 **以象閏**하니 **五歲再閏**이라 **故**로 **再扐而後掛**하나니라

나누어 둘로 만들어서 兩儀를 형상하고, 하나를 걸어서 三才를 형상하고, 넷씩

떼어내서 四時를 형상하고, 남는 것을 扐했던 〈策數로〉 돌려서 윤달을 형상하니, 5년에 두 번 윤달이 있다. 그러므로 두 번 扐한 뒤에 거는 것이다.

【注】 奇는 況四揲之餘는 不足復(부)揲者也라 分而爲二하여 既揲之餘를 合掛於一이라 故로 曰 再扐而後掛라하니라 凡閏은 十九年七閏爲一章이니 五歲再閏者二故로 略擧其凡也라

奇(남는 수)는 넷씩 떼어낸 나머지는 다시 떼어낼 수 없음을 비유한 것이다. 나누어 둘을 만들어서 이미 〈넷씩〉 떼어낸 나머지를 합하여 하나에 걸기 때문에 "두 번 扐한 뒤에 건다."라고 한 것이다. 무릇 윤달은 19년에 7번 윤달이 있는 것을 一章이라 하니, '五歲再閏'이란 〈5년에 윤달이〉 두 번이므로 대략적인 수를 든 것이다.

【疏】 正義曰 : '分而爲二以象兩'者, 五十之內, 去其一, 餘有四十九, 合同未分, 是象太一也, 今以四十九分而爲二, 以象兩儀也. '掛一以象三'者, 就兩儀之間, 於天數之中, 分掛其一, 而配兩儀, 以象三才也. '揲之以四以象四時'者, 分揲其蓍, 皆以四四爲數, 以象四時. '歸奇於扐以象閏'者, 奇謂四揲之餘, 歸此殘奇於所扐之策而成數, 以法象天道, 歸殘聚餘, 分而成閏也.[1] '五歲再閏'者, 凡前閏後閏, 相去大略三十二月, 在五歲之中, 故五歲再閏. '再扐而後掛'者, 既分天地, 天於左手, 地於右手, 乃四四揲天之數, 最末之餘, 歸之, 合於扐掛之一處, 是一揲也. 又以四四揲地之數, 最末之餘, 又合於前所歸之扐, 而總掛之, 是再扐而後掛也.[2]

1) 歸殘聚餘 分而成閏也 : 1년은 天體로 볼 때 365일인데 이것을 5로 곱하면 1,825일이 되고 여기에 약 2일의 남은 數가 있어 5년이면 1,827일이 된다. 반면에 음력의 달은 작은 달(29일)이 있어 1년에 대략 354일이 조금 넘어서 이를 5로 곱하면 1,770일이 되어 약 55일이 남아 두 번의 윤달이 있게 되므로 이렇게 말한 것이다.

2) 再扐而後掛者……是再扐而後掛也 : 이 經文과 注疏의 말은 시초점 치는 법을 알아야 그 뜻을 이해할 수 있다. 시초점의 筮法을 간략히 소개하면 다음과 같다.

① 점을 치기 위한 도구를 마련한다. 50개의 蓍草와 나무판자, 향로, 점친 결과를 적을 필기도구가 필요하다.

② 몸과 마음을 깨끗이 한 후 50개의 蓍草를 들어 향로에 연기를 쐬고 자신이 묻고 싶은 내용을 말한다.

③ 오른손으로 蓍草 하나를 뽑아 별도로 둔다. 이 시초는 太極을 상징하는 것으로 점이 끝날 때까지 사용하지 않는다. 경문의 "그 쓰임은 49개이다.〔其用 四十有九〕"가 여기에 해당한다.

④ 남은 49개의 蓍草를 무심한 상태에서 반으로 나눈다. 나눈 시초를 양쪽에 놓는다. 경문의 "나누어 둘로 만들어서 兩儀를 형상한다.〔分而爲二以象兩〕"가 여기에 해당한다.

⑤ 왼손으로 왼쪽의 蓍草(왼쪽은 陽으로 天에 해당함)를 잡고 오른손으로 오른쪽에 놓아둔 시초 중 하나를 왼손 새끼손가락 사이에 건다. 경문의 "하나를 걸어서 三才를 형상한다.〔掛一以象三〕"가 여기에 해당한다.

⑥ 오른손으로 왼손의 蓍草를 4개씩 떼어낸다〔揲〕. 경문의 "넷씩 떼어내서 四時를 형상한다.〔揲之以四以象四時〕"가 여기에 해당한다.

⑦ 떼고 남은 것을 왼손 넷째손가락 사이에 건다. 경문의 "남는 것을 扐했던 〈策數로〉 돌려서 윤달을 현상한다.〔歸奇於扐以象閏〕"가 여기에 해당한다. 손가락 사이에 거는 것을 '扐'이라고 한다. 다 세고 난 蓍草는 왼쪽에 다시 내려놓는다.

⑧ 이번에는 오른쪽에 놓아두었던 蓍草(오른쪽은 陰으로 地에 해당함)를 오른손으로 잡고 왼손으로 오른손의 시초를 4개씩 뗀다. 떼고 남은 것을 왼쪽 셋째손가락 사이에 건다. 다 세고 난 시초는 오른쪽에 다시 내려놓는다.

⑨ 왼손에 걸려 있는 세 묶음의 蓍草(처음의 掛・왼손 시초에서 남은 扐・오른손 시초에서 남은 扐)를 합하여 판자 위편에 올려놓는다. 이상을 第1變이라고 한다.

⑩ 왼쪽과 오른쪽에 놓여 있는 蓍草를 다시 합하여 ④부터 ⑧까지의 과정을 두 번 더 반복한다.

⑪ 이렇게 총 3變의 과정을 거치면 판자 위에 올려놓은 蓍草가 총 세 묶음이 되는데 이것을 합한 수로 한 爻를 결정하게 된다. 3變으로 한 爻를 얻으므로 총 18變을 거쳐야만 6爻, 즉 한 卦를 얻을 수 있다.

이상의 과정으로 볼 때, 경문의 "再扐而後掛"는 '처음에 하나를 掛하고 두 번 扐해서 1變을 끝낸 뒤에 다시 처음부터 시작해서 하나를 掛하는 것'의 뜻이 되는바, 朱子의 풀이 또한 이와 같다.

반면 孔穎達은 여기의 '掛'를 "掛一以象三"의 '掛'와 같은 것으로 보지 않고, 1變의 數를 총괄하여 거는 것으로 풀이하였다.

正義曰:〔分而爲二以象兩〕 50개의 안에서 하나를 빼고 나머지 49개가 합쳐져 아직 나누어지지 않음은 바로 太一을 형상한 것인데, 지금 49개를 나누어 둘로 만들어서 兩儀를 형상한 것이다.

〔掛一以象三〕 兩儀의 사이에 나아가 天數(왼쪽에 있는 시초) 가운데에서 하나를 분리하여 〈손가락에〉 걸고서 이를 兩儀에 배합하여 三才를 형상한 것이다.

〔揲之以四以象四時〕 시초를 나누어 떼어내되 모두 넷씩 넷씩 數로 삼아서 四時를 형상한 것이다.

〔歸奇於扐以象閏〕'奇'는 넷씩 떼어낸 나머지를 이르니, 이 남은 수를 扐했던 策數로 돌려서 數를 이루어 天道를 法象(본받아 형상함)하니, 남은 것을 돌리고 나머지를 모으고서 〈이를 30일씩〉 나누어 윤달을 이루는 것이다.

〔五歲再閏〕무릇 앞 윤달과 뒤 윤달이 서로 대략 32개월쯤 떨어져 있어서 5년 안에 있으므로 5년에 두 번 윤달이 있는 것이다.

〔再扐而後掛〕이미 하늘과 땅을 나누어서 하늘은 왼손에 잡고 땅은 오른손에 잡고서 마침내 天數(왼손의 시초)를 넷씩 넷씩 떼어내서 가장 끝에 남은 나머지를 돌려서 扐掛의 한 곳에 합치니, 이것이 첫 번째 揲이다. 또 地數(오른손의 시초)를 넷씩 넷씩 떼어내서 가장 끝에 남은 나머지를 또 전에 돌렸던 扐과 합하여 모두 합해서 거니, 이것이 두 번 扐한 뒤에 거는 것이다.

天數五요

하늘의 數가 다섯이고

【注】五奇也라

다섯 奇數이다.

【疏】正義曰：謂一・三・五・七・九也.

正義曰：1・3・5・7・9를 이른다.

地數五니

땅의 數가 다섯이니,

【注】五耦也라

다섯 耦數(偶數)이다.

【疏】正義曰：謂二・四・六・八・十也.

正義曰：2・4・6・8・10을 이른다.

五位相得而各有合하니

다섯 자리가 서로 맞아 각각 합함이 있으니,

【注】 天地之數 各五니 五數相配하여 以合成金・木・水・火・土라

하늘과 땅의 수가 각각 다섯이니, 다섯의 數가 서로 짝하여 金・木・水・火・土를 합하여 이루는 것이다.

【疏】 正義曰：若天一與地六相得, 合爲水, 地二與天七相得, 合爲火, 天三與地八相得, 合爲木, 地四與天九相得, 合爲金, 天五與地十相得, 合爲土也.[1)]

1) 若天一與地六相得……合爲土也：韓康伯과 孔穎達은 '相得'과 '各有合'을 구분하지 않고 하나의 일로 보았는바, '天數 다섯과 地數 다섯이 같은 五行의 數끼리 서로 맞아서 합함'의 의미로 본 것이다.
반면 朱子는 '相得'과 '各有合'을 구분하여 다음과 같이 설명하였다. "서로 맞는다는 것은 1과 2, 3과 4, 5와 6, 7과 8, 9와 10이 각기 奇數와 偶數로서 類가 되어 스스로 서로 맞음을 이르고, 합함이 있다는 것은 1과 6, 2와 7, 3과 8, 4와 9, 5와 10이 모두 둘씩 서로 합함을 이른다.〔相得 謂一與二 三與四 五與六 七與八 九與十 各以奇偶爲類而自相得 有合 謂一與六 二與七 三與八 四與九 五與十 皆兩相合〕"

正義曰：예를 들면 하늘의 1이 땅의 6과 서로 맞아서 합하여 水가 되고, 땅의 2가 하늘의 7과 서로 맞아서 합하여 火가 되고, 하늘의 3이 땅의 8과 서로 맞아서 합하여 木이 되고, 땅의 4가 하늘의 9와 서로 맞아서 합하여 金이 되고, 하늘의 5가 땅의 10과 서로 맞아서 합하여 土가 되는 것과 같은 것이다.

天數二十有五요

하늘의 數가 25이고

【注】 五奇合爲二十五라

다섯 奇數를 합하면 25가 된다.

【疏】 正義曰：總合五奇之數.

正義曰 : 다섯 奇數를 총합한 것이다.

地數三十이라

땅의 數가 30이다.

【注】 五耦合爲三十이라

다섯 耦數(偶數)를 합하면 30이 된다.

【疏】 正義曰 : 總合五耦之類也.

正義曰 : 다섯 耦數의 무리를 총합한 것이다.

凡天地之數 五十有五니 此所以成變化而行鬼神也[1]라

1) 天數五……此所以成變化而行鬼神也 : 朱子는 이 經文을 "大衍之數 五十" 앞으로 옮겨놓았다.

무릇 하늘과 땅의 數가 55이니, 이것이 變化를 이루고 鬼神을 행하게 하는 것이다.

【注】 變化以此成하고 鬼神以此行이라

變化가 이로써 이루어지고, 鬼神이 이로써 행해지는 것이다.

【疏】 正義曰 : '凡天地之數 五十有五'者, 是天地二數相合爲五十五, 此乃天地陰陽奇耦之數, 非是上文演天地之策也.[1] '此所以成變化而行鬼神'者, 言此陽奇陰耦之數, 成就其變化. 言變化以此陰陽而成, 故云"成變化"也.[2] 而宣行鬼神之用, 言鬼神以此陰陽而得宣行, 故云"而行鬼神也."

1) 非是上文演天地之策也 : '演天地之策'은 '大衍數인 50'을 가리켜 말한 것으로, 위 절의 經文 '大衍之數 五十'에 대한 注疏에 그 설명이 보인다.
2) 此所以成變化而行鬼神者……故云成變化也 : '成變化'를 朱子는 다음과 같이 설명하였다. "變化는 1이 變하여 水를 낳으면 6이 化하여 이루고, 2가 化하여 火를 낳으면 7이 變하여 이루고, 3이 變하여 木을 낳으면 8이 化하여 이루고, 4가 化하여 金을 낳으면

9가 變하여 이루고, 5가 變하여 土를 낳으면 10이 化하여 이룸을 이른다.〔變化 謂一變生水而六化成之 二化生火而七變成之 三變生木而八化成之 四化生金而九變成之 五變生土而十化成之〕" 變은 반쯤만 변하는 것이고 化는 완전히 변하는 것으로, 예컨대 누에가 번데기로 변함은 變이고, 번데기가 나방으로 다시 변함은 化라 하는바, 陽變陰化여서 1·3·5·7·9인 陽數에는 變을, 2·4·6·8·10의 陰數에는 化를 붙였으며, 1·2·3·4·5에는 生을, 6·7·8·9·10에는 成을 붙인 것이다.

正義曰 : 〔凡天地之數 五十有五〕 하늘과 땅의 두 數가 서로 합하여 55가 되니, 이는 바로 天地의 陰陽奇耦의 數이니, 위 글의 '天地의 策數를 부연한 것'이 아니다.

〔此所以成變化而行鬼神〕 이 陽의 奇數와 陰의 耦數가 變化를 성취함을 말한 것이다. '변화가 이 陰陽 때문에 이루어짐'을 말하였으므로 "변화를 이룬다."라고 한 것이다. 鬼神의 쓰임을 펴서 행하니, '귀신이 이 음양 때문에 펴서 행해짐'을 말하였으므로 "귀신을 행하게 한다."라고 말한 것이다.

乾之策이 二百一十有六이요

乾의 策이 216이고,

【注】 陽爻六이요 一爻三十六策이니 六爻二百一十六策이라

陽爻가 여섯이고 한 爻가 36策이니, 6爻에 216策이다.

【疏】 正義曰 : 以乾老陽, 一爻有三十六策, 六爻凡有二百一十六策也. 乾之少陽, 一爻有二十八策, 六爻則有一百六十八策, 此經據老陽之策也.[1)]

1) 以乾老陽……此經據老陽之策也 : 老陽과 少陽, 老陰과 少陰은 四象에서 온 것인데, 각각의 고유숫자와 생성순서, 策數는 다음과 같다. 책수는 고유숫자에 4를 곱하여 얻은 것이다. 자세한 내용은 〈해제〉 참조.

	老陽 ⚌	少陰 ⚍	少陽 ⚎	老陰 ⚏
생성순서	1	2	3	4
고유숫자	9	8	7	6
策數	36	32	28	24

正義曰 : 乾의 老陽은 한 爻에 36策이 있으니, 여섯 爻면 모두 216策이다. 乾의 少陽은 한 爻에 28策이 있어서 여섯 爻면 168策이 있으니, 이 경문은 老陽의 策을 근거한

것이다.

坤之策이 **百四十有四**라

坤의 策이 144이다.

【注】陰爻六이요 一爻二十四策이니 六爻百四十四策이라

陰爻가 여섯이고 한 爻가 24策이니, 6爻에 144策이다.

【疏】正義曰：坤之老陰, 一爻有二十四策, 六爻故一百四十有四策也. 若坤之少陰, 一爻有三十二, 六爻則有一百九十二, 此經據坤之老陰, 故百四十有四也.

正義曰：坤의 老陰은 한 爻에 24策이 있으니, 6爻이므로 144策이다. 坤의 少陰으로 말하면 한 爻에 32가 있어서 여섯 爻면 192가 있으니, 이 경문은 坤의 老陰을 근거하였으므로 144가 되는 것이다.

凡三百有六十이니 **當期之日**하고 **二篇之策**이 **萬有一千五百二十**이니 **當萬物之數也**라

〈乾의 책수 216과 坤의 책수 144를 합하면〉 모두 360이니 期年의 날짜에 해당하고, 두 篇의 策이 11,520이니 萬物의 數에 해당한다.

【注】二篇三百八十四爻가 陰陽各半이니 合萬一千五百二十策이라

〈上·下〉 두 篇의 384爻가 陰과 陽이 각각 반이니, 합치면 11,520策이다.

【疏】正義曰：'凡三百有六十 當期之日'者, 擧合乾·坤兩策, 有三百有六十, 當期之數. 三百六十日, 擧其大略, 不數五日四分日之一也.[1] '二篇之策 萬有一千五百二十 當萬物之數'者, 二篇之爻, 總有三百八十四爻, 陰陽各半, 陽爻一百九十二爻, 爻別三十六, 總有六千九百一十二也, 陰爻亦一百九十二爻, 爻別二十四, 總有四千六百八也. 陰陽總合, 萬有一千五百二十, 當萬物之數也.

1) 三百六十日……不數五日四分日之一也 : 한 해는 太陽으로 보면 365일과 1/4일이 되는데, 음력 12개월을 30일씩 계산하면 360일이 되므로 '5일과 1/4일을 세지 않은 것'이라고 한 것이다. 그러나 실제 음력은 29일의 작은 달이 거의 절반이어서 실제는 1년이 354일이 조금 넘는다. 이 때문에 19년에 일곱 번 윤달을 두어 天體와 太陽에 맞게 한 것이다.

正義曰 : 〔凡三百有六十 當期之日〕 乾·坤 두 策을 모두 합하면 360이 있어서 期年의 숫자에 해당하는 것이다. 360일은 대략을 들어서 5일과 1/4일을 세지 않은 것이다. 〔二篇之策 萬有一千五百二十 當萬物之數〕 두 篇의 爻가 총 384爻이고 陰과 陽이 각각 반이다. 陽爻가 192爻인데 爻가 따로 36이니 총 6,912가 있는 것이요, 陰爻 또한 192爻인데 爻가 따로 24이니 총 4,608이 있는 것이다. 陰과 陽을 모두 합하면 11,520이니, 萬物의 數에 해당한다.

是故로 四營而成易하고

이 때문에 4번 경영하여 易을 이루고,

【注】 分而爲二하여 以象兩이 一營也요 掛一以象三이 二營也요 揲之以四가 三營也요 歸奇於扐이 四營也라

나누어 둘을 만들어서 兩儀를 형상함이 첫 번째 경영이요, 하나를 걸어서 三才를 형상함이 두 번째 경영이요, 넷씩 떼어냄이 세 번째 경영이요, 남는 것을 扐했던 〈策數로〉 돌림이 네 번째 경영이다.

【疏】 正義曰 : 營謂經營, 謂四度經營蓍策, 乃成易之一變也.

正義曰 : '營'은 經營을 이르니, 네 차례 시초의 策數를 경영하여 마침내 易의 한 變을 이룸을 말한 것이다.

十有八變而成卦하여 八卦而小成하여 引而伸之하니

18번 변하여 卦를 이루어서 八卦에 〈易의 道를〉 조금 이루고서 이끌어 펴니,

【注】 伸之六十四卦라

펴면 64卦이다.

【疏】正義曰 : '十有八變而成卦'者, 每一爻有三變, 謂初一揲, 不五則九, 是一變也, 第二揲, 不四則八, 是二變也, 第三揲, 亦不四則八, 是三變也. 若三者俱多, 爲老陰, 謂初得九, 第二・第三俱得八也. 若三者俱少, 爲老陽, 謂初得五, 第二・第三俱得四也. 若兩少一多, 爲少陰, 謂初與二・三之間, 或有四, 或有五而有八也, 或有二箇四而有一箇九, 此爲兩少一多也. 其兩多一少爲少陽者, 謂三揲之間, 或有一箇九, 有一箇八而有一箇四, 或有二箇八而有一箇五, 此爲兩多一少也.[1] 如此三變既畢, 乃定一爻, 六爻則十有八變, 乃始成卦也. '八卦而小成'者, 象天地雷風日月山澤, 於大象[2]略盡, 是易道小成. '引而伸之'者, 謂引長八卦而伸盡之, 謂引之爲六十四卦也.

1) 十有八變而成卦者……此爲兩多一少也 : 남은 蓍草의 개수를 계산하여 爻를 얻는 법을 설명한 것이다. 1變이 끝나고 남은 시초의 개수는 처음 손가락에 걸었던 시초 하나와, 왼쪽의 시초를 4개씩 떼어내고서 남은 시초 개수와, 오른쪽의 시초를 4개씩 떼어내고서 남은 시초 개수, 이 셋을 합하여 얻는다. 맨 처음 왼손의 시초를 4개씩 나누었을 때 나오는 나머지는 1・2・3・4 중 하나이다. 4로 완전히 나누어 떨어질 경우, 남는 시초가 없어서는 안 되기 때문에 4개를 남기는 것이다. 49개의 시초로 시작했기 때문에 처음 4개씩 뗀 나머지가 나오면 그 다음 나오는 나머지의 숫자는 정해져 있다. 왼쪽의 시초에서 1개가 남았을 경우 오른쪽 시초에서 3개가 남으며, 왼쪽에서 2개가 남았을 경우 오른쪽에서 2개가, 3개가 남았을 경우 1개가, 4개가 남았을 경우 4개가 남는다. 따라서 1變을 끝냈을 때 얻어지는 남은 시초의 개수는 5(1+1+3, 1+2+2, 1+3+1) 아니면 9(1+4+4)가 된다. 마찬가지 원리로 2變을 끝냈을 때 얻어지는 남은 시초의 개수도 4 아니면 8로 정해져 있고, 3變을 끝냈을 때 얻어지는 개수도 4 아니면 8로 정해져 있다. 3變을 통해 도출된 남은 시초의 개수로 爻가 정해지는데 이를 표로 정리하면 다음과 같다. 표의 차례는 疏에서 소개한 순서를 따랐다. 남은 시초 개수를 말할 때는 많은 것을 偶數(耦數)라 하고, 적은 것을 奇數라 한다.

老陰	3多(三偶)	나머지가 9·8·8
老陽	3少(三奇)	나머지가 5·4·4
少陰	2少1多(二奇一偶)	나머지가 5·8·4 / 5·4·8 / 9·4·4
少陽	2多1少(二偶一奇)	나머지가 9·8·4 / 9·4·8 / 5·8·8

2) 大象 : 〈象傳〉은 卦 전체의 의의를 해설한 大象과 爻辭를 해설한 小象으로 구성되어 있다. 大象은 64괘 모두에 달려 있으며, 대체적으로 먼저 그 卦를 이루고 있는 上卦(外卦)와 下卦(內卦)의 象을 설명하고 그 象에 의거하여 人倫的 의리를 서술하고 있다.

正義曰：〔十有八變而成卦〕 매 한 爻마다 3變이 있으니, 맨 처음 시초를 떼어낸 것이 5 아니면 9이니 이것이 1變이요, 두 번째 떼어낸 것이 4 아니면 8이니 이것이 2變이요, 세 번째 떼어낸 것 또한 4 아니면 8이니 이것이 3變이다. 만약 세 번 모두 많으면 老陰이 되니, 첫 번째에 九를 얻고 두 번째와 세 번째에 모두 8을 얻음을 말한 것이다. 만약 세 번 모두 적으면 老陽이 되니, 첫 번째에 5를 얻고 두 번째와 세 번째에 모두 4를 얻음을 이른다. 만약 두 번 적고 한 번 많으면 少陰이 되니, 첫 번째와 두 번째・세 번째 사이에 혹 4가 있고 혹 5가 있고 혹 8이 있거나 혹 두 번은 4이고 한 번은 9임을 이르니, 이것이 두 번 적고 한 번 많음이 되는 것이다. 두 번 많고 한 번 적음이 少陽이 되는 것은 세 번 떼어내는 사이에 혹 한 번은 9이고 한 번은 8이고 한 번은 4이거나 혹 두 번은 8이고 한 번은 5임을 이르니, 이것이 두 번 많고 한 번 적음이 되는 것이다. 이와 같이 3變이 이미 끝나면 비로소 한 爻를 정하여 여섯 爻이면 18번 변하니, 이에 비로소 卦를 이루는 것이다.

〔八卦而小成〕 하늘(乾)과 땅(坤), 우레(震)와 바람(巽), 해(离)와 달(坎), 산(艮)과 못(兌)을 형상한 것을 〈大象傳〉에서 대략 다 말하였으니, 이는 易의 道가 조금 이루어진 것이다.

〔引而伸之〕 八卦를 이끌어 키워서 이를 펴서 다함을 이르니, 〈팔괘를〉 이끌어 64卦로 만듦을 이른 것이다.

觸類而長之하면 天下之能事 畢矣라

일의 종류를 만나 키우면 天下의 능한 일이 끝난다.

【疏】 正義曰：'觸類而長之'者, 謂觸逢事類而增長之, 若觸剛之事類, 以次增長於剛, 若觸柔之事類, 以次增長於柔. '天下之能事畢矣'者, 天下萬事, 皆如此例, 各以類增長, 則天下所能之事, 法象皆盡, 故曰"天下之能事畢矣"也.

正義曰：〔觸類而長之〕 일의 종류를 만나 더하고 키움을 이르니, 만약 剛의 일의 종류를 만나면 차례로 剛을 더하고 키우며, 만약 柔의 일의 종류를 만나면 차례로 柔를 더하고 키우는 것이다.

〔天下之能事畢矣〕 천하 만사가 모두 이 준례와 같아서 각각 종류로써 더하고 키우면 천하의 능한 바의 일이 그 法象이 모두 다 끝난다. 그러므로 "天下의 능한 일이 끝난다."

라고 말한 것이다.

顯道하며

道를 밝히며

【注】 顯은 明也라

顯은 밝힘이다.

神德行이라

德行을 신령스럽게 한다.

【注】 由神以成其用이라

神으로 말미암아 그 쓰임을 이루는 것이다.

【疏】 正義曰 : 言易理備盡天下之能事, 故可以顯明无爲之道, 而神靈其德行之事. 言大(태)虛以養萬物爲德行, 今易道以其神靈助太虛而養物, 是神其德行也.

正義曰 : '易의 이치가 천하의 능한 일을 갖추어 다하였기 때문에 无爲의 道를 드러내어 밝혀서 그 德行의 일을 신령스럽게 함'을 말한 것이다. '太虛는 만물을 기름을 덕행으로 삼고, 지금 易의 道는 신령스러움으로써 태허를 도와 물건을 길러주니, 이것이 덕행을 신령스럽게 하는 것임'을 말한 것이다.

是故로 **可與酬酢**하여 **可與祐神矣**니라

이 때문에 이로써 酬酢(應對)할 수 있어서 이로써 神을 도울 수 있는 것이다.

【注】 可以應對萬物之求하여 助成神化之功也라 酬酢은 猶應對也라

이로써 萬物의 구함에 應對하여 神化의 功을 도와 이룰 수 있는 것이다. '酬酢'은 응대와 같다.

【疏】 正義曰：'是故可與酬酢'者，酬酢謂應對報答，言易道如此. 若萬物有所求爲，此易道可與應答，萬物有求則報，故曰"可與酬酢"也. '可與祐神矣'者，祐，助也，易道弘大，可與助成神化之功也.

正義曰：〔是故可與酬酢〕 '酬酢'은 應對하고 報答함을 이르니, 易의 道가 이와 같음을 말한 것이다. 만약 萬物이 하고자 하는 바가 있으면 이 易의 道가 이로써 응답하여 만물이 구함이 있으면 보답한다. 그러므로 "이로써 수작(응대)할 수 있다."라고 말한 것이다.
〔可與祐神矣〕 '祐'는 도움이니, 易의 道가 넓고 커서 이로써 神化의 功을 도울 수 있는 것이다.

제9장

【疏】 正義曰：'子曰知變化'至'此之謂也' 此第九章也. 上章旣明大衍之數，極盡蓍策之名數，可與助成神化之功，此又廣明易道深遠，聖人之道有四，又明易之深遠，窮極幾神也.

正義曰：經의 〔子曰知變化〕에서 〔此之謂也〕까지
이는 제9장이다. 위의 장에서는 이미 '大衍의 數가 蓍策의 이름과 數를 극진히 하여 神化의 功을 도와서 이룸'을 밝혔고, 여기에서는 또 易의 道가 심원하여 聖人의 道에 네 가지가 있음을 널리 밝히고, 또 易이 심원하여 기미와 신묘함을 궁극하게 함을 밝혔다.

子曰 知變化之道者는 **其知神之所爲乎**인저

孔子가 말씀하였다. "變化의 道를 아는 자는 神이 하는 바를 알 것이다."

【注】 夫變化之道 不爲而自然이라 故로 知變化者는 則知神之所爲라

變化의 道는 작위하지 않고 자연히 된다. 그러므로 변화를 아는 자는 神이 하는 바를 아는 것이다.

【疏】 正義曰：言易旣知變化之道理，不爲而自然也，則能知神化之所爲，言神化亦不爲而自然也.

正義曰：易이 이미 變化의 道理가 작위하지 않고 자연히 되는 것임을 알면 神化의 하는 바를 알 수 있음을 말한 것이니, 神化 또한 하지 않고 자연히 됨을 말한 것이다.

易有聖人之道四焉하니 **以言者尙其辭**하고 **以動者尙其變**하고 **以制器者尙其象**하고 **以卜筮者尙其占**이라

易에 聖人의 道가 네 가지 있으니, 말하는 자는 그 말(卦辭와 爻辭)을 숭상하고, 動하는 자는 그 변화를 숭상하고, 기구(기물)를 만드는 자는 象을 숭상하고, 卜筮하는 자는 그 占을 숭상한다.

【注】 此四者는 存乎器象하여 可得而用也라

이 네 가지는 器의 象이 있어서 사용할 수 있는 것이다.

【疏】 '易有'至'其占' ○ 正義曰：'易有聖人之道四焉'者, 言易之爲書, 有聖人所用之道者凡有四事焉. '以言者尙其辭'者, 謂聖人發言而施政敎者, 貴尙其爻卦之辭, (發)〔法〕[1]其言辭, 出言而施政敎也. '以動者尙其變'者, 謂聖人有所興動營爲, (故)〔效〕[2]法其陰陽變化, 變有吉凶, 聖人之動, 取吉不取凶也. '以制器者尙其象'者, 謂造制形器, 法其爻卦之象, 若造弧矢, 法睽之象,[3] 若造杵臼, 法小過之象也.[4] '以卜筮者尙其占'者, 策是筮之所用, 并言卜者, 卜雖龜之見兆, 亦有陰陽(三)〔五〕[5]行變動之狀, 故卜之與筮, 尙其爻卦變動之占也.

1) (發)〔法〕: 저본에는 '發'로 되어 있으나, 阮元의 〈校勘記〉에 "浦堂이 말하기를, '「發」은 「法」이 되어야 한다.' 하였다."라고 한 것에 의거하여 '法'으로 바로잡았다.
2) (故)〔效〕: 저본에는 '故'로 되어 있으나, 阮元의 〈校勘記〉에 "浦堂이 말하기를, '「故」는 「效」가 되어야 한다.' 하였다."라고 한 것에 의거하여 '效'로 바로잡았다.
3) 若造弧矢 法睽之象 :〈繫辭傳 下〉 2장에 "나무에 줄을 매어 활을 만들고, 나무를 깎아 화살을 만들어서 활과 화살의 이로움으로 천하를 두렵게 하였으니, 이는 睽卦에서 취하였다.〔弦木爲弧 剡木爲矢 弧矢之利 以威天下 蓋取諸睽〕"라고 보인다.
4) 若造杵臼 法小過之象也 :〈繫辭傳 下〉 2장에 "나무를 잘라 절굿공이를 만들고 땅을 파서 절구를 만들어서 절구와 절굿공이의 이로움으로 만물이 구제되었으니, 이는 小過卦에서 취하였다.〔斷木爲杵 掘地爲臼 臼杵之利 萬民以濟 蓋取諸小過〕"라고 보인다.
5) (三)〔五〕: 저본에는 '三'으로 되어 있으나, 四庫全書本에 의거하여 '五'로 바로잡았다.

(北京大 整理本 참조)

經의 〔易有〕에서 〔其占〕까지

○ 正義曰：〔易有聖人之道四焉〕 易의 책에는 聖人이 사용하는 道가 무릇 네 가지 일이 있음을 말한 것이다.

〔以言者尙其辭〕 말을 하여 政教를 베푸는 聖人은 爻辭와 卦辭를 귀하게 여기고 숭상하여 그 言辭를 본받음을 말한 것이니, 말을 내어 정교를 베푸는 것이다.

〔以動者尙其變〕 聖人이 興動하고 경영하는 일이 있을 적에 陰陽의 變化를 본받음을 말한 것이니, 變에는 吉과 凶이 있는데 성인의 動함은 吉을 취하고 凶을 취하지 않는다.

〔以制器者尙其象〕 形器를 만들 적에 爻와 卦의 象을 본받음을 말한 것이니, 예를 들면 弧矢를 만들 적에는 睽卦의 象을 본받고, 절굿공이와 절구통을 만들 적에는 小過卦의 象을 본받는 것과 같다.

〔以卜筮者尙其占〕 筮은 주역점〔筮〕에 사용하는 것인데 '卜'을 함께 말한 것은, 卜은 비록 거북껍질에 조짐이 나타난 것이나 이 또한 陰陽과 五行이 변동하는 형상이 있으므로 卜과 筮는 그 爻와 卦가 변동하는 占을 숭상하는 것이다.

【疏】 ○ 注'器象' ○ 正義曰：辭是爻辭, 爻辭是器象也. 變是變化, 見其來去, 亦是器象也. 象是形象, 占是占其形狀, 竝是有體之物, 有體則是物之可用, 故云"可得而用者也."

○ 注의 〔器象〕

○ 正義曰：'辭'는 爻辭이니, 효사는 器의 象이다. '變'은 變化이니, 오고감을 보는 것 또한 器의 象이다. '象'은 形象이고, '占'은 形狀을 점치는 것이니, 모두 體가 있는 물건인바, 體가 있으면 그 물건을 사용할 수 있다. 그러므로 "사용할 수 있는 것이다."라고 말한 것이다.

是以로 **君子將有爲也**며 **將有行也**에 **問焉而以言**이어든 **其受命也如響**하여 **无有遠近幽深**하여 **遂知來物**하나니 **非天下之至精**이면 **其孰能與於此**리오

이 때문에 君子가 장차 시행하려 함이 있고 장차 길을 가려 함이 있을 적에 물어서 말로써 하면 그 命을 받고 〈告해줌이〉 메아리와 같아서 遠近과 幽深이 없이(遠近과 幽深을 막론하고) 〈고해주어〉 마침내 장래의 일을 아니, 천하에 지극히 精妙한

자가 아니면 그 누가 능히 여기에 참여하겠는가.

【疏】正義曰：'是以君子將有爲也 將有行也 問焉而以言'者, 旣易道有四, 是以君子將欲有所施爲, 將欲有所行往, 占問其吉凶, 而以言命蓍也.[1] '其受命也如響'者, 謂蓍受人命, 報人吉凶, 如響之應聲也. '无有遠近幽深'者, 言易之告人吉凶, 无問遠之與近, 及幽(邃)〔邃〕[2]深遠之處, 悉皆告之也. '遂知來物'者, 物, 事也. 然易以萬事告人, 人因此, 遂知將來之事也. '非天下之至精 其孰能與於此'者, 言易之功深如此, 若非天下萬事之內, 至極精妙, 誰能參與於此, 與易道同也. 此已上, 論易道功深, 告人吉凶, 使豫知來事, 故以此結之也.

1) 是以君子將有爲也……而以言命蓍也：朱子는 이 節의 경문을 聖人의 4가지 道 중에 '尙辭'와 '尙占'의 일에 해당한다고 보았으며, 다음 절의 경문은 '尙象'에 해당한다고 보았다.

'問焉而以言'을 孔穎達은 '군자가 蓍草에게 길흉을 묻되 말로 물음'의 의미로 풀이하였는데, 朱子는 '시초를 가지고 易을 묻고 卦辭와 爻辭를 얻어서 이것을 가지고 군자가 말을 함'의 의미로 보았는바, ≪本義≫는 다음과 같다. "사람이 시초로써 易을 물어 卦辭와 爻辭를 구하여 이것으로써 말을 하고 일에 처하면 易이 사람의 명령을 받아 고해주기를 마치 메아리가 목소리에 응하듯이 하여 미래의 길흉을 결단함을 말한 것이다. 以言은 '以言者尙其辭'의 '以言'과 뜻이 같다.〔言人以蓍問易 求其卦爻之辭 而以之發言處事 則易受人之命而有以告之 如嚮之應聲 以決其未來之吉凶也 以言 與以言者尙其辭之以言義同〕"

2) (邃)〔邃〕: 저본에는 '邃'로 되어 있으나, 毛本에 의거하여 '邃'로 바로잡았다.(阮元의 〈校勘記〉 참조)

正義曰：〔是以君子將有爲也 將有行也 問焉而以言〕 이미 易의 道가 네 가지가 있기 때문에 君子가 장차 시행하려는 바가 있고 장차 길을 가려고 하는 바가 있으면, 점쳐 吉凶을 물어서 말로써 蓍草에게 명하는 것이다.

〔其受命也如響〕 蓍草가 사람의 명을 받고서 사람에게 吉凶을 알려줌이 메아리가 소리에 응하는 것과 같음을 말한 것이다.

〔无有遠近幽深〕 易이 사람에게 吉凶을 말해줄 적에 멀고 가까운 곳과 그윽하고 깊고 심원한 곳을 막론하고 모두 고해줌을 말한 것이다.

〔遂知來物〕 '物'은 일이다. 그러나 易은 만 가지 일을 사람에게 고해주니, 사람이 이로 인해서 마침내 장래의 일을 아는 것이다.

〔非天下之至精 其孰能與於此〕'易의 功이 깊음이 이와 같으니, 만약 天下萬事의 안에 지극히 精妙한 자가 아니면 누가 능히 여기에 참여하여 易의 道와 같겠는가.'라고 말한 것이다.

이 이상은 易의 道의 功이 깊어서 사람에게 길흉을 말해주어 사람으로 하여금 장래의 일을 미리 알게 함을 논하였다. 그러므로 이것으로써 맺은 것이다.

參(삼)**伍以變**하고 **錯綜其數**하여 **通其變**하여 **遂成天下之文**하며 **極其數**하여 **遂定天下之象**하나니 **非天下之至變**이면 **其孰能與於此**리오

參(三)을 하고 伍(五)를 해서 변하며 그 數를 교착하고 종합하여, 변화를 통하여 마침내 天下의 文을 이루며, 그 數를 지극히 하여 천하의 象을 정하니, 천하에 지극히 변화하는 자가 아니면 그 누가 능히 여기에 참여하겠는가.

【疏】 正義曰 : '參伍以變'者, 參, 三也, 伍, 五也, 或三或五, 以相參(참)合, 以相改變. 略擧三五, 諸數皆然也. '錯綜其數'者, 錯謂交錯, 綜謂總聚, 交錯總聚其陰陽之數也. '通其變'者, 由交錯總聚, 通極其陰陽相變也. '遂成天地之文'者, 以其相變, 故能遂成就天地之文, 若青赤相雜, 故稱文也. '極其數 遂定天下之象'者, 謂窮極其陰陽之數, 以定天下萬物之象. 猶若極二百一十六策, 以定乾之老陽之象, 窮一百四十四策, 以定坤之老陰之象, 擧此, 餘可知也. '非天下之至變 其孰能與於此'者, 言此易之理, 若非天下萬事至極之變化, 誰能與於此者, 言皆不能也. 此結成易之變化之道, 故更言"與於此"也. 前經論易理深, 故云"非天下之至精", 此經論極數變通, 故云"非天下之至變"也.

正義曰 : 〔參伍以變〕'參'은 3이고, '伍'는 5이니, 혹 3을 하고 혹 5를 해서 서로 참고하고 합쳐서 서로 고치고 변하는 것이다. 간략히 3과 5를 들었으나 여러 수가 모두 그러하다.

〔錯綜其數〕'錯'은 交錯을 이르고, '綜'은 모두 종합함〔總聚〕을 이르니, 陰陽의 數를 交錯하고 종합하는 것이다.

〔通其變〕交錯하고 종합함으로 말미암아 陰陽이 서로 변함을 통하여 지극히 하는 것이다.

〔遂成天地之文〕서로 변하기 때문에 마침내 天地의 文을 성취하는 것이니, 예를 들면 青色과 赤色이 서로 뒤섞이는 것과 같기 때문에 '文'이라 칭한 것이다.

〔極其數 遂定天下之象〕 陰陽의 數를 궁극히 하여 天下 萬物의 象을 정함을 이른다. 예를 들면 216策을 지극히 하여 乾의 老陽의 象을 정하고, 144策을 궁극히 하여 坤의 老陰의 象을 정하는 것과 같으니, 이것을 들면 나머지를 알 수 있다.

〔非天下之至變 其孰能與於此〕 '이 易의 이치는 만약 天下 萬事에 지극히 변화하는 자가 아니면 누가 능히 여기에 참여하겠는가.'라고 말하였으니, 〈천하 만사에 지극히 변화하는 자가 아니면〉 아무도 능하지 못함을 말한 것이다. 이는 易의 변화하는 道를 맺어 이루었다. 그러므로 다시 "여기에 참여하겠는가."라고 말한 것이다.

앞의 경문은 易의 이치가 깊음을 논하였기 때문에 "天下에 지극히 精妙한 자가 아니면"이라고 말하였고, 이 경문은 數를 지극히 하여 변통함을 논하였기 때문에 "천하에 지극히 변화하는 자가 아니면"이라고 말한 것이다.

易은 **无思也**하며 **无爲也**하여 **寂然不動**이라가 **感而遂通天下之故**하나니 **非天下之至神**이면 **其孰能與於此**리오

易은 생각함이 없으며 함이 없어서 寂然하여 動하지 않다가 감동하면 마침내 天下의 일을 통하니, 천하에 지극히 神妙한 자가 아니면 그 누가 능히 여기에 참여하겠는가.

【注】 夫非忘象者면 則无以制象이요 非遺數者면 无以極數니 至精者는 无籌策而不可亂이요 至變者는 體一而无不周요 至神者는 寂然而无不應이라 斯蓋功用之母요 象數所由立이라 故로 曰 非至精至變至神이면 則不得與於斯也라하니라

形象을 잊은 자가 아니면 형상을 만들 수 없고, 數를 잊어버린 자가 아니면 數를 다할 수 없으니, 지극히 정묘한 자는 계산하는 산대〔籌策〕가 없어도 어지럽힐 수가 없고, 지극히 변화하는 자는 하나를 체행하여 두루 하지 않음이 없고, 지극히 신묘한 자는 寂然하여도 응하지 않음이 없다. 이는 功用의 모체요, 象數가 말미암아 확립되는 것이다. 그러므로 "지극히 정묘하고 지극히 변화하고 지극히 신묘한 자가 아니면 여기에 참여할 수 없다."라고 한 것이다.

【疏】 '易无思'至'於此' ○正義曰 : '易无思也 无爲也'者, 任運自然, 不關心慮, 是无思也. 任運自動, 不須營造, 是无爲也. '寂然不動 感而遂通天下之故'者, 旣无思无爲, 故寂然不動. 有感必應, 萬事皆通, 是感而遂通天下之故也. 故謂事故, 言通天下萬事也. '非天下之至神 其孰能與於此'者, 言易理神功不測, 非天下萬事之中, 至極神妙, 其孰能與於此也. 此經明易理神妙不測, 故云"非天下之至神", 若非天下之至神, 誰能與於此也.

經의 〔易无思〕에서 〔於此〕까지

○ 正義曰：〔易无思也 无爲也〕 運에 맡겨 자연히 하여서 마음과 생각을 관여하지 않는 것이니, 이는 생각함이 없는 것이다. 運에 맡겨 저절로 動하여서 굳이 경영하여 만들지 않으니, 이는 함이 없는 것이다.

〔寂然不動 感而遂通天下之故〕 이미 생각함이 없고 함이 없기 때문에 寂然하여 動하지 않는 것이다. 감동함이 있으면 반드시 응하여 만사가 다 통하니, 이것이 '감동하면 마침내 천하의 일을 통함'이다. '故'는 事故(일의 원인)를 이르니, 天下 萬事를 통함을 말한 것이다.

〔非天下之至神 其孰能與於此〕 '易의 이치와 神의 功을 측량할 수가 없으니 天下 萬事의 가운데에 지극히 神妙한 자가 아니면 그 누가 능히 여기에 참여하겠는가.'라고 말한 것이다. 이 경문은 易의 이치가 신묘하여 측량할 수 없음을 밝혔다. 이 때문에 "天下에 지극히 신묘한 자가 아니면"이라고 말한 것이니, 만약 천하에 지극히 신묘한 자가 아니면 누가 능히 여기에 참여하겠는가.

【疏】 ○ 注'非忘象' ○ 正義曰：云'夫非忘象者 則无以制象'者, 凡自有形象者, 不可以制他物之形象, 猶若海不能制山之形象, 山不能制海之形象. 遺忘己象者, 乃能制衆物之形象也. '非遺數者 无以極數'者, 若以數數物, 則不能極其物數, 猶若以萬而數, 則不能苞億, 以一億而數, 則不能苞千億萬億. 遺去數名者, 則无所不苞, 是非遺去其數, 无以極盡於數也. 言'至精者 无籌策而不可亂'者, 以其心之至精, 理在玄通, 无不記(億)〔憶〕[1], 雖无籌策, 而不可亂也. 言'至變者 體一而无不周'者, 言至極曉達變理者, 能體於淳一之理, 其變通无不周徧, 言雖萬類之變, 同歸於一變也. '斯蓋功用之母 象數所由立'者, 言至精・至(微)〔變〕[2]・至神三者, 是物之功用之母. 物之功用, 象之與數, 由此至精・至變・至神所由來, 故云"象數所由立"也. 言象之所以立有象者, 豈由象而來, 由太虛自然而有象也, 數之所以有數者, 豈由數而來, 由太虛自然而有數也. 是太虛之象, 太虛之數, 是其至精至變也. 由其至精, 故能制數, 由其至變, 故能制象, 若非至精・至變・至神, 則不得參與妙極之玄理也.

1) (億)〔憶〕: 저본에는 '億'으로 되어 있으나, 宋本에 의거하여 '憶'으로 바로잡았다.(阮元의 〈校勘記〉 참조)

2) (微)〔變〕: 저본에는 '微'로 되어 있으나, 글 뜻에 의거하여 '變'으로 바로잡았다.(北京大 整理本 참조)

○ 注의 〔非忘象〕

○ 正義曰:〔夫非忘象者 則无以制象〕 본래 形象이 있는 모든 것은 다른 물건의 형상을 만들 수가 없으니, 예컨대 바다는 산의 형상을 만들지 못하고 산은 바다의 형상을 만들지 못하는 것과 같다. 자기의 형상을 잊은 자라야 비로소 여러 물건의 형상을 만들 수 있는 것이다.

〔非遺數者 无以極數〕 만약 數로 물건을 세면 물건의 數를 다할 수가 없으니, 예컨대 萬으로 세면 億을 포괄하지 못하고 1億으로 세면 千億과 萬億을 포괄하지 못하는 것과 같다. 數의 이름을 잊어버린 자는 포괄하지 않는 바가 없으니, 이는 數를 잊어버린 자가 아니면 數를 다할 수 없는 것이다.

〔至精者 无籌策而不可亂〕 마음이 지극히 정밀하여 이치가 玄通함에 있어서 기억하지 못함이 없어 비록 籌策이 없으나 어지럽힐 수 없는 것이다.

〔至變者 體一而无不周〕 변화하는 이치를 지극히 통달한 자는 능히 순수하고 한결같은 이치를 체행하여 그 변통함이 두루 하지 않음이 없음을 말한 것이니, 비록 만 가지 종류가 변하나 똑같이 하나의 변화로 돌아감을 말한 것이다.

〔斯蓋功用之母 象數所由立〕 지극히 정묘하고 지극히 변화하고 지극히 신묘한 세 가지는 바로 물건의 功用의 모체임을 말한 것이다. 물건의 功用과 象과 數는 이 지극히 정묘함과 지극히 변화함과 지극히 신묘함에 말미암아 온 것이다. 그러므로 "象數가 말미암아 확립하는 것이다."라고 말한 것이다. '象이 확립되어 象이 있게 된 까닭이 어찌 象에 말미암아 온 것이겠는가. 太虛의 자연에 말미암아 象이 있는 것이다. 數가 數가 있게 된 까닭이 어찌 數에 말미암아 온 것이겠는가. 태허의 자연에 말미암아 數가 있는 것이다.'라고 말한 것이다.

이 태허의 象과 태허의 數가 바로 지극히 정묘하고 지극히 변화하는 것이다. 지극히 정묘하기 때문에 능히 數를 만들고, 지극히 변화하기 때문에 능히 象을 만드니, 만약 지극히 정묘하고 지극히 변화하고 지극히 신묘함이 아니면 妙極의 玄理(깊은 이치)에 참여할 수 없는 것이다.

夫易은 **聖人之所以極深而硏幾也**니 **唯深也故**로 **能通天下之志**하며 **唯幾也故**로 **能成天下之務**하나니라

易은 聖人이 깊은 것을 다하고 기미를 연구한 것이니, 깊기 때문에 능히 天下의 뜻을 통하며, 기미를 〈알기〉 때문에 능히 天下의 事務를 이루는 것이다.

【注】 極未形之理則曰深이요 適動微之會則曰幾라

未形의 이치를 지극히 하면 '深'이라고 말하고, 動의 은미한 기회에 맞게 하면 幾라고 하는 것이다.

【疏】 正義曰 : '夫易 聖人之所以極深而硏幾也'者, 言易道弘大, 故聖人用之, 所以窮極幽深, 而硏覈幾微也. '極深'者, 則前經初一節云"君子將有爲, 將有行, 問焉而以言, 其受命如響, 无有遠近幽深", 是極深也. '硏幾'者, 上經次節云"參伍以變, 錯綜其數, 通其變, 遂成天地之文, 極其數, 以定天下之象", 是硏幾也. '唯深也 故能通天下之志'者, 言聖人用易道以極深, 故聖人德深也, 故能通天下之志意, 卽是前經上節"問焉而以言, 其受命如響, 遂知來物", 是通天下之志也. '唯幾也 故能成天下之務'者, 聖人用易道以硏幾, 故聖人知事之幾微, 是前經次節"參伍以變, 錯綜其數, 通其變, 遂成天地之文", 是也. 幾者, 離无入有, 是有初之微, 以能知有初之微, 則能興行其事, 故能成天下之事務也.

正義曰 : 〔夫易 聖人之所以極深而硏幾也〕 易의 道가 넓고 크기 때문에 聖人이 이것을 사용하여 그윽하고 깊음을 궁극히 해서 기미를 연구하여 밝힘을 말한 것이다. '極深'은 앞 경문의 첫 번째 節에 "君子가 장차 시행하려 함이 있고 장차 길을 가려 함이 있을 적에 물어서 말로써 하면 그 命을 받고 〈고해줌이〉 메아리와 같아서 遠近과 幽深이 없다."라고 하였으니, 이것이 깊음을 지극히 하는 것이다. '硏幾'는 위 경문의 다음 절에 "參(三)을 하고 伍(五)를 해서 변하며 그 數를 교착하고 종합하여, 변화를 통하여 마침내 天地의 文을 이루며, 그 數를 지극히 하여 天下의 象을 정한다."라고 하였으니, 이것이 기미를 연구하는 것이다.

〔唯深也 故能通天下之志〕 '聖人이 易의 道를 사용하여 깊음을 다하기 때문에 성인의 德이 깊은 것이니 이 때문에 능히 天下의 志意를 통하는 것임'을 말하였으니, 이는 앞 경

문의 위 절에 "물어서 말로써 하면 그 命을 받고 〈고해줌이〉 메아리와 같아서 遠近과 幽深이 없이 〈고해주어〉 마침내 장래의 일을 안다."라고 한 것이니, 이것이 天下의 뜻을 통하는 것이다.

〔唯幾也 故能成天下之務〕 聖人이 易의 道를 사용하여 기미를 연구하기 때문에 성인이 일의 기미를 아는 것이니, 이는 앞 경문의 다음 절에 "參(三)을 하고 伍(五)를 해서 변하며 그 數를 교착하고 종합하여, 변화를 통하여 마침내 天地의 文을 이룬다."라고 한 것이 이것이다. '幾'는 无를 떠나 有로 들어간 것이니, 이는 처음〔有初〕의 은미함인바, 능히 처음의 은미함을 알면 능히 그 일을 일으켜 행할 수 있다. 그러므로 능히 天下의 事務를 이루는 것이다.

唯神也故로 **不疾而速**하며 **不行而至**하나니 **子曰 易有聖人之道四焉者**는 **此之謂也**니라

신묘하기 때문에 빠르게 하지 않아도 속히 이루어지며 행동하지 않아도 〈이치가〉 이르니, 孔子가 말씀하신 "易에 聖人의 道가 네 가지 있다."는 것이 이것을 말씀하신 것이다.

【注】 四者 由聖道以成이라 故로 曰 聖人之道라하니라

네 가지가 聖人의 道로 말미암아 이루어진다. 그러므로 "성인의 道"라 한 것이다.

【疏】 正義曰 : '唯神也 故不疾而速 不行而至'者, 此覆說上經下節易之神功也. 以无思无爲, 寂然不動, 感而遂通. 故不須急疾, 而事速成, 不須行動, 而理自至也. 案下節云"唯深也", 言"通天下之志", "唯幾也", 言"成天下之務", 今"唯神也", 直云"不疾而速, 不行而至", 不言"通天下"者, 神則至理微妙, 不可測知, 无象无功, 於天下之事, 理絶名言, 不可論也, 故不云"成天下之功"也.

正義曰 : 〔唯神也 故不疾而速 不行而至〕 이는 위 경문 아래 절의 '易의 신묘한 功'을 반복하여 말한 것이다. 생각함이 없고 함이 없어서 寂然하여 동하지 않다가 감동하면 마침내 통한다. 그러므로 굳이 급히 하고 빨리하지 않아도 일이 속히 이루어지고, 굳이 행동하지 않아도 이치가 저절로 이르는 것이다. 살펴보건대, 아래 절에 "唯深也"에 대해서는 "天下의 뜻을 통한다."고 하였고, "唯幾也"에 대해서는 "천하의 事務를 이룬다."라고

말하였는데, 지금 "唯神也"에 대해서는 곧바로 "빠르게 하지 않아도 속히 이루어지며 행동하지 않아도 〈이치가〉 이른다."라고 말하고 "천하를 통한다."라고 말하지 않은 것은, 神은 지극한 이치가 미묘해서 측량하여 알 수가 없으니, 象이 없고 功이 없어서 천하의 일에 대하여 그 이치를 형용하여 말할 수가 없어서 논할 수가 없다. 그러므로 "천하의 功을 이룬다."라고 말하지 않은 것이다.

【疏】 '子曰易有聖人之道四焉者 此之謂也'者, 章首論聖人之道四焉, 章中歷陳其三事, 章末結而成之, 故曰"聖人之道四焉, 是此之謂也." 章首聖人之道有四者, 韓氏注云"此四者存乎器象, 可得而用者", 則辭也・變也・象也・占也, 是有形之物, 形器可知也. 若章中所陳則有三事, 一是至精, 精則唯深也, 二是至變, 變則唯幾也, 三是至神, 神則微妙无形, 是其无也. 神旣无形, 則章中三事, 不得配章首四事. 韓氏云"四者存乎器象", 故知章中三事, 不得配章首四事者也. 但行此四者, 卽能致章中三事. 故章中歷陳三事, 下總以聖人之道四焉結之也.

〔子曰易有聖人之道四焉者 此之謂也〕 章 머리에 聖人의 道 네 가지를 논하였고, 章 가운데에서는 그중에 세 가지 일을 차례로 진술하였고, 章 끝에서는 맺어 이루었다. 그러므로 "'성인의 道가 네 가지 있다.'는 것은 이것을 말씀하신 것이다."라고 한 것이다.

章 머리에 '성인의 道가 네 가지 있다.' 한 것에 대해, 韓氏(韓康伯)의 注에 "이 네 가지는 器의 象이 있어서 사용할 수 있는 것이다."라고 하였고, 〈그 네 가지는〉 곧 辭・變・象・占이니, 이는 有形의 물건이어서 그 形器를 알 수 있는 것이다.

章 가운데 말한 것으로 말하면 세 가지 일이 있으니, 첫 번째는 지극히 정묘한 것이니 정묘함은 '唯深也'이고, 두 번째는 지극히 변화함이니 변화함은 '唯幾也'이고, 세 번째는 지극히 신묘함이니 신묘함은 미묘하여 형체가 없는 것인바, 이는 无이다. 神이 이미 형체가 없으면 章 가운데 세 가지 일은 章 머리의 네 가지 일에 배합할 수가 없다. 韓氏가 이르기를 "네 가지는 器象이 있다."라고 하였으니, 그러므로 章 가운데 세 가지 일은 章 머리의 네 가지 일에 배합할 수 없음을 알 수 있는 것이다. 다만 이 네 가지를 행하면 바로 章 가운데의 세 가지 일을 이룰 수 있다. 그러므로 章 가운데에서 세 가지 일을 차례로 말하고서 아래에서는 총괄하여 '성인의 道가 네 가지 있음'으로 끝맺은 것이다.

제10장

【疏】正義曰 : '天一地二'至'謂之神' 此第十章也. 前章論易有聖人之道四焉, 以卜筮尙其占, 此章明卜筮蓍龜所用, 能通神知也.

正義曰 : 經의 〔天一地二〕에서 〔謂之神〕까지

이는 제10장이다. 앞 장에서는 '易에 聖人의 道가 네 가지 있는데 卜筮로써 그 占을 숭상함'을 논하였고, 이 장에서는 卜筮에 蓍草와 거북껍질을 사용하여 능히 神과 知(앎)를 통함을 밝혔다.

天一, 地二요 天三, 地四요 天五, 地六이요 天七, 地八이요 天九, 地十[1)]이라

1) 天一……地十 : 朱子는 '天數五……此所以成變化而行鬼神也'를 '大衍之數五十' 앞으로 옮기고 이 경문을 '天數五' 앞으로 옮겨놓았는바, ≪本義≫에 "이 쪽(竹簡)은 본래 제10장의 처음에 있었는데, 程子가 '마땅히 여기에 있어야 한다.'라고 하였으니, 이제 그 말씀을 따른다.〔此簡本在第十章之首 程子曰 宜在此 今從之〕"라고 하였다.

하늘이 1이고 땅이 2이며, 하늘이 3이고 땅이 4이며, 하늘이 5이고 땅이 6이며, 하늘이 7이고 땅이 8이며, 하늘이 9이고 땅이 10이다.

【注】易以極數通神明之德이라 故로 明易之道에 先擧天地之數也라

易은 數를 지극히 하여 神明의 德을 통하였다. 그러므로 易의 道를 밝힐 적에 먼저 하늘과 땅의 數를 든 것이다.

【疏】'天一'至'地十' ○ 正義曰 : 此言天地陰陽自然奇偶之數也.

經의 〔天一〕에서 〔地十〕까지

○ 正義曰 : 이는 天地의 陰陽이 자연히 奇數와 偶數가 있음을 말한 것이다.

【疏】○ 注'易以極'至'數也' ○ 正義曰 : '易以極數通神明之德'者, 謂易之爲道, 先由窮極其數, 乃以通神明之德也. '故明易之道 先擧天地之數'者, 此章欲明神之德, 先由天地之數而成, 故云"故明易之道, 先擧天地之數也."

○ 注의 〔易以極〕에서 〔數也〕까지

○ 正義曰 : 〔易以極數通神明之德〕 易의 道가 먼저 그 數를 궁극히 함으로 말미암아 마침내 神明의 德을 통함을 말한 것이다.

〔故明易之道 先擧天地之數〕 이 장은 '神의 德이 먼저 하늘과 땅의 數로 말미암아 이루어졌음'을 밝히고자 하였기 때문에 "그러므로 易의 道를 밝힐 적에 먼저 하늘과 땅의 數를 든 것이다."라고 말한 것이다.

子曰 夫易은 何爲者也오 夫易은 開物成務하여 冒天下之道니 如斯而已者也라

孔子가 말씀하였다. "易은 무엇하는 것인가? 易은 물건을 開通하고 事務를 성취해서 天下의 道를 덮으니, 이와 같은 것일 뿐이다."

【注】 冒는 覆(부)也니 言易通萬物之志하고 成天下之務하여 其道可以覆冒天下也라

'冒'는 뒤덮음(포함함)이니, 易이 萬物의 뜻을 통하고 天下의 事務를 이루어서 그 道가 천하를 뒤덮을 수 있음을 말한 것이다.

【疏】 正義曰 : '子曰夫易何爲'者, 言易之功用, 其體何爲, 是問其功用之意. '夫易開物成務 冒天下之道 如斯而已'者, 此夫子還自釋易之體用之狀, 言易能開通萬物之志, 成就天下之務, 有覆冒天下之道. 斯, 此也, 易之體用, 如此而已.

正義曰 : 〔子曰夫易何爲〕 '易의 功用은 그 體가 무엇하는 것인가?'라고 말한 것이니, 이는 功用의 뜻을 물은 것이다.

〔夫易開物成務 冒天下之道 如斯而已〕 이는 夫子가 다시 스스로 易의 體・用의 형상을 해석한 것이니, '易이 능히 만물의 뜻을 開通하고 천하의 事務를 성취하여 천하의 道를 뒤덮음이 있음'을 말한 것이다. '斯'는 이것이니, 易의 體와 用이 이와 같을 뿐이다.

是故로 聖人이 以通天下之志하며 以定天下之業하며 以斷天下之疑하시니라 是故로 蓍之德은 圓而神하고 卦之德은 方以知하고

이 때문에 聖人이 〈易의 道로써〉 天下의 뜻을 통달하며, 〈易의 道로써〉 천하의

사업을 정하며, 〈易의 道로써〉 천하의 의심을 결단하였다. 이 때문에 蓍草의 德은 둥글어 神妙하고, 卦의 德은 네모져서 알며,

【注】 圓者는 運而不窮이요 方者는 止而有分이라 言蓍以圓象神하고 卦以方象知也라 唯變所適하여 无數不周故로 曰 圓이요 卦列爻分하여 各有其體故로 曰 方也라

둥근 것은 運轉(회전)하여 다하지 않고, 네모진 것은 그쳐 분수가 있다. 蓍草는 둥근 것으로 神을 형상하고, 卦는 네모진 것으로 知를 형상함을 말한 것이다. 오직 변하는 대로 가서 數를 두루 하지 않음이 없으므로 '圓'이라고 하였고, 卦가 나열되고 爻가 나누어져서 각각 그 體가 있으므로 '方'이라고 한 것이다.

【疏】 '是故聖人'至'以知' ○ 正義曰 : '是故聖人以通天下之志'者, 言易道如此, 是故聖人以其易道, 通達天下之志, 極其幽深也. '以定天下之業'者, 以此易道, 定天下之業, 由能研幾成務, 故定天下之業也. '以斷天下之疑'者, 以此易道, 決斷天下之疑, 用其蓍龜占卜, 定天下疑危也. '是故蓍之德 圓而神 卦之德 方以知'者, 神以知來, 是來无方也, 知以藏往, 是往有常也. 物既有常, 猶方之有止, 數无恒體, 猶圓之不窮. 故蓍之變通則无窮, 神之象也, 卦列爻分有定體, 知之象也. 知可以識前言往行, 神可以逆知將來之事, 故蓍以圓象神, 卦以方象知也.

經의 〔是故聖人〕에서 〔以知〕까지

○ 正義曰 : 〔是故聖人以通天下之志〕 易의 道가 이와 같기 때문에 聖人이 易의 道로써 天下의 뜻을 통달하여 그 그윽하고 깊음을 다함을 말한 것이다.

〔以定天下之業〕 이 易의 道로써 天下의 사업을 정하는 것이니, 능히 기미를 연구하고 사무를 성취하기 때문에 천하의 사업을 정하는 것이다.

〔以斷天下之疑〕 이 易의 道로써 天下의 의심을 결단하는 것이니, 蓍草와 거북껍질을 사용하여 점쳐서 천하의 의심과 위태로움을 결정하는 것이다.

〔是故蓍之德 圓而神 卦之德 方以知〕 神으로써 장래를 아는 것은 옴에 일정한 방소가 없는 것이요, 知로써 지나간 것을 간직함은 감에 떳떳함이 있는 것이다. 물건이 이미 떳떳함이 있음은 네모진 것에 그침이 있는 것과 같고, 數에 일정한 體가 없음은 둥근 것이 다하지 않는 것과 같다. 그러므로 蓍草를 변통함에 무궁함은 神의 象이요, 卦를 나열하고 爻를 나눔에 일정한 體가 있음은 知의 象인 것이다. 知는 지나간 말씀과 지나간 행실

을 알 수 있고, 神은 장래의 일을 미리 알 수 있다. 그러므로 시초는 둥근 것으로 神을 형상하고, 卦는 네모진 것으로 知를 형상한 것이다.

【疏】 ○ 注'圓者'至'方也' ○ 正義曰 : '圓者運而不窮'者, 謂團圓之物, 運轉无窮已, 猶阪上走丸也. 蓍亦運動不已, 故稱圓也. 言'方者止而有分'者, 方謂處所, 既有處所, 則是止而有分. 且物方者, 著地則安, 其卦既成, 更(갱)不移動, 亦是止而有分, 故卦稱方也.

○ 注의 〔圓者〕에서 〔方也〕까지

○ 正義曰 : 〔圓者運而不窮〕 '둥근 물건은 運轉하여 끝이 없음'을 이르니, 언덕 위에 굴러가는 탄환과 같은 것이다. 蓍草 또한 운동하여 그치지 않으므로 "둥글다."라고 칭한 것이다.

〔方者止而有分〕 '方'은 處所를 이르니, 이미 처소가 있으면 이는 그쳐서 분수가 있는 것이다. 또 물건이 네모진 것은 땅에 닿으면 편안하니, 卦가 이미 이루어지면 다시 옮기거나 움직이지 않으니, 이 또한 그쳐서 분수가 있으므로 卦를 "네모지다."라고 칭한 것이다.

六爻之義는 易以貢이라

六爻의 뜻은 變易하여 〈吉凶을〉 고해준다.

【注】 貢은 告也니 六爻變易하여 以告吉凶이라

貢은 고함이니, 六爻가 變易하여 吉凶을 고해주는 것이다.

【疏】 正義曰 : 貢, 告也, 六爻有吉凶之義, 變易以告人也.

正義曰 : '貢'은 고함이니, 六爻에 吉凶의 뜻이 있어서 變易하여 사람에게 고해주는 것이다.

聖人이 以此洗心하고

聖人이 이로써 〈萬物의〉 마음을 깨끗이 씻고,

【注】 洗濯萬物之心이라

萬物의 마음을 깨끗이 씻는 것이다.

【疏】 正義曰：聖人以此易之卜筮, 洗蕩萬物之心. 萬物有疑, 則卜之, 是蕩其疑心, 行善得吉, 行惡遇凶, 是盪其惡心也.

正義曰：聖人이 이 易의 卜筮를 가지고 萬物의 마음을 깨끗이 씻는 것이다. 만물이 의심스러움이 있으면 점을 치니 이는 의심스러운 마음을 씻어내는 것이요, 善을 행하면 吉을 얻고 惡을 행하면 凶을 만나니 이는 악한 마음을 씻어내는 것이다.

退藏於密하나니

물러나 은밀함에 감추니,

【注】 言其道深微하여 萬物日用而不能知其原이라 故로 曰 退藏於密이라하니 猶藏諸用也라

道가 심오하고 미묘하여 萬物이 날로 쓰면서도 그 근원을 알지 못함을 말하였다. 그러므로 "물러나 은밀함에 감춘다."라고 하였으니, '用을 감춘다.'는 말과 같은 것이다.

【疏】 正義曰：言易道進, 則盪除萬物之心, 退則不知其所以然, 萬物日用而不知, 有功用藏於密也.[1)]

1) 言易道進……有功用藏於密也：經文의 '以此洗心'과 '退藏於密'을 韓康伯과 孔穎達은 모두 '만물의 마음을 깨끗이 씻어내고 功用이 은밀함에 감추어져 있음'으로 해석하였다.
 한편 朱子는 "聖人은 體에 세 가지의 德을 구비하여 한 티끌의 累가 없으니, 일이 없으면 그 마음이 조용하여 사람들이 엿보지 못하고, 일이 있으면 神智의 씀이 감동함에 따라 응하니, 이른바 卜筮함이 없이도 吉凶을 안다는 것이다.〔聖人 體具三者之德 而无一塵之累 无事則其心寂然 人莫能窺 有事則神知之用 隨感而應 所謂无卜筮而知吉凶也〕"라고 하였다. '세 가지 德'이란 위에서 말한 '蓍之德 圓而神', '卦之德 方以知', '六爻之義 易以貢'을 가리킨 것이다.

正義曰：易의 道가 나아가면 萬物의 마음을 깨끗이 씻어내고, 물러가면 그 所以然을 알지 못해서, 만물이 날마다 쓰면서도 알지 못하여 功用이 은밀함에 감추어져 있음을 말

한 것이다.

吉凶與民同患이라

吉하거나 凶하거나 간에 백성과 함께 근심한다.

【注】 表吉凶之象하여 以同民所憂患之事라 故로 曰 吉凶與民同患也라하니라

吉凶의 象을 드러내서 백성들이 근심하는 일을 함께한다. 그러므로 "길하거나 흉하거나 간에 백성과 함께 근심한다."라고 한 것이다.

【疏】 正義曰 : 易道以示人吉凶, 民則亦憂患其吉凶, 是與民同其所憂患也. 凶者, 民之所憂也. 上並言吉凶, 此獨言同患者, 凶雖民之所患, 吉亦民之所患也, 旣得其吉, 又患其失, 故老子云"寵辱若驚"也.

正義曰 : 易의 道로써 사람들에게 吉凶을 보여주면 백성들 또한 그 길흉을 걱정하니, 이는 백성과 그 근심하는 바를 함께하는 것이다. 흉함은 백성들이 근심하는 바이다. 위에서는 吉과 凶을 함께 말하였는데 여기서는 다만 '함께 근심한다'고 말한 것은, 흉함은 비록 백성들이 근심하는 바이나 길함 또한 백성들이 근심하는 바이니, 이미 길함을 얻었으면 길함을 잃음을 근심하는 것이다. 그러므로 老子가 이르기를 "영광이나 치욕에 모두 놀라는 듯이 한다."라고 한 것이다.

神以知來하고 知以藏往하나니

神으로써 장래를 알고 知로써 지나간 것을 간직하니,

【注】 明蓍卦之用이 同神知也라 蓍定數於始하니 於卦爲來요 卦成象於終하니 於蓍爲往하니 往來之用이 相成은 猶神知也라

蓍草와 卦의 쓰임이 神·知와 같음을 밝힌 것이다. 시초는 처음에 數를 정하니 卦에 있어 장래가 되고, 卦는 끝에서 象을 이루니 시초에 있어 지나감이 되는바, 지나감과 장래의 쓰임이 서로 이루어짐은 神·知와 같은 것이다.

【疏】 正義曰 : 此明蓍卦德同神知, 知來藏往也. 蓍定數於始, 於卦爲來. 卦成象於終,於蓍爲往. 以蓍望卦, 則是知卦象將來之事, 故言"神以知來." 以卦望蓍, 則是聚於蓍象往去之事, 故言"知以藏往"也.

正義曰 : 이는 蓍草와 卦의 德이 神·知와 같아서 장래를 알고 지나간 것을 간직함을 밝힌 것이다. 시초는 처음에 數를 정하니 卦에 있어 장래가 되고, 卦는 끝에서 象을 이루니 시초에 있어 지나간 것이 된다. 시초를 가지고 卦를 바라보면 이는 卦의 象이 장차 올 일을 안다. 그러므로 "神으로써 장래를 안다."라고 말한 것이다. 卦로써 시초를 바라보면 이는 시초의 象이 지나간 일에 모여 있다. 그러므로 "知로써 지나간 것을 간직한다."라고 말한 것이다.

其孰能與此哉리오 古之聰明叡知神武而不殺者夫인저

그 누가 능히 이와 함께하겠는가? 옛날에 聰明하고 叡知(叡智)하고 神武하여 죽이지 않은 자일 것이다.

【注】 服萬物而不以威(形)〔刑〕[1)]也라

1) (形)〔刑〕: 저본에는 '形'으로 되어 있으나, 四庫全書本과 아래 疏에 '不用刑殺'이라고 한 것에 의거하여 '刑'으로 바로잡았다. 저본을 보면, '刑' 옆에 방점이 있는데도 阮元의 〈校勘記〉에 교감 내용이 없는바, 이 내용이 〈校勘記〉에 누락된 듯하다.

萬物을 복종시키면서도 위엄과 형벌을 쓰지 않는 것이다.

【疏】 正義曰 : '其孰能與此哉'者, 言誰能同此也, 蓋是古之聰明叡知神武而不殺者夫. 易道深遠, 以吉凶禍福, 威服萬物. 故古之聰明叡知神武之君, 謂伏犧等, 用此易道能威服天下, 而不用刑殺而畏服之也.

正義曰 : 〔其孰能與此哉〕 '누가 능히 이와 함께하겠는가.'라고 말한 것이니, 아마도 이는 옛날에 聰明하고 叡知(叡智)하고 神武하여 죽이지 않은 자일 것이다. 易의 道가 深遠하여 吉凶과 禍福을 가지고 萬物을 위엄으로 복종시킨다. 그러므로 옛날의 총명하고 예지하고 신무한 군주는 伏犧 등을 이르니, 이 易의 道를 사용하여 능히 천하를 위엄으로 복종시켜서 刑殺을 쓰지 않고 敬畏하게 하여 복종시킨 것이다.

是以로 明於天之道하고 而察於民之故하여 是興神物以前民用이라

이 때문에 하늘의 道를 밝히고 백성의 일을 살펴서 이에 神의 〈이치와〉 사물을 일으켜서 백성의 쓰임에 앞서서 〈보여주었다.〉

【注】 定吉凶於始也라

吉凶을 처음에 정한 것이다.

【疏】 正義曰 : '是以明於天之道'者, 言聖人能明天道也. '而察於民之故'者, 故, 事也, 易窮變化而察知民之事也. '是興神物以前民用'者, 謂易道興起神理事物,[1] 豫爲法象, 以示於人, 以前民之所用. 定吉凶於前, 民乃法之所用, 故云"以前民用"也.

1) 易道興起神理事物 : 孔穎達은 경문의 '神物'을 '神의 이치와 사물'로 풀이하였으나, 朱子는 '신령스러운 물건' 즉 '蓍草와 거북껍질'을 가리켜 말한 것으로 보았다.

正義曰 : 〔是以明於天之道〕 聖人이 능히 하늘의 道를 밝힘을 말한 것이다.

〔而察於民之故〕 '故'는 일이니, 易이 변화를 다하여 백성의 일을 살펴 아는 것이다.

〔是興神物以前民用〕 易의 道가 神의 이치와 사물을 흥기하여 미리 法象을 만들어 백성에게 보여주어서 백성의 사용하는 바에 앞섬을 말한 것이다. 吉凶을 앞에서 정하여 백성들이 마침내 이것을 본받아 사용한다. 그러므로 "백성의 쓰임에 앞서서 〈보여주었다.〉"라고 말한 것이다.

聖人以此齊戒하고

聖人이 이것을 가지고 재계하고

【注】 洗心曰齊요 防患曰戒라

마음을 씻는 것을 '齊'라 하고, 환난을 방비함을 '戒'라 한다.

【疏】 正義曰 : 聖人以易道自齊自戒, 謂照了吉凶, 齊戒其身. 洗心曰齊, 防患曰戒.

正義曰 : 聖人이 易의 道로써 스스로 재계하니, '吉과 凶을 환하게 비추어서 자기 몸을 재계함'을 말한 것이다. 마음을 씻는 것을 '齊'라 하고, 환난을 방비함을 '戒'라 한다.

以神明其德夫인저 是故로 闔戶를 謂之坤이요

그 德을 神明하게 한다. 이 때문에 문을 닫음을 坤이라 이르고,

【注】 坤道包物이라

坤의 道는 물건을 감싼다.

【疏】 正義曰 : '以神明其德夫'者, 言聖人旣以易道自齊戒, 又以易道, 神明其己之德化也. '是故闔戶謂之坤'者, 聖人旣用此易道, 以化天下. 此以下, 又廣明易道之大, 易從乾坤而來, 故更明乾坤也. 凡物先藏而後出, 故先言坤而後言乾. 闔戶謂閉藏萬物, 若室之閉闔其戶, 故云"闔戶謂之坤"也.

正義曰 : 〔以神明其德夫〕 聖人이 이미 易의 道로써 스스로 재계하고 또 易의 道로써 자기의 德化를 神明하게 함을 말한 것이다.

〔是故闔戶謂之坤〕 聖人이 이미 이 易의 道를 사용하여 天下를 교화하는 것이다. 이 이하는 또 易의 道의 큼을 널리 밝혔으니, 易이 乾坤으로부터 왔으므로 다시 건곤을 밝힌 것이다. 무릇 물건이 먼저 감춘 뒤에 나온다. 그러므로 먼저 坤을 말하고 뒤에 乾을 말한 것이다. '闔戶'는 만물을 닫고 감춤을 이르니, 마치 방의 문을 닫은 것과 같으므로 "문을 닫음을 坤이라 이른다."라고 한 것이다.

闢戶를 謂之乾이요

문을 엶을 乾이라 이르고,

【注】 乾道施生이라

乾의 道는 낳음을 베푼다.

【疏】 正義曰 : 闢戶謂吐生萬物也, 若室之開闢其戶, 故云"闢戶謂之乾"也.

正義曰 : '闢戶'는 만물을 토해냄을 이르니, 이것이 방의 문을 여는 것과 같으므로 "문을 엶을 乾이라 이른다."라고 한 것이다.

一闔一闢을 **謂之變**이요 **往來不窮**을 **謂之通**이라 **見**(현)을 **乃謂之象**이요

한 번 닫고 한 번 엶을 變이라 이르고, 왕래하여 다하지 않음을 通이라 이른다. 〈조짐이〉 나타남을 마침내 象이라 이르고,

【注】 兆見(현)曰象이라

조짐이 나타남을 '象'이라 한다.

【疏】 正義曰 : '一闔一闢謂之變'者, 開閉相循, 陰陽遞至, 或陽變爲陰, 或開而更閉, 或陰變爲陽, 或閉而還開, 是謂之變也. '往來不窮謂之通'者, 須往則變來爲往, 須來則變往爲來, 隨須改變, 不有窮已, 恒得通流, 是謂之通也. '見乃謂之象'者, 前往來不窮, 據其氣也, 氣漸積聚, 露見萌兆, 乃謂之象, 言物體尙微也.

正義曰 : 〔一闔一闢謂之變〕 열고 닫음이 서로 순환하고 陰과 陽이 번갈아 이르러서 혹은 陽이 변하여 陰이 되고 혹은 열었다가 다시 닫히며, 혹은 陰이 변하여 陽이 되고 혹은 닫혔다가 다시 열리니, 이것이 '變이라 이른다'는 것이다.

〔往來不窮謂之通〕 가야 할 때는 옴이 변하여 감이 되고, 와야 할 때는 감이 변하여 옴이 되니, 필요에 따라 고치고 변하여서 다함이 있지 아니하여 항상 통하고 흐르게 하니, 이것이 '通이라 이른다'는 것이다.

〔見乃謂之象〕 앞의 '왕래하여 다하지 않음'은 그 氣를 근거한 것이요, 氣가 점점 쌓이고 모여서 싹과 조짐을 드러내 보임을 마침내 '象'이라 이르니, '物體가 은미함을 숭상함'을 말한 것이다.

形을 **乃謂之器**요

형체를 드러냄을 마침내 器라 이르고,

【注】 成形曰器라

형체를 이룸을 '器'라 한다.

【疏】 正義曰 : 體質成器, 是謂器物, 故曰"形乃謂之器", 言其著也.

正義曰 : 體質(形質)이 器를 이루니, 이것을 '器物'이라 한다. 그러므로 "형체를 이룸을 마침내 器라 이른다."라고 하였으니, 드러남을 말한 것이다.

制而用之를 **謂之法**이요 **利用出入**하여 **民咸用之**를 **謂之神**이라

제재하여 사용함을 法이라 이르고, 이로움을 사용하여 나가고 들어가서 백성들이 모두 사용함을 神이라 이른다.

【疏】 正義曰 : '制而用之謂之法'者, 言聖人裁制其物而施用之, 垂爲模範, 故云"謂之法." '利用出入 民咸用之 謂之神'者, 言聖人以利而[1]用, 或出或入, 使民咸用之, 是聖德微妙, 故云"謂之神."

1) 而 : 저본에는 '而'로 되어 있고, 閩本·監本·毛本에는 '爲'로 되어 있다. 이를 번역에 참고하였음을 밝혀둔다.(阮元의 〈校勘記〉 참조)

正義曰 : 〔制而用之謂之法〕 聖人이 물건을 제재하여 사용해서 〈후세에〉 드리워 모범을 만듦을 말하였다. 그러므로 "法이라 이른다."라고 한 것이다.

〔利用出入 民咸用之 謂之神〕 聖人이 이로움을 사용해서 혹 나가고 혹 들어와 백성들로 하여금 모두 사용하게 함을 말하였으니, 이는 성인의 덕의 미묘함이다. 그러므로 "神이라 이른다."라고 한 것이다.

제11장

【疏】 正義曰 : '是故易有'至'无不利也' 此第十一章也. 前章旣明蓍卦有神明之用, 聖人則而象之, 成其神化, 此又明易道之大, 法於天地, 明象日月, 能定天下之吉凶, 成天下之亹亹也.

正義曰 : 經의 〔是故易有〕에서 〔无不利也〕까지

이는 제11장이다. 앞 장에서는 '蓍草와 卦가 神明한 쓰임이 있는데 聖人이 이것을 본받아 형상하여 神化를 이룸'을 밝혔고, 이 장에서는 또 '易의 道의 큼이 하늘과 땅을 본받고, 밝음이 해와 달을 형상하여, 능히 천하의 吉凶을 정해서 천하의 亹亹함(힘쓰는 일)을 이룸'을 밝혔다.

是故로 易有太極하니 是生兩儀하고

이 때문에 易에 太極이 있으니, 이것이 兩儀를 낳고

【注】 夫有必始於无故로 太極生兩儀也라 太極者는 无稱之稱이니 不可得而名하여 取有之所極하여 況之太極者也라

有는 반드시 无에서 시작되므로 太極이 兩儀를 나은 것이다. 태극은 칭호가 없는 칭호이니, 명명할 수가 없어서 有의 지극한 바를 취하여 태극에 비유한 것이다.

【疏】 正義曰 : 太極, 謂天地未分之前, 元氣混而爲一, 卽是太初・太一也. 故老子云"道生一", 卽此太極是也. 又謂混元旣分, 卽有天地, 故曰"太極生兩儀", 卽老子云"一生二"也.[1] 不言天地而言兩儀者, 指其物體, 下與四象相對, 故曰"兩儀", 謂兩體容儀也.

1) 卽老子云一生二也 : ≪道德經≫에 "道는 하나를 낳고, 하나는 둘을 낳고, 둘은 셋을 낳고, 셋은 만물을 낳는다.〔道生一 一生二 二生三 三生萬物〕"라고 보인다.

正義曰 : '太極'은 天地가 나누어지기 전에 元氣가 뒤섞여 하나가 됨을 이르니, 바로 太初와 太一인 것이다. 그러므로 老子가 "道가 하나를 낳는다."라고 하였으니, 〈道가〉 바로 이 太極인 것이다.

또 '混沌의 元氣가 나누어지고 나면 곧 하늘과 땅이 있음'을 말하였으므로 "太極이 兩儀를 낳는다."라고 하였으니, 바로 老子가 말한 "하나가 둘을 낳는다."는 것이다. '天地'라 말하지 않고 '兩儀'라고 말한 것은, 物體를 가리켜서 아래에 四象과 상대하였으므로 '兩儀'라 한 것이니, '두 體〔兩體〕의 모습〔容儀〕'을 말한 것이다.

兩儀生四象하고 四象生八卦하니

兩儀가 四象을 낳고 四象이 八卦를 낳으니,

【注】 卦以象之라

卦로써 형상한 것이다.

【疏】正義曰：'兩儀生四象'者，謂金木水火，稟天地而有，故云"兩儀生四象." 土則分王四季，又地中之別，故唯云"四象"也.[1] '四象生八卦'者，若謂震木・離火・兌金・坎水，各主一時，又巽同震木，乾同兌金，加以坤・艮之土爲八卦也.[2]

1) 兩儀生四象者……故唯云四象也：孔穎達은 兩儀를 天地로, 四象을 五行 중에 土를 뺀 四行(金・木・水・火)으로 본 것이다. 그러나 일반적으로 兩儀는 陰(--)・陽(—)을 가리키고, 四象은 太陽(⚌)・少陰(⚍)・少陽(⚎)・太陰(⚏)을 가리키는 것으로 본다.
朱子 역시 "兩儀는 처음 한 획을 그어 陰・陽을 나눈 것이요, 四象은 다음 두 번째 획을 그어 太・少를 나눈 것이다.〔兩儀者 始爲一畫以分陰陽 四象者 次爲二畫以分太少〕"라고 하였다.

2) 四象生八卦者……加以坤艮之土爲八卦也：四象을 四行으로 보았기 때문에 八卦에 대해서도 五行과 연관하여 이와 같이 설명한 것이다. 그러나 무엇을 근거로 이와 같이 분류하였는지는 미상이다. 이 분류는 〈說卦傳〉에 나오는 八卦의 先天・後天 방위와도 맞지 않다. 孔穎達의 분류를 정리하면 다음과 같다.

木	火	土	金	水
震☳・巽☴	離☲	坤☷・艮☶	兌☱・乾☰	坎☵

正義曰：〔兩儀生四象〕 金・木・水・火가 天地의 기운을 품부받아 소유하였으므로 "兩儀가 四象을 낳는다."라고 말한 것이다. 土는 사계절에 나누어 왕성하고 또 땅 가운데의 별칭이므로 오직 '四象'이라고만 말한 것이다.

〔四象生八卦〕 예컨대 震의 木, 離의 火, 兌의 金, 坎의 水를 말하면 각각 한 때를 주장하고, 또 巽은 震의 木과 같고 乾은 兌의 金과 같으며, 坤・艮의 土를 더하여 八卦가 된 것이다.

八卦定吉凶하고

八卦가 吉・凶을 정하고,

【注】八卦旣立이면 則吉凶可定이라

八卦가 이미 세워지면 吉・凶을 정할 수 있는 것이다.

【疏】正義曰：八卦旣立，爻象變而相推，有吉有凶，故八卦定吉凶也.

正義曰：八卦가 이미 세워지면 爻의 象이 변하여 서로 미루어서(바뀌어서) 吉과 凶이 있게 된다. 그러므로 八卦가 吉·凶을 정하는 것이다.

吉凶生大業하나니라

吉·凶이 大業을 낳는다.

【注】 旣定吉凶이면 則廣大悉備라

이미 吉·凶이 정해지면 廣大함이 모두 갖추어진다.

【疏】 正義曰 : 萬事各有吉凶, 廣大悉備, 故能(王)〔生〕[1]天下大事業也.

1) (王)〔生〕: 저본에는 '王'으로 되어 있으나, 四庫全書本에 의거하여 '生'으로 바로잡았다.

正義曰 : 萬事에 각각 吉·凶이 있어서 광대함이 모두 갖추어진다. 그러므로 천하의 큰 사업을 낳을 수 있는 것이다.

是故로 法象이 莫大乎天地하고 變通이 莫大乎四時하고 縣象著明이 莫大乎日月하고 崇高 莫大乎富貴하니라

이 때문에 法象은 하늘과 땅보다 더 큰 것이 없고, 變通은 四時보다 더 큰 것이 없고, 象을 매달아 밝게 비춤은 日月보다 더 큰 것이 없고, 崇高함은 富貴보다 더 큰 것이 없는 것이다.

【注】 位는 所以一天下之動하여 而濟萬物이라

자리는 天下의 動함을 통일하여 萬物을 이루는 것이다.

【疏】 正義曰 : '是故法象莫大乎天地'者, 言天地最大也. '變通莫大乎四時'者, 謂四時以變得通, 是變中最大也. '縣象著明莫大乎日月'者, 謂日月中時, 徧照天下, 无幽不燭, 故云"著明莫大乎日月"也. '崇高莫大乎富貴'者, 以王者居九五富貴之位, 力能齊一天下之動, 而道濟萬物, 是崇高之極, 故云"莫大乎富貴."

正義曰 : 〔是故法象莫大乎天地〕 하늘과 땅이 가장 큼을 말한 것이다.

〔變通莫大乎四時〕 四時가 變함으로써 通함을 이르니, 이는 변함 중에 가장 큰 것이다.

〔縣象著明莫大乎日月〕 해와 달이 중천에 있을 때에 천하를 두루 비추어서 그윽한 곳도 밝히지 않음이 없음을 이른다. 그러므로 "밝게 비춤은 日月보다 더 큰 것이 없다."라고 말한 것이다.

〔崇高莫大乎富貴〕 王者가 九五의 富貴한 자리에 거하면 힘이 능히 天下의 動함을 통일해서 그 道가 萬物을 구제할 수 있으니, 이는 崇高함이 지극한 것이다. 그러므로 "부귀보다 더 큰 것이 없다."라고 말한 것이다.

備物致用하여 立成器以爲天下利 莫大乎聖人하며

물건을 구비하고 쓰임을 초치하여(불러와서) 기물을 건립하고 성취해서 천하를 이롭게 함이 聖人보다 더 큰 것이 없으며,

【疏】 正義曰：謂備天下之物, 招致天下所用, 建立成就天下之器,[1] 以爲天下之利, 唯聖人能然, 故云"莫大乎聖人"也.

1) 建立成就天下之器：經文의 '立成器'를 '기물을 건립하고 성취함'으로 해석한 孔穎達과 달리, 朱子는 "'立'자의 아래에 빠진 글이 있는 듯하다."라고 하였으며, 節齋 蔡淵은 "'立'자 아래에 '象'자가 있어야 한다."라고 하였는바, 이는 앞의 '備物致用'과 對를 맞추기 위한 것이다. '立象'은 아래 12장에 "聖人立象以盡意"라고 보인다.(≪周易傳義大全≫의 小註 참조)

正義曰：天下의 물건을 구비하고 천하의 사용하는 바를 초치해서 천하의 기물을 건립하고 성취시켜서 이를 천하의 이로움으로 삼음은 오직 聖人만이 그렇게 할 수 있음을 말하였다. 그러므로 "성인보다 더 큰 것이 없다."라고 말한 것이다.

探賾索隱하며 鉤深致遠하여 以定天下之吉凶하여 成天下之亹亹者는 莫大乎蓍龜하니라

그윽한 이치를 더듬어(탐색해)내고 숨은 곳을 찾아내며, 깊이 있는 것을 갈고리로 끄집어내고 멀리 있는 것을 초치해서, 천하의 吉・凶을 정하여 천하의 亹亹함을 이룸은 蓍草와 거북껍질보다 더 큰 것이 없다.

【疏】 正義曰：探謂闚探求取, 賾謂幽深難見, 卜筮則能闚探幽昧之理, 故云"探賾"也.

索謂求索, 隱謂隱藏, 卜筮能求索隱藏之處, 故云"索隱"也. 物在深處, 能鉤取之, 物在遠方, 能招致之, 卜筮能然, 故云"鉤深致遠"也. 以此諸事, 正定天下之吉凶, 成就天下之亹亹者, 唯卜筮能然, 故云"莫(善)〔大〕[1]乎蓍龜"也. 案釋詁云"亹亹, 勉也." 言天下萬事, 悉動而好生, 皆勉勉營爲, 此蓍龜知其好惡(오)得失, 人則棄其(得)〔惡〕[2]而取其好, 背其失而求其得, 是成天下之亹亹也.

1) (善)〔大〕: 저본에는 '善'으로 되어 있으나, 經文과 監本·毛本에 의거하여 '大'로 바로잡았다.(阮元의 〈校勘記〉 참조)

2) (得)〔惡〕: 저본에는 '得'으로 되어 있으나, 四庫全書本에 의거하여 '惡'로 바로잡았다.(阮元의 〈校勘記〉 참조)

正義曰 : '探'은 엿보고 더듬어 찾아내서 취함을 이르고, '賾'는 그윽하고 깊어서 보기 어려움을 이른다. 卜筮를 하면 능히 그윽하고 어두운 이치를 엿보고 더듬을 수 있다. 그러므로 "그윽한 이치를 더듬어낸다."라고 말한 것이다.

'索'는 구하여 찾음을 이르고, '隱'은 숨고 감춤을 이르니, 卜筮를 하면 능히 숨고 감추어져 있는 곳을 구하고 찾아낼 수 있다. 그러므로 "숨은 곳을 찾아낸다."라고 말한 것이다.

깊은 곳에 있는 물건을 갈고리로 취할 수 있고, 먼 곳에 있는 물건을 초치할 수가 있으니, 卜筮를 하면 이와 같을 수 있는 것이다. 그러므로 "깊이 있는 것을 갈고리로 끄집어내고 멀리 있는 것을 초치한다."라고 말한 것이다.

이 여러 가지 일을 가지고 천하의 吉凶을 바로 정하고 천하의 亹亹함을 성취함은 오직 卜筮만이 그렇게 할 수 있다. 그러므로 "蓍草와 거북껍질보다 더 큰 것이 없다."라고 말한 것이다. 살펴보건대, ≪爾雅≫ 〈釋詁〉에 "亹亹는 힘씀이다."라고 하였으니, '천하만사가 모두 動하여 낳는 것을 좋아해서 모두 힘쓰고 힘써 경영하니, 이는 시초와 거북점이 好惡와 得失을 알아서 사람은 惡(싫음)를 버리고 好를 취하며 失을 등지고 得을 구함'을 말한 것이니, 이것이 천하의 亹亹함을 이루는 것이다.

是故로 **天生神物**이어늘 **聖人則之**하고 **天地變化**어늘 **聖人效之**하고 **天垂象**하여 **見**(현)**吉凶**이어늘 **聖人象之**하고 **河出圖**하고 **洛出書**어늘 **聖人則之**하시니라

이 때문에 하늘이 神物을 내자 聖人이 이것을 법칙으로 삼고, 天地가 변화하자 성인이 이것을 본받고, 하늘이 象을 드리워 吉凶을 보이자 성인이 이것을 형상하고, 河水에서 河圖가 나오고 洛水에서 洛書가 나오자 성인이 이것을 법받은 것이다.

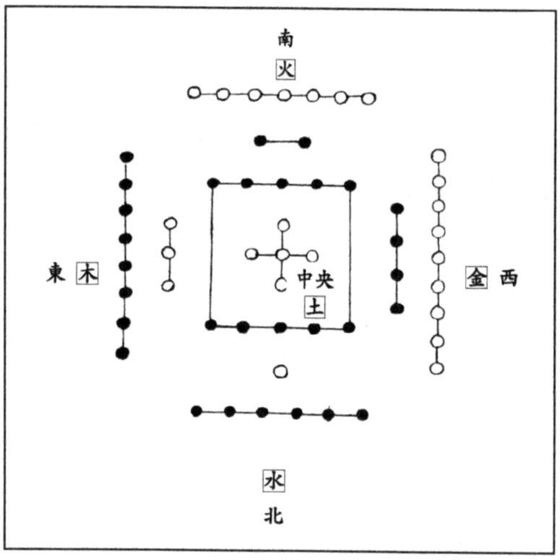

河圖

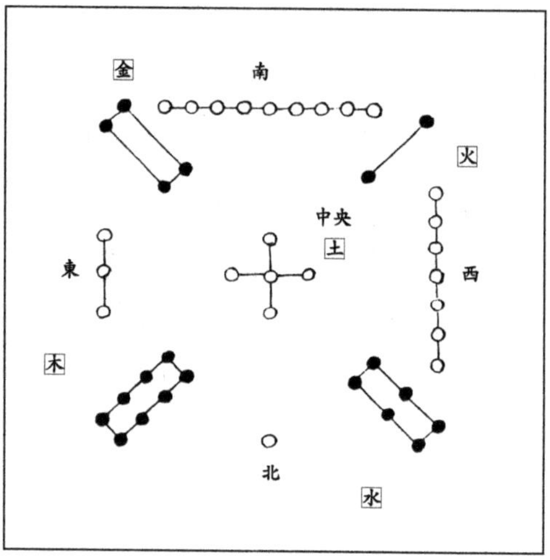

洛書

【疏】正義曰：'是故天生神物 聖人則之'者，謂天生蓍龜，聖人法則之，以爲卜筮也. '天地變化 聖人效之'者，行四時生殺，賞以春夏，刑以秋冬，是聖人效之. '天垂象 見吉凶 聖人象之'者，若璿璣玉衡，以齊七政,[1] 是聖人象之也. '河出圖 洛出書 聖人則之'者，如鄭康成之義，則春秋緯[2]云"河以通乾出天苞，洛以流坤吐地符，河龍圖發，洛龜書感"，河圖有九篇，洛書有六篇. 孔安國以爲"河圖則八卦是也，洛書則九疇是也." 輔嗣之義，未知何從.

1) 璿璣玉衡 以齊七政：璇璣와 玉衡은 천체를 관측하는 기구로 후대의 渾天儀와 같은 것이다. ≪書經≫ 〈舜典〉에 "선기와 옥형으로 살펴 七政을 고르게 하셨다.〔在璿璣玉衡 以齊七政〕"라고 보인다. 七政은 日·月과 金·木·水·火·土의 五星을 가리킨다.
2) 春秋緯：漢代에 나온 7종의 緯書 중 하나로, 吉凶·禍福을 예언하는 도참이 주된 내용이다.

正義曰：〔是故天生神物 聖人則之〕 하늘이 蓍草와 거북껍질을 내자 聖人이 이것을 법칙으로 삼아서 卜筮를 만듦을 말한 것이다.

〔天地變化 聖人效之〕 四時가 낳고 죽임을 행하는데 〈聖人이〉 봄과 여름에 賞을 주고 가을과 겨울에 형벌하니, 이것이 '성인이 이것을 본받음'이다.

〔天垂象 見吉凶 聖人象之〕 예컨대 璿璣와 玉衡으로 七政을 고르게 한 것과 같으니, 이것이 '聖人이 이것을 형상함'이다.

〔河出圖 洛出書 聖人則之〕 鄭康成(鄭玄)의 뜻은 다음과 같다. "≪春秋緯≫에 이르기

를 '河水는 乾을 통함으로써 天苞를 내고 洛水는 坤을 유통함으로써 地符를 토해내서 河水에서 龍圖가 나오고 洛水에서 龜書가 감동되었다.'라고 하였으니, 하도는 9篇이 있고 낙서는 6篇이 있다." 孔安國은 "하도는 바로 八卦가 이것이요, 낙서는 九疇(洪範九疇)가 이것이다."라고 하였다. 王輔嗣(王弼)의 뜻은 어느 것을 따랐는지 알 수 없다.

易有四象은 所以示也요 繫辭焉은 所以告也요 定之以吉凶은 所以斷也라

易에 四象이 있음은 보여준 것이요, 글을 단 것은 고해준 것이요, 吉凶으로써 정함은 결단한 것이다.

【疏】 正義曰 : '易有四象 所以示'者, 莊氏云"四象謂六十四卦之中, 有實象, 有假象, 有義象, 有用象, 爲四象也, 今於釋卦之處, 已破之矣." 何氏以爲"四象謂'天生神物, 聖人則之', 一也, '天地變化, 聖人效之', 二也, '天垂象, 見吉凶, 聖人象之', 三也, '河出圖, 洛出書, 聖人則之', 四也." 今謂此等四事, 乃是聖人易外, 別有其功, 非專易內之物, 何得稱"易有四象". 且又云"易有四象, 所以示也, 繫辭焉, 所以告也", 然則象之與辭, 相對之物. 辭旣爻卦之下辭, 則象爲爻卦之象也, 則上兩儀生四象, 七八九六之謂也. 故諸儒有〔以四象〕[1]爲七八九六, 今則從以爲義.[2] '繫辭焉 所以告'者, 繫辭於(象)〔爻〕[3]卦下, 所以告其得失也. '定之以吉凶 所以斷'者, 謂於繫辭之中, 定其行事吉凶, 所以斷其行事得失.

1) 〔以四象〕 : 저본에는 '以四象'이 없으나, ≪周易集解纂疏≫에 의거하여 보충하였다.(北京大 整理本 참조)

2) 且又云易有四象……今則從以爲義 : 7·9·8·6은 少陽·老陽·少陰·老陰의 고유숫자인바, 여기에서는 四象을 이 넷으로 정의한 것으로, 이는 위의 '兩儀生四象'에 대한 疏의 설명과는 같지 않다.

3) (象)〔爻〕 : 저본에는 '象'으로 되어 있으나, 글 뜻에 의거하여 '爻'로 바로잡았다.

正義曰 : 〔易有四象 所以示〕 莊氏가 이르기를 "四象은 64卦 가운데에 實象과 假象, 義象과 用象이 있어서 四象이 됨을 말한 것이니, 지금 卦를 해석한 곳에서 이것을 이미 설파했다."라고 하였고, 何氏(何妥)는 이르기를 "四象은 '하늘이 神物을 내자 聖人이 이것을 법칙으로 삼음'이 첫 번째이고, '天地가 변화하자 성인이 이것을 본받음'이 두 번째이고, '하늘이 象을 드리워 吉凶을 보이자 성인이 이것을 형상함'이 세 번째이고, '河水에

서 河圖가 나오고 洛水에서 洛書가 나오자 성인이 이것을 법받음'이 네 번째이다."라고 하였다.

이제 생각하건대 이것 등의 네 가지 일은 바로 성인이 易 외에 별도로 功이 있는 것이요 오로지 易 안의 사물은 아니니, 어떻게 "易에 四象이 있다."라고 칭할 수 있겠는가. 또 이르기를 "易에 四象이 있음은 보여준 것이요, 글〔辭〕을 단 것은 고해준 것이다."라고 하였으니, 그렇다면 象과 辭는 상대되는 물건이다. 辭가 이미 爻와 卦의 아래의 글이라면 象은 爻와 卦의 象이 되는 것이니, 그렇다면 위의 '兩儀가 四象을 낳음'은 7·8·9·6을 이른 것이다. 그러므로 諸儒들이 四象을 7·8·9·6이라고 하였으니, 이제 이것을 따라 意義로 삼는다.

〔繫辭焉 所以告〕 辭를 爻와 卦의 아래에 단 것은 得失을 고해준 것이다.

〔定之以吉凶 所以斷〕 '辭를 단 가운데에 행하는 일의 吉凶을 정함은 그 행하는 일의 得失을 결단한 것임'을 말한 것이다.

易曰 自天祐之어늘 **吉无不利**라하니 **子曰 祐者**는 **助也**니 **天之所助者**는 **順也**요 **人之所助者**는 **信也**라 **履信思乎順**하고 **又以尙賢也**라 **是以**로 **自天祐之**하여 **吉无不利也**니라

易에 이르기를 "하늘로부터 이하가 도와주어서 길하여 이롭지 않음이 없다."라고 하니, 孔子가 말씀하였다. "祐는 도움이니, 하늘이 돕는 것은 순함이요, 사람이 돕는 것은 誠信함이다. 성신을 밟고 순함을 생각하며 또 賢人을 높인다. 이 때문에 하늘로부터 이하가 도와주어서 길하여 이롭지 않음이 없는 것이다."

【疏】 正義曰 : '易曰 自天祐之 吉无不利'者, 言人於此易之四象所以示, 繫辭所以告, 吉凶(告所)〔所以〕[1]斷而行之, 行則鬼神无不祐助, 无所不利, 故引易之大有上九爻辭以證之. '子曰祐者助也'者, 上既引易文, 下又釋其易理, 故云"子曰祐者助也." '天之所助者 順也 人之所助者 信也 履信思乎順'者, 人之所助, 唯在於信, 此上九能履踐於信也. 天之所助, 唯在於順, 此上九恒思於順. 既有信思順, 又能尊尙賢人, 是以從天已下, 皆祐助之, 而得其吉, 无所不利也.

1) (告所)〔所以〕 : 저본에는 '告所'로 되어 있으나, 閩本·監本·毛本에 의거하여 '所以'로

바로잡았다.(阮元의 〈校勘記〉 참조)

正義曰 :〔易曰 自天祐之 吉无不利〕 사람이 이 '易의 四象은 보여준 것이요, 글을 단 것은 고해준 것이요, 吉凶은 결단하여 행하는 것임'에 대하여 이것을 행하면 鬼神이 도와주지 않음이 없어서 이롭지 않은 바가 없음을 말한 것이다. 그러므로 ≪周易≫의 大有卦 上九의 爻辭를 인용하여 증명한 것이다.

〔子曰祐者助也〕 위에 이미 ≪周易≫의 글을 인용하고 아래에서는 또 ≪주역≫의 이치를 해석하였다. 그러므로 "孔子가 말씀하였다. '祐는 도움이다.'"라고 한 것이다.

〔天之所助者 順也 人之所助者 信也 履信思乎順〕 사람이 돕는 것은 오직 誠信함에 있으니(성신한 자를 도와주니), 이 上九가 능히 성신함을 이행하는 것이다. 하늘이 돕는 것은 오직 순함에 있으니, 이 上九가 항상 순함을 생각하는 것이다. 이미 성신함이 있고 순함을 생각하며 또 능히 賢人을 높이고 숭상한다. 이 때문에 하늘로부터 이하가 다 도와주어서 그 길함을 얻어 이롭지 않은 바가 없는 것이다.

제12장

【疏】 正義曰 : '子曰書不盡言'至'乎德行' 此第十二章也. 此章言立象盡意, 繫辭盡言, 易之興廢, 存乎其人事也.

正義曰 : 經의 〔子曰書不盡言〕에서 〔乎德行〕까지

이는 제12장이다. 이 장은 '象을 세워 뜻을 다하고 글을 달아 말을 다해서, 易의 흥하고 폐지됨이 人事에 달려 있음'을 말하였다.

子曰 書不盡言하고 **言不盡意**하니 **然則聖人之意**를 **其不可見乎**아

孔子가 말씀하였다. "글로는 말을 다하지 못하고 말로는 뜻을 다하지 못하니, 그렇다면 聖人의 뜻을 볼 수 없단 말인가."

【疏】 正義曰 : 此一節, 夫子自發其問, 謂聖人之意難見也. 所以難見者, 書所以記言, 言有煩碎, 或楚夏不同[1], 有言无字, 雖欲書錄, 不可盡竭於其言, 故云"書不盡言"也. '言不盡意'者, 意有深邃委曲, 非言可寫, 是言不盡意也. 聖人之意, 意又深遠. 若言之不能盡聖人之意, 書之又不能盡聖人之言, 是聖人之意, 其不可見也, 故云"然則聖人之意, 其不可見乎", 疑而問之, 故稱乎也.

1) 楚夏不同 : 말소리가 각기 다름을 이르는바, '楚'는 남쪽 초나라를 말하고 '夏'는 諸夏를 말한다. 漢나라 荀悅의 ≪申鑒≫ 권2 〈時事 第二〉에 "글은 마멸됨이 있고 말은 南楚 지방과 諸夏의 〈차이가〉 있다.〔文有磨滅 言有楚夏〕"라고 보이며, 明나라 楊愼의 〈上林賦連綿字〉에 "글자에는 고금의 〈차이가〉 있고 말소리에는 南楚와 諸夏의 〈차이가〉 있다.〔字有古今 音有楚夏〕"라고 보인다.

正義曰 : 이 한 절은 夫子가 스스로 물음을 내어서 聖人의 뜻을 보기 어려움을 말씀한 것이다. 보기 어려운 이유는, 글은 말을 기록하는 것이지만 말은 煩碎함이 있어서 혹 楚와 夏가 똑같지 않고, 말만 있고 글자가 없어서 비록 글로 기록하고자 하나 그 말을 다할 수가 없기 때문이다. 그러므로 "글로는 말을 다하지 못한다."라고 한 것이다.

〔言不盡意〕 뜻에는 심오하고 곡진함이 있어서 말로 쓸 수 있는 것이 아니니, 이것이 '말로는 뜻을 다하지 못함'이다.

聖人의 뜻은 의미가 또 심원하다. 만약 말로는 성인의 뜻을 다하지 못하고 글로도 또 성인의 말씀을 다하지 못한다면 이는 聖人의 뜻을 볼 수 없는 것이다. 그러므로 "그렇다면 성인의 뜻을 볼 수 없단 말인가."라고 하였으니, 의심하여 물었으므로 '乎'라고 칭한 것이다.

子曰[1] 聖人이 立象以盡意하고 設卦以盡情僞하고 繫辭焉以盡其言하고 變而通之以盡利하고

1) 子曰 : 朱子는 위의 節과 이 節의 '子曰'에 대하여 다음과 같이 논하였다. "두 '子曰'자는 의심컨대 그 하나는 衍文인 듯하니, '子曰'이란 글자는 모두 後人이 붙인 것이다. 그러므로 이러한 오류가 있으니, 근세에 ≪通書≫는 바로 周子(周敦頤)가 스스로 지은 것인데, 또한 후인들이 매 章마다 '周子曰'이라는 글자를 가한 것과 같으니, 그 문답을 가설한 부분이 바로 여기와 같다.〔兩子曰字 疑衍其一 蓋子曰字 皆後人所加 故有此誤 如近世通書 乃周子所自作 亦爲後人每章加以周子曰字 其設問答處 正如此也〕"

孔子가 말씀하였다. "聖人이 象을 세워 뜻을 다하고, 卦를 베풀어 情僞를 다하고, 글을 달아 말씀을 다하고, 變하여 通해서 〈물건의〉 이로움을 다하고,

【注】 極變通之數면 則盡利也라 故로 曰 易窮則變하고 變則通하고 通則久[1]라하니라

1) 易窮則變……通則久 : 이 말은 아래 〈繫辭傳 下〉 2장에 보인다.

變通하는 數를 다하면 이로움을 다할 수 있다. 그러므로 "易은 窮하면 變하고 變하면 通하고 通하면 오래간다."라고 한 것이다.

【疏】 正義曰 : '子曰聖人立象以盡意'已下至'幾乎息矣' 此一節, 是夫子還自釋聖人之意, 有可見之理也. '聖人立象以盡意'者, 雖言不盡意, 立象可以盡之也. '設卦以盡情僞'者, 非唯立象以盡聖人之意, 又設卦以盡百姓之情僞也. '繫辭焉以盡其言'者, 雖書不盡言, 繫辭, 可以盡其言也. '變而通之以盡利'者, 變謂化而裁之, 通謂推而行之, 故能盡物之利也.

正義曰 : 經의 〔子曰聖人立象以盡意〕 이하에서 〔幾乎息矣〕까지

이 한 절은 夫子가 다시 '聖人의 뜻을 볼 수 있는 이치'를 스스로 해석한 것이다.

〔聖人立象以盡意〕 비록 말이 뜻을 다하지 못하나 象을 세우면 다할 수 있는 것이다.

〔設卦以盡情僞〕 비단 象을 세워서 聖人의 뜻을 다할 뿐만이 아니요, 또 卦를 만들어 백성의 실정과 거짓을 다하는 것이다.

〔繫辭焉以盡其言〕 비록 글로는 말을 다할 수 없으나 글을 달면 그 말씀을 다할 수 있는 것이다.

〔變而通之以盡利〕 '變'은 化하여 제재함을 이르고, '通'은 미루어 행함을 이른다. 그러므로 물건의 이로움을 다할 수 있는 것이다.

鼓之舞之以盡神하니 乾坤은 其易之縕邪(야)인저

〈백성을〉 鼓舞시켜서 神을 다하니, 乾과 坤은 易의 〈道가〉 깊이 쌓이게 된 〈근원일〉 것이다.

【注】 縕은 淵奥也라

縕은 깊음〔淵奥〕이다.

【疏】 正義曰 : '鼓之舞之以盡神'者, 此一句, 總結"立象盡意・繫辭盡言"之美. 聖人立象以盡其意, 繫辭則盡其言, 可以說(열)化百姓之心, 百姓之心, 自然樂順, 若鼓舞然, 而天下從之, 非盡神, 其孰能與於此, 故曰"鼓之舞之以盡神"也. '乾坤其易之縕邪'者,

上明盡言盡意, 皆由於易道, 此明易之所立, 本乎乾坤, 若乾坤不存, 則易道无由興起, 故乾坤是易道之所縕積之根源也.[1] 是與易爲川府[2]奧藏, 故云"乾坤其易之縕邪."

1) 乾坤其易之縕邪者……故乾坤是易道之所縕積之根源也 : '乾坤其易之縕邪'를 孔穎達은 '乾과 坤은 易의 道가 깊이 쌓이게 된 근원'이라는 뜻으로 풀이하였다.

　반면 朱子는 이를 '乾과 坤은 易에 들어 있는 진리'이라는 뜻으로 풀었는바, ≪本義≫는 다음과 같다. "縕은 싸고 있는 것이니, 옷의 솜과 같다. 易에 들어 있는 것은 陰·陽일 뿐이니, 무릇 陽은 모두 乾이고 무릇 陰은 모두 坤이다.〔縕 所包蓄者 猶衣之著也 易之所有 陰陽而已 凡陽皆乾 凡陰皆坤〕"

2) 川府 : 만물이 깊이 쌓여 있는 곳을 가리킨다.

正義曰 : 〔鼓之舞之以盡神〕 이 한 句는 '象을 세워 뜻을 다하고 글을 달아 말을 다하는 아름다움'을 총결한 것이다. 聖人이 象을 세워 그 뜻을 다하고 글을 달아 그 말씀을 다해서 백성의 마음을 기쁘게 하여 감화할 수 있으니, 〈이렇게 하면〉 백성의 마음이 자연 즐거워하고 순종하여 마치 鼓舞함과 같아서 天下가 따르니, 神을 다하는 자가 아니면 그 누가 여기에 참여할 수 있겠는가. 그러므로 "〈백성을〉 고무시켜서 神을 다하였다."라고 말한 것이다.

〔乾坤其易之縕邪〕 위에서는 '말을 다하고 뜻을 다함이 모두 易의 道에 말미암은 것임'을 밝혔고, 여기에서는 '易의 성립하는 바가 乾·坤에 근본함'을 밝혔으니, 만약 乾·坤이 존재하지 않는다면 易의 道가 말미암아 일어날 수가 없는 것이다. 그러므로 乾·坤은 易의 道가 깊이 쌓이게 된 근원인 것이다. 이는 易과 더불어 川府의 깊이 감춰짐이 된다. 그러므로 "乾과 坤은 易의 〈道가〉 깊이 쌓이게 된 〈근원일〉 것이다."라고 한 것이다.

乾坤成列하면 **而易立乎其中矣**니 **乾坤毁**면 **則无以見易**이요 **易不可見**이면 **則乾坤或幾乎息矣**리라

乾·坤이 列位를 이루면 易이 그 가운데에 건립되니, 乾·坤이 훼손되면 易을 볼 수가 없고, 易을 볼 수가 없으면 乾·坤이 혹 그쳐짐에 가까울 것이다.

【疏】 正義曰 : '乾坤成列 而易立乎其中矣'者, 夫易者, 陰陽變化之謂, 陰陽變化, 立爻以效之, 皆從乾坤而來. 故乾生三男, 坤生三女, 而爲八卦,[1] 變而相重, 而有六十四卦·三百八十四爻, 本之根源, 從乾坤而來. 故乾坤旣成列位, 而易道變化建立乎乾坤之中矣. '乾坤毁 則无以見易'者, 易旣從乾坤而來, 乾坤若缺毁, 則易道損壞, 故云"无以見易"也. '易不可見 則乾坤或幾乎息矣', 若易道毁壞, 不可見其變化之理, 則乾坤亦壞, 或其近乎止息矣, 幾, 近也. 猶若樹之枝幹生乎根株, 根株毁, 則枝條不茂, 若枝幹已枯死, 其根株雖未全死, 僅有微生, 將死不久. 根株譬乾坤也, 易譬枝幹也, 故云"易不可見, 則乾坤或幾乎息矣."

1) 故乾生三男……而爲八卦 : 八卦 중의 乾卦와 坤卦는 가족으로는 아버지와 어머니를 상징하고, 나머지 여섯 卦는 6명의 자녀를 상징하는바, 震卦☳는 장남, 坎卦☵는 차남, 艮卦☶는 소남, 巽卦☴는 장녀, 離卦☲는 차녀, 兌卦☱는 소녀에 해당한다. 卦의 主爻는 홀로 陰이거나 홀로 陽인 爻이므로 한 爻가 陰爻면 여자, 한 爻가 陽爻면 남자가 되고, 爻의 생성은 아래로부터 시작되므로 主爻가 初爻면 長子나 長女, 中爻면 次子나 次女, 上爻면 少子나 少女가 되는 것이다. 이는 아래 〈說卦傳〉에서 그 내용을 확인할 수 있다.

正義曰 : 〔乾坤成列 而易立乎其中矣〕 易은 陰陽이 變化함을 이르니, 음양의 변화를 爻를 세워 본받음이 모두 乾·坤으로부터 왔다. 그러므로 乾은 세 아들을 낳고 坤은 세 딸을 낳아서 八卦가 되었고, 변하여 서로 거듭해서 64卦와 384爻가 있게 되었으니, 근원을 근본해보면 乾과 坤으로부터 온 것이다. 그러므로 乾·坤이 이미 列位를 이루면 易의 道의 變化가 乾·坤의 가운데에 건립되는 것이다.

〔乾坤毁 則无以見易〕 易이 이미 乾·坤으로부터 왔으니, 乾·坤이 만약 망가지고 훼손되면 易의 道가 훼손되고 파괴된다. 그러므로 "易을 볼 수가 없다."라고 한 것이다.

〔易不可見 則乾坤或幾乎息矣〕 만약 易의 道가 훼손되고 파괴되어서 변화의 이치를 볼 수 없으면 乾·坤 또한 파괴되어서 혹 그쳐짐에 가깝게 될 것이니, '幾'는 가까움이다. 비유하건대 나무의 가지와 줄기가 뿌리 밑동에서 생겼으니 뿌리 밑동이 훼손되면 가지가 무성하지 못하고, 가지와 줄기가 이미 말라 죽으면 뿌리 밑동이 완전히 죽지 아니하여 겨우 조금 살아 있더라도 장차 오래지 않아 죽게 됨과 같은 것이다. 뿌리 밑동은 乾·坤을 비유한 것이고, 易은 가지와 줄기에 비유한 것이다. 그러므로 "易을 볼 수가 없으면 乾·坤이 혹 그쳐짐에 가까울 것이다."라고 한 것이다.

是故로 形而上者를 謂之道요 形而下者를 謂之器니 化而裁之를 謂之變이요

이 때문에 形而上인 것을 道라 이르고 形而下인 것을 器라 이르니, 〈陰陽이〉 變

化하여 제재함을 變이라 이르고

【注】 因而制其會通하여 適變之道也라

인하여 會通(會合과 變通)을 제재해서 변화의 道에 맞게 하는 것이다.

【疏】 正義曰：'是故形而上者謂之道 形而下者謂之器'者, 道是无體之名, 形是有質之稱. 凡有從无而生, 形由道而立, 是先道而後形, 是道在形之上, 形在道之下, 故自形外已上者謂之道也, 自形內而下者謂之器也. 形雖處道器兩畔之際, 形在器, 不在道也. 旣有形質, 可爲器用, 故云"形而下者謂之器"也. '化而裁之謂之變'者, 陰陽變化而相裁節之, 謂之變也, 是得(以)〔其〕[1]理之變也. 猶若陽氣之化不可久長, 而裁節之以陰雨也, 是得理之變也. 陰陽之化, 自然相裁, 聖人亦法此而裁節也.

1) (以)〔其〕: 저본에는 '以'로 되어 있으나, 阮元의 〈校勘記〉에 "盧文弨가 이르길, '「以」는 「其」가 되어야 한다.' 하였다."라고 한 것에 의거하여, '其'로 바로잡았다.

正義曰：〔是故形而上者謂之道 形而下者謂之器〕 '道'는 형체가 없음의 이름이고, '形'은 형질이 있음의 칭호이다. 무릇 有는 无로부터 생기고, 形은 道로 말미암아 성립되니, 이는 먼저 道가 있은 뒤에 形이 있는 것인바, 道는 形의 위에 있고 形은 道의 아래에 있는 것이다. 그러므로 形 외에 이상인 것을 '道'라 이르고, 形 안에 이하인 것을 '器'라 이르는 것이다. 形은 비록 道와 器의 두 두둑(경계)의 사이에 있으나 形은 器에 있고 道에 있지 않다. 이미 형질이 있으면 器用을 만들 수 있으므로 "形而下인 것을 器라 이른다."라고 한 것이다.

〔化而裁之謂之變〕 陰陽이 변화하여 서로 제재해서 節度에 맞게 함을 '變'이라 이르니, 이는 이치의 변화를 얻은 것이다. 이는 陽氣의 변화가 오래가지 못해서 陰雨로써 제재하여 절도에 맞게 함과 같으니, 이것이 이치의 변화를 얻은 것이다. 음양의 변화가 자연히 서로 제재하니, 聖人이 또한 이것을 본받아 제재하여 절도에 맞게 하는 것이다.

推而行之를 **謂之通**이요

미루어 행함을 通이라 이르고

【注】 乘變而往者는 无不通也라

變을 타고 가는 것은 통하지 않음이 없다.

【疏】正義曰：因推此以可變而施行之, 謂之通也. 猶若亢陽之後, 變爲陰雨, 因陰雨而行之, 物得開通, 聖人亦當然也.

正義曰：이것을 인하여 미루어서 변하여 시행하게 할 수 있는 것을 '通'이라 이른다. 이는 마치 亢陽(심한 가뭄)의 뒤에 변하여 陰雨가 되어서 음우로 인해 행하여 물건이 개통되는 것과 같으니, 聖人 또한 마땅히 그러한 것이다.

擧而錯之天下之民을 **謂之事業**이라

들어서 천하의 백성에게 조치함을 事業이라 이른다.

【注】事業은 所以濟物이라 故로 擧而錯之於民이라

事業은 사물을 이루는 것이다. 그러므로 들어서 백성에게 조치하는 것이다.

【疏】正義曰：謂擧此理, 以爲變化, 而錯置於天下之民. 凡民得以營爲事業, 故云"謂之事業"也. 此乃自然以變化, 錯置於民也, 聖人亦當法此, 錯置變化於萬民, 使成其事業也. 凡繫辭之說, 皆說易道, 以爲聖人德化, 欲使聖人法易道, 以化成天下, 是故易與聖人, 恒相將也. 以作易者, 本爲立敎故也, 非是空說易道, 不關人事也.

正義曰：이 이치를 들어서 변화를 만들어 천하의 백성에게 조치함을 이른 것이다. 무릇 백성이 事業을 경영할 수 있으므로 "사업이라 이른다."라고 한 것이다. 이것은 바로 자연히 변화하여 백성에게 조치하는 것이니, 聖人 또한 마땅히 이것을 본받아서 변화를 만민에게 조치하여 백성들로 하여금 그 사업을 이루게 해야 한다. 무릇 繫辭의 말은 다 易의 道를 말해서 이를 聖人의 德化로 삼아 성인으로 하여금 易의 道를 본받아 천하를 교화하여 이루고자 한 것이니, 이 때문에 易과 성인이 항상 서로 이어가는 것이다. 易을 지은 까닭은 본래 가르침을 세우기 위함 때문이니, 易의 道를 공연히 말하여 人事에 관여하지 않은 것이 아니다.

是故로 **夫象**은 **聖人**이 **有以見天下之賾**하여 **而擬諸**(저)**其形容**하고 **象其物宜**라 **是故**로 **謂之象**이요 **聖人**이 **有以見天下之動**하여 **而觀其會通**하여 **以行其典禮**하니

繫辭焉以斷其吉凶이라 是故로 謂之爻라

이 때문에 象은 聖人이 天下의 그윽함(심오함)을 보고서 形容에 比擬하고 사물의 마땅함을 형상한 것이므로 象이라 이르고, 성인이 천하의 動함을 보고서 그 會通을 관찰하여 典禮를 행하니 글을 달아 吉凶을 결단하기 때문에 爻라 이른 것이다.

【疏】 正義曰 : '是故夫象聖人有以見天下之賾'至'是故謂之爻'者, 於第六章, 已具其文, 今於此更復(갱부)言者何也. 爲下云"極天下之賾存乎卦, 鼓天下之動存乎辭", 爲此故更引其文也. 且已下又云"存乎變"·"存乎通"·"存乎其人", 廣陳所存之事, 所以須重論也.

正義曰 : 經의 〔是故夫象聖人有以見天下之賾〕에서 〔是故謂之爻〕까지

제6장에 이미 이 글이 갖추어져 있는데, 지금 여기에서 다시 말한 것은 어째서인가? 아래에서 "天下의 그윽함을 다함은 卦에 달려 있고, 천하의 動함을 고무시킴은 글에 달려 있다."라고 하였으니, 이 때문에 다시 이 글을 인용한 것이다. 게다가 이하에 또 '變에 달려 있다'·'通에 달려 있다'·'사람에게 달려 있다'라 하여 달려 있는 바의 일을 넓게 말하였으니, 이 때문에 거듭 논해야 했던 것이다.

極天下之賾者는 存乎卦하고 鼓天下之動者는 存乎辭라

天下의 그윽함을 다함은 卦에 달려 있고, 천하의 動함을 鼓舞시킴은 글(卦辭와 爻辭)에 달려 있다.

【注】 辭는 爻辭也라 爻以鼓動은 效天下之動也라

辭는 爻辭이다. 爻로써 鼓動함은 天下의 動함을 본받은 것이다.

【疏】 正義曰 : '極天下之賾〔者〕[1)]存乎卦'者, 言窮極天下深賾之處存乎卦, 言觀卦以知賾也. '鼓天下之動〔者〕[2)]存乎辭'者, 鼓謂發揚天下之動, 動有得失, 存乎爻卦之辭, 謂觀辭以知得失也.

1) 〔者〕: 저본에는 '者'가 없으나, 經文에 의거하여 보충하였다.
2) 〔者〕: 저본에는 '者'가 없으나, 經文에 의거하여 보충하였다.

正義曰：〔極天下之賾者存乎卦〕 천하의 깊고 그윽한 곳을 다함은 卦에 달려 있음을 말한 것이니, 卦를 보고서 그윽한 이치를 앎을 말한 것이다.

〔鼓天下之動者存乎辭〕 '鼓'는 天下의 動함을 發揚함을 말하니, 동함에 得失이 있는 것이 爻辭와 卦辭에 달려 있는바, '글을 보고서 득실을 앎'을 이른 것이다.

化而裁之는 存乎變하고 推而行之는 存乎通하고 神而明之는 存乎其人이니

化하여 제재함은 變에 달려 있고, 미루어 행함은 通에 달려 있고, 신묘하게 하여 밝힘은 사람에게 달려 있으니,

【注】 體神而明之는 不假於象이라 故로 存乎其人이라

神을 체행하여 밝힘은 象을 필요로 하지 않는다. 그러므로 사람에게 달려 있는 것이다.

【疏】 正義曰：'化而裁之存乎變'者, 謂覆說上文"化而裁之謂之變"也. '推而行之存乎通'者, 覆說上文"推而行之謂之通"也. '神而明之存乎其人'者, 言人能神此易道而顯明之者, 存在於其人. 若其人聖, 則能神而明之, 若其人愚, 則不能神而明之, 故存於其人, 不在易象也.

正義曰：〔化而裁之存乎變〕 윗글의 "〈陰陽이〉 變化하여 제재함을 變이라 이른다."는 것을 반복하여 말한 것이다.

〔推而行之存乎通〕 윗글의 "미루어 행함을 通이라 이른다."는 것을 반복하여 말한 것이다.

〔神而明之存乎其人〕 '사람이 능히 이 易의 道를 신묘하게 해서 드러내어 밝힘은 그 사람에 존재함'을 말한 것이다. 만약 그 사람이 성스러우면 신묘하게 하여 밝힐 수 있고, 만약 그 사람이 어리석으면 신묘하게 하여 밝히지 못한다. 그러므로 그 사람에 달려 있고 易의 象에 달려 있지 않은 것이다.

默而成之하고 不言而信은 存乎德行이니라

묵묵히 하여 이루고 말하지 않아도 믿음은 德行에 달려 있다."

【注】德行은 賢人之德行也니 順足於內故로 默而成之也요 體與理會故로 不言而信也라

德行은 賢人의 덕행이니, 順理가 안에 충족되어 있으므로 묵묵히 이루는 것이요, 體가 理와 맞기 때문에 말하지 않아도 믿는 것이다.

【疏】正義曰：若能順理足於內, 默然而成就之, 闇與理會, 不須言而自信也. '存乎德行'者, 若有德行, 則得默而成就之, 不言而信也, 若无德行, 則不能然. 此言德行, 據賢人之德行也, 前經"神而明之存乎其人", 謂聖人也.

正義曰：만약 順理가 안에서 충족되어 있으면 묵묵히 성취하여 은연중 이치와 맞아서 굳이 말하지 않아도 스스로 믿는 것이다.

〔存乎德行〕 만약 德行이 있으면 묵묵히 성취해서 말하지 않아도 믿을 수 있는 것이요, 만약 덕행이 없으면 이렇게 하지 못한다. 여기서 말한 덕행은 賢人의 덕행을 근거한 것이요, 앞 경문의 "신묘하게 하여 밝힘은 사람에게 달려 있다."는 것은 聖人을 이른 것이다.

周易兼義 卷第八

國子祭酒上護軍曲阜縣開國子 臣 孔穎達 奉勅撰正義
韓康伯 注

周易 繫辭 下 第八

【疏】 正義曰：此篇章數, 諸儒不同. 劉瓛爲十二章, 以對上繫十二章也,[1] 周氏・莊氏並爲九章, 今從九章爲說也. 第一起"八卦成列"至"非曰義", 第二起"古者包犧"至"蓋取諸夬", 第三起"易者象也"至"德之盛", 第四起"困于石"至"勿恒凶", 第五起"乾坤其易之門"至"失得之報", 第六起"易之興"至"巽以行權", 第七起"易之爲書"至"思過半矣", 第八起"二與四"至"謂易之道", 第九起"夫乾天下"至"其辭屈."

1) 劉瓛爲十二章 以對上繫十二章也：朱子도 〈繫辭傳 下〉를 12장으로 章을 나누었다. 주자의 分章에 따르면, 1장은 '易者象也'에서 '非曰義'까지이고, 2장은 '古者包犧'에서 '蓋取諸夬'까지이고, 3장은 '是故易者'에서 '悔吝著也'까지이고, 4장은 '陽卦多陰'에서 '小人之道也'까지이고, 5장은 '易曰憧憧'에서 '勿恒凶'까지이고, 6장은 '子曰乾坤其易之門'에서 '失得之報'까지이고, 7장은 '易之興'에서 '巽以行權'까지이고, 8장은 '易之爲書'에서 '道不虛行'까지이고, 9장은 '易之爲書'에서 '其剛勝耶'까지이고, 10장은 '易之爲書'에서 '故吉凶生焉'까지이고, 11장은 '易之興'에서 '謂易之道'까지이고, 12장은 '夫乾天下'에서 '其辭屈'까지이다.

正義曰：이 편의 章數는 諸儒들의 〈견해가〉 똑같지 않다. 劉瓛은 12장이라 하여 〈繫辭傳 上〉의 12장과 상대시켰고, 周氏(周宏正)와 莊氏는 모두 9장이라 하였으니, 이제 9장으로 〈나눈 체제를〉 따라 설명한다. 제1장은 '八卦成列'에서 '非曰義'까지이고, 제2장은 '古者包犧'에서 '蓋取諸夬'까지이고, 제3장은 '易者象也'에서 '德之盛'까지이고, 제4장은 '困于石'에서 '勿恒凶'까지이고, 제5장은 '乾坤其易之門'에서 '失得之報'까지이고, 제6장은 '易之興'에서 '巽以行權'까지이고, 제7장은 '易之爲書'에서 '思過半矣'까지이고, 제8장은 '二與四'에서 '謂易之道'까지이고, 제9장은 '夫乾天下'에서 '其辭屈'까지이다.

제1장

【疏】正義曰:'八卦成列'至'非曰義' 此第一章. 覆釋上繫第二章象爻剛柔吉凶悔吝之事, 更具而詳之.

正義曰:經의 〔八卦成列〕에서 〔非曰義〕까지

이는 제1장이다. 〈繫辭傳 上〉의 제2장의 象과 爻의 剛柔·吉凶·悔吝의 일을 반복하여 해석해서 다시 갖추어 자세히 설명하였다.

八卦成列하니 象在其中矣요

八卦가 列位를 이루니 象이 이 가운데 들어 있고,

【注】備天下之象也라

天下의 象을 구비한 것이다.

【疏】正義曰:言八卦各成列位, 萬物之象, 在其八卦之中也.

正義曰:八卦가 각각 列位를 이루어서 萬物의 象이 이 팔괘의 가운데에 있음을 말한 것이다.

因而重之하니 爻在其中矣요

〈이 八卦를〉 인하여 거듭하니 爻가 이 가운데 들어 있고,

【注】夫八卦備天下之理로되 而未極其變이라 故로 因而重之하여 以象其動用이라 擬諸形容하여 以明治亂之宜하고 觀其所應하여 以著適時之功하니 則爻卦之義 所存各異라 故로 爻在其中矣라

八卦는 天下의 이치를 구비하였으나, 變함을 지극히 하지는 못하였다. 그러므로 〈이 팔괘를〉 인하여 거듭해서 動의 用을 형상한 것이다. 形容에 比擬하여 治亂의 마땅함을

밝히고, 應하는 바를 관찰하여 때에 맞는 功을 드러내었으니, 爻와 卦의 뜻이 있는 바가 각기 다르므로 爻가 이 가운데 있는 것이다.

【疏】 '因而'至'中矣' ○ 正義曰：謂因此八卦之象, 而更重之, 萬物之爻, 在其所重之中矣. 然象亦有爻, 爻亦有象, 所以象獨在卦, 爻獨在重者, 卦則爻少而象多, 重則爻多而象少, 故在卦擧象, 在重論爻也.

經의 〔因而〕에서 〔中矣〕까지

○ 正義曰：이 八卦의 象을 인하여 다시 거듭하면 萬物의 爻가 그 거듭한 바의 가운데에 있음을 말한 것이다. 그러나 〈팔괘의〉 象에도 爻가 있고 爻에도 象이 있는데, 象에 대해서는 〈爻에 있다고 하지 않고〉 팔괘에 있다고만 하고, 爻에 대해서는 〈팔괘에 있다고 하지 않고〉 거듭한 것(64卦)에 있다고만 한 것은, 팔괘는 爻가 적고 象이 많으며, 거듭한 것은 爻가 많고 象이 적어서이다. 그러므로 팔괘에 있어서는 象을 들고 거듭한 것에 있어서는 爻를 논한 것이다.

【疏】 ○ 注'夫八卦'至'其中矣' ○ 正義曰：'夫八卦備天下〔之〕[1]理'者, 前注云"備天下之象", 據其體. 此云"備天下之理", 據其用也. 言八卦大略有八, 以備天下大象大理, 大者旣備, 則小者亦備矣. 直是不變之備, 未是變之備也, 故云"未極其變, 故因而重之, 以象其動用"也. 云'則爻卦之義 所存各異'者, 謂爻之所存, 存乎已變之義, "因而重之, 爻在其中"是也. 卦之所存, 存於未變之義, "八卦成列, 象在其中"是也.

1) 〔之〕: 저본에는 '之'가 없으나, 위의 注에 의거하여 보충하였다.

○ 注의 〔夫八卦〕에서 〔其中矣〕까지

○ 正義曰：〔夫八卦備天下之理〕 앞의 注에서 "天下의 象을 구비했다."라고 한 것은 體를 근거한 것이고, 여기에서 "천하의 이치를 구비했다."라고 한 것은 用을 근거한 것이다. '八卦가 대략 8가지가 있어서 천하의 큰 象과 큰 이치를 구비하였으니, 큰 것이 이미 구비되면 작은 것 또한 구비됨'을 말한 것이다. 다만 변하지 않은 것만 구비되었고 변하는 것이 구비되지는 못하였다. 그러므로 "變함을 지극히 하지는 못하였기 때문에 〈이 팔괘를〉 인하여 거듭해서 動의 用을 형상한 것이다."라고 말한 것이다.

〔則爻卦之義 所存各異〕 '爻가 있는 바는 이미 변한 뜻에 있음'을 이르니, "인하여 거듭하니 爻가 이 가운데에 들어 있다."는 것이 이것이다. '卦가 있는 바는 변하지 않는 뜻에

있음'을 이르니, "八卦가 列位를 이루니 象이 이 가운데에 들어 있다."는 것이 이것이다.

剛柔相推하니 變在其中矣요

剛과 柔가 서로 바뀌니〔推移〕 變이 이 가운데 들어 있고,

【疏】 正義曰：則上繫第二章云"剛柔相推而生變化", 是變化之道, 在剛柔相推之中, 剛柔卽陰陽也. 論其氣, 卽謂之陰陽, 語其體, 卽謂之剛柔也.

正義曰：〈繫辭傳 上〉의 제2장에 "剛과 柔가 서로 바뀌어〔推移〕 變化를 낳았다."라고 하였으니, 이는 변화의 道가 剛과 柔가 서로 바뀌는 가운데에 있는 것이니, 剛과 柔는 바로 陰과 陽이다. 그 氣를 논하면 陰陽이라 이르고, 그 體를 말하면 剛柔라 이른다.

繫辭焉而命之하니 動在其中矣라

글을 달아 命하니 動함이 이 가운데 들어 있다.

【注】 剛柔相推는 況八卦相盪하여 或否或泰요 繫辭焉而斷其吉凶은 況之六爻하여 動以適時者也라 立卦之義는 則見(현)於彖・象이요 適時之功은 (見)〔則〕[1]存之爻辭니 王氏之例詳矣라

1) (見)〔則〕: 저본에는 '見'으로 되어 있으나, 아래의 疏와 岳本・宋本・古本・足利本에 의거하여 '則'으로 바로잡았다.(阮元의 〈校勘記〉 참조)

'剛과 柔가 서로 바뀜'은 八卦가 서로 推盪(밀고 뒤섞임)해서 혹은 否卦가 되고 혹은 泰卦가 됨을 비유한 것이고, '글을 달아 吉凶을 결단함'은 六爻가 되어서 動하여 때에 맞음을 비유한 것이다. 卦를 세운 뜻은 〈彖傳〉과 〈象傳〉에 나타나고, 때에 맞는 功은 爻辭에 있으니, 王氏(王弼)의 ≪周易略例≫에 자세하다.

【疏】 '繫辭'至'中矣' ○ 正義曰：謂繫辭於爻卦之下, 而呼命其卦爻得失吉凶, 則適時變動好惡, 故在其繫辭之中矣.

經의 〔繫辭〕에서 〔中矣〕까지

○ 正義曰：'爻와 卦의 아래에 글을 달고서 그 卦・爻의 得失과 吉凶을 불러 명하면

때에 맞게 好惡(호오)가 變動하므로 〈변동함이〉 글을 단 가운데에 들어 있다는 것이다.

【疏】 ○ 注'立卦'至'詳矣' ○ 正義曰：云'立卦之義 則見於彖象'者, 彖·象謂卦下之辭, 說其卦之義也.[1] '適時之功 則存於爻辭'者, 卦者, 時也, 六爻在一卦之中, 各以適當時之所宜以立功也, 欲知適時之功用, 觀於爻辭也. 云'王氏之例詳矣'者, 案略例論彖云"彖者, 何也. 統論一卦之體, 明其所由之主者也. 夫衆不能治衆, 治衆者, 至寡者也",[2] 論卦體, 皆以一爲主, 是卦之大略也. 又論爻云"爻者, 何也. 言乎其變者也. 變者, 何也. 情僞之所爲也, 夫情僞之動, 非數之所求也. 故合散屈伸, 與體相乖, 形躁好靜, 質柔愛剛, 體與情反, 質與願違. 是故情僞相感, 遠近相追, 愛惡(오)相攻, 屈伸相推, 見情者獲, 直往則違",[3] 此是爻之大略也. 其義既廣, 不能備載, 是王氏之例詳矣.

1) 云立卦之義……說其卦之義也：여기에서 孔穎達이 말한 '卦 아래의 글'이란 卦辭를 가리킨 것이 아니고, 〈彖傳〉과 〈大象傳〉의 말을 가리킨 것으로 보인다.
2) 彖者……至寡者也：이 말은 王弼의 ≪周易略例≫ 〈明彖〉에 보인다. '많은 것을 다스리는 것은 지극히 적은 것'이라는 말은, 예컨대 한 卦의 여섯 爻 중에 陽爻가 다섯이고 陰爻가 하나이면 하나의 음효가 主爻가 되어 卦의 전체 뜻이 그 음효에 의해 결정된다는 의미이다. 〈彖傳〉에서 한 卦의 뜻을 통론할 때 하나의 주효에 의거하여 논한 경우가 많으므로 '彖'에 대해 설명하면서 이런 말을 쓴 것이다.
3) 爻者……直往則違：이 말은 ≪周易略例≫ 〈明爻變通〉에 보이는바, 爻가 자신의 陰·陽적 성질을 따르지 않거나 자신이 속한 卦體의 성질을 어기는 경우가 많음을 말한 것이다. 예컨대 履卦䷉의 六三 爻辭에 "武人이 大君(군주)이 된 것이다.〔武人爲于大君〕"라고 한 것은, 六三의 뜻이 剛하여 남을 능멸하고 스스로 대군이 되고자 함을 말한 것인데, 六三은 陰爻이고 그 體가 陰卦인 兌卦☱인데도 뜻이 剛하여 스스로 대군이 되려고 하는바, 이것이 바로 '성질이 柔한데 剛을 좋아함'이다. 이렇듯 爻는 변화가 많기 때문에 動할 적에 반드시 상대방의 뜻을 먼저 살펴야 하는 것이다.

'見情者獲 直往則違'란 '상대의 마음을 살피고서 가는 자는 뜻을 얻고 살피지 않고서 곧바로 가는 자는 상대와 어긋나게 된다.'는 말인바, 예컨대 屯卦䷂ 六四의 爻辭에 '婚媾를 구하여 가면 길하여서 이롭지 않음이 없다.〔求婚媾往 吉无不利〕'고 한 까닭은 六四가 자신의 正應인 初九에게 갈 적에 六二가 자신을 방해하는 자가 아니어서 初九에게 순탄하게 나아갈 수 있기 때문이고, 六三의 爻辭에 '사슴에 나아가되 虞人이 없어 오직 숲속으로 빠져 들어갈 뿐이다.〔卽鹿無虞 惟入于林中〕'라고 한 까닭은 六三이 九五가 자기를 받아줄지의 여부를 헤아리지 않고서 무작정 九五에게 나아가서 九五에게 거부를 당하기 때문이다.

○ 注의 〔立卦〕에서 〔詳矣〕

○ 正義曰 : 〔立卦之義 則見於彖象〕 '彖'과 '象'은 卦 아래에 있는 글을 이르니, 그 卦의 뜻을 말한 것이다.

〔適時之功 則存於爻辭〕 卦는 때이니, 六爻가 한 卦의 가운데에 있으면서 각각 당시의 마땅한 바에 맞아서 功을 세우는 것이니, 때에 맞는 功用을 알고자 하면 爻辭를 보아야 하는 것이다.

〔王氏之例詳矣〕 살펴보건대, ≪周易略例≫에 彖을 논하여 이르기를 "彖이란 무엇인가? 한 卦의 體를 통론하여 그 연유한 바의 주체를 밝힌 것이다. 많은 것은 많은 것을 다스리지 못하니, 많은 것을 다스리는 것은 지극히 적은 것이다."라고 하였으니, 卦體를 논할 때에 모두 一을 위주로 하는바, 이는 卦의 大略이다. 또 爻를 논하여 이르기를 "爻는 무엇인가? 변함을 말하는 것이다. 變은 무엇인가? 실정과 거짓이 하는 바이니, 실정과 거짓의 동함은 數로 구할(찾을) 수 있는 것이 아니다. 그러므로 합함과 흩어짐, 굽힘과 폄이 體와 서로 어긋나니, 형체가 조급한데 고요함을 좋아하고 성질이 柔한데 剛을 좋아하여, 형체가 性情과 반대가 되고 성질이 원하는 뜻과 위반된다. 이 때문에 실정과 거짓이 서로 감동되고, 먼 것과 가까운 것이 서로 따르고, 좋아함과 미워함이 서로 공격하고, 굽힘과 폄이 서로 바뀌니, 〈상대의〉 情을 보는 자는 뜻을 얻고 곧바로 가는 자는 어기게 된다."라고 하였으니, 이것이 爻의 大略이다. 그 뜻이 이미 넓어서 자세히 기재하지 못하니, 이것이 '王氏의 ≪주역약례≫에 자세함'이다.

吉凶悔吝者는 生乎動者也요

吉凶과 悔吝은 動에서 생기는 것이요,

【注】 有變動而後有吉凶이라

變動이 있은 뒤에 吉凶이 있는 것이다.

【疏】 正義曰 : 上旣云"動在繫辭之中", 動則有吉凶悔吝, 所以悔吝生在乎所動之中也.

正義曰 : 위에서 이미 "動함이 글을 단 가운데에 들어 있다."라고 하였으니, 動하면 吉凶과 悔吝이 있는 것이니, 이 때문에 회린이 생겨남이 動하는 바의 가운데에 있는 것이다.

剛柔者는 立本者也요 變通者는 趣時者也라

剛과 柔는 근본을 세우는 것이요, 變通은 때에 나아가는(그 때에 나아가서 맞게 함) 것이다.

【注】 立本況卦하고 趣時況爻라

'근본을 세움'은 卦를 비유한 것이고, '때에 나아감'은 爻를 비유한 것이다.

【疏】 正義曰 : '剛柔者 立本者也', 言剛柔之象, (立在)〔在立〕[1]其卦之根本者也, 言卦之根本, 皆由剛柔陰陽往來. '變通者 趣時者也', 其剛柔之氣, 所以改變會通, 趣向於時也. 若乾之初九, 趣向勿用之時, 乾之上九, 趣向亢極之時, 是諸爻之變, 皆臻趣於時也. 其剛柔立本者, 若剛定體爲乾, 若柔定體爲坤, 陽卦, 兩陰而一陽, 陰卦, 兩陽而一陰, 是立其卦本而不易也, 則上"八卦成列, 象在其中矣"是也. 卦旣與爻爲本, 又是總主其時, 故略例云"卦者, 時也",[2] 變通者, 趣時者也, 則上"因而重之, 爻在其中矣"是也. 卦旣總主一時, 爻則就一時之中, 各趣其所宜之時, 故略例云"爻者, 趣時者也."[3]

1) (立在)〔在立〕 : 저본에는 '立在'로 되어 있으나, 毛本에 의거하여 '在立'으로 바로잡았다.(阮元의 〈校勘記〉 참조)
2) 故略例云卦者 時也 : 이 말은 王弼의 ≪周易略例≫ 〈明卦適變通爻〉에 보인다.
3) 故略例云爻者 趣時者也 : ≪周易略例≫에 이 말은 보이지 않고, 〈明卦適變通爻〉에 "爻는 때의 變에 맞게 하는 것이다.〔爻者 適時之變者也〕"라고 보인다.

正義曰 : 〔剛柔者 立本者也〕 剛柔의 象이 卦의 근본을 세움에 있음을 말한 것이니, 卦의 근본이 모두 剛柔와 陰陽이 往來함으로 말미암음을 말한 것이다.

〔變通者 趣時者也〕 剛柔의 氣가 이 때문에 改變하고 會通하여 때에 나아가는 것이다. 예를 들면 乾卦 初九는 '쓰지 말라'는 때로 나아가고, 乾卦 上九는 亢極의 때로 나아가니, 이는 여러 爻의 변함이 모두 때에 나아가는 것이다.

剛柔가 근본을 세우는 것은, 예를 들면 剛이 體를 정하면 乾이 되고, 柔가 體를 정하면 坤이 되는 것과 같으며, 陽卦는 두 陰에 한 陽이고 陰卦는 두 陽에 한 陰인 것과 같으니, 이는 卦의 근본을 확립하여 바뀌지 않는 것인바, 위에 "八卦가 列位를 이루니 象이 이 가운데 들어 있다."라는 것이 이것이다.

卦가 이미 爻와 근본이 되고 또 그 때를 총괄하여 주관한다. 그러므로 ≪周易略例≫에 이르기를 "卦는 때이다."라고 한 것이니, '變通함은 때를 따르는 것임'은 위에 "인하여 거듭하니 爻가 이 가운데 들어 있다."라는 것이 이것이다. 卦는 이미 한 때를 총괄하여 주관하고, 爻는 한 때의 가운데에 나아가서 각각 그 마땅한 바의 때에 나아간다. 그러므로 ≪주역약례≫에 "爻는 때에 나아가는 것이다."라고 말한 것이다.

吉凶者는 貞勝者也니

吉과 凶은 貞하여 이기는 것이니,

【注】 貞者는 正也며 一也라 夫有動則未免乎累하고 殉吉則未離乎凶이니 盡會通之變하여 而不累於吉凶者는 其唯貞者乎인저 老子曰 王侯得一하여 以爲天下貞[1]이라하니 萬變雖殊나 可以執一御也니라

1) 老子曰……以爲天下貞 : ≪道德經≫에 "옛날에 하나를 얻은 것은, 하늘은 하나를 얻어 깨끗하고, 땅은 하나를 얻어 편안하며, 神은 하나를 얻어 신령하고, 谷은 하나를 얻어 가득 차고, 만물은 하나를 얻어 생겨나고, 侯王(제후와 황제)은 하나를 얻어 천하의 바름이 된다.〔昔之得一者 天得一以淸 地得一以寧 神得一以靈 谷得一以盈 萬物得一以生 侯王得一以爲天下貞〕"라고 보인다.

貞은 바름이며 한결같음이다. 動이 있으면 얽어맴〔累〕을 면치 못하고 吉함을 구하면 凶함을 떠나지 못하니, 會通의 變을 다하여 吉凶에 얽매이지 않는 것은 오직 貞한 자일 것이다. 老子가 이르기를 "王侯가 하나를 얻어 天下의 바름〔貞〕이 된다."라고 하였으니, 만 가지 변화가 비록 다르나 하나를 잡아 어거(통제)할 수 있는 것이다.

【疏】 '吉凶'至'者也' ○ 正義曰：貞, 正也, 言吉之與凶, 皆由所動不能守一而生吉凶, 唯守一貞正, 而能克勝此吉凶, 謂但能貞正, 則免此吉凶之累也.[1]

1) 貞正也……則免此吉凶之累也 : 韓康伯과 孔穎達은 經文을 '貞하면 吉凶에 얽매이지 않기 때문에 길흉을 이길 수 있음'의 의미로 보았다.
반면 朱子는 '吉과 凶이 항상 서로 이김'의 의미로 보았는바, ≪本義≫는 다음과 같다. "貞은 바름이요 항상함이니, 물건은 바름을 항상함으로 삼는다. 천하의 일이 吉이 아니면 凶이요, 凶이 아니면 吉이어서 항상 서로 이기고 그치지 않는다.〔貞 正也常也 物以其所正爲常者也 天下之事 非吉則凶 非凶則吉 常相勝而不已也〕"

經의 〔吉凶〕에서 〔者也〕까지

○ 正義曰：'貞'은 바름이니, '吉과 凶이 모두 動하는 바가 一을 지키지 못함으로 말미암아 吉과 凶이 생김'을 말하였다. 오직 一을 지켜 貞正하면 능히 이 吉凶을 이길 수 있으니, '다만 貞正하면 이 吉凶의 累를 면할 수 있음'을 말한 것이다.

【疏】○ 注'貞者'至'御也' ○ 正義曰：'貞者 正也 一也'者, 言貞之爲訓, 訓正訓一, 正者, 體无傾邪, 一者, 情无差二, 寂然无慮, 任運而行者也. 凡吉凶者, 由動而來, 若守貞靜寂, 何吉何凶之有, 是貞正能勝其吉凶也. 云'夫有動則未(能)[1]免乎累'者, 寂然不動, 則无所可累, 若動有營求, 則恥累將來, 故云"動則未免於累"也. 云'殉吉則未離乎凶'者, 殉, 求也. 若不求其吉, 无慮无思, 凶禍何因而至. 由其求吉, 有所貪欲, 則凶亦將來, 故云"殉吉未離乎凶"也. 云'盡會通之變 而不累於吉凶者 其唯貞者乎', 言若能窮盡萬物會通改變之理, 而不繫累於吉凶之事者, 唯貞一者乃能然也. 猶若少必有老, 老必有死, 能知此理, 是盡會通之變. 旣知老必將死, 是運之自然, 何須憂累於死, 是不累乎吉凶. 唯守貞一, 任其自然, 故云"其唯貞者乎."

1) (能)：저본에는 '能'이 있으나, 위의 注와 이 疏의 바로 아래 줄에 "故云動則未免於累也"라고 한 것에 의거하여 衍文으로 처리하였다.

○ 注의 〔貞者〕에서 〔御也〕까지

○ 正義曰：〔貞者 正也 一也〕 貞의 訓이 正으로도 訓하고 一로도 訓함을 말한 것이니, 正은 體에 간사함이 없는 것이요, 一은 情에 착오와 두 가지가 없어서 寂然하여 생각이 없어서 運에 맡겨 행하는 것이다. 무릇 吉凶이란 動으로부터 오니, 만약 貞을 지켜 고요하면 무슨 길함과 무슨 흉함이 있겠는가. 이는 貞正이 능히 吉凶을 이기는 것이다.

〔夫有動則未免乎累〕 寂然하여 동하지 않으면 얽매일 만한 것이 없거니와, 만약 동하여 경영하고 구함이 있으면 부끄러움과 얽어맴이 장차 오게 된다. 그러므로 "動이 있으면 얽어맴을 면치 못한다."라고 한 것이다.

〔殉吉則未離乎凶〕 '殉'은 구함이다. 만약 吉함을 구하지 않으면 사려가 없고 생각이 없으니, 凶함과 禍가 어디로 말미암아 이르겠는가. 길함을 구하는 것으로 말미암아 탐욕하는 바가 있게 되면 흉함이 또한 장차 오게 된다. 그러므로 "길함을 구하면 흉함을 떠나지 못한다."라고 한 것이다.

〔盡會通之變 而不累於吉凶者 其唯貞者乎〕 만약 만물이 會通하고 改變하는 이치를 다해서 吉凶의 일에 얽매이지 않는 것은 오직 貞一한 자여야 능히 이렇게 할 수 있음을 말

한 것이다. 예컨대 젊으면 반드시 늙음이 있고 늙으면 반드시 죽음이 있는 것과 같으니, 능히 이 이치를 알면 會通의 변함을 다할 수 있다. 늙으면 반드시 장차 죽는다는 것을 이미 안다면 이는 運의 자연함이니, 어찌 굳이 죽음을 근심하고 거기에 얽맬 것이 있겠는가. 이는 吉凶에 얽매이지 않는 것이다. 오직 貞一함을 지켜서 자연에 맡긴다. 그러므로 "오직 貞한 자일 것이다."라고 한 것이다.

【疏】 云'老子曰王侯得一 以爲天下貞'者, 王侯若不得一, 二三其德, 則不能治正天下. 若得純粹, 无二无邪, 則能爲天下貞也, 謂可以貞正天下也. 云'萬變雖殊 可以執一御也'者, 猶若寒變爲暑, 暑變爲寒, 少變爲壯, 壯變爲老, 老變爲死, 禍變爲福, 盛變爲衰, 變改不同, 是萬變殊也. 其變雖異, 皆自然而有, 若能知其自然, 不造不爲, 无喜无慼, 而乘御於此, 是可以執一御也.

〔老子曰王侯得一 以爲天下貞〕 王侯가 만약 하나를 얻지 못하여 그 德을 둘로 하고 셋으로 하면(마음을 이랬다저랬다 하면) 천하를 다스려 바로잡지 못하고, 만약 순수함을 얻어서 둘로 함이 없고 간사함이 없으면 천하의 바름이 될 수 있으니, '천하를 바로잡을 수 있음'을 말한 것이다.

〔萬變雖殊 可以執一御也〕 예컨대 추위가 변하여 더위가 되고, 더위가 변하여 추위가 되며, 젊음이 변하여 장성함이 되고, 장성함이 변하여 늙음이 되고, 늙음이 변하여 죽음이 되며, 禍가 변하여 福이 되고, 성함이 변하여 쇠함이 되는 것과 같아서, 바뀌고 변하여 똑같지 않으니, 이것이 '만 가지 변화가 다름'이다. 그 변화가 비록 다르나 모두 자연히 있는 것이니, 만약 능히 그 자연함을 알아서 조작하거나 작위하지 않고 기뻐함도 없고 슬퍼함도 없으면 이를 타고 어거할 수 있으니, 이것이 '하나를 잡아 어거할 수 있음'이다.

天地之道는 貞觀者也요

天地의 道는 貞하여 보여주는 것이요,

【注】 明夫天地萬物이면 莫不保其貞以全其用也라

天地의 萬物에 밝으면 그 貞을 보전하여 그 쓰임을 온전히 하지 않음이 없는 것이다.

【疏】 正義曰：謂天覆地載之道, 以貞正得一, 故其功可爲物之所觀也.[1)]

1) 故其功可爲物之所觀也 : 天地의 道의 功을 만물이 볼 수 있다는 뜻이다.

正義曰 : 하늘이 덮어주고 땅이 실어주는 道가 貞正으로써 一을 얻었기 때문에 그 功이 물건에게 보여주는 바가 될 수 있음을 말한 것이다.

日月之道는 **貞明者也**요 **天下之動**은 **貞夫一者也**라 **夫乾**은 **確然**하여 **示人易**(이)**矣**요 **夫坤**은 **隤然**하여 **示人簡矣**라

日月의 道는 貞하여 밝은 것이요, 天下의 動은 純一에 바른 것이다. 乾은 강하여 사람에게 쉬움을 보여주고, 坤은 유순하여 사람에게 간략함을 보여준다.

【注】 確은 剛貌也요 隤는 柔貌也라 乾坤皆恒一其德하여 物由以成이라 故로 簡易也라

'確'은 강한 모양이요, '隤'는 유순한 모양이다. 乾과 坤이 다 그 德을 항상 하고 한결같이 하여 물건이 이로 말미암아 이루어진다. 그러므로 간략하고 쉬운 것이다.

【疏】 正義曰 : '日月之道 貞明者也', 言日月照臨之道, 以貞正得一而爲明也. 若天覆(부)地載, 不以貞正而有二心, 則天不能普覆, 地不能兼載, 則不可以觀, 由貞乃得觀見也. 日月照臨, 若不以貞正, 有二之心, 則照不普及, 不爲明也, 故以貞而爲明也. '天下之動 貞夫一者也', 言天地日月之外, 天下萬事之動, 皆正乎純一也. 若得於純一, 則所動遂其性, 若失於純一, 則所動乖其理, 是天下之動, 得正在一也. '夫乾 確然示人易矣'者, 此明天之得一之道, 剛質確然, 示人以和易. 由其得一无爲, 物由以生, 是示人易也. '夫坤 隤然示人簡矣'者, 此明地之得一, 以其得一, 故坤隤然而柔, 自然无爲, 以成萬物, 是示人簡矣. 若乾不得一, 或有隤然, 則不能示人易矣, 若坤不隤然, 或有確然, 則不能示人簡矣.

正義曰 : 〔日月之道 貞明者也〕 日月이 비추어 임하는 道가 貞正함으로써 一을 얻어 밝음이 됨을 말한 것이다. 만약 하늘이 덮어주고 땅이 실어줄 적에 貞正함으로써 하지 않고 두 마음이 있으면, 하늘이 널리 덮어주지 못하고 땅이 겸하여 실어주지 못해서 보여줄 수가 없으니, 貞으로 말미암아 비로소 보여줄 수 있는 것이다. 日月이 비추어 임할 적에 만약 貞正으로써 하지 아니하여 두 마음이 있으면 비춤이 두루 미치지 못하여 밝음이 되지 못한다. 그러므로 貞으로써 하여 밝음이 되는 것이다.

〔天下之動 貞夫一者也〕 天地와 日月 외에 天下 萬事의 動함이 모두 純一에 바름을 말한 것이다. 만약 순일을 얻으면 동하는 바가 본성을 이루고, 만약 순일을 잃으면 동하는 바가 그 이치에 어긋나니, 이는 천하의 동함에 바름을 얻음이 一에 달려 있는 것이다.

〔夫乾 確然示人易矣〕 이는 '하늘이 一의 道를 얻어서 剛한 質이 確然하여 사람에게 和하고 평이함을 보여줌'을 밝힌 것이다. 一을 얻고 함이 없음으로 말미암아 물건이 이 때문에 생겨나니, 이것이 '사람에게 쉬움을 보여줌'이다.

〔夫坤 隤然示人簡矣〕 이는 땅이 一을 얻음을 밝힌 것이니, 一을 얻었기 때문에 坤이 隤然히 유순하여 자연히 함이 없어서 만물을 이루니, 이것이 '사람에게 간략함을 보여줌'이다.

만약 乾이 一을 얻지 못하여 혹 유순함이 있으면 사람에게 쉬움을 보여줄 수 없고, 만약 坤이 유순하지 못하여 혹 강함이 있으면 사람에게 간략함을 보여줄 수 없는 것이다.

爻也者는 **效此者也**요 **象也者**는 **像此者也**니 **爻象**은 **動乎內**하고

爻는 이것을 본받는 것이요, 象은 이것을 형상한 것이니, 爻와 象은 〈卦의〉 안에서 動하고,

【注】 兆數見(현)於卦也라

조짐과 數가 卦에 나타나는 것이다.

【疏】 正義曰 : '爻也者 效此者也', 此釋爻之名也, 言爻者效此物之變動也. '象也者 像此者也', 言象此物之形狀也. '爻象動乎內'者, 言爻之與象, 發動於卦之內也.

正義曰 : 〔爻也者 效此者也〕 이는 爻의 명칭을 해석한 것이니, 爻는 이 물건의 變動을 본받음을 말한 것이다.

〔象也者 像此者也〕 이 물건의 形狀을 형상함을 말한 것이다.

〔爻象動乎內〕 爻와 象이 卦의 안에서 발동함을 말한 것이다.

吉凶은 **見乎外**하고

吉과 凶은 〈卦의〉 밖에 나타나고,

【注】 失得驗於事也라

失과 得이 일에 징험되는 것이다.

【疏】 正義曰 : 其爻象吉凶, 見於卦外, 在事物之上也.

正義曰 : 爻와 象의 吉凶이 卦 밖에 나타나서 事物의 위에 있는 것이다.

功業은 見乎變하고

功業은 變에 나타나고,

【注】 功業이 由變以興이라 故로 見乎變也라

功業이 變으로 말미암아 일어난다. 그러므로 變에 나타나는 것이다.

【疏】 正義曰 : 言功勞事業, 由變乃興, 故功業見於變也.

正義曰 : 功勞와 事業이 變으로 말미암아 마침내 일어나므로 功業이 變에 나타나는 것이다.

聖人之情은 見乎辭하니라

聖人의 情은 글에 나타난다.

【注】 辭也者는 各指其所之라 故로 曰 情也라하니라

辭란 각각 지향하는 바를 가리킨다. 그러므로 '情'이라 한 것이다.

【疏】 正義曰 : 辭則言其聖人所用之情, 故觀其辭而知其情也, 是聖人之情, 見乎爻象之辭也. 若乾之初九, 其辭云"潛龍, 勿用", 則聖人勿用之情, 見於初九爻辭也, 他皆放此.

正義曰 : 辭는 聖人이 사용하는 바의 情을 말한다. 그러므로 그 글을 보면 그 情을 아는 것이니, 이는 성인의 情이 爻와 象의 글에 나타나는 것이다. 예컨대 乾의 初九는 그 爻辭에 "潛龍이니, 쓰지 말아야 한다."라고 하였으니, 성인의 '쓰지 말아야 한다'는 情이

初九의 爻辭에 나타난 것인바, 다른 것도 모두 이와 같다.

天地之大德曰生이요

天地의 大德을 生이라 하고,

【注】 施生而不爲故로 能常生이라 故曰 大德也라하니라

베풀어 낳고 하지 않으므로 항상 낳을 수 있다. 그러므로 "大德"이라 한 것이다.

【疏】 正義曰 : 自此已下, 欲明聖人同天地之德, 廣生萬物之意也. 言天地之盛德, 在乎常生, 故言"曰生." 若不常生, 則德之不大, 以其常生萬物, 故云"大德"也.

正義曰 : 이로부터 이하는 聖人이 天地의 德을 함께하여 만물을 널리 낳는 뜻을 밝히고자 한 것이다. 천지의 성대한 德이 항상 낳음에 있음을 말하였으므로 "生이라 한다."라고 말한 것이다. 만약 항상 낳지 못하면 德이 크지 못한데, 항상 만물을 낳기 때문에 "大德"이라 한 것이다.

聖人之大寶曰位니

聖人의 大寶를 지위라 하니,

【注】 夫无用則无所寶요 有用則有所寶也니 无用而常足者는 莫妙乎道요 有用而弘道者는 莫大乎位라 故로 曰 聖人之大寶曰位라하니라

쓰임이 없으면 보배로 여길 것이 없고, 쓰임이 있으면 보배로 여길 것이 있는 것이니, 쓰임이 없으면서 항상 충족된 것은 道보다 묘한 것이 없고, 쓰임이 있으면서 道를 넓히는 것은 지위보다 큰 것이 없다. 그러므로 "聖人의 大寶를 지위라 한다."라고 한 것이다.

【疏】 正義曰 : 言聖人大可寶愛者在於位耳. 位是有用之地, 寶是有用之物, 若以居盛位, 能廣用无疆, 故稱大寶也.

正義曰 : 聖人이 크게 보배로 여기고 사랑할 만한 것이 지위에 있음을 말한 것이다. 지위는 有用의 자리이고 보배는 有用한 물건이니, 만약 이로써 성대한 지위에 거하면 능히

넓게 사용하여 끝이 없다. 그러므로 '大寶'라 칭한 것이다.

何以守位오 曰仁이요 何以聚人고 曰財니

무엇으로써 지위를 지키는가? 仁이다. 무엇으로써 사람을 모으는가? 재물이다.

【注】 財는 所以資物生也라

재물은 물건이 살아감을 도와주는 것이다.

【疏】 正義曰 : '何以守位 曰仁'者, 言聖人何以保守其位, 必(信)〔須〕[1]仁愛, 故言"曰仁"也.[2] '何以聚人 曰財'者, 言何以聚集人衆, 必須財物, 故言"曰財"也.

1) (信)〔須〕 : 저본에는 '信'으로 되어 있으나, 宋本에 의거하여 '須'로 바로잡았다.(阮元의 〈校勘記〉 참조)

2) 故言曰仁也 : '仁'은 ≪經傳釋文≫에 '人'으로 되어 있는데, 朱子는 이를 따랐는바, ≪本義≫는 다음과 같다. "曰人의 人이 今本에는 仁으로 되어 있고, 呂氏(呂祖謙)는 옛것을 따랐으니, 이른바 '民衆이 아니면 더불어 나라를 지킬 수 없다.'는 것이다.〔曰人之人 今本作仁 呂氏從古 蓋所謂非衆 罔與守邦〕" '非衆 罔與守邦'은 ≪書經≫ 〈大禹謨〉에 "元后는 民衆이 아니면 더불어 나라를 지킬 수 없다.〔后非衆 罔與守邦〕"라고 보이는바, 바로 이 말이 '人으로써 지위를 지킴'의 뜻과 통하므로 朱子가 이를 인용한 것이다.

正義曰 : 〔何以守位 曰仁〕 '聖人이 무엇으로써 그 지위를 보존하여 지키는가? 반드시 仁愛가 있어야 한다.'고 말한 것이다. 그러므로 "仁이다."라고 말한 것이다.

〔何以聚人 曰財〕 '어떻게 대중을 모으는가? 반드시 재물이 있어야 한다.'고 말한 것이다. 그러므로 "재물이다."라고 말한 것이다.

理財正辭하며 禁民爲非曰義라

재물을 다스리고 말을 바로잡으며 백성들이 나쁜 짓하는 것을 금하는 것을 義라 한다.

【疏】 正義曰 : 言聖人治理其財, 用之有節, 正定號令之辭, 出之以理, 禁約其民爲非僻之事, 勿使行惡, 是謂之義. 義, 宜也, 言以此行之, 而得其宜也.

正義曰 : '聖人이 그 재물을 다스려서 사용함에 절도가 있고, 호령하는 말을 바로잡고 정하여 말을 내기를 이치로써 하며, 백성들이 나쁘고 邪辟한 일을 하는 것을 금지하여 백성으로 하여금 惡을 행하지 못하게 하니, 이것을 일러 義라 한다.'고 말한 것이다. 義는 마땅함이니, '이로써 행하여 그 마땅함을 얻음'을 말한 것이다.

제2장

【疏】 正義曰 : '古者包犧'至'取諸夬' 此第二章. 明聖人法自然之理而作易, 象易以制器而利天下. 此一章, 其義既廣, 今各隨文釋之.

正義曰 : 〔古者包犧〕에서 〔取諸夬〕까지

이는 제2장이다. 聖人이 자연의 이치를 본받아 易을 짓고, 易을 형상하여 기물을 만들어서 天下를 이롭게 함을 밝혔다. 이 한 장은 그 뜻이 이미 넓으니, 이제 각각 글을 따라 해석한다.

古者 包犧氏之王天下也에 仰則觀象於天하고 俯則觀法於地하며 觀鳥獸之文과 與地之宜하며

옛날 包犧氏(伏羲氏)가 천하에 왕 노릇 할 적에 위로는 하늘에서 象을 살펴보고 아래로는 땅에서 法을 살펴보며 새와 짐승의 文과 땅의 마땅함을 살펴보며

【注】 聖人之作易이면 无大不極하고 无微不究하여 大則取象天地하고 細則觀鳥獸之文과 與地之宜也라

聖人이 易을 지으면 큰 것도 다하지 않음이 없고 작은 것도 연구하지 않음이 없어서 크면 天地에서 象을 취하고 작으면 새와 짐승의 文과 땅의 마땅함을 살펴본 것이다.

【疏】 正義曰 : 自此至'取諸離' 此一節, 明包犧法天地, 造作八卦, 法離卦, 而爲罔罟也. 云'仰則觀象於天 俯則觀法於地'者, 言取象大也. '觀鳥獸之文與地之宜'者, 言取象細也. 大之與細, 則无所不包也. 地之宜者, 若周禮五土, 動物植物各有所宜是也.[1)]

1) 若周禮五土 動物植物各有所宜是也 : '五土'는 다섯 가지 토지로, 山林 · 川澤 · 丘陵 ·

墳衍(분지와 평지)·原隰(언덕과 습지)이다. ≪周禮≫ 〈地官 大司徒〉에 "土會의 법(각각의 토지에서 생산되는 物産에 근거해서 공물과 부세를 계산하는 법)으로 다섯 가지 토지의 물산을 판별한다. 첫 번째는 山林으로, 동물은 毛物(털이 난 물건)이 마땅하고 식물은 皁物(상수리 따위)이 마땅하며 백성들은 털이 많으면서 몸이 각졌다. 두 번째는 川澤으로, 동물은 鱗物(비늘이 있는 물건)이 마땅하고 식물은 膏物(기름진 물건)이 마땅하며 백성들은 검으면서도 윤택한 피부를 가졌다. 세 번째는 丘陵으로, 동물은 羽物(깃털이 있는 날짐승)이 마땅하고 식물은 核物(씨가 있는 물건)이 마땅하며 백성들은 몸이 둥글면서 키가 크다. 네 번째는 墳衍으로, 동물은 介物(껍질이 있는 물건)이 마땅하고 식물은 莢物(꼭지가 있는 물건)이 마땅하며 백성들은 피부가 희고 몸이 말랐다. 다섯 번째는 原隰으로, 동물은 贏物(털과 깃털, 비늘이나 껍질이 없는 물건)이 마땅하고 식물은 叢物(총생하는 물건)이 마땅하며 백성들은 살이 찌고 키가 작다.〔以土會之法 辨五地之物生 一曰山林 其動物宜毛物 其植物宜皁物 其民毛而方 二曰川澤 其動物宜鱗物 其植物宜膏物 其民黑而津 三曰丘陵 其動物宜羽物 其植物覈物 其民專而長 四曰墳衍 其動物宜介物 其植物莢物 其民晳而瘠 五曰原隰 其動物宜贏物 其植物宜叢物 其民豐肉而庳〕"라고 보인다.

朱子는 "'與地'의 중간에 여러 本에는 '天'자가 있는 것이 많다."는 王昭素의 말을 따라, 經文을 '觀鳥獸之文與天地之宜'로 바꾸어 해석하였다.

正義曰 : 여기에서부터 〔取諸離〕까지

이 한 절은 包犧氏가 天地를 본받아 八卦를 만들고, 離卦를 본받아 그물을 만듦을 밝힌 것이다.

〔仰則觀象於天 俯則觀法於地〕 큰 象을 취함을 말한 것이다.

〔觀鳥獸之文與地之宜〕 작은 象을 취함을 말한 것이다. 큰 것과 작은 것을 〈관찰하였으면〉 포함하지 않은 바가 없는 것이다. '땅의 마땅함'은 ≪周禮≫의 五土에 동물과 식물이 각각 마땅한 바가 있음과 같은 것이 이것이다.

近取諸身하고 **遠取諸物**하여 **於是**에 **始作八卦**하여 **以通神明之德**하며 **以類萬物之情**하니라 **作結繩而爲罔罟**하여 **以佃以漁**하니 **蓋取諸離**하고

가까이는 자신의 몸에서 취하고 멀리는 물건에게서 취하여 이에 비로소 八卦를 만들어서 神明의 德을 통달하며 萬物의 情을 類에 따라 〈형상하였다.〉 노끈을 맺어 罔罟(그물)를 만들어서 사냥하고 물고기 잡았으니 이는 離卦에서 취하였고,

【注】 離는 麗(리)也라 罔罟之用이 必審物之所麗也니 魚麗于水하고 獸麗于山也라

'離'는 麗(붙음 또는 걸림)이다. 罔罟의 쓰임은 반드시 물건이 붙어 있는 바를 살피는 것이니, 물고기는 물에 붙어 있고, 짐승은 산에 붙어 있는 것이다.

【疏】 正義曰 : '近取諸身'者, 若耳目鼻口之屬是也. '遠取諸物'者, 若雷風山澤之類是也, 擧遠近, 則萬事在其中矣. '於是始作八卦 以通神明之德'者, 言萬事云爲, 皆是神明之德. 若不作八卦, 此神明之德, 閉塞幽隱, 旣作八卦, 則(칙)而象之, 是通達神明之德也. '以類萬物之情'者, 若不作易, 物情難知, 今作八卦, 以類象萬物之情, 皆可見也. '作結繩而爲罔罟 以佃以漁'者, 用此罟罔, 或陸畋以羅鳥獸, 或水澤以罔魚鼈也. '蓋取諸離'者, 離, 麗也, 麗謂附著也. 言罔罟之用, 必審知鳥獸魚鼈所附著之處, 故(稱)〔取〕[1]離卦之名, 爲罔罟也. 案諸儒象卦制器, 皆取卦之爻象之體, 今韓氏之意, 直取卦名, 因以制器. 案上繫云"以制器者尙其象", 則取象不取名也, 韓氏乃取名不取象, 於義未善矣, 今旣遵韓氏之學, 且依此釋之也.[2]

1) (稱)〔取〕: 저본에는 '稱'으로 되어 있으나, 阮元의 〈校勘記〉에 "浦鏜이 이르기를 '「稱」은 「取」가 되어야 한다.' 하였다."라고 한 것에 의거하여 '取'로 바로잡았다.

2) 蓋取諸離者……且依此釋之也 : '作結繩而爲罔罟 以佃以漁 蓋取諸離'에서 아래의 '蓋取諸夬'까지는, 聖人이 離卦·益卦·噬嗑卦·乾卦·坤卦·渙卦·隨卦·豫卦·小過卦·睽卦·大壯卦·大過卦·夬卦에서 취하여 기물과 제도를 만든 사례를 나열한 것이다. 韓康伯은 이 '취함'을 '괘의 이름을 취함'의 뜻으로 해석하였고, 孔穎達도 이를 따랐다. 반면 朱子는 '취함'을 대부분 卦象과 卦德(性情)에서 취한 것으로 해석하였다. 다만 豫卦의 경우에는 豫卦의 이름에서 '미리 함'의 뜻을 취한 것이어서 예외가 된다.

여기의 離卦 역시 韓康伯과 孔穎達은 '離'의 뜻이 '붙음' 혹은 '걸림'의 뜻이 된다는 것으로 경문의 말을 해석하였으나, 朱子는 離의 명칭에서 '麗(걸림)'의 뜻을 취하면서도 "두 그물눈을 서로 이음에 물건이 걸린다.〔兩目相承而物麗焉〕"라고 하여 象까지 언급하였다. 앞의 〈繫辭傳 上〉에 "기구(기물)를 만드는 자는 象을 숭상한다.〔以制器者尙其象〕"라고 한 것으로 보아 '괘에서 취하여 기물을 만듦'에 있어서는 주자처럼 卦象과 卦德으로 풀이하는 것이 옳을 것으로 여겨진다.

正義曰 : 〔近取諸身〕 귀와 눈, 코와 입 같은 등속이 이것이다.

〔遠取諸物〕 우레와 바람, 산과 못 같은 따위가 이것이니, 멀고 가까움을 들면 萬事가 이 안에 들어 있는 것이다.

〔於是始作八卦 以通神明之德〕 萬事의 말하고 행하는 것이 모두 神明의 德임을 말한 것이다. 만약 八卦를 만들지 않았으면 이 신명의 德이 닫혀 막히고 그윽하여 숨겨질 것

이요, 이미 팔괘를 만들어서 본받아 형상했으면 이는 신명의 德을 통달한 것이다.

〔以類萬物之情〕 만약 易을 만들지 않았으면 물건의 情을 알기 어려운데, 지금 八卦를 만들어서 萬物의 情을 類에 따라 형상하여 다 볼 수 있는 것이다.

〔作結繩而爲罔罟 以佃以漁〕 이 罟罔을 사용하여 혹 육지에서는 사냥하여 새와 짐승을 그물질하고, 혹 물과 못에서는 물고기와 자라를 그물질하는 것이다.

〔蓋取諸離〕 '離'는 麗이니, 麗는 붙음을 이른다. '罔罟를 사용할 적에 반드시 새와 짐승과 물고기와 자라가 붙어 있는 곳을 살펴 알아야 하기 때문에 離卦의 명칭을 취하여 罔罟를 만든 것임'을 말한 것이다. 살펴보건대, 諸儒는 卦를 형상하여 기물을 만든 것을 모두 卦의 爻象의 體에서 취한 것으로 보았는데, 지금 韓氏(韓康伯)의 뜻은 곧바로 卦의 명칭을 취하여 이를 통해 기물을 만들었다고 여겼다. 살펴보건대, 〈繫辭傳 上〉에 "기물을 만드는 자는 象을 숭상한다."라고 하였으니, 그렇다면 象을 취하고 명칭을 취하지 않은 것이다. 그런데 韓氏는 도리어 명칭을 취하고 象을 취하지 않았으니, 뜻에 좋지(옳지) 못하다. 그러나 이제 이미 韓氏의 學을 따랐으므로 우선 이에 따라 해석한다.

包犧氏沒이어늘 **神農氏作**하여 **斲木爲耜**하고 **揉木爲耒**하여 **耒耨之利**로 **以敎天下**하니 **蓋取諸益**하고

包犧氏(伏羲氏)가 별세하자 神農氏가 나와서 나무를 깎아 보습〔耜〕을 만들고 나무를 휘어 쟁기자루〔耒〕를 만들어서 쟁기자루와 괭이의 이로움으로 천하를 가르쳤으니 이는 益卦에서 취하였고,

伏羲氏

神農氏

耒耜

耨

【注】制器致豐하여 以益萬物[1)]이라

1) 制器致豐 以益萬物 : 朱子는 이 益卦䷩ 역시 卦象과 卦德을 취하여 "두 體가 모두 나무이며, 위는 들어가고 아래는 동하니, 천하의 유익함이 이보다 더 큼이 없다.〔二體皆木 上入下動 天下之益 莫大於此〕"라고 하였다. '두 體가 모두 나무임'은 巽☴과 震☳이 모두 나무의 象인데 옛날에는 쟁기와 재기자루를 모두 나무로 만들었으므로 이렇게 말한 것이며, 성질로 말하면 上卦의 巽은 '들어감'이고 下卦의 震은 '동함'인바, 쟁기는 위에서는 들어가고 아래에서는 움직이므로 이렇게 말한 것이다.

기물을 만들어 풍성하게 해서 만물을 유익하게 한 것이다.

日中爲市하여 致天下之民하고 聚天下之貨하여 交易而退하여 各得其所케하니 蓋取諸噬嗑하니라

한낮에 시장을 만들어 천하의 백성들을 불러오고 천하의 재화를 모아서 교역하고 물러가서 각각 제자리를 얻게 하였으니 이는 噬嗑卦에서 취하였다.

【注】噬嗑은 合也니 市人之所聚와 異方之所合에 設法以合物이 噬嗑之義也라

'噬嗑'은 합함이니, 시장 사람이 모이는 바와 다른 지방에서 〈물건을〉 모으는 바에 법을 만들어 물건을 모으는 것이 噬嗑의 의의이다.

【疏】正義曰 : '包犧氏'至'取諸噬嗑' 此一節, 明神農取卦造器之義. 一者, 制耒耜, 取於益卦, 以利益民也, 二者, 日中爲市, 聚合天下之貨, 設法以合物, 取於噬嗑, 象物噬齧, 乃得通也.[1)] 包犧者, 案帝王世紀[2)]云"大(태)皞帝包犧氏, 風姓也. 母曰華胥, 燧人之世, 有大人跡出於雷澤, 華胥履之而生包犧. 長於成紀, 蛇身人首, 有聖德. 取犧牲以充包廚, 故號曰包犧氏, 後世音謬, 故或謂之伏犧, 或謂之虙犧, 一號皇雄氏, 在位一百一十年. 包犧氏沒, 女媧氏代立爲女皇, 亦風姓也. 女媧氏沒, 次有大庭氏·柏黃氏·中央氏·栗陸氏·驪連氏·赫胥氏·尊盧氏·混沌氏·皞英氏·有巢氏·朱襄氏·葛天氏·陰康氏·无懷氏, 凡十五世, 皆(習)〔襲〕[3)]包犧氏之號也." 神農者, 案帝王世紀云"炎帝神農氏, 姜姓也. 母曰任己, 有蟜氏女, 名曰女登. 爲少典正妃, 游華山之陽, 有神龍首感女登於尙羊, 生炎帝, 人身牛首. 長於姜水, 有聖德, 繼无懷之後. 本起烈山, 或稱烈山氏, 在位一百二十年而崩. 納奔水氏女, 曰聽談, 生帝臨魁, 次帝承, 次帝明, 次

帝直, 次帝釐, 次帝哀, 次帝楡罔, 凡八代, 及軒轅氏也.”

1) 二者……乃得通也 : 朱子는 噬嗑卦䷔에 대해서도 “‘日中爲市’는 위는 밝고 아래는 동함이요, 또 〈音을〉 가차하여 噬를 ‘市’로 ‘嗑’을 ‘合’으로 한 것이다.〔日中爲市 上明而下動 又借噬爲市 嗑爲合也〕”라고 풀이하였다. ‘上明而下動’은 위의 離卦☲는 卦德이 밝음이고 아래의 震卦☳는 움직임이어서 이렇게 말한 것으로, 옛날 시장에서 물건을 교역함을 해가 중천에 있을 때에 했던 것이 ‘밝음의 아래에 움직임이 있는 것’과 같음을 말한 것이다. 또 ‘音을 가차하여 서합을 市合으로 함’은 시장〔市〕에서 사람들이 모여서〔合〕 물건을 교역하므로 이렇게 말한 것이다.
2) 帝王世紀 : 西晉의 皇甫謐이 편찬한 책으로, 원서는 일실되었고 현존하는 10권은 후대에 편집한 本이다. 王皇 때부터 漢·魏 시대에 이르기까지 帝王들의 世系와 年譜, 사적 등이 기록되어 있다.
3) (習)〔襲〕 : 저본에는 ‘習’으로 되어 있으나, 阮元의 〈校勘記〉에 “浦鏜이 이르기를 ‘「習」은 「襲」이 되어야 한다.’ 하였다.”라고 한 것에 의거하여 ‘襲’으로 바로잡았다.

正義曰 : 經의 〔包犧氏〕에서 〔取諸噬嗑〕까지

이 한 절은 神農氏가 卦를 취하여 기물을 만든 뜻을 밝혔다. 첫 번째는 쟁기자루와 보습을 만들 적에 益卦에서 취하여 백성들을 유익하게 한 것이요, 두 번째는 한낮에 시장을 만들어 천하의 재화를 모으고 법을 만들어 물건을 모을 적에 噬嗑卦에서 취하였으니, 물건을 깨물어야 비로소 통할 수 있음을 형상한 것이다.

包犧는, 살펴보건대 ≪帝王世紀≫에 “大皞帝(太昊帝) 包犧氏는 風姓이다. 어머니는 華胥이니, 燧人氏의 때에 大人의 발자국이 雷澤에서 나오자, 華胥가 이 발자국을 밟고 包犧를 낳았다. 成紀에서 자라니, 뱀의 몸에 사람의 머리요, 聖스러운 덕이 있었다. 犧牲을 잡아다가 푸줏간을 채웠으므로 이름하기를 ‘包犧氏’라 하였는데, 후세에 音이 잘못되었으므로 ‘伏犧’라 이르기도 하고 ‘虙犧’라 이르기도 하였으며 또 다른 號는 皇雄氏이니, 110년간 재위하였다. 包犧氏가 별세함에 女媧氏가 대신 즉위하여 女皇이 되니, 또한 風姓이었다. 女媧氏가 별세하자 다음에 大庭氏, 柏黃氏, 中央氏, 栗陸氏, 驪連氏, 赫胥氏, 尊盧氏, 混沌氏, 皞英氏, 有巢氏, 朱襄氏, 葛天氏, 陰康氏, 无懷氏가 있어서 모두 15世 동안 다 包犧氏의 칭호를 인습했다.”라고 하였다.

神農은, 살펴보건대 ≪帝王世紀≫에 “炎帝 神農氏는 姜姓이다. 어머니는 任己이니, 有蟜氏의 따님으로 이름을 女登이라 하였다. 少典의 正妃가 되었는데, 華山의 남쪽에 놀 적에 神龍이 머리로 女登을 尙羊에서 감동시켜 炎帝를 낳으니 사람의 몸에 소머리였다. 姜水에서 자라니, 성스러운 덕이 있어서 无懷氏의 뒤를 이었다. 본래 烈山에서 일어났다 하여 혹은 烈山氏라고도 칭하니, 120년간 재위하고 별세하였다. 奔水氏의 따님을 받아들이니, 이름을 聽談이라 하였는데, 帝臨魁를 낳았고, 다음은 帝承, 다음은 帝明, 다음은 帝直, 다음은 帝釐, 다음은 帝哀, 다음은 帝榆罔이어서 모두 8대를 지나 軒轅氏(黃帝)에 이르렀다."라고 하였다.

黃帝

神農氏沒이어늘 **黃帝, 堯, 舜氏作**하여 **通其變**하여 **使民不倦**하며

神農氏가 별세하자, 黃帝와 堯·舜氏가 일어나서 그 변함을 開通하여 백성들로 하여금 게으르지 않게 하며,

堯

【注】 通物之變이라 故로 樂其器用하여 不解倦也라

물건의 변함을 개통하였기 때문에 그 器用을 즐거워하여 해이하고 게을러지지 않은 것이다.

舜

【疏】 正義曰 : '神農氏沒'至'吉无不利' 此一節, 明神農氏沒後, 乃至黃帝·堯·舜, 通其易之變理, 於是廣制器物. 此節與下制器物, 爲引緖之勢, 爲下起文. '黃帝堯舜氏作'者, 案世紀云"黃帝有熊氏, 少典之子, 姬姓也. 母曰附寶, 其先卽炎帝母家有蟜氏之女. 附寶見大電光繞北斗樞星, 照於郊野, 感附寶, 孕二十四月而生黃帝於壽丘. 長於姬水, 龍顏, 有聖德, 戰蚩尤于涿鹿, 擒之, 在位一百年崩. 子靑陽代立, 是爲少皥. 少皥帝, 名摯, 字靑陽, 姬姓也. 母曰女節, 黃帝時, 大星如斗, 下臨華渚, 女節夢接意感, 生少皥, 在位八十四年而崩. 顓頊高陽氏, 黃帝之

孫, 昌意之子. 母曰昌僕, 蜀山氏之女, 爲昌意正妃, 謂之女樞. 瑤光之星, 貫月如虹, 感女樞於幽房之宮, 生顓頊於弱水, 在位七十八年而崩. 少皞之孫, 蟜極之子代立, 是爲帝嚳, 帝嚳高辛氏, 姬姓也. 其母不見. 生而神異, 自言其名, 在位七十年而崩. 子帝摯立, 在位九年. 摯立不肖而崩, 弟放勛代立, 是爲帝堯. 帝堯陶唐氏, 伊祈姓. 母曰慶都, 生而神異, 常有黃雲覆(부)其上. 爲帝嚳妃, 出以觀河, 遇赤龍, 晻然陰風而感慶都, 孕十四月而生堯於丹陵, 卽位九十八年而崩. 帝舜代立, 帝舜, 姚姓, 其先出自顓頊. 顓頊生窮蟬, 窮蟬生敬康, 敬康生句芒, 句芒生蟜牛, 蟜牛生瞽瞍, 瞍之妻握登, 見大虹, 意感而生舜於姚墟, 故姓姚氏." 此歷序三皇之後, 至堯舜之前所爲君也. 此旣云黃帝, 卽云堯舜者, 略擧五帝之終始, 則少皞・顓頊・帝嚳, 在其間也. '通其變 使民不倦'者, 事久不變, 則民倦而變, 今(皇)〔黃〕[1]帝・堯・舜之等, 以其事久或窮, 故開通其變, 量時制器, 使民用之日新, 不有懈倦也.

1) (皇)〔黃〕: 저본에는 '皇'으로 되어 있으나, 阮元의 〈校勘記〉에 "각각의 本에 '皇'은 모두 '黃'으로 되어 있으니, 살펴보건대 '黃'자가 옳다. 아래도 같다."라고 한 것에 의거하여 '黃'으로 바로잡았다.

正義曰 : 經의 〔神農氏沒〕에서 〔吉无不利〕까지

이 한 절은 神農氏가 별세한 뒤에 마침내 黃帝・堯・舜에 이르러서 易의 변하는 이치를 개통하여 이에 기물을 널리 만듦을 밝혔다. 이 절은 아래에 기물을 만들었다는 것과 함께 실마리를 이끄는 문세가 되어서 아래의 글을 일으킨 것이다.

〔黃帝堯舜氏作〕 살펴보건대 ≪帝王世紀≫에 "黃帝 有熊氏는 少典의 아들이니, 姬姓이다. 어머니는 附寶이니, 그 先代는 炎帝의 외가〔母家〕인 有蟜氏의 따님이었다. 附寶가 큰 번갯빛이 북두칠성의 樞星(北斗星의 첫 번째 별)을 감돌아 郊野에 비추는 것을 보았는데, 〈이것이〉 附寶를 감동시켜 임신한 지 24개월 만에 黃帝를 壽丘에서 낳았다. 姬水에서 자라니, 용의 얼굴이요 성스러운 덕이 있었으며, 蚩尤와 涿鹿에서 싸워 그를 사로잡았으니, 100년간 재위하고 별세하였다.

아들 靑陽이 대신하여 즉위하니, 이가 少皞(少昊)이다. 少皞帝는 이름이 摯이고 자가 靑陽이니, 姬姓이다. 어머니는 女節이니, 黃帝 때에 말〔斗〕만 한 큰 별이 아래로 華渚에 비추자, 女節이 꿈에 교접하고 마음에 감동되어 少皞를 낳으니, 84년간 재위하고 별세하였다.

顓頊 高陽氏는 黃帝의 손자이고 昌意의 아들이다. 어머니는 昌僕이니, 蜀山氏의 따님

으로 昌意의 正妃가 되어서 女樞라 칭하였다. 瑤光(北斗星의 일곱 번째 별)의 별이 무지개처럼 달을 꿰뚫어 깊고 어두운 집의 宮에서 女樞를 감동시켜 顓頊을 弱水에서 낳으니, 78년간 재위하고 별세하였다.

少皞의 손자이고 蟜極의 아들이 대신 즉위하니, 이가 帝嚳이니, 帝嚳 高辛氏는 姬姓이다. 그 어머니는 〈이름이〉 보이지 않는다. 태어나면서부터 신통하고 기이하여 스스로 자기 이름을 말하니, 70년간 재위하고 별세하였다.

아들 帝摯가 즉위하여 재위한 것이 9년이었다. 제지가 즉위하였으나 불초하였고 별세하자, 아우 放勛이 대신하여 즉위하니, 이가 帝堯이다. 帝堯 陶唐氏는 伊祈가 姓이다. 어머니는 慶都이니, 태어나면서부터 신통하고 기이하여 항상 황색 구름이 그 위를 덮고 있었다. 帝嚳의 妃가 되어 나가서 河水를 구경하다가 붉은 용을 만났는데 날씨가 흐려져 음산한 바람이 불어옴에 慶都가 감동되어 임신한 지 14개월 만에 帝堯를 丹陵에서 낳으니, 즉위한 지 98년 만에 별세하였다.

帝舜이 대신하여 즉위하니, 帝舜은 姚姓이고 그 先代는 顓頊에게서 나왔다. 顓頊이 窮蟬을 낳고, 窮蟬이 敬康을 낳고, 敬康이 句芒을 낳고, 句芒이 蟜牛를 낳고, 蟜牛가 瞽瞍를 낳으니, 瞽瞍의 아내 握登이 큰 무지개를 보고 마음에 감동되어 帝舜을 姚墟에서 낳았으므로 姓을 姚氏라 했다."라고 하였다.

이는 三皇의 뒤로 堯・舜의 전에 이르기까지의 군주가 된 분을 차례로 서술한 것이다. 여기에서 黃帝를 말하고 나서 곧바로 堯・舜을 말한 것은 五帝의 終과 始를 대략 들면 少皞・顓頊・帝嚳은 그 사이에 들어 있기 때문이다.

〔通其變 使民不倦〕 일이 오랫동안 변하지 않으면 백성들이 게을러져서 변하는데, 지금 黃帝・堯・舜 등은 일이 오래되어 혹 궁하게 되었으므로 그 변함을 開通하여 때를 헤아려 기물을 만들어서 백성들로 하여금 이것을 만들어 사용해서 날로 새로워져 해이함과 게으름이 있지 않게 한 것이다.

神而化之하여 使民宜之하니 易이 窮則變하고 變則通하고 通則久라

신묘하게 변화하여 백성들로 하여금 마땅하게 하였으니, 易이 窮하면 변하고 변하면 開通하고 개통하면 오래간다.

【注】 通變則无窮이라 故로 可久也라

變함을 개통하게 하면 무궁하다. 그러므로 오래갈 수 있는 것이다.

【疏】 正義曰 : '神而化之 使民宜之'者, 言所以通其變者, 欲使神理微妙而變化之, 使民各得其宜. 若黃帝已上, 衣鳥獸之皮, 其後人多獸少, 事或窮乏, 故以絲麻布帛而制衣裳, 是神而變化, 使民得宜也. '易窮則變 變則通 通則久'者, 此覆說上文通(則)〔其〕[1] 變之事. 所以通其變者, 言易道若窮, 則須隨時改變, 所以須變者, 變則開通, 得久長, 故云"通則久"也.

1) (則)〔其〕: 저본에는 '則'으로 되어 있으나, 위의 절의 經文과 錢本・宋本에 의거하여 '其'로 바로잡았다.(阮元의 〈校勘記〉 참조)

正義曰 : 〔神而化之 使民宜之〕 '變함을 개통하는 이유는 神의 이치가 미묘하여 변화하게 해서 백성들로 하여금 각각 그 마땅함을 얻게 하고자 해서임'을 말한 것이다. 예컨대 黃帝 이상의 때에는 새와 짐승의 가죽을 입었는데, 그 뒤에는 사람이 많고 짐승이 적어져서 일이 혹 궁핍하게 되었으므로 생사와 삼을 가지고 베와 명주를 만들어 의상을 지어 입었으니, 이것이 '신묘하게 변화하여 백성들로 하여금 마땅하게 함'이다.

〔易窮則變 變則通 通則久〕 이는 위 글에 '변함을 개통함'의 일을 반복해 말한 것이다. 변함을 개통하는 이유는 '易의 道가 만약 궁하면 모름지기 때에 따라 고치고 바꾸어야 함'을 말한 것이니, 모름지기 변해야 하는 이유는 변하면 開通하여 장구할 수 있기 때문이다. 그러므로 "개통하면 오래간다."라고 한 것이다.

是以로 自天祐之하여 吉无不利하나니라

이 때문에 하늘로부터 이하가 도와주어서 길하여 이롭지 않음이 없는 것이다.

【疏】 正義曰 : 此明若能通變, 則无所不利, 故引易文, 證結變通之善. 上繫引此文者, 證明人事之信順, 此乃明易道(道)[1]之變通, 俱得天之祐, 故各引其文也.

1) 道(道) : 저본에는 '道'가 두 개 있으나, 毛本에 의거하여 하나를 衍文으로 처리하였다. (阮元의 〈校勘記〉 참조)

正義曰 : 이는 '만약 變을 개통하면 이롭지 않은 바가 없음'을 밝힌 것이다. 그러므로 易의 글을 인용하여 變通하는 좋음을 증명하여 맺은 것이다. 〈繫辭傳 上〉에서 이 글을 인용한 것은 人事의 誠信과 순함을 증명한 것이요, 이는 바로 易의 道의 變通을 밝힌 것

이니, 모두 하늘의 도움을 얻기 때문에 각각 이 글을 인용한 것이다.

黃帝, 堯, 舜이 垂衣裳而天下治하니 蓋取諸乾坤하고

黃帝와 堯·舜이 衣裳을 드리움에 천하가 다스려졌으니 이는 乾卦와 坤卦에서 취하였고,

【注】 垂衣裳以辨貴賤은 乾尊坤卑之義也라

의상을 드리워 貴賤을 분변함은 乾이 높고 坤이 낮은 의의이다.

【疏】 正義曰：自此已下, 凡有九事, 皆黃帝·堯·舜取易卦以制象, 此(於)[1]九事之第一也. (何)〔所〕[2]以連云堯·舜者, 謂此九事黃帝制其初, 堯舜成其末, 事相連接, 共有九事之功, 故連云"黃帝堯舜"也. 案皇甫謐帝王世紀載此九事, 皆爲黃帝之功, 若如所論, 則堯舜无事, 易繫何須連云"堯舜", 則皇甫之言, 未可用也. '垂衣裳'者, 以前衣皮, 其制短小, 今衣絲麻布帛所作衣裳, 其制長大, 故云"垂衣裳"也. '取諸乾坤'者, 衣裳辨貴賤, 乾坤則上下殊體, 故云"取諸乾坤"也.[3]

1) (於)：저본에는 '於'가 있으나, 阮元의 〈校勘記〉에 "浦鏜이 이르기를 '「於」자는 衍文이다.'라고 하였으니, 옳다."라고 한 것에 의거하여 연문으로 처리하였다.
2) (何)〔所〕：저본에는 '何'로 되어 있으나, 阮元의 〈校勘記〉에 "浦鏜이 이르기를 '「所以連云」이 되어야 한다.'라고 하였는데, 옳다."라고 한 것에 의거하여 '所'로 바로잡았다.
3) 取諸乾坤者……故云取諸乾坤也：朱子는 '衣裳을 드리움'을 '無爲之治를 시행함'의 의미로 보아 '取諸乾坤'의 의미를 "乾卦와 坤卦는 變化하되 함이 없다.〔乾坤變化而无爲〕"라고 풀이하였다.

正義曰：이로부터 이하는 모두 아홉 가지 일이 있으니, 다 黃帝와 堯·舜이 易의 卦를 취하여 象을 만든 것인바, 이는 아홉 가지 일 중에 첫 번째이다. '堯·舜'을 연이어 말한 이유는 이 아홉 가지 일을 黃帝가 그 처음을 만들고 堯·舜이 그 끝을 이루어 일이 서로 이어져서 아홉 가지 일의 功을 함께 소유하였기 때문에 연이어 "黃帝와 堯·舜"이라고 말한 것이다. 살펴보건대, 皇甫謐의 ≪帝王世紀≫에 이 아홉 가지 일을 기재하고서 모두 黃帝의 功이라 하였으니, 만약 여기에서 논한 바와 같다면 堯·舜은 한 일이 없는데 易의 〈繫辭傳〉에 어찌하여 굳이 연달아 堯·舜을 말하였겠는가. 그렇다면 皇甫謐의 말은

따를 수가 없는 것이다.

〔垂衣裳〕 이전에는 가죽옷을 입어서 그 제도가 짧고 작았는데, 지금의 옷은 생사와 삼으로 베와 명주를 만들어 의상을 지어서 그 제도가 길고 크기 때문에 "衣裳을 드리운다."라고 말한 것이다.

〔取諸乾坤〕 衣裳은 貴賤을 분변하니, 乾과 坤은 위와 아래의 體가 다르므로(乾(하늘)은 위에 있고 坤(땅)은 아래에 있어 體가 다르므로) "乾卦와 坤卦에서 취하였다."라고 한 것이다.

刳木爲舟하고 **剡木爲楫**하여 **舟楫之利**로 **以濟不通**하여 **致遠以利天下**하니 **蓋取諸渙**하고

나무를 파내어 배를 만들고 나무를 깎아 노를 만들어서 배와 노의 이로움으로 통하지 못하는 곳을 건너 먼 곳에 가서 천하를 이롭게 하였으니 이는 渙卦에서 취하였고,

【注】 渙者는 乘理以散通也라

'渙'은 이치를 타고서 흩어져 통하는 것이다.

【疏】 正義曰 : 此九事之第二也. 舟必用大木, 刳鑿其中, 故云"刳木"也. '剡木爲楫'者, 楫必須纖長, 理當剡削, 故曰"剡木"也. '取諸渙'者, 渙, 散也, 渙卦之義, 取乘理以散動也.[1] 舟楫以乘水以載運, 故取諸渙也.

1) 取諸渙者……取乘理以散動也 : 朱子는 이 渙卦䷺ 역시 象을 취한 것으로 보아 "나무가 물 위에 있는 것이다.〔木在水上也〕"라고 하였는바, 이는 위의 巽卦☴는 나무를 상징하고 아래의 坎卦☵는 물을 상징하기 때문에 이렇게 말한 것이다. 또 "'致遠以利天下'는 衍文인 듯하다."라고 하였다.

正義曰 : 이는 아홉 가지 일 중에 두 번째이다.

배는 반드시 큰 나무를 사용하여 그 속을 파내야 하므로 "나무를 파낸다."라고 말한 것이다.

〔剡木爲楫〕 노는 반드시 가늘고 길어야 하고 이치상 마땅히 깎아야 하므로 "나무를 깎는다."라고 말한 것이다.

〔取諸渙〕 '渙'은 흩음이니, 渙卦의 뜻은 '이치를 타고서 흩어 움직임'을 취한 것이다. 배와 노로써 물에 띄워 짐을 신고 움직이므로 渙卦에서 취한 것이다.

服牛乘馬하여 引重致遠하여 以利天下하니 蓋取諸隨하고

소를 부리고 말을 타서 무거운 것을 끌어오고 먼 곳에 가서 천하를 이롭게 하였으니 이는 隨卦에서 취하였고,

【注】 隨는 隨宜也라 服牛乘馬하여 隨物所之하여 各得其宜也라

'隨'는 마땅함을 따르는 것이다. 소를 부리고 말을 타서 물건의 가는 바를 따라 각각 그 마땅함을 얻게 한 것이다.

【疏】 正義曰：此九事之第三也. 隨者謂隨時之所宜也, 今服用其牛, 乘駕其馬, 服牛以引重, 乘馬以致遠. 是以人之所用, 各得其宜, 故取諸隨也.[1]

1) 隨者謂隨時之所宜也……故取諸隨也：韓康伯과 孔穎達은 隨卦 역시 卦의 이름을 취하여 '隨時'의 뜻으로 풀이하였다.

반면 朱子는 隨卦䷐ 역시 卦德을 취한 것으로 보아 "아래는 동하고 위는 기뻐한다.〔下動上說〕"라고 풀이하였다. 隨卦는 아래는 震卦☳여서 동하고, 위는 兌卦☱여서 기뻐하는 뜻이 있는바, 사람이 소를 부리고 말을 타면 소와 말은 아래에서 움직이고 위에 타고 있는 사람은 몸이 편하여 마음이 기쁘므로 이렇게 말한 것이다.

正義曰：이는 아홉 가지 일 중에 세 번째이다.

'隨'는 때의 마땅한 바를 따름을 이르니, 지금 소를 부려 사용하고 말을 타고 멍에해서 소를 부려 무거운 짐을 끌어오고 말을 타고 먼 곳에 간다. 이 때문에 사람의 사용하는 바가 각각 그 마땅함을 얻은 것이다. 그러므로 隨卦에서 취한 것이다.

重門擊柝하여 以待暴客하니 蓋取諸豫하고

문을 이중으로 하고 목탁을 쳐서 포악한 나그네를 대비하였으니 이는 豫卦에서 취하였고,

【注】 取其豫備라

미리 대비함을 취한 것이다.

【疏】 正義曰 : 此九事之第四也. 豫者, 取其豫有防備, 韓氏以此九事, 皆以卦名而爲義者, 特以此(象)〔豫〕[1]文, 取備豫之義, 其事相合, 故其餘八事, 皆以卦名解義, 量爲此也.[2]

1) (象)〔豫〕: 저본에는 '象'으로 되어 있으나, 宋本에 의거하여 '豫'로 바로잡았다.(阮元의 〈校勘記〉 참조)

2) 豫者……量爲此也 : 예컨대 渙卦䷺에서 취하여 배와 노를 만든 것은, 渙卦의 上卦가 나무를 상징하는 巽卦☴이고 下卦가 물을 상징하는 坎卦☵이기 때문에 이와 같은 象을 취하여 배와 노를 만든 것인바, 여기에 나열된 여러 卦들도 마찬가지이다. 그럼에도 韓康伯은 卦의 象이 아니라 卦의 명칭을 취한 것으로 해석하였다. 다만 豫卦의 경우에는 豫卦의 象에서 취한 것이 아니라 豫卦의 이름에서 '미리함'의 의미를 취한 것인바, 이 때문에 孔穎達은 韓康伯이 아마도 이 豫卦의 사례에 근거하여 다른 卦들도 '명칭을 취한 것'으로 해석하였을 것이라고 추측한 것이다.

正義曰 : 이는 아홉 가지 일 중에 네 번째이다.

'豫'는 미리 방비함이 있음을 취한 것이니, 韓氏(韓康伯)가 이 아홉 가지 일을 모두 卦의 명칭을 가지고 뜻을 삼은 것은, 특별히 이 豫卦의 글이 미리 대비하는 뜻을 취하여 그 일이 서로 부합하기 때문에 그 나머지 여덟 가지 일도 모두 卦의 명칭을 가지고 뜻을 해석한 것이니, 짐작컨대 이 때문인 듯하다.

斷木爲杵하고 **掘地爲臼**하여 **臼杵之利**로 **萬民以濟**하니 **蓋取諸小過**하고

나무를 잘라 절굿공이를 만들고 땅을 파서 절구를 만들어서 절구와 절굿공이의 이로움으로 萬民이 구제되었으니 이는 小過卦에서 취하였고,

杵臼

【注】 以小用而濟物也라

작은 것을 써서 물건을 구제한 것이다.

【疏】 正義曰：此九事之第五也. 杵須短木, 故斷木爲杵, 臼須鑿地, 故掘地爲臼. 取諸小過, 以小事之用過而濟物, 杵臼亦小事, 過越而用以利民, 故取諸小過也.[2)]

1) 取諸小過……故取諸小過也：朱子는 이 小過卦䷽ 역시 卦德을 취한 것으로 보아 "아래는 그치고 위는 동한다.〔下止上動〕"라고 풀이하였다. 小過卦는 아래는 艮卦☶여서 그치고 위는 震卦☳여서 움직이는바, 아래에 있는 절구는 움직이지 않고 위에 있는 절굿공이만 움직이므로 小過卦의 卦德을 취하여 절구와 절굿공이를 만든 것이다.

正義曰：이는 아홉 가지 일 중에 다섯 번째이다.

절굿공이는 모름지기 짧은 나무여야 하므로 나무를 잘라 절굿공이를 만들고, 절구는 모름지기 땅을 파야 하므로 땅을 파서 절구를 만든 것이다. 小過卦에서 취한 이유는 작은 일의 쓰임이 넘쳐서〔過〕 물건을 구제하니, 절굿공이와 절구도 작은 일이나 넘치게 사용하여 백성을 이롭게 하였으므로 小過卦에서 취한 것이다.

弦木爲弧하고 **剡木爲矢**하여 **弧矢之利**로 **以威天下**하니 **蓋取諸睽**하고

나무에 줄을 매어 활을 만들고 나무를 깎아 화살을 만들어서 활과 화살의 이로움으로 천하를 두렵게 하였으니 이는 睽卦에서 취하였고,

【注】 睽는 乖也라 物乖則爭興하니 弧矢之用은 所以威乖爭也라

'睽'는 어긋남이다. 물건(사람)이 어긋나면 분쟁이 일어나니, 활과 화살의 쓰임은 어긋남과 분쟁을 두렵게 하기 위한 것이다.

【疏】 正義曰：此九事之第六也. 案爾雅"弧, 木弓也", 故云"弦木爲弧." '取諸睽'者, 睽謂乖離, 弧矢所以服此乖離之人, 故取諸睽也. 案弧·矢·杵·臼·服牛·乘馬·舟·楫, 皆云"之利", 此皆器物益人, 故稱"利"也, 重門·擊柝, 非如舟·楫·杵·臼, 故不云"利"也, 變稱"以禦暴客", 是以利也. 垂衣裳, 不言利者, 此亦隨便立稱, 故云"天下治", 治亦利也. 此皆義便而言, 不可以一例取也.

正義曰：이는 아홉 가지 일 중에 여섯 번째이다.

살펴보건대 ≪爾雅≫에 "弧는 나무로 만든 활이다."라고 하였다. 그러므로 "나무에 줄을 매어 활을 만든다."라고 한 것이다.

〔取諸睽〕 '睽'는 乖離됨을 이르니, 활과 화살은 이 乖離된 사람을 복종시키는 것이다.

그러므로 睽卦에서 취한 것이다.

살펴보건대 활과 화살, 절굿공이와 절구, 소를 부림과 말을 탐, 배와 노는 모두 '之利'라고 말했으니, 이는 모두 기물이 사람을 유익하게 하는 것이므로 '利'라고 칭한 것이요, 문을 이중으로 함과 목탁을 침은 배와 노, 절굿공이와 절구와 같지 않으므로 '利'를 말하지 않고 "포악한 나그네를 막았다."고 바꾸어 칭하였으니, 〈포악한 적을 막기〉 때문에 利로운 것이다. '의상을 드리움'에 '利'를 말하지 않은 것은 이 또한 편리함을 따라 칭호를 세운 것이므로 "天下가 다스려진다."라고 하였으니, 다스려짐 또한 利로움이다. 이는 모두 뜻에 편리하게 하여 말한 것이니, 하나의 준례로 취해서는 안 된다.

上古에 **穴居而野處**러니 **後世聖人**이 **易之以宮室**하여 **上棟下宇**하여 **以待風雨**하니 **蓋取大壯**하고

上古 시대에는 동굴에 살고 들에 거처하였는데, 후세의 聖人이 宮室로 바꾸어서 위는 들보가 있고 아래는 처마가 있어서 비와 바람을 대비하였으니 이는 大壯卦에서 취하였고,

【注】 宮室壯大於穴居라 故로 制爲宮室은 取諸大壯也라

宮室이 동굴에서 사는 것보다 壯大하므로 宮室을 만듦은 大壯卦에서 취한 것이다.

【疏】 正義曰：此九事之第七也. 已前不云'上古', 已下三事, 或言"上古", 或言"古", 與上不同者, 已前未造此器之前, 更无餘物之用, 非是後物以替前物, 故不云"上古"也. 此已下三事, 皆是未造此物之前, 已更別有所用, 今將後用而代前用, 欲明前用所有, 故本之云"上古"及"古"者. 案未有衣裳之前, 則衣鳥獸之皮, 亦是已前有用, 不云'上古'者, 雖云古者衣皮, 必不專衣皮也, 或衣草衣木, 事无定體, 故不得稱上古衣皮也. 若此穴居野處, 及結繩以治, 唯專一事, 故可稱上古, 由後物代之也. '取諸大壯'者, 以造制宮室, 壯大於穴居野處, 故取大壯之名也.

正義曰：이는 아홉 가지 일 중에 일곱 번째이다.

이 앞에서는 '上古'라고 말하지 않았는데 이하의 세 가지 일에서는 혹은 '上古'라고 말하고 혹은 '古'라고 말하여 위와 같지 않은 이유는 〈다음과 같다.〉 이 앞에서는 이 기물을

만들기 전에는 다시 다른 물건을 사용함이 없어서 뒤에 만든 물건을 가지고 앞에 있던 물건을 대체한 것이 아니다. 그러므로 '上古'라고 말하지 않은 것이다. 그러나 이 이하 세 가지 일은 모두 이 물건을 만들기 전에 이미 다시 별도로 사용하던 것이 있었는데, 이제 뒤에 사용하는 것을 가지고 예전에 사용하던 것을 대체하였으니, 전에 사용하던 것이 있음을 밝히고자 하였으므로 이에 근본하여 '上古'라 하고 '古'라 말한 것이다.

살펴보건대, 衣裳이 있기 전에는 새와 짐승의 가죽을 입었으니 이 또한 예전에 사용하던 것이 있었으나 '上古'라고 말하지 않은 이유는 〈다음과 같다.〉 비록 옛날에 가죽옷을 입었다고는 하나 반드시 가죽옷만을 입지는 않았을 것이요, 혹은 풀옷을 입고 나무옷을 입어서 일에 일정한 體가 없었으므로 上古에 가죽옷을 입었다고 칭할 수가 없는 것이다.

이 '동굴에서 살고 들에 거처함'과 '노끈을 맺어 다스림'으로 말하면 오직 전일한(한 가지) 일이므로 '上古'라고 칭할 수가 있으니, 뒤의 물건을 가지고 〈上古의 일을〉 대체하였기 때문이다.

〔取諸大壯〕 궁실을 만들어서 동굴에서 살고 들에서 처한 것보다 壯大하게 하였으므로 大壯卦의 명칭을 취한 것이다.

古之葬者는 厚衣之以薪하여 葬之中野하여 不封不樹하고 喪期无數러니 後世聖人이 易之以棺槨하니 蓋取諸大過하고

옛날에 葬禮하는 자는 〈시신에〉 섶을 두껍게 입혀서 들 가운데 장례하여 봉분하지 않고 나무를 심지 않았으며 喪期가 일정한 數가 없었는데 후세의 聖人이 棺槨으로써 바꾸었으니 이는 大過卦에서 취하였고,

【注】 取其過厚라

지나치게 후함을 취한 것이다.

【疏】 正義曰：此九事之第八也. 不云"上古", 直云"古之葬者", 若極遠者, 則云"上古", 其次遠者, 則直云"古", 則厚衣之以薪, 葬之中野, 猶在穴居結繩之後, 故直云"古"也. '不封不樹'者, 不積土爲墳, 是不封也. 不種樹以標其處, 是不樹也. '喪期无數'者, 哀除則止, 无日月限數也. '後世聖人易之以棺槨'者, 若禮記云"有虞氏瓦棺",[1] 未必用木爲棺也, 則禮記又云"殷人之棺槨",[2] 以前云槨, 无文也. '取諸大過'者, 送終追遠, 欲其甚

大過厚, 故取諸大過也. 案書稱"堯崩, 百姓如喪考妣, 三載四海遏密八音",[3] 則喪期无數, 在堯已前, 而棺槨自殷已後, 則夏已前, 棺槨未具也. 所以其文參差(치), 前後不齊者, 但此文擧大略, 明前後相代之義, 不必確在一時, 故九事上從黃帝, 下稱堯舜, 連延不絕, 更相增脩也.

1) 若禮記云有虞氏瓦棺 : ≪禮記≫ 〈檀弓 上〉에 "有虞氏(帝舜)는 질그릇 棺을 썼다."라고 하였는데, 鄭玄의 注에 "처음으로 섶을 쓰지 않은 것이다.〔始不用薪也〕"라고 하였다. 질그릇 관은 후세의 甐棺과 같은 것으로 보인다.
2) 則禮記又云殷人之棺槨 : ≪禮記≫ 〈檀弓 上〉에 "周나라 사람은 殷나라 사람의 棺槨을 써서 長殤을 장례하였다.〔周人以殷人之棺椁 葬長殤〕"라고 보인다. 殤은 成人이 되지 못하고 일찍 죽은 자를 이른다. 長殤·中殤·下殤으로 나누는바, 長殤은 19세에서 16세까지이고, 中殤은 15세에서 12세까지이고, 下殤은 11세에서 8세까지이며, 7세 이하는 喪으로 여기지 않는다.
3) 案書稱堯崩……三載四海遏密八音 : ≪書經≫ 〈虞書 舜典〉에 "〈舜이 섭위한 지〉 28년 만에 堯임금이 승하하시니, 백성들은 자기 부모의 喪을 당한 것처럼 하고, 3년 동안 四海에서는 八音을 그치고 조용히 했다.〔二十有八載 帝乃殂落 百姓如喪考妣 三載四海遏密八音〕"라고 하였는데, 孔穎達의 疏에 "사방의 오랑캐가 3년 동안 八音을 중지하였으면 中華(본토)의 〈백성들이 어땠을지는 말하지 않아도〉 알 수 있으니, 성대한 덕과 은혜로운 교화가 미친 바의 멂을 말한 것이다.〔四夷絶音三年 則華夏可知 言盛德恩化 所及者遠〕"라고 한 것에 의거하여 '三載四海遏密八音'으로 句를 끊고 번역하였다. 蔡沈은 '百姓如喪考妣三載(백성들은 자기 부모의 喪을 당한 것처럼 삼년복을 입었다.)'로 句를 끊었다. 八音은 악기를 만드는 여덟 가지 소재로, 모든 음악을 가리킨다.

正義曰 : 이는 아홉 가지 일 중에 여덟 번째이다.

'上古'라 말하지 않고 곧바로 '古之葬者'라고 말한 이유는 〈다음과 같다.〉 만약 지극히 멀면 '上古'라고 말하고, 그 다음으로 멀면 다만 '古'라고 말하였으니, 시신에 섶을 두껍게 입혀서 들 가운데 장례함은 오히려 동굴 속에서 살고 노끈을 맺은 뒤에 있었다. 그러므로 다만 '古'라고 말한 것이다.

〔不封不樹〕 흙을 쌓아 봉분을 만들지 않음은 바로 '봉분하지 않음'이요, 나무를 심어 장례한 곳을 표시하지 않음은 바로 '나무를 심지 않음'이다.

〔喪期无數〕 슬픔이 가시면 그쳐서 〈상복을 입는〉 달과 날짜를 제한하는 數가 없는 것이다.

〔後世聖人易之以棺槨〕 예컨대 ≪禮記≫에는 "有虞氏는 질그릇 棺을 썼다."라고 하였

으니, 반드시 나무를 사용하여 관을 만든 것은 아니요, ≪禮記≫에 또 "殷나라 사람의 棺槨을 썼다."라고 하였으니, 이 이전에는 '槨'을 말한 것이 분명한 글이 없다.

〔取諸大過〕 죽은 사람을 葬送하고 먼 선조를 추모함에 매우 크게 하고 지나치게 후하게〔甚大過厚〕 하고자 하므로 大過卦에서 취한 것이다.

살펴보건대 ≪書經≫에 "堯임금이 승하하시니, 백성들은 자기 부모의 喪을 당한 것처럼 하고 3년 동안 四海에서는 八音을 그치고 조용히 했다."라고 하였으니, 그렇다면 喪期에 일정한 數가 없음은 堯임금 이전에 그랬던 것이고, 棺槨은 殷나라 이후에 있었으니 夏나라 이전엔 棺槨이 구비되지 못했던 것이다. 이 때문에 그 글을 어긋나게 써서 앞뒤가 똑같지 않은 것이니, 이는 다만 이 글이 대략을 들어서 앞뒤로 서로 대체한 뜻을 밝힌 것일 뿐이고, 반드시 같은 때에 있었다고 확고하게 말할 수가 없다. 그러므로 아홉 가지 일에 있어 위로 黃帝로부터 하고 아래로 堯·舜을 칭하여 연결되어 끊어지지 않게 해서 번갈아 서로 增脩되게 한 것이다.

上古에 **結繩而治**러니 **後世聖人**이 **易之以書契**하여 **百官以治**하고 **萬民以察**하니 **蓋取諸夬**(쾌)하니라

上古 시대에는 노끈을 맺어 다스렸는데 後世의 聖人이 書契(文字)로 바꾸어서 百官이 다스려지고 萬民이 살펴졌으니, 이는 夬卦에서 취하였다.

【注】 夬는 決也니 書契는 所以決斷萬事也라

'夬'는 결단함이니, 書契는 만 가지 일을 결단하는 것이다.

【疏】 正義曰 : 此明九事之終也. 夬者, 決也, 造立書契, 所以決斷萬事, 故取諸夬也. '結繩'者, 鄭康成注云"事大, 大結其繩, 事小, 小結其繩", 義或然也.

正義曰 : 이는 아홉 가지 일의 끝(아홉 번째)을 밝힌 것이다.

'夬'는 결단함이니, 書契를 만들어 세움은 만 가지 일을 결단하기 위한 것이다. 그러므로 夬卦에서 취한 것이다.

〔結繩〕 鄭康成(鄭玄)의 注에 이르기를 "일이 크면 노끈을 크게 묶고, 일이 작으면 노끈을 작게 묶었다."라고 하였으니, 의리에 혹 옳을 듯하다.

제3장

【疏】 正義曰 : '是故易者'至'德之盛也' 此第三章. 明陰陽二卦之體, 及日月相推, 而成歲, 聖人用之, 安身崇德, 德之盛也.

正義曰 : 經의 〔是故易者〕에서 〔德之盛也〕까지

이는 제3장이다. '陰・陽 두 卦의 體와 日・月이 서로 바뀌어서 한 해〔歲〕를 이루는데, 聖人이 이것을 사용하여 몸을 편안히 하고 德을 높이니, 德이 성함'을 밝힌 것이다.

是故로 易者는 象也니 象也者는 像也요 彖者는 材也요

이러므로 易은 象이니, 象은 형상〔像〕이요, 彖은 재주와 德이요,

【注】 材는 才德也라 彖言成卦[1]之材하여 以統卦義也라

1) 成卦 : 6개의 爻로 이루어진 괘, 六畫卦를 말한다. 아래 〈說卦傳〉에 "易이 여섯 번 그음에 卦가 이루어졌다.〔易之畫而成卦〕"라고 하였다.

材는 재주와 德이다. 彖은 成卦의 재주와 德을 말하여 卦의 뜻을 통합한 것이다.

【疏】 正義曰 : '是故易者 象也'者, 但前章皆取象以制器, 以是之故, 易卦者, 寫萬物之形象, 故〔云〕[1]"易者, 象也." '象也者 像也'(○)〔者〕[2], 謂卦爲萬物象者, 法像萬物, 猶若乾卦之象, 法像於天也. '彖者 材也'者, 謂卦下彖辭者, 論此卦之材德也.

1) 〔云〕 : 저본에는 '云'이 없으나, 阮元의 〈校勘記〉에 "浦鏜이 이르기를 '「故」의 아래에 「云」자가 있다.' 하였다."라고 한 것에 의거하여 보충하였다.

2) (○)〔者〕 : 저본에는 '○'으로 되어 있으나, 阮元의 〈校勘記〉에 "'○'은 '者'자의 誤字이니, 毛本에는 바로 '者'로 되어 있다."라고 한 것에 의거하여 '者'로 바로잡았다.

正義曰 : 〔是故易者 象也〕 다만 앞장은 모두 象을 취하여 기물을 만든 것이니, 이 때문에 易의 卦는 萬物의 형상을 묘사한 것이다. 그러므로 "易은 象이다."라고 한 것이다.

〔象也者 像也〕 '卦가 萬物의 象이 됨은 만물을 본받고 형상해서임'을 이른 것이니, 예컨대 乾卦의 象이 하늘을 본받고 형상한 것과 같은 것이다.

〔彖者 材也〕 卦 아래의 彖辭는 이 卦의 재주와 德을 논한 것임을 말한 것이다.

爻也者는 **效天下之動者也**라 **是故**로 **吉凶生而悔吝著也**니라 **陽卦**는 **多陰**하고 **陰卦**는 **多陽**하니 **其故**는 **何也**오 **陽卦**는 **奇**요 **陰卦**는 **耦**일새라

爻란 천하의 動함을 본받은 것이다. 이 때문에 吉凶이 생기고 悔吝이 드러나는 것이다. 陽卦는 陰이 많고 陰卦는 陽이 많으니, 그 연고는 어째서인가? 陽卦는 奇數이고 陰卦는 耦數(偶數)이기 때문이다.

【注】 夫少者는 多之所宗이요 一者는 衆之所歸니 陽卦는 二陰이라 故로 奇爲之君이요 陰卦는 二陽이라 故로 耦爲之主라

작은 것은 많음이 宗主로 여기는 바이고 一은 무리가 귀의하는 바이니, 陽卦는 두 陰爻이기 때문에 奇數가 군주가 되고, 陰卦는 두 陽爻이기 때문에 耦數가 주체가 되는 것이다.

【疏】 正義曰 : '爻也者 效天下之動'者, 謂每卦六爻, 皆倣效天下之物而發動也. '吉凶生而悔吝著'者, 動有得失, 故吉凶生也. 動有細小疵病, 故悔吝著也. '陽卦多陰 陰卦多陽 其故何也'者, 此夫子將釋陰陽二卦不同之意, 故先發其問, 云"其故何也." 陽卦多陰, 謂震・坎・艮一陽而二陰也. 陰卦多陽, 謂巽・離・兌一陰而二陽也. '陽卦奇 陰卦耦'者, 陽卦則以奇爲君, 故一陽而二陰, 陽爲君, 陰爲臣也. 陰卦則以耦爲君, 故二陽而一陰, 陰爲君, 陽爲臣也. 故注云"陽卦二陰, 故奇爲之君, 陰卦二陽, 故耦爲之主."

正義曰 : 〔爻也者 效天下之動〕 매 卦마다 六爻가 모두 천하의 물건을 모방하고 본받아 발동함을 말한 것이다.

〔吉凶生而悔吝著〕 動하면 得失이 있으므로 吉凶이 생기는 것이요, 동하면 작은 하자〔疵病〕가 있으므로 悔吝이 드러나는 것이다.

〔陽卦多陰 陰卦多陽 其故何也〕 이는 夫子가 장차 陰・陽 두 卦의 똑같지 않은 뜻을 해석하려 하였으므로 먼저 그 물음을 발하여 "그 연고는 어째서인가?"라고 한 것이다. '陽卦에 陰이 많음'은 震☳, 坎☵, 艮☶이 한 陽爻에 두 陰爻임을 이르고, '陰卦에 陽이 많음'은 巽☴, 離☲, 兌☱가 한 음효에 두 양효임을 말한 것이다.

〔陽卦奇 陰卦耦〕 陽卦는 奇數를 군주로 삼기 때문에 한 陽爻에 두 陰爻여서 陽이 군주가 되고 陰이 신하가 되고, 陰卦는 耦數를 군주로 삼기 때문에 두 陽爻에 한 陰爻여서

陰이 군주가 되고 陽이 신하가 되는 것이다. 그러므로 注에 "陽卦는 두 陰爻이기 때문에 奇數가 군주가 되고, 陰卦는 두 陽爻이기 때문에 耦數가 주체가 되는 것이다."라고 한 것이다.

其德行은 何也오

그 德行은 어떠한가?

【注】 辨陰陽二卦之德行也라

陰·陽 두 卦의 德行을 분변한 것이다.

【疏】 正義曰：前釋陰陽之體，未知陰陽德行之故，故夫子將釋德行，先自問之，故云"其德行何也."

正義曰：앞에서는 陰·陽의 體를 해석하였으나 아직 陰·陽의 德行의 연고를 알지는 못한다. 그러므로 夫子가 장차 덕행을 해석하려 하면서 먼저 스스로 물으신 것이다. 이 때문에 "그 덕행은 어떠한가?"라고 한 것이다.

陽은 一君而二民이니 君子之道也요 陰은 二君而一民이니 小人之道也라

陽卦는 한 군주에 두 백성이니 君子의 道요, 陰卦은 두 군주에 한 백성이니 小人의 道이다.

【注】 陽은 君道也요 陰은 臣道也라 君은 以无爲統衆하니 无爲則一也요 臣은 以有事代終하니 有事則二也라 故로 陽爻畫(획)奇하여 以明君道必一하고 陰爻畫兩하여 以明臣體必二하니 斯則陰陽之數가 君臣之辨也라 以一爲君은 君之德也니 二居君位는 非其道也라 故로 陽卦曰 君子之道요 陰卦曰 小人之道也라하니라

陽은 군주의 道이고, 陰은 신하의 道이다. 군주는 함이 없음[无爲]으로써 무리를 통솔하니, 함이 없으면 一인 것이요, 신하는 일이 있음으로써 대신하여 끝마치니, 일이 있으면 二인 것이다. 그러므로 陽爻는 奇(⚊)를 그어서 君道가 반드시 一임을 밝혔고, 陰爻는 兩(⚋)을 그어서 신하의 體가 반드시 二임을 밝혔으니, 이는 陰과 陽의 數가 군주와

신하의 분변인 것이다. 一을 군주로 삼음은 군주의 덕이니, 二가 군주의 자리에 거함은 道가 아니다. 그러므로 陽卦를 '君子의 道'라 하고, 陰卦를 '小人의 道'라 한 것이다.

【疏】'陽一'至'道也' ○ 正義曰 : '陽一君而二民 君子之道'者, 夫君以无爲統衆, 无爲者, (爲)〔謂〕[1]每事因循, 委任臣下, 不司其事, 故稱一也. 臣則有事代終, 各司其職, 有職則有對, 故稱二也. 今陽爻以一爲君, 以二爲民, 得其尊卑相正之道, 故爲君子之道者也. '陰二君而一民 小人之道'者, 陰卦則以二爲君, 是失其正, 以一爲臣, 乖反於理, 上下失序, 故稱小人之道也.

1) (爲)〔謂〕: 저본에는 '爲'로 되어 있으나, 阮元의 〈校勘記〉에 "孫志祖가 이르기를 '아래의 「爲」는 「謂」가 되어야 한다.' 하였다."라고 한 것에 의거하여 '謂'로 바로잡았다.

經의 〔陽一〕에서 〔道也〕까지

○ 正義曰 : 〔陽一君而二民 君子之道〕 군주는 함이 없음으로써 무리를 통솔하니, 함이 없다는 것은 매사를 그대로 따라서 신하에게 위임하여 그 일을 맡지 않음을 이른다. 그러므로 '一'이라고 칭한 것이다. 신하는 일이 있어 대신하여 끝마쳐서 각각 그 직책을 맡으니, 직책이 있으면 상대가 있으므로 '二'라고 칭한 것이다. 지금 陽爻는 一을 군주로 삼고 二를 백성으로 삼아서 높은 사람과 낮은 사람이 서로 바른 道를 얻었으므로 君子의 道가 되는 것이다.

〔陰二君而一民 小人之道〕 陰卦는 二를 군주로 삼으니 이는 바름을 잃은 것이요, 一을 신하로 삼으니 이치에 어긋나고 위반되는 것인바, 上下가 차례를 잃었으므로 '小人의 道'라고 칭한 것이다.

【疏】○ 注'陽君'至'道也' ○ 正義曰 : '陽 君道'者, 陽是虛无爲體, 純一不二, 君德亦然, 故云"陽, 君道也." '陰 臣道'者, 陰是形器, 各有質分, 不能純一, 臣職亦然, 故云"陰, 臣道也." 案經云"民"而注云"臣"者, 臣則民也. 經中對君, 故稱民, 注意解陰, 故稱臣也.

○ 注의 〔陽君〕에서 〔道也〕까지

○ 正義曰 : 〔陽 君道〕 陽은 虛无를 體로 삼아서 純一하여 둘로 하지 않으니, 군주의 德도 그러하므로 "陽은 군주의 道이다."라고 한 것이다.

〔陰 臣道〕 陰은 形器여서 각각 形質의 분별이 있어서 純一하지 못하니, 신하의 직책 또한 그러하므로 "陰은 신하의 道이다."라고 한 것이다.

살펴보건대 경문에는 '民'이라고 말하였는데 注에서는 '臣'이라고 말한 것은, 신하는 바로 백성인 것이다. 경문 가운데에서는 군주와 상대하였으므로 '民'이라고 칭하였고, 注의 뜻은 陰을 해석하였으므로 '臣'이라고 칭한 것이다.

易曰 憧憧往來하면 朋從爾思라하니

≪周易≫에 이르기를 "끊임없이 왕래하면 벗이 네 생각을 따르리라."라고 하니,

【注】天下之動이 必歸乎一이어늘 思以求朋이면 未能一也니 一以感物이면 不思而至니라

천하의 動함이 반드시 一로 돌아가는데, 생각하여 벗을 구하면 一이 되지 못하니, 一로써 남을 감동시키면 생각하지 않아도 이른다.

【疏】正義曰：此明不能无心感物，使物來應，乃憧憧然役用思慮，或來或往，然後朋從爾之所思。若能虛寂，以純一感物，則不須憧憧往來，朋自歸也。此一之爲道，得爲可尙，結成前文陽爻以一爲君，是君子之道也。注云"天下之動，必歸乎一，思以求朋，未能一也，一以感物，不思而至"矣。

正義曰：이는 '无心으로 물건을 감동시켜서 물건으로 하여금 와서 응하게 하지 못하고, 마침내 끊임없이 思慮를 사용하여 혹은 오고 혹은 간 뒤에야 벗이 너의 생각하는 바를 따름'을 밝힌 것이다. 만약 마음이 비고 고요하여 純一로써 남을 감동시키면 굳이 끊임없이 왕래하지 않더라도 벗이 저절로 돌아오는 것이다. 이는 一의 道가 높일 만한 것이 되는 것이니, 앞글의 '陽爻는 一을 군주로 삼으니 바로 君子의 道임'을 맺어 이룬 것이다. 注에 이르기를 "천하의 動함이 반드시 一로 돌아가는데, 생각하여 벗을 구하면 一이 되지 못하니, 一로써 남을 감동시키면 생각하지 않아도 이른다."라고 하였다.

子曰 天下何思何慮리오 天下同歸而殊塗하며 一致而百慮하나니 天下何思何慮리오

孔子가 말씀하셨다. "천하에 무엇을 생각하고 무엇을 염려하겠는가. 천하가 돌아감은 같으나 길이 다르며 이룸은 하나이나 생각은 백 가지이니, 천하에 무엇을 생각하고 무엇을 염려하겠는가.

【注】 夫少則得하고 多則(感)〔惑〕[1)]하니 塗雖殊나 其歸則同하고 慮雖百이나 其致不二라 苟識其要면 不在博求요 一以貫之면 不慮而盡矣라

1) (感)〔惑〕: 저본에는 '感'으로 되어 있으나, ≪周易集解纂疏≫에 의거하여 '惑'으로 바로잡았다.(北京大 整理本 참조) ≪道德經≫에 "적으면 얻고 많으면 의혹하니, 이 때문에 聖人은 하나를 품고 천하의 법도가 된다.〔少則得 多則惑 是以聖人抱一爲天下式〕"라고 보인다.

적으면 얻고 많으면 의혹하니, 길은 비록 다르나 돌아감은 같고, 생각은 비록 백 가지이나 그 이룸은 두 가지가 아니다. 진실로 그 요점을 안다면 널리 구함에 있지 않고, 하나로써 관통하면 생각하지 않아도 다한다.

【疏】 正義曰 : '子曰天下何思何慮'者, 言得一之道, 心旣寂靜, 何假思慮也. '天下同歸而殊塗'者, 言天下萬事, 終則同歸於一, 但初時, 殊異其塗路也. '一致而百慮'者, 所致雖一, 慮必有百. 言慮雖百種, 必歸於一致也, 塗雖殊異, 亦同歸於至眞也. 言多則不如少, 動則不如寂, 則天下之事, 何須思也, 何須慮也.

正義曰 : 〔子曰天下何思何慮〕 '一의 道를 얻었으면 마음이 이미 조용하고 고요하리니 어찌 思慮할 필요가 있겠는가.'라고 말한 것이다.

〔天下同歸而殊塗〕 천하만사가 끝나면 똑같이 하나로 돌아가는데 다만 처음에는 그 길을 달리함을 말한 것이다.

〔一致而百慮〕 이루는 바는 비록 하나이나 생각은 백 가지가 있는 것이다.

'생각은 비록 백 가지이나 반드시 하나의 이룸으로 돌아가고, 길은 비록 각기 다르나 또한 지극히 참됨으로 함께 돌아감'을 말한 것이다. '많은 것이 적음만 못하고 동한 것이 고요함만 못하니, 이렇게 하면 천하의 일을 어찌 굳이 생각할 것이 있으며 어찌 굳이 염려할 것이 있겠는가.'라고 말한 것이다.

日往則月來하고 月往則日來하여 日月相推而明生焉하며 寒往則暑來하고 暑往則寒來하여 寒暑相推而歲成焉하니 往者는 屈也요 來者는 信[1)]也니 屈信相感而利生焉하나니라

1) 信 : '伸(펴다)'과 같다.

해가 가면 달이 오고 달이 가면 해가 와서 해와 달이 서로 바뀌어 밝음이 생겨나며, 추위가 가면 더위가 오고 더위가 가면 추위가 와서 추위와 더위가 서로 바뀌어 한 해가 이루어지니, 가는 것은 굽힘이요 오는 것은 펴짐이니, 굽힘과 펴짐이 서로 감동하여 이로움이 생겨나는 것이다.

【疏】 正義曰 : '日往則月來'至'相推而歲成'者, 此言不須憂慮, 任運往來, 自然明生, 自然歲成也. '往者屈也 來者信也'者, 此覆明上日往則月來, 寒往則暑來, 自然相感而生利之事也. 往是去藏, 故爲屈也, 來是施用, 故爲信也. 一屈一信, 遞相感動而利生, 則上云"明生"·"歲成", 是利生也.

正義曰 : 經의 〔日往則月來〕에서 〔相推而歲成〕까지

이는 '굳이 근심하고 염려하지 않으며 運에 맡겨 왕래하게 하면 자연히 밝음이 생겨나고 자연히 한 해가 이루어짐'을 말한 것이다.

〔往者屈也 來者信也〕 이는 위의 '해가 가면 달이 오고 더위가 가면 추위가 와서 자연히 서로 감동하여 이로움이 생기는 일'을 반복하여 밝힌 것이다. 감은 가서 감추므로 굽힘이 되고, 옴은 베풀어 사용되므로 펴짐이 되는 것이다. 한 번 굽힘과 한 번 펴짐이 번갈아 서로 감동하면 이로움이 생겨나니, 위에서 "밝음이 생긴다."라고 하고 "한 해가 이루어진다."라고 말한 것이 바로 '이로움이 생겨남'이다.

尺蠖之屈은 以求信也요 龍蛇之蟄은 以存身也요 精義入神은 以致用也요

자벌레가 몸을 굽힘은 펴짐을 구하기 위해서요, 용과 뱀이 칩거함은 몸을 보존하기 위해서요, 精妙한 義가 神化에 들어감은 쓰임을 지극히 하기 위해서요,

【注】 精義는 物理之微者也라 神寂然不動이라가 感而遂通이라 故로 能乘天下之微會하여 而通其用也라

精義는 사물의 이치의 은미한 것이다. 神이 寂然하여 動하지 않다가 감동하면 마침내 통한다. 그러므로 능히 천하의 은미한 기회를 타고서 그 쓰임을 통하는 것이다.

【疏】 正義曰 : '尺蠖之屈 以求信'者, 覆明上往來相感, 屈信相須. 尺蠖之蟲, 初行必屈者, 欲求在後之信也. 言信必須屈, 屈以求信, 是相須也. '龍蛇之蟄 以存身'者, 言靜以求動也. 蛟蛇初蟄, 是靜也, 以此存身, 是後動也. 言動必因靜也, 靜而得動, 亦動靜相須也. '精義入神 以致用'者, 亦言先靜而後動. 此言人事之用, 言聖人用精粹微妙之義, 入於神化, 寂然不動, 乃能致其所用. 精義入神, 是先靜也, 以致用, 是後動也, 是動因靜而來也.

正義曰 : 〔尺蠖之屈 以求信〕 위의 '오고 감이 서로 감동하고, 굽힘과 펴짐이 서로 필요로 함'을 반복하여 밝힌 것이다. 자벌레가 처음 갈 때에 반드시 몸을 굽힘은 뒤에 있는 펴짐을 구하고자 하는 것이다. '펴짐은 반드시 굽힘을 필요로 하며 굽힘으로써 펴짐을 구하니, 이는 서로 필요로 함'을 말한 것이다.

〔龍蛇之蟄 以存身〕 고요히 하여 動을 구함을 말한 것이다. 蛟龍과 뱀이 처음 칩거함은 바로 고요함이요, 이로써 몸을 보존함은 바로 뒤에 동하는 것이다. 동함은 반드시 고요함을 인함을 말한 것이니, 고요하여 동할 수 있음은 또한 動과 靜이 서로 필요로 하는 것이다.

〔精義入神 以致用〕 또한 먼저 고요한 뒤에 동함을 말한 것이다. 이는 人事의 쓰임을 말한 것이니, '聖人이 精粹하고 미묘한 義를 사용하여 神化에 들어가서 寂然하여 움직이지 않아야 비로소 능히 그 쓰는 바를 지극히 할 수 있음'을 말한 것이다. '精妙한 義가 神化에 들어감'은 바로 먼저 고요한 것이요, '쓰임을 지극히 함'은 바로 뒤에 동하는 것이니, 이는 동함이 고요함으로 인하여 오는 것이다.

利用安身은 以崇德也라

쓺을 이롭게 하기 위해 몸을 편안히 함은 德을 높이는 것이다.

【注】 利用之道는 (由)〔皆〕[1]安其身而後動也라 精義由於入神하여 以致其用하고 利用由於安身하여 以崇其德이라 理必由乎其宗하고 事各本乎其根하여 歸根則寧하니 天下之理得也라 若役其思慮하여 以求動用하고 忘其安身하여 以殉功美면 則僞彌多而理愈失하고 名彌美而累愈彰矣리라

1) (由)〔皆〕: 저본에는 '由'로 되어 있으나, 아래의 疏와 岳本·宋本·古本·足利本에 의거하여 '皆'로 바로잡았다.(阮元의 〈校勘記〉 참조)

쓺을 이롭게 하는 道는 모두 자기 몸을 편안히 한 뒤에 동하는 것이다. 精妙한 義는 入

神함으로 말미암아 그 쓰임을 지극히 하게 되고, 쓰임을 이롭게 함은 몸을 편안히 함으로 말미암아 그 德을 높이게 된다. 이치는 반드시 그 宗에 연유하고 일은 각각 그 뿌리에 근본해서 뿌리로 돌아가면 편안하니, 천하의 이치가 얻어진다.

만약 思慮를 사용하여 動의 쓰임을 구하고, 몸을 편안히 함을 잊어서 功의 아름다움을 구하면, 거짓이 더욱 많아져서 이치를 더욱 잃게 되고, 이름이 더욱 아름다우나 累가 더욱 드러나게 된다.

【疏】 '利用'至'德也' ○ 正義曰：此亦言人事也. 言欲利己之用, 先須安靜其身, 不須役其思慮, 可以增崇其德. 言'利用安身', 是靜也, 言'崇德', 是動也, 此亦先靜而後動, 動亦由靜而來也.

經의 〔利用〕에서 〔德也〕까지

○ 正義曰：이 또한 人事를 말한 것이다. '자기의 쓰임을 이롭게 하고자 하면 먼저 자기 몸을 편안하고 고요하게 해야 하고 굳이 그 思慮를 사용하지 않아야 하니, 그러면 그 德을 더 높일 수 있음'을 말한 것이다. '씀을 이롭게 하기 위해 몸을 편안히 함'을 말함은 바로 고요함이고, '德을 높임'을 말함은 바로 動함이니, 이 또한 먼저 고요한 뒤에 동하는 것이니, 동함이 또한 고요함으로 말미암아 오는 것이다.

【疏】 ○ 注'利用之道'至'崇其德' ○ 正義曰：云'利用之道 皆安其身而後動'者, 言欲利益所用, 先須自安其身, 身既得安, 然後擧動, 德乃尊崇. 若不先安身, 身有患害, 何能利益所用以崇德也. 云'精義由於入神 以致其用'者, 言精粹微妙之義, 由入神, 寂然不動, 乃能致其用. 云'利用由於安身 以崇德者', 言欲利益所用, 先須自安其身, 乃可以增崇其德也.

○ 注의 〔利用之道〕에서 〔崇其德〕까지

○ 正義曰：〔利用之道 皆安其身而後動〕 '쓰는 바를 유익하게 하고자 하면 먼저 반드시 스스로 자기 몸을 편안히 하여야 함'을 말한 것이니, 몸이 이미 편안함을 얻고 난 뒤에 거동하면 德이 마침내 높아진다. 만약 먼저 몸을 편안하게 하지 않아서 몸에 환란과 해로움이 있으면 어떻게 쓰는 바를 유익하게 하여 덕을 높일 수 있겠는가.

〔精義由於入神 以致其用〕 '精粹하고 微妙한 義가 神化에 들어감으로 말미암아 寂然하여 움직이지 않다가 마침내 능히 그 쓰임을 지극히 함'을 말한 것이다.

〔利用由於安身 以崇德〕'쓰는 바를 유익하게 하고자 하면 먼저 스스로 자기 몸을 편안히 하여야 하니, 그래야 비로소 그 德을 더 높일 수 있음'을 말한 것이다.

過此以往은 **未之或知也**니 **窮神知化**는 **德之盛也**라

이것을 지난 이후는 혹 알 수 없으니, 神을 窮極하고 變化를 아는 것은 德이 성한 것이다."

【疏】正義曰：'過此以往 未之或知也'者, 言精義入神以致用, 利用安身以崇德, 此二者, 皆人理之極, 過此二者以往, 則微妙不可知, 故云"未之或知"也. '窮神知化 德之盛'者, 此言過此二者以往之事, 若能過此以往, 則窮極微妙之神, 曉知變化之道, 乃是聖人德之盛極也.

正義曰：〔過此以往 未之或知也〕'精妙한 義가 神化에 들어감은 쓰임을 지극히 하기 위해서임'과 '씀을 이롭게 하기 위해 몸을 편안히 함은 德을 높이는 것임'의 이 두 가지는 다 사람의 이치에 지극한 것이니, 이 두 가지를 지난 이후는 미묘하여 알 수 없음을 말하였다. 그러므로 "혹 알 수 없다."라고 말한 것이다.

〔窮神知化 德之盛〕이는 이 두 가지를 지난 이후의 일을 말한 것이니, 만약 이것을 지난 이후라면 이는 미묘한 神을 窮極하고 變化의 道를 깨달아 아는 것이니, 이것이 바로 聖人의 德이 盛大함이 지극한 것이다.

제4장

【疏】正義曰：'易曰困于石'至'勿恒凶' 此第四章. 凡有九節. 以上章先〔言〕[1]利用安身, 可以崇德, 若身自危辱, 何崇德之有. 故此章第一節, 引困之六三危辱之事, 以證之也.

1) 〔言〕: 저본에는 '言'이 없으나, 阮元의 〈校勘記〉에 "≪周易集解≫에 '先' 아래에 '言'자가 있다."라고 한 것에 의거하여 보충하였다.

正義曰：經의 〔易曰困于石〕에서 〔勿恒凶〕까지

이는 제4장이다. 모두 아홉 개의 절이 있다. 위의 장에서는 먼저 '씀을 이롭게 하고 몸

을 편안히 하면 덕을 높일 수 있음'을 말하였으니, 만약 몸이 스스로 위태롭고 욕되면 무슨 덕을 높임이 있겠는가. 그러므로 이 장의 제1절에서 困卦䷮의 六三爻의 위태롭고 욕된 일을 인용하여 증명한 것이다.

易曰 困于石하며 **據于蒺蔾**라 **入于其宮**이라도 **不見其妻**니 **凶**이라하니 **子曰 非所困而困焉**하니 **名必辱**하고 **非所據而據焉**하니 **身必危**하리니 **旣辱且危**하여 **死期將至**어니 **妻**를 **其可得見耶**아

≪周易≫에 이르기를 "돌에 곤궁하며, 蒺藜를 점거하고 있으니(찔레의 위에 앉아 있으니), 집에 들어가도 아내를 만나보지 못하여 흉하다."라고 하니, 孔子가 말씀하였다. "곤궁할 바가 아닌데 곤궁하니 이름이 반드시 욕될 것이요, 점거할 바가 아닌데 점거하였으니 몸이 반드시 위태로울 것이다. 이미 욕되고 또 위태로워서 죽을 시기가 장차 이르렀으니, 아내를 어찌 만나볼 수 있겠는가."

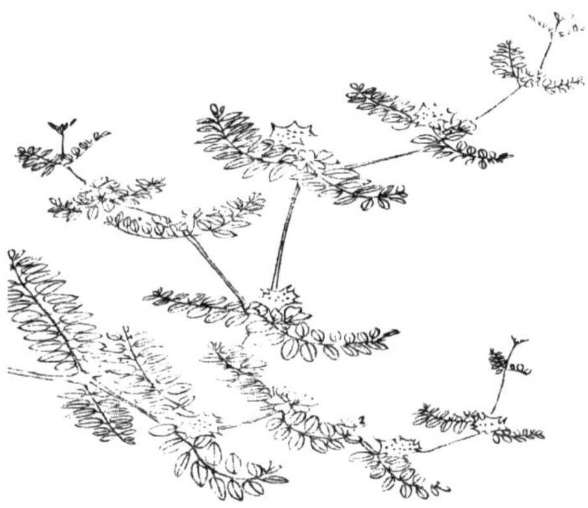

蒺藜

【疏】 正義曰：困之六三, 履非其地, 欲上干於四, 四自應初, 不納於已, 是困於九四之石也. 三又乘二, 二是剛陽, 非己所乘, 是下向據於九二之蒺蔾也. 六三又无應, 是入其宮, 不見其妻, 死期將至, 所以凶也. '子曰非所困而困焉'者, 夫子旣引易文, 又釋其義, 故云"(不)〔子〕[1)]曰." 非所困, 謂九四, 若六三不往犯之, 非六三之所困, 而六三彊往干之而取困焉. '名必辱'者, 以向上而進取, 故以聲名言之, 云"名必辱"也. '非所據而據焉'者, 謂九二也. 若六三能卑下九二, 則九(三)〔二〕[2)]不爲其害, 是非所據也. 今六三彊往陵之, 是非所據而據焉. '身必危'者, 下向安身之處, 故以身言之, 云"身必危"也.

1) (不)〔子〕: 저본에는 '不'로 되어 있으나, 閩本・監本・毛本에 의거하여 '子'로 바로잡았다.(阮元의 〈校勘記〉 참조)

2) (三)〔二〕: 저본에는 '三'으로 되어 있으나, 阮元의 〈校勘記〉에 "살펴보건대 '三'은 '二'字

가 잘못된 것이니, 毛本에는 바로 '二'로 되어 있다."라고 한 것에 의거하여 '二'로 바로잡았다.

正義曰：困卦의 六三은 밟고 있는 것이 제자리가 아니고, 위로 九四를 범하고자 하나 九四는 본래 初六과 應하여 자기를 받아주지 않으니, 이는 九四의 돌에 곤궁한 것이다. 六三이 또 九二를 타고 있으니, 九二는 剛陽이어서 자기(六三)가 탈 수 있는 것이 아닌바, 이는 아래로 九二의 蒺蔾를 점거하고 있는 것이다. 六三은 또 應이 없으니, 이는 자기 집에 들어감에 아내를 만나보지 못하는 것이요, 죽을 시기가 장차 이르렀으니, 이 때문에 흉한 것이다.

〔子曰非所困而困焉〕 夫子가 이미 ≪周易≫의 글을 인용하고 또 그 글을 해석하였다. 그러므로 "孔子가 말씀하였다."라고 말한 것이다. 곤궁할 바가 아니라는 것은 九四를 이르니, 만약 六三이 가서 九四를 범하지 않으면 六三이 곤궁할 바가 아닌데, 六三이 억지로 가서 九四를 범하여 곤궁함을 취한 것이다.

〔名必辱〕 위로 향하여 進取하기 때문에 聲名으로 말하였으니, 〈그러므로〉 "이름이 반드시 욕될 것이다."라고 말한 것이다.

〔非所據而據焉〕 九二를 이른다. 만약 六三이 능히 九二에게 낮추면 九二가 해로움이 되지 않을 것이니, 이것이 '점거할 바가 아님'이다. 그런데 지금 六三이 억지로 가서 九二를 능멸하니, 이것이 '점거할 바가 아닌데 점거함'이다.

〔身必危〕 아래로 몸을 편안히 할 곳을 향하기 때문에 몸으로 말하였으니, 〈그러므로〉 "몸이 반드시 위태로울 것이다."라고 말한 것이다.

隼

易曰 公用射隼于高墉之上하여 **獲之**니 **无不利**라하니 **子曰 隼者**는 **禽也**요 **弓矢者**는 **器也**요 **射之者**는 **人也**라 **君子藏器於身**하여 **待時而動**하나니 **何**

不利之有리오 **動而不括**이라 **是以**로 **出而有獲**하나니 **語成器而動者也**라

≪周易≫에 이르기를 "公이 높은 담 위에 있는 새매를 쏘아서 잡으니, 이롭지 않음이 없다."라고 하니, 孔子가 말씀하였다. "새매는 새요, 활과 화살은 器物이요, 쏘는 것은 사람이다. 君子가 기물을 몸에 간직하고서 때를 기다려 動하니, 어찌 이롭지 않음이 있겠는가. 動함에 맺히지 않는다. 이 때문에 나가면 얻음이 있는 것이니, 기물을 이루고서 動하는 자를 말한 것이다."

【注】 括은 結也니 君子待時而動이면 則无結閡之患也라

'括'은 맺음이니, 君子가 때를 기다려 동하면 맺히는 근심이 없는 것이다.

【疏】 '易曰'至'動者也' ○ 正義曰：以前章先須安身, 可以崇德, 故此第二節論明先藏器於身, 待時而動, 而有利也, 故引解之上六以證之. 三不應上, 又以陰居陽, 此上六處解之極, 欲除其悖亂, 而去其三也. 故公用射此六三之隼於下體高墉之上, 云自上攻下, 合於順道, 故獲之无不利也. '子曰隼者禽也'者, 旣引易文於上, 下以解之, 故言"子曰"也. '君子藏器於身 待時而動 何不利'者, 猶若射人持弓矢於身, 此君子若包藏其器於身, 待時而動, 何不利之有, 似此射隼之人也. '動而不括'者, 言射隼之人, 旣持弓矢, 待隼可射之動而射之, 則不括結而有礙也, 猶若君子藏善道於身, 待可動之時而興動, 亦不滯礙而括結也. '語成器而後動'者, 謂易之所說此者, 語論有見(현)成之器, 而後興動也.

經의 〔易曰〕에서 〔動者也〕까지

○ 正義曰 : 앞 장에서는 먼저 '모름지기 몸을 편안히 하여야 德을 높일 수 있음'을 〈말하였다.〉 그러므로 제2절은 먼저 '기물을 몸에 간직하고서 때를 기다려 동하면 이로움이 있음'을 논하여 밝힌 것이다. 이 때문에 解卦䷧의 上六을 인용하여 증명한 것이다. 六三이 上六에 응하지 않고 또 陰으로서 陽의 자리에 있으니, 이는 上六이 解卦의 極에 처해서 悖亂한 자를 제거하여 六三을 제거하고자 하는 것이다. 그러므로 公이 下體의 높은 담의 위에 있는 이 六三의 새매를 쏜 것이니, 위에서 아래를 공격함은 順道에 부합하므로 잡음에 이롭지 않음이 없는 것이다.

〔子曰隼者禽也〕 이미 ≪周易≫의 글을 위에서 인용하고 아래에서는 이것을 해석하였

다. 그러므로 "孔子가 말씀하였다."라고 말한 것이다.

〔君子藏器於身 待時而動 何不利〕 이는 활 쏘는 사람이 활과 화살을 몸에 간직한 것과 같으니, 이 '군자가 만약 기물을 몸에 간직하고서 때를 기다려 동하면 어찌 이롭지 않음이 있겠는가.'라는 것인바, 이 새매를 쏘는 사람과 같은 것이다.

〔動而不括〕 새매를 쏘는 사람이 이미 활과 화살을 잡고 새매를 쏠 수 있는 動時를 기다려 쏘면 맺혀서 장애가 있지 않음을 말한 것이니, 군자가 善한 道를 몸에 간직하고서 동할 만한 때를 기다려 일어나 동하면 또한 막혀서 맺히지 않음과 같은 것이다.

〔語成器而後動〕 '易에서 이것을 말한 것은 현재 이루어져 있는 기물을 소유하고서 그런 뒤에 일어나 동함을 논한 것임'을 말한 것이다.

子曰 小人은 **不恥不仁**하며 **不畏不義**라 **不見利**면 **不勸**하며 **不威**면 **不懲**하나니 **小懲而大誡**가 **此小人之福也**라 **易曰** (履)〔屨〕[1]**校滅趾**니 **无咎**라하니 **此之謂也**라

1) (履)〔屨〕: 저본에는 '履'로 되어 있으나, 石經·岳本·閩本·監本·毛本 및 噬嗑卦 爻辭와 아래의 疏에 의거하여 '屨'로 바로잡았다.(阮元의 〈校勘記〉 참조)

孔子가 말씀하였다. "小人은 仁하지 못함을 부끄러워하지 않으며, 의롭지 못함을 두려워하지 않는다. 이로움을 보지 않으면 권면되지 않으며, 위엄을 보이지 않으면 징계되지 않으니, 작게 징계하여 크게 경계하는 이것이 小人의 福이다. ≪周易≫에 이르기를 '신발에 차꼬를 채워 발꿈치가 없어진(안 보이는) 것이니, 허물이 없다.'라고 하였으니, 이것을 말한 것이다.

【疏】 正義曰：此章第三節也. 明小人之道, 不能恒善, 若因懲誡而得福也. 此亦證前章安身之事, 故引易噬嗑初九以證之. 以初九居无位之地, 是受刑者, 以處卦初, 其過未深, 故屨校滅趾而无咎也.

正義曰：이 장의 제3절이다. 小人의 道가 항상 善하지는 못하니, 만약 징계를 인하면 福을 얻음을 밝힌 것이다. 이 또한 앞 장의 '몸을 편안히 하는 일'을 증명한 것이므로 ≪周易≫의 噬嗑卦䷔ 初九 爻辭를 인용하여 증명한 것이다. 初九가 지위가 없는 자리에 거하였으니 이는 형벌을 받는 자이나, 卦의 始初에 처하여 그 허물이 아직 깊지 않으므로 차꼬를 신발에 채워 발꿈치가 없어져서 허물이 없는 것이다.

善不積이면 不足以成名이요 惡不積이면 不足以滅身이어늘 小人은 以小善爲无益而弗爲也하고 以小惡爲无傷而弗去也라 故로 惡積而不可揜하며 罪大而不可解니 易曰 何[1)]校滅耳니 凶이라하니라

1) 何 : '荷(메다)'와 같다.

善을 쌓지 않으면 이름을 이루지 못하고, 惡을 쌓지 않으면 몸을 멸할 수 없는데, 小人은 작은 善을 무익하다 하여 하지 않고, 작은 惡을 무해하다 하여 버리지 않는다. 그러므로 惡이 쌓여서 가릴 수 없으며 죄가 커서 풀 수가 없으니, ≪周易≫에 이르기를 '차꼬를 메어 귀가 없어진 것이니, 흉하다.'라고 하였다."

【疏】正義曰 : 此章第四節也. 明惡人爲惡之極以致凶也. 此結成前章不能安身之事, 故引噬嗑上九之義以證之. 上九處斷獄之終, 是罪之深極者, 故有何校滅耳之凶. 案第一・第二節, 皆先引易文於上, 其後乃釋之, 此第三已下, 皆先豫張卦義於上, 然後引易於下以結之, 體例不同者, 蓋夫子隨義而言, 不爲例也.

正義曰 : 이 장의 제4절이다. 惡한 사람은 惡을 행하기를 지극히 하여 흉함을 불러옴을 밝혔다. 이는 앞 장의 '몸을 편안히 하지 못하는 일'을 맺어 이룬 것이므로 噬嗑卦 上九 爻辭의 뜻을 인용하여 증명한 것이다. 上九가 獄事를 결단하는 종말에 처하였으니, 이는 罪가 깊고 지극한 자이다. 그러므로 차꼬를 메어 귀가 없어진 흉함이 있는 것이다.

살펴보건대, 제1절과 제2절은 모두 먼저 ≪周易≫의 글을 위에 인용하고 그 뒤에 비로소 이것을 해석하였는데, 이 제3절 이하는 모두 먼저 卦의 뜻을 위에 미리 펼쳐놓고 그런 뒤에 ≪주역≫을 아래에 인용해 맺어서 體例가 똑같지 않으니, 이는 夫子가 뜻에 따라 말씀하여 일정한 준례로 삼지 않은 것이다.

子曰 危者는 安其位者也요 亡者는 保其存者也요 亂者는 有其治者也라 是故로 君子安而不忘危하며 存而不忘亡하며 治而不忘亂이라 是以로 身安而國家可保也라 易曰 其亡其亡이라야 繫于苞桑이라하니라

孔子가 말씀하였다. "위태로움은 지위를 편안히 여겼기 때문이요, 망함은 보존됨을 보유하였기 때문이요, 禍亂은 다스려짐을 소유하였기 때문이다. 이 때문에 군자

는 편안하여도 위태로움을 잊지 않으며, 보존되어도 멸망함을 잊지 않으며, 다스려져도 화란을 잊지 않는다. 이 때문에 몸이 편안하고 국가를 보존할 수 있는 것이다. ≪周易≫에 이르기를 '망할까 망할까 염려해야 뽕나무 뿌리에 매어놓듯 〈견고할〉 것이다.'라고 하였다."

【疏】 正義曰：此第五節. 以上章有安身之事, 故此節恒須謹愼, 可以安身, 故引否之九五以證之. '危者 安其位者也', 言所以今有傾危者, 由往前安樂於其位, 自以爲安, 不有畏愼, 故致今日危也. '亡者 保其存'者, 所以今日滅亡者, 由往前保有其存, 恒以爲存, 不有憂懼, 故今致滅亡也. '亂者 有其治'者, 所以今有禍亂者, 由往前自恃有其治理也, 謂恒以爲治, 不有憂慮, 故今致禍亂也.[1] 是故君子今雖復安, 心恒不忘傾危之事, 國之雖存, 心恒不忘滅亡之事, 政之雖治, 心恒不忘禍亂之事. '其亡其亡 其繫于苞桑'者, 言心恒畏愼, 其將滅亡, 其將滅亡, 乃繫于苞桑之固也.[2]

1) 亂者……故今致禍亂也：≪周易傳義大全≫의 小註에, 이에 대한 설명으로 ≪朱子語類≫의 문답이 다음과 같이 채록되어 있다. "혹자가 물었다. '위태로움은 자기의 지위를 편안하게 여길 만하다고 생각하여 경계하고 두려워할 줄을 모르기 때문에 위태로워지고, 망함은 자기의 보존됨을 항상 보유할 수 있다고 생각하기 때문에 망하게 되고, 禍亂은 자기가 다스려짐을 소유했다고 여기기를 「善을 소유함」의 소유함처럼 여기기 때문에 어지러워지는 것입니까?' 朱子가 답하였다. '나도 예전에는 이와 같이 설명하였었는데, 뒤에 보니 保字를 억지로 끌어다가 맞추어 설명한 것이니, 이는 다만 여전히 위태로움과 망함과 화란을 두려워하는 뜻을 간직하고 있으면 그 지위를 편안히 할 수 있고 그 보존됨을 보유할 수 있고 그 다스려짐을 소유하게 된다는 뜻이다.〔或問 危者 以其位爲可安而不知戒懼 故危 亡者 以其存爲可常保 是以亡 亂者 是自有其治 如有其善之有 是以亂 朱子曰 某舊也如此說 看來 保字 說得較牽强 只是常有危亡與亂之意 則可以安其位 保其存 有其治〕" 주자의 이러한 설명 때문에 諺解에서는 이 경문을 "危할까 하는 자는 그 位를 安하는 자요, 亡할까 하는 자는 그 存을 保하는 자요, 亂할까 하는 자는 그 治를 둔 자이니"로 풀이하였다.

2) 乃繫于苞桑之固也：否卦 九五 爻辭의 孔穎達의 疏에 "'苞'는 뿌리이다.〔苞 本也〕"라고 하였으므로, 이에 의거하여 '苞桑'을 '뽕나무 뿌리'로 번역하였다.

正義曰：이는 제5절이다. 위의 장에 몸을 편안히 하는 일이 있으므로 이 절은 '항상 모름지기 근신하면 몸을 편안히 할 수 있음'을 〈말한 것이다.〉 그러므로 否卦䷋의 九五 爻辭를 인용하여 증명한 것이다.

〔危者 安其位者也〕'지금 기울고 위태로움이 있는 이유는 예전에 보유했던 지위를 편안히 여기고 즐거워해서 스스로 편안히 여겨 두려워하고 삼가는 마음이 있지 않았기 때문에 오늘날 위태로움을 이룬 것임'을 말한 것이다.

〔亡者 保其存〕지금 멸망하는 이유는 예전에 보존됨을 보유하여 항상 보존될 것이라고 여겨서 근심과 두려운 마음을 두지 않았기 때문에 지금 멸망을 이룬 것이다.

〔亂者 有其治〕지금 禍亂이 있는 이유는 예전에 다스려짐이 있었음을 스스로 믿고 항상 다스려질 것이라고 여겨서 근심하는 생각을 두지 않았기 때문에 이제 禍亂을 부른 것이다.

이 때문에 군자가 지금 비록 다시 편안하나 마음에 항상 기울고 위태로운 일을 잊지 않고, 나라가 비록 보존되나 마음에 항상 멸망하는 일을 잊지 않고, 정사가 비록 다스려지나 마음에 항상 禍亂의 일을 잊지 않는 것이다.

〔其亡其亡 其繫于苞桑〕마음에 항상 두려워하고 삼가서 '장차 멸망할 것이다. 장차 멸망할 것이다.'라고 염려하여야 비로소 뽕나무 뿌리에 튼튼하게 매어두게 됨을 말한 것이다.

子曰 德薄而位尊하며 **知小而謀大**하며 **力小而任重**이면 **鮮不及矣**라 **易曰 鼎折足**하고 **覆公餗**하니 **其形渥**하여 **凶**이라하니 **言不勝其任也**라

孔子가 말씀하였다. "德이 적으면서 지위가 높으며 지혜가 적으면서 계책이 크며 힘이 적으면서 짐이 무거우면 〈禍가〉 미치지 않는 자가 드물다. ≪周易≫에 이르기를 '솥의 발이 부러져 公에게 바칠 음식을 뒤엎으니, 그 모습이 젖어 있어 凶하다.'라고 하였으니, 그 임무를 감당하지 못함을 말한 것이다."

【疏】'子曰'至'其任也' ○正義曰：此第六節, 言不能安其身, 知小謀大而遇禍, 故引易鼎卦九四以證之. '鼎折足 覆公餗 其形渥 凶'者, 處上體之下, 而又應初, 旣承且施, 非己所堪, 故有折足之凶. 旣覆敗其美道, 災及其形, 以致渥凶也. '言不勝其任'者, 此夫子之言, 引易後以此結之, 其文少, 故不云"子曰"也.

經의 〔子曰〕에서 〔其任也〕까지

○正義曰：이는 제6절이니, 몸을 편안하게 하지 못함은 지혜가 적으면서 계책이 커서 禍를 만나는 것임을 말하였다. 그러므로 易의 鼎卦☲ 九四 爻辭를 인용하여 증명한

것이다.

〔鼎折足 覆公餗 其形渥 凶〕〈九四가〉 上體의 아래에 처하고 또 初六과 응하니, 이미 위를 받들고 또 아래에 베풂은 자기가 감당할 수 있는 바가 아니다. 그러므로 솥발이 부러지는 흉함이 있는 것이다. 이미 아름다운 道를 뒤집어엎고 무너트려서 재앙이 자기 형체에 미쳐서 물에 젖어 흉함을 이룬 것이다.

〔言不勝其任〕 이는 夫子의 말씀이니, ≪周易≫을 인용한 뒤에 이로써 맺었으나 그 글이 적기 때문에 "孔子가 말씀하였다."라고 말하지 않은 것이다.

子曰 知幾其神乎인저 君子上交不諂하며 下交不瀆하나니 其知幾乎인저

孔子가 말씀하였다. "기미를 아는 것은 神일 것이다. 君子는 위로 사귐에 아첨하지 않으며, 아래로 사귐에 번독(함부로)하지 않으니, 기미를 안 자일 것이다.

【注】 形而上者는 況之道하고 形而下者는 況之器라 於道不冥而有求焉이면 未離乎諂也요 於器不絶而有交焉이면 未免乎瀆也니 能无諂瀆은 窮理者乎인저

形而上은 이 道를 비유하고, 形而下는 이 器를 비유하였다. 道에 冥合(은연중에 부합함)하지 못하여 구함이 있으면 아첨함을 떠나지 못하고, 器를 끊지 아니하여 사귐이 있으면 번독함을 면치 못하니, 이미 능히 아첨과 번독함이 없음은 이치를 궁구한 자일 것이다.

【疏】 正義曰 : '子曰知幾其神乎'至'萬夫之望'者, 此第七節. 前章云精義入神, 故此章明知幾入神之事, 故引豫之六二以證之. 云"易曰介于石, 不終日, 貞吉." '知幾其神乎'者, 神道微妙, 寂然不測, 人若能豫知事之幾微, 則能與其神道合會也. '君子上交不諂下交不瀆'者, 上謂道也, 下謂器也. 若聖人知幾窮理, 冥於道, 絶於器, 故能上交不諂, 下交不瀆. 若於道不冥而有求焉, 未能離於諂也, 於器不絶而有交焉, 未能免於瀆也, 能无諂瀆, 知幾窮理者乎.[1)]

1) 君子上交不諂……知幾窮理者乎 : 韓康伯과 孔穎達은 '上'을 形而上의 道로, '下'를 形而下의 器로 해석하여 '上交不諂'을 '위로는 道를 구하지 않음'으로, '下交不瀆'을 '아래로는 器를 번거롭게 하지 않음'으로 풀이한 듯하나, 그 내용이 분명하지 못하다.

한편 朱子는 경문을 '윗사람과 사귈 적에 아첨하지 않고, 아랫사람과 사귈 적에 함부로 대하지 않음'으로 해석하였다. ≪周易傳義大全≫에는 ≪朱子語類≫에 보이는 주자

의 말이 다음과 같이 채록되어 있다. "'君子上交不諂 下交不瀆'이란 것은, 윗사람과 사귈 적에는 공손함을 귀하게 여기니 공손하면 곧 아첨에 가까워지고, 아랫사람과 사귈 적에는 온화함과 평이함을 귀하게 여기니 온화하면 곧 함부로 함〔瀆〕에 가까워진다. 공손은 아첨과 서로 가깝고, 온화함은 함부로 함과 서로 가까워 다만 작은 것을 다투니, 이렇게 되면 곧 방탕함〔流〕에 이르는 것이다.〔君子上交不諂 下交不瀆 蓋上交貴於恭遜 恭則便近於諂 下交貴於和易 和則便近於瀆 蓋恭與諂相近 和與瀆相近 只爭些子 便至于流也〕"

正義曰：經의 〔子曰知幾其神乎〕에서 〔萬夫之望〕까지

이는 제7절이다. 앞 장에서는 '精妙한 義가 神化에 들어감'을 말하였으므로 이 장에서는 '기미를 앎이 神化에 들어가는 일임'을 밝혔다. 그러므로 豫卦䷏ 六二 爻辭를 인용하여 증명하여 "易에 이르기를 '절개가 돌과 같다. 하루를 마치기를 기다리지 않으니 貞하여 길하다.' 하였다."라고 한 것이다.

〔知幾其神乎〕 神의 道가 미묘해서 寂然하여 측량할 수 없으니, 사람이 만약 일의 기미를 미리 알면 神의 道와 합치될 수 있는 것이다.

〔君子上交不諂 下交不瀆〕 '上'은 道를 이르고, '下'는 器를 이른다. 만약 聖人이 기미를 알고 이치를 궁구하면 道에 冥合하고 器를 끊는다. 그러므로 능히 위로 사귐에 아첨하지 않고 아래로 사귐에 번독하지 않는 것이다. 만약 道에 冥合하지 못하여 구함이 있으면 아첨을 떠나지 못하고, 器를 끊지 아니하여 사귐이 있으면 번독함을 면치 못하니, 능히 아첨과 번독함이 없음은 기미를 알고 이치를 궁구한 자일 것이다.

幾者는 動之微니 吉之先見(현)者也라

幾는 動함이 은미한 것이니, 吉함의 앞에 나타난 것이다.

【注】 幾者는 去无入有니 理而无形하여 不可以名尋이요 不可以形覩者也라 唯神也는 不疾而速하고 感而遂通이라 故로 能朗然玄昭하여 鑒於未形也라 合抱之木이 起於毫末[1]하고 吉凶之彰이 始於微兆라 故로 爲吉之先見也라

1) 合抱之木 起於毫末：≪道德經≫에 "한아름 되는 나무는 털끝만 한 데에서 생긴다.〔合抱之木 生於毫末〕"라고 보인다.

'幾'는 无를 떠나 有로 들어간 것이니, 이치로서 형체가 없어서 이름으로 찾을 수 없고 형상으로 볼 수 없는 것이다. 오직 神은 빠르지 않아도 속히 이루어지고 감동하여 마침

내 통한다. 그러므로 능히 밝게 현묘히 비추어서 나타나지 않을 때에 비추는 것이다. 한 아름 되는 나무는 털끝만 한 데에서 시작되고, 길흉의 드러남은 작은 조짐에서 비롯된다. 그러므로 길함의 앞에 나타남이 되는 것이다.

【疏】正義曰：此釋幾之義也, 幾, 微也. 是已動之微, 動謂心動・事動. 初動之時, 其理未著, 唯纖微而已, 若其已著之後, 則心事顯露, 不得爲幾. 若未動之前, 又寂然頓无, 兼亦不得稱幾也. 幾是離无入有, 在有无之際, 故云"動之微"也. 若事著之後, 乃成爲吉, 此幾在吉之先, 豫前已見, 故云"吉之先見者也." 此直云吉, 不云凶者, 凡豫前知幾, 皆向吉而背凶, 違凶而就吉, 无復有凶, 故特云吉也. 諸本或有凶字者, 其定本則无也.[1)]

1) 諸本或有凶字者 其定本則无也：朱子는 "≪漢書≫에는 '吉之'의 중간에 '凶'자가 있다." 라고 하였다.

正義曰：이는 '幾'의 뜻을 해석한 것이니, '幾'는 기미이다. 이는 이미 動함이 은미한 것이니, 動은 마음이 동하고 일이 동함을 이른다. 처음 동할 때엔 그 이치가 아직 드러나지 않아서 오직 작은 기미일 뿐이요, 만약 이미 드러난 뒤라면 마음과 일이 드러나서 기미가 될 수 없다. 동하기 전에는 또 寂然하여 완전히 无이니, 이것도 겸하여 幾라고 칭할 수가 없다. 幾는 无를 떠나 有로 들어가서 有와 无의 사이에 있다. 그러므로 "동함이 은미한 것이다."라고 한 것이다.

일이 드러난 뒤에 비로소 이루어져 길함이 되는 것이니, 이는 기미가 길함의 앞에 있어서 미리 앞서 나타난 것이다. 그러므로 "길함의 앞에 나타난 것이다."라고 한 것이다. 여기서 다만 길함을 말하고 흉함을 말하지 않은 것은, 미리 앞서 기미를 알면 모두 길함으로 향하고 흉함을 등지며 흉함을 떠나 길함으로 나아가서 다시 흉이 있지 않아서이다. 그러므로 길함만을 말한 것이다. 諸本에 혹 〈경문의 '吉之先見者也'의 '吉' 뒤에〉 '凶'字가 있으나 定本에는 없다.

君子見幾而作하여 **不俟終日**하나니 **易曰 介于石**이라 **不終日**하여 **貞吉**이라하니 **介如石焉**이어니 **寧用終日**이리오 **斷可識矣**로다

君子가 기미를 보고 일어나서 하루를 마치기를 기다리지 않으니, ≪周易≫에 이르기를 '절개가 돌과 같다. 하루를 마치기를 기다리지 않으니 貞하여 吉하다.'라고

하였으니, 절개가 돌과 같으니 어찌 하루를 마칠 필요가 있겠는가. 〈당시에〉 결단함을 알 수 있다.

【注】 定之於始라 故로 不待終日也라

처음에 결정하므로 하루를 마치기를 기다리지 않는 것이다.

【疏】 正義曰 : '君子見幾而作 不俟終日'者, 言君子既見事之幾微, 則須動作而應之, 不得待終其日, 言赴幾之速也. '易曰介于石 不終日 貞吉'者, 此豫之六二辭也, 得位居中, 故守介如石, 見幾則動, 不待終其一日也. '介如石焉 寧用終日 斷可識矣'者, 此夫子解釋此爻之時, 既守志耿介, 如石不動, 纔見幾微, 即知禍福, 何用終竟其日, 當時則斷可識矣.

正義曰 : 〔君子見幾而作 不俟終日〕 君子가 이미 일의 기미를 보았으면 모름지기 동하여 일어나 이에 응해서 그날을 마치기를 기다리지 않음을 말한 것이니, 기미에 달려가기를 신속히 함을 말한 것이다.

〔易曰介于石 不終日 貞吉〕 이는 豫卦䷏의 六二 爻辭이니, 〈六二가〉 正位를 얻고 中에 거하기 때문에 절개를 지킴이 돌과 같고 기미를 보면 동하여 하루를 마치기를 기다리지 않는 것이다.

〔介如石焉 寧用終日 斷可識矣〕 이는 夫子가 '이 爻의 때에 이미 뜻을 지키기를 꿋꿋하게 하여 돌과 같이 동하지 않고 기미를 조금만 보면 즉시 禍福을 아니, 어찌 하루를 마칠 필요가 있겠는가. 당시에 결단함을 알 수 있는 것이다.'라고 해석한 것이다.

君子知微知彰하며 **知柔知剛**하나니 **萬夫之望**이라

君子는 은미함(기미)을 알고 드러남을 알며 柔을 알고 剛을 아니, 萬夫의 바람〔望〕이다."

【注】 此知幾其神乎인저

이는 기미를 앎이 신묘한 자일 것이다.

【疏】 正義曰 : '君子知微知彰'者, 初見是幾, 是知其微, 既見其幾, 逆知事之禍福, 是知其彰著也. '知柔知剛'者, 剛柔是變化之道, 旣知初時之柔, 則逆知在後之剛. 言凡物之體, 從柔以至剛, 凡事之理, 從微以至彰, 知幾之人, 旣知其始, 又知其末. 是合於神道, 故爲萬夫所瞻望也. 萬夫擧大略而言, 若知幾合神, 則爲天下之主, 何直只云萬夫而已. 此知幾其神乎者也.

正義曰 : 〔君子知微知彰〕 처음에 기미를 보니 이는 '은미함을 아는 것'이요, 이미 그 기미를 보고 나면 일의 禍福을 미리 아니 이는 '드러남을 아는 것'이다.

〔知柔知剛〕 剛과 柔는 變化의 道이니, 이미 처음의 柔를 알았으면 뒤에 있는 剛을 미리 알 수 있는 것이다. '모든 사물의 體는 柔로부터 剛에 이르고, 모든 일의 이치는 은미함으로부터 드러남에 이르니, 기미를 아는 사람은 이미 그 처음을 알고 또 그 끝을 앎'을 말한 것이다.

이는 神道에 부합하므로 萬夫가 우러러보는 바가 된 것이다. 萬夫는 대략을 들어 말한 것이니, 만약 기미를 앎이 神道에 부합한다면 천하의 군주가 될 수 있으니, 어찌 다만 '萬夫'라고 말했을 뿐이겠는가. 이는 기미를 앎이 신묘한 자이다.

子曰 顏氏之子 其殆庶幾乎인저 有不善이면 未嘗不知하고 知之면 未嘗復(부)行也라

孔子가 말씀하였다. "顏氏의 아들(顏回)은 기미를 사모함에 가까울 것이다. 不善이 있으면 알지 못한 적이 없고, 알면 다시 행한 적이 없었다.

顏回

【注】 在理則昧하고 造形而悟는 顏子之分也라 失之於幾라 故로 有不善이요 得之於二[1]하여 不遠而復이라 故로 知之면 未嘗復(부)行也라

1) 得之於二 : '二'는 일의 失·得이나 吉·凶이 이미 드러난 상태, 즉 기미를 지나 일이 어느 정도 이루어진 것을 말한다. ≪十三經注疏正字≫에서는 "살펴보건대, 二는 바로 '둘로 인하여 백성의 행실을 구제한다.〔因貳以濟民行〕'의 '둘〔貳〕'이니, 吉과 凶의 두 가지 이치를 이른다."라고 하였는데, 이 말은 아래 5장에 보이는바, '貳'에 대해 韓康伯은 '得과 失'이라 하고, 孔穎達은 '吉과 凶'이라고 하였다.

이치에 있어서는 어둡고 형체에 나아가면 깨달음은 顔子(顔回)의 분수이다. 기미에서 잃기 때문에 不善이 있고, 둘에서 얻어서(알아서) 멀리 가지 않고 돌아오므로 알면 다시 행한 적이 없었던 것이다.

【疏】 正義曰 : '子曰顔氏之子'至'元吉'者, 此第八節. 上節明其知幾是聖人之德, 此節論賢人唯庶於幾, (雖)[1]未能知幾, 故引顔氏之子以明之也. '其殆庶幾乎'者, 言聖人知幾, 顔子亞聖, 未能知幾, 但殆近庶慕而已, 故云"其殆庶幾乎", 又以殆爲辭.[2] '有不善未嘗不知'者, 若知幾之人, 本无不善, 以顔子未能知幾, 故有不善. 不近於幾之人, 既有不善, 不能自知於惡, 此顔子以其近幾, 若有不善, 未嘗不自知也. '知之未嘗復行'者, 以顔子(通)〔近〕[3]幾, 既知不善之事, 見過則改, 未嘗復更行之. 但顔子於幾理闇昧, 故有不善之事, 於形器顯著, 乃自覺悟, 所有不善, 未嘗復行.

1) (雖) : 저본에는 '雖'가 있으나, ≪十三經注疏正字≫에 "'雖'자는 아마도 衍文인 듯하다."라고 한 것에 의거하여 衍文으로 처리하였다.
2) 其殆庶幾乎者……又以殆爲辭 : 孔穎達은 경문의 '庶幾'를 '기미를 알지는 못하고 다만 사모함'으로 해석하였다. 반면 朱子는 "'庶幾'는 가깝다는 뜻이니, 道에 가까움을 말한 것이다.〔庶幾 近意 言近道也〕"라고 하였다.
3) (通)〔近〕 : 저본에는 '通'으로 되어 있으나, 錢本·宋本에 의거하여 '近'으로 바로잡았다.(阮元의 〈校勘記〉 참조)

正義曰 : 經의 〔子曰顔氏之子〕에서 〔元吉〕까지

이는 제8절이다. 위의 절은 기미를 아는 것이 바로 聖人의 德임을 밝혔고, 이 절은 賢人이 오직 기미를 사모하지만 기미를 알지 못함을 논하였다. 그러므로 顔氏의 아들을 인용하여 밝힌 것이다.

〔其殆庶幾乎〕 '聖人은 기미를 아는데, 顔子는 亞聖(두 번째 聖人)이라서 기미를 알지는 못하고 다만 사모함에 가까울 뿐임'을 말한 것이다. 그러므로 "기미를 사모함에 가까울 것이다."라고 말하고, 또 '殆'를 어조사로 삼은 것이다.

〔有不善 未嘗不知〕 기미를 아는 사람은 본래 不善함이 없는데, 顔子는 기미를 알지 못하기 때문에 불선이 있는 것이다. 기미에 가깝지 못한 사람은 이미 불선이 있어도 스스로 악함을 알지 못하지만, 이 안자는 기미에 가까워서 만약 불선이 있으면 스스로 알지 못한 적이 없는 것이다.

〔知之未嘗復行〕 顔子는 기미에 가까워서 이미 不善의 일을 알면 허물을 보는 즉시 고

쳐서 다시 행한 적이 없는 것이다. 다만 안자는 기미의 이치에 어둡기 때문에 불선한 일이 있고, 形器에 밝게 드러나야 비로소 스스로 깨달아서 자기가 가지고 있는 불선을 다시 행한 적이 없었던 것이다.

易曰 不遠復하여 无祇悔하니 元吉이라하니라

≪周易≫에 이르기를 '멀리 가지 않고 회복하여 큰 후회가 없으니 크게 길하다.'라고 하였다.

【注】 吉凶者는 失得之象也라 得(一)〔二〕[1]者는 於理不盡이나 未至成形이라 故로 得不遠而復하여 舍凶之吉하여 免夫祇悔하여 而終獲元吉이라 祇는 大也[2]라

1) (一)〔二〕 : 저본에는 '一'로 되어 있으나, 岳本・宋本・古本・足利本과 위의 注에 '得之於二'라고 한 것에 의거하여 '二'로 바로잡았다.(阮元의 〈校勘記〉 참조)

2) 祇 大也 : 程伊川과 朱子는 '祇'를 抵로 보아 '이르다'의 뜻으로 해석하고, '无祇悔'를 '후회에 이르지 않음'으로 풀이하였다.

吉과 凶은 失과 得의 象이다. 둘을 얻은 자는 이치에 미진하나 形器를 이룸에는 이르지 않았다. 그러므로 멀리 가지 않고 돌아와서 흉함을 버리고 길함으로 가서 큰 후회를 면하여 끝내 크게 길함을 얻은 것이다. '祇'는 큼이다.

【疏】 正義曰 : 以去幾既近, 尋能改悔, 故引復卦初九以明之也. 以復卦初九, 既在卦初, 則能復於陽道, 是速而不遠, 則能復也, 所以无大悔而有元吉也.

正義曰 : 기미와 거리가 이미 가까워서 찾아 능히 허물을 고치고 뉘우친다. 그러므로 復卦䷗의 初九의 爻辭를 인용하여 밝힌 것이다. 復卦의 初九는 이미 卦의 始初에 있으니, 그렇다면 능히 陽의 道로 돌아올 수 있는바, 이는 〈회복하기를〉 속히 하고 멀리 가지 않아서 능히 돌아오는 것이니, 이 때문에 큰 뉘우침이 없고 크게 길한 것이다.

天地絪縕에 萬物化醇하며 男女構精에 萬物化生하나니라

天地가 서로 따르고 붙음에 萬物이 변화하여 精醇하며, 男女가 精을 맺음에 만물이 변화하여 생겨난다.

【疏】 正義曰 : '天地絪縕'至'勿恒凶', 此第九節也. 以前章利用安身以崇德也, 安身之道, 在於得一, 若已能得一, 則可以安身, 故此節明得一之事也. '天地絪縕 萬物化醇'者, 絪縕, 相附著(착)之義. 言天地无心, 自然得一, 唯二氣絪縕, 共相和會, 萬物感之變化而精醇也. 天地若有心爲二, 則不能使萬物化醇也.[1] '男女構精 萬物化生'者, 構, 合也. 言男女陰陽相感, 任其自然, 得一之性, 故合其精, 則萬物化生也, 若男女无自然之性, 而各懷差二, 則萬物不化生也.

1) 天地絪縕……則不能使萬物化醇也 : 朱子는 '化醇'은 氣化이고 '化生'은 形化라고 하여 둘을 구분하였는바, 氣化는 천지의 기운이 뭉쳐 사람이나 물건이 처음 생기는 것이고, 形化는 男(수컷)과 女(암컷)의 결합에 의하여 개개의 물건이 생기는 것을 이른다.

正義曰 : 經의 〔天地絪縕〕에서 〔勿恒凶〕까지

이는 제9절이다. 앞 장에 '쓺을 이롭게 하기 위해 몸을 편안히 하여 德을 높인다.'고 〈하였으니,〉 몸을 편안히 하는 道는 一을 얻음에 있으니, 만약 이미 一을 얻었으면 몸을 편안히 할 수 있다. 그러므로 이 절은 一을 얻은 일을 밝힌 것이다.

〔天地絪縕 萬物化醇〕 '絪縕'은 서로 따르고 붙는다는 뜻이다. '天地가 无心하여 자연히 一을 얻었고, 오직 〈陰・陽〉 두 기운이 서로 따르고 붙어 함께 和하고 모여서 萬物이 감동하여 변화해서 精醇함'을 말한 것이니, 천지가 만약 마음이 있어 二를 하면 만물로 하여금 변화하여 정순하게 하지 못한다.

〔男女構精 萬物化生〕 '構'는 합함이다. '男의 陽과 女의 陰이 서로 감동하여 자연에 맡기면 一의 性을 얻는다. 그러므로 그 精을 합하면 萬物이 변화하여 생겨남'을 말하였으니, 만약 남녀에 자연의 性이 없어서 각각 차이와 둘을 품고 있으면 만물이 변화하여 생겨나지 못한다.

易曰 三人行이면 則損一人하고 一人行이면 則得其友라하니 言致一也라

≪周易≫에 이르기를 '세 사람이 가면 한 사람을 덜고, 한 사람이 가면 그 벗을 얻는다.'라고 하였으니, 一을 지극히 함을 말한 것이다."

【注】 致一而後에 化成也라

一을 지극히 한 이후에 변화가 이루어지는 것이다.

【疏】正義曰：此損卦六三辭也. 言六三, 若更與二人, 同往承上, 則上所不納, 是三人俱行, 并六三不相納, 是則損一人也. 若六三獨行, 則上所容受, 故云"一人行則得其友", 此言衆不如寡, 三不及一也.[1)] '言致一也'者, 此夫子釋此爻之意, 謂此爻所論, 致其醇一也. 故一人獨行, 乃得其友也.

1) 若六三獨行……三不及一也：程伊川과 朱子는 損卦䷨가 원래 下卦는 乾卦☰이고 上卦는 坤卦☷인 泰卦䷊에서 온 것으로 보았다.

損卦 六三 爻辭에 대한 程伊川의 ≪易傳≫은 다음과 같다. "三人은 아래의 세 陽과 위의 세 陰을 이른다. 세 陽이 함께 가면 九三을 덜어 위에 더하고, 세 陰이 함께 가면 上六을 덜어 六三을 만드니, 세 사람이 갈 때에 한 사람을 더는 것이다.……上과 三은 비록 본래 서로 應하나 〈上과 三〉 두 爻가 오르내림으로 말미암아 한 卦가 다 이루어졌으니, 둘이 서로 친한 것이다. 初九·九二 두 陽爻와 六四·六五 두 陰爻는 德이 같아 서로 친하며, 六三은 上九와 응하여 모두 둘이 서로 친하니, 그 뜻이 專一하여 모두 벗을 얻음이 된다.〔三人謂下三陽上三陰 三陽同行 則損九三以益上 三陰同行 則損上六以爲三 三人行 則損一人也……上與三 雖本相應 由二爻升降而一卦皆成 兩相與也 初二二陽 四五二陰 同德相比 三與上應 皆兩相與 則其志專 皆爲得其友也〕"

한편 朱子는 "下卦는 본래 乾인데 上爻를 덜어 坤에 더하였으니 세 사람이 갈 때에 한 사람을 더는 것이요, 한 陽이 올라가고 한 陰이 내려왔으니 한 사람이 갈 적에 벗을 얻는 것이다.〔下卦本乾而損上爻以益坤 三人行而損一人也 一陽上而一陰下 一人行而得其友也〕"라고 하였다.

正義曰：이는 損卦䷨ 六三의 爻辭이다. '六三이 만약 다시 두 사람(六四와 六五)과 함께 가서 上九를 받들려 하면 上九가 받아들이지 않으니, 세 사람이 함께 가면 六三까지 아울러 서로 받아들이지 않는 것인바, 이는 곧 한 사람을 더는 것임'을 말한 것이다. 만약 六三이 홀로 가면 上九가 용납하여 받아들이므로 "한 사람이 가면 그 벗을 얻는다."라고 말하였으니, 이는 많은 사람이 적은 사람만 못하고, 三이 一에 미치지 못함을 말한 것이다.

〔言致一也〕 이는 夫子가 이 爻의 뜻을 해석한 것이니, '이 爻에서 논한 바는 醇一(純一)을 지극히 한 것임'이라고 이른 것이다. 그러므로 한 사람이 홀로 가야 비로소 그 벗을 얻는 것이다.

子曰 君子安其身而後動하며 易(이)其心而後語하며 定其交而後求하나니 君子脩此三者라 故로 全也라 危以動이면 則民不與也요 懼以語면 則民不應也요 无

交而求면 則民不與也니 莫之與면 則傷之者至矣니라

孔子가 말씀하였다. "君子는 몸을 편안히 한 뒤에 動하며, 마음을 和하게 한 뒤에 말하며, 사귐을 定한 뒤에 구하니, 군자는 이 세 가지를 닦으므로 온전한 것이다. 위태로우면서 動하면 백성들이 함께하지 않고, 두려워하면서 말하면 백성들이 응하지 않고, 사귐이 없이 구하면 백성들이 함께하지 않으니, 함께하는 이가 없으면 해치는 자가 이르는 것이다.

【疏】 正義曰 : '子曰君子安其身而後動'者, 此明致一之道, 致一者, 在身之謂. 若己之爲得, 則萬事得, 若己之爲失, 則萬事失也. 欲行於天下, 先在其身之一, 故先須安靜其身而後動, 和易其心而後語, 先以心選定其交而後求, 若其不然, 則傷之者至矣.

正義曰 : 〔子曰君子安其身而後動〕 이는 一을 지극히 하는 道를 밝힌 것이니, 一을 지극히 한다는 것은 몸에 달려 있음을 이른다. 만약 자기가 得(잘함)을 행하면 萬事가 얻어지고, 만약 자기가 失(잘못함)을 행하면 만사를 잃게 된다. 天下에 행하고자 하면 먼저 자기 몸을 一로 함에 달려 있다. 그러므로 먼저 모름지기 자기 몸을 안정시킨 뒤에 動해야 하고, 자기 마음을 화평하게 한 뒤에 말해야 하고, 먼저 마음으로써 사귈 사람을 선정한 뒤에 구해야 하니, 만약 그렇지 않으면 해치는 자가 이르는 것이다.

易曰 莫益之요 或擊之리니 立心勿恒이니 凶이라하니라

≪周易≫에 이르기를 '보태주는 이가 없고 혹은 공격할 것이니, 마음을 세우기를 항상 하지 않은 것이니, 흉하다.'라고 하였다."

【注】 夫虛己存誠이면 則衆之所不迕也요 躁以有求면 則物之所不(欲)〔與〕[1]也라

1) (欲)〔與〕: 저본에는 '欲'으로 되어 있으나, 岳本·宋本·古本·足利本에 의거하여 '與'로 바로잡았다.(阮元의 〈校勘記〉 참조)

자기 마음을 비우고 誠信함을 보존하면 무리가 거스르지 않고, 조급함으로써 구함이 있으면 남이 함께하지 않는다.

【疏】 正義曰 : 此益之上九爻辭. 在无位高亢, 獨唱无和, 是莫益之也. 衆怒難犯, 是

"或擊之"也. 勿, 无也, 由己建立其心, 无能有恒, 故凶危也. 易之此言, 若虛己存誠, 則衆之所與, 躁以有求, 則物之所不與也.

正義曰 : 이는 益卦䷩의 上九 爻辭이다. 지위가 없는 자리에 있으면서 너무 높아서 홀로 唱함에 화답하는 이가 없으니, 이것이 '보태주는 이가 없음'이다. 여러 사람의 노여움은 범하기 어려우니, 이것이 '혹은 공격함'이다.

'勿'은 없음이니, 자기가 그 마음을 세울 적에 능히 항상 하는 마음이 없기 때문에 흉하고 위태로운 것이다. ≪周易≫의 이 말은 만약 자기 마음을 비우고 誠信함을 보존하면 무리가 함께하고, 조급함으로써 구함이 있으면 남들이 함께하지 않는다는 것이다.

제5장

【疏】正義曰 : '子曰乾坤其易'至'失得之報' 此第五章也. 前章明安身崇德之道, 在於知幾得一也, 此明易之體用, 辭理遠大, 可以濟民之行, 以明失得之報也.

正義曰 : 經의 〔子曰乾坤其易〕에서 〔失得之報〕까지

이는 제5장이다. 앞 장에서는 '몸을 편안히 하고 덕을 높이는 道가 기미를 알고 一을 얻음에 있음'을 밝혔고, 여기에서는 '易의 體와 用에 대한 글과 이치가 원대해서 백성의 행실을 구제하여 失得의 報應을 밝힘'을 밝혔다.

子曰[1] **乾坤**은 **其易之門邪**(야)인저 **乾**은 **陽物也**요 **坤**은 **陰物也**니 **陰陽合德而剛柔有體**라 **以體天地之撰**(산)하며

1) 子曰 : 孔子의 이 말은 〈繫辭傳 下〉 제9장의 '其辭屈'까지 이어진다.

孔子께서 말씀하였다. "乾과 坤은 易의 문일 것이다. 乾은 陽物이고 坤은 陰物이니, 陰과 陽이 德을 합하여 剛과 柔가 體를 가지게 되었다. 이로써 天地의 數를 體象(형상)하며

【注】**撰**은 **數也**라

'撰'은 數이다.

【疏】 正義曰 : '子曰乾坤 其易之門邪'者, 易之變化, 從乾坤而起, 猶人之興動, 從門而出, 故乾坤是易之門邪. '乾 陽物也 坤 陰物也 陰陽合德而剛柔有體'者, 若陰陽不合, 則剛柔之體, 无從而生, 以陰陽相合, 乃生萬物, 或剛或柔, 各有其體, 陽多爲剛, 陰多爲柔也. '以體天地之撰'者, 撰, 數也.[1] 天地之內, 萬物之象, 非剛則柔, 或以剛柔, 體象天地之數也.

1) 撰 數也 : 아래 疏의 '體象天地之數也'에 따라 '撰'을 곧바로 '數'로 해석하였으나, 아래 9장의 '若夫雜數撰德'에서는 '셈'으로 해석하였음을 밝혀둔다. '數'는 '숫자'와 '셈'의 뜻이 함께 있다. 한편 朱子는 "撰은 事와 같다.〔撰猶事也〕"라고 하였다.

正義曰 : 〔子曰乾坤 其易之門邪〕 易의 변화가 乾과 坤을 따라 시작되니, 사람이 일어나 동함이 문을 따라 나가는 것과 같다. 그러므로 乾과 坤이 易의 門인 것이다.

〔乾 陽物也 坤 陰物也 陰陽合德而剛柔有體〕 만약 陰과 陽이 합하지 않으면 剛·柔의 體가 생겨날 길이 없는데, 陰과 陽이 서로 합하여 마침내 만물을 낳아서 혹은 剛하고 혹은 柔하여 각각 그 體가 있게 되었으니, 陽이 많은 것이 剛이 되고 陰이 많은 것이 柔가 되는 것이다.

〔以體天地之撰〕 '撰'은 셈〔數〕이다. 天地의 안에 만물의 象이 剛이 아니면 柔여서 혹은 剛·柔를 가지고 天地의 수를 體象한 것이다.

以通神明之德하니 其稱名也 雜而不越이어니와

이로써 神明의 德을 통달하니, 이름을 칭함이 雜亂하면서도 넘지 않으나,

【注】 備物極變故로 其名雜也나 各得其序하여 不相踰越하니 況爻繇(주)之辭也라

물건을 구비하여 변화를 지극히 하였으므로 그 명칭이 번잡하나, 각각 그 질서를 얻어서 서로 넘지 않으니, 爻辭와 繇辭(卦辭)를 비유한 것이다.

【疏】 正義曰 : '以通神明之德'者, 萬物變化, 或生或成, 是神明之德. 易則象其變化之理, 是其易能通達神明之德也. '其稱名也 雜而不越'者, 易(之其)〔辭所〕[1]稱萬物之名, 萬事論說, 故辭理雜碎, 各有倫敘, 而不相乖越. 易之爻辭, 多載細小之物, 若"見豕負塗"[2]之屬, 是雜碎也. 辭雖雜碎, 各依爻卦所宜而言之, 是不相踰越也.

1) (之其)〔辭所〕 : 저본에는 '之其'로 되어 있으나, 阮元의 〈校勘記〉에 "浦鏜이 이르기를 '「之

其」는 「辭所」가 되어야 한다.' 하였다."라고 한 것에 의거하여 '辭所'로 바로잡았다.

2) 見豕負塗 : 睽卦䷥의 上九 爻辭에 "睽에 외로워서 돼지가 진흙을 지고 있는 것과 鬼神이 한 수레 가득히 실려 있는 것을 본다.〔睽孤 見豕負塗 載鬼一車〕"라고 하였다.

正義曰 : 〔以通神明之德〕 萬物이 변화해서 혹은 낳고 혹은 이루어짐이 바로 '神明의 德'이다. 易은 변화하는 이치를 형상하였으니, 이는 易이 능히 신명의 德을 통달한 것이다.

〔其稱名也 雜而不越〕 易의 글에서 칭한 만물의 이름은 만 가지 일을 논하고 말한 것이므로 글의 이치가 번잡하고 자질구레하나 각각 질서가 있어서 서로 어긋나고 넘지 않는다. 易의 爻辭에는 대부분 자질구레한 사물을 기재하였으니, 예컨대 "돼지가 진흙을 지고 있음을 본다."는 것과 같은 등속이 바로 번잡하고 자질구레한 것이다. 글이 비록 번잡하고 자질구레하나 각각 卦와 爻의 마땅한 바를 따라 말하였으니, 이것이 '서로 넘지 않음'이다.

於稽其類하여는 其衰世之意邪(야)인저

그 類를 상고함에는 쇠한 세상의 뜻일 것이다.

【注】 有憂患而後作易이라 世衰則失得彌彰하니 爻繇之辭는 所以明失得이라 故로 知衰世之意邪라 稽는 猶考也라

憂患이 있은 뒤에 易을 지었다. 세상이 쇠하면 得失이 더욱 드러나니, 爻辭와 繇辭(卦辭)는 得失을 밝힌 것이다. 그러므로 '쇠한 세상의 뜻일 것임'을 알 수 있는 것이다. '稽'는 상고함〔考〕과 같다.

【疏】 正義曰 : 稽, 考也, 類謂事類. 然考校易辭事類, 多有悔之憂虞, 故云變亂之世, 所陳情意也. 若盛德之時, 物皆遂性, 人悉懽娛, 无累於吉凶, 不憂於禍害, 今易所論, 則有"亢龍有悔"[1], 或稱"龍戰于野"[2], 或稱"箕子明夷"[3], 或稱"不如西隣之禴(약)祭"[4], 此皆論戰爭盛衰之理, 故云"衰〔世之〕[5]意"也. 凡云"邪"者, 是疑而不定之辭也.

1) 亢龍有悔 : 乾卦䷀ 上九 爻辭이다.
2) 龍戰于野 : 坤卦䷁ 上六 爻辭이다.
3) 箕子明夷 : 明夷卦䷣ 六五 爻辭에 "箕子의 明夷이니, 貞함이 이롭다.〔箕子之明夷 利貞〕"

라고 하였는바, '明夷'는 '밝음이 상함'의 의미로, 明夷卦의 六五가 어두운 군주(上六)와 가장 가까이 있는 것이 마치 기자가 殷나라 紂王과 가까이 있는 것과 같기 때문에 이렇게 말한 것이다. 일반적으로 爻는 五位를 군주의 자리로 보나, 明夷卦에서는 上位를 군주의 자리로 본다.

4) 不如西隣之禴(약)祭 : 旣濟卦䷾ 九五 爻辭에 "동쪽 이웃집에서 소를 잡아 祭祀함이 서쪽 이웃집의 禴제사에 실제로 그 福을 받음만 못하다.〔東隣殺牛 不如西隣之禴祭 實受其福〕"라고 하였는바, '소를 잡아 제사함'은 성대한 제물을 바쳐 제사를 지냄을 이르고, '禴제사'는 제수가 薄한 제사를 이르니, 九五가 正位를 밟고 中에 처하여 德을 닦기 때문에 제수가 박하더라도 귀신이 흠향하여 복을 받게 됨을 말한 것이다.

5) 〔世之〕 : 저본에는 '世之'가 없으나, 阮元의 〈校勘記〉에 "浦鏜이 이르기를 '「衰」 아래에 「世之」 두 글자가 탈락되었다.' 하였다."라고 한 것에 의거하여 보충하였다.

正義曰 : '稽'는 상고함이요, '類'는 같은 類의 일을 이른다. 그러나 易의 卦辭와 爻辭에서 같은 類의 일을 상고해보면 대부분 후회하는 우려가 있다. 그러므로 "變亂(衰亂)의 세상에서 말한 情意이다."라고 말한 것이다. 만약 盛德의 시대라면 물건이 다 본성을 이루고 사람이 다 즐거워하여 吉凶에 얽매임이 없고 禍害를 근심하지 않을 것인데, 지금 ≪周易≫에서 논한 것에는 "亢極의 龍이니 후회가 있다."라는 것이 있고, 혹은 "龍이 들에서 싸운다."라고 칭하였고, 혹은 "箕子의 明夷이다."라고 칭하였고, 혹은 "서쪽 이웃집의 禴제사만 못하다."라고 칭하였으니, 이는 모두 전쟁에 성쇠의 이치를 논한 것이다. 그러므로 "쇠한 세상의 뜻"이라고 말한 것이다. 무릇 '邪'라고 말한 것은 의심하여 결정하지 못한 말이다.

夫易은 彰往而察來하고 而微顯闡幽하니

易은 지나간 것을 드러내고 미래를 살피며, 은미함이 드러나고 어두움이 밝아지며,

【注】 易은 无往不彰하고 无來不察하여 而微以之顯하고 幽以之闡하니 闡은 明也라

易은 지나간 것을 드러내지 않음이 없고 미래를 살피지 않음이 없어서, 은미한 것이 이 때문에 드러나고 어두운 것이 이 때문에 밝아지니, '闡'은 밝아짐이다.

【疏】 正義曰 : '夫易彰往而察來'者, 往事必載, 是彰往也, 來事豫占, 是察來也. '而微顯闡幽'者, 闡, 明也, 謂微而之顯, 幽而闡明也.[1] 言易之所說, 論其初微之事, 以至其終末顯著也, 論其初時幽闇, 以至終末闡明也, 皆從微以至顯, 從幽以至明. 觀其易辭, 是微而幽闇也, 演其義理, 則顯見著明也. 以體言之, 則云"微顯"也, 以理言之, 則云"闡幽", 其義一也, 但以體以理, 故別言之.

1) 而微顯闡幽者……幽而闡明也 : '微顯闡幽'를 韓康伯과 孔穎達은 '微가 顯하고 幽가 闡함'으로 해석하였는바, 이는 '微顯'과 '闡幽'를 구조는 다르고(主述 구조와 述目 구조) 뜻은 같은(은미하고 어두움이 드러나고 밝아짐) 말로 본 것이다.
　반면 朱子는 "'而微顯'은 '微顯而'가 되어야 할 듯하다."라고 하여 經文을 '微顯而闡幽'로 고쳐 보았는바, 이는 '微顯(드러남을 은미하게 함)'과 '闡幽'를 같은 구조(述目 구조)이면서 반대의 뜻의 말로 본 것이다.

正義曰 : 〔夫易彰往而察來〕 지나간 일을 반드시 기재하였으니 이는 지나간 일을 드러냄이요, 미래의 일을 미리 점치니 이는 미래를 살핌이다.

〔而微顯闡幽〕 '闡'은 밝힘이니, '은미하되 드러남으로 가고, 어둡되 밝아짐'을 말한 것이다. '易에서 말한 것은 처음의 은미한 일을 논하여 그 종말에 이르면 드러나고, 처음의 어두움을 논하여 종말에 이르면 밝아짐'을 말하였으니, 이는 모두 은미함으로부터 드러남에 이르고 어두움으로부터 밝음에 이른 것이다. 易의 卦辭와 爻辭를 살펴보면 이는 은미하여 어둡고, 그 義理를 부연하면(살펴보면) 드러나서 밝아진다. 體를 가지고 말하면 "은미함이 드러난다."라고 하고, 이치를 가지고 말하면 "어두움을 밝힌다."라고 하였으니, 그 뜻은 똑같으나 다만 體로 말하고 이치로 말하였기 때문에 분별하여 말한 것이다.

開而當名하고 辨物正言하니 斷辭則備矣라

〈爻와 卦의 뜻을〉 해석하여 명칭에 해당하게 하고, 물건을 분변하여 결정해서 말을 하니, 〈이 두 가지를〉 말에서 결단하면 구비된다.

【注】 開釋爻卦하여 使各當其名也요 理類辨明故로 曰 斷辭也라

爻와 卦를 해석하여 그것으로 하여금 각각 그 명칭에 해당하게 한 것이요, 이치의 類로 분변하여 밝히기 때문에 "말에서 결단한다."라고 한 것이다.

【疏】 正義曰 : '開而當名'者, 謂開釋爻卦之義, 使各當所象之名, 若乾卦當龍, 坤卦當馬也.[1] '辨物正言'者, 謂辨天下之物, 各以類正定言之. 若辨健物, 正言其龍, 若辨順物, 正言其馬, 是辨物正言也. '斷辭則備矣'者, 言開而當名, 及辨物正言, 凡此二事, 決斷於爻卦之辭, 則備具矣.

1) 開而當名者……坤卦當馬也 : '開而當名'을 韓康伯과 孔穎達은 '卦·爻의 뜻을 해석해서 그 뜻을 卦·爻가 형상하는 사물의 명칭에 해당하게 함'의 의미로 풀이하였다. 반면 朱子는 "'開而'의 而字도 誤字가 있는 듯하다."라고 하였다.

正義曰 : 〔開而當名〕 '爻와 卦의 뜻을 해석하여 그 뜻으로 하여금 각각 형상한 바의 명칭에 해당하게 함'을 이르니, 예컨대 乾卦는 龍에 해당하고 坤卦는 말〔馬〕에 해당함과 같은 것이다.

〔辨物正言〕 '천하의 물건을 분변해서 각각 類로써 결정하여 말함'을 이른다. 예컨대 굳센 물건을 분변할 때에는 결정하여 龍을 말하고, 순한 물건을 분변할 때에는 결정하여 말〔馬〕을 말한 것과 같으니, 이것이 '물건을 분변하여 결정해서 말을 함'이다.

〔斷辭則備矣〕 '〈爻와 卦의 뜻을〉 해석하여 명칭에 해당하게 하는 것과 물건을 분변하여 결정해서 말을 하는 것, 이 두 가지 일을 卦辭와 爻辭에서 결단하면 구비됨'을 말한 것이다.

其稱名也小하고 其取類也大하며

칭한 이름은 작고, 취한 〈뜻의〉 類는 크며,

【注】 託象以明義하고 因小以喩大라

象을 가탁하여 뜻을 밝히고, 작음을 인하여 큰 것을 비유하였다.

【疏】 正義曰 : '其稱名也小'者, 言易辭所稱物名多細小, 若"見豕負塗"·"噬腊肉"[1]之屬, 是其辭碎小也. '其取類也大'者, 言雖是小物, 而比喩大事, 是所取義類而廣大也.

1) 噬腊肉 : 噬嗑卦䷔ 六三 爻辭에 "말린 고기를 씹다가 害毒을 만나 조금 부끄러우나 허물이 없으리라.〔噬腊肉 遇毒 小吝 无咎〕"라고 하였다.

正義曰 : 〔其稱名也小〕 '易의 卦辭와 爻辭에서 칭한 物名이 대부분 자질구레하고 작음'을 말한 것이니, 예컨대 "돼지가 진흙을 지고 있음을 본다."는 것과 "말린 고기를 씹는다."는 것과 같은 등속이 바로 卦辭와 爻辭가 자질구레한 것이다.

〔其取類也大〕'비록 이 작은 물건이나 이것을 가지고 큰일을 비유함'을 말하였으니, 이는 취한 바의 뜻의 類가 광대한 것이다.

其旨遠하고 **其辭文**하며 **其言**이 **曲而中**하며

뜻이 深遠하고 말이 文采나며, 말이 屈曲되면서도 맞으며,

【注】 變化无恒하여 不可爲典要라 故로 其言이 曲而中也라

변화하여 일정함이 없어서 典要(典常과 要會)가 될 수 없다. 그러므로 그 말이 屈曲되면서도 이치에 맞는 것이다.

【疏】 正義曰:'其旨遠'者, 近道此事, 遠明彼事, 是其旨意深遠. 若"龍戰于野", 近言龍戰, 乃遠明陰陽鬭爭·聖人變革, 是其旨遠也. '其辭文'者, 不直言所論之事, 乃以義理明之, 是其辭文飾也. 若"黃裳元吉"[1], 不直言得中居職,[2] 乃云黃裳, 是其辭文也. '其言曲而中'者, 變化无恒, 不可爲體例, 其言隨物屈曲, 而各中其理也.

1) 黃裳元吉:坤卦 六五 爻辭이다.
2) 得中居職:坤卦 六五 爻辭의 疏에 "능히 中和로 사물의 이치에 통달하여 신하의 직책에 거하였으므로 '누런 치마처럼 하면 크게 길하다.'라고 말한 것이다.〔能以中和 通於物理 居於臣職 故云黃裳元吉〕"라고 하였다.

正義曰:〔其旨遠〕가까이 이 일을 말해서 멀리 저 일을 밝혔으니, 이는 그 뜻이 심원한 것이다. 예컨대 "龍이 들에서 싸운다."는 것은 가까이 龍의 싸움을 말해서 마침내 멀리 陰陽의 다툼과 聖人의 變革을 밝힌 것이니, 이것이 '뜻이 심원함'이다.

〔其辭文〕논할 바의 일을 곧바로 말하지 않고 마침내 의리를 가지고 밝혔으니, 이는 그 글이 문채나는 것이다. 예컨대 "누런 치마처럼 하면 크게 길하다."는 것은 '中을 얻고 〈신하의〉 직책에 거하였다.'고 곧바로 말하지 않고 마침내 '黃裳'을 말했으니, 이것이 '말이 문채남'이다.

〔其言曲而中〕변화하여 일정함이 없어서 體例로 삼을 수가 없고, 그 말이 물건에 따라 屈曲되면서도 각각 그 이치에 맞는 것이다.

其事肆而隱하니

일은 放肆하여 〈드러나〉 있으면서도 〈이치는〉 은미하니,

【注】 事顯而理微也라

일은 드러났으나 이치는 은미한 것이다.

【疏】 正義曰：其易之所載之事，其辭放肆顯露，而所論義理，深而幽隱也.

正義曰：易에 기재된 일은 그 글이 放肆하고 드러났으나 논한 바의 義理는 깊고 그윽하고 숨어 있는 것이다.

因貳以濟民行하여 以明失得之報하나니라

둘로 인하여 백성의 행실을 구제해서 失得의 報應을 밝힌 것이다.

【注】 貳는 則失得也니 因失得하여 以通濟民行이라 故로 明失得之報也라 失得之報者는 得其會則吉하고 乖其理則凶이라

貳는 失과 得이니, 失과 得을 인하여 백성의 행실을 개통하고 구제하였다. 그러므로 失得의 報應을 밝힌 것이다. '失得의 報應'은 기회에 맞으면 吉하고 이치에 어긋나면 凶한 것이다.

【疏】 正義曰：'因貳以濟民行'者，貳，二也，謂吉凶二理.[1] 言易因自然吉凶二理，以濟民之行也，欲令趨吉而避凶，行善而不行惡也. '以明失得之報'者，言易明人行失之與得，所報應也. 失則報之以凶，得則報之以吉，是明失得之報也.

1) 貳……謂吉凶二理：'貳'를 韓康伯은 得과 失 두 가지로, 孔穎達은 吉과 凶 두 가지로 보았고, 朱子는 '의심함'으로 보았다.

正義曰：〔因貳以濟民行〕 '貳'는 두 가지이니, 吉과 凶 두 가지 이치를 이른다. '易이 自然의 吉·凶 두 가지 이치를 인하여 백성의 행실을 구제함'을 이르니, 백성들로 하여금 길함을 따르고 흉함을 피하며 善을 행하고 惡을 행하지 않게 하고자 한 것이다.

〔以明失得之報〕 '易이 사람의 행실의 失과 得에 따른 報應을 밝힘'을 말한 것이다. 잘못하면 凶으로 보응하고 잘하면 吉로 보응하니, 이것이 '失得의 보응을 밝힘'이다.

제6장

【疏】 正義曰：'易之興也'至'巽以行權' 此第六章. 明所以作易, 爲其憂患故. 作易旣有憂患, 須脩德以避患, 故明九卦爲德之所用也.

正義曰：經의 〔易之興也〕에서 〔巽以行權〕까지

이는 제6장이다. 易을 지은 이유가 憂患 때문임을 밝힌 것이다. 易을 지은 것이 이미 우환이 있어서라면 모름지기 德을 닦아 환란을 피해야 한다. 그러므로 아홉 卦가 '德의 所用'이 됨을 밝힌 것이다.

易之興也는 **其於中古乎**인저 **作易者**는 **其有憂患乎**인저

易이 일어남은 아마도 中古 때일 것이다. 易을 지은 자는 아마도 憂患이 있었을 것이다.

【注】 无憂患이면 則不爲而足也라

憂患이 없으면 〈易을〉 만들지 않아도 충분한 것이다.

【疏】 正義曰：'其於中古乎'者, 謂易之爻卦之辭, 起於中古. 若易之爻卦之象, 則在上古伏犧之時, 但其時理尙質素, 聖道凝寂, 直觀其象, 足以垂敎矣. 但中古之時, 事漸澆浮, 非象可以爲敎, 又須繫以文辭, 示其變動吉凶, 故爻卦之辭, 起於中古, 則連山起於神農, 歸藏起於黃帝,[1] 周易起於文王及周公也. 此之所論, 謂周易也. '作易者其有憂患乎'者, 若无憂患, 何思何慮. 不須營作. 今旣作易, 故知有憂患也. 身旣患憂, 須垂法以示於后, 以防憂患之事, 故繫之以文辭, 明其失得與吉凶也. 其作易憂患, 已於初卷詳之也.[2]

1) 連山起於神農 歸藏起於黃帝：鄭玄은 連山은 夏나라의 易이고, 歸藏은 殷나라의 易이라고 하였는데, 孔穎達은 이 설을 따르지 않고 連山은 神農의 易이고, 歸藏은 皇帝의 易이라 하였다. 자세한 내용은 본서 1권의 〈第三 論三代易名〉 참조.
2) 其作易憂患 已於初卷詳之也：권1 〈第四 論卦辭爻辭誰作(卦辭와 爻辭를 누가 지었는가를 논함)〉에 보인다.

正義曰 :〔其於中古乎〕 易의 爻辭와 卦辭가 中古에 시작됨을 말한 것이다. 易의 爻와 卦의 象으로 말하면 上古시대 伏犧의 때에 있었으나, 다만 이때에는 이치가 질박〔質素〕함을 숭상하고 聖人의 道가 응집되고 고요하여 단지 그 象을 보면 충분히 가르침을 드리울 수 있었다. 그러다가 다만 中古의 때에는 일이 점점 浮薄해져서 象만으로 가르침을 삼을 수 없었기에 또다시 文辭를 달아서 變動의 吉凶을 보여주어야 했다. 그러므로 爻辭와 卦辭가 中古에서 시작된 것이니, ≪連山≫이 神農에게서 시작되고, ≪歸藏≫이 黃帝에게서 시작되고, ≪周易≫이 文王과 周公에게서 시작된 것이다. 여기에서 논한 것은 ≪주역≫을 이른다.

〔作易者其有憂患乎〕 만약 憂患이 없었으면 무엇을 생각하고 무엇을 염려하겠는가. 굳이 易을 경영하여 만들 필요가 없을 것이다. 그런데 이제 이미 易을 만들었으므로 우환이 있음을 아는 것이다. 자신의 몸에 이미 우환이 있다면 모름지기 법을 드리워 후세에 보여주어서 우환의 일을 막아야 한다. 그러므로 文辭를 달아서 그 失·得과 吉·凶을 밝힌 것이다. '易을 지은 자의 우환'은 이미 첫 권에 자세히 말하였다.

是故로 履는 德之基也요

이 때문에 履는 德의 터전이요,

【注】 基는 所蹈也라

'基'는 〈사람이〉 밟는 것이다.

【疏】 正義曰 : 以爲憂患, 行德爲本也. 六十四卦悉爲脩德防患之事, 但於此九卦,[1] 最是脩德之(甚)〔基〕[2], 故特擧以言焉, 以防憂患之事. 故履卦爲德之初基, (故)〔欲〕[3]爲德之時, 先須履踐其禮, 敬事於上, 故履爲德之初基也.

1) 此九卦 : 이곳의 履와 아래에 보이는 謙·復·恒·損·益·困·井·巽의 아홉 卦를 말한다.
2) (甚)〔基〕: 저본에는 '甚'으로 되어 있으나, 四庫全書本에 의거하여 '基'로 바로잡았다.
3) (故)〔欲〕: 저본에는 '故'로 되어 있으나, 宋本에 의거하여 '欲'으로 바로잡았다.(阮元의 〈校勘記〉 참조)

正義曰 : 憂患이 있을 적에 德을 행하는 것이 근본이 된다. 64卦가 모두 德을 닦아 환

란을 방비하는 일인데, 다만 이 아홉 卦가 가장 德을 닦는 터전이므로 특별히 들어서 우환을 막는 일을 말한 것이다. 그러므로 履卦가 德의 첫 번째 터전이 되니, 德을 행할 때에 모름지기 먼저 그 禮를 이행해서 윗사람을 공경히 섬기게 하고자 하였으므로 履가 德의 첫 번째 터전이 된 것이다.

謙은 德之柄也요 復은 德之本也요

謙은 德의 자루요, 復은 德의 근본이요,

【注】 夫動本於靜하고 語始於默하니 復者는 各反其所始라 故로 爲德之本也라

動은 靜에 근본하고 말함은 침묵에서 시작되니, 復은 각각 그 시작한 바로 돌아가는 것이므로 德의 근본이 되는 것이다.

【疏】 正義曰：'謙 德之柄也'者, 言爲德之時, 以謙爲用, 若行德不用謙, 則德不施用, 是謙爲德之柄, 猶斧刃以柯柄爲用也. '復 德之本'者, 言爲德之時, 先從靜默而來, 復是靜默, 故爲德之根本也.

正義曰：〔謙 德之柄也〕'德을 행할 때에 겸손을 가지고 사용하니, 만약 德을 행할 적에 겸손을 사용하지 않으면 德이 시행되지 못하는바, 이는 謙이 德의 자루가 되는 것이니, 도끼날을 도끼자루로 사용하는 것과 같은 것이다.'라고 말한 것이다.

〔復 德之本〕'德을 행할 때에 먼저 고요함과 침묵으로부터 오니, 復은 바로 고요하고 침묵하는 것이므로 德의 근본이 된다.'라고 말한 것이다.

恒은 德之固也요

恒은 德의 견고함이요,

【注】 固는 不傾移也라

'固'는 기울거나 옮겨지지 않는 것이다.

【疏】 正義曰：言爲德之時, 恒能執守, 始終不變, 則德之堅固, 故爲德之固也.

正義曰 : '德을 행할 때에 항상 잡아 지켜서 시종 변치 않을 수 있으면 德이 견고해지므로 〈恒이〉 德의 견고함이 된다.'라고 말한 것이다.

損은 德之脩也요 益은 德之裕也요

損은 德의 닦음이요, 益은 德의 寬大함이요,

【注】 能益物者는 其德寬大也라

능히 물건을 유익하게 하는 것은 그 德이 寬大(넉넉하고 커짐)한 것이다.

【疏】 正義曰 : '損 德之脩'者, 行德之時, 恒自降損, 則其德自益而增新, 故云"損, 德之脩"也. 謙者, 論其退下於人, 損者, 能自減損於己, 故謙損別言也. '益 德之裕'者, 裕, 寬大也, 能以利益於物, 則德更寬大也.

正義曰 : 〔損 德之脩〕 德을 행할 때에 항상 스스로 자기를 낮추고 덜어내면 그 德이 스스로 더해져서 새로워진다. 그러므로 "損은 德의 닦음이다."라고 한 것이다. 謙은 남에게 謙退하고 낮춤을 논한 것이요, 損은 스스로 자기를 능히 減損하는 것이므로 謙과 損을 따로 말한 것이다.

〔益 德之裕〕 '裕'는 寬大함이니, 남을 유익하게 할 수 있으면 德이 다시 寬大해지는 것이다.

困은 德之辨也요

困은 德의 분변이요,

【注】 困而益明이라

곤궁함에 〈德이〉 더욱 밝아지는 것이다.

【疏】 正義曰 : 若遭困之時, 守操不移, 德乃可分辨也.

正義曰 : 만약 곤궁할 때를 당하여 지조를 지키고 바꾸지 않으면 德을 비로소 분변할 수 있는 것이다.

井은 德之地也요

井은 德의 자리요,

【注】 所處不移하니 象居得其所也라

처하는 곳이 바뀌지 않으니, 거처함에 제자리를 얻음을 형상한 것이다.

【疏】 正義曰：改邑不改井,[1] 井是所居之常處. 能守處不移, 是德之地也, 言德亦不移動也.

1) 改邑不改井：이는 井卦의 卦辭이다.

正義曰：邑은 바뀌어도 우물은 바뀌지 않으니, 우물은 바로 거처하는 바의 일정한 곳이다. 능히 일정한 곳을 지키고 바꾸지 않으니, 이는 德의 자리인바, '德 또한 옮기거나 움직이지 않음'을 말한 것이다.

巽은 德之制也라

巽은 德의 제도이다.

【注】 巽은 所以申命明制也라

巽은 명령을 거듭하여 제도를 밝히는 것이다.

【疏】 正義曰：巽申明號令, 以示法制, 故能與德爲制度也. 自此已上, 明九卦各與德爲用也.

正義曰：巽은 號令을 거듭 밝혀서 法制를 보여주는 것이다. 그러므로 德과 더불어 制度가 될 수 있는 것이다.

이로부터 이상은 아홉 卦가 각기 德과 더불어 쓰임이 됨을 밝힌 것이다.

履는 和而至하고

履는 和하면서 지극하고,

【注】 和而不至면 從物者也니 和而能至故로 可履也라

和하여도 지극하지 못하면 남을 따르는 자이니, 和하면서 능히 지극하기 때문에 이행할 수 있는 것이다.

【疏】 正義曰 : 自此已下, 明九卦之德也. 言履卦與物和諧, 而守其能至, 故可履踐也.

正義曰 : 이로부터 이하는 아홉 卦의 德을 밝힌 것이다.

'履卦가 남과 더불어 화합하면서 능히 지극함을 지키기 때문에 이행할 수 있는 것임'을 말한 것이다.

謙은 尊而光하고 復은 小而辨於物하고

謙은 높으면서 빛나고, 復은 작으면서 물건을 분변하고,

【注】 微而辨之하여 不遠復也라

작을 적에 물건을 분변하여 멀리 가지 않고 돌아오는 것이다.

【疏】 正義曰 : '謙 尊而光'者, 以能謙卑, 故其德益尊而光明也. '復 小而辨於物'者, 言復卦於初細微小之時, 卽能辨於物之吉凶, 不遠速復也.

正義曰 : 〔謙 尊而光〕 능히 겸손하고 낮추기 때문에 그 德이 더욱 높아져서 光明한 것이다.

〔復 小而辨於物〕 '復卦가 처음의 가늘고 작을 때에 물건의 吉凶을 분변해서 멀리 가지 않고 속히 돌아옴'을 말한 것이다.

恒은 雜而不厭(압)하고

恒은 섞여 있으나 억압당하지 않고,

【注】 雜而不厭하니 是以能恒이라

섞여 있으나 억압당하지 않으니, 이 때문에 항상할 수 있는 것이다.

【疏】 正義曰：言恒卦雖與物雜碎竝居, 而常執守其操, 不被物之不正也.

正義曰：'恒卦가 비록 남과 뒤섞여서 함께 거처하나 항상 자기 지조를 잡아 지켜서 남의 不正에 영향을 당하지 않음'을 말한 것이다.

損은 先難而後易(이)하고

損은 먼저는 어렵다가 뒤에는 쉽고,

【注】 刻損以脩身故로 先難也요 身脩而无患故로 后易也라

〈자기 몸을〉 깎고 덜어서 몸을 닦으므로 먼저는 어려운 것이요, 몸이 닦이면 환란이 없으므로 뒤에는 쉬운 것이다.

【疏】 正義曰：先自減損, 是先難也. 后乃无患, 是后易也.

正義曰：먼저 스스로 자기를 減損함은 바로 '먼저는 어려움'이다. 뒤에 마침내 환란이 없음은 바로 '뒤에는 쉬움'이다.

益은 長裕而不設하고

益은 〈남을〉 길러주고 너그럽게 해주고 〈법을 헛되이〉 베풀지 않으며,

【注】 有所興爲하여 以益於物이라 故曰 長裕라하니 因物興務하여 不虛設也라

일으키는 바가 있어서 물건을 유익하게 한다. 그러므로 "길러주고 너그럽게 해준다."라고 하였으니, 물건을 따라 일을 일으켜서 헛되이 베풀지 않는 것이다.

【疏】 正義曰：益是增益於物, 能長養寬裕於物, 皆因物性自然而長養, 不空虛妄設其法而无益也.

正義曰：益은 남을 增益해서 능히 남을 길러주고 寬裕하게 해주는 것이니, 모두 물건의 자연적 性을 따라 길러주는 것이요, 공허하게 법을 함부로 베풀어서 무익하게 하지 않는 것이다.

困은 窮而通하고

困은 곤궁하나 통하고

【注】 處窮而不屈其道也라

곤궁함에 처하여도 그 道를 굽히지 않는 것이다.

【疏】 正義曰：言困卦於困窮之時，而能守節，使道通行而不屈也.

正義曰：'困卦가 곤궁할 때에 능히 절개를 지켜서 道로 하여금 통행되어 굽히지 않게 함'을 말한 것이다.

井은 居其所而遷하고

井은 제자리에 머물러 있어도 〈윤택함을〉 옮기고

【注】 改邑不改井하니 井所居不移로되 而能遷其施也라

邑은 바뀌어도 우물은 바뀌지 않으니, 우물은 처하는 바가 바뀌지 않으나 능히 그 베풂을 옮길 수 있다.

【疏】 正義曰：言井卦居得其所，恒住不移，而能遷其潤澤，施惠於外也.

正義曰：'井卦가 거함이 제자리를 얻어서 항상 머물고 옮기지 않으나 능히 윤택함을 옮겨서 밖에 은혜를 베풂'을 말한 것이다.

巽은 稱而隱하니라

巽은 말하나 숨긴다.

【注】 稱揚命令이로되 而百姓不知其由也라

명령을 稱揚(크게 드러내서 말함)하나 백성들이 그 연유를 알지 못한다.

【疏】 正義曰：言巽稱揚號令，而不自彰伐而幽隱也. 自此已上，辨九卦性德也.

正義曰 : '巽은 호령을 말하나 스스로 드러내 자랑하지 않고 그윽하게 숨김'을 말한 것이다.

이로부터 이상은 아홉 卦의 성품과 덕〔性德〕을 분변한 것이다.

履以和行하고 謙以制禮하고 復以自知하고

履로써 행실을 조화롭게 하고, 謙으로써 禮에 제재되고, 復으로써 스스로 알고,

【注】 求諸已也라

자기 몸에서 구하는 것이다.

【疏】 正義曰 : '履以和行'者, 自此以下, 論九卦各有施用而有利益也. 言履者, 以禮敬事於人, 是調和性行也. '謙以制禮'者, 性能謙順, 可以裁制於禮. '復以自知'者, 旣能返復求身, 則自知得失也.

正義曰 : 〔履以和行〕 이로부터 이하는 아홉 卦가 각기 施用함이 있어서 利益이 있음을 논한 것이다. 履는 禮로써 남을 공경히 섬기는 것임을 말하였으니, 이는 본성과 행실〔性行〕을 조화롭게 하는 것이다.

〔謙以制禮〕 성품이 능히 겸손하고 순하면 禮에 제재될 수 있는 것이다.

〔復以自知〕 이미 능히 돌아와 자신에게서 구하였으면 得과 失을 스스로 알 수 있는 것이다.

恒以一德하고

恒으로써 德을 순일하게 하고,

【注】 以一爲德也라

순일함을 德으로 삼은 것이다.

【疏】 正義曰 : 恒能終始不移, 是純一其德也.

正義曰 : 恒은 시종 옮기지 않을 수 있으니, 이는 그 德을 純一하게 하는 것이다.

損以遠害하고

損으로써 해로움을 멀리하고,

【注】 止於脩身故로 可以遠害而已라

몸을 닦음에 그치므로 해로움을 멀리할 수 있을 뿐이다.

【疏】 正義曰 : 自降損脩身, 无物害己, 故遠害也.

正義曰 : 스스로 낮추고 덜어내서 몸을 닦으면 자기를 해치는 사람이 없으므로 해를 멀리하는 것이다.

益以興利하고 **困以寡怨**하고

益으로써 이익을 일으키고, 困으로써 원망을 적게 하고,

【注】 困而不濫하여 无怨於物이라

곤궁하여도 넘치지 아니하여 남을 원망하지 않는 것이다.

【疏】 正義曰 : '益以興利'者, 旣能益物, 物亦益己, 故興利也. '困以寡怨'者, 遇困, 守節不移, 不怨天, 不尤人, 是无怨於物, 故寡怨也.

正義曰 : 〔益以興利〕 이미 남을 유익하게 하면 남도 나를 유익하게 해주므로 이로움을 일으키는 것이다.

〔困以寡怨〕 곤궁할 때를 만나서 절개를 지키고 바꾸지 아니하여 하늘을 원망하지 않고 사람을 탓하지 않으니, 이는 남을 원망함이 없는 것이므로 원망을 적게 하는 것이다.

井以辯義하고

井으로써 義를 분변하고,

【注】 施而无私는 義之方也라

베풀면서 사사로움이 없음은 義의 方所이다.

【疏】正義曰：井能施而无私，則是義之方所，故辨明於義也．

正義曰：井은 능히 베풀되 사사로움이 없으니 이는 義의 방소이다. 그러므로 義를 분변하여 밝히는 것이다.

巽以行權이니라

巽으로써 權道를 행한다.

【注】權은 反經而合道니 必合乎巽順而后에 可以行權也라

權道는 經道를 뒤집어 道에 합하게 하는 것이니, 반드시 巽順함에 부합한 뒤에 권도를 행할 수 있는 것이다.

【疏】正義曰：巽，順(以)〔也〕[1]，旣能順時合宜，故可以(權行)〔行權〕[2]也．若不順時制變，不可以行權也．

1) (以)〔也〕: 저본에는 '以'로 되어 있으나, 錢本·宋本에 의거하여 '也'로 바로잡았다.(阮元의 〈校勘記〉 참조)
2) (權行)〔行權〕: 저본에는 '權行'으로 되어 있으나, 錢本·宋本에 의거하여 '行權'으로 바로잡았다.(阮元의 〈校勘記〉 참조)

正義曰：巽은 순함이니, 이미 때를 순히 하여 마땅함에 합하게 할 수 있으므로 權道를 행할 수 있는 것이다. 만약 때를 순히 하여 應變하지 못하면 권도를 행할 수 없는 것이다.

제7장

【疏】正義曰：'易之爲書'至'思過半矣' 此第七章．明易書體用也．

正義曰：經의 〔易之爲書〕에서 〔思過半矣〕까지
이는 제7장이다. 易書의 體와 用을 밝힌 것이다.

易之爲書也 不可遠이요

易의 책은 멀리할 수가 없고,

【注】 擬議而動이니 不可遠也라

比擬하고 의논하여 動한 것이니, 멀리할 수가 없는 것이다.

【疏】 正義曰 : '不可遠'者, 言易書之體, 皆倣法陰陽, 擬議而動, 不可遠離陰陽物象而妄爲也.

正義曰 : 〔不可遠〕 '易의 책의 體가 모두 陰陽을 본받아 비의하고 의논하여 동한 것이니, 음양의 物象을 멀리 떠나 함부로 할 수 없음'을 말한 것이다.

爲道也 屢遷이라 變動不居하여 周流六虛하며

〈易의〉 道가 자주 바뀐다. 변동하여 〈한 體에〉 머물지 아니해서 여섯 빈자리에 두루 흐르며

【注】 六虛는 六位也라

'六虛'는 〈卦의〉 여섯 자리이다.

【疏】 正義曰 : '(其)[1]爲道也屢遷'者, 屢, 數(삭)也. 言易之爲道, 皆法象陰陽, 數數遷改, 若乾之初九則潛龍, 九二則見(현)龍, 是屢遷也. '變動不居'者, 言陰陽六爻, 更互變動, 不恒居一體也, 若一陽生爲復, 二陽生爲臨之屬是也. '周流六虛'者, 言陰陽周徧流動, 在六位之虛. 六位言虛者, 位本无體, 因爻始見(현), 故稱虛也.

1) (其) : 저본에는 '其'가 있으나, 經文에 '其'가 없으므로 衍文으로 처리하였다.

正義曰 : 〔爲道也屢遷〕 '屢'는 자주이다. '易의 道가 모두 陰陽을 본받고 형상하여 자주 바뀜'을 말하였으니, 예컨대 乾卦의 初九는 '潛龍'이고 九二는 '見龍'인 것과 같은바, 이것이 '자주 바뀜'이다.

〔變動不居〕 '陰陽의 여섯 爻가 서로서로 변동하여 항상 한 體에 머물지 않음'을 말한 것이니, 예컨대 한 陽爻가 생겨나면 復卦䷗가 되고 두 陽爻가 생겨나면 臨卦䷒가 되는 것과 같은 등속이 이것이다.

〔周流六虛〕 '陰陽이 두루 유동하여 여섯 자리의 빈 곳에 있음'을 말한 것이다. 여섯 자리를 '虛'라고 말한 것은 자리에는 본래 정해진 體가 없고 爻로 인하여 처음 나타나므로 虛라고 칭한 것이다.

上下无常하며 剛柔相易하여 不可爲典要요

오르내림에 일정함이 없으며 剛과 柔가 서로 바뀌어서 典常(떳떳한 법)과 要會(중요한 귀결)로 삼을 수 없고,

【注】 不可立定準也라

일정한 기준을 세울 수 없는 것이다.

【疏】 正義曰：'上下无常'者, 初居一位, 又居二位, 是上无常定也. 旣窮上位之極, 又下來居於初, 是上下无常定也. 若九月剝卦, 一陽上極也, 十一月, 一陽下來歸初也. '剛柔相易 不可爲典要'者, 言陰陽六爻, 兩相交易, 或以陰易陽, 或以陽易陰, 或在初位相易, 在二位相易, 六位錯綜上下, 所易皆不同, 是不可爲典常要會也.

正義曰：〔上下无常〕 初爻가 첫 번째 자리에 있다가 또 두 번째 자리에 있기도 하니, 이는 오름에 일정함이 없는 것이다. 이미 上位의 極까지 다 올라가고서 또 아래로 내려와 初位에 거하니, 이는 오르내림에 일정함이 없는 것이다. 예컨대 九月의 剝卦䷖는 한 陽이 위로 極에 이른 것이요, 十一月(復卦䷗)은 한 陽이 아래로 와서 初位로 돌아온 것이다.

〔剛柔相易 不可爲典要〕 '陰과 陽의 여섯 爻가 서로서로 바뀌어서 혹은 陰이 陽으로 바뀌고 혹은 陽이 陰으로 바뀌며 혹은 初位에 있다가 서로 바뀌고 二位에 있다가 서로 바뀌어서 여섯 자리가 번갈아 오르내려서 바뀌는 바가 모두 똑같지 않으니, 이는 典常과 要會로 삼을 수 없는 것이다.'라고 말한 것이다.

唯變所適이라

오직 변화에 응해 나아가는 바이니,

【注】 變動은 貴於適時요 趣舍는 存乎會也라

變動은 제때에 나아감을 귀하게 여기고, 趣舍(取捨)는 기회에 있는 것이다.

【疏】 正義曰 : 言剛柔相易之時, 旣无定準, 唯隨應變之時所之適也.

正義曰 : '剛과 柔가 서로 바뀌는 때에 이미 일정한 기준이 없고 오직 變에 응하는 때에 나아가는 바를 따름'을 말한 것이다.

其出入以度하여 外內使知懼하며

나가고 들어오기를 법도로 하여 밖으로 나가고 안에 머묾에 그로 하여금 두려움을 알게 하였으며,

【注】 明出入之度하여 使物(之)〔知〕[1]外內之戒也라 出入은 (尤)〔猶〕[2]行藏하고 外內는 (尤)〔猶〕隱顯이라 遯은 以遠時爲吉하고 豐은 以幽隱致凶[3]하며 漸은 以高顯爲美[4]하고 明夷는 以處昧利貞[5]하니 此外內之戒也라

1) (之)〔知〕: 저본에는 '之'로 되어 있으나, ≪周易集解纂疏≫에 의거하여 '知'로 바로잡았다.(北京大 整理本 참조)
2) (尤)〔猶〕: 저본에는 '尤'로 되어 있으나, 毛本에 의거하여 '猶'로 바로잡았다. 아래의 疏도 같다.(阮元의 〈校勘記〉 참조) '猶'의 古字가 '尤'와 비슷하여 이러한 오류가 생긴 것이다.
3) 豐以幽隱致凶 : 豐卦䷶의 上六爻를 가리켜 말한 것이다. 上六의 爻辭에 "지붕을 풍부하게 하고 그 집을 떼적으로 가렸다. 그 문을 엿봄에 조용하여 사람이 없어서 3년이 되어도 보지 못하니, 凶하다.〔豐其屋 蔀其家 闚其戶 闃其无人 三歲不覿 凶〕"라고 하였는데, 그 疏에 "豐大한 세상에 처하여 숨음은 어짊이 되지 못한다. 다스리는 道가 이루어지기 전에는 숨는 것이 그래도 괜찮지만 3년엔 豐의 道가 이미 이루어졌는데 오히려 나타나지 않으니, 이 때문에 흉함이 되는 것이다.〔處於豐大之世 隱不爲賢 治道未濟 隱猶可也 三年豐道已成 而猶不見 所以爲凶〕"라고 하였다.
4) 漸以高顯爲美 : 漸卦䷴의 上九爻를 가리켜 말한 것이다. 上九의 爻辭는 "기러기가 점점 陸으로 나아감이니, 그 깃털을 사용하여 儀表로 삼을 수가 있어서 吉하다.〔鴻漸于陸 其羽可用爲儀 吉〕"인바, 기러기는 하늘로 점점 높이 나아가는 것을 좋게 여기므로 '높이 드러남을 아름다움으로 삼는다.'라고 말한 것이다. 漸卦의 六四는 기러기가 나무로 나아가는 象이고 九五는 기러기가 구릉〔陵〕으로 나아가는 象인데, 陸은 陵보다 더 높고 깨끗한 곳이다. 이 때문에 九五를 들지 않고 上九를 들어 말한 것이다. 九五의 爻辭는 "기

러기가 구릉〔陵〕으로 점점 나아가니, 婦人이 3년 동안 임신하지 못하나 끝내 이길 수가 없어서 吉하다.〔鴻漸于陵 婦三歲不孕 終莫之勝 吉〕"인바, '구릉'은 九五의 높은 지위를 상징한다.

5) 明夷以處昧利貞 : 明夷卦䷣는 해가 땅속으로 들어가는 象이어서, 人事로 말하면 어두운 군주가 위에 있고 현명한 신하가 아래에 있어서 신하가 자신의 밝음을 드러내지 못하는 때인바, 이때에는 신하가 자신의 밝음을 감추고서 어둠에 처하되 자신의 바름을 지켜야 이롭다. 예컨대 明夷卦의 卦辭에 "어렵게 여기고 바름을 지킴이 이롭다.〔利艱貞〕"라고 한 것이나, 六五의 爻辭에 "箕子의 明夷이니, 貞함이 이롭다.〔箕子之明夷 利貞〕"라고 한 것이 이 뜻이다.

나가고 들어오는 법도를 밝혀서 물건(사람)으로 하여금 밖과 안의 경계를 알게 한 것이다. '出入'은 行藏(나와서 道를 행함과 은둔함)과 같고, '外內'는 隱顯(숨음과 드러남)과 같다. 遯은 때를 멀리함으로써 길함을 삼고, 豐은 그윽하고 숨음으로써 흉함을 이루며, 漸은 높이 드러남을 아름다움으로 삼고, 明夷는 어둠에 처함으로써 '貞함이 이로움'이 되니, 이것이 外內의 경계인 것이다.

【疏】正義曰 : '其出入以度'者, 出入(尤)〔猶〕行藏也. 言行藏各有其度, 不可違失於時. 故韓氏云"豐以幽隱致凶, 明夷以處昧利貞", 是出入有度也. '外內使知懼'者, 外內(尤)〔猶〕隱顯. 言欲隱顯之人, 使知畏懼於易也. 若不應隱而隱, 不應顯而顯, 必有凶咎, 使知畏懼凶咎而不爲也.

正義曰 : 〔其出入以度〕 出入은 行藏과 같다. 行藏은 각각 그 법도가 있으니, 때를 어기고 잃어서는 안 됨을 말한 것이다. 그러므로 韓氏(韓康伯)가 이르기를 "豐은 그윽하고 숨음으로써 흉함을 이루고, 明夷는 어둠에 처함으로써 '貞함이 이로움'이 된다."라고 하였으니, 이는 나가고 들어옴에 법도가 있는 것이다.

〔外內使知懼〕 外內는 隱顯과 같다. 숨거나 드러나고자 하는 사람들로 하여금 易에 대해서 두려워할 줄을 알게 하고자 함을 말한 것이다. 만약 굳이 숨을 것이 없을 때에 숨고, 굳이 드러낼 것이 없을 때에 드러나면 반드시 흉함과 허물이 있으니, 그로 하여금 흉함과 허물을 두려워할 줄 알아서 하지 않게 한 것이다.

又明於憂患與故라

또 憂患과 事故(일의 연고)에 밝다.

【注】故는 事故也라

'故'는 事故이다.

【疏】正義曰：故, 事故也, 非但使人隱顯知懼, 又使人明曉於憂患幷與萬事也.

正義曰：'故'는 事故(일의 연고)이니, 비단 사람들로 하여금 숨고 드러남에 두려움을 알게 할 뿐만이 아니라, 또 사람들로 하여금 憂患과 함께 萬事를 밝게 깨닫게 한 것이다.

无有師保나 如臨父母하니

師保가 없으나 父母가 임하신 듯하니

【注】安而不忘危하고 存而不忘亡하여 終日乾乾하여 不可以怠也라

편안하여도 위태로움을 잊지 않고 보존되어도 망함을 잊지 않아 종일토록 부지런히 힘써서 태만할 수가 없는 것이다.

【疏】正義曰：言使人畏懼此易, 歸行善道, 不須有師保教訓, 恒常恭敬, 如父母臨之, 故云"如臨父母"也.

正義曰：'사람들로 하여금 이 易을 두려워해서 돌아와 善道를 행하게 하여 굳이 師保의 教訓이 있지 않더라도 항상 공경하여 마치 부모가 임하신 듯이 함'을 말하였다. 그러므로 "부모가 임하신 듯하다."라고 한 것이다.

初率其辭而揆其方하면 旣有典常이어니와

처음에 그 卦辭와 爻辭를 따라 그 의리를 헤아려보면 이미 典常(떳떳한 법)이 있지만

【注】能循其辭以度(탁)其義하고 原其初以要其終이면 則唯變所適하니 是其常典也라 明其變者는 存其要也라 故로 曰 苟非其人이면 道不虛行이라하니라

능히 그 卦辭와 爻辭를 따라 의리를 헤아리고, 그 처음을 근원하여 찾아서 그 끝을 要會(맞춰)해보면, 오직 변함이 가는 대로 하니, 이것이 그 떳떳한 법이다. 變을 밝히는 것

은 要會를 보존하는 것이다. 그러므로 "만약 훌륭한 사람이 아니면 道가 헛되이 행해지지 않는다."라고 한 것이다.

【疏】 正義曰：'初率其辭而揆其方'者, 率, 循也. 揆, 度也. 方, 義也. 言人君若能初始依循其易之文辭, 而揆度其易之義理, 則能知易有典常也, 故云"既有典常." 易雖千變萬化, 不可爲典要, 然循其辭, 度其義, 原尋其初, 要結其終, 皆唯變所適, 是其常典也. 言惟變是常, 既以變爲常, 其就變之中, 剛之與柔相易, 仍不常也, 故上云"不可爲典要"也.

正義曰：〔初率其辭而揆其方〕 '率'은 따름이요, '揆'는 헤아림이요, '方'은 의리이다. '人君이 만약 始初에 易의 文辭를 따라서 易의 義理를 헤아릴 수 있으면 易에 典常이 있음을 알 수 있음'을 말하였다. 그러므로 "이미 典常이 있다."라고 한 것이다.

易이 비록 천 가지로 변하고 만 가지로 변하여 典常과 要會가 될 수 없으나, 그 문사를 따라 그 의리를 헤아리고 그 처음을 근원하여 찾고 그 끝을 要會하여 맺어보면 다 오직 변함이 가는 대로 하니, 이것이 떳떳한 법인 것이다. 오직 변함을 떳떳함으로 삼는다고 말한 것이니, 이미 변함을 떳떳함으로 삼았으면 변하는 가운데에 나아가서 剛과 柔가 서로 바뀌어 일정하지 않다. 그러므로 위에서 "典常과 要會로 삼을 수 없다."라고 한 것이다.

苟非其人이면 道不虛行하나니라

만약 훌륭한 사람이 아니면 道가 헛되이(거저) 행해지지 않는다.

【疏】 正義曰：言若聖人, 則能循其文辭, 揆其義理, 知其典常, 是易道得行也, 若苟非通聖之人, 則不曉達易之道理, 則易之道, 不虛空得行也. 言有人則易道行, 若无人則易道不行, 无人而行, 是虛行也. 必不如此, 故云"道不虛行"也.

正義曰：'만약 聖人이면 능히 文辭를 따라 그 義理를 헤아려서 典常을 알 수 있으니 이는 易의 道가 행해질 수 있는 것이지만, 만약 통달하고 성스러운 사람이 아니면 易의 道理를 깨닫고 통달하지 못하니 그렇다면 易의 道가 공허하게 행해질 수 없음'을 말한 것이다. '사람이 있으면 易의 道가 행해지고 만약 사람이 없으면 易의 道가 행해지지 못함'을 말하였으니, 사람이 없이 행해짐은 바로 헛되이 행해지는 것이다. 결코 이와 같을 수가 없으므로 "道가 헛되이 행해지지 않는다."라고 한 것이다.

易之爲書也 原始要終하여 以爲質也하고

易의 책은 시작을 근원하고 끝마침을 맞추어서 質로 삼고,

【注】 質은 體也니 卦兼終始之義也라

'質'은 體이니, 卦가 終과 始의 뜻을 겸한 것이다.

【疏】 正義曰 : 此以下, 亦明易辭體用, 尋其辭, 則吉凶可以知也. '原始要終以爲質'者, 質, 體也. 言易之爲書, 原窮其事之初始, 乾初九"潛龍勿用", 是原始也, 又要會其事之終末, 若上九"亢龍有悔", 是要終也. 言易以原始要終, 以爲體質也, 此潛龍・亢龍, 是一卦之始終也. 諸卦亦然, 若大畜初畜而后通, 皆是也. 亦有一爻之中, 原始要終也, 故坤卦之初六"履霜, 堅冰至", 履霜, 是原始也, 堅冰至, 是要終也.

正義曰 : 이 이하는 또한 易의 卦辭와 爻辭의 體用을 밝힌 것이니, 그 辭를 찾아보면 吉凶을 알 수 있는 것이다.

〔原始要終以爲質〕 '質'은 體이다. '易의 책이 일의 始初를 근원하여 연구하니 乾卦의 初九 爻辭의 "潛龍이니 쓰지 말아야 한다."는 것은 시작을 근원한 것이요, 또 일의 종말을 맞추어야 하니 예컨대 上九 爻辭의 "亢龍이니 후회가 있다."와 같은 것은 終을 맞춘 것이다.'라고 말한 것이다. '易은 原始와 要終으로 體質을 삼음'을 말하였으니, 이 潛龍과 亢龍은 한 卦의 始와 終인 것이다. 여러 卦가 또한 그러하니, 예컨대 大畜卦의 '처음 저지된 뒤에 통함'과 같은 것이 모두 이것이다. 또한 한 爻 가운데에도 原始와 要終이 있다. 그러므로 坤卦의 初六 爻辭에 "서리를 밟으면 단단한 얼음이 이른다."는 것에서 '서리를 밟음'은 原始이고, '단단한 얼음이 이름'은 要終이다.

六爻相雜하여 唯其時物也라

여섯 爻가 서로 뒤섞여서 오직 그 때를 〈만나고〉 오직 그 일을 〈주관한다.〉

【注】 爻各存乎其時라 物은 事也라

爻는 각각 그 때에 있는 것이다. '物'은 일이다.

【疏】正義曰：物，事也. 一卦之中，六爻交相雜錯，唯各會其時，唯各主其事，若屯卦初九"盤桓，利居貞"，是居貞之時，有居貞之事. 六二"屯如邅如" 是乘陽屯邅之時，是有屯邅之事也. 略擧一爻，餘爻倣此也.

正義曰：'物'은 일이다. 한 卦의 가운데에 여섯 爻가 서로서로 뒤섞여서 오직 각각 그 때를 만나고 오직 각각 그 일을 주관하니, 예컨대 屯卦의 初九의 "盤桓(머뭇거림)함이니, 貞에 거함이 이롭다."는 것은 貞에 거한 때여서 貞에 거하는 일이 있는 것이요, 六二의 "어려워하고 머뭇거린다."는 것은 陽을 타고서 어려워하고 머뭇거리는 때여서 어려워하고 머뭇거리는 일이 있는 것이다. 간략히 한 爻를 들었으니, 나머지 爻도 이와 같다.

其初는 **難知**요 **其上**은 **易(이)知**니 **本末也**라 **初辭擬之**하고 **卒成之終**하니라

初는 알기 어렵고 上은 알기 쉬우니, 本과 末이다. 처음에는 辭로 擬議하고, 끝난 뒤에는 終을 성취한다.

【注】夫事始於微而后에 至於著하나니 初者는 數之始니 擬議其端故로 難知也요 上者는 卦之終이니 事皆成著故로 易知也라

일은 은미함에서 시작된 뒤에 드러남에 이른다. '初'는 數의 시작이니 그 단서를 比擬하고 의논하므로 알기 어려운 것이요, '上'은 卦의 終이니 일이 다 이루어져 드러나므로 알기 쉬운 것이다.

【疏】正義曰：'其初難知'者，謂卦之初始，起於微細，始擬議其端緒，事未顯著，故難知也. '其上易知'者，其上謂卦之上爻，事已終極，成敗已見(현)，故易知也. 上云其上，則其初宜云下也，初既言初，則上應稱末，互文也. 以易經爻辭言初言上，故此從經文也.[1] '本末也'者，其初難知，是本也，其上易知，是末也，以事本，故難知，以事末，故易知，故云"本末也." '初辭擬之'者，覆釋"其初難知"也，以初時以辭擬議其始，故難知也. '卒成之終'者，覆釋"其上易知"也，言上是事之卒了，而成就終竟，故易知也.

1) 上云其上……故此從經文也：經文이 일관되기 위해서는 '其初難知 其末易知'라고 하거나 '其下難知 其上易知'라고 해야 하는데, 그렇게 하지 않고 初와 上을 쓴 것은 互文의 체제를 따라 하나씩을 생략한 것이라는 말이다. 즉 '其初下難知 其末上易知'라고 쓴 것과 같다는 것이다. 그런데 그 생략에 있어서 '下'와 '末'을 택한 것은, ≪周易≫의 爻辭에

初爻라 하고 上爻라 하기 때문에 經文을 따라 '下'와 '末'을 생략하고 '初'와 '上'을 남겨 두었다는 말이다.

正義曰 : 〔其初難知〕 卦의 始初가 微細한 데에서 시작됨을 이르니, 처음 그 단서를 비의하고 의논할 적에는 일이 아직 드러나지 않았으므로 알기 어려운 것이다.

〔其上易知〕 '其上'은 卦의 上爻를 이르니, 일이 이미 끝나 極이 되었으면 成敗가 이미 나타났으므로 알기 쉬운 것이다. 위에서 '其上'이라고 말했으면 初를 마땅히 '下'라고 칭해야 하고, 初를 이미 '初'라고 말했으면 上을 응당 '末'이라고 칭해야 할 것이니, 이는 互文이다. 易經의 爻辭에 初를 말하고 上을 말했기 때문에 여기에서는 經文을 따른 것이다.

〔本末也〕 '初를 알기 어려움'은 바로 本이요, '上을 알기 쉬움'은 바로 末이니, 일의 근본이기 때문에 알기 어렵고, 일의 끝이기 때문에 알기 쉬운 것이다. 그러므로 "本과 末이다."라고 한 것이다.

〔初辭擬之〕 '初를 알기 어려움'을 반복하여 해석한 것이니, 初의 때에는 글로써 그 시작을 비의하고 의논하므로 알기 어려운 것이다.

〔卒成之終〕 '上을 알기 쉬움'을 반복하여 해석한 것이니, '上은 일이 끝나서 終竟(終極)을 성취하므로 알기 쉽다.'고 말한 것이다.

若夫雜物撰(산)**德**하여 **辯是與非**는 **則非其中爻**면 **不備**하나니라 **噫**라 **亦要存亡吉凶**인댄 **則居可知矣**니 **知者觀其彖辭**하면 **則思過半矣**리라

사물을 뒤섞고 德을 세어서 옳고 그름을 분변하는 것으로 말하면 中爻가 아니면 구비하지 못한다. 아, 또한 存亡과 吉凶을 〈정하고자〉 할진댄 居然히(분명히) 알 수 있으니, 지혜로운 자가 彖辭(卦辭)를 보면 생각이 半을 넘을 것이다.

【注】 夫彖者는 擧立象之統하고 論中爻之義하여 約以存博하고 簡以兼衆하여 雜物撰德하여 而一以貫之하니 形之所宗者는 道요 衆之所歸者는 一이라 其事彌繁이면 則愈滯乎形하고 其理彌約이면 則轉近乎道라 彖之爲義는 存乎一也니 一之爲用이 同乎道矣라 形而上者는 可以觀道니 過半之益이 不亦宜乎아

彖은 卦象을 세운 綱統을 들어 〈밝히고〉 中爻의 意義를 논하여서 요약됨으로써 넓음을 보존하고 간략함으로써 많음을 겸하여 물건을 뒤섞고 德을 세어서 一로써 꿰뚫으니,

형체가 종주로 삼는 것은 道요, 많은 것이 돌아가는 것은 一이다. 일이 더욱 많으면 더욱 형체에 막히고, 이치가 더욱 요약되면 더욱 道에 가까워진다. 象의 뜻은 一에 들어 있으니, 一의 쓰임이 道와 같은 것이다. 形而上은 道를 볼 수 있으니, 過半의 유익함이 마땅하지 않은가.

【疏】 '若夫'至'過半矣' ○ 正義曰 : '若夫雜物撰德 辨是與非 則非其中爻 不備'者, 言雜聚天下之物, 撰數衆人之德, 辨定是之與非, 則非其中之一爻, 不能備具也.[1] 謂一卦之內, 而有六爻, 各主其物, 各數其德, 欲辨定此六爻之是非, 則總歸於中爻, 言中爻統攝一卦之義多也. 若非中爻, 則各守一爻, 不能盡統卦義, 以中爻居一无偏, 故能統卦義也. (尤)〔猶〕[2]乾之九二"見龍在田, 利見大人", 九五"飛龍在天, 利見大人", 是總攝乾卦之義也. 乾是陽長, 是行利見大人之時, 二之與五, 統攝乾德. 又坤之六二云"直方大", 攝坤卦地道之義, 六五"黃裳元吉", 亦統攝坤之臣道之義也. '噫亦要存亡吉凶 則居可知矣'者, 噫者, 發聲之辭. 卦爻雖衆, 意義必在其中爻, 噫乎發歎, 〔或〕要定(或)此卦存之與亡,[3] 吉之與凶, 但觀其中爻, 則居然可知矣, 謂平居自知, 不須營爲也. '知者觀其彖辭 則思過半矣'者, 彖辭謂文王卦下之辭, 言聰明知達之士, 觀此卦下彖辭, 則能思慮有益以過半矣.

1) 非其中之一爻 不能備具也 : '中의 한 爻'란 上卦의 가운데 한 爻(五爻)와 下卦의 가운데 한 爻(二爻)를 말하는바, 孔穎達은 경문의 '中爻'를 二爻와 五爻로 본 것이다.
　반면 朱子는 이를 '卦 가운데의 네 爻'를 말하는 것으로 보았는바, 네 爻란 初爻와 上爻를 제외한 네 개의 爻를 말한다. 朱子가 이렇게 해석한 것은, 바로 위의 절의 경문에서 "其初難知 其上易知"라 하여 初爻와 上爻에 대하여 말하였으므로 이 절은 初爻와 上爻를 제외한 가운데 네 개의 爻를 가리켜 말한 것이 된다고 보았기 때문이다.
2) (尤)〔猶〕: 저본에는 '尤'로 되어 있으나, 毛本에 의거하여 '猶'로 바로잡았다.(阮元의 〈校勘記〉 참조)
3) 〔或〕要定(或)此卦存之與亡 : ≪十三經注疏正字≫에 "'或'자는 아마도 '要'자 위에 있어야 할 듯하다."라고 한 것에 의거하여 '或'자를 '要'자 앞으로 이동하였다.

經의 〔若夫〕에서 〔過半矣〕까지

○ 正義曰 : 〔若夫雜物撰德 辨是與非 則非其中爻 不備〕 '天下의 사물을 뒤섞어 모으고 衆人의 德을 세어서(따져서) 옳은 것과 그른 것을 분변하여 결정함은 中의 한 爻가 아니면 구비하지 못함'을 말한 것이다. '한 卦의 안에 여섯 爻가 있어서 각기 그 사물을 주

관하고 각각 그 德을 따지니, 이 여섯 爻의 옳고 그름을 분변하여 결정하고자 하면 모두 中爻로 돌아가야 함'을 말하였으니, 中爻에 한 卦의 뜻이 統攝함이 많음을 말한 것이다. 만약 中爻가 아니면 각기 한 爻를 지켜서 卦의 뜻을 다 통섭하지 못하니, 中爻가 一에 거하여 편벽됨이 없기 때문에 卦의 뜻을 통섭할 수 있는 것이다. 이는 乾卦의 九二 爻辭의 "見龍이 밭에 있으니, 大人을 만나봄이 이롭다."는 것과, 九五 爻辭의 "飛龍이 하늘에 있으니, 대인을 만나봄이 이롭다."는 것과 같으니, 이는 乾卦의 뜻을 總攝한 것이다. 乾은 陽이 자람이니, 이는 '대인을 만나봄이 이로운 때'를 행하는 것인바, 九二와 九五가 乾의 德을 통섭한 것이다. 또 坤卦의 六二 爻辭에 "곧고 방정하고 크다."라고 한 것은 坤卦의 地道의 意義를 통섭한 것이요, 六五 爻辭의 "누런 치마처럼 하면 크게 길하다."는 것 또한 坤의 臣道의 의의를 통섭한 것이다.

〔噫亦要存亡吉凶 則居可知矣〕'噫'는 감탄하는 소리를 내는 말이다. 卦와 爻가 비록 많으나 意義가 반드시 中爻에 있으니, '아' 하고 탄식하는 소리를 발하고서, 혹 이 卦의 存과 亡, 吉과 凶을 정하고자 한다면 다만 그 中爻를 보면 居然히 알 수 있다고 〈말한 것이니〉, '평소에 스스로 알아서 굳이 경영할 필요가 없음'을 말한 것이다.

〔知者觀其彖辭 則思過半矣〕彖辭는 文王이 卦의 아래에 〈달아놓은〉 卦辭를 이르니, '총명하고 지혜롭고 통달한 선비가 이 卦 아래의 彖辭를 보면 思慮가 有益하여 半을 넘을 수 있음'을 말한 것이다.

【疏】 ○ 注'夫彖者'至'近乎道' ○ 正義曰：'夫彖者 擧立象之統'者, 謂文王卦下彖辭, 擧明立此卦象之綱統也. 云'論中爻之義'者, 言彖辭論量此卦中爻義意也. '擧立象之統'者, 若屯卦彖云"利貞", 夫子釋云"動於險中, 大亨貞"者,[1] 是擧立象之統也. '論中爻之義'者, 若蒙卦云"蒙, 亨, 初筮告(곡)", 注云"能爲初筮, 其唯二乎", 是彖云"初筮", 其在九二, 是論中爻之義也. 云'約以存博 簡以兼衆'者, 唯擧中爻, 是約是簡, 存備六爻之義, 是存博兼衆也. 云'雜物撰德 而一以貫之'者, 一卦六爻, 雜聚諸物, 撰數諸德, 而用一道以貫穿之, 一謂中爻也. 以其居中, 於上於下, 无有偏二, 故稱一也. '其事彌繁 則愈滯乎形'者, 愈, 益也. 滯謂陷滯也. 若事務彌更繁多, 則轉益滯陷於形體, 言處處妨礙也. 云'其理彌約 則轉近乎道'者, 若理能簡約, 則轉轉附近於道, 道以約少无爲之稱, 故少則近於道也.

1) 若屯卦彖云利貞……大亨貞者 : 屯卦의 卦辭는 "元亨利貞 勿用有攸往 利建侯"인데, 孔

穎達의 疏에서 여기의 元亨利貞에 대해서도 四德이라 하였으므로 '利貞'을 '利하고 貞하다'로 번역하였다.

그러나 程伊川과 朱子는 오직 乾卦와 坤卦 두 卦만 元・亨・利・貞의 사덕으로 풀이하였다. 공영달이 인용한 공자의 해석은 屯卦 〈彖傳〉의 말이다.

○ 注의 〔夫彖者〕에서 〔近乎道〕까지

○ 正義曰 : 〔夫彖者 擧立象之統〕 '文王이 卦의 아래에 〈달아놓은〉 彖辭(卦辭)가 이 卦象을 세운 綱統을 들어 밝혔음'을 말한 것이다.

〔論中爻之義〕 彖辭가 이 卦의 中爻의 의의를 논하여 헤아림을 말한 것이다.

〔擧立象之統〕 예컨대 屯卦의 彖辭에 "利하고 貞하다."라고 하였는데, 夫子(孔子)가 해석하기를 "험한 가운데에서 동하니, 크게 형통하고 貞하다."라고 한 것이 바로 '象을 세운 綱統을 들어 밝힘'이다.

〔論中爻之義〕 예컨대 蒙卦의 彖辭에 "蒙은 형통하니, 처음 점치면 고해준다."라고 하였는데, 注에 "'처음 점침'이 될 수 있는 사람은 오직 九二일 것이다."라고 하였으니, 이는 彖辭에서 말한 '初筮'가 바로 九二에 있는 것이니, 이것이 '中爻의 의의를 논함'이다.

〔約以存博 簡以兼衆〕 오직 中爻를 든 것은 이것이 '요약됨'이고 '간략함'이며, 六爻의 뜻을 보존하여 구비함은 이것이 '넓음을 보존함'이고 '많음을 겸함'이기 때문이다.

〔雜物撰德 而一以貫之〕 한 卦의 六爻가 여러 물건을 뒤섞어 모으고 여러 德을 따져서 하나의 道를 사용하여 꿰뚫는 것이니, '一'은 中爻를 이른다. 中에 거하여 위와 아래에 편벽되거나 둘로 함이 없다. 그러므로 "一"이라 칭한 것이다.

〔其事彌繁 則愈滯乎形〕 '愈'는 더욱이요, '滯'는 빠지고 막힘을 이른다. 만약 事務가 더욱더 번다해지면 더욱더 형체에 막히고 빠지는 것이니, 곳곳마다 방해되고 장애됨을 말한 것이다.

〔其理彌約 則轉近乎道〕 만약 이치가 簡約하면 더더욱 道에 붙고 가까운 것이니, 道는 約少하여 함이 없는 칭호이므로 적으면 道에 가까운 것이다.

제8장

【疏】 正義曰 : '二與四'至'易之道也' 此第八章也. 明諸卦二・三・四・五爻之功用, 又明三才之道, 幷明易興之時, 總贊明易道之大也, 各隨文釋之.

正義曰 : 經의 〔二與四〕에서 〔易之道也〕까지

이는 제8장이다. 여러 卦의 二爻·三爻·四爻·五爻의 功用을 밝히고, 또 三才의 道를 밝혔으며, 아울러 易이 일어난 때를 밝히고, 총괄하여 易의 道의 큼을 贊明하였으니, 각각 글에 따라 해석한다.

二與四同功이나

二와 四가 功이 같으나

【注】 同陰功也라

陰의 功이 같은 것이다.

而異位하여

자리가 달라서

【注】 有內外也[1)]라

1) 有內外也 : 二爻는 內卦(下卦)에 속하여 內가 되고, 四爻는 外卦(上卦)에 속하여 外가 된다.

內와 外가 있는 것이다.

其善不同하니 二多譽하고

그 善이 똑같지 않으니, 二는 칭찬이 많고,

【注】 二處中和故로 多譽也라

二는 中和에 처했기 때문에 칭찬이 많은 것이다.

四多懼는 近也일새니

四는 두려움이 많음은 〈군주인 5爻와〉 가깝기 때문이니,

【注】 位逼於君故로 多懼也라

자리가 군주에 가깝기 때문에 두려움이 많은 것이다.

柔之爲道 不利遠者하고 其要无咎는 其用柔中也일새라

柔의 道는 멀리 있는 것이(소원함이) 이롭지 않고, 要會하여 허물이 없음은 柔로서 中에 〈居했기〉 때문이다.

【注】 四之多懼는 以近君也니 柔之爲道 須援而濟故로 有不利遠者요 二之能无咎는 柔而處中也일새라

四가 두려움이 많음은 군주와 가깝기 때문이니, 柔의 道는 모름지기 구원해주어야 이루어질 수 있으므로 먼 것이 이롭지 않고, 二가 허물이 없을 수 있는 것은 柔로서 中에 처했기 때문이다.

【疏】 正義曰 : '柔之爲道 不利遠'者, 此覆釋上"四多懼"之意. 凡陰柔爲道, 當須親附於人以得濟, 今乃遠其親援, 而欲上逼於君, 所以多懼, 其不宜利於疎遠也. '其要无咎 其用柔中'者, 覆釋上"二多譽"也. 言二所多譽者, 言二所以要會, 无罪咎而多譽也, 所以然者, 以其用柔而居中也.

正義曰 : 〔柔之爲道 不利遠〕 이는 위의 '四가 두려움이 많음'의 뜻을 반복하여 해석한 것이다. 무릇 陰柔의 道는 마땅히 남을 친히 따라야 이루어질 수 있는데, 지금 마침내 친한 援助를 멀리하고 위로 군주에 가까이 가고자 하니, 이 때문에 두려움이 많은 것인바, 疏遠함이 이롭지 않은 것이다.

〔其要无咎 其用柔中〕 위의 '二는 칭찬이 많음'을 반복하여 해석한 것이다. 二가 칭찬이 많은 이유를 말한 것이니, '二가 이 때문에 要會(귀결)하여 죄와 허물이 없고 칭찬이 많은 것이니, 그러한 이유는 柔를 쓰고 中에 거했기 때문임'을 말한 것이다.

三與五同功하나

三과 五가 功이 같으나

【注】同陽功也라

陽의 功이 같은 것이다.

而異位하여

〈자리가〉 달라서

【注】有貴賤也라

〈자리에〉 貴와 賤이 있는 것이다.

三多凶하고 五多功하니 貴賤之等也일새니 其柔는 危하고 其剛은 勝邪(야)인저

三은 흉함이 많고 五는 功이 많으니, 이는 貴・賤의 등급이 있어서이니, 柔는 위태롭고 剛은 〈임무를〉 이겨낼 것이다.

【注】三五陽位니 柔非其位라 處之則危요 居以剛健이면 勝其任也라 夫所貴剛者는 閑邪存誠[1]하여 動而不違其節者也요 所貴柔者는 含弘居中[2]하여 順而不失其貞者也니 若剛以犯物이면 則非剛之道요 柔以卑佞이면 則非柔之義也라

1) 閑邪存誠 : 이 말은 乾卦 〈文言傳〉에 보이는바, 九二의 爻辭를 해석한 말이다.
2) 含弘居中 : 坤卦 〈彖傳〉에 "포용하고 너그럽고 빛나고 위대하다.〔含弘光大〕"라고 하였다.

三과 五는 陽의 자리이니, 柔에게는 마땅한 자리가 아니므로 〈陰爻가〉 여기에 처하면 위태롭고 剛健함으로 거하면 그 임무를 이겨내는 것이다. 剛함을 귀하게 여기는 이유는 간사함을 막고 성실함을 보존하여 동함에 그 절도를 어기지 않기 때문이요, 柔를 귀하게 여기는 이유는 포용하고 너그럽고 中에 거하여 순하면서 그 바름을 잃지 않기 때문이니, 만약 剛으로써 남을 범하면 강한 道가 아니요, 柔로써 낮추고 아첨하면 柔의 뜻이 아니다.

【疏】正義曰 : '貴賤之等〔也〕[1] 其柔危 其剛勝邪'者, 此釋"三與五同功"之義, 五爲貴, 三爲賤, 是貴賤之等也. 此並陽位, 若陰柔處之則傾危, 陽剛處之則剋勝其任. 故云"其柔危, 其剛勝."也. 諸本"三多凶五多功"之下, 皆有注, 今定本无也. 三居下卦之極, 故多凶, 五居中處尊, 故多功也.

1) 〔也〕: 저본에는 '也'가 없으나, 위의 經文에 의거하여 보충하였다.

正義曰 : 〔貴賤之等也 其柔危 其剛勝邪〕 이는 '三과 五가 功이 같음'의 뜻을 해석한 것이니, 五는 귀함이 되고 三은 천함이 되니, 이는 '귀천의 등급' 때문이다. 이 三과 五는 모두 陽의 자리이니, 만약 陰柔가 여기에 처하면 기울고 위태로우며 陽剛이 여기에 처하면 그 임무를 이겨낸다. 그러므로 "柔는 위태롭고 剛은 임무를 이겨낼 것이다."라고 한 것이다.

여러 本에 '三多凶 五多功'의 아래에 모두 注가 있으나, 지금 定本에는 없다. 三은 下卦의 極에 거하였으므로 흉함이 많고, 五는 中에 거하고 尊位에 처하였으므로 功이 많은 것이다.

易之爲書也 廣大悉備하여 **有天道焉**하며 **有人道焉**하며 **有地道焉**하니 **兼三材而兩之**[1]라 **故六**이니 **六者**는 **非它也**라 **三材之道也**니라

1) 兼三材而兩之 : 三材는 三才로, 天・地・人을 말한다. 세 爻로 이루어진 小成卦(三畫卦)는 각각의 爻位가 天・人・地를 상징하므로 이 삼획괘가 삼재의 도를 겸하고(포괄하고) 있다고 한 것이다. '두 번 함〔兩之〕'은 삼획괘를 중첩하여 大成卦(六畫卦)를 만듦을 가리켜 말한 것이다.

易의 책은 광대하여 모두 갖추어져서 天道가 있으며 人道가 있으며 地道가 있으니, 三材(三才)를 겸하여 두 번 하였다. 그러므로 六이니, 六은 다른 것이 아니요 三材의 道이다.

【注】 說卦備矣라

〈說卦傳〉에 자세히 말하였다.

【疏】 正義曰 : '易之爲書'至'吉凶生焉' 此節明三材之義・六爻相雜之理也. '六者非他〔也〕[1] 三材之道也'者, 言六爻所效法者, 非更別有他義, 唯三材之道也.

1) 〔也〕: 저본에는 '也'가 없으나, 위의 經文에 의거하여 보충하였다.

正義曰 : 經의 〔易之爲書〕에서 〔吉凶生焉〕까지

이 절은 三材의 意義와 六爻가 서로 뒤섞이는 이치를 밝혔다.

〔六者非他也 三材之道也〕 '六爻가 본받은 것은 다시 별도로 다른 의의가 있는 것이 아니요, 오직 三材의 道임'을 말한 것이다.

道有變動이라 故曰爻요 爻有等이라 故曰物이요

〈三材의〉 道에 변동이 있으므로 爻라 하였고, 爻에 종류〔等〕가 있으므로 物이라 하였고,

【注】 等은 類也라 乾은 陽物也요 坤은 陰物也라 爻有陰陽之類而后에 有剛柔之用이라 故로 曰 爻有等故曰物이라하니라

'等'은 종류이다. 乾은 陽의 물건이고, 坤은 陰의 물건이다. 爻에 陰과 陽의 종류가 있은 뒤에 剛과 柔의 쓰임이 있다. 그러므로 "爻에 종류가 있으므로 物이라 하였다."라고 한 것이다.

【疏】 正義曰 : '道有變動 故曰爻'者, 言三材之道, 旣有變化而移動, 故重畫(획)以象之而曰爻也. '爻有等 故曰物'者, 物, 類也, 言爻有陰陽貴賤等級, 以象萬物之類, 故謂之物也.

正義曰 : 〔道有變動 故曰爻〕 '三材의 道에 이미 변화가 있어 이동하기 때문에 거듭 획을 그어 형상해서 爻라고 함'을 말한 것이다.

〔爻有等 故曰物〕 '物'은 종류이니, '爻에 陰·陽에 따른 貴·賤의 등급이 있어서 萬物의 종류를 형상하였다. 그러므로 物이라 한 것이다.'라고 말한 것이다.

物相雜이라 故曰文이니

물건이 서로 뒤섞이므로 文이라 하였으니,

【注】 剛柔交錯하여 玄黃錯雜이라

剛과 柔가 서로 뒤섞여서 검은 것과 누른 것이 뒤섞인 것이다.

【疏】 正義曰 : 言萬物遞相錯雜, 若玄黃相間, 故謂之文也.

正義曰 : '만물이 번갈아 서로 뒤섞여서 마치 검은 것과 누른 것이 서로 사이하는 것(서로 끼어 있고 교차됨)과 같으므로 文이라 한 것이다.'라고 말한 것이다.

文不當故로 **吉凶生焉**하니라

文이 합당하지 않으므로 吉과 凶이 생겨난 것이다.

【疏】 正義曰 : 若相與聚居, 間雜成文, 不相妨害, 則吉凶不生也, 由文之不當, 相與聚居, 不當於理, 故吉凶生也.

正義曰 : 만약 서로 더불어 모여 살면서 서로 뒤섞여 文을 이루면서 서로 방해하지 않으면 吉과 凶이 생겨나지 않는데, 文이 합당하지 못한데 서로 더불어 모여 살면 이치에 합당하지 않으므로 吉과 凶이 생겨나는 것이다.

易之興也는 **其當殷之末世**와 **周之盛德邪**(야)인저 **當文王與紂之事邪**인저

易이 일어난 시기는 殷나라의 末世와 周나라의 盛德이 있을 때에 해당할 것이며, 文王과 紂王의 일에 해당될 것이다.

周 文王

【注】 文王以盛德蒙難而能亨其道라 故로 稱文王之德하여 以明易之道也라

文王이 盛德으로써 어려움을 당하였는데도 능히 그 道를 형통하게 하였다. 그러므로 문왕의 德을 칭찬하여 易의 道를 밝힌 것이다.

是故로 **其辭危**하니

이 때문에 그 글이 기울었으니,

【注】 文王與紂之事니 危其辭也라

文王과 紂王의 일이니, 그 글을 기울게(직설하지 않고 돌려서) 한 것이다.

【疏】 正義曰：'易之興也'至'易之道也' 此一節明易之興起在紂之末世，故其辭者，憂其傾危也. 以當紂世，憂畏滅亡，故作易辭，多述憂危之事，亦以垂法於后，使保身危懼，避其患難也. 周氏云"謂當紂時，不敢指斥紂惡，故其辭微危而不正也." 今案康伯之注云"文王與紂之事，危其辭也"，則似周釋爲得也，案下覆云"危者使平"，則似危謂憂危，是非旣未可明，所以兩存其釋也.[1)]

1) 今案康伯之注云文王與紂之事……所以兩存其釋也：韓康伯과 周宏正은 '其辭危'를 '그 글을 곧바로 쓰지 못하고 돌려서 씀'의 의미로 보았고，孔穎達은 '그 글에 위태로운 일을 많이 서술함'으로 보았는바，朱子는 공영달과 같다.
   다만 공영달은 두 해석 중에 무엇이 옳은지 기필할 수 없으므로 이 두 해석을 모두 남겨둔다고 하였다. 經文의 번역은 한강백의 注에 의거하였음을 밝혀둔다.

正義曰：經의 〔易之興也〕에서 〔易之道〕까지

이 한 절은 '易이 일어난 시기가 紂王의 末世에 있었으므로 그 글이 傾危(기울고 위태로움)를 근심함'을 밝힌 것이다.

紂王의 말세를 당하여 멸망함을 근심하고 두려워하였으므로 易의 글을 지을 적에 근심스럽고 위태로운 일을 많이 서술한 것이고，또한 후세에 법을 남겨서 후세로 하여금 몸을 보존하여 위태롭게 여기고 두려워해서 환란을 피하게 한 것이다.

周氏(周宏正)는 말하기를 "紂王의 때를 당하여 감히 주왕의 惡을 지적하지 못하였으므로 그 글이 은미하고 기울어 바르지 못한 것이다."라고 하였다. 이제 韓康伯의 注를 살펴보면 "文王과 紂王의 일이니，그 글을 기울게 한 것이다."라고 하였으므로 周氏의 해석이 맞는 듯하나，살펴보건대 아래에 "위태롭게 여기는 자를 평평하게 했다."라고 하였으니，그렇다면 '危'는 근심하고 위태롭게 여김을 이르는 말인 듯하다. 그러나 옳고 그름을 이미 밝힐 수가 없으므로 두 가지 해석을 다 남겨둔다.

危者使平하고 易(이)者使傾이라

위태롭게 여기는 자를 평평(평안)하게 하고 함부로 하는 자를 기울게 하였다.

【注】 易는 慢易也라

'易'는 함부로 하는 것이다.

【疏】正義曰 : '危者使平'者, 旣有傾厄, 以蒙大難, 文王有天下, 是危者使平也. '易者使傾'者, 若其慢易, 不循易道者, 則使之傾覆, 若紂爲凶惡, 以至誅滅也.

正義曰 : 〔危者使平〕 이미 기울어짐과 곤액이 있어서 大難을 입고 文王이 천하를 소유하였으니, 이것이 '위태롭게 여기는 자를 평평하게 함'이다.

〔易者使傾〕 만약 태만하고 함부로 하여 易의 道를 따르지 않는 자는 그로 하여금 기울고 전복되게 하니, 紂王이 흉악한 짓을 자행하여 주벌당하고 멸망함에 이른 것과 같은 것이다.

其道甚大하여 **百物不廢**하나 **懼以終始**하면 **其要无咎**니 **此之謂易之道也**니라

그 道가 매우 커서 백 가지 사물을 폐하지 않으나 終과 始에 두려워하면 그 要會(귀결)가 허물이 없으니, 이것을 일러 易의 道라 한다.

【注】夫文不當而吉凶生이면 則保其存者亡하고 不忘亡者存하며 有其治者亂하고 不忘危者安하니 懼以終始하면 歸於无咎니 安危之所由는 爻象之本體也라

文이 합당하지 않아 吉과 凶이 생기면, 보존됨을 보유하는 자는 망하고 망함을 잊지 않는 자는 보존되며, 다스려짐을 소유했다고 여기는 자는 어지러워지고 위태로움을 잊지 않는 자는 편안해지니, 終과 始에 두려워하면 无咎로 돌아가는바, 편안함과 위태로움의 근원은 爻象의 本體인 것이다.

【疏】正義曰 : '其道甚大 百物不廢'者, 言易道功用甚大, 百種之物, 賴之不有休廢也. '懼以終始'者, 言恒能憂懼於終始, 能於始思終, 於終思始也. '其要无咎'者, 若能始終皆懼, 要會歸於无咎也. '此之謂易之道'者, 言易之爲道, 若能終始之懼, 則无凶咎, 此謂易之所用之道, 其大體如此也.

正義曰 : 〔其道甚大 百物不廢〕 易의 道의 功用이 매우 커서 백 가지 사물이 이에 힘입어 쇠하고 폐함이 있지 않음을 말한 것이다.

〔懼以終始〕 항상 능히 終과 始에 근심하고 두려워해서 능히 처음에 끝을 생각하고 끝에 처음을 생각함을 말한 것이다.

〔其要无咎〕 만약 능히 始와 終을 다 두려워하면 要會가 无咎로 돌아감을 말한 것이다.

〔此之謂易之道〕 '易의 道가 만약 능히 終과 始에 두려워하면 흉함과 허물이 없음'을

말하였으니, 이는 '易에서 사용하는 道의 大體가 이와 같음'을 말한 것이다.

제9장

【疏】正義曰：'夫乾天下'至'其辭屈' 此第九章. 自此已下終篇末, 總明易道之美, 兼明易道愛惡(오)相攻, 情僞相感, 吉凶悔吝, 由此而生, 人情不等, 制辭各異也.

正義曰：經의 〔夫乾天下〕에서 〔其辭屈〕까지

이는 제9장이다. 이로부터 이하로 마지막 편의 끝까지는 '易의 道의 아름다움'을 총괄하여 밝혔고, '易의 道의 사랑과 미워함이 서로 공격하고 실정과 거짓이 서로 감동하여 吉凶과 悔吝이 이로 말미암아 생겨서 人情이 똑같지 않고 글을 지음이 각각 다름'을 겸하여 밝혔다.

夫乾은 **天下之至健也**니 **德行**이 **恒易**(이)**以知險**하고 **夫坤**은 **天下之至順也**니 **德行**이 **恒簡以知阻**하나니 **能說**(열)**諸心**하며 **能研諸侯之慮**하며

乾은 천하의 지극히 굳셈이니 德行이 항상 쉬움으로써 험함을 알고, 坤은 천하의 지극히 순함이니 덕행이 항상 간략함으로써 막힘을 아니, 능히 여러 사람의 마음을 기쁘게 하며 능히 諸侯의 생각을 精粹하게 하며,

【注】諸侯는 物主有爲者也니 能說萬物之心하고 能精爲者之務라

諸侯는 물건을 주관하여 함이 있는 자이니, 능히 만물의 마음을 기쁘게 하고 능히 함이 있는 자의 일을 精하게 할 수 있는 것이다.

【疏】正義曰：'德行恒易以知險'者, 謂乾之德行, 恒易略, 不有艱難, 以此之故, 能知險之所興. 若不有易略, 則爲險也, 故行易以知險也. '德行恒簡以知阻'者, 言坤之德行, 恒爲簡靜, 不有煩亂, 以此之故, 知阻之所興也. 若不簡則爲阻難, 故行簡靜, 以知阻也. 大難曰險, 乾以剛健, 故知其大難, 小難曰阻, 坤以柔順, 故知其小難. 知大難曰險者, 案坎卦彖云"天險不可升, 地險山川丘陵", 言險不云阻, 故知險爲大難, 險旣爲大, 明阻爲小也. '能說諸心'者, 萬物之心, 皆患險阻, 今以阻險逆告於人, 則萬物之心,无不喜說, 故曰"能說諸心"也. '能研諸侯之慮'者, 硏, 精也. 諸侯旣有爲於萬物, 育養萬物, 使令得所, 易旣能說諸物之心, 則能精妙諸侯之慮, 謂諸侯以此易之道, 思慮諸物, 轉益精粹. 故云"硏諸侯之慮."也.

正義曰 : 〔德行恒易以知險〕 '乾의 德行이 항상 쉽고 간략하여 어려움이 있지 않으니, 이 때문에 험함이 일어남을 알 수 있음'을 말한 것이다. 만약 쉽고 간략함이 있지 않으면 험함이 된다. 그러므로 쉬움을 행하여 험함을 아는 것이다.

〔德行恒簡以知阻〕 '坤의 德行이 항상 간략하고 고요하여 번거로움과 혼란함이 있지 않으니, 이 때문에 막힘이 일어나는 바를 앎'을 말한 것이다. 만약 간략하지 않으면 막히고 어려움이 된다. 그러므로 간략하고 고요함을 행하여 막힘을 아는 것이다.

큰 어려움을 '險'이라 하니 乾은 剛健하기 때문에 큰 어려움을 아는 것이요, 작은 어려움을 '阻'라 하니 坤은 柔順하기 때문에 작은 어려움을 아는 것이다. 큰 어려움을 險이라 함을 알 수 있는 까닭은, 살펴보건대 坎卦 〈彖傳〉에 "하늘의 험함은 올라갈 수 없고, 땅의 험함은 산천과 구릉이다."라고 하였으니, '險'이라고 하고 '阻'라고 하지 않았으므로 險이 큰 어려움이 됨을 아는 것이니, '險'이 이미 큼이 되었으면 분명히 '阻'가 작음이 되는 것이다.

〔能說諸心〕 만물의 마음이 다 험하고 막힘〔險阻〕을 근심하니, 이제 막히고 험함을 가지고 미리 사람에게 일러주면 만물의 마음이 기뻐하지 않음이 없다. 그러므로 "능히 여러 사람의 마음을 기쁘게 한다."라고 한 것이다.

〔能硏諸侯之慮〕 '硏'은 精함이다. 諸侯가 이미 만물에 하는 바가 있어서 만물을 잘 길러주어 만물로 하여금 제자리를 얻게 하니, 易이 이미 여러 물건(사람)의 마음을 기쁘게 하였으면 제후의 생각을 精密하고 神妙하게 할 수 있으니, '諸侯가 이 易의 道를 가지고 여러 물건을 생각해서 더욱더 精粹하게 함'을 말하였다. 그러므로 "능히 제후의 생각을 精粹하게 한다."라고 말한 것이다.

定天下之吉凶하고 **成天下之亹亹者**라 **是故**로 **變化云爲**에 **吉事有祥**하고 **象事知器**하고 **占事知來**하나니라

천하의 吉凶을 결정하고 천하의 힘씀〔亹亹〕을 이룬다. 이 때문에 변화하고 말하고 행동함에 吉한 일은 상서로움이 있고, 象의 일은 기물을 알고, 점치는 일은 미래를 아는 것이다.

【注】夫變化云爲者는 行其吉事면 則獲嘉祥之應하고 觀其象事면 則知制器之方하고 玩其占事면 則覩方來之驗也라

변화하고 말하고 행한다는 것은, 吉한 일을 행하면 아름다운 祥瑞의 應報를 얻고, 象의 일을 보면 기물을 만드는 방법을 알고, 점치는 일을 살펴보면 方來(미래)의 징험을 보는 것이다.

【疏】正義曰：'定天下之吉凶'者, 言易道備載諸物得失, 依之則吉, 逆之則凶, 是易能定天下之吉凶也. '成天下之亹亹'者, 亹亹, 勉也, 天下有所營爲, 皆勉勉不息. 若依此易道, 則所爲得成, 故云"成天下之亹亹"也. '是故變化云爲'者, 易旣備含諸事, 以是之故, 物之或以漸變改, 或頓從化易, 或口之所云, 或身之所爲也. '吉事有祥'者, 若行吉事, 則有嘉祥之應也. '象事知器'者, 觀其所象之事, 則知作器物之方也. '占事知來'者, 言卜占之事, 則知未來之驗也. 言易之爲道, 有此諸德也.

正義曰：〔定天下之吉凶〕'易의 道가 여러 물건의 得失을 자세히 싣고 있어서 이를 따르면 길하고 이를 거스르면 흉함'을 말한 것이니, 이것이 '易이 능히 천하의 吉凶을 결정함'이다.

〔成天下之亹亹〕'亹亹'는 힘씀이니, 천하에 경영하는 바가 있어 모두 힘쓰고 힘써 쉬지 않는다. 만약 이 易의 道를 따르면 하는 바가 이루어질 수 있으므로 "천하의 힘씀을 이룬다."라고 말한 것이다.

〔是故變化云爲〕易이 이미 여러 가지 일을 골고루 포함하였다. 이 때문에 물건이 혹 점차 변하여 바뀌고, 혹은 갑자기 化를 따라 바뀌며, 혹은 입으로 말하는 바와 혹은 몸으로 행하는 바가 있는 것이다.

〔吉事有祥〕길한 일을 행하면 아름다운 祥瑞의 응보가 있는 것이다.

〔象事知器〕형상한 바의 일을 보면 기물을 만드는 방법을 아는 것이다.

〔占事知來〕점치는 일을 말하면 미래의 징험을 아는 것이다.

이는 易의 道가 이 여러 德을 가지고 있음을 말한 것이다.

天地設位어든 聖人成能하니

天地가 자리를 베풀면 聖人이 능함을 이루어주니,

【注】 聖人乘天地之正하면 萬物各成其能이라

聖人이 天地의 바름을 타면 만물이 각각 그 능함을 이룬다.

【疏】 正義曰 : '天地設位'者, 言聖人乘天地之正, 設貴賤之位也. '聖人成能'者, 聖人因天地所生之性, 各成其能, 令皆得所也.

正義曰 : 〔天地設位〕 聖人이 天地의 바름을 타고서 貴·賤의 자리를 베풂을 말한 것이다.

〔聖人成能〕 聖人이 天地가 낳은 바의 性을 인하여 각각 그 능함을 이루어서 각각 제자리를 얻게 함을 말한 것이다.

人謀鬼謀에 百姓與能하나니라

사람과 도모하고 귀신과 도모함에 백성이 능한 사람과 함께한다.

【注】 人謀는 況議於衆하여 以定失得也요 鬼謀는 況寄卜筮하여 以考吉凶也라 不役思慮로되 而失得自明하고 不勞探討로되 而吉凶自著하여 類萬物之情하고 通幽深之故라 故로 百姓與能하여 樂推而不厭也라

'사람과 도모함'은 무리에 의논하여 失得을 결정함을 비유하였고, '귀신과 도모함'은 卜筮에 붙여서 吉凶을 상고함을 비유하였다. 思慮를 하지 않고도 失得이 저절로 밝아지고, 수고롭게 탐구하지 않아도 吉凶이 저절로 드러나서, 萬物의 실정을 무리로 나누고(分類하고), 그윽하고 깊은 연고를 통달한다. 그러므로 백성이 능한 사람과 함께하여 그를 기꺼이 추대하고 싫어하지 않는 것이다.

【疏】 正義曰 : 謂聖人欲擧事之時, 先與人衆謀圖, 以定得失, 又卜筮於鬼神, 以考其吉凶, 是與鬼爲謀也. 聖人旣先與人謀鬼神謀, 不煩思慮與探討, 自然能類萬物之情, 能通幽深之理, 是其能也, 則天下百姓, 親與能人, 樂推爲王也. 自此已上, 論易道之大, 聖人法之而行.

正義曰 : '聖人이 일을 거행하고자 할 때에는 먼저 사람들과 도모하여 得失을 정하고 또 鬼神에게 卜筮하여 吉凶을 상고하였음'을 말한 것이니, 이는 귀신과 더불어 도모한 것이다. 성인이 이미 먼저 사람들과 도모하고 귀신과 도모하니, 번거롭게 思慮하고 탐구

하지 않아도 자연히 만물의 情을 무리로 나누고 그윽하고 깊은 이치를 통달할 수 있는바, 이것이 능함이니, 천하의 백성들이 능한 사람을 친근히 함께해서 기꺼이 그를 추대하여 왕으로 삼는 것이다.

이로부터 이상은 易道의 큼을 성인이 본받아 행함을 논하였다.

八卦는 以象告하고

八卦는 象으로써 고해주고

【注】 以象告人이라

象을 가지고 사람에게 고해주는 것이다.

爻彖은 以情言하니

爻와 彖은 실정으로써 말하였으니,

【注】 辭有險易(이)로되 而各得其情也라

글에 험하고 평탄함이 있으나 각각 그 실정을 얻는다.

【疏】 正義曰：自此已下, 又明卦爻剛柔變動情僞相感之事也.

正義曰：이로부터 이하는 또 卦爻의 剛柔가 變動하여 실정과 거짓이 서로 감동하는 일을 밝혔다.

剛柔雜居하여 而吉凶可見矣라 變動以利言하고

剛과 柔가 뒤섞여 있어서 吉과 凶을 볼 수 있다. 變動하여 이로움으로써 말하였고,

【注】 變而通之하여 以盡利也라

변하여 통해서 이로움을 다한 것이다.

【疏】正義曰 : '剛柔雜居 而吉凶可見矣'者, 剛柔二爻相雜而居, 得理則吉, 失理則凶, 故吉凶可見也. '變動以利言'者, 若不變不動, 則於物有損有害, 今變而動之, 使利益於物, 是變動以利而言說也.

正義曰 : 〔剛柔雜居 而吉凶可見矣〕 剛과 柔 두 爻가 서로 뒤섞여 있어서 이치에 맞으면 길하고 이치를 잃으면 흉하다. 그러므로 吉凶을 볼 수 있는 것이다.

〔變動以利言〕 만약 변하지 않고 動하지 않으면 물건에 손해가 있는데, 이제 변하여 동해서 물건에 이익이 되게 하니, 이는 변동하여 이로움으로써 말한 것이다.

吉凶은 以情遷이라

吉·凶은 情에 따라 바뀐다.

【注】 吉凶无定하여 唯人所動이니 情順乘理以之吉하고 情逆違道以(陷)〔蹈〕[1]凶이라 故로 曰 吉凶以情遷也라하니라

1) (陷)〔蹈〕: 저본에는 '陷'으로 되어 있으나, 岳本·宋本·古本·足利本에 의거하여 '蹈'로 바로잡았다.(阮元의 〈校勘記〉 참조)

吉·凶은 일정함이 없어서 오직 사람이 동하는 대로 하니, 情이 순하면 이치를 타서 길함으로 가고, 情이 거스르면 道를 어겨서 흉함을 밟게 된다. 그러므로 "길·흉은 情에 따라 바뀐다."라고 말한 것이다.

【疏】 正義曰 : 遷, 謂遷移. 凡得吉者, 由情遷移於善也, 所得凶者, 由情遷於惡也.

正義曰 : '遷'은 옮기고 바뀜을 이른다. 무릇 길함을 얻는 이유는 情이 善으로 옮겨가기 때문이요, 흉함을 얻는 이유는 情이 惡으로 옮겨가기 때문이다.

是故로 愛惡(오)相攻而吉凶生하며

이 때문에 사랑과 미움이 서로 공격하여 吉·凶이 생겨나며,

【注】 泯然同順이면 何吉何凶이리오 愛惡相攻然后에 逆順者殊라 故로 吉凶生이라

泯然히(자취 없이) 함께 順하면 무슨 길함이 있고 무슨 흉함이 있겠는가. 사랑과 미움

이 서로 공격한 뒤에 逆과 順이 달라진다. 그러므로 吉・凶이 생겨나는 것이다.

【疏】 正義曰：若泯然无心，事无得失，何吉凶之有．由有所貪愛，有所憎惡，兩相攻擊，或愛攻於惡，或惡攻於愛，或兩相攻擊，事有得失，故吉凶生也．

正義曰 : 만약 泯然히 无心하여 일에 得과 失이 없으면 무슨 吉과 凶이 있겠는가. 貪愛하는 바가 있고 증오하는 바가 있기 때문에 두 가지가 서로 공격하는 것이니, 혹 사랑이 미움을 공격하고 혹 미움이 사랑을 공격하며 혹은 둘이 서로 공격해서 일에 得과 失이 있게 된다. 그러므로 吉과 凶이 생기는 것이다.

遠近相取而悔吝生하며

먼 것과 가까움이 서로 자뢰하여 悔吝이 생겨나며,

【注】 相取는 (尤)〔猶〕[1] 相資也라 遠近之爻互相資取而后에 有悔吝也라

1) (尤)〔猶〕: 저본에는 '尤'로 되어 있으나, 글 뜻에 의거하여 '猶'로 바로잡았다.

'相取'는 서로 자뢰한다는 말과 같다. 멀고 가까운 爻가 서로서로 자뢰하여 취한 뒤에 悔吝이 있는 것이다.

【疏】 正義曰：遠謂兩卦上下相應之類，近謂比爻共聚，迭相資取，取之不以理，故悔吝生也．[1]

1) 遠謂兩卦上下相應之類……故悔吝生也 : 孔穎達의 설명에 따르면, 遠은 上卦에 속한 爻와 下卦에 속한 爻가 서로 應하는 것이고, 近은 서로 가까이 爻끼리 자뢰하는 것이 된다. 遠의 경우, 初爻와 四爻, 二爻와 五爻, 三爻와 上爻가 응하되 陰・陽이 서로 다르게 응하면 正應이 되어 이치에 맞는 應이 되지만, 陰・陽이 서로 같을 경우에는 敵應 혹은 不應이 되어 이치에 맞지 않는 應이 된다.

正義曰 : '遠'은 두 卦의 上下가 서로 응하는 類를 이르고, '近'은 가까운 爻가 함께 모여서 번갈아 자뢰하고 취함을 이르니, 취하기를 이치대로 하지 않기 때문에 悔吝이 생기는 것이다.

情僞相感而利害生하나니

실정과 허위로 서로 감동시켜서 利害가 생겨나니,

【注】 情以感物則得利하고 僞以感物則致害也라

실정으로써 남을 감동시키면 이로움을 얻고, 허위로써 남을 감동시키면 해를 부르는 것이다.

【疏】 正義曰：情, 謂實情, 僞, 謂虛僞. 虛實相感, 若以情實相感則利生, 若以虛僞相感則害生也.

正義曰：'情'은 實情을 이르고, '僞'는 虛僞를 이른다. 허위와 실정으로 서로 감동시킴에 만약 실정으로써 서로를 감동시키면 이로움이 생기고, 만약 허위로써 서로 감동시키면 해로움이 생기는 것이다.

凡易之情이 近而不相得則凶이라

무릇 易의 情이 가까우면서 서로 맞지 못하면 흉하다.

【注】 近은 況比爻也라 易之情이 剛柔相摩하여 變動相(適)〔逼〕[1]者也라 近而不相得이면 必有乖違之患이로되 或有相違而无患者는 得其應也요 相順而皆凶者는 乖於時也라 (存)〔隨〕[2]事以考之하면 則義可見矣라

1) (適)〔逼〕: 저본에는 '適'으로 되어 있으나, ≪周易集解纂疏≫에 의거하여 '逼'으로 바로잡았다.(北京大 整理本 참조)
2) (存)〔隨〕: 저본에는 '存'으로 되어 있으나, ≪周易集解纂疏≫에 의거하여 '隨'로 바로잡았다.(北京大 整理本 참조)

'近'은 가까이에 있는 爻를 비유한 것이다. 易의 실정이 剛과 柔가 서로 갈리고 변동이 서로 핍박하는 것이다. 가까우면서 서로 맞지 못하면 반드시 괴리되고 어긋나는 근심이 있으나, 혹 서로 괴리되면서도 근심이 없는 것은 應을 얻었기 때문이요, 서로 순하면서도 다 흉한 것은 때에 어긋나기 때문이다. 일을 따라 상고해보면 뜻을 볼 수 있다.

【疏】 正義曰：近, 謂兩爻相近而不相得,[1] (以)〔又〕[2]各无外應, 則致凶咎, 若各有應, 雖近不相得, 不必皆凶也.

1) 近 謂兩爻相近而不相得 : 예를 들어 四爻는 大臣의 자리이고, 五爻는 大君의 자리인데, 두 爻가 모두 陰이거나 모두 陽이면 不相得이 되어 길하지 못하고, 한 爻가 陰爻이고 한 爻가 陽爻이면 相得이 되어 길한 것이다. 相得은 둘이 서로 뜻이 맞음을 이른다.

2) (以)〔又〕: 저본에는 '以'로 되어 있으나, 錢本・宋本에 의거하여 '又'로 바로잡았다.(阮元의 〈校勘記〉 참조)

正義曰 : '近'은 두 爻가 서로 가까이 있으면서 서로 맞지 못함을 이르니, 또 각각 밖에 應이 없으면 흉함과 허물을 이루고, 만약 각각 應이 있으면 비록 가까이 있으면서 서로 맞지 못하지만 반드시 다 흉하지는 않다.

或害之하며 悔且吝하나니라

혹은 해치며 뉘우치고 또 부끄럽다.

【注】 夫无對於物而後에 盡全順之道하니 豈可有欲害之者乎아 雖能免濟나 必有悔吝也라 或은 欲害之辭也라

물건에 상대가 없은 뒤에 온전히 순한 道를 다하니, 어찌 해치고자 하는 자가 있겠는가. 비록 능히 〈禍를〉 면하고 구제되나 반드시 뉘우침과 부끄러움이 있는 것이다. '或'은 해치고자 한다는 말이다.

【疏】 正義曰 : 言若能弘通, 不偏對於物, 盡竭順道, 物豈害之, 今旣有心於物, 情意二三其外物, 則或欲害之, 則有凶禍. 假令自能免濟, 猶有悔及吝也. 故云"或害之, 悔且吝"也.

正義曰 : '만약 능히 크게 통해서 물건을 편벽되이 대하지 아니하여 순한 道를 다하면 물건이 어찌 해치겠는가. 이제 이미 물건에 마음이 있어서 情과 意가 外物에 대해 둘이 되고 셋이 되면 혹은 해치고자 하니, 이렇게 되면 흉함과 禍가 있는 것이다. 가령 스스로 〈화를〉 면하고 구제되더라도 오히려 뉘우침과 부끄러움이 있는 것이다.'라고 말한 것이다. 그러므로 "혹은 해치며 뉘우치고 또 부끄럽다."라고 한 것이다.

將叛者는 其辭慙하고 中心疑者는 其辭枝하며 吉人之辭는 寡하고 躁人之辭는 多하며 誣善之人은 其辭游하고 失其守者는 其辭屈이니라

장차 배반하려는 자는 그 말이 부끄럽고, 중심에 의심하는 자는 그 말이 갈래가 있고(분산되고), 길한 사람의 말은 적고, 조급한 사람의 말은 많고, 善을 무함하는 사람은 그 말이 떠돌고(왔다 갔다 하고), 지킴을 잃은 자는 그 말이 비굴하다."

【疏】正義曰 : '將叛者 其辭慙'者, 此已下說人情不同, 其辭各異. 將欲違叛已者, 貌雖相親, 辭不以實, 故其辭慙也. '中心疑者 其辭枝'者, 枝謂樹枝也, 中心於事疑惑, 則其心不定, 其辭分散, 若閒枝也. '吉人之辭寡'者, 以其吉善辭直, 故辭寡也. '躁人之辭多'者, 以其煩躁, 故其辭多也. '誣善之人 其辭游'者, 游謂浮游, 誣罔善人, 其辭虛漫, 故(言)[1]其辭游也. '失其守者 其辭屈'者, 居不値時, 失其所守之志, 故其辭屈橈, 不能申也. 凡此辭者, 皆論易經之中, 有此六種之辭, 謂作易之人, 述此六人之意, 各準望其意而制其辭也.

1) (言) : 저본에는 '言'이 있으나, 阮元의 〈校勘記〉에 "盧文弨가 말하기를 '「言」자는 衍文인 듯하다.' 하였다."라고 한 것에 의거하여 衍文으로 처리하였다.

正義曰 : 〔將叛者 其辭慙〕 이 이하는 人情이 똑같지 않아서 그 말이 각각 다름을 말한 것이다. 장차 자기를 어기고 배반하려는 자는 그 모습은 비록 서로 친한 듯하나 말은 진실되지 못하므로 그 말이 부끄러운 것이다.

〔中心疑者 其辭枝〕 '枝'는 나뭇가지를 이르니, 中心이 일에 있어서 의혹하면 그 마음이 안정되지 못해서 말이 분산됨이 마치 나무의 쓸데없는 가지와 같은 것이다.

〔吉人之辭寡〕 길하고 선한 말은 정직하기 때문에 말이 적은 것이다.

〔躁人之辭多〕 번거롭고 조급하기 때문에 그 말이 많은 것이다.

〔誣善之人 其辭游〕 '游'는 떠돌아다님을 이르니, 善人을 무함하면 그 말이 허황되고 떠있으므로 그 말이 떠도는 것이다.

〔失其守者 其辭屈〕 거함이 제때를 만나지 못하면 지키는 바의 뜻을 잃는다. 그러므로 그 말이 비굴하고 흔들려서 펴지지 못하는 것이다.

무릇 여기의 '辭'는 모두 ≪易經≫의 안에 이 여섯 종류의 말이 있음을 논한 것이니, '이 易을 지은 사람이 이 여섯 종류의 사람의 뜻을 기술함에 각각 그 뜻을 기준하여 그 말을 지음'을 말한 것이다.

周易兼義 卷第九

國子祭酒上護軍曲阜縣開國子 臣 孔穎達 奉勅撰正義
韓康伯 注

周易 說卦 第九

【疏】 正義曰：說卦者，陳說八卦之德業變化及法象所爲也. 孔子以伏犧畫(획)八卦, 後重爲六十四卦, 八卦爲六十四卦之本. 前繫辭中, 略明八卦小成, 引而伸之, 觸類而長之, 天下之能事畢矣.[1] 又曰"八卦成列, 象在其中矣, 因而重之, 爻在其中矣."[2] 又云"古者包犧氏之王天下也, 仰則觀象於天, 俯則觀(注)〔法〕[3]於地, 觀鳥獸之文與地之宜, 近取諸身, 遠取諸物, 於是始作八卦, 以通神明之德, 以類萬物之情."[4] 然引而伸之, 重三成六之意, 猶自未明, 仰觀俯察, 近身遠物之象, 亦爲未見. 故孔子於此, 更備說重卦之由, 及八卦所爲之象, 故謂之說卦焉. 先儒以孔子十翼之次, 乾坤文言在二繫之后・說卦之前, 以彖・象附上下二經, 爲六卷, 則上繫第七, 下繫第八, 文言第九, 說卦第十, 輔嗣(之)〔以〕[5]文言分附乾・坤二卦, 故說卦爲第九.[6]

1) 略明八卦小成……天下之能事畢矣 :〈繫辭傳 上〉 8장에 "18번 변하여 卦를 이루어서 八卦에 조금 이루고서 이것(八卦)을 이끌어 펴니, 일의 종류를 만나 키우면 天下의 능한 일이 끝난다.〔十有八變而成卦 八卦而小成 引而伸之 觸類而長之 天下之能事畢矣〕"라고 보인다.
2) 又曰八卦成列……爻在其中矣 :〈繫辭傳 下〉 1장의 말이다.
3) (注)〔法〕: 저본에는 '注'로 되어 있으나, 〈繫辭傳 下〉 2장에 의거하여 '法'으로 바로잡았다.
4) 又云古者包犧氏之王天下也……以類萬物之情 :〈繫辭傳 下〉 2장의 말이다.
5) (之)〔以〕: 저본에는 '之'로 되어 있으나, 錢本・宋本에 의거하여 '以'로 바로잡았다.(阮元의 〈校勘記〉 참조)
6) 先儒以孔子十翼之次……故說卦爲第九 : 王弼 이전에는 〈象傳〉과 〈彖傳〉만을 經文 밑

에 잘라 붙이고 〈文言傳〉은 經 안으로 넣지 않고 〈繫辭傳 下〉 밑에 배치하였었는데, 왕필이 〈문언전〉까지 乾卦와 坤卦 아래에 배치하였다는 말이다. 〈序卦傳〉과 〈雜卦傳〉은 〈說卦傳〉 안에 포함되어 卷9 안에 이 세 개의 傳이 수록되어 있다.

正義曰 : 說卦는 八卦의 德業의 변화와 法象의 하는 바를 진술하여 설명한 것이다. 孔子는 '伏犧가 팔괘를 그었고 뒤에 〈팔괘를〉 거듭하여 64卦를 만들어서 팔괘가 64卦의 근본이 되었다.'고 여겼다. 그리하여 〈繫辭傳 上〉 가운데에서 '팔괘에 조금 이루고서 이것을 이끌어 펴니, 일의 종류를 만나 키우면 天下의 능한 일이 끝남'을 간략히 밝혔고, 또 말씀하기를 "팔괘가 列位를 이루니 象이 이 가운데 들어 있고, 〈이 팔괘를〉 인하여 거듭하니 爻가 이 가운데 들어 있다."라고 하였고, 또 이르기를 "옛날 包犧氏가 천하에 왕노릇 할 적에 위로는 하늘에서 象을 보고 아래로는 땅에서 法을 취하며, 새·짐승의 文과 땅의 마땅함을 살펴보며, 가까이에서는 자기 몸에서 취하고 멀리는 물건에게서 취하여 이에 비로소 팔괘를 만들어서 神明의 德을 통달하며 萬物의 情을 분류하였다."라고 하였다.

그러나 '이끌어 폄에 3획을 거듭하여 6획을 이룬 뜻'이 아직도 분명하지 못하고, '우러러 관찰하고 굽어 살피며 가까이 몸에서 취하고 멀리 물건에게서 취한 象' 또한 잘 드러나지 않았다. 이 때문에 공자가 여기에서 다시 卦를 거듭한 이유와 팔괘의 하는 바의 象을 자세히 설명한 것이다. 그러므로 說卦라 한 것이다.

先儒가 공자의 十翼의 차례를 〈정하기를〉, 乾卦와 坤卦의 〈文言傳〉을 〈繫辭傳〉 上·下의 뒤와 〈說卦傳〉의 앞에 두고, 〈彖傳〉과 〈象傳〉을 上·下 두 經에 붙여서 6卷으로 만드니, 〈繫辭傳 上〉이 제7이고 〈繫辭傳 下〉가 제8이고 〈文言傳〉이 제9이고 〈說卦傳〉이 제10이었는데, 王輔嗣(王弼)가 〈文言傳〉을 乾卦와 坤卦에 나누어 붙였다. 그러므로 〈說卦傳〉이 제9가 된 것이다.

제1절

【疏】 正義曰 : '昔者聖人'至'以至於命' 此一節, 將明聖人引伸因重之意, 故先敍聖人本制蓍數卦爻, 備明天道人事妙極之理.

正義曰 : 經의 〔昔者聖人〕에서 〔以至於命〕까지

이 한 절은 장차 聖人이 이끌어 펴고 인하여 거듭한 뜻을 밝히려 하였다. 그러므로 먼저 성인이 본래 蓍·數와 卦·爻를 지은 것을 서술하여 天道와 人事의 묘함이 지극한 이치를 자세히 밝힌 것이다.

昔者聖人之作易也에 幽贊於神明而生蓍하고

옛날 聖人이 易을 지을 적에 神明을 깊이 밝혀서 蓍草를 내었고,

【注】 幽는 深也요 贊은 明也라 蓍受命如嚮[1]하되 不知所以然而然也라

1) 嚮 : 岳本·宋本·古本·足利本에는 '響'으로 되어 있다.(阮元의 〈校勘記〉 참조) 그러나 아래 疏의 인용문에 '嚮'으로 되어 있는 것에 근거하여 교감하지 않았다. '嚮'은 '響'과 통용한다.

'幽'는 깊음이요, '贊'은 밝음이다. 시초가 命을 받고서 고해줌을 메아리와 같이하되 所以然을 알지 못하고 그렇게 된다.

【疏】 '昔者'至'生蓍' ○ 正義曰 : 據今而稱上世, 謂之昔者也. 聰明叡知謂之聖人, 此聖人卽伏犧也. 不言伏犧而云聖人者, 明以聖知而制作也. 且下繫已云"包犧氏之王天下也, 於是始作八卦", 今言"作易", 言是伏犧, 非文王等.[1] 凡言作者, 皆本其事之所由, 故云"昔者聖人之作易也." 聖人作易, 其作如何. 以此聖知深明神明之道, 而生用蓍求卦之法, 故曰"幽贊於神明而生蓍"也.

1) 言是伏犧 非文王等 : 錢本과 宋本은 '言'이 '明'으로 되어 있고, ≪周易集解≫에는 '明是伏羲 非謂文王也'로 되어 있다.(阮元의 〈校勘記〉 참조)

經의 〔昔者〕에서 〔生蓍〕까지

○ 正義曰 : 지금을 근거하여 上世를 칭해서 '昔者'라 한 것이다. 聰明하고 叡智함을 聖人이라 이르니, 여기의 성인은 바로 伏犧이다. 복희라 말하지 않고 성인이라고 말한 것은 聖스러운 지혜로써 〈易을〉 제작함을 밝힌 것이다. 또 〈繫辭傳 下〉에 이미 "包犧氏가 천하에 왕 노릇 할 적에 비로소 八卦를 만들었다."라고 하였으니, 지금 "易을 지었다."라고 말한 것은 바로 복희를 말한 것이요 文王 등이 아니다. 무릇 '作'이라고 말한 것은 모두 그 일이 연유한 바를 근본하였다. 그러므로 "옛날 성인이 易을 지을 적에"라고 말한 것이다.

성인이 易을 지음은 그 짓기를 어떻게 했는가? 이 성스러운 지혜로써 神明의 道를 깊

이 밝혀서 蓍草를 사용하여 卦를 구하는 법을 만들었다. 그러므로 "신명을 깊이 밝혀서 시초를 내었다."라고 말한 것이다.

【疏】 ○ 注'幽深也'至'然也' ○ 正義曰：'幽'者, 隱而難見(현), 故訓爲深也. '贊'者, 佐而助成, 而令微者得著, 故訓爲明也.[1] '蓍受命如嚮 不知所以然而然'者, 釋聖人所以深明神明之道, 便能生用蓍之意, 以神道與用蓍相協之故也. 神之爲道, 陰陽不測, 妙而无方, 生成變化, 不知所以然而然者也, 蓍則受人命令, 告人吉凶, 應人如嚮, 亦不知所以然而然, 與神道爲一. 故繫辭云"蓍之德, 員而神."[2] 其受命如嚮, 亦繫辭文也.[3]

1) 贊者……故訓爲明也：朱子는 '幽贊神明'을 '化育을 돕는다〔贊化育〕'는 말과 같다고 풀이하였다. ≪中庸≫에 "오직 天下에 지극히 성실한 분이어야 능히 그 性을 다할 수 있으니 그 性을 다하면 능히 사람의 性을 다할 것이요, 사람의 性을 다하면 능히 물건의 性을 다할 것이요, 물건의 性을 다하면 天地의 化育을 도울 것이요, 천지의 화육을 도우면 天地와 더불어 참여하여 三才가 될 것이다."라고 하였다.

2) 故繫辭云蓍之德 員而神：〈繫辭傳 上〉 10장의 말이다.

3) 其受命如嚮 亦繫辭文也：〈繫辭傳 上〉 9장에 "군자가 장차 시행하려 함이 있고 장차 길을 가려 함이 있을 적에 물어서 말로써 하면 그 명을 받고 고해줌이 메아리와 같다.〔君子將有爲也 將有行也 問焉而以言 其受命也如嚮〕"라고 보인다.

○ 注의 〔幽深也〕에서 〔然也〕까지

○ 正義曰：〔幽〕 숨어서 보기 어려우므로 '깊다〔深〕'고 訓한 것이다.

〔贊〕 도와서 이루어주어 은미한 것으로 하여금 드러나게 하였으므로 '밝다〔明〕'고 訓한 것이다.

〔蓍受命如嚮 不知所以然而然〕 聖人이 神明의 道를 깊이 밝혀서 蓍草를 사용하는 뜻을 만들어내었음을 해석하였으니, 이는 신명의 道와 시초를 사용함이 서로 화합하기 때문이다. 神의 道는 陰陽을 측량할 수 없어서 妙하여 일정한 방소가 없어서 변화를 생성하되 所以然을 알지 못하고 그렇게 되며, 시초는 사람에게 명령을 받고서 사람에게 吉·凶을 말해주어 사람에게 응하기를 메아리와 같이 하는데 이 또한 所以然을 알지 못하고 그렇게 되는 것이어서 神道와 더불어 하나가 된다. 그러므로 〈繫辭傳 上〉에 이르기를 "시초의 德은 둥글어 신묘하다."라고 한 것이니, 명을 받으면 메아리와 같다는 것도 〈繫辭傳 上〉의 글이다.

參(삼)**天兩地而倚數**하고

하늘에서 3을 취하고 땅에서 2를 취하여 數를 세웠고,

【注】 參은 奇也요 兩은 耦也니 七, 九는 陽數요 六, 八은 陰數라

3은 奇數이고 2는 耦數(偶數)이니, 〈四象의 數에〉 7(少陽)과 9(老陽)는 陽數이고, 6(老陰)과 8(少陰)은 陰數이다.

【疏】 '參天'至'倚數' ○ 正義曰 : 倚, 立也, 旣用蓍求卦, 其揲蓍所得, 取奇數於天, 取耦數於地, 而立七・八・九・六之數, 故曰"參天兩地而倚數"也.

經의 〔參天〕에서 〔倚數〕까지

○ 正義曰 : '倚'는 세움이니, 이미 시초를 사용해서 卦를 구하였으면 蓍를 떼어 얻는 것이 하늘에서 奇數를 취하고 땅에서 耦數를 취하여 7・8・9・6의 數를 세운 것이다. 그러므로 "하늘에서 3을 취하고 땅에서 2를 취하여 數를 세웠다."라고 한 것이다.

【疏】 ○ 注'七九陽數' ○ 正義曰 : 先儒馬融・王肅等解此, 皆依繫辭云"天數五, 地數五, 五位相得而各有合", 以爲"五位相合, 以陰從陽, 天得三合, 謂一・三與五也, 地得兩合, 謂二與四也."[1] 鄭玄亦云"天地之數備於十, 乃三之以天, 兩之以地, 而倚託大演之數五十也. 必三之以天, 兩之以地者, 天三覆(부), 地二載, 欲極於數, 庶得吉凶之審也." 其意皆以繫辭所云"大演之數五十, 其用四十有九", 明用蓍之數, 下云"天數五, 地數五, 五位相得而各有合, 天地之數五十有五", 以爲大演卽天地之數. 又此上言"幽贊於神明而生蓍," 便云"參天兩地而倚數", 驗文準義, 故知如此.

1) 以爲五位相合……謂二與四也 : 뜻이 분명하지 않으나 河圖의 生數를 가지고 말한 것으로 보인다. 河圖는 天一生水, 地二生火, 天三生木, 地四生金, 天五生土여서 天이 '1・3・5' 세 개이고, 地가 2・4 두 개이다. 한편 四象의 數는 生數를 따르지 않고 6・7・8・9의 成數를 따랐으며 10은 두 자리 숫자여서 여기에 들지 못한다.

○ 注의 〔七九陽數〕

○ 正義曰 : 先儒인 馬融과 王肅 등은 이 글을 해석할 적에 모두 〈繫辭傳 上〉의 "하늘의 數가 다섯이고 땅의 數가 다섯이니, 다섯 자리가 서로 맞아 각각 합함이 있다."라는 말을 따라서 "다섯 자리가 서로 합하여 陰으로 陽을 따랐는바, 하늘은 세 가지 합함을

얻었으니 1・3・5를 이르고, 땅은 두 가지를 합함을 얻었으니 2・4를 이른다."라고 하였다.

鄭玄은 또한 이르기를 "天・地의 數가 10에 갖추어져 있으니, 하늘로 3을 만들고 땅으로 2를 만들어서 大衍(大演)의 數 50에 의탁하였다. 반드시 하늘로 3을 만들고 땅으로 2를 만든 것은, 하늘은 3으로 덮어주고 땅은 2로 실어주어서이니, 數를 지극히 하여 吉凶의 자세함을 얻고자 한 것이다."라고 하였다.

그 뜻이 모두 〈繫辭傳 上〉에 말한 "大衍의 數가 50이니, 그 쓰임은 49개이다."라는 것을 가지고 蓍草를 사용하는 數를 밝혔고, 아래(〈繫辭傳 上〉)에 말한 "하늘의 數가 다섯이고 땅의 數가 다섯이니, 다섯 자리가 서로 맞아 각각 합함이 있는바, 天・地의 數가 55이다."라는 것을 가지고 大衍 즉 天・地의 數로 삼은 것이다. 또 이 위(〈說卦傳〉)에 "〈옛날 聖人이 易을 지을 적에〉 神明을 깊이 밝혀서 시초를 내었다."라 하고, 곧 "하늘에서 3을 취하고 땅에서 2를 취하여 數를 세웠다."라고 하였으니, 글을 징험해보고 뜻을 기준해보기 때문에 이와 같음을 아는 것이다.

【疏】 韓康伯注繫辭云"大演之數五十", 用王輔嗣意, 云"易之所賴者五十, 其用四十有九, 則其一, 不用也. 不用而用以之通, 非數而數以之成." 用與不用, 本末合數, 故五十也. 以大衍五十, 非卽天地之數, 故不用馬融・鄭玄等說. 然此倚數生數, 在生蓍之後・立卦之前, 明用蓍得數而布以爲卦, 故以七・八・九・六當之. 七・九爲奇, 天數也, 六・八爲耦, 地數也, 故取奇於天, 取耦於地, 而立七・八・九・六之數也. 何以參兩爲目奇耦者. 蓋古之奇耦, 亦以三兩言之, 且以兩是耦數之始, 三是奇數之初故也. 不以一目奇者, 張氏云"以三中含兩, 有一以包兩之義, 明天有包地之德, 陽有包陰之道, 故天擧其多, 地言其少也."[1]

1) 何以參兩爲目奇耦者……地言其少也 : 韓康伯과 孔穎達은 經文의 '倚數'를 '少陽(7)・少陰(8)・老陽(9)・老陰(6)의 數를 세움'의 뜻으로 보았는바, 그 이유로 이 경문이 '生蓍'의 뒤와 '立卦'의 앞에 나오는 점을 들었다. 즉 이 경문이 '시초점 치는 법을 만들어냄(生蓍)'의 뒤에 나온다면 여기에서 말한 數는 시초점을 칠 때 사용되는 數인 '7・8・9・6'을 가리켜 말한 것이 된다고 본 것이다. 그런데 경문에서 '參天兩地'라 하여 '7・8・9・6'을 들지 않고 3과 2를 들었으므로, 여기에서 그 이유를 설명한 것이다. 이 설명에서 3이 奇數의 처음이 되는 이유를 張譏의 말을 인용하여 밝혔으나, 그 뜻이 분명하지 않다. 1이 奇數의 처음이 되어야 할 듯하다.

반면 朱子는 '參天兩地'를 다음과 같이 풀이하였다. "하늘은 둥글고 땅은 네모진바, 둥근 것은 하나에 둘레가 3이니, 3은 각각 한 奇이므로 하늘에서 셋을 취하여 3이 되고, 네모진 것은 하나에 둘레가 넷이니, 넷은 두 偶를 합한 것이므로 땅에서 둘을 취하여 2가 되었으니, 數가 모두 이에 의하여 일어났다.〔天圓地方 圓者 一而圍三 三各一奇 故參天而爲三 方者 一而圍四 四合二偶 故兩地而爲二 數皆倚此而起〕"

韓康伯은 〈繫辭傳 上〉에 "大衍의 數가 50이다."라고 한 것에 注를 내면서 王輔嗣(王弼)의 뜻을 따라 말하기를 "易이 사용하는 것(蓍草)이 50개인데 그 쓰임은 49개이니, 그렇다면 그 하나는 쓰이지 않는 것이나. 쓰이지 않는데도 쓰임이 이 때문에 통하고, 數가 아닌데도 數가 이 때문에 이루어진다."라고 하였다. 쓰임과 쓰이지 않음의 本과 末의 數를 합하였으므로 50인 것이다. 大衍數 50은 天·地의 數가 아니므로 馬融과 鄭玄 등의 說을 따르지 않은 것이다.

그러나 여기의 '數를 세우고 數를 낳는 것'이 '시초를 낳음'의 뒤와 '卦를 세움'의 앞에 있으니, 이는 시초를 사용하여 數를 얻어서 진열하여 卦로 삼음을 밝힌 것이다. 그러므로 7·8·9·6으로 여기에 해당시킨 것이다. 7과 9는 奇數가 되니 하늘의 數이고, 6과 8은 耦數(偶數)가 되니 땅의 數이다. 그러므로 하늘에서 奇數를 취하고 땅에서 耦數를 취하여 7·8·9·6의 數를 세운 것이다. 그런데 어찌하여 3과 2를 가지고 奇數와 耦數를 지목하였는가? 옛날에 奇數와 耦數 또한 3과 2를 가지고 말하였고, 또 2는 耦數의 시작이고 3은 奇數의 처음이기 때문이다. 1로써 奇數를 지목하지 않은 이유는, 張氏(張譏)가 이르기를 "3 가운데 2가 포함되어 있어서 1로써 2를 포함하는 뜻이 있으니, 하늘에 땅을 포함하는 德이 있고 陽에 陰을 포함하는 道가 있음을 밝혔기 때문에 하늘의 〈數에〉 있어서는 많은 수를 들고 땅의 〈數에〉 있어서는 적은 수를 말한 것이다."라고 하였다.

觀變於陰陽而立卦하고

陰과 陽에서 변화를 관찰하여 卦를 세웠고,

【注】 卦는 象也요 蓍는 數也라 卦則雷風相薄하고 山澤通氣하여 擬象陰陽變化之體하고 蓍則錯綜天地參兩之數하니 蓍는 極數以定象하고 卦는 備象以盡數라 故로 蓍에 曰 參天兩地而倚數라하고 卦에 曰 觀變於陰陽也라하니라

卦는 象이고, 蓍는 數이다. 卦는 우레와 바람이 서로 부딪치고 산과 못이 기운을 통하

여 陰·陽이 변화하는 體를 比擬하여 형상하였고, 蓍는 하늘의 3과 땅의 2의 數를 번갈아 종합하였으니, 蓍는 數를 지극히 하여 象을 정하고 卦는 象을 갖추어 數를 다하였다. 그러므로 蓍에서는 "하늘에서 3을 취하고 땅에서 2를 취하여 數를 세웠다."라 하고, 卦에서는 "陰과 陽에서 변화를 관찰한다."라고 한 것이다.

【疏】 '觀變'至'立卦' ○ 正義曰：言其作易聖人, 本觀察變化之道, 象於天地陰陽, 而立乾坤等卦, 故曰"觀變於陰陽而立卦"也.

經의 〔觀變〕에서 〔立卦〕까지

○ 正義曰：易을 지은 聖人이 본래 변화의 道를 관찰하여 天·地와 陰·陽을 형상하여 乾·坤 등의 卦를 세움을 말하였다. 그러므로 "陰과 陽에서 변화를 관찰하여 卦를 세웠다."라고 한 것이다.

【疏】 ○ 注'卦則雷風' ○ 正義曰：'卦則雷風相薄 山澤通氣 擬象陰陽變化之體'(○)〔者〕[1], 此言六十四卦, 非小成之八卦也. 伏犧初畫八卦, 以震象雷, 以巽象風, 以艮象山, 以兌象澤, 八卦未重, 則雷風各異, 山澤不通, 於陰陽變化之理, 未爲周備, 故此下云"八卦相錯, 數往者順, 知來者逆", 注云"八卦相錯, 變化理備, 於往則順而知之, 於來則逆而數之"是也. 知非八卦者, 先儒皆以繫辭論用蓍之法, 云"四營而成易 十有八變而成卦"者, 謂用蓍三扐而布一爻, 則十有八變, 爲六爻也. 然則用蓍, 在六爻之後, 非三畫之時. 蓋伏犧之初, 直仰觀俯察, 用陰陽兩爻而畫八卦, 後因而重之, 爲六十四卦, 然後天地變化, 人事吉凶, 莫不周備, 縕在爻卦之中矣. 文王又於爻卦之下, 繫之以辭, 明其爻卦之中吉凶之義. 蓍, 是數也, 傳稱"物生而後有象, 象而後有滋, 滋而後有數",[2] 然則數從象生. 故可用數求象, 於是幽贊於神明而生蓍, 用蓍之法, 求取卦爻, 以定吉凶. 繫辭曰"天生神物, 聖人則(칙)之", "无有遠近幽深, 遂知來物"是也. 繫辭言伏犧作易之初, 不假用蓍成卦, 故直言仰觀俯察, 此則論其既重之后, 端策布爻, 故先言生蓍, 后言立卦. 非是聖人幽贊, 元在觀變之前.

1) (○)〔者〕: 저본에는 '○'으로 되어 있으나, 毛本에 의거하여 '者'로 바로잡았다.(阮元의 〈校勘記〉 참조)

2) 傳稱物生而後有象……滋而後有數 : 이 말은 ≪春秋左氏傳≫ 僖公 4년조에 보인다.

○ 注의 〔卦則雷風〕

○ 正義曰 : 〔卦則雷風相薄 山澤通氣 擬象陰陽變化之體〕 이는 64卦를 말한 것이요, 小成의 八卦가 아니다. 伏犧가 처음 팔괘를 그을 적에 震으로 우레를 형상하고, 巽으로 바람을 형상하고, 艮으로 산을 형상하고, 兌로 못을 형상하니, 팔괘를 거듭하지 않으면 우레와 바람이 각각 다르고 산과 못이 통하지 못하여 陰陽이 변화하는 이치에 대하여 두루 하고 구비하지 못한다. 그러므로 이 아래에 “팔괘가 서로 뒤섞이니, 지나간 것을 셈은 順이요 미래를 앎은 逆이다.”라고 하였는데, 注에 “팔괘가 서로 뒤섞임에 變化의 이치가 구비되니, 지나간 일에 대해서는 順하여 알고 미래에 대해서는 逆하여(거슬러서) 따져본다.”라고 한 것이 이것이다.

팔괘가 아닌 줄을 아는 이유는, 先儒들이 모두 〈繫辭傳〉에서 蓍草를 사용하는 방법을 논하여 “4번 경영하여 易을 이루고 18번 변하여 卦를 이루었다.”라고 한 것을 가지고 ‘시초를 사용하여 3번 손가락에 끼워 한 爻를 펴니, 18번 변하여 六爻가 되는 것’이라고 하였다. 그렇다면 ‘시초를 사용함’은 六爻의 뒤에 있는 것이요, 三畫의 때가 아닌 것이다.

伏犧의 초기에는 다만 우러러 관찰하고 굽어 살펴서 陰·陽 두 爻를 사용하여 팔괘를 그었는데, 뒤에 인하여 거듭하여 64卦를 만드니, 이렇게 한 뒤에 天地의 변화와 人事의 吉凶이 두루 구비되지 않은 것이 없어서 〈易의 道가〉 爻와 卦의 가운데에 쌓여 있게 되었다. 文王이 또다시 爻와 卦의 아래에 글(卦辭와 爻辭)을 달아서 爻와 卦 안의 길흉의 뜻을 밝혔다.

蓍는 바로 數이니, ≪春秋左氏傳≫에 이르기를 “물건이 생긴 이후에 象이 있고 象이 있은 뒤에 불어남이 있고 불어난 뒤에 數가 있다.”라고 하였으니, 그렇다면 數는 象으로 말미암아 생긴 것이다. 이 때문에 數를 사용하여 象을 구할 수 있는 것이니, 이에 神明을 깊이 밝혀 시초를 내고, 시초를 사용하는 법으로 卦와 爻를 구하여 취해서 길흉을 결정하는 것이다. 〈繫辭傳〉에 이르기를 “하늘이 神物(시초와 거북껍질)을 내자 聖人이 이것을 법칙으로 삼았다.”라 하고, “遠近과 幽深이 없이(遠近과 幽深을 막론하고) 마침내 미래의 일을 안다.”라고 한 것이 이것이다.

〈繫辭傳〉에서는 伏犧가 易을 만든 초기를 말하면서 시초를 사용하여 卦를 이룸을 빌리지 않았다. 그러므로 곧바로 ‘우러러 살피고 굽어 살핌’을 말하였고, 여기서는 이미 〈八卦를〉 거듭한 뒤에 산대〔策〕를 단정히 하여 爻를 펼침을 논하였으므로 먼저 ‘시초를 낳음’을 말하고 뒤에 ‘卦를 세움’을 말한 것이다. 이는 ‘聖人이 神明을 깊이 밝힘’이 원래 ‘陰·陽에서 변화를 관찰함’의 앞에 있던 것은 아니다.

發揮於剛柔而生爻하니

剛과 柔를 발휘하여 爻를 내었으니,

【注】 剛柔發散하여 變動相(和)〔生〕[1]이라

1) (和)〔生〕: 저본에는 '和'로 되어 있으나, 岳本・宋本・古本・足利本에 의거하여 '生'으로 바로잡았다.(阮元의 〈校勘記〉 참조)

剛과 柔가 발산되어서 변동이 서로 낳은 것이다.

【疏】 正義曰: 旣觀象立卦, 又就卦發動揮散, 於剛柔兩畫, 而生變動之爻, 故曰"發揮於剛柔而生爻"也.

正義曰: 이미 象을 보아 卦를 세우고, 또 卦에 나아가 발동하고 발산하여 剛과 柔 두 획에 변동하는 爻를 낳았다. 그러므로 "剛과 柔를 발휘하여 爻를 내었다."라고 한 것이다.

和順於道德하고 **而理於義**하며 **窮理盡性**하여 **以至於命**하니라

道德에 和順하고 義를 다스리며, 이치를 다하고 性을 다하여 命에 이른다.

【注】 命者는 生之極이니 窮理則盡其極也라

'命'은 생명의 極이니, 이치를 다하면 極을 다하게 된다.

【疏】 '和順'至'性命' ○ 正義曰: 蓍數旣生, 爻卦又立, 易道周備, 无理不盡. 聖人用之, 上以和協順成聖人之道德, 下以治理斷〔割〕[1]人倫之正義, 又能窮極萬物深妙之理, 究盡生靈所稟之性, 物理旣窮, 生性又盡, 至於一期所賦之命, 莫不窮其短長, 定其吉凶, 故曰"和順於道德, 而理於義, 窮理盡性, 以至於命"也.

1) 〔割〕: 저본에는 '割'이 없으나, 宋本에 의거하여 보충하였다.(阮元의 〈校勘記〉 참조)

經의 〔和順〕에서 〔性命〕까지

○ 正義曰: 시초와 數가 이미 생겨나고 爻와 卦가 또 확립되면 易의 道가 두루 구비되어 이치마다 다하지 않음이 없다. 聖人이 이것을 사용하여 위로는 성인의 道德을 화합하

여 순히 이루고, 아래로는 人倫의 正義를 다스리고 결단하며, 또 만물의 깊고 묘한 이치를 다하고, 生靈들이 품부받은 性을 다하니, 사물의 이치가 이미 다하고 타고난 性이 또 다하여 한 시기에 받은 命에 이르러도 그 長短을 다하고 그 吉凶을 정하지 않음이 없다. 그러므로 "도덕에 和順하고 義를 다스리며, 이치를 다하고 性을 다하여 命에 이른다."라고 한 것이다.

【疏】 ○ 注'命者'至'極也' ○ 正義曰 : '命'者, 人所稟受, 有其定分, 從生至終, 有長短之極, 故曰"命者, 生之極"也. 此所賦命, 乃自然之至理, 故"窮理則盡其極"也.

○ 注의 〔命者〕에서 〔極也〕까지

○ 正義曰 : 〔命〕 사람이 받은 것이니, 정해진 분수가 있어서 태어날 때부터 죽을 때까지 長短의 極이 있다. 그러므로 "命은 생명의 極이다."라고 한 것이다.

여기의 '받은 바의 命'은 바로 자연의 지극한 이치이다. 그러므로 "이치를 다하면 極을 다한다."라고 한 것이다.

제2절

【疏】 正義曰 : '昔者'至'成章' 此節就爻位明重卦之意.

正義曰 : 經의 〔昔者〕에서 〔成章〕까지

이 절은 爻의 자리를 가지고 重卦(64괘)의 뜻을 밝힌 것이다.

昔者聖人之作易也는 **將以順性命之理**라 **是以**로 **立天之道曰陰與陽**이요 **立地之道曰柔與剛**이요

옛날에 聖人이 易을 지은 것은 이 易을 가지고서 性命의 이치를 순히 하려고 해서였다. 이 때문에 하늘의 道를 세움은 陰과 陽이고, 땅의 道를 세움은 柔와 剛이고,

【注】 在天成象하고 在地成形하니 陰陽者는 言其氣요 剛柔者는 言其形이니 變化始於氣象而后成形이라 萬物資始乎天하고 成形乎地라 故로 天曰陰陽이요 地曰柔剛也라 或有在形而

言陰陽者는 本其始也요 在氣而言柔剛者는 要其終也라

하늘에 있으면 象을 이루고, 땅에 있으면 形을 이룬다. 陰과 陽은 그 氣를 말한 것이고, 剛과 柔는 그 形을 말한 것이니, 變化가 氣와 象에서 시작된 뒤에 形을 이룬다. 萬物이 하늘에 의뢰하여 시작하고 땅에서 形을 이룬다. 그러므로 하늘에는 '陰·陽'이라 하고, 땅에는 '柔·剛'이라 한 것이다. 혹 形에 있으면서 陰과 陽을 말한 경우가 있으니 이는 그 시작을 근본한 것이고, 氣에 있으면서 柔와 剛을 말한 경우가 있으니 이는 그 끝을 會要(맞추어 봄)한 것이다.

【疏】 '昔者'至'柔與剛' ○ 正義曰：八卦小成, 但有三畫,[1] 於三才之道, 陰陽未備, 所以重三爲六, 然后周盡. 故云"昔者聖人之畫卦作易也." '將以順性命之理'者, 本意將此易卦, 以順從天地生成萬物性命之理也. 其天地生成萬物之理, 須在陰陽必備. 是以造化闢設之時, 其立天之道, 有二種之氣, 曰成物之陰與施生之陽也, 其立地之道, 有二種之形, 曰順承之柔與(特)〔持〕[2]載之剛也.

1) 八卦小成 但有三畫：세 爻로 이루어진 八卦에 대해서는 '小成'이라 하고, 삼획괘를 거듭하여 육획괘가 이루어지면 그 64괘에 대해서는 '大成'이라 한다.
2) (特)〔持〕：저본에는 '特'으로 되어 있으나, 毛本에 의거하여 '持'로 바로잡았다.(阮元의 〈校勘記〉 참조)

經의 〔昔者〕에서 〔柔與剛〕까지

○ 正義曰：八卦가 조금 이루어지면 다만 三畫이 있어서 三才의 道에 陰陽이 미비하니, 이 때문에 3획을 거듭하여 6획을 만든 뒤에야 두루 다하는 것이다. 그러므로 "옛날에 聖人이 卦를 그어 易을 지음"이라고 한 것이다.

〔將以順性命之理〕〈聖人의〉 본래 뜻은 이 易의 卦를 가지고서 하늘과 땅이 만물을 낳고 이룬 性命의 이치를 순종하려고 한 것이다. 하늘과 땅이 만물을 낳고 이룬 이치는 모름지기 陰과 陽이 반드시 구비됨에 있다. 이 때문에 造化를 열고 베풀 때에 하늘의 道를 세움에는 두 종류의 氣가 있으니 물건을 이루는 陰과 낳음을 베푸는 陽이요, 땅의 道를 세움에는 두 종류의 形이 있으니 순히 받드는 柔와 떠받쳐 싣는 剛이다.

【疏】 ○ 注'在形而言陰陽者' ○ 正義曰：'在形而言陰陽'者, 卽坤象辭云"履霜堅冰, 陰始凝"是也. '在氣而言柔剛'者, 卽尙書云"高明柔克"及左傳云"天爲剛德"是也.[1]

1) 卽尙書云高明柔克及左傳云天爲剛德是也 : ≪尙書≫의 말은 〈周書 洪範〉에 보이고, ≪春秋左氏傳≫의 말은 文公 5년에 보인다.

○ 注의 〔在形而言陰陽者〕

○ 正義曰 : 〔在形而言陰陽〕 바로 坤卦 〈象傳〉의 말에 "서리를 밟으면 단단한 얼음이 〈이름은〉 陰이 처음 응결함이다."라고 한 것이 이것이다.

〔在氣而言柔剛〕 바로 ≪尙書≫에 "高明한 자는 柔로 다스린다."라고 한 것과, ≪春秋左氏傳≫에 "하늘은 剛을 德으로 삼는다."라고 한 것이 이것이다.

立人之道曰仁與義니 **兼三才而兩之**라 **故**로 **易六畫而成卦**요 **分陰分陽**하여 **迭用柔剛**이라 **故**로 **易六位而成章**하니라

사람의 道를 세움은 仁과 義이니, 三才를 겸하여 두 번 하였기 때문에 易이 여섯 번 그음에 卦가 이루어졌고, 陰으로 나뉘고 陽으로 나뉘어 柔와 剛을 차례로 쓰기 때문에 易이 여섯 자리에서 文章을 이룬 것이다.

【注】 設六爻以效三才之動이라 故로 六畫而成卦也니 六位는 爻所處之位也라 二四爲陰이요 三五爲陽이라 故로 曰 分陰分陽이요 六爻升降하여 或柔或剛이라 故로 曰 迭用柔剛也라하니라

六爻를 만들어서 三才의 動함을 나타내었다. 그러므로 여섯 번 그어서 卦를 이룬 것이니, 여섯 자리는 爻가 처한 자리이다. 二와 四는 陰이 되고, 三과 五는 陽이 된다. 그러므로 "陰으로 나뉘고 陽으로 나뉜다."라고 한 것이요, 六爻가 오르고 내려서 혹은 柔가 되고 혹은 剛이 된다. 그러므로 "柔와 剛을 차례로 썼다."라고 한 것이다.

【疏】 '立人之道'至'成章' ○ 正義曰 : 天地旣立, 人生其間, 立人之道, 有二種之性, 曰愛惠之仁, 與斷(刮)〔割〕[1]之義也. 旣備三才之道, 而皆兩之, 作易本順此道理, 須六畫成卦, 故作易者, 因而重之, 使六畫而成卦也. 六畫所處, 有其六位, 分二・四爲陰位, 三・五爲陽位, 迭用六・八之柔爻, 七・九之剛爻, 而來居之, 故作易者分布六位, 而成爻卦之文章也.

1) (刮)〔割〕 : 저본에는 '刮'로 되어 있으나, 閩本・監本・毛本에 의거하여 '割'로 바로잡았다.(阮元의 〈校勘記〉 참조)

經의 〔立人之道〕에서 〔成章〕까지

○ 正義曰 : 하늘과 땅이 이미 확립되면 사람이 그 사이에 태어나니, 사람의 道를 세움에는 두 종류의 性이 있으니, 愛惠의 仁과 斷割(裁決)의 義이다. 이미 三才의 道를 구비하고서 이것을 모두 두 번 하였으니, 易을 지음은 본래 이 道理를 순히 따르려고 한 것인바, 모름지기 여섯 번 그어서 卦를 이루어야 하므로 易을 지은 자가 이것을 인해 八卦를 거듭해서 여섯 번 그어서 卦를 이루게 한 것이다.

6획이 처한 곳에는 여섯 자리가 있으니, 二와 四를 나누어 陰位로 삼고, 三과 五를 나누어 陽位로 삼아서 六과 八의 柔爻와 七과 九의 剛爻를 번갈아 사용함에 〈柔爻와 剛爻가〉 와서 그 자리에 처하였다. 그러므로 易을 지은 자가 여섯 자리를 나누어 펴서 爻와 卦의 文章을 이룬 것이다.

【疏】 ○ 注'二四'至'爲陽者' ○ 正義曰 : '二四爲陰 三五爲陽'者, 王輔嗣以爲初・上, 无陰陽定位, 此注用王之說也.[1)]

1) 二四爲陰……此注用王之說也 : 여섯 자리의 陰陽을 논하려면 初爻와 上爻도 언급해야 하는데 이 둘을 제외하고 二爻에서 五爻까지만 말한 것은 初爻와 上爻에는 정해진 陰陽의 자리가 없기 때문이라는 것이다. 王弼의 ≪周易略例≫ 〈辯位〉에 "初爻와 上爻는 일의 始・終이니, 음양의 정해진 자리가 없다.〔初上者 是事之終始 无陰陽定位也〕"라고 하였다.

○ 注의 〔二四〕에서 〔爲陽者〕까지

○ 正義曰 : 〔二四爲陰 三五爲陽〕 王輔嗣(王弼)가 이르기를 "初爻와 上爻는 陰・陽의 정해진 자리가 없다."라고 하였으니, 이 注는 왕보사의 說을 따른 것이다.

제3절

天地定位하며 山澤通氣하며 雷風相薄하며 水火不相射(석)[1)]하여 八卦相錯하니 數往者는 順이요 知來者는 逆이라

1) 水火不相射(석) : ≪周易傳義大全≫ 小註에서는 ≪朱子語類≫의 말이 다음과 같이 채록되어 있다. "水와 火는 아래에서 불이 타오르면 위에서 끓어져 서로 滅息하지 않는 것이다. '射'은 음이 食이다. 범하는 것이니 이는 서로 해치지 않는 것이요, 또 음이 斁(역)이

니 이는 서로 싫어하지 않는 것이니, 두 뜻이 모두 통한다.〔水火下燃上沸而不相滅息也 射音食 犯也 是不相害 音斁 是不相厭 二義皆通〕" "'射의 두 가지 음 중에 무엇이 옳습니까?' 하고 묻자, 朱子가 대답하였다. '音이 石이 옳다. 水・火는 風・雷와 山・澤과는 서로 똑같지 않다. 水와 火는 본래 相剋하는 物事인데 이제 도리어 서로 응하고 서로 해치지 않는다.'〔問射二音孰是 曰音石是 水火與風雷山澤不相類 水火本是相剋底物事 今却相應而不相害〕" 疏에는 "水와 火가 서로 침범하지 못하면서도 서로 의지한다.〔水火不相入而相資〕" 하였으므로 이에 의거하여 위와 같이 해석하였다.

天과 地가 자리를 정하고 山과 澤이 氣를 통하며 雷와 風이 서로 부딪치고 水와 火가 서로 해치지 않아 八卦가 서로 뒤섞이니, 지나간 것을 헤아림은 順이요 미래를 앎은 逆이다.

【注】 易八卦相錯에 變化理備하니 於往則順而知之하고 於來則逆而數之[1]라

1) 易八卦相錯……於來則逆而數之 : 朱子의 ≪本義≫에는 邵雍의 말을 다음과 같이 인용하였다. "이는 伏羲 八卦의 자리이니, 乾은 남쪽에 있고 坤은 북쪽에 있으며, 離는 동쪽에 있고 坎은 서쪽에 있으며, 兌는 東南쪽에 거하고 震은 東北쪽에 거하며, 巽은 西南쪽에 거하고 艮은 西北쪽에 거하였다. 이에 八卦가 서로 사귀어 64괘를 이루었으니, 이른바 先天의 學이라는 것이다." 이것은 相對가 되는 방향을 가지고 말한 것인바, 〈伏羲八卦方位圖〉를 참고하기 바란다.

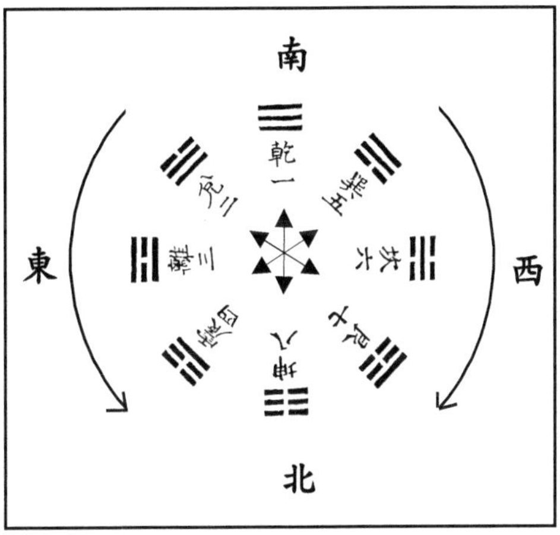

〈伏羲八卦方位圖〉

八卦가 서로 뒤섞임에 變化의 이치가 구비되니, 지나간 일에 대해서는 順하여 알고 미래에 대해서는 거슬러(미리) 헤아린다.

是故로 易은 逆數也니라

그러므로 易은 거슬러(미리) 헤아리는 것이다.

【注】 作易以逆覩來事하여 以前民用이라

易을 지어서 미래의 일을 거슬러 보아서(알아서) 백성의 쓰임에 앞서서 보여주는 것이다.

【疏】'天地定位'至'數也' ○ 正義曰 : 此一節就卦象明重卦之意, 易以乾·坤象天·地, 艮·兌象山·澤, 震·巽象雷·風, 坎·離象水·火. 若使天地不交, 水火異處, 則庶類无生成之用, 品物无變化之理, 所以因而重之, (今)〔令〕[1]八卦相錯, 則天地人事莫不備矣, 故云"天地定位而合德, 山澤異體而通氣, 雷風各動而相薄, 水火不相入而相資." 旣八卦之用變化如此, 故聖人重卦, 令八卦相錯, 乾·坤·震·巽·坎·離·艮·兌莫不交互而相重, 以象天·地·雷·風·水·火·山·澤莫不交錯, 則易之爻卦, 與天地等, 成性命之理·吉凶之數, 旣往之事, 將來之幾, 備在爻卦之中矣. 故易之爲用, 人欲數知旣往之事者, 易則順后而知之, 人欲數知將來之事者, 易則逆前而數之, 是故聖人用此易道, 以逆數知來事也.

1) (今)〔令〕: 저본에는 '今'으로 되어 있으나, 宋本에 의거하여 '令'으로 바로잡았다.(阮元의 〈校勘記〉 참조)

經의 〔天地定位〕에서 〔數也〕까지

○ 正義曰 : 이 한 절은 卦象을 가지고 重卦(64괘)의 뜻을 밝혔으니, 易은 乾과 坤으로 天과 地를 형상하고, 艮과 兌로 山과 澤을 형상하고, 震과 巽으로 雷와 風을 형상하고, 坎과 離로 水와 火를 형상하였다. 만약 天과 地가 사귀지 못하고 水와 火가 달리 처하면 여러 종류에 生成의 작용이 없게 되고 여러 물건에 변화하는 이치가 없게 된다. 이 때문에 인하여 卦를 거듭해서 八卦로 하여금 서로 뒤섞이게 한 것이니, 이렇게 하면 天地와 人事가 구비되지 않음이 없다. 그러므로 "天과 地가 자리를 정하여 德을 합하고, 山과 澤이 體를 달리하면서 氣를 통하고, 雷와 風이 각각 동하여 서로 부딪치고, 水와 火가 서로 침범하지 못하면서도 서로 의뢰한다."라고 말한 것이다.

이미 八卦가 변화를 사용함이 이와 같으므로 聖人이 卦를 거듭하여 八卦로 하여금 서로 뒤섞이게 해서 乾과 坤, 震과 巽, 坎과 離, 艮과 兌가 서로 뒤섞이고 서로 거듭하지 않음이 없어서 이로써 天과 地, 雷와 風, 水와 火, 山과 澤이 서로 뒤섞이지 않음이 없음을 형상하였으니, 이렇게 하면 易의 爻와 卦가 天地와 같아져서 性命의 이치와 吉凶의 數를 이루어 이미 지나간 일과 將來의 기미가 爻와 卦의 안에 골고루 갖추어져 있게 된다.

그러므로 易의 쓰임은 사람이 이미 지나간 일을 헤아려서 알고자 할 경우에는 易이 뒤

(과거)를 순히 하여 이것을 알고, 사람이 장래의 일을 헤아려서 알고자 할 경우에는 易이 앞(미래)을 거슬러(미리) 헤아린다. 이 때문에 聖人이 이 易의 道를 사용해서 거슬러 헤아려 미래의 일을 아는 것이다.

【疏】○注'作易'至'民用' ○正義曰：易雖備知來往之事, 莫不假象知之, 故聖人作易, 以逆覩來事也. '以前民用'者, 易占事在其民用之前, 此繫辭文,[1] 引之以證逆數來事也.

1) 此繫辭文：〈繫辭傳 上〉 10장에 "神의 이치와 사물을 일으켜서 백성의 쓰임에 앞서서 보여주었다.〔興神物以前民用〕"라고 하였다.

○注의 〔作易〕에서 〔民用〕까지

○正義曰：易이 비록 미래와 과거의 일을 골고루 아나 象을 빌려 알지 않음이 없다. 그러므로 聖人이 易을 지어 미래의 일을 거슬러 보는 것이다.

〔以前民用〕 易은 일을 점침이 백성의 쓰임 이전에 있었으니, 이는 〈繫辭傳〉의 글인데, 이것을 인용하여 미래의 일을 거슬러 헤아림을 증명한 것이다.

제4절

雷以動之하고 **風以散之**하며 **雨以潤之**하고 **日以烜之**하며 **艮以止之**하고 **兌以說(열)之**하며 **乾以君之**하고 **坤以藏之**하나니라

우레로써 動하고, 바람으로써 흩고, 비로써 적시고, 해로써 건조시키고, 艮으로써 그치고, 兌로써 기쁘게 하고, 乾으로써 군주 노릇 하고, 坤으로써 감춘다.

【疏】正義曰：此一節總明八卦養物之功. 烜, 乾也. 上四擧象, 下四擧卦者, 王肅云"互相備也, 明雷風與震巽同用, 乾坤與天地通功也."[1]

1) 上四擧象……乾坤與天地通功也：雷·風·雨·日은 象을 든 것이고, 艮·兌·乾·坤은 卦를 든 것인바, 象과 卦를 갖추어 정리하면 다음과 같다.

卦	乾☰	兌☱	離☲	震☳	巽☴	坎☵	艮☶	坤☷
象	天	澤	火(日)	雷	風	水(雨)	山	地

이에 대하여 朱子는 "여기에 보이는 卦의 자리는 相對(서로 마주)함이니, 위의 장과 같다.〔此卦位相對 與上章同〕"라고 하였다. 상대하는 자리란 위의 〈伏羲八卦方位圖〉의 방위를 가리켜 말한 것이다.

正義曰 : 이 한 절은 八卦가 물건을 기르는 功을 총괄하여 밝힌 것이다. '烜'은 건조시킴이다. 위에서는 네 번 象을 들고 아래에서는 네 번 卦를 든 것은, 王肅이 말하기를 "서로서로 구비한 것이니, 우레·바람이 震·巽과 쓰임이 같고, 乾·坤이 天·地와 功이 통함을 밝힌 것이다."라고 하였다.

帝出乎震하고 **齊乎巽**하고 **相見乎離**하고 **致役乎坤**하고 **說**(열)**言乎兌**하고 **戰乎乾**하고 **勞乎坎**하고 **成言乎艮**하니라

上帝는 震에서 내고, 巽에서 깨끗하게 하고, 離에서 서로 만나보게 하고, 坤에서 수고로움을 지극히 하고, 兌에서 기뻐하여 말하고, 乾에서 싸우고, 坎에서 수고롭고, 艮에서 이루어 확정시킨다.

【疏】 正義曰 : '帝出乎震'至'故曰成言乎艮'者, 康伯於此无注. 然益卦六二"王用亨[1]于帝, 吉", 王輔嗣注云"帝者, 生物之主, 興益之宗, 出震而齊巽者也", 王之注意, 正引此文, 則輔嗣之意, 以此帝爲天帝也. 帝若出萬物則在乎震,[2] 絜齊萬物則在乎巽, 令萬物相見則在乎離, 致役以養萬物則在乎坤, 說萬物而可言者則在乎兌,[3] 陰陽相戰則在乎乾, 受納萬物勤勞則在乎坎, 能成萬物而可定則在乎艮也.

1) 亨 : 益卦 六二 爻辭에는 '享'으로 되어 있다.
2) 王輔嗣注云帝者……帝若出萬物則在乎震 : '帝出乎震'을 孔穎達은 王弼의 뜻을 따라 天帝가 萬物을 내는 것으로 풀이하였다.
반면 朱子는 이를 "帝는 하늘의 主宰이다."라고 하였는바, ≪周易傳義大全≫의 小註에 "帝出乎震은 만물이 발생함에 바로 저 주재가 이 속에서 나오는 것이다.〔帝出乎震 萬物發生 便是他主宰 從這裏出〕"라는 주자의 말이 채록되어 있고, 또 節齋蔡氏(蔡淵)의 다음 말이 채록되어 있다. "帝란 물건을 주재함을 가지고 말한 것이고 出은 發露를 이르니, 震은 東方에 거하여 철에는 봄이 된다.〔帝者 以主宰乎物爲言也 出者 發露之謂 震居東方 於時爲春〕" 이 때문에 諺解에도 "帝ㅣ 震에 出하야"로 해석하였으며, 후세에는 이 말에 따라 皇帝가 震方에서 나온다 하여 世子宮을 東方에 두고 震宮이라고도 칭하였다.
3) 說萬物而可言者則在乎兌 : 孔穎達은 '說言乎兌'의 '言'을 '可言'으로 풀이하고, 아래 '成

言乎艮'의 '言'은 '可定'으로 풀이하여 '言'을 實字로 보았다.

한편 朱子는 별다른 해석이 없는데 이에 대하여 退溪(李滉)는 ≪經書釋義≫에서 "言字는 虛字이기 때문에 註에 말하지 않은 듯하다. 그렇지 않다면 마땅히 '兌에 說함을 이르고……艮에 成함을 이른다.'로 해석해야 할 것이다."라고 하였다.

正義曰 : 經의 〔帝出乎震〕에서 〔故曰成言乎艮〕까지

韓康伯은 이에 대하여 注가 없다. 그러나 益卦 六二 爻辭에 "王이 이때를 사용하여 上帝에게 祭享하면 吉하리라."라고 하였는데, 王輔嗣(王弼)의 注에 "帝는 물건을 낳는 주체이고 유익함을 일으키는 宗主이니, 震에서 내고 巽에서 깨끗한 자이다."라고 하였으니, 왕보사의 注의 뜻은 바로 이 글을 인용한 것인바, 그렇다면 왕보사의 뜻은 여기의 帝를 天帝로 여긴 것이다. 천제가 만약 만물을 낼 경우에는 震에 있고, 만물을 絜齊할(깨끗하게 할) 경우에는 巽에 있고, 만물로 하여금 서로 만나보게 함은 離에 있고, 수고로움을 지극히 하여 만물을 기름은 坤에 있고, 만물을 기쁘게 하여 말할 만한 것은 兌에 있고, 陰과 陽이 서로 싸움은 乾에 있고, 만물을 受納하여 수고로움은 坎에 있고, 능히 만물을 이루어 확정시킬 수 있음은 艮에 있는 것이다.

萬物出乎震하니 **震**은 **東方也**라 **齊乎巽**하니 **巽**은 **東南也**니 **齊也者**는 **言萬物之絜齊也**라 **離也者**는 **明也**니 **萬物皆相見**하니 **南方之卦也**라 **聖人南面而聽天下**하여 **嚮明而治**하니 **蓋取諸**(저)**此也**라

만물이 震에서 나오니, 震은 東方이다. 巽에 깨끗하니 巽은 東南쪽인바 '齊'는 만물이 깨끗함을 말한 것이다. 離는 밝음이니, 만물이 모두 서로 만나보는바, 南方의 卦이다. 聖人이 南面하여 천하를 다스려서 밝음을 향해 다스리니, 이는 여기(離卦)에서 취한 것이다.

【疏】 正義曰 : '萬物出乎震 震東方'者, 解上"帝出乎震", 以震是東方之卦,[1] 斗柄指東爲春, 春時萬物出生也. '齊乎巽 巽東南也 齊也者 言萬物之絜齊也'〔者〕[2], 解上"齊乎巽", 以巽是東南之卦, 斗柄指東南之時, 萬物皆絜齊也. '離也者 明也 萬物皆相見 南方之卦也 聖人南面而聽天下 嚮明而治 蓋取諸此也'者, 解上"相見乎離", 因明聖人法離之事. 以離爲象日之卦, 故爲明也. 日出而萬物皆相見也, 又位在南方, 故聖人法南面而聽天下, 嚮明而治也, 故云"蓋取諸此也."

1) 以震是東方之卦 : 八卦의 고유 방위는 다음과 같다.

卦	乾☰	兌☱	離☲	震☳	巽☴	坎☵	艮☶	坤☷
方位(地支)	西北(戌亥)	西(酉)	南(午)	東(卯)	東南(辰巳)	北(子)	東北(丑寅)	西北(未申)

이 방위에 대하여 朱子는 ≪本義≫에서 "邵子(邵雍)가 말하길 '이 卦의 자리는 바로 文王이 정한 것이니, 이른바 後天의 學이란 것이다.'라고 하였다."고 하였으며, ≪周易傳義大全≫의 小註에 주자의 다음의 말이 채록되어 있다. "帝出乎震과 萬物出乎震 이 두 단락은 단지 文王의 卦를 말한 것이다. 〔帝出乎震與萬物出乎震 只這兩段說文王卦〕" 이는 〈文王八卦方位圖〉를 가리킨 것으로, 이 방위도는 震에서 시작하여 巽→離→坤의 순서로 돌아간다.

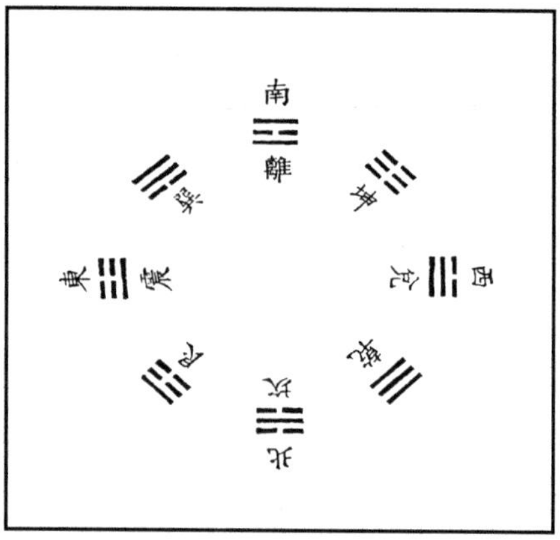

〈文王八卦方位圖〉

2) 〔者〕 : 저본에는 '者'가 없으나, 疏의 체제에 의거하여 보충하였다.(北京大 整理本 참조)

正義曰 : 〔萬物出乎震 震東方〕 위의 "上帝가 震에서 냄"을 해석한 것이니, 震은 바로 東方의 卦인데 북두성의 자루가 초저녁에 동방을 가리키면 봄이 되니, 봄철에 만물이 출생하는 것이다.

〔齊乎巽 巽 東南也 齊也者 言萬物之絜齊也〕 위의 "巽에서 깨끗하게 함"을 해석한 것이니, 巽은 바로 東南의 卦이기 때문에 북두성 자루가 초저녁에 동남을 가리킬 때에는 만물이 다 깨끗한 것이다.

〔離也者 明也 萬物皆相見 南方之卦也 聖人南面而聽天下 嚮明而治 蓋取諸此也〕 이는 위의 "離에서 서로 만나보게 함"을 해석하고 이어서 聖人이 離를 본받는 일을 밝힌 것이다. 離는 해를 형상한 卦가 되므로 밝음이 된 것이다. 해가 나오면 만물이 다 서로 만나보게 되고 또 위치가 南方에 있으므로 성인이 이를 본받아서 南面하여 천하를 다스려서 밝음을 향해 다스린다. 그러므로 "이는 여기에서 취하였다."라고 말한 것이다.

坤也者는 **地也**니 **萬物皆致養焉**이라 **故**로 **曰 致役乎坤**이라하니라 **兌**는 **正秋也**니 **萬物之所說**(열)**也**라 **故**로 **曰 說言乎兌**라하니라 **戰乎乾**은 **乾**은 **西北之卦也**니 **言陰陽相薄也**라 **坎者**는 **水也**니 **正北方之卦也**니 **勞卦也**니 **萬物之所歸也**라 **故**로

曰 勞乎坎이라하니라 **艮**은 **東北之卦也**니 **萬物之所成終而所成始也**라 **故**로 **曰 成言乎艮**이라하니라

坤은 땅이니, 만물이 모두 기름을 이루므로 "坤에서 수고로움을 지극히 한다."라고 한 것이다. 兌는 바로 가을이니, 만물이 기뻐하는 바이므로 "兌에서 기뻐하여 말한다."라고 한 것이다. 乾에서 싸움은 乾은 西北의 卦이니 陰과 陽이 서로 부딪침을 말한 것이다. 坎은 물이니 바로 北方의 卦이니 수고로운 卦인바, 만물이 돌아가는 바이므로 "坎에서 수고롭다."라고 한 것이다. 艮은 東北의 卦이니, 만물이 終을 이루고 始를 이루는 것이므로 "艮에서 이루어 확정시킨다."라고 한 것이다.

【疏】'坤也者'至'乎艮' ○ 正義曰 : '坤也者 地也 萬物皆致養焉 故曰致役乎坤'者, 解上 "致役乎坤", 以坤是象地之卦, 地能生養萬物, 是有其勞役, 故云"致役乎坤." 鄭云"坤不言方者, 所言地之養物, 不專一也." '兌正秋也 萬物之所說也 故曰說言乎兌'者, 解上 "說言乎兌", 以兌是象澤之卦, 說萬物者, 莫說乎澤, 又位是西方之卦, 斗柄指西, 是正秋八月也, 立秋而萬物皆說成也. '戰乎乾 乾西北之卦也 言陰陽相薄也'者, 解上"戰乎乾", 以乾是西北方之卦, 西北是陰地, 乾是純陽而居之, 是陰陽相薄之象也, 故曰"戰乎乾." '坎者 水也 正北方之卦也 勞卦也 萬物之所歸也 故曰勞乎坎'者, 解上"勞乎坎", 以坎是象水之卦, 水行不舍晝夜, 所以爲勞卦. 又是正北方之卦, 斗柄指北, 於時爲冬, 冬時萬物閉藏, 納受爲勞, 是坎爲勞卦也. '艮 東北之卦也 萬物之所成終而所成始也 故曰成言乎艮'者, 解上"成言乎艮"也, 以艮是東北方之卦也. 東北在寅丑之間, 丑爲前歲之末, 寅爲後歲之初, 則是萬物之所成終而所成始也.

經의 〔坤也者〕에서 〔乎艮〕까지

○ 正義曰 : 〔坤也者 地也 萬物皆致養焉 故曰致役乎坤〕 위의 "坤에서 수고로움을 지극히 함"을 해석한 것이니, 坤은 바로 땅을 형상한 卦이고 땅은 능히 만물을 낳고 기르니, 이는 勞役(수고로움)이 있는 것이다. 그러므로 "坤에서 수고로움을 지극히 한다."라고 말한 것이다. 鄭玄이 이르기를 "坤에서 방위를 말하지 않은 것은, 여기서 말한 '땅이 물건을 기름'은 한 가지로 전일하지 않기 때문이다."라고 하였다.

〔兌正秋也 萬物之所說也 故曰說言乎兌〕 위의 "兌에서 기뻐하여 말함"을 해석한 것이니, 兌는 바로 澤을 형상한 卦인데 만물을 기쁘게 하는 것은 澤(윤택하게 적셔줌)보다 더

기쁜 것이 없으며, 또 방위가 바로 西方의 卦인바, 북두성 자루가 〈초저녁에〉 서방을 가리킴은 이는 바로 가을 8월이니, 바로 가을이 되어서 만물이 모두 이룸을 기뻐하는 것이다.

〔戰乎乾 乾西北之卦也 言陰陽相薄也〕 이는 위의 "乾에서 싸움"을 해석한 것이니, 乾은 바로 西北方의 卦이고 西北은 바로 陰의 자리인데 乾이 純陽이면서 이 자리에 거하였으니, 이는 陰陽이 서로 부딪치는 象이다. 그러므로 "乾에서 싸운다."라고 말한 것이다.

〔坎者 水也 正北方之卦也 勞卦也 萬物之所歸也 故曰勞乎坎〕 위의 "坎에서 수고로움"을 해석한 것이니, 坎은 바로 물을 형상한 卦이고 물이 흘러감은 밤낮을 그치지 않으니, 이 때문에 수고로운 卦가 된 것이다. 또 坎은 바로 北方의 卦이니, 북두성 자루가 〈초저녁에〉 북방을 가리킴은 철에 있어 겨울이 되고 겨울철에는 만물이 閉藏하여 納受하느라 수고로우니, 이 때문에 坎이 수고로운 卦가 된 것이다.

〔艮東北之卦也 萬物之所成終而所成始也 故曰成言乎艮〕 위의 "艮에서 이룸"을 해석한 것이니, 艮은 바로 東北方의 卦이다. 東北은 寅方과 丑方의 사이에 있는데, 丑은 〈섣달로서〉 지난해의 끝이 되고 寅은 〈정월로서〉 다음해의 시초가 되니, 그렇다면 이는 만물이 終을 이루고 始를 이루는 것이다.

제5절

神也者는 妙萬物而爲言者也라

神이란 萬物을 미묘하게 함을 말한 것이니,

【注】 於此言神者는 明八卦運動하여 變化推移가 莫有使之然者요 神則无物하니 妙萬物而爲言也[1]라 (則)〔明〕[2]雷疾風行하고 火炎水潤이 莫不自然하여 相與爲變化라 故로 能萬物旣成也라

1) 也 : 北京大 整理本에는 별다른 교감 없이 '者'로 되어 있다.

2) (則)〔明〕 : 저본에는 '則'으로 되어 있으나, 阮元의 〈校勘記〉에 "盧文弨가 이르기를 '〈「則」자는〉 「明」자가 되어야 하니, ≪周易集解≫에는 「明則」이라 하여 「則」자가 더 들어갔다.' 하였다."라고 한 것에 의거하여 '明'으로 바로잡았다.

여기에서 神을 말한 것은, '八卦가 운동하여 變化가 推移함이 이렇게 하도록 시키는

자가 있지 않고, 神은 물건(형체)이 없으니 만물을 미묘하게 함을 가지고 말한 것임'을 밝힌 것이다. '우레가 빠르고 바람이 지나가고 불이 뜨겁고 물이 적셔줌이 모두 자연 아님이 없어서 서로 변화가 된다. 그러므로 능히 만물이 모두 이루어짐'을 밝힌 것이다.

【疏】 正義曰 : '神也者'至'成萬物也' 此一節別明八卦生成之用. 八卦運動, 萬物變化, 應時不失, 无所不成, 莫有使之然者, 而求其眞宰, 无有遠近, 了无晦跡, 不知所以然而然, 況之曰神也. 然則神也者, 非物, 妙萬物而爲言者, 神旣範圍天地, 故此之下, 不復別言乾坤, 直擧六子, 以明神之功用.[1]

1) 不復別言乾坤……以明神之功用 : 六子는 三男의 震卦☳·坎卦☵·艮卦☶, 三女의 巽卦☴·離卦☲·兌卦☱를 가리킨다. 바로 밑의 절에서 雷·風·火·澤·水·艮만 거론하고, 乾(天)과 坤(地)을 언급하지 않았기 때문에 이렇게 말한 것이다.

正義曰 : 經의 〔神也者〕에서 〔成萬物也〕까지

이 한 절은 八卦가 낳고 이루는 작용을 별도로 밝힌 것이다. 八卦의 運動과 萬物의 變化가 때에 응하여 기회를 잃지 않아서 이루지 않는 바가 없으나 이것을 이렇게 하도록 시키는 자가 있지 않고, 참된 主宰를 찾아보면 멀고 가까움이 없어서 완전히 없고 자취가 보이지 아니하여 그렇게 되는 所以然을 알지 못하고서 그렇게 되니, 이것을 비유하여 '神'이라 한 것이다. 그렇다면 神이란 것은 물건이 아니고 만물을 미묘하게 함을 가지고 말한 것이니, 神은 이미 天地를 模範周圍(본받고 두루 함)하므로 이 아래에서는 다시 乾·坤을 별도로 말하지 않고, 다만 六子를 들어서 神의 功用을 밝힌 것이다.

動萬物者는 **莫疾乎雷**하고 **橈萬物者**는 **莫疾乎風**하고 **燥萬物者**는 **莫熯乎火**하고 **說**(열)**萬物者**는 **莫說乎澤**하고 **潤萬物者**는 **莫潤乎水**하고 **終萬物始萬物者**는 **莫盛乎艮**이라 **故**로 **水火相逮**하며 **雷風不相悖**하며 **山澤通氣**니 **然後**에 **能變化**하여 **旣成萬物也**하나니라

만물을 고동시킴은 우레보다 더 빠름이 없고, 만물을 흔듦은 바람보다 더 빠름이 없고, 만물을 건조시킴은 불보다 더 말림이 없고, 만물을 기쁘게 함은 못보다 더 기쁨이 없고, 만물을 적심은 물보다 더 적셔줌이 없고, 만물을 마치고 만물을 시작함은 艮보다 더 성함이 없다. 그러므로 물과 불이 서로 미치며, 우레와 바람이 서로

어기지 않으며, 산과 못이 氣를 통하는 것이니, 그런 뒤에야 능히 변화하여 만물을 모두 이루는 것이다.

【疏】正義曰：鼓動萬物者, 莫疾乎震, 震象雷也. 橈散萬物者, 莫疾乎巽, 巽象風也. 乾燥萬物者, 莫熯乎離, 離象火也. 光說萬物者, 莫說乎兌, 兌象澤也. 潤濕萬物者, 莫潤乎坎, 坎象水也. 終萬物始萬物者, 莫盛乎艮, 艮, 東北方之卦也. 故水火雖不相入而相逮, 及雷風雖相薄而不相悖逆, 山澤雖相懸而能通氣, 然後能行變化而盡成萬物也. 艮不言山, 獨擧卦名者, 動・橈・燥・潤之功, 是雷・風・水・火, 至於終始萬物, 於山義爲微, 故言艮而不言山也. 上章言"水火不相入", 此言"水火相逮"者,[1] 旣不相入, 又不相及, 則无成物之功, 明性雖不相入, 而氣相逮及也. 上言"雷風相薄", 此言"不相悖"者, 二象俱動, 動若相薄而相悖逆, 則相傷害, 亦無成物之功, 明雖相薄, 而不相逆也.

1) 上章言水火不相入 此言水火相逮者：위의 經文에서 "水火不相射"이라고 하였는데, 疏에서 이를 인용하기를 "水火不相入而相資"라고 하였다.

正義曰：만물을 鼓動시키는 것은 震보다 더 빠른 것이 없으니, 震의 象은 우레이다. 만물을 흔들어 흩는 것은 巽보다 더 빠른 것이 없으니, 巽의 象은 바람이다. 만물을 건조시키는 것은 離보다 더 말리는 것이 없으니, 離의 象은 불이다. 만물을 빛나게 하고 기쁘게 하는 것은 兌보다 더 기쁜 것이 없으니, 兌의 象은 못이다. 만물을 윤택하게 하여 적셔줌은 坎보다 더 윤택한 것이 없으니, 坎의 象은 물이다. 만물을 끝마치고 만물을 시작함은 艮보다 더 성한 것이 없으니, 艮은 東北方의 卦이다. 그러므로 물과 불이 비록 서로 침범하지 못하나 서로 미치고, 우레와 바람이 비록 서로 부딪치나 서로 어기고 거스르지 않고, 산과 못이 비록 서로 현격하나 능히 氣가 통하니, 그런 뒤에야 능히 변화를 행하여 만물을 모두 이루는 것이다.

艮에 山을 말하지 않고 홀로 卦의 명칭을 든 것은, 고동시키고 흔들고 건조시키고 적셔주는 功은 바로 우레와 바람과 물과 불이지만, 만물을 끝마치고 시작함에 이르러서는 산의 뜻으로는 작음이 되므로(산의 뜻이 終始萬物보다 작으므로) 艮을 말하고 山을 말하지 않은 것이다.

윗 장에서는 "물과 불이 서로 침범하지 못한다."라고 말하고 여기서는 "물과 불이 서로 미친다."라고 말한 것은, 이미 두 가지가 서로 침범하지 못하는데 서로 미치지도 못하면 물건을 이루는 공이 없게 되니, '성질은 비록 서로 침범하지 못하나 기운은 서로 미침'을 밝힌 것이다.

위에서는 "우레와 바람이 서로 부딪친다."라고 하고 여기서는 "서로 어기지 않는다."라고 말한 것은, 〈우레와 바람〉 두 象은 모두 동하니, 동하여 만약 서로 부딪치고 또 서로 어기고 거스르면 서로 상하고 해쳐서 또한 물건을 이루는 공이 없게 되니, '〈두 가지가〉 서로 부딪치나 서로 거스르지 않음'을 밝힌 것이다.

제6절

乾은 **健也**요 **坤**은 **順也**요 **震**은 **動也**요 **巽**은 **入也**요 **坎**은 **陷也**요 **離**는 **麗**(리)**也**요 **艮**은 **止也**요 **兌**는 **說**(열)**也**라

乾은 굳셈이요, 坤은 순함이요, 震은 동함이요, 巽은 들어감이요, 坎은 빠짐이요, 離는 붙음이요, 艮은 그침이요, 兌는 기뻐함이다.

【疏】 正義曰：此一節說八卦名訓. 乾象天, 天體運轉不息, 故爲健也. '坤 順也',[1] 坤象地, 地順承於天, 故爲順也. '震 動也', 震象雷, 雷奮動萬物, 故爲動也. '巽 入也', 巽象風, 風行无所不入, 故爲入也. '坎 陷也', 坎象水, 水處險陷, 故爲陷也. '離 麗也', 離象火, 火必著於物, 故爲麗也. '艮 止也', 艮象山, 山體靜止, 故爲止也. '兌 說也', 兌象澤, 澤潤萬物, 故爲說也.

1) 坤 順也：疏의 체제대로라면 이 뒤에 '者'자가 있어야 하는데, 이하의 疏는 모두 經文의 인용 뒤에 '者'자가 없다. 원문을 교감하지는 않았으나 번역에서는 '者'자가 있는 구조로 보고 번역하였음을 밝혀둔다.

正義曰：이 한 절은 八卦의 명칭과 訓을 설명하였다.

乾의 象은 하늘이니, 天體는 운전하여 쉬지 않으므로 굳셈이 된 것이다.

〔坤 順也〕 坤의 象은 땅이니, 땅은 하늘을 순히 받들기 때문에 순함이 된 것이다.

〔震 動也〕 震의 象은 우레이니, 우레는 만물을 분발하여 동하게 하므로 동함이 된 것이다.

〔巽 入也〕 巽의 象은 바람이니, 바람이 지나가면 들어가지 않는 바가 없으므로 들어감

이 된 것이다.

〔坎 陷也〕 坎의 象은 물이니, 물은 험하고 빠진 곳에 처하므로 험함이 된 것이다.

〔離 麗也〕 離의 象은 불이니, 불은 반드시 물건에 붙으므로 붙음〔麗〕이 된 것이다.

〔艮 止也〕 艮의 象은 산이니, 산의 體는 고요하고 그쳐 있으므로 그침이 된 것이다.

〔兌 說也〕 兌의 象은 못이니, 못은 만물을 윤택하게 하므로 기뻐함이 된 것이다.

제7절

乾爲馬요 **坤爲牛**요 **震爲龍**이요 **巽爲雞**요 **坎爲豕**요 **離爲雉**요 **艮爲狗**요 **兌爲羊**이라

乾은 말이 되고, 坤은 소가 되고, 震은 용이 되고, 巽은 닭이 되고, 坎은 돼지가 되고, 離는 꿩이 되고, 艮은 개가 되고, 兌는 羊이 된다.

【疏】 正義曰 : 此一節說八卦畜獸之象, 略明遠取諸物也. 乾象天, 天行健, 故爲馬也. '坤爲牛', 坤象地, 任重而順, 故爲牛也. '震爲龍', 震動象, 龍動物, 故爲龍也. '巽爲雞', 巽主號令, 雞能知時, 故爲雞也. '坎爲豕', 坎主水瀆, 豕處汚濕, 故爲豕也. '離爲雉', 離爲文明, 雉有文章, 故爲雉也. '艮爲狗', 艮爲靜止, 狗能善守, 禁止外人, 故爲狗也. '兌爲羊', 兌說也, 王廙云"羊者, 順〔從〕[1]之畜, 故爲羊也."

1) 〔從〕 : 저본에는 '從'이 없으나, 錢本·宋本에 의거하여 보충하였다.(阮元의 〈校勘記〉 참조)

正義曰 : 이 한 절은 八卦의 가축과 짐승의 象을 말하여 멀리 물건에서 취했음을 간략히 밝힌 것이다.

乾의 象은 하늘이니, 하늘의 운행은 굳세므로 말이 된 것이다.

〔坤爲牛〕 坤의 象은 땅이니, 〈소는〉 무거운 짐을 싣고 〈성질이〉 순하므로 소가 된 것이다.

〔震爲龍〕 震은 동하는 象이고 龍은 동하는 물건이므로 용이 된 것이다.

〔巽爲雞〕 巽은 號令을 주관하니, 닭은 능히 제때를 알아 〈울기〉 때문에 닭이 된 것이다.

〔坎爲豕〕 坎은 물과 도랑을 주관하니, 돼지는 더럽고 습한 곳에 처하므로 돼지가 된

것이다.

〔離爲雉〕 離는 文明함이 되니, 꿩에는 아름다운 문채〔文章〕가 있으므로 꿩이 된 것이다.

〔艮爲狗〕 艮은 고요하여 그침이 되니, 〈개는〉 능히 〈집을〉 잘 지켜서 外人을 禁止시키므로 개가 된 것이다.

〔兌爲羊〕 兌는 기뻐함이니, 王廙가 말하기를 "羊은 순종하는 가축이므로 양이 된 것이다."라고 하였다.

제8절

乾爲首요 坤爲腹이요 震爲足이요 巽爲股요 坎爲耳요 離爲目이요 艮爲手요 兌爲口라

乾은 머리가 되고, 坤은 배가 되고, 震은 발이 되고, 巽은 다리가 되고, 坎은 귀가 되고, 離는 눈이 되고, 艮은 손이 되고, 兌는 입이 된다.

【疏】 正義曰 : 此一節說八卦人身之象, 略明近取諸身也. 乾尊而在上, 故爲首也. '坤爲腹', 坤能包藏含容, 故爲腹也. '震爲足', 足能動用, 故爲足也. '巽爲股', 股隨於足, 則巽順之謂, 故爲股也. '坎爲耳', 坎北方之卦, 主聽, 故爲耳也. '離爲目', 〔離〕[1]南方之卦, 主視, 故爲目也. '艮爲手', 艮旣爲止, 手亦能止持其物, 故爲手也. '兌爲口', 兌西方之卦, 主言語, 故爲口也.

1) 〔離〕 : 저본에는 '離'가 없으나, 글 뜻에 의거하여 보충하였다.

正義曰 : 이 한 절은 八卦에 대한 사람 몸의 象을 말하여 가까이 사람의 몸에서 취함을 간략히 밝힌 것이다.

乾은 높아서 위에 있으므로 머리가 된 것이다.

〔坤爲腹〕 坤은 여러 가지 물건을 감추고 포용(수용)할 수 있으므로 배가 된 것이다.

〔震爲足〕 발은 움직여 쓰일 수 있으므로 발이 된 것이다.

〔巽爲股〕 다리는 발을 따라 〈움직이니,〉 이는 공손하고 순함을 말한 것이므로 다리가 된 것이다.

〔坎爲耳〕坎은 北方의 卦이니, 듣는 것을 주관하므로 귀가 된 것이다.

〔離爲目〕離는 南方의 卦이니, 보는 것을 주관하므로 눈이 된 것이다.

〔艮爲手〕艮은 이미 그침이 되고, 손 또한 물건을 잡아 그치게 하므로 손이 된 것이다.

〔兌爲口〕兌는 西方의 卦이니, 언어를 주관하므로 입이 된 것이다.

제9절

乾은 **天也**라 **故稱乎父**하고 **坤**은 **地也**라 **故稱乎母**요 **震**은 **一索而得男**이라 **故謂之長男**이요 **巽**은 **一索而得女**라 **故謂之長女**요 **坎**은 **再索而得男**이라 **故謂之中男**이요 **離**는 **再索而得女**라 **故謂之中女**요 **艮**은 **三索而得男**이라 **故謂之少男**이요 **兌**는 **三索而得女**라 **故謂之少女**라

乾은 하늘이므로 父라 칭하고, 坤은 땅이므로 母라 칭하고, 震은 〈坤이〉 첫 번째로 구하여 男을 얻었으므로 長男이라 이르고, 巽은 〈乾이〉 첫 번째로 구하여 女를 얻었으므로 長女라 이르고, 坎은 〈坤이〉 두 번째로 구하여 男을 얻었으므로 中男이라 이르고, 離는 〈乾이〉 두 번째로 구하여 女를 얻었으므로 中女라 이르고, 艮은 〈坤이〉 세 번째로 구하여 男을 얻었으므로 少男이라 이르고, 兌는 〈乾이〉 세 번째로 구하여 女를 얻었으므로 少女라 이른다.

【疏】 正義曰：此一節說乾坤・六子, 明父子之道. 王氏云"索, 求也, 以乾坤爲父母, 而求其子也." 得父氣者爲男, 得母氣者爲女. 坤初求得乾氣爲震, 故曰長男. 坤二求得乾氣爲坎, 故曰中男. 坤三求得乾氣爲艮, 故曰少男. 乾初求得坤氣爲巽, 故曰長女. 乾二求得坤氣爲離, 故曰中女. 乾三求得坤氣爲兌, 故曰少女.

正義曰：이 한 절은 乾坤과 六子를 말하여 父子의 道를 밝혔다.

王氏가 이르기를 "索은 구함이니, 乾・坤을 父母로 삼아서 그 자식을 구한 것이다."라고 하였다. 아버지의 기운을 얻고 태어난 자는 사내가 되고, 어머니의 기운을 얻고 태어난 자는 딸이 된다.

坤☷이 처음 구하여 乾의 기운을 얻어서 震☳이 되었으므로 長男이라 하였고, 坤이 두

번째로 구하여 乾의 기운을 얻어서 坎☵이 되었으므로 中男이라 하였고, 坤이 세 번째로 구하여 乾의 기운을 얻어서 艮☶이 되었으므로 少男이라 하였다.

乾☰이 처음 구하여 坤의 기운을 얻어서 巽☴이 되었으므로 長女라 하였고, 乾이 두 번째로 구하여 坤의 기운을 얻어서 離☲가 되었으므로 中女라 하였고, 乾이 세 번째로 구하여 坤의 기운을 얻어서 兌☱가 되었으므로 少女라 한 것이다.

제10절

乾은 **爲天, 爲圜**(원)**, 爲君, 爲父, 爲玉, 爲金, 爲寒, 爲冰, 爲大赤, 爲良馬, 爲老馬, 爲瘠馬, 爲駁馬, 爲木果**[1)]라

1) 爲木果 : 朱子의 ≪本義≫에 "荀九家에는 이 아래에 '龍이 되고, 곧음〔直〕이 되고, 옷〔衣〕이 되고, 말〔言〕이 된다.'는 내용이 있다."라고 하였는바, '荀九家'는 後漢 때의 학자인 荀爽의 ≪九家易≫을 이른다.

駁

乾은 하늘이 되고, 둥근 것이 되고, 군주가 되고, 아버지가 되고, 玉이 되고, 金이 되고, 추위가 되고, 얼음이 되고, 큰 赤色이 되고, 좋은 말이 되고, 늙은 말이 되고, 수척한 말이 되고, 駁馬가 되고, 나무의 과일이 된다.

【疏】 正義曰 : 此下歷就八卦, 廣明卦象者也, 此一節廣明乾象. 乾旣爲天, 天動運轉, 故爲圜也. '爲君 爲父', 取其尊(道)〔首〕[1)]而爲萬物之始也. '爲玉 爲金', 取其剛(之)〔而〕[2)]淸明也. '爲寒 爲冰', 取其西北寒冰之地也. '爲大赤', 取其盛陽之色也. '爲良馬', 取其行健之善也. '爲老馬', 取其行健之久也. '爲瘠馬', 取其行健之甚, 瘠馬, 骨多也. '爲駁馬', 言此馬有牙如倨[3)], 能食虎豹, 爾雅云"倨牙, 食虎豹", 此之謂也.[4)] 王廙云"駁馬能食虎豹, 取其至健也." '爲木果', 取其果實著(착)木, 有似星之著天也.

1) (道)〔首〕: 저본에는 '道'로 되어 있으나, 宋本에 의거하여 '首'로 바로잡았다.(阮元의 〈校勘記〉 참조)

2) (之)〔而〕: 저본에는 '之'로 되어 있으나, 錢本·宋本에 의거하여 '而'로 바로잡았다.(阮元의 〈校勘記〉 참조)

3) 倨 : 저본에는 '倨'로 되어 있으나, 閩本·監本·毛本에는 '鋸'로 되어 있다.(阮元의 〈校勘記〉 참조)

4) 爲駁馬……此之謂也 : ≪山海經≫ 〈西山經〉에는 駁馬에 대한 說이 다음과 같이 보인다. "서쪽 3백 리에 있는 것을 '中曲山'이라고 한다.……거기에 짐승이 있으니, 생김새는 말과 같은데 몸통이 희고 꼬리가 검으며 뿔이 하나이고 호랑이의 이빨과 발톱을 지녔으며 울음소리가 북소리 같은바, 이름을 '駮(박)'이라고 한다. 호랑이와 표범을 잡아먹고 兵器를 막을 수 있다.〔又西三百里曰中曲之山……有獸焉 其狀如馬 而白身黑尾 一角 虎牙爪 音如鼓音 其名曰駮 是食虎豹 可以禦兵〕" 駁은 駮으로 쓰기도 한다.

正義曰 : 이 아래는 八卦를 하나하나 가지고서 卦象을 널리 밝힌 것이니, 이 한 절은 乾의 象을 널리 밝혔다.

乾은 이미 하늘이 되니, 하늘은 동하여 운행하므로 둥근 것이 된 것이다.

〔爲君 爲父〕 높고 우두머리여서 만물의 시작이 됨을 취한 것이다.

〔爲玉 爲金〕 剛하면서 淸明함을 취한 것이다.

〔爲寒 爲冰〕 西北方이 춥고 어는 땅임을 취한 것이다.

〔爲大赤〕 성한 陽의 색을 취한 것이다.

〔爲良馬〕 굳세게 걸어가기를 잘함을 취한 것이다.

〔爲老馬〕 굳세게 걸어가기를 오래함을 취한 것이다.

〔爲瘠馬〕 굳세게 걸어가기를 심하게 함을 취한 것이니, 수척한 말은 뼈가 많다.

〔爲駁馬〕 이 말이 톱니 같은 이빨이 있어서 호랑이와 표범을 잡아먹을 수 있음을 말한 것이다. ≪爾雅≫에 "톱니 같은 이빨이 있어서 호랑이와 표범을 잡아먹는다."라고 하였으니, 이것을 말한 것이다. 王廙가 말하기를 "駁馬는 호랑이와 표범을 잡아먹을 수 있으니, 지극히 굳셈을 취한 것이다."라고 하였다.

〔爲木果〕 과실이 나무에 붙어 있음이 별이 하늘에 붙어 있는 것과 유사함을 취한 것이다.

제11절

坤은 **爲地, 爲母, 爲布, 爲釜, 爲吝嗇, 爲均, 爲子母牛, 爲大輿, 爲文, 爲**

衆, 爲柄이요 其於地也爲黑[1)]이라

1) 其於地也爲黑 : 朱子의 ≪本義≫에 "荀九家에는 '암컷〔牝〕이 되고, 혼미함〔迷〕이 되고, 네모짐〔方〕이 되고, 주머니〔囊〕가 되고, 치마〔裳〕가 되고, 황색〔黃〕이 되고, 명주베〔帛〕가 되고, 음료〔漿〕가 된다.'는 내용이 있다."라고 하였다.

坤은 땅이 되고, 어머니가 되고, 삼베(넓게 펼침)가 되고, 가마솥이 되고, 인색함이 되고, 균등함이 되고, 새끼를 많이 기른 어미 소가 되고, 큰 수레가 되고, 文이 되고, 무리가 되고, 자루가 되며, 땅에 있어서는 흑색이 된다.

【疏】 正義曰 : 此一節廣明坤象. 坤旣爲地, 地受任生育, 故謂之爲母也. '爲布', 取其地廣載也. '爲釜', 取其化生成熟也. '爲吝嗇', 取其地生物不轉移也. '爲均', (以)〔取〕[1)] 其地道平均也. '爲子母牛', 取其多蕃育而順之也. '爲大輿', 取其能載萬物也. '爲文', 取其萬物之色雜也. '爲衆', 取其地載物非一也. '爲柄', 取其生物之本也. '其於地也爲黑', 取其極陰之色也.

1) (以)〔取〕 : 저본에는 '以'로 되어 있으나, 宋本에 의거하여 '取'로 바로잡았다.(阮元의 〈校勘記〉 참조)

正義曰 : 이 한 절은 坤의 象을 널리 밝혔다.

坤은 이미 땅이 되니, 땅은 임무를 받아 낳고 기르므로 "어머니가 된다."라고 한 것이다.

〔爲布〕 땅이 실음을 넓게 함을 취한 것이다.

〔爲釜〕 변화하여 낳고 성숙시킴을 취한 것이다.

〔爲吝嗇〕 땅이 물건을 낳음에 옮기고 바뀌지 않음을 취한 것이다.

〔爲均〕 땅의 道가 평균(균등)함을 취한 것이다.

〔爲子母牛〕 자식을 많이 번식하면서 성질이 순함을 취한 것이다.

〔爲大輿〕 능히 만물을 실음을 취한 것이다.

〔爲文〕 만물의 색깔이 뒤섞여 있음을 취한 것이다.

〔爲衆〕 땅에 실은 물건이 한 가지가 아님을 취한 것이다.

〔爲柄〕 물건을 낳는 근본을 취한 것이다.

〔其於地也爲黑〕 지극한 陰의 색을 취한 것이다.

제12절

震은 **爲雷, 爲龍, 爲玄黃, 爲旉**(부), **爲大塗, 爲長子, 爲決躁, 爲蒼筤竹, 爲萑葦**요 **其於馬也**에 **爲善鳴, 爲馵**(주)**足, 爲作足, 爲的顙**이요 **其於稼也**에 **爲反生**이요 **其究爲健**이요 **爲蕃鮮**[1]이라

1) 爲蕃鮮 : 朱子의 ≪本義≫에 "荀九家에는 '玉이 되고, 고니〔鵠〕가 되고, 북〔鼓〕이 된다.'는 내용이 있다."라고 하였다.

震은 우레가 되고, 龍이 되고, 검정색과 黃色이 되고, 〈꽃이〉 펴짐이 되고, 큰 길이 되고, 長子가 되고, 결단하기를 조급히 함이 되고, 푸른 대나무가 되고, 갈대〔萑葦〕가 되며, 말〔馬〕에 있어서는 울기를 잘함이 되고, 뒷발이 흰 말이 되고, 발 빠른 말이 되고, 이마가 흰 말이 되며, 곡식에 있어서는 껍질을 뒤집어쓰고 나옴이 되며, 궁극에는 굳셈이 되고, 번성하고 선명함이 된다.

【疏】正義曰 : 此一節廣明震象. '爲玄黃', 取其相雜而成蒼色也. '爲旉', 取其春時氣至, 草木皆吐, 旉布而生也. '爲大塗', 取其萬物之所生〔出〕[1]也. '爲長子', 如上文釋震爲長子也. '爲決躁', 取其剛動也. '爲蒼筤竹', 竹初生之時, 色蒼筤, 取其春生之美也. '爲萑葦', 萑葦, 竹之類也. '其於馬也爲善鳴', 取其象雷聲之遠聞也. '爲馵足', 馬後足白爲馵, 取其動而見也. '爲作足', 取其動而行健也. '爲的顙', 白額爲的顙, 亦取動而見也. '其於稼也爲反生', 取其始生戴甲而出也. '其究爲健', 究, 極也, 極於震動, 則爲健也. '爲蕃鮮', 鮮, 明也, 取其春時草木蕃育而鮮明.

1) 〔出〕 : 저본에는 '出'이 없으나, 宋本에 의거하여 보충하였다.(阮元의 〈校勘記〉 참조)

正義曰 : 이 한 절은 震의 象을 널리 밝혔다.

〔爲玄黃〕 〈검정색과 황색이〉 서로 섞여 蒼色(靑色)을 이룸을 취한 것이다.

〔爲旉〕 봄철에 봄기운이 이르러서 초목이 모두 〈꽃을〉 토하여 〈꽃이〉 펴져 태어남을 취한 것이다.

〔爲大塗〕 만물의 낳고 나가는 바가 됨을 취한 것이다.

〔爲長子〕 위 글에서 震을 해석하여 長子로 삼은 것과 같다.

〔爲決躁〕 강하게 동함을 취한 것이다.

〔爲蒼筤竹〕 대나무가 처음 날 때에 색깔이 푸르니, 春生(봄에 생겨남)의 아름다움을 취한 것이다.

〔爲萑葦〕 萑葦는 대나무의 종류이다.

〔其於馬也爲善鳴〕 우레 소리가 멀리 들림을 형상함을 취한 것이다.

〔爲馵足〕 말의 뒷발이 흰 것을 馵라 하니, 동하면 〈흰 것이〉 보임을 취한 것이다.

〔爲作足〕 동하면 굳세게 걸어감을 취한 것이다.

〔爲的顙〕 이마가 흰 것을 的顙이라 하니, 이 또한 동하면 보임을 취한 것이다.

〔其於稼也爲反生〕 처음 나왔을 때에 껍질을 뒤집어쓰고 나옴을 취한 것이다.

〔其究爲健〕 究는 궁극이니, 震動을 궁극하게 하면 굳셈이 되는 것이다.

〔爲蕃鮮〕 鮮은 밝음이니, 봄철에 초목이 번성하게 자라고 선명함을 취한 것이다.

제13절

巽은 **爲木, 爲風, 爲長女, 爲繩直, 爲工, 爲白, 爲長, 爲高, 爲進退, 爲不果, 爲臭**요 **其於人也**에 **爲寡髮, 爲廣顙, 爲多白眼, 爲近利**와 **市三倍**요 **其究爲躁卦**[1]라

1) 其究爲躁卦 : 朱子의 ≪本義≫에 "荀九家에는 '버드나무〔楊〕가 되고, 황새〔鸛〕가 된다.'는 내용이 있다."라고 하였다.

巽은 나무가 되고, 바람이 되고, 長女가 되고, 먹줄의 곧음이 되고, 工匠이 되고, 白色이 되고, 길이 되고, 높음이 되고, 進退가 되고, 과단성 없음이 되고, 향기가 되며, 사람에게 있어서는 머리털이 적음이 되고, 이마가 넓음이 되고, 눈에 흰자위가 많음이 되고, 이익을 가까이함과 세 배의 〈이익을 남기고〉 팖이 되며, 궁극에는 조급한 卦가 된다.

【疏】 正義曰：此一節廣明巽象. '巽爲木', 木可以輮曲直, 卽巽順之謂也. '爲風', 取其陽在上搖木也. '爲長女', 如上釋巽爲長女也. '爲繩直', 取其號令齊物, 如繩之直木也. '爲工', 亦正取繩直之類. '爲白', 取其風吹去塵, 故絜白也. '爲長', 取其風行之遠也. '爲高', 取其風性高遠, 又木生而〔高〕[1]上也. '爲進退', 取其風之性前却, 其物進退之義也. '爲不果', 取其風性前却, 不能果敢決斷, 亦皆進退之義也. '爲臭', 王肅作爲香臭也, 取其風所發也, 又取下風之遠聞. '其於人也爲寡髮', 寡, 少也, 風落樹之華葉, 則在樹者稀疎, 如人之少髮, 亦類於此, 故爲寡髮也. '爲廣顙', 額闊爲廣顙, 髮寡少之義, 故爲廣顙也. '爲多白眼', 取〔其〕[2]躁人之眼, 其色多白也. '爲近利', 取其躁人之情, 多近於利也, '市三倍', 取其木生蕃盛, 於市則三倍之宜利也. '其究爲躁卦', 究, 極也, 取其風之近極於躁急也.

1) 〔高〕: 저본에는 '高'가 없으나, ≪周易集解纂疏≫에 의거하여 보충하였다.(北京大 整理本 참조)

2) 〔其〕: 저본에는 '其'가 없으나, 錢本과 宋本에 의거하여 보충하였다.(阮元의 〈校勘記〉 참조)

正義曰 : 이 한 절은 巽의 象을 널리 밝혔다.

〔巽爲木〕 나무는 휘어서 굽거나 곧게 할 수가 있으니, 바로 공손하고 순함을 말한 것이다.

〔爲風〕 陽이 위에 있어서 나무를 흔듦을 취한 것이다.

〔爲長女〕 위에서 巽을 해석하여 長女로 삼은 것과 같다.

〔爲繩直〕 號令을 하여 물건을 가지런히 함이 먹통의 먹줄이 나무를 곧게 함과 같음을 취한 것이다.

〔爲工〕 이 또한 바로 먹줄이 곧게 하는 類를 취한 것이다.

〔爲白〕 바람이 불어 먼지를 날리기 때문에 絜白함을 취한 것이다.

〔爲長〕 바람이 멀리 지나감을 취한 것이다.

〔爲高〕 바람의 성질이 고원하고 또 나무가 자라서 높이 올라감을 취한 것이다.

〔爲進退〕 바람의 성질은 앞으로도 가고 뒤로도 가니, 물건이 앞으로 나아가기도 하고 뒤로 물러가기도 하는 뜻을 취한 것이다.

〔爲不果〕 바람의 성질이 앞으로도 가고 뒤로도 가서 과감하게 결단하지 못함을 취한 것이니, 또한 모두 進退의 뜻이다.

〔爲臭〕 王肅의 本에는 '爲香臭'로 되어 있으니, 바람이 〈향내를〉 풍김을 취한 것이고, 또 불어오는 바람에 〈향기가〉 멀리 풍김을 취한 것이다.

〔其於人也爲寡髮〕 寡는 적음이니, 바람이 나무의 꽃과 잎을 떨어뜨리면 나무에 있는 〈꽃과 잎이〉 드물고 성글어지니, 머리가 적은 사람이 또한 이와 유사하므로 머리털이 적

음이 되는 것이다.

〔爲廣顙〕 이마가 넓은 것을 廣顙이라 하니, 머리털이 적은 뜻이므로 이마가 넓음이 되는 것이다.

〔爲多白眼〕 조급한 사람의 눈빛은 그 색이 백색이 많음을 취한 것이다.

〔爲近利〕 조급한 사람의 심정은 대부분 이익을 가까이함을 취한 것이다.

〔市三倍〕 나무가 자람이 번성함을 취하였으니, 시장에서 물건을 팔 때에는 3배의 이익이 마땅한 것이다.

〔其究爲躁卦〕 究는 궁극이니, 바람이 조급함을 궁극히 함에 가까움을 취한 것이다.

제14절

坎은 **爲水, 爲溝瀆, 爲隱伏, 爲矯輮, 爲弓輪**이요 **其於人也**에 **爲加憂, 爲心病, 爲耳痛, 爲血卦, 爲赤**이요 **其於馬也**에 **爲美脊, 爲亟心, 爲下首, 爲薄蹄, 爲曳**(예)요 **其於輿也**에 **爲多眚**이요 **爲通, 爲月, 爲盜**요 **其於木也**에 **爲堅多心**[1])이라

1) 爲堅多心 : 朱子의 ≪本義≫에 "荀九家에는 '律이 되고, 可함이 되고, 기둥〔棟〕이 되고, 叢生하는 가시나무〔叢棘〕가 되고, 여우〔狐〕가 되고, 蒺藜가 되고, 桎梏이 된다.'는 내용이 있다."라고 하였다.

坎은 물이 되고, 도랑이 되고, 숨음이 되고, 矯輮(바로잡거나 휨)가 되고, 활과 바퀴가 되며, 사람에게 있어서는 근심을 더함이 되고, 마음의 병이 되고, 귀가 아픔이 되고, 血卦가 되고, 적색이 되며, 말에 있어서는 등마루가 아름다움이 되고, 성질이 급함이 되고, 머리를 아래로 떨굼이 되고, 발굽이 얇음이 되고, 끄는 것이 되며, 수레에 있어서는 하자가 많음이 되며, 통함이 되고, 달이 되고, 도둑이 되며, 나무에 있어서는 단단하고 속이 많음이 된다.

【疏】 正義曰：此一節廣明坎象. '坎爲水', 取其北方之行也. '爲溝瀆', 取其水行無所不通也. '爲隱伏', 取其水藏地中也. '爲矯輮', 取其使曲者直爲矯, 使直者曲爲輮, 水流曲直, 故爲矯輮也. '爲弓輪', 弓者, 激矢, 取如水激射也, 輪者, 運行如水行也. '其於人也爲加憂', 取其憂險難也. '爲心病', 憂其險難, 故心病也. '爲耳痛', 坎爲勞卦也, 又北方主聽, 聽勞則耳痛也. '爲血卦', 取其人之有血, (尤)〔猶〕[1]地有水也. '爲赤', 亦取血之色. '其於馬也爲美脊', 取其陽在中也. '爲亟心', 亟, 急也, 取其中堅內動也.[2] '爲下首', 取其水流向下也. '爲薄蹄', 取其水流迫地而行也. '爲曳', 取其水磨地而行也. '其於輿也爲多眚', 取其表裏有陰, 力弱不能重載, 常憂災眚也. '爲通', 取其〔水〕[3]行有孔穴也. '爲月', 取其月是水之精也. '爲盜', 取水行潛竊如盜賊也. '其於木也爲堅多心', 取剛在內也.

1) (尤)〔猶〕: 저본에는 '尤'로 되어 있으나, 四庫全書本에 의거하여 '猶'로 바로잡았다.
2) 取其中堅內動也 : 坎卦☵는 中爻가 陽爻이고, 陽의 성질이 堅剛함이고 동함이기 때문에 이렇게 말한 것이다.
3) 〔水〕: 저본에는 '水'가 없으나, 錢本·宋本에 의거하여 보충하였다.(阮元의 〈校勘記〉 참조)

正義曰 : 이 한 절은 坎의 象을 널리 밝혔다.

〔坎爲水〕 北方으로 감을 취한 것이다.

〔爲溝瀆〕 물이 흘러감에 통하지 않는 바가 없음을 취한 것이다.

〔爲隱伏〕 물이 땅속에 감추어져 있음을 취한 것이다.

〔爲矯輮〕 굽은 나무를 펴서 바르게(곧게) 하고 곧은 나무를 굽혀 휘게 함을 취한 것이니, 물의 흐름이 굽기도 하고 곧기도 하기 때문에 矯輮가 되는 것이다.

〔爲弓輪〕 활은 화살을 격동하여 날아가게 하니 이는 물이 激流하여 쏘는 것과 같음을 취한 것이요, 바퀴는 운행하기를 물이 흘러가는 것과 똑같이 하는 것이다.

〔其於人也爲加憂〕 험난을 근심함을 취한 것이다.

〔爲心病〕 험난을 근심하기 때문에 마음이 병든 것이다.

〔爲耳痛〕 坎은 수고로운 卦가 되고 또 북방은 듣는 것을 주관하니, 수고롭게 들으면 귀가 아픈 것이다.

〔爲血卦〕 사람의 몸에 피가 있음은 땅에 물이 있는 것과 같음을 취한 것이다.

〔爲赤〕 이 또한 피의 색깔을 취한 것이다.

〔其於馬也爲美脊〕 陽이 중앙에 있음을 취한 것이다.

〔爲亟心〕 亟은 급함이니, 중심이 견고하고 안이 동함을 취한 것이다.

〔爲下首〕 물의 흐름이 아래를 향함을 취한 것이다.

〔爲薄蹄〕 물이 흐를 적에 땅에 가까이 흘러감을 취한 것이다.

〔爲曳〕 물이 땅을 스쳐 감을 취한 것이다.

〔其於輿也爲多眚〕 겉(上爻)과 속(下爻)에 陰이 있으니, 힘이 약하여 무겁게 짐을 싣지 못해서 항상 災眚을 근심함을 취한 것이다.

〔爲通〕 물이 흘러감에 구멍이 있음을 취한 것이다.

〔爲月〕 달이 바로 물의 精임을 취한 것이다.

〔爲盜〕 물이 속으로 흘러감이 도적과 같음을 취한 것이다.

〔其於木也爲堅多心〕 剛이 안에 있음을 취한 것이다.

제15절

離는 **爲火, 爲日, 爲電, 爲中女, 爲甲**(胄)〔**冑**〕[1], **爲戈兵**이요 **其於人也**에 **爲大腹**이요 **爲乾卦, 爲鱉, 爲蟹, 爲蠃**(라), **爲蚌**(방), **爲龜**요 **其於木也**에 **爲科上槁**[2]라

1) (胄)〔冑〕: 저본에는 '胄'로 되어 있으나, 四庫全書本에 의거하여 '冑'로 바로잡았다. 아래의 疏도 같다.

2) 爲科上槁 : 朱子의 ≪本義≫에 "荀九家에는 '암소〔牝牛〕가 된다'는 내용이 있다."라고 하였다.

離는 불이 되고, 해가 되고, 번개가 되고, 中女가 되고, 甲冑가 되고, 창과 병기가 되며, 사람에게 있어서는 배가 큰 사람이 되며, 건조시키는 卦가 되고, 자라가 되고, 게가 되고, 소라가 되고, 큰 조개가 되고, 거북이 되며, 나무에 있어서는 〈가운데가〉 비고 위가 마름이 된다.

【疏】 正義曰 : 此一節廣明離象. '離爲火', 取南方之行也. '爲日', 取其日是火精也. '爲電', 取其有明似火之類也. '爲中女', 如上釋離爲中女也. '爲甲(胄)〔冑〕', 取其剛在外也. '爲戈兵', 取其剛在於外, 以剛自捍也. '其於人也爲大腹', 取其懷陰氣也. '爲乾卦', 取其日所烜也. '爲鱉 爲蟹 爲蠃 爲蚌 爲龜', 皆取剛在外也. '其於木也爲科上槁', 科, 空也, 陰在內爲空, 木旣空中者, 上必枯槁也.

正義曰 : 이 한 절은 離의 象을 널리 밝혔다.

〔離爲火〕 남방으로 감을 취한 것이다.

〔爲日〕 해는 바로 불의 精임을 취한 것이다.

〔爲電〕 불과 유사한 類의 밝음이 있음을 취한 것이다.

〔爲中女〕 위에서 離를 해석하여 中女로 삼은 것과 같다.

〔爲甲胄〕 剛이 밖(上爻와 下爻)에 있음을 취한 것이다.

〔爲戈兵〕 剛이 밖에 있어서 剛으로써 자기 몸을 막음(보호함)을 취한 것이다.

〔其於人也爲大腹〕 陰氣를 품음을 취한 것이다.

〔爲乾卦〕 햇빛이 말리는 바를 취한 것이다.

〔爲鱉 爲蟹 爲蠃 爲蚌 爲龜〕 모두 剛이 밖에 있음을 취한 것이다.

〔其於木也爲科上槁〕 科는 빔이니, 陰이 안(中爻)에 있는 것이 빔이 되니, 나무가 이미 속이 비어 있는 것은 위가 반드시 마른다.

제16절

艮은 **爲山, 爲徑路, 爲小石, 爲門闕, 爲果蓏**(라), **爲閽寺**(혼시), **爲指, 爲狗, 爲鼠, 爲黔喙**(검훼)**之屬**이요 **其於木也**에 **爲堅多節**[1]이라

1) 爲堅多節 : 朱子의 ≪本義≫에 "荀九家에는 '코〔鼻〕가 되고, 범〔虎〕이 되고, 여우〔狐〕가 된다.'는 내용이 있다."라고 하였다.

艮은 山이 되고, 작은 길이 되고, 작은 돌이 되고, 門闕이 되고, 과일과 풀의 열매가 되고, 문지기와 골목길을 지키는 內侍가 되고, 손가락이 되고, 개가 되고, 쥐가 되고, 부리가 검은 짐승의 등속이 되며, 나무에 있어서는 단단하고 마디가 많음이 된다.

【疏】 正義曰 : 此一節廣明艮象. '艮爲山', 取陰在〔於〕[1]下爲止, 陽在於上爲高, 故艮象山也. '爲徑路', 取其山雖高有澗道也. '爲小石', 取其艮爲山, 又爲陽卦之小者,[2] 故爲小石也. '爲門闕', 取其有徑路, 又崇高也.[3] '爲果蓏', 木實爲果, 草實爲蓏, 取其出於山谷之中也. '爲閽寺', 取其禁止人也. '爲指', 取其執止物也. '爲狗 爲鼠', 取其皆止人家也. '爲黔喙之屬', 取其山居之獸也. '其於木也爲堅多節', 取其山之所生其堅勁,故多節也.

1) 〔於〕: 저본에는 '於'가 없으나, 錢本과 宋本에 의거하여 보충하였다.(阮元의 〈校勘記〉 참조)
2) 又爲陽卦之小者 : 艮卦☶가 陽卦 중에 가장 어린 少男이 됨을 가리켜 말한 것이다.
3) 爲門闕……又崇高也 : 高亨의 注에 "문의 양쪽에 臺를 쌓는데 그 臺를 闕이라고 하고 觀이라 하기도 한다. 艮은 山이 되니, 門闕이 높음이 두 산이 대치한 것과 유사하므로 艮이 門闕이 된 것이다.〔門之兩旁築臺 其臺謂之闕 亦謂之觀 艮爲山 門闕高崇 似兩山對峙 故艮爲門闕〕"라고 하였다.

正義曰 : 이 한 절은 艮의 象을 널리 밝혔다.

〔艮爲山〕 陰이 아래에 있어 그침이 되고 陽이 위에 있어 높음이 됨을 취하였으므로 艮의 象이 山인 것이다.

〔爲徑路〕 산이 비록 높으나 산 계곡의 길〔澗道〕이 있음을 취한 것이다.

〔爲小石〕 艮은 산이 되고 또 陽卦의 작은 것이 됨을 취하였으므로 작은 돌이 된 것이다.

〔爲門闕〕 지름길이 있고 또 높음을 취한 것이다.

〔爲果蓏〕 나무 열매를 果라 하고 풀 열매를 蓏라 하니, 산골짜기 안에서 나옴을 취한 것이다.

〔爲閽寺〕 〈문지기와 골목길을 지키는 내시가〉 사람을 금지함을 취한 것이다.

〔爲指〕 손가락이 물건을 잡아 그치게 함을 취한 것이다.

〔爲狗 爲鼠〕 〈개와 쥐가〉 모두 사람의 집에서 머물러 삶을 취한 것이다.

〔爲黔喙之屬〕 산중에 사는 짐승을 취한 것이다.

〔其於木也爲堅多節〕 산에서 자라는 나무는 단단하기 때문에 마디가 많음을 취한 것이다.

제17절

兌는 **爲澤, 爲少女, 爲巫, 爲口舌, 爲毁折, 爲附決**이요 **其於地也**에 **爲剛鹵**(로)요 **爲妾, 爲羊**[1]이라

1) 爲羊 : 朱子의 ≪本義≫에 "荀九家에는 '常이 되고, 輔頰(빰과 볼)이 된다.'는 내용이 있다."라고 하였다. '常'에 대하여 沙溪(金長生)는 "常은 尋常의 常이다."라고 하였는바, 尋

은 8척이고 常은 尋의 곱절인 1장 6척을 이르는바, 尋과 常은 모두 길이가 크게 길지 않으므로 사물 중에 보통의 것을 이르는 말로 쓰인다.

兌는 못이 되고, 少女가 되고, 무당이 되고, 입과 혀가 되고, 훼손함이 되고, 붙었다가 떨어짐이 되며, 땅에 있어서는 염전이 되며, 첩이 되고, 羊이 된다.

【疏】正義曰：此一節廣明兌象. '兌爲澤', 取其陰卦之小,[1] 地類卑也. '爲少女', 如上釋兌爲少女也. '爲巫', 取其口舌之官也.[2] '爲口舌', 取西方於五事爲言,[3] 取口舌爲言語之具也. '爲毁折 爲附決', 兌, 西方之卦, 又兌主秋也, 取秋物成熟, 稾稈之屬則毁折也, 果蓏之屬則附決也. '其於地也爲剛鹵', 取水澤所停, 則鹹鹵也. '爲妾', 取少女從姊爲娣也. '爲羊', 如上釋, 取其羊性順也.

1) 取其陰卦之小：兌卦☱가 陰卦 중에 가장 어린 少女가 되기 때문에 이렇게 말한 것이다.
2) 爲巫 取其口舌之官也：≪周易淺述≫에서 "巫는 言語로 神을 기쁘게 하는 자이다.〔巫以言語說神者〕"라고 하였다.
3) 取西方於五事爲言：五事는 洪範九疇 가운데 하나로, ≪書經≫ 〈洪範〉에 "두 번째는 五事이니, 첫 번째는 모양(용모)이고, 두 번째는 말이고, 세 번째는 봄이고, 네 번째는 들음이고, 다섯 번째는 생각함이다. 모양은 공손해야 하고, 말은 순종해야 하고, 봄은 밝아야 하고, 들음은 귀 밝아야 하고, 생각함은 지혜로워야 한다.〔二 五事 一曰貌 二曰言 三曰視 四曰聽 五曰思 貌曰恭 言曰從 視曰明 聽曰聰 思曰睿〕"라고 보인다. 西方은 兌의 방위인데, 兌가 입과 혀가 되며 說(말하여 기뻐함)이 되므로 이렇게 말한 것이다.

正義曰：이 한 절은 兌의 象을 널리 밝혔다.

〔兌爲澤〕〈兌는〉 陰卦의 작은 것이어서 땅의 類가 낮음을 취한 것이다.

〔爲少女〕 위에서 兌를 해석하여 少女로 삼은 것과 같다.

〔爲巫〕 口舌의 관직을 취한 것이다.

〔爲口舌〕 西方은 五事에 있어서 말이 됨을 취한 것이니, 口舌이 언어의 도구가 됨을 취한 것이다.

〔爲毁折 爲附決〕 兌는 西方의 卦이고 또 兌는 가을을 주관하니, 가을에 물건이 성숙하면 짚과 줄기의 등속은 훼손되어 꺾이고 果蓏의 등속은 붙었다가 떨어짐을 취한 것이다.

〔其於地也爲剛鹵〕 물과 못이 〈흐르지 않고〉 머물러 있으면 〈물이 짜져서〉 염전이 됨을 취한 것이다.

〔爲妾〕 少女가 언니를 따라 시집가서 첩〔娣〕이 됨을 취한 것이다.

〔爲羊〕 위의 해석과 같으니, 羊의 성질이 온순함을 취한 것이다.

周易 序卦 第十

【疏】正義曰 : 序卦者, 文王旣繇六十四卦, 分爲上下二篇, 其先後之次, 其理不見, 故孔子就上下二經, 各序其相次之義, 故謂之序卦焉. 其周氏就序卦, 以六門(往)〔主〕[1)] 攝, 第一天道門, 第二人事門, 第三相因門, 第四相反門, 第五相須門, 第六相病門. 如乾之次坤, 泰之次否等, 第是天道運數門也, 如訟必有師, 師必有比等, 是人事門也, 如因小畜生履, 因履故通等, 是相因門也, 如遯極反壯, 動竟歸止等, 是相反門也, 如大有須謙, 蒙稚待養等, 是相須〔門〕[2)]也, 如賁盡致剝, 進極致傷等, 是相病門也.

1) (往)〔主〕: 저본에는 '往'으로 되어 있으나, 錢本과 宋本에 의거하여 '主'로 바로잡았다. (阮元의 〈校勘記〉 참조)

2) 〔門〕: 저본에는 '門'이 없으나, 四庫全書本에 의거하여 보충하였다.

正義曰 : 〈序卦傳〉은, 文王이 64卦에 卦辭를 달고 나누어 上·下 두 편을 만들었는데 그 先後의 차례에 대한 이치를 볼 수 없으므로 孔子가 上·下 두 經을 가지고 각각 서로 차례한 뜻을 서술한 것이다. 그러므로 이것을 일러 "序卦"라 한 것이다.

周氏(周宏正)는 〈序卦傳〉을 가지고 여섯 門(類別)으로 나누어 주관하였으니, 첫 번째는 天道의 門, 두 번째는 人事의 門, 세 번째는 相因의 門, 네 번째는 相反의 門, 다섯 번째는 相須(서로 필요로 함)의 門, 여섯 번째는 相病(서로 해침)의 門이다. 예컨대 乾卦가 坤卦 다음에 있고 泰卦가 否卦 다음에 있는 것과 같은 따위는 天道의 運數의 문이요, 분쟁(訟卦)에는 반드시 무리(師卦)가 있고 무리에는 반드시 친함(比卦)이 있는 것과 같은 따위는 人事의 문이요, 小畜(小畜卦)으로 인하여 履(履卦)가 생기고 履로 인하기 때문에 통하는 것(泰卦)과 같은 따위는 相因의 문이요, 물러남(遯卦)의 극에 이르면 도리어 장성하고(大壯卦) 動함(震卦)이 끝나면 그침(艮卦)으로 돌아가는 것과 같은 따위는 相反의 門이요, 크게 소유하면(大有卦) 모름지기 겸손해야 하고(謙卦) 어린 것(蒙卦)은 길러줌을 필요로 하는 것(需卦)과 같은 따위는 相須의 문이요, 꾸밈(賁卦)이 다하면 깎임(剝卦)이 이르고 나아감(晉卦)이 지극하면 상함(明夷卦)을 부르는 것과 같은 따위는 相病의 문이다.

【疏】 韓康伯云"序卦之所明, 非易之緼也, 蓋因卦之次, 託象以明義", 不取深緼之義, 故云"非易之緼", 故以取其人理也.[1] 今驗六十四卦, 二二相耦, 非覆卽變. 覆者, 表裏視之, 遂成兩卦, 屯・蒙・需・訟・師・比之類是也, 變者, 反覆唯成一卦, 則變以對之, 乾・坤・坎・離・大過・頤・中孚・小過之類是也.[2] 且聖人本定先後, 若元用孔子序卦之意, 則不應非覆卽變, 然則康伯所云"因卦之次, 託象以明義", 蓋不虛矣, 故不用周氏之義.[3]

1) 故以取其人理也 : 錢本과 宋本은 '人理'가 '義理'로 되어 있다. 阮元의 〈校勘記〉에 "盧文弨가 이르기를 '살펴보건대 이 句의 위에 脫字가 있는 듯하다.' 하였다."라고 하였다.

2) 今驗六十四卦……小過之類是也 : ≪周易≫의 64卦는 둘씩 짝을 지어 배열되어 있는데, 두 卦의 관계가 覆 아니면 變이라는 것이다. '覆'은 '뒤집어놓음'의 뜻으로, 두 卦가 서로 뒤집어놓은 형태를 취하고 있음을 말하는바, 이를 綜卦라고도 한다. 綜卦는 괘가 그려진 종이를 180도 돌리면 볼 수 있는 卦로, 屯卦䷂와 蒙卦䷃, 需卦䷄와 訟卦䷅, 師卦䷆와 比卦䷇ 등이 覆(綜卦)의 관계이다. '變'은 爻의 陰・陽이 변하여 반대가 됨을 말하는데, 이를 錯卦라고도 하는바, 乾卦䷀와 坤卦䷁, 頤卦䷚와 大過卦䷛, 坎卦䷜와 離卦䷝, 中孚卦䷼와 小過卦䷽ 등이 變(錯卦)의 관계이다. ≪주역≫의 卦의 차례는 乾과 坤, 坎과 離, 大過와 頤, 中孚와 小過의 네 경우를 제외하고는 모두 綜卦끼리 짝지어 배열되어 있으며, 旣濟卦䷾와 未濟卦䷿는 綜卦이면서 동시에 錯卦의 관계이다.

'表裏視之'란 말은 그 뜻이 분명하지 않으나, '겉〔表〕으로 봄'은 卦를 현재 그대로 보는 것이고, '속〔裏〕으로 봄'은 卦를 뒤집어놓고서 보는 것을 가리킨 듯하다.

3) 且聖人本定先後……故不用周氏之義 : ≪周易≫에서 나열된 두 卦의 관계는 모두 覆(綜) 아니면 變(錯)이지만, 〈序卦傳〉의 서술에서는 이처럼 서로 짝이 되는 관계를 언급하지 않고 卦象과 卦德에 의거하여 전체의 순서를 따라 설명하고 있으므로, 韓康伯의 말이 〈서괘전〉의 본뜻을 잘 설명한 말이 된다는 것이다. 또 周宏正의 說은 짝이 되는 두 卦의 관계를 위주로 한 것이기 때문에 〈서괘전〉의 본뜻과 부합하지 않는다고 평가한 것이다.

韓康伯은 이르기를 "〈序卦傳〉에서 밝힌 것은 易의 깊은 뜻이 아니니, 이는 卦의 차례를 인하여 象에 의탁해서 뜻을 밝힌 것이다."라고 하였으니, 깊은 뜻을 취하지 않았기 때문에 "易의 깊은 뜻이 아니다."라고 한 것이다. 이 때문에 사람의 이치를 취한 것이다.

지금 살펴보건대 64卦는 둘씩 서로 짝하여 覆이 아니면 바로 變이니, 覆은 겉과 속으로 보아서 마침내 두 卦를 이룬 것인바, 屯・蒙과 需・訟과 師・比 같은 따위가 이것이요, 變은 번복하여(정반대로 해서) 한 卦를 이루면 변하여 상대가 된 것이니, 乾・坤과

坎·離와 大過·頤와 中孚·小過 같은 따위가 이것이다. 또 聖人이 본래 先後를 정하였으니, 만약 孔子의 〈서괘전〉의 뜻을 그대로 사용한다면 '覆이 아니면 바로 變'일 수가 없으니, 그렇다면 한강백이 말한 "卦의 차례를 인하여 象에 의탁해서 뜻을 밝혔다."는 말이 헛되지 않은 것이다. 그러므로 周氏의 뜻을 따르지 않은 것이다.

有天地然後에 **萬物生焉**하니 **盈天地之間者 唯萬物**이라 **故受之以屯**하니 **屯者**는 **盈也**라 **屯者**는 **物之始生也**니

天(乾)·地(坤)가 있은 뒤에 만물이 생겨나니, 천지의 사이에 가득한 것이 만물이다. 그러므로 屯卦로써 〈乾·坤의 뒤를〉 받았으니, 屯은 가득함이다. 屯은 물건이 처음 생겨난 것이니,

【注】 屯은 剛柔始交故로 爲物之始(交)〔生〕[1)]也라

1) (交)〔生〕: 저본에는 '交'로 되어 있으나, 阮元의 〈校勘記〉에 "'交'는 '生'이 되어야 하니, ≪正義≫로 징험할 수 있다. 毛本에는 옳게 '生'자로 되어 있다."라고 한 것에 의거하여 '生'으로 바로잡았다.

屯은 剛과 柔가 처음 사귀었으므로 물건이 처음 생겨남이 되는 것이다.

【疏】 正義曰: 王肅云"屯, 剛柔始交而難生, 故爲物始生也", 盧氏云"物之始生, 故屯難", 皆以物之始生, 釋屯難之義. 案上言"屯者, 盈也", 釋屯次乾·坤, 其言已畢, 更言"屯者, 物之始生"者, 開說下"物生必蒙", 直取始生之意, 非重釋屯之名也, 故韓康伯直引剛柔始交, 以釋物之始生也.

正義曰: 王肅은 이르기를 "屯은 剛과 柔가 처음 사귀어 어려움이 생겼으므로 물건이 처음 생겨남이 된 것이다."라고 하였고, 盧氏는 이르기를 "물건이 처음 생겼기 때문에 어려운 것이다."라고 하여, 모두 물건이 처음 생긴 것을 가지고 '屯難'의 뜻을 해석하였다.

살펴보건대, 위에서 "屯은 가득함이다."라고 하여 屯이 乾과 坤 다음에 있는 것을 해석해서 그 말이 이미 끝났는데, 다시 "屯은 물건이 처음 생겨난 것이다."라고 말한 것은, 아래의 "물건이 생겨나면 반드시 어리다."는 것을 말하기 위해 다만 '처음 생겨남'의 뜻을 취한 것이니, 屯의 명칭을 거듭 해석한 것이 아니다. 그러므로 韓康伯이 다만 '剛과 柔가 처음 사귐'만을 인용하여 '물건이 처음 생겨남'을 해석한 것이다.

物生必蒙이라 **故受之以蒙**하니 **蒙者**는 **蒙也**니 **物之穉也**라 **物穉**면 **不可不養也**라 **故受之以需**하니 **需者**는 **飮食之道也**라 **飮食**은 **必有訟**이라 **故受之以訟**하고

물건이 생겨나면 반드시 어리므로 蒙卦로써 받았으니, 蒙은 어림이니, 물건이 어린 것이다. 물건이 어리면 기르지 않을 수 없으므로 需卦로써 받았으니, 需는 음식의 道이다. 음식은 반드시 분쟁이 있으므로 訟卦로써 받았고,

【注】 夫有生則有資하고 有資則爭興也라

생겨남이 있으면 자뢰함이 있고, 자뢰함이 있으면 분쟁이 일어난다.

訟必有衆起라 **故受之以師**하니 **師者**는 **衆也**라 **衆必有所比**라 **故受之以比**하니

분쟁은 반드시 여럿이 일어남이 있으므로 師卦로써 받았으니, 師는 무리이다. 무리는 반드시 친한 바가 있으므로 比卦로써 받았으니,

【注】 衆起而不比면 則爭无由息이니 必相親比而後에 得寧也라

무리가 일어나는데 친하지 않으면 분쟁이 종식될 길이 없으니, 반드시 서로 친한 뒤에야 편안함을 얻을 수 있는 것이다.

比者는 **比也**라 **比必有所畜**이라 **故受之以小畜**하고

比는 친함이다. 친하면 반드시 모이는 바가 있으므로 小畜卦로써 받았으며,

【注】 (此)〔比〕[1]는 非大通之道면 則各有所畜以相濟也니 由比而畜이라 故로 曰 小畜이라하여 而不能大也라

1) (此)〔比〕: 저본에는 '此'로 되어 있으나, 岳本·宋本·古本·足利本에 의거하여 '比'로 바로잡았다.(阮元의 〈校勘記〉 참조)

比는 크게 통하는 道가 아니면 각각 모이는 바가 있어서 서로 구제하니, 친함으로 말미암아 모이기 때문에 小畜이라 하여 크지 못한 것이다.

物畜然後有禮라 **故受之以履**하니라

물건이 모인 뒤에 禮가 있으므로 履卦로써 받았다.

【注】 履者는 禮也니 禮는 所以適〔時〕[1]用也라 故로 既畜則(宜)〔須〕[2]用이요 有用則須禮也라

1) 〔時〕 : 저본에는 '時'가 없으나, ≪周易集解纂疏≫에 의거하여 보충하였다.(北京大 整理本 참조)

2) (宜)〔須〕 : 저본에는 '宜'로 되어 있으나, ≪周易集解纂疏≫에 의거하여 '須'로 바로잡았다.(北京大 整理本 참조)

履는 禮이니, 禮는 때의 쓰임〔時用〕에 알맞게 하는 것이다. 그러므로 이미 모였으면 써야 하고, 씀이 있으면 禮가 있어야 하는 것이다.

履而泰[1]**然後安**이라 **故受之以泰**하니 **泰者**는 **通也**라 **物不可以終通**이라 **故受之以否**하고 **物不可以終否**라 **故受之以同人**이라

1) 而泰 : ≪本義≫에 "鼂氏(鼂說之 : 晁說之)가 이르기를 '鄭氏本(鄭玄本)은 「而泰」라는 두 글자가 없다.' 하였다."라고 하였다.

禮를 행한 뒤에 편안하므로 泰卦로써 받았으니, 泰는 통함이다. 물건은 끝내 통할 수 없으므로 否卦로써 받았고, 물건은 끝내 막힐 수 없으므로 同人卦로써 받았다.

【注】 否則思通이니 人人同志라 故可出門同人하여 不謀而合이라

막히면 통함을 생각하니, 사람마다 뜻을 함께하므로 문을 나가 사람과 함께해서 상의하지 않고도 뜻을 합할 수 있는 것이다.

與人同者는 **物必歸焉**이라 **故受之以大有**요 **有大者**는 **不可以盈**이라 **故受之以謙**이라 **有大而能謙**이면 **必豫**라 **故受之以豫**하고 **豫必有隨**라

남과 함께하는 자는 물건이 반드시 돌아오므로 大有卦로써 받았고, 큰 것을 소유한 자는 가득한 체해서는 안 되므로 謙卦로써 받았다. 큰 것을 소유하고도 겸손하면 반드시 즐거우므로 豫卦로써 받았고, 즐거우면 반드시 따름이 있다.

【注】 順以動者는 衆之所隨라

順함으로써 動하는 것은 무리가 따르는 바이다.

【疏】 正義曰：鄭玄云"喜樂而出, 人則隨從, 孟子曰'吾君不游, 吾何以休, 吾君不豫, 吾何以助',[1] 此之謂也", 王肅云"歡豫, 人必有隨", 隨者, 皆以爲人君喜樂歡豫, 則以爲人所隨. 案豫卦彖云"豫, 剛應而志行, 順以動豫, 豫順以動, 故天地如之, 而況建侯行師乎. 天地以順動, 故日月不過, 而四時不忒, 聖人以順動, 則刑罰淸而民服." 卽此上云"有大而能謙, 必豫, 故受之以豫." 其意以聖人順動能謙, 爲物所說(열), 所以爲豫. 人旣說豫, 自然隨之, 則謙順在君, 說豫在人也. 若以人君喜樂游豫, 人則隨之, 紂作靡靡之樂, 長夜之飮,[2] 何爲天下離叛乎. 故韓康伯云"順以動者, 衆之所隨", 在於人君取致豫之義, 然後爲物所隨, 所以非斥先儒也.[3]

1) 孟子曰吾君不游……吾何以助：이 말은 孟子가 晏嬰의 말을 인용하여 말씀한 것으로, 齊 景公이 "어떻게 하여야 나의 관광을 先王의 관광에 견줄 수 있겠냐."고 물은 데에 대하여 안영이 夏나라의 이 속담을 들어 답한 것이다. ≪孟子≫ 〈梁惠王 下〉에 보이는데, ≪맹자≫에는 '吾君'이 '吾王'으로 되어 있다.

2) 紂作靡靡之樂 長夜之飮：紂王은 殷나라의 마지막 임금으로, 酒池肉林 고사의 주인공이며, '靡靡之樂'은 太師 師延이 紂王을 위해 지었다고 하는 음란한 내용의 음악이며, '長夜之飮'은 밤이 새도록 술을 마신다는 뜻이다.

≪史記≫ 권3 〈殷本紀〉에 "〈紂王은〉 沙丘에 수많은 악공들과 광대들을 불러들이고 술로 연못을 만들고 고기를 매달아서 숲을 만들어서 벌거벗은 남녀들로 하여금 그 안에서 서로 쫓아다니게 하면서 밤이 새도록 술을 마시며 놀았다.〔樂戲於沙丘 以酒爲池 縣肉爲林 使男女裸 相逐其間 爲長夜之飮〕"라고 하였다.

≪韓非子≫ 〈十過〉에는 다음의 고사가 보인다. 衛 靈公이 晉나라로 가던 길에 濮水 앞에서 새로운 음악을 듣고서 師涓에게 이를 익힐 것을 명하였고, 晉나라에 도착하여 平公의 앞에서 그 음악을 연주하게 하였는데, 晉나라 악공인 師曠이 연주를 중단하게 하면서 "이는 나라를 망치는 소리〔亡國之聲〕입니다. 끝까지 연주해서는 안 됩니다."라 하고는 이 음악에 대하여 설명하기를 "이는 師延이 지은 것으로, 紂王과 靡靡의 음악을 연주한 것입니다. 武王이 紂王을 치자, 師延은 동쪽으로 달아나다가 濮水에 이르러 스스로 투신하였습니다. 그래서 이 음악을 듣는 사람은 반드시 濮水 가에서 듣게 되는 것입니다. 예전에 이 음악을 들었던 사람들은 그 나라가 반드시 쇠약해졌으니, 끝까지 연주해서는 안 됩니다.〔此師延之所作 與紂爲靡靡之樂也 及武王伐紂 師延東走 至於濮水而自投 故聞此聲者 必於濮水之上 先聞此聲者 其國必削 不可遂〕"라고 하였다. '靡靡'는 강직하지 못

하여 柔弱하고 頹靡한 음악을 가리킨다.

3) 故韓康伯云順以動者……所以非斥先儒也 : '즐거움'을 상징하는 豫卦의 뒤에 '따름'을 상징하는 隨卦가 오는 것에 대하여, 鄭玄과 王肅은 '임금이 즐거워하면 백성들이 따름'의 의미로 해석하였으나, 韓康伯과 孔穎達은 '임금이 順과 謙을 행하면 백성들이 기뻐하여 따름'으로 해석하였는바, 기뻐함의 주체를 정현·왕숙은 임금으로, 한강백·공영달은 백성으로 본 것이다.

공영달에 따르면, 한강백의 해석이 先儒(정현·왕숙)의 해석보다 적확한 해석이 되는 이유는, 첫째, 豫卦 〈彖傳〉에서 '順함으로 動함'을 豫卦의 德으로 제시하고 있으며, 둘째, 〈序卦傳〉에서 '能謙必豫'라 하여 기뻐함의 원인을 겸손함으로 명시하였기 때문이다.

正義曰 : 鄭玄이 이르기를 "기뻐하고 즐거워하면서 나가면 사람들이 따라오니, ≪孟子≫에 이르기를 '우리 임금님이 유람하지 않으면 우리들이 어떻게 쉬며, 우리 임금님이 즐기지 않으면 우리들이 어떻게 도움을 받겠는가.'라고 한 것이 이것을 말한 것이다."라고 하였고, 王肅은 이르기를 "즐거워하고 기뻐하면 사람들이 반드시 따른다."라고 하여, 따름〔隨〕을 모두 '人君이 기뻐하고 즐거워하면 이로 인하여 사람들이 따르는 바가 됨'으로 해석하였다.

살펴보건대, 豫卦 〈彖傳〉에 "豫는 剛이 응하여 뜻이 행해지고 順함으로써 動함이 豫이다. 豫는 순함으로써 동한다. 그러므로 하늘과 땅도 그와 같이 하는데 하물며 侯를 세우고 군대를 출동함에 있어서랴. 하늘과 땅이 순함으로써 동하기 때문에 해와 달이 지나치지 않아서 四時가 어긋나지 않으며, 聖人이 순함으로써 동하므로 형벌이 깨끗해져서 백성이 복종한다."라고 하였는데, 바로 이 위에 "큰 것을 소유하고도 겸손하면 반드시 즐거우므로 豫卦로써 받았다."고 말하였다. 〈이 두 말의〉 뜻은, '성인이 순함으로 동하고 능히 겸손하면 남의 기쁨을 받게 되는 것이니, 이 때문에 〈卦의 명칭을〉 豫라 한 것이다.'라고 한 것이다.

사람들이 이미 기뻐하여 자연히 따라오면 겸손함과 순함은 군주에게 있고, 기뻐함과 즐거워함은 사람(백성)에게 있는 것이다. 만약 '人君이 기뻐하고 유람하고 즐김에 사람들이 따라온다.'고 한다면 紂王이 靡靡의 음악과 長夜의 음주를 하였는데, 어찌하여 천하 사람들이 이반한 것인가. 그러므로 韓康伯이 이르기를 "순함으로써 동함은 무리가 따르는 바이다."라고 하였으니, 인군의 입장에서 '豫를 지극히 한 뒤에야 남이 따르는 바가 됨'을 취한 것인바, 이 때문에 先儒의 설을 배척한 것이다.

故受之以隨하고 以喜隨人者는 必有事라 故受之以蠱하고 蠱者는 事也니 有事

而後可大라

그러므로 隨卦로써 받았고, 기쁨으로써 남을 따르는 자는 반드시 일이 있으므로 蠱卦로써 받았고, 蠱는 일이니 일이 있은 뒤에 커질 수 있다.

【注】 可大之業[1]이 由事而生이라

1) 可大之業 : 〈繫辭傳 上〉에 "친함이 있으면 오래할 수 있고 功이 있으면 커질 수 있으니, 오래할 수 있으면 賢人의 德이요, 커질 수 있으면 賢人의 業이다.〔有親則可久 有功則可大 可久則賢人之德 可大則賢人之業〕"라고 하였다.

커질 수 있는 사업이 일로 말미암아 생겨나는 것이다.

故受之以臨하고 **臨者**는 **大也**니 **物大然後可觀**이라 **故受之以觀**이요 **可觀而後有所合**이라 **故受之以**噬嗑하고

그러므로 臨卦로써 받았고, 臨은 큼이니 물건이 커진 뒤에 볼만하므로 觀卦로써 받았고, 볼만한 뒤에 합함이 있으므로 噬嗑卦로써 받았고,

【注】 可觀이면 則異方合會也라

볼만하면 다른 지방의 사람이 모인다.

嗑**者**는 **合也**니 **物不可以苟合而已**라 **故受之以賁**(비)하고 **賁者**는 **飾也**니

嗑은 합함이니 물건은 구차히 합할 뿐일 수 없으므로 賁卦로써 받았고, 賁는 꾸밈이니

【注】 物相合이면 則須飾以脩外也라

물건이 서로 모이면 모름지기 꾸며서 밖을 닦아야 한다.

致飾然後亨則盡矣라 **故受之以剝**하고

꾸밈을 지극히 한 뒤에 형통하면 〈실제가〉 다하므로 剝卦로써 받았고,

【注】 極飾則實喪也라

꾸밈을 지극히 하면 실제가 상실된다.

剝者는 剝也니 物不可以終盡剝하여 窮上反下라 故受之以復하고 復則不妄矣라 故受之以无妄하고 有无妄然後에 可畜이라 故受之以大畜하고 物畜然後에 可養이라 故受之以頤하고 頤者는 養也니 不養則不可動이라 故受之以大過하고

剝은 깎여서 〈다하는 것인바,〉 사물은 끝내 다 깎일 수 없어서 위에서 다하면 아래로 돌아오기 때문에 復卦로써 받았고, 돌아오면 망령되지 않기 때문에 无妄卦로써 받았고, 无妄이 있은 뒤에 〈크게〉 모일 수 있으므로 大畜卦로써 받았고, 물건이 〈크게〉 모인 뒤에 기를 수 있으므로 頤卦로써 받았고, 頤는 기름이니 기르지 않으면 動할 수 없으므로 大過卦로써 받았고,

【注】 不養이면 則不可動이요 養過則厚라

길러주지 않으면 동할 수가 없고 길러줌이 지나치면 후하다.

【疏】 正義曰：鄭玄云"以養賢者宜過於厚", 王輔嗣注此卦云"音相過之過", 韓氏云"養過則厚", 與鄭玄·輔嗣義同. 唯王肅云"過莫大於不養", 則以爲過失之過. 案此序卦, 以大過次頤也, 明所過在養, 子雍以爲過在不養, 違經反義, 莫此之尤. 而周氏等不悟其非, 兼以過失釋大過之名, 已具論之於經也.[1]

1) 而周氏等不悟其非……已具論之於經也：이 내용은 小過卦 卦辭의 疏에 보인다.

正義曰：鄭玄은 "어진 이를 기르는 것은 마땅히 후함을 지나치게 하여야 한다."라고 하였고, 王輔嗣(王弼)는 이 卦에 注하기를 "〈'過'는〉 音이 相過(서로 뛰어넘음〔過越〕)의 過이다."라고 하였는데, 韓氏(韓康伯)는 이르기를 "길러줌이 지나치면 후하다."라고 하여 정현·왕보사와 뜻이 같다. 오직 王肅은 "과실은 길러주지 않는 것보다 더 큰 것이 없다."라고 하였으니, '過'를 過失의 過로 여긴 것이다.

살펴보건대 이 〈序卦傳〉은 大過卦가 頤卦 다음에 있는 것을 가지고 '지나친 바가 길러줌에 있음'을 밝힌 것으로 본 것인데, 子雍(王肅의 字)은 "과실이 길러주지 않음에 있다."라고 하였으니, 경문의 뜻에 위반됨이 이보다 더 심한 것이 없다. 그런데도 周氏(周宏正)

등은 그 잘못을 깨닫지 못하고서 겸하여 '과실'의 뜻으로 大過의 명칭을 해석하였는바, 이미 이것을 경문에서 자세히 논하였다.

物不可以終過라 **故受之以坎**하고 **坎者**는 **陷也**니

사물은 끝내 지나칠 수 없으므로 坎卦로써 받았고, 坎은 빠짐이니

【注】 過而不已면 則陷沒也라

지나친데도 그치지 않으면 빠진다.

陷必有所麗(리)라 **故受之以離**하니 **離者**는 **麗也**라

빠지면 반드시 붙는 바가 있으므로 離卦로써 받았으니, 離는 붙음이다.

【注】 物窮則變하고 極陷則反所麗也라

물건이 궁하면 변하고, 빠짐을 지극히 하면 도리어 붙게 된다.

有天地然後에 **有萬物**하고 **有萬物然後**에 **有男女**하고 **有男女然後**에 **有夫婦**하고 **有夫婦然後**에 **有父子**하고 **有父子然後**에 **有君臣**하고 **有君臣然後**에 **有上下**하고 **有上下然後**에 **禮義有所錯**(조)니라

天地가 있은 뒤에 萬物이 있고, 만물이 있은 뒤에 男女가 있고, 남녀가 있은 뒤에 夫婦가 있고, 부부가 있은 뒤에 父子가 있고, 부자가 있은 뒤에 君臣이 있고, 군신이 있은 뒤에 上下가 있고, 상하가 있은 뒤에 禮義를 둘 곳이 있는 것이다.

【注】 言咸卦之義也라 凡序卦所明은 非易之縕也니 蓋因卦之次하여 託以明義라 咸은 柔上而剛下하여 感應以相與[1]하니 夫婦之象이 莫美乎斯라 人倫之道는 莫大乎夫婦라 故로 夫子殷勤深述其義하여 以崇人倫之始하여 而不係之於(雜)〔離〕[2]也[3]라 先儒以乾至離爲上經이니 天道也요 咸至未濟爲下經이니 人事也라하니라 夫易六畫成卦하여 三材必備하면 錯綜天人하여 以效變化하니 豈有天道人事偏於上下哉아 斯蓋守文而不求義니 失之遠矣라

1) 柔上而剛下 感應以相與 : 咸卦䷞는 上卦가 陰卦인 兌卦☱이고 下卦가 艮卦☶이기 때문에 '柔上而剛下'라고 말한 것이다. 또 咸卦는 上卦의 初爻와 下卦의 初爻, 上卦의 中爻와 下卦의 中爻, 上卦의 上爻와 下卦의 上爻가 응함에 모두 서로 陰·陽이 달라서 正應 관계가 되는바, 이 때문에 '感應以相與'라고 한 것이다.
2) (雜)〔離〕: 저본에는 '雜'으로 되어 있으나, 岳本·宋本·古本·足利本에 의거하여 '離'로 바로잡았다.(阮元의 〈校勘記〉 참조)
3) 人倫之道……而不係之於(雜)〔離〕也 : 〈序卦傳〉은 卦가 나열된 차례의 의의를 밝히면서 乾卦부터 離卦까지는 하나로 이어지도록 해설하다가 咸卦에 이르러서는 별도의 서두를 두었는바, 이것이 上經과 下經을 나누는 근거가 된다.

　일반적으로는 咸卦에서 下經이 시작되는 이유를 '上經은 天道를 위주로 하여 天地(乾坤)를 맨 앞에 놓고, 下經은 人道를 위주로 하여 夫婦(咸恒)를 맨 앞에 놓은 것'으로 본다. 그런데 韓康伯은 이러한 說을 논파하여 '咸卦에 이르러 孔子가 별도의 서두를 둔 것은, 부부가 人倫의 道에서 가장 중요한 것이 되기 때문에 咸卦를 離卦의 아래에 이어지는 것으로 보지 않고 별도로 논하여 부부의 도를 높인 것'이라고 설명한 것이다.

咸卦의 뜻을 말한 것이다. 무릇 〈序卦傳〉에서 밝힌 것은 易의 깊은 뜻이 아니니, 이는 卦의 차례를 인하여 〈象에〉 의탁해서 뜻을 밝힌 것이다. 咸은 柔가 위에 있고 剛이 아래에 있어서 감응하여 서로 함께하니, 夫婦의 象이 이보다 아름다운 것이 없다. 人倫의 道는 부부보다 더 큰 것이 없으므로 夫子가 간곡히 그 뜻을 깊이 서술하여 인륜의 시초를 높여서 離卦의 아래에 달지 않은 것이다.

先儒는 "乾卦에서 離卦까지가 上經이니 天道이고, 咸卦에서 未濟卦까지가 下經이니 人事이다." 하였다. 그러나 易은 여섯 번 그어 卦를 이루어서 三材(三才)가 반드시 구비됨에 하늘과 사람을 번갈아 종합해서 변화를 본받은 것이니, 어찌 天道와 人事가 上經과 下經에 편벽되어 있을 리가 있겠는가. 이는 글만 고수하고 뜻을 찾지 않은 것이니, 잘못됨이 큰 것이다.

【疏】 正義曰 : 韓於此一節注, 破先儒上經明天道, 下經明人事, 於咸卦之初, 已論之矣.[1)]

1) 韓於此一節注……已論之矣 : 이 내용은 咸卦 卦辭의 疏에 보이는바, 孔穎達은 韓康伯의 說을 지지하면서 다음과 같이 말하였다. "上經의 안에 '음식에는 반드시 분쟁이 있고 분쟁은 반드시 여럿이 일어남이 있다.'고 밝혔으니, 이는 人事를 겸한 것이고 오로지 天道만을 말하지 않았다. 이미 오로지 天道만을 말하지 않았으면 下經은 오로지 人事만을 말하지 않은 것이 이치상 당연하다."

正義曰 : 韓康伯은 이 한 절에 注를 달아서 先儒들의 '上經은 天道를 밝히고 下經은 人事를 밝혔다.'는 것을 깨뜨렸으니, 咸卦의 처음에 이미 이것을 논하였다.

夫婦之道는 不可以不久也라 故로 受之以恒하니 恒者는 久也라 物不可以久居其所라 故로 受之以遯하니 遯者는 退也라

夫婦의 道는 오래하지 않을 수 없으므로 恒卦로써 받았으니, 恒은 오래함이다. 물건은 한 곳에 오랫동안 머물 수 없으므로 遯卦로써 받았으니, 遯은 물러감이다.

【注】 夫婦之道는 以恒爲貴로되 而物之所居는 不可以恒하여 宜與世升降하여 有時而遯也라

夫婦의 道는 항상 함을 귀함으로 삼는데 물건이 머무는 바는 항상 할 수가 없어서 마땅히 세상에 따라 오르내려서 때로 은둔함이 있는 것이다.

物不可以終遯이라

물건은 끝내 물러갈 수 없다.

【注】 遯은 君子以遠小人이라 遯而後亨하니 何可終邪(야)아 則小人遂陵하고 君子日消也라

遯은 君子가 小人을 멀리하는 것이다. 은둔한 뒤에 형통하니, 어찌 끝까지 할 수 있겠는가. 〈끝까지 은둔한다면〉 소인은 마침내 〈군자를〉 능멸하고 군자는 날로 사라질 것이다.

故로 受之以大壯하고

그러므로 大壯卦로써 받았고,

【注】 陽盛陰消하니 君子道勝이라

陽이 성하고 陰이 사라지니, 君子의 道가 이기는 것이다.

物不可以終壯이라 故로 受之以晉하니

물건은 끝내 장성할 수 없으므로 晉卦로써 받았으니,

【注】 晉은 以柔而進也[1]라

1) 晉 以柔而進也 : 晉卦䷢의 〈彖傳〉에 "柔가 나아가 위로 올라간다.〔柔進而上行〕"라고 하였는바, 上은 六五를 두고 말한 것이다.

晉은 柔로써 나아가는 것이다.

晉者는 **進也**라

晉은 나아감이다.

【注】 雖以柔而進이나 要是進也라

비록 柔로써 나아가나 요컨대 이는 나아감이다.

進必有所傷이라 **故**로 **受之以明夷**하니

나아가면 반드시 傷하는 바가 있으므로 明夷卦로써 받았으니,

【注】 日中則昃하고 (日)〔月〕[1]盈則食이라

1) (日)〔月〕 : 저본에는 '日'로 되어 있으나, 岳本·監本·毛本에 의거하여 '月'로 바로잡았다.(阮元의 〈校勘記〉 참조)

해가 중천에 있으면 기울고, 달이 가득 차면 먹힌다.

夷者는 **傷也**라 **傷於外者**는 **必反於家**라 **故**로 **受之以家人**하고

夷는 상함이다. 밖에서 상한 자는 반드시 집으로 돌아오므로 家人卦로써 받았고,

【注】 傷於外면 必反脩諸內라

밖에서 상하면 반드시 돌아와 안(집)에서 닦는다.

家道窮必乖라

家道는 궁극하면 반드시 괴리된다.

【注】 室家至親은 過在失節이라 故로 家人之義는 唯嚴與敬이라 樂勝則流하고 禮勝則離[1)]하니 家人尙嚴이면 其敝必乖也라

1) 樂勝則流 禮勝則離 : 이 말은 ≪禮記≫ 〈樂記〉에 보이는데, 孔穎達의 疏에 "만약 樂이 지나쳐서 화합하고 같게 하면서 禮가 없으면 오만한 데로 흘러서 다시는 尊卑의 공경이 없게 되고, 만약 禮가 지나쳐서 다르게 하고 경계를 나누면서 화락함이 없으면 친속이 분열되어 다시는 골육의 사랑이 없게 된다.〔若樂過和同而無禮 則流慢無復尊卑之敬 若禮過殊隔而無和樂 則親屬離析 無復骨肉之愛〕"라고 하였다.

室家(부부)와 至親은 허물이 절도를 잃음에 있다. 그러므로 家人의 뜻은 오직 엄함과 공경인 것이다. 樂이 지나치면 방탕함으로 흐르고 禮가 지나치면 분열되니, 家人이 엄함을 숭상하면 그 병폐가 반드시 괴리된다.

故로 受之以睽하니 睽者는 乖也라 乖必有難이라 故로 受之以蹇하니 蹇者는 難也라 物不可以終難이라 故로 受之以解하니 解者는 緩也라 緩必有所失이라 故로 受之以損하고 損而不已면 必益이라 故로 受之以益하고 益而不已면 必決이라

그러므로 睽卦로써 받았으니, 睽는 괴리됨이다. 괴리되면 반드시 어려움이 있으므로 蹇卦로써 받았으니, 蹇은 어려움이다. 물건은 끝내 어려울 수 없으므로 解卦로써 받았으니, 解는 늦춰짐(느슨해짐)이다. 늦춰지면 반드시 잃는 바가 있으므로 損卦로써 받았고, 덜고 그치지 않으면 반드시 더하므로 益卦로써 받았고, 더하고 그치지 않으면 반드시 터진다.

【注】 益而不已면 則盈이라 故로 必決也라

더하고 그치지 않으면 가득 찬다. 그러므로 반드시 터지는 것이다.

故로 受之以夬하니 夬者는 決也라 決必有遇라

그러므로 夬卦로써 받았으니, 夬는 터짐이다. 터지면 반드시 만나는 바가 있다.

【注】 以正決邪면 必有喜遇也라

바름으로써 邪를 결단하면 반드시 기쁜 만남이 있게 된다.

故로 受之以姤하니 姤者는 遇也라 物相遇而後聚라 故로 受之以萃하니 萃者는 聚也라 聚而上者를 謂之升이라 故로 受之以升하고 升而不已면 必困이라 故로 受之以困하고 困乎上者는 必反下라 故로 受之以井하고 井道는 不可不革이라

그러므로 姤卦로써 받았으니, 姤는 만남이다. 물건이 서로 만난 뒤에 모이므로 萃卦로써 받았으니, 萃는 모임이다. 모여서 올라감을 升이라 이르므로 升卦로써 받았고, 올라가고 그치지 않으면 반드시 困하므로 困卦로써 받았고, 위에 困한 자는 반드시 아래로 돌아오므로 井卦로써 받았고, 우물의 道는 변혁하지 않을 수 없다.

【注】井久則濁穢하고 宜革易其故라

우물이 오래되면 탁하고 더러워지니, 마땅히 그 옛 것을 바꿔야 한다.

故로 受之以革하고 革物者는 莫若鼎이라 故로 受之以鼎이라

그러므로 革卦로써 받았고, 물건을 변혁시킴은 가마솥만 함이 없으므로 鼎卦로써 받았다.

【注】革은 去故하고 鼎은 取新하니 旣以去故면 則宜制器立法以治新也라 鼎은 所以和齊生物하여 成新之器也라 故取象焉이라

革은 옛 것을 제거하고 鼎은 새것을 취하니, 이미 옛 것을 제거하였으면 마땅히 그릇을 만들고 법을 세워서 새롭게 다스려야 한다. 솥〔鼎〕은 和齊(음식물에 간을 맞추어 조화롭게 함)하여 물건(음식물)을 만들어내어 새것을 만드는 기물이므로 象을 취한 것이다.

主器者 莫若長子라 故로 受之以震하니 震者는 動也라 物不可以終動하여 止之라 故로 受之以艮하니 艮者는 止也라 物不可以終止라 故로 受之以漸하니 漸者는 進也라 進必有所歸라 故로 受之以歸妹하고 得其所歸者는 必大라 故로 受之以豐하니 豐者는 大也라 窮大者는 必失其居라 故로 受之以旅하고 旅而无所容이라 故로 受之以巽하니

器物을 주관하는 자는 長子만 한 자가 없으므로 震卦로써 받았으니, 震은 動함이

다. 물건은 끝내 동할 수 없어 멈추므로 艮卦로써 받았으니, 艮은 멈춤이다. 물건은 끝내 멈출 수 없으므로 漸卦로써 받았으니, 漸은 나아감이다. 나아가면 반드시 돌아오는 바가 있으므로 歸妹卦로써 받았고, 돌아갈 곳을 얻은 자는 반드시 커지므로 豐卦로써 받았으니, 豐은 큼이다. 큼을 궁극히 하는 자는 반드시 그 거처를 잃으므로 旅卦로써 받았고, 나그네여서 용납될 곳이 없으므로 巽卦로써 받았으니,

【注】 旅而无所容에 以巽則得出入也라

나그네여서 용납될 곳이 없을 적에 공손함으로써 하면 출입할 바를 얻는다.

巽者는 **入也**라 **入而後說**(열)**之**라 **故**로 **受之以兌**하니 **兌者**는 **說也**라 **說而後散之**라 **故**로 **受之以渙**하니

巽은 들어감이다. 들어간 뒤에 기뻐하므로 兌卦로써 받았으니, 兌는 기뻐함이다. 기뻐한 뒤에 흩어지므로 渙卦로써 받았으니,

【注】 說不可偏係라 故로 宜散也라

기쁨은 편벽되게 매여서는 안 된다. 그러므로 마땅히 흩어야 하는 것이다.

渙者는 **離也**라

渙은 떠남이다.

【注】 渙者는 發暢而无所壅滯면 則殊(越)〔趣〕[1)]요 各肆而不反이면 則遂乖離也라

1) (越)〔趣〕: 저본에는 '越'로 되어 있으나, 岳本·宋本·古本·足利本에 의거하여 '趣'로 바로잡았다.(阮元의 〈校勘記〉 참조) 北京大 整理本도 '趣'로 교감하였다. 그러나 아래의 注에 '散越'이라고 한 것에 의거하면 교감하지 않아도 될 듯한데, 교감하지 않는다면 句를 '發暢而无所壅滯 則殊越各肆而不反 則遂乖離也'로 끊고 "發揚하고 통창하여 막히는 바가 없으면 흩어져서 각각 放肆하고 돌아오지 않으니, 그렇게 되면 마침내 괴리된다."로 번역해야 한다.

渙은 發揚하고 통창하여 막히는 바가 없으면 취향이 다 다르고, 각각 放肆하고 돌아오

지 않으면 마침내 괴리된다.

物不可以終離라 **故**로 **受之以節**하고

물건은 끝내 떠날 수 없으므로 節卦로써 받았고,

【注】 夫事有其節이면 則物之所同守而不散越也라

일에 절도가 있으면 물건이 함께 지켜서 흩어지지 않는다.

節而信之라 **故**로 **受之以中孚**하고

절제하여 믿으므로 中孚卦로써 받았고,

【注】 孚는 信也니 旣已有節이면 則宜信以守之라

孚는 믿음이니, 이미 절도가 있으면 마땅히 믿음으로써 지켜야 한다.

有其信者는 **必行之**라 **故**로 **受之以小過**하고

믿음을 〈지킴이〉 있는 자는 반드시 결행하므로 小過卦로써 받았고,

【注】 守其信者는 則失貞而不諒之道[1]하여 而以信爲過라 故로 曰 小過也라

1) 守其信者 則失貞而不諒之道 : 韓康伯은 經文의 '有其信者'를 '작은 신의를 지킴이 있는 자'의 의미로 본 것인바, '貞而不諒'은 ≪論語≫ 〈衛靈公〉에 "君子 貞而不諒"이라고 보이는데, ≪論語注疏≫에 인용된 孔安國의 풀이는 다음과 같다. "貞은 正이고, 諒은 信이다. 君子인 사람은 그 道를 바르게 행하고 말에 작은 信義를 기필하지 않는다.〔貞 正 諒 信也 君子之人 正其道耳 言不必小信〕"

반면 程伊川은 '有其信者'를 '자신하는 마음이 있는 자'의 의미로 보고 다음과 같이 말하였다. "사람이 자신하는 바는 반드시 행하고 행하면 넘치니, 小過卦가 이 때문에 中孚卦를 이은 것이다.〔人之所信則必行 行則過也 小過所以繼中孚也〕"

믿음을 지키는 자는 '道를 바르게 행하고 작은 信義를 기필하지 않음'의 道를 잃어서 믿음이 과함이 되므로 小過라 한 것이다.

有過物者는 **必濟**라

남보다 지나침이 있는 자는 반드시 구제한다.

【注】 行過乎恭하고 禮過乎儉이면 可以矯世厲俗하여 有所濟也라

행실이 공손함을 지나치고(지나치게 공손하고) 禮가 검소함을 지나치게 하면(지나치게 검소하면) 세상을 바로잡고 풍속을 장려하여 구제하는 바가 있게 된다.

故로 **受之以旣濟**하고 **物不可窮也**라 **故**로 **受之以未濟**하여 **終焉**하니라

그러므로 旣濟卦로써 받았고, 사물은 궁극히 할 수 없으므로 未濟卦로써 받아 끝마친 것이다.

【注】 有爲而能濟者는 以己窮物者也라 物窮則乖하고 功極則亂이니 其可濟乎아 故로 受之以未濟也라

함이 있어 능히 구제하는 자는 자기로써 남을 궁극하게 하는 자이다. 물건이 궁극하면 괴리되고 功이 지극하면 혼란하니, 어찌 구제할 수 있겠는가. 그러므로 未濟卦로써 받은 것이다.

周易 雜卦 第十一

【注】雜卦者는 雜糅衆卦하고 錯綜其義하여 或以同相類하고 或以異相明也라

〈雜卦傳〉은 여러 卦를 뒤섞어서 그 뜻을 번갈아 종합하여 혹은 같음을 가지고 서로 묶고 혹은 다름을 가지고 서로 밝혔다.

【疏】正義曰：上序卦, 依文王上下而次序之, 此雜卦, 孔子更以意錯雜而對辨, 其次第不與序卦同. 故韓康伯云"雜卦者, 雜糅衆卦, 錯綜其義, 或以同相類, 或以異相明也." 虞氏云"雜卦者, 雜六十四卦以爲義, 其於序卦之外, 別言也." (此)〔昔〕[1]者聖人之興, 因時而作, 隨其時宜, 不必皆相因襲, 當有損益之意也, 故歸藏名卦之次, 亦多異於時. 王道踳駮, 聖人之意, 或欲錯綜以濟之, 故次序卦以其雜也.

1) (此)〔昔〕: 저본에는 '此'로 되어 있으나, 閩本·監本·毛本에 의거하여 '昔'으로 바로잡았다.(阮元의 〈校勘記〉 참조)

正義曰：위의 〈序卦傳〉은 文王의 上經·下經을 따라 차례를 매겼고, 이 〈雜卦傳〉은 孔子가 다시 당신의 뜻으로 뒤섞어 對擧해서 분변한 것이어서 그 차례가 〈서괘전〉과 같지 않다. 그러므로 韓康伯이 말하기를 "〈잡괘전〉은 여러 卦를 뒤섞어서 그 뜻을 번갈아 종합하여 혹은 같음을 가지고 서로 묶고 혹은 다름을 가지고 서로 밝혔다."라고 하였고, 虞氏(虞翻)는 말하기를 "〈잡괘전〉은 64卦를 뒤섞어 뜻을 삼아서 〈서괘전〉 외에 별도로 말한 것이다."라고 하였다.

옛날 聖人이 일어날 적에 때에 따라 일어나 時宜에 따라서 굳이 다 서로 인습하지는 아니하여 마땅히 損益하는 뜻이 있었다. 그러므로 ≪歸藏≫에 卦 이름을 지은 차례가 또한 때에 따른 다름이 많은 것이다. 王道가 뒤섞이므로 성인의 뜻에 혹 종합하여 구제하고자 하였다. 그러므로 〈서괘전〉의 다음에 뒤섞어 〈잡괘전〉을 놓은 것이다.

乾剛坤柔하고 比樂師憂라

乾은 剛하고 坤은 柔하며, 比는 즐겁고 師는 근심한다.

【注】 親比則樂하고 動衆則憂라

친하면 즐겁고, 무리를 동원하면 근심하는 것이다.

臨觀之義는 或與或求라

臨과 觀의 뜻은 혹은 주고, 혹은 구하는 것이다.

【注】 以我臨物故로 曰 與요 物來觀我故로 曰 求라

나로서 남에게 임하므로 '與'라 하고, 남이 와서 나를 보므로 '求'라 한 것이다.

屯은 見(현)而不失其居[1]하고

1) 屯 見(현)而不失其居 : 이 경문에 대한 朱子의 註는 다음과 같다. "屯䷂은 震☳이 坎☵을 만난 것이니, 震은 動하므로 나타나고〔見〕 坎은 험하여 나아가지 못한다."

屯은 나타나나 그 거처를 잃지 않고,

【注】 屯은 利建侯하니 君子經綸之時니 雖見而磐桓하며 利貞하여 不失其居也라

屯은 제후를 세움이 이로우니, 이는 君子가 經綸하는 때인바, 비록 나타나나 磐桓(머뭇거림)하여 貞함이 이로워서 그 거처를 잃지 않는 것이다.

蒙은 雜而著라

蒙은 섞여 있으나 정해진다.

【注】 雜而未知所定也니 求發其蒙이면 則終得所定이라 著는 定也라

뒤섞여서 정할 바를 알지 못하니, 몽매함을 개발하기를 구하면 끝내 정할 바를 얻는다. 著는 정함이다.

震은 起也요 艮은 止也라 損益은 盛衰之始也라

震은 일어남이요, 艮은 그침이다. 損과 益은 성쇠의 시작이다.

【注】 極損則益하고 極益則損이라

덜기를 지극히 하면 유익하고, 더하기를 지극히 하면 감손하게 된다.

大畜은 時也요

大畜은 때이고,

【注】 因時而畜故로 能大也라

때에 따라 모이므로 능히 큰 것이다.

无妄은 災也라

无妄은 재앙이 오는 것이다.

【注】 无妄之世에 妄則災也라

无妄의 세상에 망령됨을 행하면 재앙이 오는 것이다.

萃는 聚요 而升은 不來也라

萃는 모임이고, 升은 오지 않음이다.

【注】 來는 還也니 方在上升故로 不還也라

來는 돌아옴이니, 위로 막 올라가고 있으므로 돌아오지 않는 것이다.

謙은 輕이요 而豫는 怠也라

謙은 〈자기를〉 가벼이 여기는 것이고, 豫는 태만히 하는 것이다.

【注】 謙者는 不自重大라

謙은 스스로 자신을 중하고 크게 여기지 않는 것이다.

噬嗑은 食也요 賁는 无色也라

噬嗑은 먹는 것이고, 賁는 〈일정한〉 色이 없는 것이다.

【注】 飾貴合衆하여 无定色也[1)]라

1) 飾貴合衆 无定色也 : 朱子는 '无色'을 "白色이 채색을 받는다.〔白受采〕"라고 풀이하였다.

꾸밈은 여러 사람에게 합함을 귀하게 여겨서 일정한 색깔이 없다.

兌는 見(현)이요 而巽은 伏也라

兌는 나타남이고, 巽은 엎드림이다.

【注】 兌貴顯說(열)하고 巽貴卑退[1)]라

1) 兌貴顯說(열) 巽貴卑退 : 朱子는 "兌는 陰이 밖으로 나타난 것이요, 巽은 陰이 안에 엎드려 있는 것이다.〔兌 陰外見 巽 陰內伏〕"라고 하였다. 兌卦☱는 上卦와 下卦의 上爻가 陰爻이고, 巽卦☴는 上卦와 下卦의 初爻가 陰爻이기 때문에 이렇게 말한 것이다.

兌는 드러나게 기뻐함을 귀하게 여기고, 巽은 낮추고 물러감을 귀하게 여긴다.

隨는 无故也요 蠱는 則飭也라

隨는 옛것에 〈매임이〉 없는 것이고, 蠱는 정돈하여 다스리는 것이다.

【注】 隨時之宜하여 不繫於故也니 隨則有事하여 受之以蠱라 飭은 整治也니 蠱는 所以整治其事也라

때의 마땅함을 따라서 옛것에 매여 있지 않은 것이니, 따르면 일이 있으므로 蠱卦로써 받은 것이다. 飭은 정돈하여 다스림이니, 蠱는 그 일을 정돈하여 다스리는 것이다.

剝은 爛也요

剝은 물러짐이고,

【注】 物熟則剝落也라

물건이 익으면 물러서 떨어진다.

復은 **反也**라 **晉**은 **晝也**요 **明夷**는 **誅也**라

復은 돌아옴이다. 晉은 낮이고, 明夷는 傷함이다.

【注】 誅는 傷也라

誅는 상함이다.

井은 **通**이요 **而困**은 **相遇也**라

井은 통함이고, 困은 서로 만남이다.

【注】 井은 物所通用而不吝也요 困은 安於所遇而不濫也[1]라

1) 困 安於所遇而不濫也 : 朱子는 "剛과 柔가 서로 만나는데 剛이 가려진 것이다.〔剛柔相遇而剛見揜也〕"라고 하였는바, 困卦䷮는 上卦가 陰卦인 兌卦☱이고 下卦가 陽卦인 坎卦☵이기 때문에 이렇게 말한 것이다.

井은 사람들이 함께 써서 인색하지 않은 것이요, 困은 만나는 바를 편안히 여겨서 넘치지 않는(분수에 넘는 짓을 하지 않는) 것이다.

咸은 **速也**요

咸은 빠름이고,

【注】 物之相應이 莫速乎咸이라

물건이 서로 응함이 咸(감동함)보다 더 빠른 것이 없다.

恒은 **久也**라 **渙**은 **離也**요 **節**은 **止也**라 **解**는 **緩也**요 **蹇**은 **難也**라 **睽**는 **外也**요

恒은 오램이다. 渙은 떠남이고, 節은 그침이다. 解는 늦춰짐이고, 蹇은 어려움이다. 睽는 밖(소외함)이고,

【注】 相疏外也라

〈外는〉 서로 소외함이다.

家人은 內也라 否泰는 反其類也라 大壯은 則止요 遯은 則退也라

家人은 안이다. 否와 泰는 그 類를 뒤집어놓은 것이다. 大壯은 멈춤이고, 遯은 물러감이다.

【注】 大正則小人(也)〔止〕[1]요 小人(享)〔亨〕[2]則君子退也라

1) (也)〔止〕: 저본에는 '也'로 되어 있으나, 阮元의 〈校勘記〉에 "'也'는 '止'가 되어야 하니, 字形이 비슷해서 잘못된 것이다."라고 한 것에 의거하여 '止'로 바로잡았다.

2) (享)〔亨〕: 저본에는 '享'으로 되어 있으나, 閩本·監本·毛本·古本에 의거하여 '亨'으로 바로잡았다.(阮元의 〈校勘記〉 참조)

크게 바르면 小人이 멈추고(저지되고), 소인이 형통하면 君子가 물러간다.

大有는 衆也요 同人은 親也라 革은 去故也요 鼎은 取新也라 小過는 過也요 中孚는 信也라 豐은 多故也요

大有는 많음이고, 同人은 친함이다. 革은 옛 것을 버림이고, 鼎은 새 것을 취함이다. 小過는 과함이고, 中孚는 믿음이다. 豐은 연고가 많음이고,

【注】 虛者懼危하고 滿者戒盈하니 豐大者多憂故也[1]라

1) 虛者懼危……豐大者多憂故也 : 朱子는 "이미 밝고 또 동하니, 연고가 많다.〔旣明且動 其故多矣〕"라고 하였는바, 豐卦䷶는 밝음을 상징하는 離卦☲와 동함을 상징하는 震卦☳로 이루어져 있으므로 이렇게 말한 것이다.

비어 있는 자는 위태로움을 두려워하고 가득한 자는 넘침을 경계하니, 풍부하고 큰 자는 근심하는 연고가 많은 것이다.

親寡는 旅也라

친한 사람이 적음은 旅이다.

【注】親寡故로 寄旅也라

친한 사람이 적기 때문에 나그네로 부쳐 있는 것이다.

離는 上이요 而坎은 下也라

離는 올라감이고, 坎은 내려옴이다.

【注】火炎上하고 水潤下라

불은 불타 올라가고, 물은 적셔주며 내려간다.

小畜은 寡也요

小畜은 적음이고,

【注】不足以兼濟也라

〈적으므로〉 겸하여 구제하지 못한다.

履는 不處也라

履는 〈正位에〉 처하지 않는 것이다.

【注】王弼云 履卦陽爻는 皆以不處其位爲吉也[1]라하니라

1) 王弼云……皆以不處其位爲吉也 : 王弼의 ≪周易略例≫에 "履卦는 〈雜卦傳〉에 '履는 처하지 않음이다.'라고 하고, 또 '履는 禮이니, 謙으로써 禮에 제재된다.'라고 하였으니, 陽이 陰의 자리에 처함이 謙이다. 그러므로 이 한 卦는 모두 陽으로서 陰에 처함이 아름다움이 되는 것이다.〔履雜卦曰 履不處也 又曰 履者 禮也 謙以制禮 陽處陰位 謙也 故此一卦 皆以陽處陰爲美也〕"라고 하였다.

반면 朱子는 經文의 '不處也'를 '머물지 않음'의 뜻으로 보아 "不處는 행하여 나아가는 뜻이다.〔不處 行進之義〕"라고 하였다.

王弼이 이르기를 "履卦의 陽爻는 모두 正位에 처하지 않음을 吉함으로 삼는다."라고 하였다.

需는 不進也요

需는 나아가지 않음이고,

【注】 畏(駭)〔險〕[1]而止也라

1) (駭)〔險〕: 저본에는 '駭'로 되어 있으나, 阮元의 〈校勘記〉에 "'駭'는 '險'이 되어야 하니, 毛本에는 '險'자로 되어 있다."고 한 것에 의거하여 '險'으로 바로잡았다.

험함을 두려워하여 그치는 것이다.

訟은 不親也라 大過는 顚也요

訟은 친하지 않음이다. 大過는 넘어짐이고,

【注】 本末弱也[1]라

1) 本末弱也 : 本은 初爻를 이르고 末은 上爻를 이르는바, 〈繫辭傳 下〉에 "初는 알기 어렵고 上은 알기 쉬우니, 本과 末이다.〔其初難知 其上易知 本末也〕"라고 보인다. 大過卦䷛는 本에 해당하는 初爻와 末에 해당하는 上爻가 모두 陰爻이므로 '본과 말이 약하다.'고 말한 것이다. 게다가 가운데에 있는 九二·九三·九四·九五가 모두 陽剛이어서 初六과 上六이 더욱 약하게 보인다. 易에 있어 陽은 크고 陰은 작으며, 陽은 강하고 陰은 약하다.

本과 末이 약한 것이다.

姤는 遇也니 柔遇剛也요 漸은 女歸니 待男行也라

姤는 만남이니 柔가 剛을 만남이고, 漸은 여자가 시집감이니 남자를 기다려 가는 것이다.

【注】 女從男也라

여자는 남자를 따른다.

頤는 養正也요 旣濟는 定也라 歸妹는 女之終也요

頤는 바름을 기름이고, 既濟는 정함이다. 歸妹는 여자의 마침이고,

【注】女終於出嫁也라

여자(처녀)는 출가함에 끝마친다.

未濟는 男之窮也라

未濟는 남자의 窮함이다.

【注】剛柔失位하여 其道未濟라 故로 曰 窮也라

剛과 柔가 지위를 잃어서 그 道가 아직 이루어지지 못하였으므로 "窮하다."라고 한 것이다.

夬는 決也니 剛決柔也니 君子道長하고 小人道憂也라

夬는 터놓음이다. 剛이 柔를 터놓는 것이니, 君子의 道가 자라나고 小人의 道가 근심스럽다.

〔附録 1〕

索 引

索引凡例 …………………………………… 337

綜合索引 …………………………………… 343

卦名索引 …………………………………… 456

書名索引 …………………………………… 474

人名索引 …………………………………… 479

索引凡例

1. 색인의 대상

1) 본서의 색인은 ≪譯註 周易正義≫(全4冊)의 原文 중 ≪周易≫ 經文과 王弼의 注와 孔穎達의 疏를 대상으로 하였다. 단, 疏의 도입부 투식 '正義曰'은 대상에서 제외하고, 疏의 도입부에서 표제어의 형식으로 經과 注의 문구를 인용한 부분 역시 제외하였다. 또한 今易 체제[1]에서 붙여진 '彖曰', '象曰', '文言曰'도 제외하였다.

2) 原文이 校勘된 경우, 교감 후의 글자만을 색인 대상으로 삼았다.

2. 색인의 종류

1) 〈綜合索引〉과 함께, 주제별 색인으로 〈卦名索引〉, 〈書名索引〉, 〈人名索引〉을 작성하였다.

2) 〈綜合索引〉은 ≪周易≫ 經文과 王弼의 注와 孔穎達의 疏에서 표제어를 추출하였다.

3) 〈卦名索引〉은 64卦(6畫卦)의 卦名을 표제어로 제시하고, 표제어 옆에 각 卦의 해당 면수를 기재하였다.

4) 〈人名索引〉은 ≪周易≫ 經文과 王弼의 注와 孔穎達의 疏에서 人物에 관련된 표제어를 추출하였다.

---

1) ≪周易≫은 본래 64卦와 卦辭 및 爻辭로 구성된 것이고, 彖傳과 象傳 등의 十翼은 이에 대한 해석으로서 후대에 지어진 것인바, 애초에 이 둘은 각각의 책으로 통용되었는데, 이렇게 ≪周易≫과 十翼이 분리되어 있는 편집 체제를 古易이라 한다. 明나라 永樂年間(1403~1424)에 찬술된 ≪周易傳義大全≫의 범례에 따르면, ≪周易≫의 이러한 편집 체제는 西漢의 費直에 의해 처음으로 바뀌었다. 비직은 彖傳과 象傳으로 경문을 해석하기 위해 처음으로 두 傳을 경문의 뒤에 붙였고, 후에 王弼이 이를 따라 아예 卦辭와 爻辭 아래에 彖傳과 象傳을 잘라 붙이고 乾卦・坤卦의 文言傳도 각각의 괘 밑에 붙이고서 '彖曰', '象曰', '文言曰'을 덧붙여 經文과 傳文을 구별하였는바, 이러한 방식의 편집본을 今易이라 하는데, ≪周易正義≫는 王弼의 注를 채용하였으므로 이러한 편집 방식을 따랐다.

5) 〈書名索引〉은 ≪周易≫ 經文과 王弼의 注와 孔穎達의 疏에서 書名과 篇名에 관련된 표제어를 추출하였다.

3. 항목 배열 및 위치·출처 표기

1) 항목 배열

(1) 표제어의 배열은 독음의 가나다 순서를 따랐으며, 두음법칙을 적용하였다.[2] 독음이 같은 경우에는 漢字의 총획수 순으로 배열하였다.

(2) 표제어 첫 글자의 독음이 동일한 경우에는 두 번째 글자의 독음 순서를 따랐으며, 첫 글자가 동일한 표제어들은 분산시키지 않고 연이어 배열하였다.

2) 위치·출처 표기

(1) 표제어의 위치는 '권수-면수'의 형식으로 표기하되, 같은 권은 첫 번째 위치만 권수를 표기하였다.[3]

예) 亨貞 1-156, 184, 194

(2) 표제어의 위치가 3면 이상 연속될 경우에는 물결표(~)를 사용하였다.

예) 四德 1-133, 153~155, 158, 181, 185, 225, 3-311, 4-37

(3) 표제어의 출처가 王弼의 注와 孔穎達의 疏일 경우에는 표기하지 않고, ≪周易≫ 經文일 경우에는 면수 뒤의 (　) 안에 '經'이라고 부기하였다.[4]

예) 不獲其身 3-169(經)

4. 색인 작성 방법

1) 標題語

(1) 표제어는 卦名, 人名, 地名, 國名, 書名, 官職名 등의 고유명사와 주요 用語 및 句節, 특수하게 사용된 語彙 등을 중심으로 추출하였다.

---

2) '不'은 모두 '불'로 처리하였다.
3) 표제어가 두 페이지에 걸쳐 있을 경우, 앞 페이지만 표기하였다.
4) 注疏와 經에 모두 나올 경우에는 '(經)'이라고만 표기하였다.

(2) 해당 표제어의 변별력을 높이고 내용을 효과적으로 전달하기 위해 부가정보를 ( ) 안에 표기하였는바, 인명은 (人), 국명은 (國), 지명은 (地), 관명은 (官), 서명과 편명은 (書), 水名은 (水), 음운은 (音), 종족은 (族)으로 표기하였다.

예) 薛虞(人) 3-46

虞(官) 1-202

2) 卦名

(1) 〈綜合索引〉에서 卦名 표제어의 위치 표기 시에, 해당 卦는 제외하고 다른 卦에 나오는 것만 색인 대상으로 삼았다.[5)]

(2) 〈卦名索引〉에서 위치 표기 시에, 해당 卦 부분은 시작 면수와 끝 면수를 표기하였다.

(3) 三畫卦와 六畫卦를 구분하기 위하여 三畫卦는 ( ) 안에 '三畫'이라고 부기하였다.

예) 乾(三畫) 4-295(經)

3) 人名

(1) 人名은 ( ) 안에 '人'이라고 부기하였으며, 異稱・略稱・別稱이라도 원문에서 추출된 형태 그대로 표제어로 삼고, 화살표 뒤에 通稱을 함께 표기하여 상호 참조할 수 있게 하였다.(異稱→通稱 / 通稱←異稱)

예) 高宗(人)←武丁(人)

杜元凱(人)→杜預

(2) 人名이 2인 이상 合稱으로 쓰인 경우 표제어를 따로 뽑아서 상호 참조하게 하였다.

예) 馬鄭→馬融, 鄭玄

4) 書名・篇名

(1) 書名과 篇名에는 ( ) 안에 '書'이라고 부기하였으며, 異稱・略稱・別稱이라도 원문에서 추출된 형태를 그대로 표제어로 삼고, 화살표 뒤에 通稱을 함께 표기하여 상호 참조할 수 있게 하였다.

5) 예컨대 屯卦에 나오는 '屯卦'와 '屯'은 제외하고, 다른 卦에 나오는 '屯卦'와 '屯'만 색인어로 추출하였다.

예) 說文(書)→說文解字 2-250
說文解字(書)←說文

5) 地名 등의 고유명사

(1) 地名에는 ( ) 안에 '地'를, 國名에는 '國'을, 水名에는 '水'를 부기하였으며, 화살표 뒤에 通稱을 함께 표기하였다.

예) 洛(水)→洛水
洛(地)→洛陽

6) 語彙·句節

(1) 본문의 중요한 어휘와 구절을 표제어로 추출하였다.

예) 可大
可久── 4-29, 80
──則賢人之業 4-28(經)
──之業 4-315
有事而後── 4-314(經)

7) 從屬項目

(1) 종속항목은 표제어에 관련된 사항을 추출하여 작성하였다. 동일한 표제어는 '─'를 사용하여 생략하였다.

예) 老陰 1-112
坤之── 一爻有二十四策 4-112
老陽數九 ──數六 1-111
三者俱多 爲── 4-114
窮一百四十四策 以定坤之──之象 4-121

(2) 語彙·句節 색인은 해당 표제어가 포함된 구절 및 문장을 종속항목으로 추출하였다. 또 본문의 내용이 표제어를 보충 설명하거나, 王弼의 注와 孔穎達의 疏에서 참고할 내용이 있는 경우 종속항목으로 추출하였다.

예) 盍簪

九四 由豫 大有得 勿疑 朋—— 1-425(經)

盍 合也 簪 疾也 1-425

5. 사용 부호

—— : 동일한 표제어 생략 표시

→ : 대표 표제어로 나간 표시

← : 대표 표제어로 모아주는 표시

( ) : 표제어에 대한 부가정보 표시

, : 한 표제어에 위치를 나타내는 면수가 둘 이상일 때 구분하는 표시

~ : 표제어의 위치가 3면 이상 연속될 때 범위를 나타내는 표시

綜合索引

【ㄱ】

可久
——可大 4-29, 80
——則賢人之德 4-28(經)
可久可大
———— 以賢人目之也 4-29
初章論乾坤易簡 ———— 配至極微妙之德也 4-80
可大
可久—— 4-29, 80
——則賢人之業 4-28(經)
——之業 4-315
有事而後—— 4-314(經)
可貞无咎
———— 固有之也 2-129(經)
九四 可貞 无咎 2-128(經)
家道窮必乖 4-320(經)
家人
—— 內也 4-331(經)
—— 女正位乎內 2-294(經)
—— 利女貞 2-293(經)
—— 有嚴君焉 父母之謂也 2-294(經)
——嗃嗃 2-300(經)
傷於外者 必反於家 故受之以—— 4-320(經)
雖取物象 乃以人事而爲卦名者 卽—— 歸妹 謙 履之屬是也 1-106
離下巽上 2-293(經)
風自火出 —— 1-143, 2-296(經)
家人嗃嗃
———— 未失也 2-300(經)
嘉遯
九五 —— 貞吉 2-249(經)
嘉遯貞吉
———— 以正志也 2-249(經)
嘉會
—— 足以合禮 1-150(經)
各正性命
乾道變化 ———— 1-132(經)
命者 人所稟受 若貴賤夭壽之屬 1-135
使物———— 1-139
性者 天生之質 若剛柔遲速之別 1-135
各從其類也 1-169(經)
角(音)
彈—而—動 1-169
艮(三畫) 2-132, 136, 354, 3-193, 340, 342, 4-24, 304(經)
—剛而兌柔 2-207
—居其內 止而不往 相時而動 非知不能 故曰 見險而能止 知矣哉 2-323
—能止乾之健者 德能大正 2-135
— 東北之卦也 4-286(經)
— 三索而得男 故謂之少男 4-294(經)
—陽卦爲止 兌陰卦爲說 2-352
—爲狗 4-292(經)
—爲少男而居於下 2-207

一爲手 4-293(經)
一爲陽卦 又爲山 天之高明 今在下體 亦是天道下濟之義也 1-402
一以止之 4-283(經)
一 止也 4-291(經)
一止於下而不交焉 故不雨也 3-339
一止而兌說也 2-207
一兌象山澤 4-282
一下一上 3-169(經)
一下坎上 2-321(經)
一下乾上 2-239(經)
一下坤上 1-400(經)
一下離上 3-239(經)
一下巽上 3-185(經)
一下震上 3-325(經)
一下兌上 2-204(經)
坎在一下 是山下有險 一爲止 坎上遇止 是險而止 1-243
坎下——上 1-240(經)
乾健上進 一止在上 止而畜之 2-132
乾下一上 2-132(經)
坤順而一止也 2-90
坤下一上 2-90(經)
大畜 乾在於下 一在於上 一是陽卦 又能止物能止此乾之剛健 所畜者大 故稱大畜 1-315
篤實 謂一也 一體靜止 故稱篤實也 2-133
伏犧初畫八卦 以震象雷 以巽象風 以一象山以兌象澤 4-274
賁卦云 柔來而文剛 是離下一上 而稱柔來 1-283
上下二體 一止離明 3-242
成言乎一 4-284(經), 286(經), 287(經)
巽雖不能若一之善畜 猶不肯爲坤之順從也 1-329
巽雖不能如一之善畜 故其畜小也 1-330
巽下一上 2-27(經)
陽卦多陰 謂震坎——陽而二陰也 4-192
以止 一也 2-79
離下一上 2-76(經)
終萬物始萬物者 莫盛乎一 4-289(經), 290
震木離火兌金坎水 各主一時 又巽同震木 乾同兌金 加以坤一之土爲八卦 4-140
震下一上 2-145(經)
兌柔在上 而一剛在下 是二氣感應 以相授與所以爲咸亨也 2-207
兌下一上 2-349(經)

艮
一其背 3-169(經), 170, 171, 174
一其輔 3-182(經)
一其身 3-180(經), 181(經)
一其止 止其所也 3-173(經), 174
一其趾 3-176(經)
一其限 3-179(經), 180(經)
一者 止也 4-322(經)
一 止也 3-172(經), 4-327(經)
一 止也 靜止之義 3-170
一下一上 3-169(經)
兼山 一 1-142
杜元凱注襄九年傳 遇一之八 1-112
亦有全无德者 若豫 觀 剝 晉 蹇 解 夬 姤 井 一 歸妹 凡十一卦也 1-157

艮卦(三畫) 3-195
大畜——在上 善畜下之乾也 1-330

艮其背 3-169(經), 174
——— 不獲其身 行其庭 不見其人 无咎 3-171
其得无咎 ——— 不獲其身 行其庭 不見其人故也 3-170

艮其輔
——— 以中正也 3-182(經)
六五 ——— 言有序 悔亡 3-182(經)

艮其身
——— 止諸躬也 3-181(經)
六四 ——— 无咎 3-180(經)

艮其趾
——— 未失正也 3-176(經)

初六 ——— 无咎 利永貞 3-176(經)
艮其限
——— 危薰心也 3-180(經)
九三 ——— 列其夤 厲薰心 3-179(經)
幹母之蠱
———— 得中道也 2-35(經)
九二 ———— 不可貞 2-34(經)
幹父用譽
———— 承以德也 2-37(經)
幹父之蠱 2-31
———— 意承考也 2-33(經)
———— 終无咎也 2-35(經)
九三 ———— 小有悔 无大咎 2-35(經)
六五 ———— 用譽 2-36(經)
初六 ———— 有子 考无咎 厲 終吉 2-32(經)
幹事
貞固 足以—— 1-150(經)
艱貞
—— 无咎 1-351(經)
——吉 2-139(經), 140, 280(經)
利——吉 2-71(經), 72(經)
艱貞 无咎
艱難貞正 乃得无咎 1-351
九三 无平不陂 无往不復 —— —— 勿恤其孚 于食有福 1-351(經)
艱則吉 2-263
——— 咎不長也 2-263(經)
上六 羝羊觸藩 不能退 不能遂 无攸利 ——— 2-262(經)
簡易 4-32
簡謂簡省凝靜 4-25
乾坤——之德 4-16
乾以易知 坤以簡能 4-24(經), 4-27
易簡 4-26, 4-27, 4-30(經), 4-31, 4-80(經)
葛天氏(人) 4-176
甘臨
—— 位不當也 2-46(經)
六三 —— 无攸利 既憂之 无咎 2-46(經)
甘節
——之吉 3-307(經)
九五 —— 吉 往 有尙 3-307(經)
甘節之吉
———— 居位中也 3-307(經)
坎(三畫) 4-301(經)
艮下—上 2-321(經)
—剛居上 兌柔處下 是剛柔分也 3-299
—旣爲險 又爲雨 1-259
— 北方之卦也 朱紱 南方之物也 3-85
—是坎險 若處—之上 即是出穴者也 1-264
—爲水 在上 巽爲木 在下 3-102
—爲豕 4-292(經)
—爲耳 4-293(經)
—爲險 1-225
—離象水火 4-282
—者 水也 正北方之卦也 勞卦也 萬物之所歸也 故曰 勞乎— 4-286(經)
— 再索而得男 故謂之中男 4-294(經)
—在艮下 是山下有險 艮爲止 —上遇止 是險而止 1-243
—在其外 是險在前也 有險在前 所以爲難 2-323
—下艮上 1-240(經)
—下—上 2-175(經)
—下乾上 1-268(經)
—下坤上 1-286(經)
—下巽上 3-282(經)
—下離上 3-360(經)
—下震上 2-334(經)
—下兌上 3-78(經)
— 陷也 4-291(經)
—險而兌說 3-80
乾下—上 1-256(經)
坤下—上 1-300(經)
九三與—爲隣 進則入險 故曰往蹇 2-328
難在於— 1-260
勞乎— 4-284(經), 286(經), 287

先儒皆以此卦━下巽上 以爲乘木水上 涉川之象 故言乘木有功 3-286
巽下━上 3-99(經)
陽卦多陰 謂震━艮━陽而二陰也 4-192
潤濕萬物者 莫潤乎━ 4-290
離日━月 運動而行 4-24
離下━上 3-344(經)
震木離火兌金━水 各主━時 又巽同震木 乾同兌金 加以坤艮之土爲八卦 4-140
震下━上 1-223(經)
此因震━有雷雨之象 以廣明解義 2-337
處━之始 1-263, 264
兌陰卦爲柔 ━陽卦爲剛 坎在兌下 是剛見揜於柔也 3-79
兌下━上 3-298(經)
下險卽━也 1-270
行險謂下體━也 而順謂上體坤也
坎 4-309
━睽蹇之時 宜用君子 小人勿用 1-418
━不盈 2-188(經), 189(經)
━下━上 2-175(經)
━云洊至也 2-195
━者 陷也 4-317(經)
━ 險陷之名也 2-175
睽蹇━此三卦 皆云時用 1-419
物不可以終過 故受之以━ 4-317(經)
習━ 1-142, 2-175(經), 177(經), 178, 179, 182(經), 184(經)
離━震兌各主其一方 2-102
離 上 而━ 下也 4-332(經)
坎卦 1-419, 2-175
━━彖云 天險不可升 地險山川丘陵 4-257
━━云 有孚 維心亨 1-157
坎不盈
━━━ 中未大也 2-189(經)
九五 ━━━ 祗既平 无咎 2-188(經)
感而遂通 4-122(經), 123, 126, 209
寂然不動 ━━━━天下之故 4-122(經)
甲
━庚 皆申命之謂也 3-266
━爲十日之首 創造之令 爲在後諸令之首 故以創造之令 謂之爲━ 2-31
━者 創制之令也 2-30
蠱 元亨 利涉大川 先━三日 後━三日 2-27(經)
輔嗣又云 ━庚皆申命之謂 2-27
輔嗣注 ━者 創制之令 2-27
先━三日 後━三日 2-29(經)
褚氏何氏周氏等竝同鄭義 以爲━者 造作新令之日 2-27
漢時謂令之重者 謂之━令 2-31
姜姓
炎帝神農氏 ━━也 4-176
姜水(地) 4-176
剛健中正 純粹精也 1-183(經)
剛過而中 2-161(經)
剛來而下柔
所以致此隨者 由━━━━━ 2-15
隨 ━━━━━ 動而說 隨 2-14(經)
剛上而尙賢 2-134(經)
乾剛向上 上九不距 是貴尙賢也 2-134
剛上而柔下
蠱 ━━━━━ 2-28(經)
震剛而巽柔 震則剛尊在上 巽則柔卑在下 得其順序 所以爲恒也 2-224
恒 久也 ━━━━━ 2-224(經)
剛巽乎中正而志行 3-255(經)
剛失位而不中
━━━━━━ 是以不可大事也 3-328(經)
剛遇中正 天下大行也 3-33(經)
剛遇中正之柔 男得幽貞之女 則天下人倫之化 乃得大行也 3-34
剛柔分 動而明 雷電 合而章 2-64(經)
剛柔分 謂震剛在下 離柔在上 2-64
剛柔相推
━━━━ 變在其中矣 4-160(經)

———而生變化 4-33(經)
剛柔始交 1-223
———而難生 1-225
皆———之所爲也 1-226
屯 ———而難生 動乎險中 大亨貞 1-224 (經)
王肅云 屯 ———而難生 故爲物始生也 4-310
至屯 乃——— 2-205
剛柔者 晝夜之象 4-38(經), 39
——— ——— 是變化小也 4-40
剛以動 故壯 2-253(經)
乾剛而震動 2-253
剛中而柔外 說以利貞 3-270(經)
剛中而應 2-118(經)
——— 行險而順 1-287(經)
巽而順 ——— 是以大亨 3-69(經)
臨 剛浸而長 說而順 ——— 大亨以正 天之道也 2-40(經)
萃 聚也 順以說 ——— 故 聚也 3-52(經)
剛中正 履帝位 而不疚 光明也 1-335(經)
康誥(書)
——云 大傷厥考心 2-33
康伯(人)→韓康伯 4-255, 284, 309
康侯
康者 美之名也 侯 謂昇進之臣也 2-265
——用錫馬蕃庶 晝日三接 2-266(經)
晉 ——用錫馬蕃庶 晝日三接 2-265(經)
介于石 不終日 貞吉
君子見幾而作 不俟終日 易曰 ——— ——— —— 介如石焉 寧用終日 斷可識矣 4-210(經)
六二 ——— ——— —— 1-422(經)
改命
——之吉 3-128(經)
九四 悔亡 有孚—— 吉 3-127(經)
改命之吉
——— 信志也 3-128(經)
改邑不改井 4-230, 4-233
——— 乃以剛中也 3-103(經)
井 ——— 3-99(經)
繇辭稱——— 3-106
開物成務
夫易 ——— 冒天下之道 4-129(經)
蓋取
——大壯 4-187(經)
——諸乾坤 4-182(經)
——諸睽 4-186(經)
——諸大過 4-188(經)
——諸噬嗑 4-176(經)
——諸小過 4-185(經)
——諸隨 4-184(經)
——諸豫 4-184(經)
——諸離 4-173(經)
——諸益 4-175(經)
——諸夬 4-190(經)
——諸渙 4-183(經)
居其室
———出其言不善 則千里之外違之 況其邇者乎 4-91(經)
子曰 君子——— 出其言善 則千里之外應之 況其邇者乎 4-91(經)
居上位而不驕 在下位而不憂 1-166(經)
居安思危 3-344
居業 1-163
脩辭立其誠 所以——也 1-162(經)
居貞吉
居貞之吉 2-156(經)
不可涉大川 故——— 2-156
六五 拂經 ——— 不可涉大川 2-155(經)
征 凶 ——— 3-130(經)
居貞之吉
——— 順以從上也 2-156(經)
居中得正 1-204, 220, 265, 3-111
九五——— 1-312, 3-112
貴尙———之主 1-271

六二———— 1-205
據于蒺蔾
六三 困于石 ———— 入于其宮 不見其妻 凶 3-89(經)
———— 乘剛也 3-90(經)
建未
何氏云 從建子陽生 至——爲八月 2-41
建巳之月 1-118
建戌之月
上九爲———— 1-118
建申
——之月 1-118
以臨卦建丑而至否卦—— 爲八月也 2-42
七月——之時 2-39
建申之月
九五爲———— 1-118
建午之月
九四爲———— 1-118
建酉
褚氏云 自建寅至——爲八月 2-42
建寅
九二當據建丑——之間 1-118
褚氏云 自——至建酉爲八月 2-42
建子
——之月 1-108, 109
何氏云 從——陽生 至建未爲八月 2-41
建子之月
潛龍始起 在———— 1-109
天之自然之氣 起於———— 1-108
建辰之月
九三爲———— 1-118
諸儒以爲 ———— 萬物生長 不有止息 與天時而俱行 1-180
建丑 2-42
——之月 2-39
九二當據——建寅之間 1-118
以臨卦——而至否卦建申 爲八月也 2-42
建丑之月
臨爲———— 2-39
建侯
宜—— 1-227(經), 228
利—— 1-158, 184, 223, 224(經), 227, 228(經), 415(經), 416, 3-157, 4-327
乾(三畫) 4-295(經)
艮能止一之健者 德能大正 2-135
艮下一上 2-239(經)
坎下一上 1-268(經)
剛健 謂一也 一體剛性健 故言剛健也 2-133
剛健 謂一也 文明 謂離也 1-388
一剛而震動 2-253
一 剛正之德者也 1-334
一剛向上 上九不距 是貴尙賢也 2-134
一健上進 艮止在上 止而畜之 2-132
一 健也 4-291(經)
一健而兌說 健則能決 說則能和 3-15
一德獲進 往輒亨也 1-258
一樂上復 坤樂下復 1-354
一 本上也 1-351
一上坤下 2-78
一生三男 坤生三女 而爲八卦 4-150
一爲馬 4-292(經)
一爲首 4-293(經)
一以君之 4-283(經)
一之九二 分居上位 分剛上而文柔之義也 2-76
一之九二 何以分居上位 不居於五 2-77
一 天也 故稱乎父 4-294(經)
一體有三畫 坤體有六畫 1-111
一體在下 今分乾之九二 上向文飾坤之上六 是分剛上而文柔也 2-77
一體初雖在下 今將復歸於上 坤體初雖在上 今欲復歸於下 1-351
一下艮上 2-132(經)
一下坎上 1-256(經)
一下一上 1-105(經)
一下坤上 1-344(經)

—下巽上 1-315(經)
—下離上 1-386(經)
—下震上 2-252(經)
—下兌上 3-13(經)
坤下—上 1-359(經)
彖曰 柔得位得中而應乎— 曰同人 1-380
大畜艮卦在上 善畜下之—也 巽雖不能如艮之善畜 故其畜小也 1-330
大畜 —在於下 艮在於上 艮是陽卦 又能止物能止此乾之剛健 所畜者大 故稱大畜 1-315
得光亨貞吉 由—之德也 1-257
同人彖云 柔得位得中而應乎— 曰同人 1-137
同人曰 同人于野 亨 利涉大川 —行也 1-371(經)
同人 柔得位得中而應乎— 曰同人 1-370(經)
凡易經之體 有吉理可知而不言吉者 卽此謙卦之繇 及—之九五利見大人 1-400
不肯如泰卦坤在於上 順從—也 1-330
不復別言—坤 直擧六子 4-289
上剛卽—也 1-270
上坤而順 下應於— 已去則納 故征行而吉 1-348
上體之艮 應下體之— 2-136
說—坤六子 明父子之道 4-294
說卦云 — 健也 1-105
說卦云 戰乎— 1-212
小畜則巽在—上 以其巽順 不能畜止—之剛 2-132
巽在於上 —在於下 巽是陰柔 性又和順 不能止畜在下之乾 唯能畜止九三 所畜狹小 故名小畜 1-315
巽下—上 3-32(經)
說而應乎— 是以 履虎尾 不咥人 亨 1-333(經)
由—之剛健 前雖遇險 而不被陷滯 是其需待之義 不有困窮矣 1-257
柔不分居—二 剛不分居坤極 2-78
以—坤象天地 4-282
以六三在兌體 兌爲和說 而應—剛 1-333
利涉大川 非二之所能也 是—之所行 故 特曰同人曰 1-371
離下—上 1-370(經)
褚氏莊氏云 六五應—九二 九二在—體 故云應乎天也 1-388
戰乎— 4-284(經)
戰乎— — 西北之卦也 言陰陽相薄也 4-286(經)
直云震巽離坎 不云—坤艮兌者 4-24
震雷爲威動 —天主剛健 2-254
震動而—健 故能使物无妄也 2-118
震木離火兌金坎水 各主一時 又巽同震木 —同兌金 加以坤艮之土爲八卦 4-140
震下—上 2-117(經)
兌爲和說 應於上九 上九在—體 1-334
兌自和說 應乎—剛 1-334
兌下—上 1-333(經)
泰卦—體在下 1-352
泰卦三陽之時 三陽在下而成乾體 乾下坤上 2-41

乾 1-193, 194, 198, 4-42
居在—之初九 而安在勿用 若居在—之九三而安在乾乾 4-41, 42
—剛坤柔 4-85, 326(經)
—老陽 一爻有三十六策 4-111
—彖云 六位時成 1-182
—彖之文 1-184
—生三男 坤生三女 而爲八卦 4-150
—始能以美利利天下 不言所利 1-183(經)
—是純陽 德能普備 4-78
—是天陽之氣 萬物皆始在於氣 4-25
— 陽物也 坤 陰物也 4-253
— 元亨利貞 1-105(經), 150(經), 175, 4-35
—爲物始 坤爲物生 4-79
—以健爲體 坤以順爲體 4-17
— 以龍御天 1-197
—以易知 坤以簡能 4-24(經), 27
—因陰而得成男 坤因陽而得成女 4-25

―之九四或躍在淵 是動則觀其變也 4-43
―之九二見龍在田利見大人 九五飛龍在天利見大人 是總攝乾卦之義也 4-246
―之四德 1-107, 151, 155, 223
―之上九 趣向亢極之時 4-163
―之少陽 一爻有二十八策 4-111
―之元德 1-197
―之次坤 4-308
―之策 二百一十有六 4-111(經)
―之初九 其辭云 潛龍 勿用 4-169
―之初九則潛龍 九二則見龍 4-237
―之初九 趣向勿用之時 4-163
―之亢龍 3-149
―知大始 坤作成物 4-24(經)
―初九潛龍勿用 是原始也 4-243
― 統天首物 爲變化之元 通乎形外者也 4-78
―下―上 1-105(經)
健是―之訓也 1-141
極二百一十六策 以定―之老陽之象 4-121
大難曰險 ―以剛健 故知其大難 4-257
闢戶 謂之― 4-136(經)
變者 反覆唯成一卦 則變以對之 ―坤坎離大過頤中孚小過之類 4-309
夫― 其靜也專 其動也直 是以大生焉 4-77(經)
夫― 天下之至健也 德行 恒易以知險 4-257(經)
夫― 確然 示人易矣 4-167(經)
先儒以―至離爲上經 天道也 咸至未濟爲下經 人事也 4-317
成象之謂― 4-71(經)
聖人作易 與天地相準 謂準擬天地 則―健以法天 坤順以法地之類是也 4-51
若剛定體爲― 若柔定體爲坤 4-163
有四德者 卽―坤屯臨隨无妄革七卦 1-155
以龍敍― 以馬明坤 1-174
引―之上九 4-96
此經明― 復兼明坤也 4-78
春秋緯云 河以通―出天苞 洛以流坤吐地符 河龍圖發 洛龜書感 4-144
或其卦當時之義 卽有四德 如―坤屯臨无妄此五卦之時 卽能四德備具 2-13
或以象之所用而爲卦名者 卽―坤之屬是也 1-106
或取天地陰陽之象以明義者 若―之潛龍見龍坤之履霜堅冰龍戰之屬 1-202

乾乾
居在乾之初九 而安在勿用 若居在乾之九三而安在―― 4-41, 42
――因其時而惕 1-167(經)
―― 因其時而惕 雖危 无咎矣 1-187(經)
――不息 終日自戒 1-180
――夕惕 1-174, 188, 202, 4-35
乾之九三君子終日――夕惕若厲无咎 4-35
九三 君子終日―― 夕惕 若厲 无咎 1-120(經)
君子終日―― 1-148, 1-202
君子終日―― 夕惕 若厲 无咎 1-162(經), 4-35
終日―― 1-105, 120(經), 121, 124, 163, 4-241
終日―― 反復道也 1-147(經)
終日―― 與時偕行 1-179(經)
至於九三――夕惕 非龍德也 1-174

乾乾夕惕 1-188
―――― 非龍德 1-202
至於九三―――― 非龍德也 1-174
乾之九三君子終日――――若厲无咎 4-35

乾坤
擧合――兩策 有三百有六十 4-112
乾剛坤柔 4-85, 326(經)
――簡易之德 4-16
――其易之門 4-157
――其易之門邪 4-218(經)
――其易之門戶 4-16
――其易之門戶邪 1-150

——其易之縕邪 4-149(經), 150
——文言在二繫之后說卦之前 4-267
——不論上下之體 直總云天行健地勢坤 2-195
——成列 而易立乎其中矣 4-150(經)
——若缺毁 則易道損壞 4-151
——易簡 4-27, 80
——毁 則无以見易 4-150(經)
乾道成男 坤道成女 4-24(經)
乾生三男 坤生三女 而爲八卦 4-150
乾 陽物也 坤 陰物也 4-253
乾爲物始 坤爲物生 4-79
乾以健爲體 坤以順爲體 4-17
乾以易知 坤以簡能 4-24(經), 27
乾因陰而得成男 坤因陽而得成女 4-25
乾知大始 坤作成物 4-24(經)
乾之次坤 4-308
屯次—— 4-310
明——之大旨 4-32
輔嗣以文言分附——二卦 故說卦爲第九 4-267
不顯上體下體 則——二卦 是也 1-142
聖人作易 與天地相準 謂準擬天地 則乾健以法天 坤順以法地之類是也 4-51
荀爽云 卦各有六爻 六八四十八 加——二用 凡有五十 4-101
若剛定體爲乾 若柔定體爲坤 4-163
易不可見 則——或幾乎息矣 4-150(經)
易與—— 4-70
易從——而來 4-136
易之變化 從——而起 4-219
易之所立 本乎—— 若——不存 則易道无由興起 故——是易道之所縕積之根源 4-150
六十四卦舊分上下 ——象天地 咸恒明夫婦 2-205
以龍敍乾 以馬明坤 1-174
子曰 —— 其易之門邪 4-218(經)
作易聖人 本觀察變化之道 象於天地陰陽 而立——等卦 4-274
莊氏云 文謂文飾 以——德大 故特文飾 以爲文言 1-150
此經明乾 復兼明坤也 4-78
天尊地卑 ——定矣 4-16(經)
春秋緯云 河以通乾出天苞 洛以流坤吐地符 河龍圖發 洛龜書感 4-144
黃帝堯舜 垂衣裳而天下治 蓋取諸—— 4-182(經)
乾卦
——當龍 4-222
——元亨利貞 2-40
——之象 法像於天 4-191
乾之九二見龍在田利見大人 九五飛龍在天利見大人 是總攝——之義也 4-246
乾道
——變化 1-132(經)
——成男 坤道成女 4-24(經)
——施生 4-136
或躍在淵 ——乃革 1-180(經)
乾道變化
———— 各正性命 1-132(經)
變謂後來改前 以漸移改 謂之變也 1-135
化謂一有一无 忽然而改 謂之爲化 1-135
乾元 1-135, 177
——用九 1-176(經), 177, 181(經)
——者 始而亨者也 1-181(經)
——者始而亨 1-185
——之四德 1-151
大哉—— 1-132(經), 134, 137, 2-77
文言論——之德 1-182
是——之德也 1-134
乾元用九 1-177
———— 乃見天則 1-181(經)
———— 天下治也 1-176(經)
乾鑿度(書)→易乾鑿度
———云 水土二行 兼信與知也 1-153
健而巽 剛中而志行 乃亨 1-317(經)

剛健之志乃得亨通 1-318
愆期
——之志 3-214(經)
九四 歸妹—— 遲歸有時 3-213(經)
愆期之志
———— 有待而行也 3-214(經)
蹇
艮下坎上 2-321(經)
坎睽—之時 宜用君子 小人勿用 1-418
— 難也 4-330(經)
— 難也 險在前也 2-322(經)
—難之時 非小人之所能用也 2-323
— 利西南 不利東北 2-321(經)
—者 難也 4-321(經)
—之時用 大矣哉 2-322(經), 323
乖必有難 故受之以— 4-321(經)
睽—坎此三卦 皆云時用 1-419
大略唯有凶卦无德者 若剝—夬姤之屬 1-157
山上有水 — 1-143
亦有全无德者 若豫觀剝晉—解夬姤井艮歸妹凡十一卦也 1-157
蹇卦 1-419
—— 利見大人 1-115
訟卦 ——竝云 利見大人 1-117
桀(人)
放—鳴條 3-119
夏— 3-119
擊蒙
上九 —— 不利爲寇 利禦寇 1-254(經)
見幾而作
君子———— 不俟終日 易曰 介于石 不終日貞吉 4-210(經)
見善則遷 有過則改
君子以———— ———— 2-374(經)
遷善改過 益莫大焉 2-374
見惡人
——— 以辟咎也 2-310(經)
見 謂遜接之也 2-309
初九 悔亡 喪馬 勿逐 自復 ——— 无咎 2-308(經)
見輿曳
——— 位不當也 2-313(經)
六三 ——— 其牛掣 其人 天且劓 无初有終 2-311(經)
見險而能止 知矣哉 2-322(經)
艮居其內 止而不往 相時而動 非知不能 故曰 ————— ——— 2-323
牽復
——吉 1-323
——在中 1-323(經)
九二 —— 吉 1-322(經)
牽復吉
可牽以獲復 是以吉也 1-322
九二 牽復 吉 1-322(經)
解——— 1-323
牽復在中
———— 亦不自失也 1-323(經)
堅冰 1-202, 214
坤卦之初六履霜——至 履霜 是原始也 ——至 是要終也 4-243
坤象辭云 履霜—— 陰始凝 4-278
馴致其道 至——也 1-203(經)
易曰 履霜——至 蓋言順也 1-215(經)
履霜—— 1-202, 203(經), 1-216
初六 履霜 ——至 1-201(經)
或取天地陰陽之象以明義者 若乾之潛龍見龍坤之履霜——龍戰之屬 1-202
決必有遇 4-321(經)
故受之以姤 4-322(經)
夬者 決也 4-321(經)
謙
艮下坤上 1-400(經)
— 輕 4-328(經)
— 德之柄也 4-228(經)
—以制禮 4-234(經)
— 尊而光 4-231(經)

— 尊而光 卑而不可踰 君子之終也 1-402(經)
— 亨 君子有終 1-400(經)
— 亨 天道下濟而光明 地道卑而上行 1-402(經)
勞— 1-408(經), 4-95(經)
大有須— 4-308
鳴— 1-407(經), 411(經), 412(經), 413
雖取物象 乃以人事而爲卦名者 卽家人歸妹—履之屬是也 1-106
若—泰及復之等 德義旣美 行之不已 久必致此四德 但當初之時 其德未具 故卦不顯四德也 2-13
亦有卦善而德少者 若泰與—復之類 1-157
亦有一德者 若蒙師小畜履泰—噬嗑賁復大過震豐節旣濟未濟凡十五卦 1-156
有大而能— 必豫 故受之以豫 4-312(經), 4-313
有大者 不可以盈 故受之以— 4-312(經)
地中有山 — 1-144, 404(經)
天道 虧盈而益— 地道 變盈而流— 鬼神 害盈而福— 人道 惡盈而好— 1-402(經)
撝— 1-409(經), 410(經)
謙謙君子
———— 卑以自牧也 1-406(經)
初六 ———— 用涉大川 吉 1-406(經)
謙卦
——彖云 地道卑而上行 2-66
——之繇 其吉可知也 旣不云吉 1-401
引——九三爻辭 4-95
兼山艮 1-142, 2-195, 3-175
庚
甲— 皆申命之謂也 3-266
九五 貞吉 悔亡 无不利 无初有終 先—三日 後—三日 吉 3-265(經)
輔嗣又云 甲—皆申命之謂 2-27
先—三日 後—三日 吉 3-266
巽卦九五 先庚三日 後庚三日 2-27
申命令謂之— 2-27
京房(人)
——云 五十者 謂十日十二辰二十八宿也 4-101
傾否
上九 —— 先否後喜 1-368(經)
釋——之義 1-368
否終則傾 何可長也 1-368(經)
敬康(人) 4-179
敬義立而德不孤 1-217(經)
敬以直內
君子———— 義以方外 1-217(經)
敬之終吉
不速之客來 ———— 雖不當位 未大失也 1-266(經)
上六 入于穴 有不速之客三人來 敬之 終吉 1-265(經)
慶都(人) 4-179
係遯
——之厲 2-247(經)
九三 —— 有疾 厲 畜臣妾 吉 2-246(經)
係遯之厲
———— 有疾憊也 2-247(經)
係小子 2-20(經)
——— 弗兼與也 2-20(經)
六二 ——— 失丈夫 2-19(經)
係丈夫
——— 志舍下也 2-21(經)
六三 ——— 失小子 隨有求得 利居貞 2-20(經)
繫辭(書)→繫辭傳 1-182, 242, 4-274, 283
——具焉 1-397
——所云 大演之數五十 其用四十有九 明用蓍之數 4-271
——又云 井 德之地 3-106
——云 无咎者 善補過也 1-121
——云 三與五同功 1-393
——云 上下无常 剛柔相易 不可爲典要

1-106
——云 生生之謂易 2-56
——云 善不積 不足以成名 3-70
——云 蓍之德 員而神 4-270
——云 二篇之策 2-205
——云 八卦成列 象在其中矣 1-105
——云 悔吝者 言乎其小疵也 1-130
——云 爻也者 效此者也 1-111
上—— 1-136
謂之——者 凡有二義 4-13(經)
前—— 4-267
韓康伯注——云大演之數五十 用王輔嗣意 4-272
繫辭焉
——— 以斷其吉凶 是故 謂之爻 4-87(經)
———而命之 動在其中矣 4-160(經)
繫辭傳(書)←繫辭, 易繫, 二繫
繫辭傳 上(書)←上繫, 前繫辭
繫辭傳 下(書)←下繫
繫于金柅 3-38(經)
———— 柔道牽也 3-38(經)
金者 堅剛之物 柅者 制動之主 謂九四也 3-35
初六 ———— 貞吉 有攸往 見凶 羸豕孚蹢躅 3-35(經)
繼之者善也 成之者性也 4-64(經)
繼道之功者 唯善行也 4-64
古之聰明叡知神武而不殺者夫 4-134(經)
古之聰明叡知神武之君 謂伏犧等 4-134
告公從
——— 以益志也 2-382(經)
六四 中行 ——— 利用爲依遷國 2-381(經)
告自邑 不利卽戎
——— ———— 所尙乃窮也 3-17(經)
夬 揚于王庭 孚號有厲 ——— ———— 利有攸往 3-13(經)
固窮 2-243
枯楊生華
———— 何可久也 2-172(經)
九五 ———— 老婦得其士夫 无咎无譽 2-170(經)
苦節
——不可貞 其道窮也 3-299(經)
——貞凶 3-309(經)
上六 —— 貞凶 悔亡 3-308(經)
節 亨 —— 不可貞 3-298(經)
高宗(人)←武丁(人)
——伐鬼方 三年乃克也 3-352
——者 殷王武丁之號也 3-353
九三 ——伐鬼方 三年克之 小人勿用 3-352(經)
鼓萬物而不與聖人同憂 4-68(經)
鼓天下之動者 存乎辭 4-154(經)
瞽瞍(人)←瞍 4-179
顧懽(人)
——同王弼此說 4-102
蠱
幹母之— 2-34(經), 35(經)
幹父之— 2-31, 32(經), 33(經), 35(經), 36(經)
— 剛上而柔下 2-28(經)
— 元亨 利涉大川 先甲三日 後甲三日 2-27(經)
— 元亨而天下治也 2-29(經)
—者 事也 4-314(經)
—者 事也 有事營爲 則大得亨通 2-27
— 則飭也 4-329(經)
山下有風 — 1-144
序卦云 —者 事也 2-29
巽而止 — 2-28(經)
巽下艮上 2-27(經)
有二德 大有—漸大畜升困中孚凡七卦 1-156
以喜隨人者 必有事 故受之以— 4-314(經)
褚氏云 —者 惑也 2-29
曲成萬物 4-59
————而不遺 4-57(經)

曲禮(書)
——云 三賜不及車馬 1-292
困
坎下兌上 3-78(經)
— 剛揜也 3-79(經)
— 窮而通 4-233(經)
— 德之辨也 4-229(經)
—蒙之吝 1-251(經), 252(經)
— 相遇也 4-330(經)
—于葛藟 3-95(經), 97(經)
—于酒食 3-85(經), 88(經)
—以寡怨 4-235(經)
—之六三 4-201
— 亨 3-78(經)
—乎上者 必反下 故受之以井 4-322(經)
升而不已 必— 故受之以— 4-322(經)
有二德 大有蠱漸大畜升—中孚凡七卦 1-156
澤无水 — 1-144, 3-82(經)
困卦
——於困窮之時 而能守節 使道通行而不屈 4-233
困蒙之吝
———— 獨遠實也 1-252(經)
六四 困蒙 吝 1-251(經)
困于葛藟
———— 未當也 3-97(經)
上六 ———— 于臲卼 曰動悔 有悔 征吉 3-95(經)
困于酒食
———— 中有慶也 3-88(經)
九二 ———— 朱紱方來 利用享祀 征凶 无咎 3-85(經)
坤(三畫) 4-296(經)
艮下—上 1-400(經)
坎下—上 1-286(經)
乾樂上復 —樂下復 1-354
乾上—下 2-78
乾體有三畫 —體有六畫 1-111
乾下—上 1-344(經), 2-41
— 本下也 1-351
—上—下 1-193
— 順也 4-291(經)
— 順也 離 麗也 2-266
—順而艮止也 2-90
—也者 地也 萬物皆致養焉 故 曰 致役乎坤 4-286(經)
—爲腹 4-293(經)
—爲牛 4-292(經)
—以藏之 4-283(經)
—在下 是順也 1-416
—之上六 來居二位는 柔來文剛之義也 2-76
—之上六 何以來居二位 不居於初三 2-77
— 地也 故稱乎母 4-294(經)
—體在上 1-402
—下艮上 2-90(經)
—下坎上 1-300(經)
—下乾上 1-359(經)
—下巽上 2-50(經)
—下離上 2-265(經)
—下震上 1-415(經)
—下兌上 3-50(經)
不肯如泰卦—在於上 順從乾也 1-330
不復別言乾— 直擧六子 4-289
四主—首 1-354
上—而順 下應於乾 已去則納 故征行而吉 1-348
上六處—之上 2-49
西南—位 是陰也 1-195
西南 —位 —是衆也 2-334
說乾—六子 明父子之道 4-294
說卦云 —也者 地也 萬物皆致養焉 1-196
巽雖不能若艮之善畜 猶不肯爲—之順從也 1-329
巽下—上 3-67(經)
柔不分居乾二 剛不分居—極 2-78
六四體柔處— 2-289

六二以陰居陰 復在一體 3-59
以乾一象天地 4-282
離上一下 故言明出地上 2-266
離下一上 2-280(經)
鄭云 一不言方者 所言地之養物 不專一也 4-287
直云震巽離坎 不云乾一艮兌者 4-24
震木離火兌金坎水 各主一時 又巽同震木 乾同兌金 加以一艮之土爲八卦 4-140
震下一上 2-100(經)
處一之極 2-49
致役乎一 4-284(經), 287
泰卦一體在上 1-352
兌下一上 2-39(經)
行險謂下體坎也 而順謂上體一也 1-287
坤 1-120, 4-157
乾剛一柔 4-326(經)
乾剛一柔 各有其體 4-85
乾一其易之門戶 4-16
乾一其易之門戶邪 1-150
乾一 其易之縕邪 4-149(經)
乾一不論上下之體 直總云天行健地勢一 2-195
乾道成男 一道成女 4-24(經)
乾生三男 一生三女 而爲八卦 4-150
乾 陽物也 一 陰物也 4-253
乾以健爲體 一以順爲體 4-17
乾以易知 一以簡能 4-24(經), 27
乾因陰而得成男 一因陽而得成女 4-25
乾知大始 一作成物 4-24(經)
乾之次一 4-308
一道其順乎 承天而時行 1-214(經)
一三 以處下卦之上 故免龍戰之災 1-120
一上一下 1-193(經)
一象辭云 履霜堅冰 陰始凝 4-278
一是陰柔 閉藏翕斂 4-79
一是地陰之形 一能造作以成物 4-25
一元 1-137, 182, 197(經)
一 元 亨 利牝馬之貞 1-193(經)
一六五 黃裳元吉 1-158
一 以馬行地 1-197
一 利在永貞 1-131
一則順以承陽 功盡於已 用止乎形者也 4-78
一之老陰 一爻有二十四策 4-112
一之上六 其血玄黃 1-263
一之少陰 一爻有三十二 4-112
一之六三 或從王事无成 1-285
一之六五黃裳元吉 以陰居尊位 嫌其不吉 故言吉以明之 4-36
一之六二云直方大 攝坤卦地道之義 六五黃裳元吉 亦統攝一之臣道之義也 4-246
一之策百四十有四 4-112(經)
一 至柔而動也剛 至靜而德方 1-214(經)
一厚載物 德合无疆 1-197(經)
窮一百四十四策 以定一之老陰之象 4-121
屯次乾一 4-310
闔戶 謂之一 4-136(經)
變者 反覆唯成一卦 則變以對之 乾一坎離大過頤中孚小過之類 4-309
夫一 其靜也翕 其動也闢 是以廣生焉 4-78(經)
夫一 天下之至順也 德行 恒簡以知阻 4-257(經)
夫一 隤然 示人簡矣 4-167(經)
不顯上體下體 則乾一二卦 是也 1-141, 142
聖人作易 與天地相準 謂準擬天地 則乾健以法天 一順以法地之類是也 4-51
順者一之訓也 1-141
若剛定體爲乾 若柔定體爲一 4-163
若一之六五 及泰之六五 竝以陰居尊位 若不行此事 則无吉 若行此事 則得其吉 故竝稱元吉 1-401
有四德者 卽乾一屯臨隨无妄革七卦 1-155
以龍敍乾 以馬明一 1-174
子曰 乾一 其易之門邪 4-218(經)
作易聖人 本觀察變化之道 象於天地陰陽 而

立乾—等卦 4-274
地勢— 1-141, 201(經), 2-195
春秋緯云 河以通乾出天苞 洛以流—吐地符 河龍圖發 洛龜書感 4-144
或其卦當時之義 卽有四德 如乾—屯臨无妄 此五卦之時 卽能四德備具 2-13
或以象之所用而爲卦名者 卽乾—之屬是也 1-106
或直以人事 不取物象以明義者 若乾之九三 君子終日乾乾 —之六三含章可貞之例 1-202
或取天地陰陽之象以明義者 若乾之潛龍見龍 —之履霜堅冰龍戰之屬 1-202
效法之謂— 4-71(經)
畫卦效—之法 擬—之順 4-72
坤卦 1-155
—— 彖云 至哉坤元 1-137
——當馬 4-222
——云 利牝馬之貞及利建侯 利涉大川 皆言所利之事 1-184
——之盡 則復卦陽來 2-102
——之初六 4-243
坤之六二云直方大 攝——地道之義 六五黃裳元吉 亦統攝坤之臣道之義也 4-246
十月當純坤用事 ——有六日七分 2-102
坤元 1-182
至哉—— 1-137, 197(經)
鯀(人)
—之不成 以災未息也 2-130
堯遭洪水 使—禹治之者 2-130
公孫僑(人)←子產
公用射隼
———— 以解悖也 2-348(經)
上六 ————于高墉之上 獲之 无不利 2-346(經)
公用亨于天子
公用斯位 乃得通乎天子之道也 1-392
—————— 小人 害也 1-393(經)
九三 —————— 小人弗克 1-392(經)
孔安國(人)
———以爲 河圖則八卦是也 洛書則九疇是也 4-144
孔子(人)←夫子, 子, 仲尼 3-33, 223, 256
——聞之 曰 惜乎 其志不大也 不曰人亡弓人得之 何必楚也 1-384
——序卦 2-205, 4-309
——雖有聖德 而无其位 1-129
——十翼 4-267
——曰 禘自旣灌而往者 吾不欲觀之矣 2-50
——以伏犧畫八卦 後重爲六十四卦 八卦爲六十四卦之本 4-267
——就上下二經 各序其相次之義 故謂之序卦 4-308
雜卦 ——更以意錯雜而對辨 其次第不與序卦同 4-326
暴虎馮河 ——所忌 3-20
孔子家語(書)
————弟子好生篇 1-384
鞏用黃牛
———— 不可以有爲也 3-122(經)
————之革 3-121
初九 ————之革 3-120(經)
過涉之凶
———— 不可咎也 2-174(經)
上六 過涉滅頂 凶 无咎 2-172(經)
過以利貞
———— 與時行也 3-328(經)
小過 亨 利貞 3-325(經)
郭象(人)
——注 2-319
官有渝
——— 從正 吉也 2-18(經)
初九 ——— 貞吉 出門交 有功 2-17(經)
貫魚
——者 謂衆陰也 2-97
六五 —— 以宮人寵 无不利 2-97(經)

管仲(人) 2-146
寬以居之 仁以行之 1-187(經)
觀
　可一而後有所合 故受之以噬嗑 4-315(經)
　坤下巽上 2-50(經)
　一國之光 2-57(經), 58(經)
　一其生 2-59(經), 61(經)
　一盥 2-50(經), 52(經)
　物大然後可觀 故受之以一 4-315(經)
　亦有全无德者 若豫一剝晉蹇解夬姤井艮歸妹 凡十一卦也 1-157
　臨一之義 或與或求 4-327(經)
　風行地上 一 1-143
觀盥
　觀 盥而不薦 有孚 顒若 2-50(經)
　——而不觀薦 2-50
　——而不薦 有孚顒若 2-52(經)
觀盥而不薦 有孚顒若
　觀 盥而不薦 有孚 顒若 2-50(經)
　———— ——— 下觀而化也 2-52(經)
觀卦
　——稱 先王以省方觀民設教 1-146
觀國之光
　———— 尙賓也 2-58(經)
　六四 ———— 利用賓于王 2-57(經)
觀其生
　——— 志未平也 2-61(經)
　觀我生 自觀其道也 ——— 爲民所觀者也 2-59
　上九 ——— 君子 无咎 2-59(經)
觀其所聚 而天地萬物之情 可見矣 3-55(經)
觀其所恒 而天地萬物之情 可見矣 2-229(經)
觀其會通 4-87
　聖人 有以見天下之動 而———— 以行其典禮 4-86(經), 153(經)
觀變於陰陽立卦 1-111, 4-273(經), 274
　蓍曰 參天兩地而倚數 卦曰 觀變於陰陽也 4-273
觀變玩占
　君子居則觀其象而玩其辭 動則觀其變而玩其占 4-42(經)
觀象玩辭
　君子居則觀其象而玩其辭 動則觀其變而玩其占 4-42(經)
觀我生
　——— 觀民也 2-59(經)
　——— 自觀其道也 觀其生 爲民所觀者也 2-59
　———進退 2-57(經)
　九五 ——— 君子 无咎 2-58(經)
　道得名生者 道是開通生利萬物 故繫辭云 生生之謂易 2-56
　六三 ——— 進退 2-56(經)
觀我生進退
　————— 未失道也 2-57(經)
觀我朶頤
　———— 亦不足貴也 2-149(經)
　朶頤者 嚼也 2-148
　初九 舍爾靈龜 ———— 凶 2-148(經)
觀頤
　—— 觀其所養也 2-145(經)
　頤 養也 觀此聖人所養物也 2-145
　頤 貞 吉 —— 自求口實 2-145(經)
觀乎人文 以化成天下 2-79(經)
觀乎天文 以察時變 2-79(經)
括囊
　——无咎 1-209(經)
　易曰 ——无咎无譽 蓋言謹也 1-219(經)
　六四 —— 无咎 无譽 1-208(經)
括囊无咎
　———— 愼不害也 1-209(經)
光亨貞吉
　得———— 由乾之德也 1-257
　需道光明 物得亨通 于正則吉 1-256
　需有孚 ———— 位乎天位 以正中也 1-256(經)

需 有孚 ———— 利涉大川 1-256(經)
廣大配天地 4-76, 80(經)
卦有小大 辭有險易 4-50(經)
卦之德 方以知 4-129(經)
卦以方象知 4-130
交孚无咎
———— 志行也 2-314(經)
九四 睽孤 遇元夫 交孚 厲 无咎 2-313(經)
蟜極(人) 4-179
蟜牛(人) 4-179
九四
—— 可貞 无咎 2-128(經)
—— 歸妹愆期 遲歸有時 3-213(經)
—— 睽孤 遇元夫 交孚 厲 无咎 2-313(經)
—— 來徐徐 困于金車 吝 有終 3-90(經)
—— 大吉 无咎 3-62(經)
—— 突如其來如 焚如 死如 棄如 2-200(經)
—— 棟隆 吉 有它吝 2-168(經)
—— 臀无膚 其行次且 牽羊悔亡 聞言不信 3-25(經)
—— 无咎 弗過 遇之 往厲必戒 勿用永貞 3-336(經)
—— 不克訟 1-279(經)
—— 匪其彭 无咎 1-394(經)
—— 商兌未寧 介疾有喜 3-276(經)
—— 噬乾胏 得金矢 利艱貞吉 2-71(經)
—— 隨有獲 貞凶 有孚 在道 以明 何咎 2-22(經)
—— 乘其墉 弗克攻 吉 1-379(經)
—— 旅于處 得其資斧 我心不快 3-247(經)
——爲建午之月 1-118
—— 有命 无咎 疇離祉 1-364(經)
—— 由豫 大有得 勿疑 朋盍簪 1-425(經)
—— 履虎尾 愬愬 終吉 1-340(經)
—— 田 无禽 2-235(經)
—— 貞吉 悔亡 憧憧往來 朋從爾思 2-215(經)
—— 貞 吉 悔亡 藩決不羸 壯于大輿之輹 2-258(經)
—— 貞 吉 悔亡 震用伐鬼方 三年 有賞于大國 3-369(經)
—— 鼎折足 覆公餗 其形渥 凶 3-145(經)
—— 重剛而不中 上不在天 下不在田 中不在人 1-189(經)
—— 震 遂泥 3-162(經)
—— 晉如鼫鼠 貞 厲 2-273(經)
—— 包无魚 起凶 3-43(經)
—— 豐其蔀 日中見斗 遇其夷主 吉 3-233(經)
—— 解而拇 朋至斯孚 2-344(經)
—— 好遯 君子 吉 小人 否 2-247(經)
—— 或躍在淵 无咎 1-124(經)
—— 悔亡 有孚改命 吉 3-127(經)
九四之喜
九四 商兌未寧 介疾有喜 3-276(經)
———— 有慶也 3-278(經)
九三
—— 家人嗃嗃 悔厲 吉 婦子嘻嘻 終吝 2-299(經)
—— 艮其限 列其夤 厲薰心 3-179(經)
—— 幹父之蠱 小有悔 无大咎 2-35(經)
—— 係遯 有疾 厲 畜臣妾 吉 2-246(經)
—— 高宗伐鬼方 三年克之 小人勿用 3-352(經)
—— 公用亨于天子 小人弗克 1-392(經)
—— 君子終日乾乾 夕惕 若厲 无咎 1-120(經)
—— 勞謙 君子有終 吉 1-408(經)
—— 棟橈 凶 2-167(經)
—— 臀无膚 其行次且 厲 无大咎 3-40(經)
—— 明夷于南狩 得其大首 不可疾貞 2-287(經)
—— 无平不陂 无往不復 艱貞 无咎 勿恤其孚 于食有福 1-351(經)
—— 伏戎于莽 升其高陵 三歲不興 1-376(經)

—— 弗過防之 從或戕之 凶 3-334(經)
—— 不恒其德 或承之羞 貞吝 2-233(經)
—— 賁如濡如 永貞吉 2-83(經)
—— 頻巽 吝 3-262(經)
—— 小人用壯 君子用罔 貞厲 羝羊觸藩 羸其角 2-256(經)
—— 需于泥 致寇至 1-262(經)
—— 升虛邑 3-73(經)
—— 良馬逐 利艱貞 曰閑輿衛 利有攸往 2-139(經)
—— 旅焚其次 喪其童僕貞 厲 3-244(經)
—— 輿說輻 夫妻反目 1-323(經)
—— 往 蹇 來 反 2-328(經)
——爲建辰之月 1-118
—— 日昃之離 不鼓缶而歌 則大耋之嗟 凶 2-198(經)
—— 壯于頄 有凶 君子夬夬 獨行 遇雨若濡 有慍 无咎 3-22(經)
—— 井渫不食 爲我心惻 可用汲 王明 並受其福 3-108(經)
—— 鼎耳革 其行塞 雉膏不食 方雨虧悔 終吉 3-142(經)
—— 征 凶 貞 厲 革言三就 有孚 3-124(經)
—— 重剛而不中 上不在天 下不在田 1-187(經)
—— 豐其沛 日中見沫 折其右肱 无咎 3-230(經)
—— 咸其股 執其隨 往吝 2-213(經)
—— 鴻漸于陸 夫征不復 婦孕不育 凶 利禦寇 3-193(經)
九五
—— 坎不盈 祗旣平 无咎 2-188(經)
—— 甘節 吉 往 有尙 3-307(經)
——居中得正 1-312, 3-112
—— 枯楊生華 老婦得其士夫 无咎无譽 2-170(經)
—— 觀我生 君子 无咎 2-58(經)
—— 大蹇 朋來 2-330(經)
—— 大人虎變 未占 有孚 3-128(經)
—— 東隣殺牛 不如西隣之禴祭 實受其福 3-355(經)
—— 同人先號咷 而後笑 大師克 相遇 1-380(經)
—— 屯其膏 小貞吉 大貞凶 1-237(經)
—— 无妄之疾 勿藥 有喜 2-129(經)
—— 孚于嘉 吉 2-24(經)
—— 孚于剝 有厲 3-278(經)
—— 飛龍在天 利見大人 1-128(經)
—— 訟 元吉 1-281(經)
—— 需于酒食 貞吉 1-264(經)
—— 王假有家 勿恤 吉 2-301(經)
——爲建申之月 1-118
—— 有孚攣如 无咎 3-321(經)
—— 有孚攣如 富以其隣 1-325(經)
—— 有孚惠心 勿問元吉 有孚 惠我德 2-382(經)
—— 劓刖 困于赤紱 乃徐有說 利用祭祀 3-92(經)
—— 以杞包瓜 含章 有隕自天 3-44(經)
—— 貞吉 悔亡 无不利 无初有終 先庚三日 後庚三日 吉 3-265(經)
—— 井洌寒泉 食 3-111(經)
—— 萃有位 无咎 匪孚 元永貞 悔亡 3-63(經)
—— 夬履 貞厲 1-341(經)
—— 咸其脢 无悔 2-218(經)
—— 莧陸夬夬 中行无咎 3-27(經)
—— 顯比 王用三驅 失前禽 邑人不誡 吉 1-309(經)
—— 鴻漸于陵 婦三歲不孕 終莫之勝 吉 3-197(經)
—— 渙汗其大號 渙 王居 无咎 3-294(經)
—— 休否 大人吉 其亡其亡 繫于苞桑 1-366(經)
九五之吉
九五 貞吉 悔亡 无不利 无初有終 先庚三日

後庚三日 吉 3-265(經)
———— 位正中也 3-268(經)
九五含章
九五 以杞包瓜 含章 有隕自天 3-44(經)
———— 中正也 3-47(經)
九二
—— 幹母之蠱 不可貞 2-34(經)
—— 坎有險 求小得 2-184(經)
—— 牽復 吉 1-322(經)
—— 枯楊生稊 老夫得其女妻 无不利 2-164(經)
—— 困于酒食 朱紱方來 利用享祀 征凶 无咎 3-85(經)
——當據建丑建寅之間 1-118
—— 鳴鶴在陰 其子和之 我有好爵 吾與爾靡之 3-316(經)
—— 眇能視 利幽人之貞 3-210(經)
—— 孚乃利用禴 无咎 3-72(經)
—— 孚兌 吉 悔亡 3-275(經)
—— 不克訟 歸而逋其邑 人三百戶 无眚 1-275(經)
—— 不出門庭 凶 3-303
—— 巽在牀下 用史巫 紛若吉 无咎 3-260(經)
—— 需于沙 小有言 終吉 1-260(經)
—— 輿說輹 2-138(經)
—— 曳其輪 貞 吉 3-366(經)
—— 遇主于巷 无咎 2-310(經)
—— 履道坦坦 幽人 貞 吉 1-337(經)
—— 利貞 征凶 弗損 益之 2-358(經)
—— 在師中 吉 无咎 王三錫命 1-291(經)
—— 田獲三狐 得黃矢 貞吉 2-340(經)
—— 井谷射鮒 甕敝漏 3-107(經)
—— 貞吉 2-256(經)
—— 鼎有實 我仇有疾 不我能卽 吉 3-140(經)
—— 惕號 莫夜有戎 勿恤 3-21(經)
—— 包蒙吉 納婦吉 子克家 1-248(經)
—— 包有魚 无咎 不利賓 3-38(經)
—— 包荒 用馮河 不遐遺 朋亡 得尙于中行 1-348(經)
—— 咸臨 吉 无不利 2-44(經)
—— 渙奔 其机 悔亡 3-289(經)
—— 見龍在田 利見大人 1-114(經)
—— 悔亡 2-232(經)
九二利貞
九二 利貞 征凶 弗損 益之 2-358(經)
———— 中以爲志也 2-360(經)
九二貞吉
九二 曳其輪 貞 吉 3-366(經)
九二 田獲三狐 得黃矢 貞吉 2-340(經)
九二 貞吉 2-256(經)
———— 得中道也 2-341(經)
———— 以中也 2-256(經)
———— 中以行正也 3-367(經)
九二之孚 3-73(經)
九二 孚乃利用禴 无咎 3-72(經)
———— 有喜也 3-73(經)
九二悔亡
九二 悔亡 2-232(經)
———— 能久中也 2-232(經)
其悔若无 則言悔亡 言其悔已亡也 若恒卦———亡是也 1-130
九疇
孔安國以爲 河圖則八卦是也 洛書則——是也 4-144
句芒(人) 4-179
求小得
——— 未出中也 2-185(經)
九二 坎有險 ——— 2-184(經)
求王明 3-110(經)
九三 井渫不食 爲我心惻 可用汲 王明 並受其福 3-108(經)
——— 受福也 3-110(經)
拘係之
——— 上窮也 2-26(經)

上六 ——— 乃從 維之 王用亨于西山 2-24(經)
姤
故受之以— 4-322(經)
— 女壯 勿用取女 3-32(經)
— 遇也 柔遇剛也 3-32(經), 4-333(經)
—者 遇也 4-322(經)
—之時義大矣哉 3-34(經)
大略唯有凶卦无德者 若剝蹇夬—之屬 1-157
巽下乾上 3-32(經)
若豫旅遯—凡四卦 皆云時義 1-419
亦有全无德者 若豫觀剝晉蹇解夬—井艮歸妹 凡十一卦也 1-157
天下有風 — 1-144, 3-35(經)
姤卦 1-418
——稱 后以施命誥四方 1-146
姤其角
——— 上窮吝也 3-48(經)
上九 ——— 吝 无咎 3-47(經)
屨校滅趾
———— 不行也 2-68(經)
易曰 ———— 无咎 此之謂也 4-204(經)
初九 屨校 滅趾 无咎 2-67(經)
舊井无禽
———— 時舍也 3-106(經)
以旣非食 禽又不向 卽是一時共棄舍也 3-106
初六 井泥不食 ———— 3-105(經)
君德也 1-115, 117
易曰 見龍在田 利見大人 ——— 1-187(經)
君子居則觀其象而玩其辭 動則觀其變而玩其占 4-42(經)
乾之九四或躍在淵 是動則觀其變也 4-43
易象則明其善惡 辭則示其吉凶 4-42
春秋傳云先王卜征五年 又云卜以決疑 是動玩其占也 4-43
君子 吉 小人 否
九四 好遯 —— — —— — 2-247(經)
君子好遯 小人否也 2-248(經)
音 臧否之否 2-248
君子道消 1-365, 366
小人道長 ———— 1-359(經), 2-39, 41, 42
君子道長
———— 小人道消 1-344(經)
———— 小人必凶 3-30
夬 決也 剛決柔也 ———— 小人道憂也 4-334(經)
君子得輿 2-99(經)
———— 民所載也 2-99(經)
上九 碩果不食 ———— 小人剝廬 2-98(經)
君子所居而安者 易之序也 4-41(經)
居在乾之初九 而安在勿用 若居在乾之九三 而安在乾乾 4-41
所居而安者 由觀易位之次序也 4-42
君子于行
———— 義不食也 2-285(經)
初九 明夷于飛 垂其翼 ———— 三日不食 有攸往 主人有言 2-283(經)
君子有終
謙 亨 ———— 1-400(經)
九三 勞謙 ———— 吉 1-408(經)
君子有解 2-346(經)
———— 小人退也 2-346(經)
六五 君子維有解 吉 有孚于小人 2-345(經)
君子以 2-307(經)
———居賢德善俗 3-188(經)
———儉德辟難 不可榮以祿 1-360(經)
———見善則遷 有過則改 2-374(經)
———經綸 1-228(經)
———恐懼修省 3-156(經)
———果行育德 1-246(經)
———教思无窮 容保民 无疆 2-42(經)
———勞民勸相 3-104(經)
———多識前言往行 以畜其德 2-137(經)
———獨立不懼 遯世无悶 2-163(經)
———同而異 2-308

———類族辨物 1-374(經)
———莅衆 2-282(經)
———立不易方 2-230(經)
———明庶政 无敢折獄 2-80(經)
———明 愼用刑而不留獄 3-241(經)
———反身修德 2-324(經), 325
———辯上下 定民志 1-335(經)
———裒多益寡 稱物平施 1-404(經)
———朋友講習 3 273(經)
———非禮弗履 2-254(經)
———赦過宥罪 2-338(經)
——— 思不出其位 3-175(經)
———思患而豫防之 3-348(經)
———常德行 習教事 2-182(經)
———成德爲行 1-151, 185(經)
———順德 積小以高大 3-70(經)
———施祿及下 居德則忌 3-18(經), 19
———申命行事 3-258(經)
———愼辨物居方 3-363(經)
———愼言語 節飮食 2-147(經)
———遏惡揚善 順天休命 1-389(經)
———言有物而行有恒 2-296(經)
———永終知敝 3-207(經)
———容民畜衆 1-288(經)
———遠小人 不惡而嚴 2-242(經)
———飮食宴樂 1-259(經)
———議其過失之獄 緩捨當死之刑 3-314
———懿文德 1-320(經), 321
———議獄緩死 3-313(經)
———自强不息 1-140(經), 174
———自昭明德 2-267(經)
———作事謀始 1-272(經)
———折獄致刑 3-224(經)
———正位凝命 3-136(經)
———制數度 議德行 3-301(經)
———除戎器 戒不虞 3-55(經)
———振民育德 2-31(經)
———懲忿窒欲 2-356(經)
———治歷明時 3-120(經)
———行過乎恭 喪過乎哀 用過乎儉
3-330(經)
———嚮晦入宴息 2-17(經)
———虛受人 2-210(經)
———厚德載物 1-201(經)
君子貞
不利——— 1-359(經)
否卦云 否之匪人 不利——— 1-157
利——— 1-158, 370(經)
君子正
文明以健 中正而應 ———也 1-372(經)
君子征凶 1-330
———— 有所疑也 1-329(經)
上九 旣雨旣處 尙德載 婦貞厲 月幾望 ——
—— 1-327(經)
君子終日乾乾 1-148
九三 —————— 夕惕 若厲 无咎
1-120(經)
—————— 夕惕 若厲 无咎 1-162(經),
4-35
或直以人事 不取物象以明義者 若乾之九三—
————— 坤之六三含章可貞之例 1-202
君子之光
———— 其暉吉也 3-372(經)
六五 貞吉 无悔 ———— 有孚 吉 3-370(經)
君子之道
————鮮矣 4-65(經)
同人先號咷而後笑 子曰 ———— 或出或處
或默或語 二人同心 其利斷金 4-92(經)
陽 一君而二民 ————也 4-193(經)
君子知微知彰 知柔知剛 萬夫之望 4-211(經)
君子進德脩業
—————— 欲及時也 1-168(經)
子曰 —————— 1-162(經)
君子體仁 足以長人 1-150(經)
君子夬夬
九三 壯于頄 有凶 ———— 獨行 遇雨若濡

有愠 无咎 3-22(經)
———— 終无咎也 3-24(經)
象云无咎 自釋———— 非經之无咎 3-24
君子豹變
———— 其文蔚也 3-131(經)
上六 ———— 小人革面 3-129(經)
君子學以聚之 問以辯之 1-186(經)
君子黃中通理 正位居體 1-220(經)
群龍
見—— 1-132
——之義 以无首爲吉 1-132
用九 見—— 无首 吉 1-131(經), 132
宮(音)
彈—而—應 1-169
窮理盡性
———— 以至於命 4-276(經)
窮斯濫矣 3-78
窮蟬(人) 4-179
窮神知化
———— 德之盛也 4-200(經)
勸學篇(書)
蔡邕———云 鼫鼠五能 不成一伎術 2-274
厥孚交如
———— 信以發志也 1-396(經)
六五 ———— 威如 吉 1-396(經)
厥宗噬膚
———— 往有慶也 2-316(經)
厥宗 謂二也 2-314
六五 悔亡 ———— 往 何咎 2-314(經)
鬼方(族) 3-370
九四 貞 吉 悔亡 震用伐—— 三年 有賞于大國 3-369(經)
九三 高宗伐—— 三年克之 小人勿用 3-352(經)
鬼神
—— 害盈而福謙 1-402(經)
與——合其吉凶 1-190(經)
易能通——之變化 4-52
日中則昃 月盈則食 天地盈虛 與時消息 而況於人乎 況於——乎 3-223(經)
知——之情狀 4-53(經)
天且弗違 而況於人乎 況於——乎 1-190(經)
歸妹
—— 女之終也 4-333(經)
——以須 3-211(經), 213(經)
——以娣 3-208(經), 210(經)
—— 征凶 无攸利 3-201(經)
—— 天地之大義也 天地不交 而萬物不興 歸妹 人之終始也 3-203(經)
雖取物象 乃以人事而爲卦名者 即家人——謙履之屬是也 1-106
亦有全无德者 若豫觀剝晉蹇解夬姤井艮——凡十一卦也 1-157
帝乙—— 1-355(經), 3-201, 214(經), 215, 216(經)
進必有所歸 故受之以—— 4-322(經)
兌下震上 3-201(經)
澤上有雷 —— 1-143, 3-207(經)
歸妹以須
———— 未當也 3-213(經)
六三 ———— 反歸以娣 3-211(經)
歸妹以娣
———— 以恒也 3-210(經)
初九 ———— 跛能履 征吉 3-208(經)
歸藏(書) 4-326
——起於黃帝 4-226
睽
坎—蹇之時 宜用君子 小人勿用 1-418
蓋取諸— 4-186(經)
故受之以— 4-321(經)
—孤 2-313(經), 316(經), 317
—蹇坎此三卦 皆云時用 1-419
— 小事吉 2-305(經)
— 外也 4-330(經)
—者 乖也 4-321(經)
—者 乖異之名 2-305

—之時用 大矣哉 2-306(經)
— 火動而上 澤動而下 2-305(經)
上火下澤 — 1-142, 2-307(經)
若造弧矢 法睽之象 4-118
兌下離上 2-305(經)
睽孤
九四 —— 遇元夫 交孚 厲 无咎 2-313(經)
上九 —— 見豖負塗 載鬼一車 先張之弧 後說之弧 匪寇婚媾 往 遇雨則吉 2-316(經)
處睽之極 睽道未通 故曰——也 2-317
睽卦 1-419
闚觀
——女貞 2-56(經)
六二 —— 利女貞 2-55(經)
闚觀女貞
———— 亦可醜也 2-56(經)
闚其戶 闃其无人 3-238(經)
——— ———— 自藏也 3-238(經)
上六 豐其屋 蔀其家 ——— ———— 三歲不覿 凶 3-236(經)
近取諸身 4-267
———— 遠取諸物 於是 始作八卦 以通神明之德 以類萬物之情 4-173(經)
金柅
繫于—— 3-38(經)
金者 堅剛之物 柅者 制動之主 謂九四也 3-35
初六 繫于—— 貞吉 有攸往 見凶 羸豕孚蹢躅 3-35(經)
禁民爲非曰義 4-171(經)
岐山(地)
文王——之會 3-74
王用亨于—— 順事也 3-75(經)
六四 王用亨于—— 吉 无咎 3-74(經)
其吉
九四 乘其墉 弗克攻 吉 1-379(經)
—— 則困而反則也 1-379(經)
其來復吉 2-336(經)
———— 乃得中也 2-336(經)
无所往 其來復 吉 有攸往 夙吉 2-335(經)
其匪正
——— 有眚 不利有攸往 无妄之往 何之矣 天命不祐 行矣哉 2-120(經)
无妄 元亨 利貞 ——— 有眚 不利有攸往 2-117(經)
其辭危 4-254(經)
其要无咎 4-250(經), 256(經)
其羽可用爲儀
—————— 吉 不可亂也 3-200(經)
上九 鴻漸于陸 —————— 吉 3-199(經)
其子和之
九二 鳴鶴在陰 ———— 我有好爵 吾與爾靡之 3-316(經)
———— 中心願也 3-317(經)
鳴鶴在陰 ———— 我有好爵 吾與爾靡之 4-89(經)
其行次且
九四 臀无膚 ———— 牽羊悔亡 聞言不信 3-25(經)
九三 臀无膚 ———— 厲 无大咎 3-40(經)
———— 位不當也 3-26(經)
———— 行未牽也 3-42(經)
其血玄黃 1-222
之上六 ————63
玄黃者 天地之雜也 天玄而地黃 1-222(經)
上六 龍戰于野 ———— 1-212(經)
旣雨旣處 1-317, 330
———— 德積載也 1-329(經)
上九 ———— 尙德載 婦貞厲 月幾望 君子征凶 1-327(經)
旣憂之
——— 咎不長也 2-46(經)
六三 甘臨 无攸利 ——— 无咎 2-46(經)
旣濟
故受之以—— 4-325(經)
—— 定也 4-333(經)

——亨 3-345(經)
—— 亨小 利貞 初吉終亂 3-344(經)
水在火上 —— 1-143, 3-348(經)
亦有一德者 若蒙師小畜履泰謙噬嗑賁復大過震豐節——未濟凡十五卦 1-156
離下坎上 3-344(經)
既濟亨
——— 小者亨也 3-345(經)
幾者
—— 動之微 4-209(經)
—— 離无入有 4-125
箕子(人)
——之明夷 2-290(經), 291
——之貞 2-291(經)
內難而能正其志 ——以之 2-280(經)
惟——能用之 故云——以之 2-281
六五 ——之明夷 利貞 2-290(經)
箕子之明夷
箕子明夷 4-220
六五 ————— 利貞 2-290(經)
六五最比闇君 似箕子之近殷紂 故曰—————也 2-291
箕子之貞
箕子能保其貞 卒以全身 爲武王師也 2-291
———— 明不可息也 2-291(經)
六五 箕子之明夷 利貞 2-290(經)
吉无咎
大——— 3-63(經)
元——— 2-376(經)
六二 引 ——— 孚乃利用禴 3-58(經)
引——— 3-59(經)
丈人——— 1-287
吉 无咎
九四 大— —— 3-62(經)
九二 巽在牀下 用史巫 紛若— —— 3-260(經)
九二 在師中 — —— 王三錫命 1-291(經)
師 貞 丈人 — —— 1-286(經)
上九 晉其角 維用伐邑 厲— —— 貞吝 2-277(經)
上六 敦臨 — —— 2-49(經)
損 有孚 元— ——可貞 利有攸往 曷之用 二簋可用享 2-349(經)
損而有孚 元— ——可貞 利有攸往 2-352(經)
六四 王用亨于岐山 — —— 3-74(經)
六二 已日 乃革之 征- —— 3-123(經)
貞 大人 — —— 3-78(經)
初九 利用爲大作 元— —— 2-375(經)
吉无不利
上九 自天祐之 ———— 1-397(經)
亦有其吉灼然而稱吉者 若大有上九 自天祐之 ————之類 1-401
自天祐之 吉无不利 4-42(經), 146(經), 181(經)
咸臨———— 未順命也 2-45(經)
吉亨
吉而亨通 1-344
泰 小往大來 —— 1-344(經)
初六 拔茅茹 以其彙 貞 —— 1-361(經)
吉凶生大業 4-141(經)
吉凶者
——— 失得之象 4-39, 40, 45
——— 失得之象也 4-34(經)
——— 言乎其失得也 4-45(經)
——— 貞勝者也 4-164(經)
吉凶悔吝 4-44, 257
剛柔———— 4-158
————小疵无咎 皆生乎變 4-47
————者 生乎動者也 4-162(經)
聖人設卦觀象 爻辭————之細別 4-32

【ㄴ】

洛(水)→洛水

春秋緯云 河以通乾出天苞 —以流坤吐地符 河龍圖發 洛龜書感 4-144
河出圖 —出書 聖人則之 4-143(經), 145
洛(地)→洛陽
銅山崩而—鍾應 1-171
洛書(書)←書
孔安國以爲 河圖則八卦是也 ——則九疇是也 4-144
河圖有九篇 ——有六篇 4-144
樂天知命 4-56(經), 59
樂行憂違
樂則行之 憂則違之 確乎其不可拔 1-159(經)
男女構精
———— 萬物化生 4-214(經)
男女睽而其志通也
天地睽而其事同也 ———————— 萬物睽而其事類也 2-306(經), 307
男女正
——— 天地之大義也 2-294(經)
男正位乎外 2-294(經)
家人 女正位乎內 2-294(經)
男下女 2-207(經)
艮爲少男而居於下 兌爲少女而處於上 2-207
釋取女吉之義 2-207
咸 亨 利貞 取女吉 2-204(經)
南狩之志
九三 明夷于南狩 得其大首 不可疾貞 2-287(經)
———— 乃大得也 2-288(經)
南征 吉
南是明陽之方 3-68
—— — 志行也 3-69(經)
納約自牖
六四 樽酒簋貳 用缶 ———— 終无咎 2-186(經)
乃亂乃萃
———— 其志亂也 3-58(經)
初六 有孚不終 ———— 若號一握爲笑 勿恤往无咎 3-56(經)
乃徐有說
九五 劓刖 困于赤紱 ———— 利用祭祀 3-92(經)
———— 以中直也 3-94(經)
內陽而外陰 內健而外順 內君子而外小人 1-344(經)
泰 小往大來 吉亨 1-344(經)
內陰而外陽 內柔而外剛 內小人而外君子 1-359(經)
否之匪人 不利君子貞 大往小來 1-359(經)
來徐徐
九四 ——— 困于金車 吝 有終 3-90(經)
——— 志在下也 3-92(經)
來之坎坎
———— 終无功也 2-186(經)
六三 ———— 險且枕 入于坎窞 勿用 2-185(經)
來兌之凶
———— 位不當也 3-276(經)
六三 來兌 凶 3-275(經)
老夫女妻
九二 枯楊生稊 老夫得其女妻 无不利 2-164(經)
———— 過以相與也 2-167(經)
老婦士夫
九五 枯楊生華 老婦得其士夫 无咎无譽 2-170(經)
———— 亦可醜也 2-172(經)
老陽 1-112
極二百一十六策 以定乾之——之象 4-121
——數九 老陰數六 1-111
三者俱少 爲—— 4-114
以乾—— 一爻有三十六策 4-111
老陰 1-112
坤之—— 一爻有二十四策 4-112
老陽數九 ——數六 1-111
三者俱多 爲—— 4-114

窮一百四十四策 以定坤之——之象 4-121
老子(人)
——曰 不見可欲 使心不亂 3-170
——曰 王侯得一 以爲天下貞 4-164
——曰 自知者明 2-267
——云 道生一 卽此太極是也 4-139
——云 水至淸則無魚 人至察則無徒 4-30
——云 爲而不宰 功成不居 4-66
——云 一生二 4-139
——云 寵辱若驚 4-133
引——道經之文 以結成此義 4-66
老子經(書)→道德經
有德司契之文 出———也 1-273
勞謙
九三 —— 君子有終 吉 1-408(經)
——君子 1-408(經)
—— 君子有終 吉 4-95(經)
勞謙君子
———— 萬民服也 1-408(經)
勞乎坎 4-284(經), 287
坎者 水也 正北方之卦也 勞卦也 萬物之所歸也 故曰 ——— 4-286(經)
魯哀公(人)←哀
魯襄公(人)←襄
魯桓公(人)←桓
論語(書)
——曰 鳥之將死 其鳴也哀 3-327
——云 於予與何誅 2-234
爲仁由己 ——文 1-280
鄭注——云 同門曰朋 同志曰友 2-331
雷雨作 解 1-142, 2-338(經)
雷雨之動 1-226
———— 滿盈 1-225(經)
雷在地中 復 1-144, 2-107(經)
復卦以動息爲主 故曰雷在地中 2-108
諸卦之象 直言兩象 卽以卦名結之 若———— — 2-122
雷在天上 大壯 1-143, 2-254(經)
震雷爲威動 乾天主剛健 2-254
雷電皆至 豐 1-142, 3-224(經)
雷電 噬嗑 1-142, 2-66(經)
雷出地奮 豫 1-143, 420(經)
雷澤(地)
燧人之世 有大人跡出於—— 華胥履之而生包犧 4-176
舜始漁於—— 1-109
舜漁於—— 陶於河濱 1-161
雷風相與 2-225(經)
雷風 恒 1-142 2-230(經)
能以衆正 可以王矣 1-287(經)
師 衆也 貞 正也 1-287(經)
能止健 大正也 2-132, 135(經)
艮能止乾之健者 德能大正 2-135
柅 3-37
繫于金— 3-38(經)
—者 制動之主 謂九四也 3-35
— 制動之主 3-37
惟馬云 —者 在車之下 所以止輪令不動者也 3-37
初六 繫于金— 貞吉 有攸往 見凶 羸豕孚蹢躅 3-35(經)

【ㄷ】

丹陵(地) 4-179
彖→彖傳 2-146, 222, 334, 3-157, 206
乾—之文 1-184
—及序卦 皆以大訓豐也 3-219
—文 2-64
—倂擧小亨利有攸往利見大人以結之 3-256
—辭 1-133, 214, 245, 283, 372, 2-351, 4-191, 245(經), 246, 247
—象 1-140, 2-281, 4-160, 161, 267
—詳而象略也 1-140
—釋 2-169, 230

—雖疊渙亨二字 3-284
—言成卦之材 4-191
—謂卦下之辭 言說乎—卦之象也 4-44
—曰 1-380, 3-132, 298, 307, 325
—云 1-110, 137, 241, 242, 374, 2-66, 4-257, 313
—者言乎象者 4-15
—者 言乎象者也 4-44(經)
—者 材也 4-191(經)
— 全論一卦之體 1-317
—之末 歎云大哉者 凡一十二卦 1-419
凡—者 言乎—卦之所以爲主也 1-334
夫子爲—之體 斷明一卦之義 體例不同 1-137
案諸卦之— 先標卦名 乃復言曰某卦 曰同人 曰大有 曰小畜之類 2-63
諸卦之— 釋卦名之下 乃釋卦下之義 於後乃歎而美之 2-194
彖辭 1-245, 372, 2-351
卦下——者 論此卦之材德 4-191
—— 剛來而得中 1-283
——謂文王卦下之辭 4-246
——含弘光大 言含養萬物而德化光大 1-214
文王卦下—— 擧明立此卦象之綱統也 4-247
夫子所作—— 統論一卦之義 或說其卦之德 或說其卦之義 或說其卦之名 1-133
知者觀其—— 則思過半矣 4-245(經)
彖象
故此及晉卦皆——同辭也 2-281
——謂卦下之辭 說其卦之義也 4-161
彖詳而象略也 1-140
以——附上下二經 4-267
立卦之義 則見於—— 4-160
彖曰
—— 小過 小者過而亨 3-325
—— 柔得位得中 而應乎乾 曰同人 1-380
—— 節以制度 3-298
—— 節以制度 不傷財 不害民 3-307
—— 鼎 象也 3-132
彖云
坎卦—— 天險不可升 地險山川丘陵 4-257
乾—— 大哉乾元 坤卦—云 至哉坤元 1-137
乾—— 六位時成 1-182
謙卦—— 地道卑而上行 2-66
卦之下體爲離 故—— 文明 1-374
—— 蒙以養正 乃聖功也 1-242
—— 初筮告 以剛中 1-241
大過—— 棟橈 本末弱 1-110
同人—— 同人曰 同人於野 亨 1-137
同人—— 柔得位得中而應乎乾 曰同人 大有—— 柔得 1-137
損卦—— 損下益上曰上行 2-66
豫卦—— 1-137, 4-313
晉卦—— 2-66
大車以載
九二 ———— 1-391(經)
———— 積中不敗也 1-392(經)
大蹇朋來
九五 大蹇 朋來 2-330(經)
———— 以中節也 2-331(經)
大過 2-159(經)
蓋取諸—— 4-188(經)
過 謂過越之過 非經過之過 此衰難之世 唯陽爻乃大能過越常理 以拯患難也 故曰—— 2-159
——九三棟橈凶 九四棟隆吉 是一卦相形也 4-36
——彖云 棟橈 本末弱 1-110
—— 大者過也 2-160(經)
——是有用之時 亦直稱時者 取——之名 其意卽盡 更无餘意 1-420
—— 顚也 4-333(經)
——之時 大矣哉 1-417, 2-162(經)
變者 反覆唯成一卦 則變以對之 乾坤坎離——頤中孚小過之類 4-309
不養則不可動 故受之以—— 4-316(經)

巽下兌上 2-159(經)
亦有一德者 若蒙師小畜履泰謙噬嗑賁復——震豐節既濟未濟凡十五卦 1-156
二者亂時 ——之世 1-417
歎卦有三體 一直歎時 如——之時大矣哉之例 是也 1-417
澤滅木 —— 1-143, 2-163(經)
解之時 革之時 頤之時 ——之時 此四卦直云時 1-419
大過卦
王於———下注云 音相過之過 3-325
大觀 在上 2-52(經)
大君
——謂天子也 1-299
——有命 1-298(經), 299(經)
——之宜 2-47(經), 48(經)
武人爲于—— 志剛也 1-340(經)
六三 眇能視 跛能履 履虎尾 咥人 凶 武人爲于—— 1-338(經)
大君有命
———— 以正功也 1-299(經)
上六 ———— 開國承家 小人勿用 1-298(經)
大君之宜
———— 行中之謂也 2-48(經)
六五 知臨 ———— 吉 2-47(經)
大吉
九四 —— 无咎 3-62(經)
——无咎 3-63(經)
——而无不利 3-149
富家—— 2-301(經)
飛鳥遺之音 不宜上 宜下 —— 上逆而下順也 3-330(經)
上九 鼎玉鉉 —— 无不利 3-148(經)
小過 亨 利貞 可小事 不可大事 飛鳥遺之音 不宜上 宜下 —— 3-325(經)
六四 富家 —— 2-300(經)
初六 允升 —— 3-71(經)
大吉无咎
九四 大吉 无咎 3-62(經)
———— 位不當也 3-63(經)
大明終始 六位時成 1-132(經)
大師 相遇
九五 同人先號咷 而後笑 大師克 相遇 1-380(經)
—— —— 言相克也 1-381(經)
必以大師與三四戰克 乃得與二相遇 1-380
大司徒(書)
———云 其動物植物 1-347
———云 動物植物 1-171
大象(書)→大象傳 1-140, 141, 320
象天地雷風日月山澤 於——略盡 4-114
大象傳(書)←大象
大業
吉凶生—— 4-141(經)
富有之謂—— 4-70(經)
盛德—— 至矣哉 4-69(經)
大衍之數 4-15, 117
———— 五十 其用 四十有九 4-101(經)
大演之數
繫辭所云 ————五十 其用四十有九 明用蓍之數 4-271
韓康伯注繫辭云————五十 用王輔嗣意 4-272
大往小來
否則————之類 4-47
否之匪人 不利君子貞 ———— 1-359(經)
大有
乾下離上 1-386(經)
——彖云 柔得 1-137
——上吉 自天祐也 1-399(經)
——須謙 4-308
—— 元亨 1-386(經)
—— 柔得尊位大中 而上下應之 曰—— 1-387(經)
—— 衆也 4-331(經)

——初九 无交害也 1-390(經)
案諸卦之彖 先標卦名 乃復言曰某卦 曰同人曰—— 曰小畜之類 2-63
與人同者 物必歸焉 故受之以—— 4-312(經)
亦有其吉灼然而稱吉者 若——上九 自天祐之 吉无不利之類 1-401
有二德 ——蠱漸大畜升困中孚凡七卦 1-156
引易之——上九爻辭 4-146
尊位大中而上下應之 曰——之例 是也 1-137
此——上九爻辭 4-43
火在天上 —— 1-143, 389(經)
大矣哉
蹇之時用 ——— 2-322(經), 323
姤之時義 ——— 3-34(經)
睽之時用 ——— 2-306(經)
大過之時 ——— 2-162(經)
遯之時義 ——— 2-241(經)
三歎時幷義 豫之時義———之例 是也 1-417
隨時之義 ——— 1-419, 2-14(經), 16
旅之時義 ——— 3-241(經)
豫之時義 ——— 1-415(經)
二歎時幷用 如險之時用———之例 是也 1-417
一直歎時 如大過之時———之例 是也 1-417
天地養萬物 聖人養賢 以及萬民 頤之時 ——— 2-145(經)
天地革而四時成 湯武革命 順乎天而應乎人 革之時——— 3-118(經)
解之時 ——— 2-337(經)
險之時用 ——— 2-181(經)
或有先疊文解義而後歎者 則豫卦彖云 豫之時義———之類 是也 1-137
大人吉 1-368
九五 休否 ——— 其亡其亡 繫于苞桑 1-366(經)
大人之吉 1-368(經)
大人否亨 1-363(經)
———— 不亂群也 1-363(經)
大人用此包承之德 能否閉小人之吉 其道乃亨 1-362
六二 包承 小人 吉 大人 否 亨 1-362(經)
大人以
————繼明照于四方 2-195(經), 196
大人之吉
九五 休否 大人吉 其亡其亡 繫于苞桑 1-366(經)
———— 位正當也 1-368(經)
大人虎變
九五 ———— 未占 有孚 3-128(經)
———— 其文炳也 3-129(經)
大壯
蓋取—— 4-187(經)
乾下震上 2-252(經)
故受之以—— 4-319(經)
雷在天上 —— 1-143, 2-254(經)
—— 大者 壯也 2-252(經)
——利貞 2-253(經)
—— 利貞 2-252(經)
—— 則止 4-331(經)
以陽稱大 陽長既多 是大者盛壯 故曰—— 2-252
大壯利貞
大壯 利貞 2-252(經)
———— 大者正也 正大而天地之情 可見矣 2-253(經)
大哉乾元 1-132(經), 134, 2-77
發首則歎美卦者 則此乾彖云 ———— 1-137
大貞凶 1-158
九五 屯其膏 小貞吉 ——— 1-237(經)
屯卦九五屯其膏小貞吉——— 是一爻相形也 4-36
或有於小人爲吉 大人爲凶 若屯之九五 小貞

吉 ——— 及否之六三 包承 小人吉之類 1-401
大庭氏(人) 4-176
大中
大有 柔得尊位—— 而上下應之 曰大有 1-387(經)
——者 謂六五處大以中 柔處尊位 是其大也 居上卦之內 是其中也 1-387
尊位——而上下應之 曰大有之例 是也 1-137
大耋之嗟
九三 日昃之離 不鼓缶而歌 則———— 凶 2-198(經)
大畜
乾下艮上 2-132(經)
——艮卦在上 善畜下之乾也 1-330
—— 剛健篤實 輝光 日新其德 2-133(經)
—— 乾在於下 艮在於上 艮是陽卦 又能止物 能止此乾之剛健 所畜者大 故稱—— 1-315
—— 時也 4-328(經)
—— 利貞 不家食 吉 利涉大川 2-132(經)
——者 畜之極也 1-329
——初畜而后通 4-243
有无妄然後 可畜 故受之以—— 4-316(經)
有二德 大有蠱漸——升困中孚凡七卦 1-156
此論——義也 1-331
此則艮能止之 故爲——也 2-132
天在山中 —— 1-144, 2-137(經)
畜而不已 謂之—— 1-331
大亨 1-223, 225
——以正 2-40(經), 119(經), 3-117(經)
——貞 1-224(經), 225, 2-14(經), 4-247
聖人亨 以享上帝 而——以養聖賢 3-134(經)
巽而順 剛中而應 是以—— 3-69(經)
何氏云 天衢旣通 道乃—— 2-144
大亨以正
———— 天之命也 2-119(經)
———— 革而當 其悔乃亡 3-117(經)
臨 剛浸而長 說而順 剛中而應 ———— 天之道也 2-40(經)
大亨貞 1-225
——— 无咎 而天下隨時 2-14(經)
屯 剛柔始交而難生 動乎險中 ——— 1-224(經)
屯卦彖云利貞 夫子釋云動於險中——— 4-247
大皞帝包犧氏(人)→伏羲
————— 風姓 4-176
大和 1-138
保合—— 1-136, 138(經)
德博而化 1-161(經)
文言云 九二———— 1-115
文言云 ———— 1-117
圖(書)→河圖
河出— 洛出書 聖人則之 4-143(經)
道經(書)→道德經
引老子——之文 以結成此義 4-66
道德經(書)←老子經, 道經
道義之門
成性存存 ———— 4-83(經)
易與道義爲門戶 4-84
獨立不懼
君子以———— 遯世无悶 2-163(經)
獨善其身 2-325
君子以反身修德 2-324(經)
豚魚吉
——— 信及豚魚也 3-312(經)
魚者 蟲之幽隱 豚者 獸之微賤 3-310
中孚 ——— 利涉大川 利貞 3-310(經)
敦艮
——之吉 3-183(經)
上九 —— 吉 3-183(經)
敦艮之吉
———— 以厚終也 3-183(經)
上九 敦艮 吉 3-183(經)
敦復无悔

———— 中以自考也 2-114(經)
六五 敦復 无悔 2-114(經)
敦臨
——之吉 2-49(經)
上六 —— 吉 无咎 2-49(經)
敦臨之吉
敦臨之吉 志在內也 2-49(經)
上六 敦臨 吉 无咎 2-49(經)
敦乎仁 4-56(經)
安土敦仁者 萬物之情也 4-57
突如其來如
九四 ———— 焚如 死如 棄如 2-200(經)
———— 无所容也 2-201(經)
離之九四————焚如死如棄如之屬 據其文辭 其凶可見 故不言凶也 4-35
同歸而殊塗
子曰 天下何思何慮 天下———— 一致而百慮 4-195(經)
同心之言 其臭如蘭 4-93(經)
二人同心 其利斷金 4-92(經)
同而異 2-307(經)
君子以——— 2-308
同人
——先號咷而後笑 子曰 君子之道 或出或處或默或語 二人同心 其利斷金 4-92(經)
——曰 1-137, 371(經), 372,
——于野 亨 利涉大川 利君子貞 1-370(經)
——云 ——於野 亨 1-157
—— 柔得位得中而應乎乾 曰—— 1-370(經)
—— 親也 4-331(經)
物不可以終否 故受之以—— 4-312(經)
曰—— 1-137, 370(經), 380, 2-63
離下乾上 1-370(經)
天與火 —— 1-142, 1-374(經)
或有特疊卦名而稱其卦者 則——彖云 ——曰 ——於野 亨 1-137
同人曰
——— 同人于野 亨 利涉大川 乾行也 1-371(經)
利涉大川 非二之所能也 是乾之所行 故特曰——— 1-371
別云 ———者 是其義有異 1-372
或有特疊卦名而稱其卦者 則同人彖云 ——— 同人於野 亨 1-137
同人于郊
———— 志未得也 1-383(經)
上九 ———— 无悔 1-382(經)
同人于野 亨
同人曰 ———— —— 利涉大川 乾行也 1-371(經)
———— —— 利涉大川 利君子貞 1-370(經)
同人于宗
———— 吝道也 1-376(經)
六二 ———— 吝 1-376(經)
同人之先
九五 同人先號咷 而後笑 大師克 相遇 1-380(經)
———— 以中直也 1-381(經), 382
東隣殺牛
九五 ———— 不如西隣之禴祭 實受其福 3-355(經)
———— 不如西隣之時也 3-357(經)
———— 不如西隣之禴祭 實受其福也 3-356
東北
艮 ——之卦也 4-286(經)
蹇 利西南 不利—— 2-321(經)
——反西南 卽爲陽也 1-195
——喪朋 1-194, 195(經), 199(經), 200
不利—— 2-321(經), 322(經), 334
西南 地也 —— 山也 2-321
東北喪朋 1-194, 200
———— 乃終有慶 1-199(經)
西南得朋 ———— 1-195(經)
動物植物

大司徒云 其——— 1-347
大司徒云 ——— 1-171
周禮五土 ———各有所宜 4-172
動而健 2-117(經)
震動而乾健 故能使物无妄也 2-118
動而有悔也 1-174(經)
子曰 貴而无位 高而无民 賢人在下位而无輔 是以——— 4-96(經)
動乎險中 1-226
屯 剛柔始交而難生 ——— 大亨貞 1-224(經)
動悔有悔
——— 吉行也 3-97(經)
上六 困于葛藟 于臲卼 曰動悔 有悔 征吉 3-95(經)
棟隆
九四 —— 吉 有它吝 2-168(經)
大過九三棟橈凶 九四棟隆吉 是一卦相形也 4-36
——之吉 2-169(經)
棟隆之吉
九四 棟隆 吉 有它吝 2-168(經)
——— 不橈乎下也 2-169(經)
棟橈
九三 —— 凶 2-167(經)
彖釋——者 本末弱也 2-169
大過九三——凶 九四棟隆吉 是一卦相形也 4-36
大過彖云 —— 本末弱 1-110
—— 本末弱也 2-161(經)
—— 利有攸往 亨 2-159(經)
——者 本末弱也 2-169
——之凶 2-168(經)
以九三不得尊位 故有—— 2-171
處——之世 而爲无咎无譽 2-170
棟橈之凶
九三 棟橈 凶 2-167(經)
——— 不可以有輔也 2-168(經)
童蒙求我
童蒙之來求我 1-240
蒙 亨 匪我求童蒙 ——— 初筮 告 再三 瀆 瀆則不告 1-240(經)
匪我求童蒙 ——— 志應也 1-244(經)
童蒙之吉
——— 順以巽也 1-253(經)
六五 童蒙 吉 1-252(經)
童僕貞
九三 旅焚其次 喪其——— 厲 3-244(經)
得——— 終无尤也 3-244(經)
六二 旅卽次 懷其資 得——— 3-243(經)
董遇(人)
——云 莧 人莧也 陸 商陸也 3-29
姚信——云 天地之數五十有五者 4-102
銅山(地)
銅山崩而洛鍾應 1-171
憧憧往來
九四 貞吉 悔亡 ——— 朋從爾思 2-215(經)
——— 未光大也 2-218(經)
——— 猶未光大 2-220
易曰 ——— 朋從爾思 4-195(經)
有——— 然後朋從爾之所思也 2-216
杜預(人)←杜元凱, 元凱
杜元凱(人)→杜預
———注襄九年傳 遇艮之八 1-112
———桓二年傳 鞶厲旒纓 1-285
屯
— 剛柔始交而難生 動乎險中 大亨貞 1-224(經)
— 見而不失其居 4-327(經)
—其膏 1-237(經), 238(經)
—難 1-224~226, 229, 231~233, 237, 4-310
— 難也 1-223
—是屯難 1-232
—如邅如 1-231(經), 232, 233, 4-35, 244

— 元亨利貞 1-223(經), 225
—有二義 一難也 一盈也 1-226
—者 物之始生也 4-310(經)
—者 盈也 4-310(經)
—之四德 1-223
—次乾坤 4-310
覆者 表裏視之 遂成兩卦 —蒙需訟師比之類 4-309
若—之六二—如邅如乘馬班如匪寇婚媾女子貞不字十年乃字 是吉凶未定 亦不言吉凶也 4-35
盈天地之間者 唯萬物 故受之以— 4-310(經)
王肅云 — 剛柔始交而難生 故爲物始生也 4-310
雲雷 — 1-142, 228(經)
有四德者 卽乾坤—臨隨无妄革七卦 1-155
至— 乃剛柔始交 2-205
震下坎上 1-223(經)
或其卦當時之義 卽有四德 如乾坤—臨无妄此五卦之時 卽能四德備具 2-13
或有於小人爲吉 大人爲凶 若—之九五 小貞吉 大貞凶 1-401
或取萬物雜象以明義者 若—之六三卽鹿无虞六四乘馬班如之屬 1-202
屯卦
——九五屯其膏小貞吉大貞凶 是一爻相形也 4-36
——彖云利貞 夫子釋云動於險中大亨貞 4-247
——初九盤桓 利居貞 4-244
所以爻卦二辭 本末俱等 其猶——初九與卦俱稱利建侯 3-157
案—— 元亨利貞之後 別云利建侯 則建侯非元亨也 恐莊氏說非也 1-415
屯其膏
九五 ——— 小貞吉 大貞凶 1-237(經)
——— 施未光也 1-238(經)
屯難其膏 1-237
屯難 1-225, 233
盧氏云 物之始生 故—— 4-310
——其膏 1-237
——之世 1-224, 226, 229, 231
——之時 1-231, 237
屯是—— 1-232
屯如邅如 1-232, 233
若屯之六二————乘馬班如匪寇婚媾女子貞不字十年乃字 是吉凶未定 亦不言吉凶也 4-35
六二 ———— 4-244
六二 ———— 乘馬班如 匪寇 婚媾 女子貞不字 十年乃字 1-231(經)
遯
嘉— 2-249(經)
艮下乾上 2-239(經)
係— 2-246(經), 247(經)
—極反壯 4-308
—尾 2-243(經), 244(經)
—世无悶 1-159(經), 2-163(經)
— 以遠時爲吉 4-239
—者 退也 4-319(經)
— 則退也 4-331(經)
—之時義 大矣哉 2-241(經)
—亨 2-240(經)
— 亨 小利貞 2-239(經)
物不可以久居其所 故受之以— 4-319(經)
物不可以終— 4-319(經)
若豫旅—姤凡四卦 皆云時義 1-419
天下有山 — 1-144, 2-241(經), 242
肥— 2-250(經), 251(經)
好— 2-247(經), 248(經)
遯卦
——云 亨 小利貞 1-156
遯尾
初六 —— 厲 勿用有攸往 2-243(經)
——之厲 2-244(經)
遯尾之厲

——— 不往何災也 2-244(經)
初六 遯尾 厲 勿用有攸往 2-243(經)
遯世无悶
君子以獨立不懼 ——— 2-163(經)
不成乎名 ——— 不見是而无悶 1-159(經)
遯亨
—— 遯而亨也 2-240(經)
遯 亨 小利貞 2-239(經)
得其資斧
九四 旅于處 ——— 我心不快 3-247(經)
——— 心未快也 3-248(經)
得中道
幹母之蠱 ——也 2-35(經)
九二貞吉 ——也 2-341(經)
有戎勿恤 ——也 3-22(經)
黃離元吉 ——也 2-198(經)

【ㅁ】

馬(人)→馬融 2-329, 366, 3-37, 46
馬季長(人)→馬融 1-232, 3-192, 4-15
——云 易有太極 謂北辰也 4-101
馬融(人)←馬,馬季長 2-219, 220, 3-29, 4-271, 272
馬鄭(人)→馬融, 鄭玄
——皆案爾雅云十朋之龜者 2-366
馬匹亡
—— 絶類 上也 3-321(經)
六四 月幾望 —— 无咎 3-319(經)
莫益之
—— 偏辭也 2-385(經)
上九 —— 或擊之 立心勿恒 凶 2-384(經)
易曰 —— 或擊之 立心勿恒 凶 4-217(經)
萬物睽而其事類也
天地睽而其事同也 男女睽而其志通也 —— ——— 2-306(經), 307
萬物覩
——則利見大人也 1-170
聖人作而—— 1-169(經)
萬物資生
——— 乃順承天 1-197(經)
萬物資地而生 1-197
萬物資始 1-139
——— 乃統天 1-132(經)
聖人亦當令——— 統領於天位 1-139
萬物化生
男女構精 ——— 4-214(經)
孟子(書)
——曰 吾君不游 吾何以休 吾君不豫 吾何以助 4-313
孟僖(人) 2-374
蔑貞
蔑 削也 貞 正也 2-93
剝之初六剝牀以足——凶 六二剝牀以辨——凶者 此皆凶狀灼然而言凶也 4-36
六二 剝牀以辨 —— 凶 2-94(經)
初六 剝牀以足 —— 凶 2-93(經)
明兩作 離 1-142, 2-195(經), 196
明夷 1-242
箕子—— 4-220
箕子之—— 2-290(經)
—— 利艱貞 2-280(經)
—— 以處昧利貞 4-239, 240
—— 誅也 4-330(經)
明入地中 —— 1-144, 2-280(經), 282(經)
文王—— 1-176
離下坤上 2-280(經)
進必有所傷 故受之以—— 4-320(經)
此卦與——正反 ——象云 君子以莅衆 用晦而明 2-267
明入地中 明夷 1-144, 2-280(經), 282(經)
明出地上
——— 順而麗乎大明 柔進而上行 2-265(經)
——— 晉 1-143, 2-267(經)

離上坤下 故言———— 2-266
明出地上 晉 1-143, 2-267(經)
冥升
——在上 3-77(經)
上六 —— 利于不息之貞 3-76(經)
冥升在上
———— 消不富也 3-77(經)
冥豫
——在上 1-428(經)
上六 ——成 有渝 无咎 1-428(經)
冥豫在上
———— 何可長也 1-428(經)
鳴謙 1-413
但有虛名聲聞之謙 故云—— 1-411
——貞吉 1-407(經)
—— 志未得也 1-412(經)
鳴者 聲名聞之謂也 1-407
六二 —— 貞吉 1-407(經)
上六 —— 利用行師征邑國 1-411(經)
鳴謙貞吉
———— 中心得也 1-407(經)
鳴條(地)
放桀—— 3-119
鳴鶴在陰 其子和之
九二 ———— ———— 我有好爵 吾與爾靡之 3-316(經)
———— ———— 我有好爵 吾與爾靡之 4-89(經)
牧野(地)
誅紂—— 3-119
蒙
坎下艮上 1-240(經)
擊— 1-254(經)
困— 1-251(經)
童— 1-240(經), 244(經), 252(經), 253(經), 259
物生必— 故受之以— 4-311(經)
— 山下有險 險而止 — 1-243(經)
—以養正 聖功也 1-245(經)
—者 —也 物之穉也 4-311(經)
— 雜而著 4-327(經)
—之所利 乃利正也 1-242
—亨 1-244(經)
— 亨 1-240(經), 4-247
— 亨 匪我求童蒙 童蒙求我 初筮 告 再三 瀆 瀆則不告 1-240(經)
發— 1-246(經)
覆者 表裏視之 遂成兩卦 屯—需訟師比之類 4-309
山下出泉 — 1-144, 245(經)
亦有一德者 若—師小畜履泰謙噬嗑賁復大過 震豐節既濟未濟凡十五卦 1-156
包— 1-248(經)
蒙卦
——云 蒙 亨 初筮告 4-247
猶——初六象曰 利用刑人 以正法 3-260
蒙亨
—— 以亨行 時中也 1-244(經)
妙萬物
神也者 ———而爲言者也 4-288(經)
无疆 2-371, 4-170
坤厚載物 德合—— 1-197(經)
君子以教思无窮 容保民 —— 2-42(經)
安貞之吉 應地—— 1-199(經)
益 動而巽 日進—— 天施地生 其益无方 2-373(經)
益 損上益下 民說—— 2-370(經)
行地—— 1-193, 197(經), 198
无交害
大有初九 ———也 1-390(經)
——— 匪咎 艱則无咎 1-390
初九 ——— 匪咎 艱則无咎 1-389(經)
无咎可貞
先儒皆以———— 各自爲義 言既吉而无咎 則可以爲正 2-351
損卦云 ———— 1-157

損 有孚 元吉 ——— 利有攸往 曷之用 二簋可用享 2-349(經)
損而有孚 元吉 ——— 利有攸往 2-352(經)
王意 以——— 共成一義 2-351
无咎无譽 2-171
九五 枯楊生華 老婦得其士夫 ——— 2-170(經)
易曰 括囊——— 蓋言謹也 1-219(經)
六四 括囊 无咎 无譽 1-208(經)
處棟橈之世 而爲——— 2-170
无咎者 善補過也 4-45(經)
繫辭云 ——— ——— 1-121
易之爲書 亦有小吉 則无咎之屬 善補過是也 4-37
无大咎
九三 幹父之蠱 小有悔 ——— 2-35(經)
九三 臀无膚 其行次且 厲 ——— 3-40(經)
无妄
—— 剛自外來而爲主於內 2-117(經)
—— 元亨 利貞 其匪正 有眚 不利有攸往 2-117(經)
—— 災也 4-328(經)
——之藥 2-120(經), 130(經)
——之往 2-124(經)
——之災 2-126(經)
——之疾 2-129(經)
——之行 2-131(經)
——稱 先王以茂對時育萬物 1-146
復則不妄矣 故受之以—— 4-316(經)
有——然後 可畜 故受之以大畜 4-316(經)
有四德者 即乾坤屯臨隨——革七卦 1-155
震動而乾健 故能使物——也 2-118
震下乾上 2-117(經)
天下雷行 —— 1-144
天下雷行 物與—— 2-121(經)
或其卦當時之義 即有四德 如乾坤屯臨—— 此五卦之時 即能四德備具 2-13
无妄之藥
其匪正 有眚 不利有攸往 ——— 何之矣 天命不祐 行矣哉 2-120(經)
——— 不可試也 2-130(經)
无妄之往
——— 得志也 2-124(經)
初九 无妄往 吉 2-123(經)
无妄之災
六三 ——— 或繫之牛 行人之得 邑人之災 2-126(經)
无妄之疾
九五 ——— 勿藥 有喜 2-129(經)
无妄之行
上九 无妄行 有眚 无攸利 2-131(經)
——— 窮之災也 2-131(經)
无方 4-59
凡——无體 各有二義 4-59
神道者 微妙—— 理不可知 目不可見 不知所以然而然 2-53
神—— 4-59, 62
神—— 而易无體 4-58(經)
益 動而巽 日進无疆 天施地生 其益—— 2-373(經)
无不利 2-276, 3-266
九五 貞吉 悔亡 ——— 无初有終 先庚三日 後庚三日 吉 3-265(經)
九二 枯楊生稊 老夫得其女妻 ——— 2-164(經)
九二 咸臨 吉 ——— 2-44(經)
吉——— 1-397(經), 401, 2-45(經), 4-42(經), 146(經), 181(經)
———撝謙 1-401(經)
大吉而——— 3-149
不習——— 1-206(經), 217(經)
上九 肥遯 ——— 2-250(經)
上九 鼎玉鉉 大吉 ——— 3-148(經)
上六 公用射隼于高墉之上 獲之 ——— 2-346(經)

六四 ——— 撝謙 1-409(經)
六四 乘馬班如 求婚媾 往 吉 ———
1-236(經)
六五 貫魚 以宮人寵 ——— 2-97(經)
六五 不富以其隣 利用侵伐 ———
1-410(經)
六五 悔亡 失得勿恤 往 吉 ——— 2-275(經)
六二 直方大 不習——— 1-204(經)
肥遯——— 2-251(經)
无不利撝謙
————— 不違則也 1-410(經)
六四 无不利 撝謙 1-409(經)
无喪无得 3-99(經)
无眚
九二 不克訟 歸而逋其邑 人三百戶 ——
1-275(經)
无所往
——— 其來復 吉 有攸往 夙吉 2-335(經)
无首
群龍之義 以——爲吉 1-132
—— 吉 1-131(經), 132, 1-139
比卦云 比吉 上六則云 比之——凶 1-319
比之—— 无所終也 1-314(經)
上六 比之—— 凶 1-313(經)
无首 吉 1-139
用九 見群龍 —— — 1-131(經), 132
无魚
九四 包—— 起凶 3-43(經)
——之凶 3-44(經)
无魚之凶
九四 包无魚 起凶 3-43(經)
———— 遠民也 3-44(經)
无譽 1-209
无咎—— 1-208(經), 219(經), 2-170(經),
171
六四 括囊 无咎 —— 1-208(經)
无往不復
乾體初雖在下 今將復歸於上 坤體初雖在上
今欲復歸於下 1-351
九三 无平不陂 ———— 艱貞 无咎 勿恤其
孚 于食有福 1-351(經)
———— 天地際也 1-353(經)
无爲 4-116
——之化 4-26
聖人用—— 以及天下 是聖人不爲 4-29
易 无思也 ——也 4-122(經)
自然——之道 4-62
无攸利 2-263, 3-61
歸妹 征凶 ——— 3-201(經)
——— 柔乘剛也 3-206(經)
未濟 亨 小狐汔濟 濡其尾 ——— 3-360(經)
上九 无妄行 有眚 ——— 2-131(經)
上六 女承筐 无實 士刲羊 无血 ———
3-217(經)
上六 羝羊觸藩 不能退 不能遂 ——— 艱則
吉 2-262(經)
濡其尾 ——— 不續終也 3-362(經)
六三 甘臨 ——— 旣憂之 无咎 2-46(經)
六三 勿用取女 見金夫 不有躬 ———
1-250(經)
六三 拂頤貞 凶 十年勿用 ——— 2-151(經)
六三 萃如嗟如 ——— 往 无咎 小吝
3-60(經)
初六 浚恒 貞凶 ——— 2-230(經)
无體 4-59
道是——之名 形是有質之稱 4-152
凡无方—— 各有二義 4-59
神无方 而易—— 4-58(經)
易—— 4-59, 60, 62
寂然—— 4-60, 62
寂然幽靜而—— 4-62
无初有終 2-312
九五 貞吉 悔亡 无不利 ———— 先庚三日
後庚三日 吉 3-265(經)
———— 遇剛也 2-313(經)
六三 見輿曳 其牛掣 其人 天且劓 ————

2-311(經)

无號之凶

———— 終不可長也 3-31(經)

上六 无號 終有凶 3-30(經)

无悔

九五 咸其脢 —— 2-218(經)

敦復—— 2-114(經)

上九 同人于郊 —— 1-382(經)

六三 渙其躬 —— 3-290(經)

六五 敦復 —— 2-114(經)

六五 喪羊于易 —— 2-260(經)

六五 貞吉 —— 君子之光 有孚 吉 3-370(經)

无懷(人)→无懷氏 4-176

无懷氏(人)←无懷 4-176

武(人)→武王

殷湯周— 3-119

周—十人 2-146

湯— 3-118(經), 129

武王(人)←武

明箕子能保其貞 卒以全身 爲——師也 2-291

武人爲于大君

—————— 志剛也 1-340(經)

六三 眇能視 跛能履 履虎尾 咥人 凶 ——————— 1-338(經)

武人之貞

初六 進退 利———— 3-258(經)

利———— 3-260(經)

武丁(人)→高宗

高宗者 殷王——之號也 3-353

默而成之

———— 不言而信 存乎德行 4-155(經)

文明

剛健 謂乾也 —— 謂離也 1-388

卦之下體爲離 故彖云 —— 1-374

其德 剛健而—— 應乎天而時行 是以元亨 1-387(經)

內——而外柔順 以蒙大難 文王以之 2-280(經)

——以健 中正而應 君子正也 1-372(經)

—— 離也 以止 艮也 2-79

——以止 人文也 2-79(經)

已日乃孚 革而信之 ——以說 3-117(經)

離者 —— 2-198

見龍在田 天下—— 1-179(經)

文言(書)→文言傳 1-159, 174, 176, 180, 185, 202

乾坤——在二繫之后說卦之前 4-267

——論乾元之德 1-182

—— 備矣 1-108

——云 九二德博而化 1-115

——云 德博而化 1-117

——云 上下无常 進退无恒 1-126

——云 雖危无咎 1-123

——云 因時而惕 1-124

——云 知進退存亡而不失其正者 其唯聖人乎 1-130

——云 直 其正也 1-204

輔嗣以——分附乾坤二卦 故說卦爲第九 4-267

備在—— 1-107

上繫第七 下繫第八 ——第九 說卦第十 4-267

以乾爲四德之主 —— 1-175

莊氏云 文謂文飾 以乾坤德大 故特文飾 以爲 —— 1-150

文言傳(書)←文言

文王(人)←西伯 1-179, 193

今言作易 言是伏犧 非——等 4-269

內文明而外柔順 以蒙大難 ——以之 2-280(經)

彖辭謂——卦下之辭 4-246

——係小亨之辭 3-256

——卦下彖辭 擧明立此卦象之綱統也 4-247

——拘在羑里 1-129

——既繇六十四卦 4-308

——明夷 1-176
——又於爻卦之下 繫之以辭 明其爻卦之中吉凶之義 4-274
——作易 1-154
配祀明堂五方之帝 以考——也 1-421
事同——岐山之會 3-74
序卦 依——上下而次序之 4-326
易之興也 其當殷之末世 周之盛德邪 當——與紂之事邪 4-254(經)
惟——能用之 故云文王以之 2-281
以蒙大難 ——有天下 4-256
周易起於——及周公 4-226
聞言不信
九四 臀无膚 其行次且 牽羊悔亡 ————3-25(經)
———— 聰不明也 3-26(經)
勿用
居在乾之初九 而安在—— 4-41
乾之初九 趣向——之時 4-163
九三 高宗伐鬼方 三年克之 小人——3-352(經)
——永貞 3-336(經), 337
——有攸往 1-223, 224(經), 2-243(經)
——取女 1-250(經), 251(經), 3-32(經), 33(經)
上六 大君有命 開國承家 小人——1-298(經)
上六 城復于隍 ——師 自邑告命 貞吝 1-356(經)
小人—— 1-298(經), 299(經), 418, 3-352(經)
十年—— 2-151(經), 152(經)
六三 來之坎坎 險且枕 入于坎窞 ——2-185(經)
六三 拂頤貞 凶 十年—— 无攸利 2-151(經)
潛龍—— 1-110, 147(經), 151, 159(經), 179(經), 4-169, 4-243
初九 潛龍 —— 1-108(經)
漢高祖生於暴秦之世 唯隱居爲泗水亭長 是——也 1-109
勿用永貞 3-337
九四 无咎 弗過 遇之 往厲必戒 ————3-336(經)
勿用有攸往 1-223, 224(經)
初六 遯尾 厲 ———— 2-243(經)
勿用取女
姤 女壯 ———— 3-32(經)
———— 不可與長也 3-33(經)
———— 行不順也 1-251(經)
六三 ———— 見金夫 不有躬 无攸利 1-250(經)
勿憂
—— 宜日中 3-220(經)
——宜日中 3-222(經), 223
勿憂宜日中
————— 宜照天下也 3-222(經), 223
勿逐 2-309
六二 婦喪其茀 —— 七日得 3-350(經)
六二 震來厲 億喪貝 躋于九陵 —— 七日得 3-158(經)
初九 悔亡 喪馬 —— 自復 見惡人 无咎 2-308(經)
物不可以終
—————難 故受之以解 4-321(經)
—————動 止之 故受之以艮 4-322(經)
—————遯 4-319(經)
—————否 故受之以同人 4-312(經)
—————離 故受之以節 4-324(經)
—————壯 故受之以晉 4-319(經)
—————止 故受之以漸 4-322(經)
—————盡剝 窮上反下 故受之以復 4-316(經)
—————通 故受之以否 4-312(經)
物宜
否卦則比擬否之形容 象其否之—— 4-85
聖人 有以見天下之賾 而擬諸其形容 象其—

　一 4-85(經), 153(經)
　六十四卦 皆擬諸形容 象其——也 4-85
　泰卦比擬泰之形容 象其泰之—— 4-85
未光也 2-71
　屯其膏 施——— 1-238(經)
　上六引兌 ——— 3-280(經)
　維用伐邑 道——— 2-279(經)
　利艱貞吉 ——— 2-72(經)
　中行无咎 中——— 3-29(經)
　震遂泥 ——— 3-163(經)
　萃有位 ———也 3-64(經)
未當位
　解而拇 ———也 2-345(經)
未得位
　旅于處 ———也 3-248(經)
未失道
　觀我生進退 ———也 2-57(經)
　遇主于巷 ———也 2-311(經)
未濟
　坎下離上 3-360(經)
　物不可窮也 故受之以—— 終焉 4-325(經)
　—— 男之窮也 4-334(經)
　—— 亨 小狐汔濟 濡其尾 无攸利 3-360(經)
　——征凶 3-369(經)
　——亨 3-361(經)
　先儒以乾至離爲上經 天道也 咸至——爲下經 人事也 4-317
　於未濟之世 終得—— 3-361
　亦有一德者 若蒙師小畜履泰謙噬嗑賁復大過震豐節旣濟——凡十五卦 1-156
　火在水上 —— 1-143, 3-363(經)
未濟征凶
　———— 位不當也 3-369(經)
　六三 未濟 征凶 利涉大川 3-367(經)
未濟亨
　未濟 亨 小狐汔濟 濡其尾 无攸利 3-360(經)
　——— 柔得中也 3-361(經)
迷復
　——之凶 2-116(經)
　復卦云 復亨 上六云 ——凶 1-319
　上六 —— 凶 有災眚 用行師 終有大敗 以其國 君凶 至于十年 不克征 2-115(經)
迷復之凶
　———— 反君道也 2-116(經)
　上六 迷復 凶 有災眚 用行師 終有大敗 以其國 君凶 至于十年 不克征 2-115(經)
微顯闡幽
　夫易 彰往而察來 而———— 4-221(經)
彌綸天地之道 4-44
　能——————— 4-51(經)
密雲不雨
　艮止於下而不交焉 故不雨也 3-339
　———— 尙往也 1-317(經)
　———— 已上也 3-341(經)
　———— 自我西郊 1-316(經), 3-340
　————者 不能畜止諸陽 1-318
　小畜亨 ———— 1-328
　六五 密雲不雨 ———— 公弋取彼在穴 3-339(經)
　以艮之陽爻 已上於一卦之上而成止 故不上交而爲雨也 3-342

【ㅂ】

剝
　坤下艮上 2-90(經)
　大略唯有凶卦无德者 若—蹇夬姤之屬 1-157
　物不可以終盡— 窮上反下 故受之以復 4-316(經)
　— 爛也 4-329(經)
　— 一也 柔變剛也 2-90(經)
　— 不利有攸往 2-90(經)
　—不利有攸往 離之九四突如其來如焚如死如棄如之屬 據其文辭 其凶可見 故不言凶也 4-35

—牀以辨 2-94(經), 95(經), 4-36
—牀以膚 2-96(經), 97(經)
—牀以足 2-93(經), 4-36
—者 —落也 2-90
—者 —也 4-316(經)
—之无咎 2-95(經), 96(經)
—之爲義 小人道長之謂 3-278
—之六三 以應陽爲善 3-22
—之六三 處陰長之時而應上 是助陽爲善 3-23
—之初六—牀以足蔑貞凶 六二—牀以辨蔑貞凶者 此皆凶狀灼然而言凶也 4-36
賁盡致— 4-308
山附於地 — 1-143, 2-92(經)
小人—廬 2-98(經), 99(經)
亦有全无德者 若豫觀—晉蹇解夬姤井艮歸妹凡十一卦也 1-157
柔而浸大 —之道也 3-329
致飾然後亨則盡矣 故受之以— 4-315(經)
夬 與—反者也 3-13
夬 以剛決柔 如—之消剛 3-13
或則以物象而爲卦名者 若否泰—頤鼎之屬是也 1-106
剝卦 2-359
九月—— 一陽上極也 4-238
——陽氣之盡 在於九月之末 2-102
剝牀以辨
———— 蔑貞凶 4-36
———— 未有與也 2-95(經)
剝之初六剝牀以足蔑貞凶 六二————蔑貞凶者 此皆凶狀灼然而言凶也 4-36
六二 ———— 蔑貞 凶 2-94(經)
剝牀以膚
———— 切近災也 2-97(經)
六四 ———— 凶 2-96(經)
剝牀以足
———— 蔑貞凶 4-36
———— 猶云剝牀之足也 2-93
———— 以滅下也 2-93(經)
剝之初六————蔑貞凶 六二剝牀以辨蔑貞凶者 此皆凶狀灼然而言凶也 4-36
初六 ———— 蔑貞 凶 2-93(經)
剝之无咎
———— 失上下也 2-96(經)
六三 剝之 无咎 2-95(經)
反復其道 七日來復 2-101(經)
復 亨 出入无疾 朋來 无咎 ———— 七日來復 利有攸往 2-100(經)
反復道
反覆 皆道也 1-147
終日乾乾 ———也 1-147(經)
反身修德
君子以———— 2-324(經)
獨善其身 2-325
磐桓 1-229, 4-327
雖—— 志行正也 1-230(經)
初九 —— 利居貞 利建侯 1-228(經)
拔茅
——茹 1-347(經), 361(經)
——征吉 1-348(經)
——貞吉 1-361(經)
拔茅茹 1-361(經)
初九 ——— 以其彙征 吉 1-347(經)
初六 ——— 以其彙 貞 吉亨 1-361(經)
拔茅征吉
———— 志在外也 1-348(經)
拔茅貞吉
———— 志在君也 1-361(經)
發蒙
初六 —— 利用刑人 用說桎梏 以往 吝 1-246(經)
發揮於剛柔而生爻 1-111, 4-276(經)
放勛(人)→堯
摯立不肖而崩 弟——代立 是爲帝堯 4-179
白賁无咎
———— 上得志也 2-89(經)

上九 白賁 无咎 2-88(經)
百姓日用而不知 4-65(經), 66
柏黃氏(人) 4-176
藩決不羸
九四 貞 吉 悔亡 ——— 壯于大輿之輹 2-258(經)
——— 尙往也 2-259(經)
範圍天地 4-59
———之化而不過 4-57(經)
闢戶
—— 謂之乾 4-136(經)
變通 配四時 4-80(經)
變化者 進退之象 4-38(經), 40
輔嗣(人)→王弼 1-115, 116, 182, 194, 203, 222, 283, 2-66, 87, 102, 166, 219, 4-316
——又云 甲庚皆申命之謂 2-27
——以文言分附乾坤二卦 故說卦爲第九 4-267
——以通解舍 1-178
——注 甲者 創制之令 2-27
——之意 4-284
——之義 4-144
諸儒不顧——注旨 妄作異端 非也 2-27
保合大和
保安合會大和之道 乃能利貞於萬物 1-138
——— 乃利貞 1-138(經)
輔相 1-344
輔助天地所生之宜 1-346
——天地之宜 1-345(經)
輔相天地之宜
后以財成天地之道 ————— 以左右民 1-345(經)
卜筮
——蓍龜所用 4-128
易有聖人之道四焉 以言者尙其辭 以動者尙其變 以制器者尙其象 以——者尙其占 4-118(經)
伏戎于莽
九三 ——— 升其高陵 三歲不興 1-376(經)
——— 敵剛也 1-378(經)
伏羲(人)←大皥帝包犧氏, 伏犧, 虙犧, 包犧, 包犧氏, 皇雄氏, 犧
伏犧(人)→伏羲
古之聰明叡知神武之君 謂——等 4-134
孔子以——畫八卦 後重爲六十四卦 八卦爲六十四卦之本 4-267
今言作易 言是—— 非文王等 4-269
——初畫八卦 以震象雷 以巽象風 以艮象山 以兌象澤 4-274
易之爻卦之象 則在上古——之時 4-226
或謂之—— 或謂之虙犧 一號皇雄氏 4-176
虙犧(人)→伏羲
或謂之伏犧 或謂之—— 一號皇雄氏 4-176
復
牽— 1-322(經), 323(經)
雷在地中 — 1-144, 2-107(經), 122
敦— 2-114(經)
无往不— 1-351(經), 353(經)
物不可以終盡剝 窮上反下 故受之以— 4-316(經)
迷— 1-319, 2-115(經), 116(經)
— 其見天地之心乎 2-104(經)
— 德之本也 4-228(經)
— 反也 4-330(經)
— 小而辨於物 4-231(經)
—以自知 4-234(經)
—臨二卦 1-120
—自道 1-321(經), 322(經)
—卽命渝 1-279(經), 280, 281(經)
—則不妄矣 故受之以无妄 4-316(經)
—亨 1-319, 2-100(經)
— 亨 出入无疾 朋來 无咎 反復其道 七日來復 利有攸往 2-100(經)
不遠— 2-109(經), 4-214(經)

頻— 2-111(經), 113(經)
若謙泰及—之等 德義旣美 行之不已 久必致此四德 但當初之時 其德未具 故卦不顯四德也 2-13
亦有卦善而德少者 若泰與謙—之類 1-157
亦有一德者 若蒙師小畜履泰謙噬嗑賁—大過震豐節旣濟未濟凡十五卦 1-156
六五亦居—之尊位 爲復卦尊位之主 1-282
一陽生爲— 4-237
震下坤上 2-100(經)
休— 2-111(經)

復卦 1-120
坤卦之盡 則——陽來 2-102
其悔雖亡 或是更取他文結之 若——初九不遠復 无祇悔之類是也 1-130
——於初細微小之時 卽能辨於物之吉凶 不遠速復 4-231
——云 復亨 上六云 迷復凶 1-319
——以動息爲主 故曰雷在地中 2-108
———陽始復 剛性尙微 又不得其中 故未有元亨利貞 2-41
——初九是復卦之主 1-282
——稱 先王以至日閉關 1-146
六五亦居復之尊位 爲——尊位之主 1-282
引——初九 4-214
至如—— 唯陽氣復 非是萬物皆復 2-122

復自道
——— 其義吉也 1-322(經)
初九 ——— 何其咎 吉 1-321(經)

復卽命渝 1-280
———— 安貞 不失也 1-281(經)
———— 安貞吉 1-279(經)

復亨
復卦云 —— 上六云 迷復凶 1-319
—— 剛反動而以順行 是以出入无疾 2-100(經)

覆公餗
九四 鼎折足 ——— 其形渥 凶 3-145(經)
——— 信如何也 3-147(經)
易曰 鼎折足 ——— 其形渥 凶 言不勝其任也 4-207(經)

本草經(書)
———云 螻蛄 一名鼫鼠 謂此也 2-275

本乎地者 親下 1-169(經)

本乎天者 親上 1-169(經)

夫乾
—— 其靜也專 其動也直 是以大生焉 1-136, 4-77(經)
—— 天下之至健也 德行 恒易以知險 4-257(經)
—— 確然 示人易矣 4-167(經)

夫坤
—— 其靜也翕 其動也闢 是以廣生焉 4-78(經)
—— 天下之至順也 德行 恒簡以知阻 4-257(經)
—— 隤然 示人簡矣 4-167(經)

夫大人者
——— 與天地合其德 與日月合其明 與四時合其序 與鬼神合其吉凶 1-190(經)

夫易
—— 開物成務 冒天下之道 4-129(經)
—— 廣矣大矣 4-76(經)
—— 聖人之所以極深而硏幾也 4-125(經)
——六畫成卦 三才必備 2-204
——者 象也 1-174
——者 陰陽變化之謂 4-150
—— 彰往而察來 而微顯闡幽 4-221(經)
子曰 —— 何爲者也 4-129(經)
子曰 易 其至矣乎 —— 聖人所以崇德而廣業也 4-81(經)

夫子(人)→孔子 1-159, 182, 188, 189, 190, 203, 2-63, 194, 4-192, 207, 211, 216, 247
——旣引易文 又釋其義 故云子曰 4-201
——但贊明易道 1-150

——本作十翼 申說上下二篇經文 4-13(經)
——釋六爻之象辭 謂之小象 1-147
——釋此卦之所象 故言 象曰 1-140
——釋含章之義 1-208
——所作彖辭 統論一卦之義 或說其卦之德 或說其卦之義 或說其卦之名 1-133
——爲彖之體 斷明一卦之義 體例不同 1-137
——自發其問 4-147
——第七翼也 1-150
——解潛龍之義 1-186
——還自釋聖人之意 4-149
——還自釋易之體用之狀 4-129
若——敎於洙泗 1-114
夫征不復
九三 鴻漸于陸 ——— 婦孕不育 凶 利禦寇 3-193(經)
——— 離群醜也 3-195(經)
夫妻反目
九三 輿說輻 ——— 1-323(經)
——— 不能正室也 1-323(經)
父父 子子 兄兄 弟弟 夫夫 婦婦
—— —— —— —— —— —— 六親和睦 交相愛樂而家道正 2-301
—— —— —— —— —— ——而家道正 正家而天下定矣 2-294(經)
缶
不鼓一而歌 則大耋之嗟 凶 2-198(經)
用一 納約自牖 終无咎 2-186(經)
有孚盈一 終來有它吉 1-305(經)
孚于嘉吉
九五 孚于嘉 吉 2-24(經)
——— 位正中也 2-24(經)
孚于剝
九五 ——— 有厲 3-278(經)
剝之爲義 小人道長之謂 3-278
——— 位正當也 3-279(經)
孚兌之吉
九二 孚兌 吉 悔亡 3-275(經)
——— 信志也 3-275(經)
孚號有厲
——— 其危乃光也 3-16(經)
夬 揚于王庭 ——— 告自邑 不利卽戎 利有攸往 3-13(經)
附寶(人) 4-178
負乘
負且乘 2-273, 342(經), 343(經), 4-15, 98(經), 100(經)
乘者 君子之器也 負者 小人之事也 2-342
六三 負且乘 致寇至 貞吝 2-342(經)
負且乘 2-273, 4-15
負也者 小人之事也 乘也者 君子之器也 4-98(經)
——— 亦可醜也 2-343(經)
乘二負四 2-342
易曰 ——— 致寇至 4-98(經)
易曰 ——— 致寇至 盜之招也 4-100(經)
六三 ——— 致寇至 貞吝 2-342(經)
婦孕不育
九三 鴻漸于陸 夫征不復 ——— 凶 利禦寇 3-193(經)
——— 失其道也 3-195(經)
婦子嘻嘻
九三 家人嗃嗃 悔厲 吉 ——— 終吝 2-299(經)
——— 失家節也 2-300(經)
富家大吉
——— 順在位也 2-301(經)
六四 富家 大吉 2-300(經)
由其體巽承尊 長保祿位 吉之大者也 故曰 富家 大吉 2-301
分陰分陽 迭用柔剛
——— ——— 故易六位而成章 4-279(經)
奔水氏(人) 4-176
紛若

九二 巽在牀下 用史巫 ——吉 无咎
3-260(經)
——者 盛多之皃 3-261
——之吉 3-262(經)
紛若之吉
———— 得中也 3-262(經)
豶豕之牙
六五 ———— 吉 2-142(經)
六五之吉 有慶也 2-144(經)
爾雅云 墳 大防 2-143
褚氏云 豶 除也 除其牙也 2-143
不可大事
剛失位而不中 是以————也 3-328(經)
小過 亨 利貞 可小事 ———— 飛鳥遺之音
不宜上 宜下 大吉 3-325(經)
畜臣妾吉 ————也 2-247(經)
豐其沛 ————也 3-232(經)
不可涉大川
————— 故居貞吉也 2-156
六五 拂經 居貞 吉 ————— 2-155(經)
不家食 2-135(經)
大畜 利貞 ——— 吉 利涉大川 2-132(經)
———吉 養賢也 2-135(經)
不可貞
苦節——— 其道窮也 3-299(經)
九二 幹母之蠱 ——— 2-34(經)
節 亨 苦節 ——— 3-298(經)
不見是而无悶
不成乎名 遯世无悶 —————— 1-159(經)
不耕穫
——— 未富也 2-125(經)
六二 不耕 穫 不菑 畬 則利有攸往 2-124(經)
不戒以孚
———— 中心願也 1-354(經)
六四 翩翩 不富以其隣 ———— 1-354(經)
不克訟
九四 ——— 1-279(經)
九二 ——— 歸而逋其邑 人三百戶 无眚
1-275(經)
——— 歸逋竄也 1-277(經)
不及其君
———— 臣不可過也 3-333(經)
六二 過其祖 遇其妣 ———— 遇其臣 无咎
3-332(經)
不寧方來
———— 上下應也 1-303(經)
比 吉 原筮 元永貞 无咎 ———— 後夫凶
1-300(經)
不能退 不能遂
——— ——— 不祥也 2-263(經)
上六 羝羊觸藩 ——— ——— 无攸利 艱則
吉 2-262(經)
不當位
雖——— 1-266(經), 2-65(經), 3-92(經),
161, 363(經)
不利東北
蹇 利西南 ———— 2-321(經)
———— 其道窮也 2-322(經)
不言———— 2-334
不利涉大川 1-271, 285
————— 入于淵也 1-269(經)
終凶 利見大人 ————— 1-269(經)
不利有攸往 2-91, 119
其匪正 有眚 ————— 无妄之往 何之矣
天命不祐 行矣哉 2-120(經)
无妄 元亨 利貞 其匪正 有眚 —————
2-117(經)
剝 ————— 2-90(經), 4-35
————— 小人長也 2-90(經)
不事王侯
———— 志可則也 2-38(經)
上九 ———— 高尚其事 2-37(經)
不成乎名
———— 遯世无悶 不見是而无悶 1-159(經)
不速之客
————來 敬之終吉 雖不當位 未大失也

1-266(經)
上六 入于穴 有————三人來 敬之 終吉 1-265(經)
需上六有 ————三人來 1-283
不習无不利
————— 地道光也 1-206(經)
六二 直方大 ————— 1-204(經)
直方大—————— 則不疑其所行也 1-217(經)
不勝而往
———— 咎也 3-20(經)
初九 壯于前趾 往不勝 爲咎 3-19(經)
不惡而嚴
君子以遠小人 ———— 2-242(經)
———— 得正之吉 遯之嘉也 2-249
不如西隣之禴祭
九五 東隣殺牛 ——————— 實受其福 3-355(經)
或稱——————— 此皆論戰爭盛衰之理 4-220
不永所事
———— 訟不可長也 1-275(經)
初六 ———— 小有言 終吉 1-274(經)
不遠復
其悔雖亡 或是更取他文結之 若復卦初九—— 无祇悔之類是也 1-130
易曰 ——— 无祇悔 元吉 4-214(經)
初九 ——— 无祇悔 元吉 2-109(經)
不遠之復
———— 以脩身也 2-110(經)
初九 不遠復 无祇悔 元吉 2-109(經)
不怨天 不尤人 4-235
不節之嗟
———— 又誰咎也 3-305(經)
六三 不節若 則嗟若 无咎 3-305(經)
節之六三 ———— 又誰咎也 4-45
不終日貞吉
————— 以中正也 1-423(經)
六二 介于石 不終日 貞吉 1-422(經)
不拯其隨
———— 未退聽也 3-178(經)
隨 謂趾也 3-177
六二 艮其腓 ———— 其心不快 3-177(經)
不出門庭
九二 ———— 凶 3-303(經)
————凶 失時極也 3-304(經)
不出戶庭
———— 无咎 4-97(經)
———— 知通塞也 3-303(經)
引節之初九周密之事 4-97
初九 ———— 无咎 3-302(經)
不恒其德
九三 ———— 或承之羞 貞吝 2-233(經)
———— 无所容也 2-235(經)
不獲其身 3-169(經)
艮其背 ———— 行其庭 不見其人 无咎 3-171
其得无咎 艮其背 ———— 行其庭 不見其人 故也 3-170
———— 行其庭 不見其人 无咎也 3-174(經)
弗過遇之
九四 无咎 弗過 遇之 往厲必戒 勿用永貞 3-336(經)
———— 位不當也 3-338(經)
弗損益之
九二 利貞 征凶 弗損 益之 2-358(經)
———— 大得志也 2-369(經)
上九 弗損 益之 无咎 貞吉 利有攸往 得臣 无家 2-367(經)
弗遇過之
———— 已亢也 3-343(經)
上六 ———— 飛鳥離之 凶 是謂災眚 3-342(經)
朋來
九五 大蹇 —— 2-330(經)

大蹇—— 以中節也 2-331(經)
復 亨 出入无疾 —— 无咎 反復其道 七日來復 利有攸往 2-100(經)
—— 无咎 2-101(經)
朋友講習
君子以———— 3-273(經)
比
坤下坎上 1-300(經)
覆者 表裏視之 遂成兩卦 屯蒙需訟師—之類 4-309
— 吉 原筮 元永貞 无咎 不寧方來 後夫凶 1-300(經)
— 吉也 — 輔也 下順從也 1-301(經)
—樂師憂 4-326(經)
—者 —也 4-311(經)
—之无首 1-313(經), 314(經), 319
—之匪人 1-307(經), 308(經)
—之自內 1-306(經), 307(經)
—之初六 1-306(經)
—必有所畜 故受之以小畜 4-311(經)
若卦由五位 五又居尊 正爲一主也 若—之九五之類 是也 1-282
衆必有所— 故受之以— 4-311(經)
地上有水 — 1-143, 145, 304(經), 305
顯— 1-309(經), 310, 312, 313(經)
比干(人)
龍逢—— 憂時危亂 不懼誅殺 直言深諫 2-173
比卦
——云 比吉 上六則云 比之无首凶 1-319
——云 原筮 元永貞 无咎 1-157
——云 元永貞 1-158
——稱 先王以建萬國 1-146
比之无首 1-319
———— 无所終也 1-314(經)
上六 ———— 凶 1-313(經)
比之匪人
———— 不亦傷乎 1-308(經)
六三 ———— 1-307(經)
比之自內
———— 不自失也 1-307(經)
六二 ———— 貞吉 1-306(經)
比之初六
———— 有它吉也 1-306(經)
初六 有孚比之 无咎 有孚盈缶 終來有它吉 1-305(經)
否
傾— 1-368(經)
坤下乾上 1-359(經)
大人—亨 1-363(經)
物不可以終— 故受之以同人 4-312(經)
物不可以終通 故受之以— 4-312(經)
—之匪人 1-359(經)
—泰 反其類也 4-331(經)
亦有大人爲吉 於小人爲凶 若—之九五云 休— 大人吉 1-401
引—之九五 4-206
天地不交 — 1-142, 360(經)
八卦相盪 或—或泰 4-160
泰則小往大來 吉亨 —則大往小來之類 4-47
泰之次— 4-308
或有於小人爲吉 大人爲凶 若屯之九五 小貞吉 大貞凶 及—之六三 包承 小人吉之類 1-401
或則以物象而爲卦名者 若—泰剝頤鼎之屬是也 1-106
休— 1-366(經), 401
否卦
——云 否之匪人 不利君子貞 1-157
——則比擬否之形容 象其否之物宜 4-85
以臨卦建丑而至——建申 爲八月也 2-42
否之匪人
———— 不利君子貞 大往小來 1-359(經)
———— 不利君子貞 大往小來 則是天地不交 而萬物不通也 上下不交 而天下无邦也 1-359(經)

肥遯
——无不利 无所疑也 2-251(經)
上九 —— 无不利 2-250(經)
飛龍 1-136
——在天 1-118, 128(經), 129, 148(經), 169(經), 170, 180(經)
——在天 利見大人 1-169(經), 170, 4035, 4-246
飛龍在天 1-118, 129
九五 ———— 利見大人 1-128(經)
———— 乃位乎天德 1-180(經)
———— 大人造也 1-148(經)
———— 上治也 1-175(經), 176(經)
———— 利見大人 1-169(經), 170, 4035, 4-246
聖人作則————也 1-170
飛龍在天 利見大人 1-169(經), 170
乾元亨利貞及九五———— ————之屬 尋文考義 是吉可知 故不須云吉也 4-35
乾之九二見龍在田利見大人 九五———— ———— 是總攝乾卦之義也 4-246
飛鳥遺之音 不宜上 宜下 大吉
————— ——— —— —— 上逆而下順也 3-330(經)
小過 亨 利貞 可小事 不可大事 ————— ——— —— —— 3-325(經)
飛鳥以凶
———— 不可如何也 3-332(經)
初六 ———— 3-331(經)
匪寇婚媾 2-318
———— 終无尤也 2-84(經)
上九 睽孤 見豕負塗 載鬼一車 先張之弧 後說之弧 ———— 往 遇雨則吉 2-316(經)
若屯之六二屯如邅如乘馬班如————女子貞不字十年乃字 是吉凶未定 亦不言吉凶也 4-35
六四 賁如皤如 白馬翰如 匪寇 婚媾 2-83(經)
六二 屯如邅如 乘馬班如 匪寇 婚媾 女子貞不字 十年乃字 1-231(經)
匪其彭
九四 ——— 无咎 1-394(經)
———无咎 明辯晳也 1-395(經)
彭 旁也 謂九三在九四之旁 1-394
匪我求童蒙 童蒙求我
蒙 亨 ————— ———— 初筮 告 再三 瀆 瀆則不告 1-240(經)
————— ———— 志應也 1-244(經)
賁
物不可以苟合而已 故受之以— 4-315(經)
白— 2-88(經), 89(經)
—其須 2-82(經)
— 无色也 4-329(經)
— 飾也 2-76
—者 飾也 4-315(經)
—盡致剝 4-308
—亨 2-76(經)
— 亨 小利有攸往 2-76(經)
山下有火 — 1-144, 2-80(經), 81
亦有一德者 若蒙師小畜履泰謙噬嗑—復大過震豐節旣濟未濟凡十五卦 1-156
離下艮上 2-76(經)
賁卦
——云 柔來而文剛 是離下艮上 而稱柔來 1-283
賁其須
——— 與上興也 2-82(經)
賁亨
賁 亨 小利有攸往 2-76(經)
—— 柔來而文剛 故 亨 2-76(經)
以柔來文剛 而得亨通 故曰——也 2-76
牝馬 1-199, 200
—— 地類 行地无疆 1-197(經)
以——至順 乃得貞也 1-194
利——之貞 1-184, 193(經), 194, 198
頻復

——之厲 2-113(經)
頻 頻蹙之貌也 2-111
六三 —— 厲 无咎 2-111(經)
頻復之厲
———— 義无咎也 2-113(經)
六三 頻復 厲 无咎 2-111(經)
頻巽
九三 —— 吝 3-262(經)
—— 吝 3-263
——之吝 3-263(經)
頻巽之吝
九三 頻巽 吝 3-262(經)
———— 志窮也 3-263(經)
馮河 1-349, 2-139
九二 包荒 用—— 不遐遺 朋亡 得尙于中行 1-348(經)
暴虎—— 3-20

【ㅅ】

四德 1-133, 153~155, 158, 181, 185, 225, 3-311, 4-37
乾元之—— 1-151
乾之—— 1-107, 151, 155, 223
君子行此——者 1-150(經)
其革卦 已日乃孚 有—— 若不已日乃孚 則无—— 2-13
屯之—— 1-223
无——者 1-415
——不具 1-344
四種之德 1-154
上下通泰 物通則失正 故不具—— 2-41
若謙泰及復之等 德義旣美 行之不已 久必致此—— 但當初之時 其德未具 故卦不顯——也 2-13
元是——之首 1-182
有——者 卽乾坤屯臨隨无妄革七卦 1-155
以乾爲——之主 1-175
天之—— 1-151
或其卦當時之義 卽有—— 如乾坤屯臨无妄此五卦之時 卽能——備具 2-13
四象
——生八卦 4-139(經)
兩儀生—— 4-139(經), 140, 145
易有—— 所以示也 4-145(經)
易之——所以示 4-146
莊氏云 ——謂六十四卦之中 有實象 有假象 有義象 有用象 4-145
諸儒有以——爲七八九六 4-145
四營
——而成易 4-113(經), 274
四凶
堯之末年 ——在朝 1-130
死生之說
死生者 終始之數也 4-51
知———— 4-51(經)
泗水(地)
漢高祖生於暴秦之世 唯隱居爲——亭長 是勿用也 1-109
舍車而徒
———— 義弗乘也 2-82(經)
初九 賁其趾 ———— 2-81(經)
思過半矣
知者觀其彖辭 則———— 4-245(經)
思不出其位
君子以—————— 3-175(經)
師
坎下坤上 1-286(經)
覆者 表裏視之 遂成兩卦 屯蒙需訟—比之類 4-309
比樂—憂 4-326(經)
—者 衆也 4-311(經)
— 貞 丈人 吉 无咎 1-286(經)
— 衆也 貞 正也 1-287(經)
—出以律 1-289(經), 291(經)

—或輿尸 1-293(經), 294(經)
訟必有衆起 故受之以— 4-311(經)
亦有一德者 若蒙—小畜履泰謙噬嗑賁復大過震豐節旣濟未濟凡十五卦 1-156
長子帥— 1-296(經), 297, 298(經)
地中有水 — 1-144, 288(經), 320
行— 1-287, 289, 291, 411(經), 412(經), 413, 415(經), 416, 2-115(經)
師卦
序卦需爲飮食 飮食必有訟 故需卦之後 次訟卦也 爭訟必興兵 故訟卦之後 次——也 1-413
師出以律
———— 失律 凶也 1-291(經)
初六 ———— 否臧 凶 1-289(經)
師或輿尸
———— 大无功也 1-294(經)
六三 ———— 凶 1-293(經)
赦過宥罪
君子以———— 2-338(經)
山附於地 剝 1-143, 2-92(經)
山上有雷 小過 1-143, 3-330(經)
山上有木 漸 1-143, 3-188(經)
山上有水 蹇 1-143, 2-324(經)
山上有澤 咸 1-143, 2-210(經)
山上有火 旅 1-143, 3-241(經)
山下有雷 頤 1-144, 2-147(經)
山下有澤 損 1-144, 2-356(經)
山下有風 蠱 1-144, 2-31(經)
山下有火 賁 1-144, 2-80(經), 81
山下出泉 蒙 1-144, 245(經)
三驅
九五 顯比 王用—— 失前禽 邑人不誡 吉 1-309(經)
——之禮 禽向己者則舍之 背己者則射之 是失於前禽也 1-310
先儒皆云 三度驅禽而射之也 1-311
褚氏諸儒皆以爲 三面著人驅禽 1-3
三極
—— 三材也 4-41
六爻之動 ——之道也 4-41(經)
三年克之
高宗伐鬼方 三年乃克也 3-352
九三 高宗伐鬼方 ———— 小人勿用 3-352(經)
———— 憊也 3-353(經)
三德 1-156, 2-13
亦有——者 即離咸萃兌渙小過凡六卦 1-155
三百八十四爻 4-34, 87, 101, 150
三事
莊氏云 ——者 无咎一也 利二也 貞三也 2-222
褚氏云 —— 謂无咎利貞利有攸往 2-222
周氏云 ——者 一亨也 二无咎也 三利貞也 2-222
恒而亨 以濟——也 2-222
三歲不興
九三 伏戎于莽 升其高陵 ———— 1-376(經)
———— 安行也 1-378(經)
三翼
此大象也 十翼之中第—— 1-140
三人行
三人 謂自六三已上三陰也 2-360
易曰 ———則損一人 一人行 則得其友 言致一也 4-215(經)
六三 ———則損一人 一人行則得其友 2-360(經)
三才 4-106, 248
兼——而兩之 故易六畫而成卦 4-279(經)
夫易六畫成卦 ——必備 2-204
三畫以象—— 1-105
八卦小成 但有三畫 於——之道 陰陽未備 4-278
三材 4-317
三極 ——也 4-41

易之爲書也 廣大悉備 有天道焉 有人道焉 有地道焉 兼——而兩之 4-252(經)
六者 非它也 ——之道也 4-252(經)
三天兩地
————而倚數 1-111
三品
——者 一曰乾豆 二曰賓客 三曰充君之庖廚也 3-264
田獲—— 3-264(經), 265(經)
三畫
乾體有—— 坤體有六畫 1-111
——以象三才 1-105
八卦小成 但有—— 於三才之道 陰陽未備 4-278
三皇 4-179
上經
先儒皆以 ——明天道 下經明人事 2-204
先儒以乾至離爲—— 天道也 咸至未濟爲下經 人事也 4-317
先儒以 易之舊題 分自此以上三十卦爲——已下三十四卦爲下經 2-204
上繫(書)→繫辭傳 上 4-181
——辭云 夫乾 其靜也專 其動也直 是以大生焉 1-136
——云 君子出其言善 則千里之外應之 出其言不善 則千里之外違之 4-14
——第七 下繫第八 文言第九 說卦第十 4-267
劉瓛爲十二章 以對——十二章也 4-157
上古
—— 結繩而治 4-190(經)
—— 穴居而野處 4-187(經)
易之爻卦之象 則在——伏犧之時 4-226
上九
—— 擊蒙 不利爲寇 利禦寇 1-254(經)
—— 傾否 先否後喜 1-368(經)
—— 觀其生 君子 无咎 2-59(經)
—— 姤其角 吝 无咎 3-47(經)
—— 睽孤 見豕負塗 載鬼一車 先張之弧 後說之弧 匪寇婚媾 往 遇雨則吉 2-316(經)
—— 既雨既處 尙德載 婦貞厲 月幾望 君子征凶 1-327(經)
—— 敦艮 吉 3-183(經)
—— 同人于郊 无悔 1-382(經)
—— 莫益之 或擊之 立心勿恒 凶 2-384(經)
—— 无妄行 有眚 无攸利 2-131(經)
—— 白賁 无咎 2-88(經)
—— 不事王侯 高尙其事 2-37(經)
—— 弗損 益之 无咎 貞吉 利有攸往 得臣 无家 2-367(經)
—— 肥遯 无不利 2-250(經)
—— 碩果不食 君子得輿 小人剝廬 2-98(經)
—— 巽在牀下 喪其資斧 貞 凶 3-268(經)
—— 視履 考祥 其旋 元吉 1-342(經)
—— 王用出征 有嘉 折首 獲匪其醜 无咎 2-202(經)
——爲建戌之月 1-118
—— 有孚于飮酒 无咎 濡其首 有孚 失是 3-372(經)
—— 有孚 威如 終吉 2-303(經)
—— 由頤 厲吉 利涉大川 2-156(經)
—— 自天祐之 吉无不利 1-397(經)
—— 鼎玉鉉 大吉 无不利 3-148(經)
—— 鳥焚其巢 旅人 先笑後號咷 喪牛于易 凶 3-250(經)
—— 晉其角 維用伐邑 厲吉 无咎 貞吝 2-277(經)
—— 何校滅耳 凶 2-74(經)
—— 何 天之衢亨 2-144(經)
—— 翰音登于天 貞凶 3-322(經)
—— 亢龍 有悔 1-130(經)
—— 或錫之鞶帶 終朝三褫之 1-284(經)
—— 鴻漸于陸 其羽可用爲儀 吉 3-199(經)
—— 渙其血 去逖出 无咎 3-295(經)
上窮
拘係之 ——也 2-26(經)

姤其角 ——吝也 3-48(經)
巽在牀下 ——也 3-269(經)
上六
—— 係用徽纆 寘于叢棘 三歲不得 凶 2-189(經)
—— 苦節 貞凶 悔亡 3-308(經)
—— 困于葛藟 于臲卼 曰動悔 有悔 征吉 3-95(經)
—— 公用射隼于高墉之上 獲之 无不利 2-346(經)
—— 過涉滅頂 凶 无咎 2-172(經)
—— 拘係之 乃從 維之 王用亨于西山 2-24(經)
—— 君子豹變 小人革面 3-129(經)
—— 大君有命 開國承家 小人勿用 1-298(經)
—— 敦臨 吉 无咎 2-49(經)
—— 鳴謙 利用行師征邑國 1-411(經)
—— 冥升 利于不息之貞 3-76(經)
—— 冥豫成 有渝 无咎 1-428(經)
——无實 3-218(經)
—— 无號 終有凶 3-30(經)
—— 迷復 凶 有災眚 用行師 終有大敗 以其國 君凶 至于十年 不克征 2-115(經)
—— 不明晦 初登于天 後入于地 2-291(經)
—— 弗遇過之 飛鳥離之 凶 是謂災眚 3-342(經)
—— 比之无首 凶 1-313(經)
—— 城復于隍 勿用師 自邑告命 貞吝 1-356(經)
—— 乘馬班如 泣血漣如 1-238(經)
——失道凶 2-190(經)
—— 女承筐 无實 士刲羊 无血 无攸利 3-217(經)
—— 往 蹇 來 碩 吉 利見大人 2-331(經)
—— 龍戰于野 其血玄黃 1-212(經)
—— 濡其首 厲 3-358(經)
—— 引兌 3-279(經)
——引兌 3-280(經)
—— 入于穴 有不速之客三人來 敬之 終吉 1-265(經)
—— 齎咨涕洟 无咎 3-65(經)
—— 羝羊觸藩 不能退 不能遂 无攸利 艱則吉 2-262(經)
—— 井收 勿幕 有孚元吉 3-113(經)
—— 震索索 視矍矍 征凶 震不于其躬 于其隣 无咎 婚媾有言 3-166(經)
—— 振恒 凶 2-237(經)
——處坤之上 2-49
—— 豐其屋 蔀其家 闚其戶 闃其无人 三歲不覿 凶 3-236(經)
—— 咸其輔頰舌 2-220(經)
上六无實
———— 承虛筐也 3-218(經)
上六 女承筐 无實 士刲羊 无血 无攸利 3-217(經)
上六失道凶
上六 係用徽纆 寘于叢棘 三歲不得 凶 2-189(經)
————— 三歲也 2-190(經)
上六引兌
上六 引兌 3-279(經)
———— 未光也 3-280(經)
上以
——厚下安宅 2-92(經)
上天下澤 履 1-142, 320, 335(經)
上下敵應 不相與也 3-174(經), 175
八純之卦 皆六爻不應 3-175
上行
謙卦彖云 地道卑而—— 2-66
謙 亨 天道下濟而光明 地道卑而—— 1-402(經)
明出地上 順而麗乎大明 柔進而—— 2-265(經)
凡言—— 皆所之在貴也 2-65
凡言—— 但所之在進 皆曰—— 不是唯向五

位 乃稱——也 2-66
損卦彖云 損下益上曰—— 2-66
損 損下益上 其道—— 2-351(經)
說而麗乎明 柔進而—— 得中而應乎剛 是以小事吉 2-305(經)
柔得中而—— 2-65(經)
柔進而—— 得中而應乎剛 是以元亨 3-135(經)
衆允之 志——也 2-273(經)
此云——及晉卦彖云—— 旣在五位而又稱—— 2-66
上火下澤 睽 1-142, 2-307(經)
向秀(人) 2-370
——云 明王之道 志在惠下 故取下謂之損 與下謂之益 2-370
尙書(書)→書經
——云 高明柔克 4-278
相見乎離 4-284(經), 285
商(音)
蠶吐絲而—弦絶 1-17
象
—也者 像也 4-191(經)
爻也者 效此者也 —也者 像此者也 爻— 動乎內 4-168(經)
象(書)→象傳 1-140, 147, 150, 205, 210, 248, 292, 312, 320, 344, 413, 420, 2-71, 73, 74, 81~83, 86~88, 94, 111~113, 115, 131, 138~140, 142, 144, 145, 148, 157, 159, 164, 166~168, 173, 184, 186, 190, 197~200, 244, 267, 281, 3-20, 24, 27, 260, 4-160, 161, 267, 278
— 各言一爻之德 1-317
—辭 1-203, 149, 283, 297, 2-244, 3-85, 3-157
—載經文 多從省略 1-425
象辭 1-203, 283, 297, 3-85, 157
——皆上下爲韻 1-149
象傳(書)←象
喪其資斧
上九 巽在牀下 ———— 貞 凶 3-268(經)
———— 正乎凶也 3-269(經)
喪羊于易
———— 位不當也 2-262(經)
六五 ———— 无悔 2-260(經)
喪牛于易
上九 鳥焚其巢 旅人 先笑後號咷 ———— 凶 3-250(經)
———— 終莫之聞也 3-252(經)
愬愬終吉
九四 履虎尾 愬愬 終吉 1-340(經)
———— 志行也 1-341(經)
生生之謂易 4-71(經)
道得名生者 道是開通生利萬物 故繫辭云 ————— 2-56
西南
蹇 利—— 不利東北 2-321(經)
東北反—— 卽爲陽也 1-195
—— 坤位 坤是衆也 2-334
—— 坤位 是陰也 1-195
——得朋 1-195(經), 199(經)
—— 地也 東北 山也 2-321
往之—— 得施解於衆 所以爲利也 2-337
利—— 往得中也 不利東北 其道窮也 2-322(經)
解 利—— 2-334(經)
解利—— 往得衆也 2-336(經)
西南得朋
———— 乃與類行 1-199(經)
———— 東北喪朋 1-195(經)
西伯(人)→文王
周—— 1-125
序卦(書)→序卦傳 1-413, 4-317
孔子—— 4-309
孔子—— 不以咸繫離 2-205
孔子就上下二經 各序其相次之義 故謂之—

— 4-308
彖及—— 皆以大訓豐也 3-219
——曰 說而後散之 故受之以渙 3-282
——云 蠱者 事也 2-29
——云 物不可以終離 故受之以節 3-303
——云 物不可以終難 故受之以解 解者 緩也 2-334
——云 臨 大也 2-39
—— 依文王上下而次序之 4-326
——至此 又別起端首 2-204
周氏就—— 以六門主攝 4-308
韓康伯注—— 2-204
序卦傳(書)←序卦
書(書)→洛書
河出圖 洛出— 聖人則之 4-143(經)
書經(書)←尚書
筮
卜— 4-118(經), 128
—者 決疑之物 1-240
原— 1-157, 300(經), 301(經)
初—告 1-241, 245(經), 4-247
噬膚
厥宗—— 2-314(經), 316(經)
——滅鼻 2-68(經), 69(經)
噬膚滅鼻
———— 乘剛也 2-69(經)
六二 ———— 无咎 2-68(經)
噬嗑
可觀而後有所合 故受之以—— 4-315(經)
蓋取諸—— 4-176(經)
經无凶文 象稱聰不明者 與——上九辭同 3-27
雷電 —— 1-142, 2-66(經)
同於——滅耳之凶 3-26
噬 齧也 嗑 合也 2-62
—— 食也 4-329(經)
——而亨 2-63(經)
——稱 先王以明罰勑法 1-146
—— 亨 利用獄 2-62(經)
亦有一德者 若蒙師小畜履泰謙——賁復大過震豐節旣濟未濟凡十五卦 1-156
頤中有物 曰—— 2-62(經)
引——上九之義 4-205
引易——初九 4-204
震下離上 2-62(經)
嗑者 合也 4-315(經)
夕惕
乾乾—— 1-174, 188, 202, 4035
九三 君子終日乾乾 —— 若厲 无咎 1-120(經)
君子終日乾乾 —— 若厲 无咎 1-162(經), 4-35
昔者聖人之作易也
———————— 幽贊於神明而生蓍 4-269(經)
———————— 將以順性命之理 4-277(經)
碩果不食
上九 ———— 君子得輿 小人剝廬 2-98(經)
鼫鼠
九四 晉如—— 貞 厲 2-273(經)
—— 有五能而不成伎之蟲也 2-274
——貞厲 2-275(經)
本草經云 螻蛄 一名—— 謂此也 2-275
鄭引詩云 ———— 无食我黍 謂大鼠也 2-275
蔡邕勸學篇云 ——五能 不成一伎術 2-274
鼫鼠貞厲
九四 晉如鼫鼠 貞 厲 2-273(經)
———— 位不當也 2-275(經)
釋詁(書)
——云 亹亹 勉也 4-143
爾雅——云 裒 聚也 1-405
先甲三日 後甲三日
蠱 元亨 利涉大川 ———— ———— 2-27(經)

——— ——— 終則有始 天行也
2-29(經)
先庚三日 後庚三日 3-266
九五 貞吉 悔亡 无不利 无初有終 ———
——— 吉 3-265(經)
巽卦九五 ——— ——— 2-27
先迷失道 後順得常 1-199(經)
先王以
———建萬國 親諸侯 1-304(經)
———明罰勅法 2-66(經)
———茂對時 育萬物 2-122(經)
———省方觀民 設敎 2-53(經)
———作樂崇德 殷薦之上帝 以配祖考
1-420(經)
———至日閉關 商旅不行 后不省方
2-107(經)
———享于帝 立廟 3-287(經)
若卦體之義 唯施於天子 不兼包在下者 則言
先王也 1-146
先儒 1-116, 145, 2-334, 351, 3-46, 286,
4-15, 274, 313
今從—— 以十二章爲定 4-15
——皆云 1-311, 3-152, 153
——皆以 上經明天道 下經明人事 2-204
——馬融 4-271
——云 1-111, 114, 2-147
——以乾至離爲上經 天道也 咸至未濟爲下
經 人事也 4-317
——以 易之舊題 分自此以上三十卦爲上經
已下三十四卦爲下經 2-204
——以孔子十翼之次 4-267
——之說 1-111
先天而天弗違 後天而奉天時 1-190(經)
善世而不伐
閑邪存其誠 ——— 1-161(經)
璿璣玉衡
——— 以齊七政 4-144
說卦(書)→說卦傳 1-105, 3-270
乾坤文言在二繫之后——之前 4-267
輔嗣以文言分附乾坤二卦 故——爲第九
4-267
上繫第七 下繫第八 文言第九 ——第十
4-267
——備矣 4-252
——曰 說萬物者 莫說乎澤 3-270
——云 乾 健也 1-105
——云 坤也者 地也 萬物皆致養焉 1-196
——云 動萬物者 莫疾乎雷 說萬物者 莫說乎
澤 2-17
——云 聖人之作易也 1-111
——云 巽 入也 3-253
——云 戰乎乾 1-212
——者 陳說八卦之德業變化及法象所爲也
4-267
說卦傳(書)←說卦
說文(書)→說文解字 2-250
——云 脢 背肉也 2-219
說文解字(書)←說文
揲蓍 1-112
薛虞(人) 3-46
——記云 杞 杞柳也 杞性柔韌 宜屈橈 似匏
瓜 3-46
成卦
兼三才而兩之 故易六畫而—— 4-279(經)
彖言——之材 4-191
夫易六畫—— 三才必備 2-204
十有八變而—— 4-113(經), 274
六畫——也 1-105
成象之謂乾 4-71(經)
畫卦成乾之象 擬乾之健 4-71
成性存存 道義之門 4-83(經)
成言乎艮 4-284(經)
艮 東北之卦也 萬物之所成終而所成始也 故
曰 ——— 4-286(經)
城復于隍
上六 ——— 勿用師 自邑告命 貞吝

1-356(經)
———— 其命亂也 1-358(經)
城父(人) 1-384
盛德
——大業 至矣哉 4-69(經)
易之興也 其當殷之末世 周之——邪 當文王與紂之事邪 4-254(經)
日新之謂—— 4-70(經)
聖人設卦觀象 4-15, 32(經)
聖人 有以見天下之動
—— ———————— 而觀其會通 以行其典禮 4-86(經), 153(經)
—— ———————— 而擬諸其形容 象其物宜 4-85(經), 153(經)
聖人作易
———— 本以教人 1-105
———— 與天地相準 謂準擬天地 則乾健以法天 坤順以法地之類是也 4-51
————以戒之 2-39
聖人之作易 4-172
聖人作而萬物覩 1-169(經)
聖人之大寶曰位 4-170(經)
世紀(書)→帝王世紀 4-178
昭(人) 1-210
小過
艮下震上 3-325(經)
蓋取諸—— 4-185(經)
變者 反覆唯成一卦 則變以對之 乾坤坎離大過頤中孚——之類 4-309
山上有雷 —— 1-143, 3-330(經)
—— 過也 4-331(經)
—— 小者過而亨也 3-328(經)
—— 亨 利貞 可小事 不可大事 飛鳥遺之音不宜上 宜下 大吉 3-325(經)
若造杵臼 法——之象 4-118
亦有三德者 卽離咸萃兌渙——凡六卦 1-155
有其信者 必行之 故受之以—— 4-324(經)
小事吉
睽 ——— 2-305(經)
小事謂飮食衣服 2-305
說而麗乎明 柔進而上行 得中而應乎剛 是以 ——— 2-305(經)
柔得中 是以——也 3-328(經)
小司徒(書)
鄭注周禮———云 1-276
小象(書)→小象傳
夫子釋六爻之象辭 謂之—— 1-147
——文謂 周而普徧 1-117
——云 潛龍勿用 陽在下也 1-110
小象傳(書)←小象
小成
——之八卦 4-274
八卦—— 但有三畫 於三才之道 陰陽未備 4-278
八卦而—— 引而伸之 4-113(經)
小雅(書) 1-247
小往大來 4-47
泰 ———— 吉亨 1-344(經)
泰————吉亨 則是天地交而萬物通也 上下交而其志同也 1-344(經)
泰則———— 吉亨 否則大往小來之類 4-47
小有言
九二 需于沙 ——— 終吉 1-260(經)
雖—— 其辯明也 1-275(經)
雖——— 以終吉也 1-261(經)
初六 不永所事 ——— 終吉 1-274(經)
小利有攸往 2-77
分剛上而文柔 故 ————— 2-76(經)
賁 亨 ————— 2-76(經)
小利貞
遯卦云 亨 ——— 1-156
遯 亨 ——— 2-239(經)
——— 浸而長也 2-241(經)
小吝
六三 噬腊肉 遇毒 —— 无咎 2-70(經)
六三 萃如嗟如 无攸利 往 无咎 ——

3-60(經)
小人道長
剝之爲義 ————之謂 3-278
———— 君子道消 1-359(經), 2-39~42
小人道長 君子道消 1-359(經), 2-39~42
由———— ———— 故不利君子爲正也 1-359
小人勿用
坎睽蹇之時 宜用君子 ———— 1-418
九三 高宗伐鬼方 三年克之 ———— 3-352(經)
上六 大君有命 開國承家 ———— 1-298(經)
———— 必亂邦也 1-299(經)
小人剝廬
上九 碩果不食 君子得輿 ———— 2-98(經)
———— 終不可用也 2-99(經)
小人用壯
九三 ———— 君子用罔 貞厲 羝羊觸藩 羸其角 2-256(經)
———— 君子罔也 2-258(經)
小人革面
上六 君子豹變 ———— 3-129(經)
———— 順以從君也 3-131(經)
小子之厲
———— 義无咎也 3-191(經)
初六 鴻漸于干 小子厲 有言 无咎 3-189(經)
小貞吉 大貞凶
九五 屯其膏 ——— ——— 1-237(經)
屯其膏 ——— ——— 4-36
或有於小人爲吉 大人爲凶 若屯之九五 ——— ——— 1-401
小畜
乾下巽上 1-315(經)
比必有所畜 故受之以—— 4-311(經)
小有所畜 唯畜九三而已 1-315
—— 寡也 4-332(經)
—— 尙往而亨 則不雨也 3-339
—— 柔得位而上下應之 曰—— 1-316(經)
——則巽在乾上 以其巽順 不能畜止乾之剛 2-132
—— 亨 1-315(經)
——亨 密雲不雨 1-328
所畜狹小 故名——
案諸卦之象 先標卦名 乃復言曰某卦 曰同人 曰大有 曰——之類 2-63
亦有一德者 若蒙師——履泰謙噬嗑賁復大過 震豐節旣濟未濟凡十五卦 1-156
因——生履 4-308
風行天上 —— 1-143, 320(經)
小亨
文王係——之辭 3-256
—— 利有攸往 利見大人 3-256, 257(經)
巽 —— 3-253(經)
旅卦云 旅 —— 旅貞 吉 1-156
旅—— 3-239(經)
旅 —— 旅貞吉 3-239(經)
小狐汔濟
未濟 亨 ———— 濡其尾 无攸利 3-360(經)
———— 未出中也 3-362(經)
少男
艮 三索而得男 故謂之—— 4-294(經)
艮爲——而居於下 2-207
少女 3-217, 4-305(經)
——而與長男交 ——所不樂也 而今說以動 所歸必妹也 3-205
——而與長男爲耦 非敵之謂 是娣從之義也 3-208
妹者 ——之稱也 3-201
中少二女而成一卦 3-116
兌 三索而得女 故謂之—— 4-294(經)
兌爲—— 4-306
兌爲——而處於上 2-207
少陽 1-112
乾之—— 一爻有二十八策 4-111
兩多一少爲—— 4-114

少陰 1-112
坤之—— 一爻有三十二 4-112
兩少一多爲—— 4-114
兌爲—— 震爲長陽 ——而承長陽 說以動 嫁妹之象也 3-201
少典(人) 4-176, 178
少皞(人)←少皞帝, 帝摯, 摯 4-178
——之孫 蟜極之子代立 是爲帝嚳 4-179
少皞帝(人)→少皞
——— 名摯 字青陽 姬姓也 4-178
昭王(人)→楚昭王
——名軫 1-384
笑言啞啞
———— 後有則也 3-154(經), 155, 158(經)
啞啞 笑語之聲也 3-151
震來虩虩 ———— 3-150(經)
初九 震來虩虩 後 ———— 吉 3-157(經)
素履之往
———— 獨行願也 1-336(經)
初九 素履往 无咎 1-336(經)
巽(三畫) 2-301, 3-286, 319, 320, 4-299(經)
艮下—上 3-185(經)
坎下—上 3-282(經), 286
乾下—上 1-315(經)
坤下—上 2-50(經)
萬物出乎震 震 東方也 4-285(經)
伏犧初畫八卦 以震象雷 以—象風 以艮象山 以兌象澤 4-274
小畜則—在乾上 以其—順 不能畜止乾之剛 2-132
—雖不能若艮之善畜 猶不肯爲坤之順從也 1-329
—雖不能如艮之善畜 故其畜小也 1-330
—爲雞 4-292(經)
—爲股 4-293(經)
—爲長女 2-225
— 入也 4-291(經)
— 一索而得女 故謂之長女 4-294(經)
—在於上 乾在於下 —是陰柔 性又和順 不能止畜在下之乾 唯能畜止九三 所畜狹小 故名小畜 1-315
—在離外 是風從火出 2-296
—下艮上 2-27(經)
—下坎上 3-99(經)
—下乾上 3-32(經)
—下坤上 3-67(經)
—下—上 3-253(經)
—下離上 3-132(經)
—下震上 2-222(經)
—下兌上 2-159(經)
橈散萬物者 莫疾乎— 4-290
陰卦多陽 謂—離兌—陰而二陽也 4-192
以升—五 1-322
以升—初 1-322
二處下體 在—爲婦 2-237
離下—上 2-293(經)
帝者 生物之主 興益之宗 出震而齊—者也 2-377
齊乎— 4-284(經), 285
齊乎— — 東南也 齊也者 言萬物之絜齊也 4-285(經)
震剛而—柔 震則剛尊在上 —則柔卑在下 得其順序 所以爲恒也 2-224
震動而—順 无有違逆 所以可恒也 2-226
震木離火兌金坎水 各主一時 又—同震木 乾同兌金 加以坤艮之土爲八卦 4-140
震—象雷風 4-282
震 陽也 — 陰也 — 非違震者也 2-371
震下—上 2-370(經)
此卦坎爲水 在上 —爲木 在下 又—爲入 以木入於水而又上水 井之象也 3-102
體—處上 1-327
處尊體— 2-302
兌下—上 3-310(經)

巽
— 德之制也 4-230(經)
— 伏也 4-329(經)
— 小亨 3-253(經)
—以行權 4-236(經)
—者 卑順之名 3-253
—者 入也 4-323(經)
—在牀下 3-268(經), 269(經)
— 稱而隱 4-233(經)
—下—上 3-253(經)
隨風 — 1-142, 2-195, 3-258(經)
旅而无所容 故受之以— 4-322(經)
巽卦(三畫)
——三爻 皆升者也 3-71
巽卦
——九五 先庚三日 後庚三日 2-27
巽在牀下
上九 ———— 喪其資斧 貞 凶 3-268(經)
———— 上窮也 3-269(經)
巽乎水而上水 井 3-102(經)
損
山下有澤 — 1-144, 2-356(經)
弗—益之 2-369(經)
—剛 2-354(經)
—其疾 2-362(經), 364(經)
— 德之脩也 4-229(經)
—上益下 2-370(經), 371
— 先難而後易 4-232(經)
— 有孚 元吉 无咎可貞 利有攸往 曷之用 二簋可用享 2-349(經)
—而不已 必益 故受之以益 4-321(經)
—以遠害 4-235(經)
—而有孚 元吉 无咎可貞 利有攸往 2-352(經)
—益 盛衰之始也 4-327(經)
—益盈虛 與時偕行 2-355(經)
—下益上 2-351(經), 370
緩必有所失 故受之以—— 4-321(經)
兌下艮上 2-349(經)
向秀云 明王之道 志在惠下 故取下謂之— 與下謂之益 2-370
損剛
——益柔有時 2-354(經)
——者 謂損兌之陽爻也 2-354
損卦
朋龜獻策 同於——六五之位 2-377
——彖云 損下益上曰上行 2-66
——云 无咎可貞 1-157
——則損下益上 益卦則損上益下 2-370
此——六三辭也 4-216
損其疾
——— 亦可喜也 2-364(經)
六四 ——— 使遄 有喜 无咎 2-362(經)
損上益下 2-371
損卦則損下益上 益卦則—— 2-370
益 ———— 民說无疆 2-370(經)
損下益上
損卦則———— 益卦則損上益下 2-370
損 ———— 其道上行 2-351(經)
宋襄公(人)
———與楚人戰而致敗亡 1-126
訟
坎下乾上 1-268(經)
覆者 表裏視之 遂成兩卦 屯蒙需—師比之類 4-309
不克— 1-275(經), 277(經), 279(經)
序卦需爲飮食 飮食必有— 1-413
— 不親也 4-333(經)
— 上剛下險 險而健 — 1-269(經)
—元吉 1-283, 284(經)
— 有孚 窒惕 中吉 1-268(經)
—必有衆起 故受之以師 4-311(經)
飮食 必有— 故受之以— 4-311(經)
天與水違行 — 1-142, 272(經)
訟卦
序卦需爲飮食 飮食必有訟 故需卦之後 次—

一也 爭訟必興兵 故——之後 次師卦也 1-413
——蹇卦竝云 利見大人 1-117
——云 利見大人 1-115
有一事相形 終始有異 若—— 有孚窒惕中吉終凶之類是也 4-36
或直取卦名 因其卦義所有 君子法之 須合卦義行事者 若——云 君子以作事謀始 1-320
訟元吉 1-283
九五 訟 元吉 1-281(經)
——— 以中正也 1-284(經)
訟有孚 窒惕中吉
訟 有孚 窒惕 中吉 1-268(經)
——— ———— 剛來而得中也 1-269(經)
水流濕 火就燥 1-169(經)
水流而不盈 行險而不失其信 2-178(經)
水在火上 旣濟 1-143, 3-348(經)
水洊至 習坎 2-182(經)
受玆介福
———— 以中正也 2-272(經)
六二 晉如愁如 貞 吉 ————于其王母 2-271(經)
洙泗(地)
若夫子教於—— 1-114
首出庶物 萬國咸寧 1-139(經)
脩辭 1-163
——立其誠 所以居業也 1-162(經)
脩業
君子進德—— 欲及時也 1-168(經)
——則欲下欲退也 1-169
——則知終 存義也 1-163
子曰 君子進德—— 1-162(經)
瞍(人)→瞽瞍
—之妻握登 見大虹 意感而生舜於姚墟 故姓姚氏 4-179
需
乾下坎上 1-256(經)
物稺 不可不養也 故受之以— 4-311(經)
覆者 表裏視之 遂成兩卦 屯蒙—訟師比之類 4-309
— 不進也 4-333(經)
—上六有 不速之客三人來 1-283
— 須也 1-256(經), 257
—于郊 1-260(經)
—于泥 1-262(經)
—于沙 1-260(經), 261(經)
—于血 1-263(經), 264(經)
—有孚 光亨貞吉 1-256(經)
— 有孚 光亨貞吉 利涉大川 1-256(經)
—六四云 需於血 1-325
—者 飮食之道也 4-311(經)
雲上於天 — 1-143, 259(經)
需卦
序卦需爲飮食 飮食必有訟 故——之後 次訟卦也 爭訟必興兵 故訟卦之後 次師卦也 1-413
——云 需 有孚 光亨貞吉 1-156
需于郊
——— 不犯難行也 1-260(經)
初九 ——— 利用恒 无咎 1-260(經)
需于泥
九三 ——— 致寇至 1-262(經)
——— 災在外也 1-262(經)
需于沙
九二 ——— 小有言 終吉 1-260(經)
——— 衍在中也 1-261(經)
需于血
——— 順以聽也 1-264(經)
六四 ——— 出自穴 1-263(經)
需有孚 光亨貞吉
——— ———— 位乎天位 以正中也 1-256(經)
需 有孚 光亨貞吉 利涉大川 1-256(經)
數往者 順 知來者 逆 4-280(經)
隨

蓋取諸— 4-184(經)
故受之以— 4-314(經)
大亨貞 无咎 而天下—時 2-14(經)
— 剛來而下柔 動而說 — 2-14(經)
— 无故也 4-329(經)
—時之義 大矣哉 1-419, 2-14(經), 16
— 元亨 利貞 无咎 2-13(經)
—有獲 2-22(經), 23(經)
—之一卦亦言義 1-419
豫必有— 4-312(經)
有四德者 卽乾坤屯臨—无妄革七卦 1-155
以喜—人者 必有事 故受之以蠱 4-314(經)
震剛而兌柔也 以剛下柔 動而之說 乃得—也 2-14
震下兌上 2-13(經)
澤中有雷 — 1-144, 2-17(經)
隨卦
——則隨時之義者 非但其中別有義意 又取隨逐其時 故變云隨時之義大矣哉 1-419
隨時之義 大矣哉 2-14(經), 16
隨卦則隨時之義者 非但其中別有義意 又取隨逐其時 故變云隨時之義大矣哉 1-419
隨有獲
九四 ——— 貞凶 有孚 在道 以明 何咎 2-22(經)
——— 其義凶也 2-23(經)
隨風 巽 1-142, 2-195, 3-258(經)
燧人(人) 4-176
雖不當位
不速之客來 敬之終吉 ———— 未大失也 1-266(經)
———— 剛柔應也 3-363(經)
———— 有與也 3-92(經)
———— 而无乘剛之逆 故可以懼行而无災眚也 3-161
———— 利用獄也 2-65(經)
雖小有言
———— 其辯明也 1-275(經)
———— 以終吉也 1-261(經)
雖小有責讓之言 而終得其吉也 1-261
雖旬无咎
———— 過旬 災也 3-226(經)
初九 遇其配主 雖旬 无咎 往 有尙 3-225(經)
雖危 无咎矣 1-167(經)
乾乾 因其時而惕 —— ——— 1-187(經)
以其知終知至 故无咎 1-167
雖凶居吉
———— 順不害也 2-213(經)
六二 咸其腓 凶 居 吉 2-212(經)
雖凶无咎
———— 畏隣戒也 3-167(經)
上六 震索索 視矍矍 征凶 震不于其躬 于其隣 无咎 婚媾有言 3-166(經)
荀爽(人) 4-15
——云 卦各有六爻 六八四十八 加乾坤二用 凡有五十 4-101
純坤
十月當——用事 坤卦有六日七分 2-102
舜(人)←帝舜 3-119
瞍之妻握登 見大虹 意感而生—於姚墟 故姓姚氏 4-179
—始漁於雷澤 1-109
—漁於雷澤 陶於河濱 1-161
堯— 4-178(經), 179, 182(經), 189
虞—五人 2-146
順而巽 中正以觀天下 2-52(經)
順而止之 觀象也 2-90(經)
順乎天而應乎人 3-271(經)
天地革而四時成 湯武革命 ———— 革之時大矣哉 3-118(經)
崇 效天 卑 法地 4-82(經)
知崇 禮卑 4-82(經)
崇德 1-146
先王以作樂—— 殷薦之上帝 以配祖考 1-420(經)
——而廣業 4-81(經)

利用安身 以——也 4-198(經)
崇德而廣業
子曰 易 其至矣乎 夫易 聖人所以————也 4-81(經)
習坎 2-175(經), 177(經), 178, 179, 182(經), 183(經)
—— 坎 1-142
——入坎 2-184(經)
——入坎 失道 凶也 2-184(經)
——者 習行重險 2-178
—— 重險也 2-177(經)
水洊至 —— 2-182(經)
升
冥一在上 3-77(經)
巽下坤上 3-67(經)
一 不來也 4-328(經)
一 元亨 用見大人 勿恤 3-67(經)
一而不已 必困 故受之以困 4-322(經)
一虛邑 3-73(經), 74(經)
實象者 若地上有水 比也 地中生木 一也 1-145
有二德 大有蠱漸大畜一困中孚凡七卦 1-156
允一大吉 3-72(經)
貞吉一階 3-76(經)
地中生木 一 1-144, 3-70(經)
聚而上者 謂之一 故受之以一 4-322(經)
升虛邑
九三 ——— 3-73(經)
——— 无所疑也 3-74(經)
承天寵也
在師中吉 ———— 1-293(經)
乘剛 1-233, 3-163, 196, 264
據于蒺蔾 ——也 3-90(經)
无攸利 柔——也 3-206(經)
噬膚滅鼻 ——也 2-69(經)
雖不當位 而无——之逆 故可以懼行而无災 眚也 3-161
六五貞疾 ——也 1-427(經)
六爻雖有失位 无應—— 而皆无凶咎悔吝者 以謙爲主也 1-412
震來厲 ——也 3-160(經)
乘剛之疾 3-140,142
九二 鼎有實 我仇有疾 不我能卽 吉 3-140(經)
乘其墉
九四 ——— 弗克攻 吉 1-379(經)
——— 義弗克也 1-379(經)
乘馬班如 1-239
屯之六二屯如邅如————匪寇婚媾女子貞不字十年乃字 是吉凶未定 亦不言吉凶也 4-35
上六 ———— 泣血漣如 1-238(經)
六四 ———— 求婚媾 往 吉 无不利 1-236(經)
六二 屯如邅如 ———— 匪寇 婚媾 女子貞不字 十年乃字 1-231(經)
或取萬物雜象以明義者 若屯之六三卽鹿无虞 六四————之屬 1-202
乘負
乘二負四 2-342
乘者 君子之器也 負者 小人之事也 2-342
六三 負且乘 致寇至 貞吝 2-342(經)
時舍 1-178
舊井无禽 ——也 3-106(經)
舍謂通舍 1-176
見而在田 必以時之通舍 1-176
見龍在田 ——也 1-175(經)
時乘六龍 以御天 1-132(經), 183(經)
時用
蹇之—— 大矣哉 2-322(經), 323
睽蹇坎此三卦 皆云—— 1-419
睽之—— 大矣哉 2-306(經)
險之—— 大矣哉 1-417, 2-181(經)
時義
姤之—— 大矣哉 3-34(經)
遯之—— 大矣哉 2-241(經)

若豫旅遯姤凡四卦 皆云―― 1-419
旅之―― 大矣哉 3-241(經)
豫之―― 大矣哉 1-415(經), 417
時中
蒙亨 以亨行 ――也 1-244(經)
時止則止 時行則行
―――― ―――― 動靜 不失其時 其道光明 3-172(經)
詩(書)→詩經 2-319
―云 威儀孔時 3-357
―云 有捄棘匕 3-153
鄭引―云 碩鼠碩鼠 无食我黍 謂大鼠也 2-275
詩經(書)←詩
詩書禮樂 2-80
詩傳(書)
――則爲鬯是香草 3-153
蓍 4-133, 134, 269, 276
繫辭所云 大演之數五十 其用四十有九 明用―之數 4-271
四度經營―策 乃成易之一變 4-113
昔者聖人之作易也 幽贊於神明而生― 4-269(經)
揲― 1-112
聖人本制―數卦爻 4-268
所用者則四十九― 4-104
―龜 1-111, 4-128, 142(經), 143, 144
―亦運動不已 故稱圓也 4-131
―曰 參天兩地而倚數 卦曰 觀變於陰陽也 4-273
―以圓象神 4-130
―之德 圓而神 4-129(經), 270
幽贊於神明而生― 1-111, 4-274
占問其吉凶 而以言命― 4-120
蓍龜 1-111, 4-144
卜筮――所用 4-128
――知其好惡得失 4-143
定天下之吉凶 成天下之亹亹者 莫大乎―― 4-142(經)
食舊德
――― 從上吉也 1-279(經)
六三 ――― 貞厲 終吉 或從王事 无成 1-277(經)
申命 3-253
甲庚 皆――之謂也 3-266
君子以――行事 3-258(經)
輔嗣又云 甲庚皆――之謂 2-27
重巽以―― 3-255(經)
神農(人)←神農氏, 烈山氏, 炎帝, 炎帝神農氏
――取卦造器 4-176
連山起於―― 4-226
神農氏(人)→神農
―――沒 黃帝堯舜氏作 4-178(經)
包犧氏沒 ―――作 4-175(經)
神道
觀天之―― 而四時不忒 聖人以神道設教而天下服矣 2-52(經)
――者 微妙无方 理不可知 目不可見 不知所以然而然 2-53
神明
近取諸身 遠取諸物 於是 始作八卦 以通――之德 以類萬物之情 4-173(經)
幽贊於――而生蓍 1-111, 4-269(經), 274
神无方 4-59, 60, 62
――― 而易无體 4-58(經)
神也者 妙萬物而爲言者也 4-288(經)
失得勿恤往
――――― 有慶也 2-277(經)
六五 悔亡 失得勿恤 往 吉 无不利 2-275(經)
失前禽
九五 顯比 王用三驅 ――― 邑人不誡 吉 1-309(經)
舍逆取順 ―――也 1-313(經)
實象
――者 若地上有水 比也 地中生木 升也 1-145

實受其福 3-356
九五 東隣殺牛 不如西隣之禴祭 ———— 3-355(經)
———— 吉大來也 3-358(經)
十年勿用
———— 道大悖也 2-152(經)
六三 拂頤貞 凶 ———— 无攸利 2-151(經)
十朋之龜 2-365, 366
六五 或益之 ———— 弗克違 元吉 2-364(經)
六二 或益之 ———— 弗克違 永貞 吉 王用享于帝 吉 2-376(經)
十有八變
————而成卦 4-113(經), 274
十翼 1-140
夫子本作—— 申說上下二篇經文 4-13
先儒以孔子——之次 4-267

【ㅇ】

我仇有疾
九二 鼎有實 ———— 不我能卽 吉 3-140(經)
———— 終无尤也 3-142(經)
握登(人)
瞍之妻—— 4-179
安節
六四 —— 亨 3-306(經)
——之亨 3-306(經)
安節之亨
———— 承上道也 3-306(經)
六四 安節 亨 3-306(經)
安貞
復卽命渝 —— 不失也 1-281(經)
——吉 1-195(經), 213, 279(經)
安貞吉 1-195(經), 213
得安居貞吉 1-280
復卽命渝 ———— 1-279(經)
安貞之吉 應地无疆 1-199(經)
安土 4-56(經)
——敦仁 4-57, 59
安土敦仁 4-59
敦乎仁 4-56(經)
安土 4-56(經)
————者 萬物之情也 4-57
晏嬰(人)←晏子
晏子(人)→晏嬰
——狐裘之比 3-325
顔氏(人)→顔回
——之子 4-212(經), 213
顔氏之子 4-212(經), 213
子曰 ———— 其殆庶幾乎 有不善 未嘗不知 知之 未嘗復行也 4-212(經)
顔子(人)→顔回 4-212
——亞聖 4-213
顔回(人)←顔氏, 顔子
仰觀俯察 4-44, 52, 267, 274
仰以觀於天文 俯以察於地理 4-51(經)
仰則觀象於天 俯則觀法於地 4-172(經)
哀(人)→魯哀公
—六年 吳伐陳 楚救陳 在城父卒 此愛國而致它災也 1-384
弱水(地)
生顓頊於—— 4-179
略例(書)→周易略例 3-206
——論彖 4-161
——无咎有二 4-45
——云 1-133, 182, 206
——云 卦者 時也 4-163
——云 爻者 趣時者也 4-163
禴
九五 東隣殺牛 不如西隣之—祭 實受其福 3-355(經)
九二 孚乃利用— 无咎 3-72(經)
— 殷春祭名也 四時祭之省者也 3-58

— 殷春祭之名也 四時之祭最薄者也 3-59
— 殷春祭之名 祭之薄者也 3-355
六二 引 吉无咎 孚乃利用— 3-58(經)
兩儀 4-73, 74, 106
——生四象 4-139(經), 140, 145
易有太極 是生—— 4-139(經)
太極生—— 4-101
兩儀生四象 4-139(經)
金木水火 稟天地而有 故云————— 4-140
————— 七八九六之謂也 4-145
揚于王庭
———— 柔乘五剛也 3-16(經)
夬 ———— 孚號有厲 告自邑 不利卽戎 利有攸往 3-13(經)
陽卦
艮是—— 1-315, 402
艮——爲止 兌陰卦爲說 2-352
—— 奇 陰卦 耦 4-192(經)
——多陰 謂震坎艮一陽而二陰也 4-192
—— 多陰 陰卦 多陽 4-192(經)
兌陰卦爲柔 坎——爲剛 3-79
陽氣潛藏 1-151, 177
潛龍勿用 ———— 1-179(經)
陽數
——有七有九 陰數有八有六 1-112
七九 —— 六八 陰數 4-271
陽 一君而二民 君子之道也 4-193(經)
楊州(地) 1-347
襄(人)→魯襄公
杜元凱注—九年傳 遇艮之八 1-112
言天下之至動而不可亂也 4-87(經)
言天下之至賾而不可惡也 4-87(經)
言出乎身 加乎民 行發乎邇 見乎遠 4-91(經)
言行
—— 君子之所以動天地也 可不愼乎 4-92(經)
—— 君子之樞機 4-91(經)
女登(人)
女媧氏(人)
包犧氏沒 ———代立爲女皇 4-176
女節(人) 4-178
女樞(人) 4-179
予(人)→宰予
論語云 於—與何誅 2-234
旅
艮下離上 3-239(經)
窮大者 必失其居 故受之以— 4-322(經)
山上有火 — 1-143, 3-241(經)
失其本居而寄他方 謂之爲— 3-239
若豫—遯姤凡四卦 皆云時義 1-419
—焚其次 3-244(經), 246(經)
—小亨 3-239(經)
— 小亨 旅貞吉 3-239(經)
—瑣瑣 3-242(經), 243(經)
—于處 3-247(經), 248(經)
—而无所容 故受之以巽 4-322(經)
—之時義 大矣哉 3-241(經)
以—與下 3-246(經)
以—在上 3-252(經)
親寡 —也 4-331(經)
旅卦
旅卦云 旅 小亨 旅貞 吉 1-156
旅焚其次
九三 ———— 喪其童僕貞 厲 3-244(經)
———— 亦以傷矣 3-246(經)
旅小亨
旅 小亨 旅貞吉 3-239(經)
——— 柔得中乎外 而順乎剛 止而麗乎明 3-239(經)
旅瑣瑣
瑣瑣者 細小卑賤之貌也 3-243
———斯 其所取災 3-243
——— 志窮災也 3-243(經)
初六 ———斯 其所取災 3-242(經)
旅于處

九四 ——— 得其資斧 我心不快 3-247(經)
——— 未得位也 3-248(經)
與時偕行
凡益之道 ———— 2-374(經)
損益盈虛 ———— 2-355(經)
終日乾乾 ———— 1-179(經)
與天地相似 4-54(經), 59
厲 无咎
九四 睽孤 遇元夫 交孚 — —— 2-313(經)
六三 頻復 — —— 2-111(經)
厲 无大咎
九三 臀无膚 其行次且 — ——— 3-40(經)
輿說輻 1-329
九三 ——— 夫妻反目 1-323(經)
輿說輹
九二 ——— 2-138(經)
——— 中 无尤也 2-139(經)
廬氏(人)
——云 物之始生 故屯難 4-310
驪連氏(人) 4-176
易乾鑿度(書)←乾鑿度
————云 垂皇策者犧 1-111
易經(書)→周易 1-176, 400, 4-244, 266
易繫(書)→繫辭傳 4-1822
易 窮則變 變則通 通則久 4-180(經)
易 其至矣乎
子曰 — ———— 夫易 聖人所以崇德而廣業 也 4-81(經)
易道 4-117, 125, 130, 132~136, 138, 151, 153, 155, 257, 259, 260, 276
——廣大 配合天地 4-80
——變化 神理不測 聖人法之 所以配於天地 道義從易而生 4-84
——有四 4-120
——資陰陽而成 4-78
——之大與神功不異 4-67
易理 1-106, 4-52, 116, 123, 146
易 无思也 无爲也 4-122(經)
易无體 4-59, 60, 62
神无方 而——— 4-58(經)
易象 4-155
序 ——之次序 4-41
——則明其善惡 4-42
易與天地準 4-50(經)
聖人作易 與天地相準 謂準擬天地 則乾健以 法天 坤順以法地之類是也 4-51
易 逆數也 4-281(經)
易曰
君子見幾而作 不俟終日 —— 介于石 不終日 貞吉 介如石焉 寧用終日 斷可識矣 4-210(經)
—— 困于石 據于蒺蔾 入于其宮 不見其妻 凶 4-201(經)
—— 公用射隼于高墉之上 獲之 无不利 4-202(經)
—— 括囊无咎无譽 蓋言謹也 1-219(經)
—— 屨校滅趾 无咎 此之謂也 4-204(經)
—— 其亡其亡 繫于苞桑 4-205(經)
—— 憧憧往來 朋從爾思 4-195(經)
—— 莫益之 或擊之 立心勿恒 凶 4-217(經)
—— 不遠復 无祇悔 元吉 4-214(經)
—— 負且乘 致寇至 4-98(經)
—— 負且乘 致寇至 盜之招也 4-100(經)
—— 三人行 則損一人 一人行 則得其友 言 致一也 4-215(經)
—— 履霜堅冰至 蓋言順也 1-215(經)
—— 自天祐之 吉无不利 4-146(經)
—— 鼎折足 覆公餗 其形渥 凶 言不勝其任 也 4-207(經)
—— 何校滅耳 凶 4-205(經)
—— 見龍在田 利見大人 1-161(經)
—— 見龍在田 利見大人 君德也 1-187(經)
易緯(書)
——云 卦者 掛也 1-105
——六日七分之義 2-102
易緯稽覽圖(書)

―――――云 卦氣起中孚 2-102
易有四象
――――― 所以示也 4-145(經)
易有聖人之道四焉
――――――― 以言者尙其辭 以動者尙其變 以制器者尙其象 以卜筮者尙其占 4-118(經)
易有太極 4-14, 15
馬季長云 ――――― 謂北辰也 4-101
――――― 是生兩儀 4-139(經)
何氏云 上篇明无 故曰――――― 太極卽无也 4-14
易者 象也 1-202, 4-191(經)
易之道 4-128, 256(經)
易之門
―――戶 1-150, 4-16, 83
易之變化 從乾坤而起 4-219
子曰 乾坤 其―――邪 4-218(經)
易之爲書
――――― 曲明萬象 苟在釋辭 4-36
――――― 不可遠也 4-87
―――――也 廣大悉備 有天道焉 有人道焉 有地道焉 兼三材而兩之 4-252(經)
―――――也 不可遠 4-236(經)
―――――也 原始要終 以爲質也 4-243(經)
――――― 亦有小吉 則无咎之屬 善補過是也 4-37
――――― 有聖人所用之道者凡有四事焉 4-118
易之爲體 1-126
――――― 不可以一爲例 1-401
――――― 取象既多 2-64
易之情 4-264(經)
易之興也
――――― 其當殷之末世 周之盛德邪 當文王與紂之事邪 4-254(經)
――――― 其於中古乎 作易者 其有憂患乎 4-226(經)
易含萬象 1-112, 116, 157, 194, 264, 4-17
連山(書)
――起於神農 4-226
列子(人)
――云 不生而物自生 不化而物自化 4-30
烈山(地) 4-176
烈山氏(人)→神農
本起烈山 或稱――― 4-176
說言乎兌 4-284(經)
兌 正秋也 萬物之所說也 故曰 ――――― 4-286(經)
說以動 3-201
――― 所歸妹也 3-205(經)
炎帝(人)→神農 4-178
游華山之陽 有神龍首感女登於尙羊 生―― 4-176
炎帝神農氏(人)→神農 4-176
――――― 姜姓也 4-176
永貞 1-199
坤 利在―― 1-131
勿用―― 3-336(經), 337
――吉 2-83(經), 376(經)
用六―― 以大終也 1-213(經)
利―― 1-213(經), 3-176(經)
利之―― 1-200
永貞吉
九三 賁如濡如 ――― 2-83(經)
永貞之吉 終莫之陵也 2-83(經)
六二 或益之 十朋之龜 弗克違 ――― 王用享于帝 吉 2-376(經)
曳其輪
九二 ――― 貞 吉 3-366(經)
――― 義无咎也 3-350(經)
初九 ――― 濡其尾 无咎 3-348(經)
例(書)→周易略例
王氏之― 4-160, 161
豫 4-211
蓋取諸― 4-184(經)

坤下震上 1-415(經)
雷出地奮 ― 1-143, 420(經)
冥― 1-428(經)
鳴― 1-422(經)
若―旅遯姤凡四卦 皆云時義 1-419
亦有全无德者 若―觀剝晉蹇解夬姤井艮歸妹凡十一卦也 1-157
― 剛應而志行 順以動 豫 1-415(經)
―順以動 故 天地如之 而況建侯行師乎 1-415(經)
― 利建侯行師 1-415(經)
― 怠也 4-328(經)
―之時義大矣哉 1-137, 415(經), 417
―必有隨 4-312(經)
盱― 1-424(經)
有大而能謙 必豫 故受之以― 4-312(經)
由― 1-425(經), 426(經)
引―之六二 4-208
豫卦 4-313
――稱 先王以作樂崇德 1-146
或有先疊文解義而後歎者 則――彖云 豫之時義大矣哉之類 是也 1-137
禮記(書)
――又云 殷人之棺槨 4-188
鄭注――
五帝 2-66, 4-179
五土
周禮―― 動物植物各有所宜 4-172
五行 1-152
吳(國)
哀六年 ―伐陳 楚救陳 在城父卒 此愛國而致它災也 1-384
烏號之弓 1-384
玉鉉在上
上九 鼎玉鉉 大吉 无不利 3-148(經)
玉者 堅剛而有潤者也 3-149
―――― 剛柔節也 3-149(經)
雍州(地) 1-347
曰大有 1-137
大有 柔得尊位大中 而上下應之 ――― 1-387(經)
案諸卦之彖 先標卦名 乃復言曰某卦 曰同人 ――― 曰小畜之類 2-63
曰同人
彖曰 柔得位得中 而應乎乾 ――― 1-380
同人 柔得位得中而應乎乾 ――― 1-370(經)
案諸卦之彖 先標卦名 乃復言曰某卦 ――― 曰大有 曰小畜之類 2-63
或有先釋卦名之義 後以卦名結之者 則同人彖云 柔得位得中而應乎乾 ――― 1-137
王(人)→王弼 2-136, 275, 3-325, 4-280
―本意 1-228
―不用象 直取況喩之義 3-286
―意 2-351
―注 2-221, 267, 351, 3-37, 257, 354
―之本意 1-222
―之注意 2-268, 4-284
王居无咎
九五 渙汗其大號 渙 王居 无咎 3-294(經)
―――― 正位也 3-295(經)
王假有家
九五 ―――― 勿恤 吉 2-301(經)
―――― 交相愛也 2-303(經)
王假有廟 3-50(經)
―――― 王乃在中也 3-285(經)
―――― 致孝享也 3-53(經)
渙 亨 ―――― 利涉大川 利貞 3-282(經)
王假之
――― 尙大也 3-222(經)
豐 亨 ――― 3-219(經)
王公
―― 設險以守其國 2-181(經)
六五之吉 離――也 2-201(經)
王度記(書)
―――云 天子鬯 諸侯薰 大夫蘭 3-153
王輔嗣(人)→王弼 1-115, 2-319, 4-272,

284, 316
王三錫命
九二 在師中 吉 无咎 ——— 1-291(經)
——— 懷萬邦也 1-293(經)
王肅(人)←子雍 3-29, 37, 4-271, 300, 313, 316
——云 1-277, 2-219, 4-310
王臣蹇蹇
——— 終无尤也 2-328(經)
六二 ——— 匪躬之故 2-326(經)
王氏(人)→王弼 4-294
——言 1-331
——云 生於肥地 蓋以杞爲今之枸杞也 3-46
——注意 1-384
——之例 4-160, 161
王用出征
上九 ——— 有嘉 折首 獲匪其醜 无咎 2-202(經)
——— 以正邦也 2-203(經)
王用亨于岐山
————— 順事也 3-75(經)
六四 ————— 吉 无咎 3-74(經)
王用亨于西山
上六 拘係之 乃從 維之 ————— 2-24(經)
王用享于帝
六二 或益之 十朋之龜 弗克違 永貞 吉 ——— 吉 2-376(經)
益卦六二王用亨于帝 吉 4-284
王廙(人) 2-213, 4-292, 295
王弼(人)←輔嗣, 王, 王輔嗣, 王氏 4-49, 101~103, 332
往蹇來反
九三與坎爲隣 進則入險 故曰往蹇 2-328
九三 往 蹇 來 反 2-328(經)
——— 內喜之也 2-328(經)
往蹇來連
——— 當位實也 2-329(經)
六四 往 蹇 來 連 2-328(經)
往蹇來碩
上六 往 蹇 來 碩 吉 利見大人 2-331(經)
——— 志在內也 2-332(經)
往蹇來譽
——— 宜待也 2-326(經)
初六 往 蹇 來 譽 2-325(經)
往來不窮
——— 謂之通 4-137(經)
往來井井 3-100(經)
井井 絜靜之貌也 3-100
往厲必戒
九四 无咎 弗過 遇之 ——— 勿用永貞 3-336(經)
——— 終不可長也 3-338(經)
往吝 2-214
九三 咸其股 執其隨 —— 2-213(經)
六三 卽鹿無虞 惟入于林中 君子幾不如舍 —— 1-234(經)
卽鹿无虞 以從禽也 君子舍之 ——窮也 1-235(經)
初六 發蒙 利用刑人 用說桎梏 以—— 1-246(經)
往无咎
——— 上巽也 3-62(經)
六三 萃如嗟如 无攸利 ——— 小吝 3-60(經)
初六 有孚不終 乃亂乃萃 若號一握爲笑 勿恤 ——— 3-56(經)
外比
——於賢 以從上也 1-309(經)
六四 ——之 貞吉 1-308(經)
堯(人)←放勛, 帝堯 1-109, 130
生—於丹陵 4-179
—舜 4-178(經), 179, 182(經), 189
—遭洪水 使鯀禹治之者 2-130
堯舜→堯, 舜 4-179, 189
神農氏沒 黃帝——氏作 4-178(經)

黃帝── 垂衣裳而天下治 蓋取諸乾坤 4-182(經)
姚姓
帝舜 ── 其先出自顓項 4-179
姚信(人) 1-149, 228, 4-15, 102, 179
用見大人 勿恤 3-70
升 元亨 ──── ── 3-67(經)
──── ── 有慶也 3-69(經)
用九 1-150
乾元── 1-176(經), 177, 181(經)
易經上稱── 1-176
── 見群龍 无首 吉 1-131(經), 1-132
── 天德 不可爲首也 1-149(經)
用大牲 3-52(經)
───吉 利有攸往 3-54(經)
───吉 利有攸往 順天命也 3-54(經)
用六
── 利永貞 1-213(經)
──永貞
用六永貞
──── 以大終也 1-213(經)
用晦而明 2-267, 2-283(經)
君子以莅衆 ──── 2-282
庸言庸行
庸言之信 庸行之謹 1-161(經)
龍德 1-108, 129, 159, 174
乾乾夕惕 非── 1-202
子曰 ──而隱者也 不易乎世 1-159(經)
子曰 ──而正中者也 1-161(經)
龍逄(人)
──比干 憂時危亂 不懼誅殺 直言深諫 2-173
龍蛇之蟄 以存身也 4-197(經)
龍戰于野 4-220, 224
上六 ──── 其血玄黃 1-212(經)
──── 其道窮也 1-212(經)
盱豫有悔
──── 位不當也 1-425(經)
六三 盱豫 悔 遲 有悔 1-424(經)
禹(人) 3-119
堯遭洪水 使鯀─治之者 2-130
─能治救 災欲盡也 2-130
遇其夷主
九四 豐其蔀 日中見斗 ──── 吉 3-233(經)
──── 吉行也 3-234(經)
遇毒
── 位不當也 2-70(經)
六三 噬腊肉 ── 小吝 无咎 2-70(經)
遇雨之吉
上九 睽孤 見豕負塗 載鬼一車 先張之弧 後說之弧 匪寇婚媾 往 遇雨則吉 2-316(經)
──── 群疑亡也 2-319(經)
遇主于巷
九二 ──── 无咎 2-310(經)
──── 未失道也 2-311(經)
虞(官) 1-202
─謂虞官 1-234
六三 卽鹿無虞 惟入于林中 君子幾不如舍 往吝 1-234(經)
卽鹿无─ 以從禽也 君子舍之 往吝窮也 1-235(經)
虞翻(人)←虞氏 4-15
虞氏(人)→虞翻
──云 雜卦者 雜六十四卦以爲義 其於序卦之外 別言也 4-326
雲雷 屯 1-142, 228(經)
雲上於天 需 1-143, 259(經)
雲從龍 風從虎 1-169(經)
雲行雨施
──── 天下平也 1-183(經)
──── 布散恩澤 1-139
──── 品物流形 1-132(經)
元凱(人)→杜預
──注左傳分經之年 與傳相附 1-203
元吉 1-283, 284, 343, 401, 2-383

六五 黃裳 —— 1-210(經)
九五 訟 —— 1-281(經)
九五 有孚惠心 勿問—— 有孚 惠我德 2-382(經)
上九 視履 考祥 其旋 —— 1-342(經)
上六 井收 勿幕 有孚—— 3-113(經)
損 有孚 —— 无咎可貞 利有攸往 曷之用 二簋可用享 2-349(經)
損而有孚 —— 无咎可貞 利有攸往 2-352(經)
易曰 不遠復 无祇悔 —— 4-214(經)
——无咎 2-376(經)
——在上 1-343(經), 3-114(經)
六四 童牛之牿 —— 2-141(經)
六四—— 2-142(經)
六四 渙其群 —— 渙 有丘匪夷 所思 3-292(經)
六五—— 自上祐也 2-366(經)
六五 或益之 十朋之龜 弗克違 —— 2-364(經)
以祉—— 1-355(經), 356(經)
鼎 —— 亨 3-132(經)
初九 不遠復 无祇悔 —— 2-109(經)
初九 利用爲大作 —— 无咎 2-375(經)
渙其群—— 3-294(經)
黃離—— 2-198(經)
黃裳—— 1-158, 211(經), 4-36, 224, 246
元吉无咎
———— 下不厚事也 2-376(經)
初九 利用爲大作 元吉 无咎 2-375(經)
元吉在上
上九 視履 考祥 其旋 元吉 1-342(經)
上六 井收 勿幕 有孚元吉 3-113(經)
———— 大成也 3-114(經)
———— 大有慶也 1-343(經)
元永貞 1-157, 158
九五 萃有位 无咎 匪孚 ——— 悔亡 3-63(經)
比 吉 原筮 ——— 无咎 不寧方來 後夫凶 1-300(經)
原筮 ——— 无咎 以剛中也 1-301(經)
元者 善之長也 1-150(經), 151
元亨 1-223, 388, 2-30, 293, 3-69
蠱 ——而天下治也 2-29(經)
其德 剛健而文明 應乎天而時行 是以—— 1-387(經)
大有 —— 1-386(經)
升 —— 用見大人 勿恤 3-67(經)
——二德 1-182
柔進而上行 得中而應乎剛 是以—— 3-135(經)
元 亨 利 貞
乾 — — — — 1-105(經)
元則仁也 亨則禮也 利則義也 貞則信也 1-153
元亨 利貞
无妄 —— —— 其匪正 有眚 不利有攸往 2-117(經)
隨 —— —— 无咎 2-13(經)
臨 —— —— 至于八月 有凶 2-39(經)
元亨利貞 1-133, 151, 155, 174, 175, 182, 415, 2-15, 40, 41, 119, 3-115(經), 4-35, 37
————之德 1-151, 154
屯 ———— 1-223(經)
革 已日乃孚 ———— 悔亡 3-115(經)
原筮
比卦云 —— 元永貞 无咎 1-157
比 吉 —— 元永貞 无咎 不寧方來 後夫凶 1-300(經)
—— 元永貞 无咎 以剛中也 1-301(經)
原始反終
知幽明之故 ———— 故知死生之說 4-51(經)
原始要終
易之爲書也 ———— 以爲質也 4-243(經)

遠取諸物
近取諸身 ——— 於是 始作八卦 以通神明之德 以類萬物之情 4-173(經)
月幾望
上九 旣雨旣處 尙德載 婦貞厲 ——— 君子征凶 1-327(經)
六四 ——— 馬匹亡 无咎 3-319(經)
六五 帝乙歸妹 其君之袂 不如其娣之袂良 ——— 吉 3-214(經)
位當
利貞 剛柔正而——也 3-346(經)
至臨无咎 ——也 2-47(經)
位不當
甘臨 ———也 2-46(經)
見輿曳 ———也 2-313(經)
其行次且 ———也 3-26(經)
來兌之凶 ———也 3-276(經)
大吉无咎 ———也 3-63(經)
未濟征凶 ———也 3-369(經)
弗過遇之 ———也 3-338(經)
喪羊于易 ———也 2-262(經)
鼫鼠貞厲 ———也 2-275(經)
遇毒 ———也 2-70(經)
盱豫有悔 ———也 1-425(經)
征凶 ———也 3-205(經)
震蘇蘇 ———也 3-162(經)
咥人之凶 ———也 1-340(經)
包羞 ———也 1-364(經)
豐其蔀 ———也 3-234(經)
或鼓或罷 ———也 3-319(經)
位正當
大人之吉 ———也 1-368(經)
孚于剝 ———也 3-279(經)
有孚攣如 ———也 3-322(經)
夬履貞厲 ———也 1-342(經)
威如之吉
上九 有孚 威如 終吉 2-303(經)
——— 反身之謂也 2-304(經)
——— 易而无備也 1-396(經)
六五 厥孚交如 威如 吉 1-396(經)
爲仁由己
——— 論語文 1-280
爲仁猶己 1-279
爲主
无妄 剛自外來而——於內 2-117(經)
凡彖者 言乎一卦之所以——也 1-334
五又—— 1-282
六爻雖有失位 无應乘剛 而皆无凶咎悔吝者 以謙——也 1-412
二旣—— 五又—— 1-282
以六二—— 1-372
履卦之義 以六三—— 1-333
由豫大有得
九四 由豫 大有得 勿疑 朋盍簪 1-425(經)
——— 志大行也 1-426(經)
由頤厲吉
上九 由頤 厲吉 利涉大川 2-156(經)
——— 大有慶也 2-158(經)
有蟜氏(人) 4-176, 178
有德司契 1-272
———之文 出老子經也 1-273
有厲利已
——— 不犯災也 2-138(經)
初九 有厲 利已 2-138(經)
有命无咎
九四 有命 无咎 疇離祉 1-364(經)
——— 志行也 1-365(經)
有孚 1-156, 157, 2-51, 176, 179, 346, 379, 383, 3-125, 228, 371, 373
觀 盥而不薦 —— 顒若 2-50(經)
九四 隨有獲 貞凶 —— 在道 以明 何咎 2-22(經)
九四 悔亡 ——改命 吉 3-127(經)
九三 征 凶 貞 厲 革言三就 —— 3-124(經)
九五 大人虎變 未占 —— 3-128(經)
上九 ——于飮酒 无咎 濡其首 —— 失是

3-372(經)
上九 —— 威如 終吉 2-303(經)
損 —— 元吉 2-349(經)
損而—— 2-352(經)
訟 —— 1-268(經)
需 —— 1-256(經)
——發若 3-227(經), 230(經)
——攣如 1-325(經), 326(經), 3-321(經), 322(經)
——元吉 3-113(經)
—— 維心亨 2-176(經)
——在道 2-23(經)
——惕出 1-325(經)
——惠心 2-382(經), 383(經)
六四 —— 血去惕出 无咎 1-324(經)
六三 益之 用凶事 无咎 ——中行 告公用圭 2-378(經)
六五 君子維有解 吉 ——于小人 2-345(經)
六五 貞吉 无悔 君子之光 —— 吉 3-370(經)
初九 壯于趾 征 凶—— 2-255(經)
初六 ——比之 无咎 ——盈缶 終來有它吉 1-305(經)
初六 ——不終 乃亂乃萃 若號一握爲笑 勿恤往无咎 3-56(經)
有孚發若
———— 信以發志也 3-230(經)
六二 豐其蔀 日中見斗 往 得疑疾 ———— 吉 3-227(經)
有孚攣如
九五 有孚攣如 无咎 3-321(經)
九五 ———— 富以其隣 1-325(經)
———— 不獨富也 1-326(經)
有孚攣如 位正當也 3-322(經)
有孚元吉
上六 井收 勿幕 ———— 3-113(經)
有孚在道
九四 隨有獲 貞凶 有孚 在道 以明 何咎 2-22(經)
———— 明功也 2-23(經)
有孚惕出
———— 上合志也 1-325(經)
六四 有孚 血去惕出 无咎 1-324(經)
有孚惠心
九五 ———— 勿問元吉 有孚 惠我德 2-382(經)
———— 勿問之矣 2-383(經)
有眚
无妄 元亨 利貞 其匪正 —— 不利有攸往 2-117(經)
有巢氏(人) 4-176
有言 不信 3-79(經)
有言不信 尙口乃窮也 3-81(經)
有隕自天
九五 以杞包瓜 含章 ———— 3-44(經)
———— 志不舍命也 3-47(經)
有攸往
君子——— 先迷後得主利 1-195(經)
无所往 其來復 吉 ——— 夙吉 2-335(經)
勿用——— 1-223, 224(經), 2-243(經)
不利——— 2-90(經), 91, 117(經), 119, 120(經), 4-35
小利——— 2-76(經), 77
——— 无咎 1-391(經)
———夙吉 2-336(經)
利——— 2-100(經), 104(經), 124(經), 126, 139(經), 140, 141(經), 159(經), 160, 161(經), 162, 222, 223(經), 228(經), 367(經), 370, 371(經), 3-17(經), 52(經), 254(經), 3-13(經), 14, 54(經), 257(經)
初九 明夷于飛 垂其翼 君子于行 三日不食 ——— 主人有言 2-283(經)
初六 繫于金柅 貞吉 ——— 見凶 羸豕孚蹢躅 3-35(經)
有攸往夙吉
无所往 其來復 吉 有攸往 夙吉 2-335(經)

———— 往有功也 2-336(經)
有戎勿恤
九二 惕號 莫夜有戎 勿恤 3-21(經)
———— 得中道也 3-22(經)
有終 3-91
九四 來徐徐 困于金車 吝 —— 3-90(經)
君子—— 1-400(經), 408(經), 4-95(經)
无初—— 2-311(經), 313(經), 3-265(經)
六三 含章可貞 或從王事 无成——
1-206(經)
有悔 1-151, 191, 3-96
九三 幹父之蠱 小—— 无大咎 2-35(經)
動而——也 1-174(經), 4-96(經)
動悔—— 3-97(經)
上九 亢龍 —— 1-130(經)
上六 困于葛藟 于臲卼 曰動悔 —— 征吉
3-95(經)
盱豫—— 1-425(經)
六三 盱豫 悔 遲 —— 1-424(經)
亢龍—— 1-148(經), 173(經), 176(經),
180(經), 4-96(經), 4-220, 243
幽明之故 4-58
幽明者 有形无形之象 4-51
知———— 原始反終 故 知死生之說
4-51(經)
幽人
九二 履道坦坦 —— 貞 吉 1-337(經)
——貞吉 1-338(經)
——之貞 3-210(經), 211(經)
幽人貞吉
九二 履道坦坦 幽人 貞 吉 1-337(經)
———— 中不自亂也 1-338(經)
幽人之貞
九二 眇能視 利———— 3-210(經)
利—— 未變常也 3-211(經)
幽贊於神明而生蓍 1-111, 4-269(經), 274
羑里(地)
文王拘在—— 1-129
柔得位得中 1-137, 380
同人 ————而應乎乾 曰同人 1-370(經)
柔得中
未濟亨 ———也 3-361(經)
——— 是以小事吉也 3-328(經)
———而上行 2-65(經)
初吉 ———也 3-346(經)
柔順利貞 君子攸行 1-199(經)
唯君子 1-374
———爲能通天下之志 1-373(經)
唯神也
———故不疾而速 不行而至 4-126(經)
唯深也
———故能通天下之志 4-125(經)
裕无咎
——— 未受命也 2-270(經)
初六 晉如摧如 貞吉 罔孚 裕 无咎 2-268(經)
裕父之蠱
———— 往未得也 2-36(經)
六四 ———— 往 見吝 2-35(經)
維心亨
有孚 ——— 1-157, 2-176(經)
——— 乃以剛中也 2-179(經)
維用伐邑
上九 晉其角 ———— 厲吉 无咎 貞吝
2-277(經)
———— 道未光也 2-279(經)
劉表(人) 1-141, 228
劉瓛(人)
——爲十二章 以對上繫十二章也 4-157
濡其尾
未濟 亨 小狐汔濟 ——— 无攸利 3-360(經)
——— 无攸利 不續終也 3-362(經)
——— 亦不知極也 3-365(經)
初九 曳其輪 ——— 无咎 3-348(經)
初六 ——— 吝 3-364(經)
濡其首 3-373
上九 有孚于飮酒 无咎 ——— 有孚 失是

3-372(經)
濡其首厲
上六 濡其首 厲 3-358(經)
———— 何可久也 3-359(經)
陸機(人) 2-275
六呂 1-118
六龍 1-135
時乘—— 以御天 1-132(經), 183(經)
六律 1-118
六四
—— 艮其身 无咎 3-180(經)
—— 居中孚之時 處巽應說 得位履順 3-320
—— 困蒙 吝 1-251(經)
—— 觀國之光 利用賓于王 2-57(經)
—— 括囊 无咎 无譽 1-208(經)
—— 童牛之牿 元吉 2-141(經)
—— 无不利 撝謙 1-409(經)
—— 剝牀以膚 凶 2-96(經)
—— 富家 大吉 2-300(經)
—— 賁如皤如 白馬翰如 匪寇 婚媾 2-83(經)
—— 師左次 无咎 1-294(經)
—— 損其疾 使遄 有喜 无咎 2-362(經)
—— 需于血 出自穴 1-263(經)
—— 繻有衣袽 終日戒 3-354(經)
—— 乘馬班如 求婚媾 往 吉 无不利 1-236(經)
—— 安節 亨 3-306(經)
—— 往 蹇 來 連 2-328(經)
—— 王用亨于岐山 吉 无咎 3-74(經)
—— 外比之 貞吉 1-308(經)
—— 月幾望 馬匹亡 无咎 3-319(經)
—— 有孚 血去惕出 无咎 1-324(經)
—— 裕父之蠱 往 見吝 2-35(經)
—— 入于左腹 獲明夷之心 于出門庭 2-288(經)
—— 顚頤 吉 虎視耽耽 其欲逐逐 无咎 2-153(經)
—— 井甃 无咎 3-110(經)
—— 樽酒簋貳 用缶 納約自牖 終无咎 2-186(經)
—— 中行 告公從 利用爲依遷國 2-381(經)
—— 中行 獨復 2-113(經)
—— 至臨 无咎 2-47(經)
—— 翩翩 不富以其隣 不戒以孚 1-354(經)
—— 鴻漸于木 或得其桷 无咎 3-195(經)
—— 渙其群 元吉 渙 有丘匪夷 所思 3-292(經)
—— 悔亡 田獲三品 3-264(經)
六四元吉
六四 童牛之牿 元吉 2-141(經)
———— 有喜也 2-142(經)
六三
—— 甘臨 无攸利 旣憂之 无咎 2-46(經)
—— 見輿曳 其牛掣 其人 天且劓 无初有終 2-311(經)
—— 係丈夫 失小子 隨有求得 利居貞 2-20(經)
—— 困于石 據于蒺藜 入于其宮 不見其妻 凶 3-89(經)
—— 觀我生 進退 2-56(經)
—— 歸妹以須 反歸以娣 3-211(經)
—— 來之坎坎 險且枕 入于坎窞 勿用 2-185(經)
—— 來兌 凶 3-275(經)
—— 得敵 或鼓或罷 或泣或歌 3-317(經)
—— 眇能視 跛能履 履虎尾 咥人 凶 武人爲于大君 1-338(經)
—— 无妄之災 或繫之牛 行人之得 邑人之災 2-126(經)
—— 勿用取女 見金夫 不有躬 无攸利 1-250(經)
—— 未濟 征凶 利涉大川 3-367(經)
—— 剝之 无咎 2-95(經)
—— 負且乘 致寇至 貞吝 2-342(經)
—— 不節若 則嗟若 无咎 3-305(經)

—— 拂頤貞 凶 十年勿用 无攸利 2-151(經)
—— 比之匪人 1-307(經)
—— 頻復 厲 无咎 2-111(經)
—— 師或輿尸 凶 1-293(經)
—— 三人行則損一人 一人行則得其友 2-360(經)
—— 噬腊肉 遇毒 小吝 无咎 2-70(經)
—— 食舊德 貞厲 終吉 或從王事 无成 1-277(經)
—— 盱豫 悔 遲 有悔 1-424(經)
—— 益之 用凶事 无咎 有孚中行 告公用圭 2-378(經)
—— 衆允 悔亡 2-272(經)
—— 即鹿無虞 惟入于林中 君子幾不如舍 往吝 1-234(經)
—— 震蘇蘇 震行无眚 3-161(經)
—— 萃如嗟如 无攸利 往 无咎 小吝 3-60(經)
—— 包羞 1-363(經)
—— 含章可貞 或從王事 无成有終 1-206(經)
—— 渙其躬 无悔 3-290(經)

六十四卦 2-205, 4-34, 86, 101, 113, 114, 145, 150, 274, 309, 326
孔子以伏犧畫八卦 後重爲———— 八卦爲六十四卦之本 4-267
文王旣繇———— 4-308
凡———— 說象不同 1-141
———— 皆擬諸形容 象其物宜也 4-85
———— 二二相耦 4-309

六五
—— 艮其輔 言有序 悔亡 3-182(經)
—— 幹父之蠱 用譽 2-36(經)
—— 貫魚 以宮人寵 无不利 2-97(經)
—— 君子維有解 吉 有孚于小人 2-345(經)
—— 厥孚交如 威如 吉 1-396(經)
—— 箕子之明夷 利貞 2-290(經)
—— 來章有慶譽 吉 3-234(經)
—— 敦復 无悔 2-114(經)
—— 童蒙 吉 1-252(經)
—— 密雲不雨 自我西郊 公弋取彼在穴 3-339(經)
—— 豶豕之牙 吉 2-142(經)
—— 不富以其鄰 利用侵伐 无不利 1-410(經)
—— 賁于丘園 束帛戔戔 吝 終吉 2-85(經)
—— 拂經 居貞 吉 不可涉大川 2-155(經)
—— 射雉一矢 亡 終以譽命 3-248(經)
—— 喪羊于易 无悔 2-260(經)
—— 噬乾肉 得黃金 貞厲 无咎 2-72(經)
—— 田有禽 利執言 无咎 長子帥師 弟子輿尸 貞凶 1-296(經)
—— 貞吉 无悔 君子之光 有孚 吉 3-370(經)
—— 貞吉 升階 3-75(經)
—— 貞疾 恒不死 1-426(經)
—— 鼎黃耳金鉉 利貞 3-147(經)
—— 帝乙歸妹 其君之袂 不如其娣之袂良 月幾望 吉 3-214(經)
—— 帝乙歸妹 以祉元吉 1-355(經)
—— 知臨 大君之宜 吉 2-47(經)
—— 震往來 厲 億无喪 有事 3-163(經)
—— 出涕沱若 戚嗟若 吉 2-201(經)
—— 恒其德 貞 婦人吉 夫子凶 2-236(經)
—— 或益之 十朋之龜 弗克違 元吉 2-364(經)
—— 黃裳 元吉 1-210(經)
—— 悔亡 厥宗噬膚 往 何咎 2-314(經)
—— 悔亡 失得勿恤 往 吉 无不利 2-275(經)

六五元吉
———— 自上祐也 2-366(經)
六五 或益之 十朋之龜 弗克違 元吉 2-364(經)

六五貞疾
六五 貞疾 恒不死 1-426(經)
———— 乘剛也 1-427(經)

六五之吉

六五 來章有慶譽 吉 3-234(經)
六五 豶豕之牙 吉 2-142(經)
六五 賁于丘園 束帛戔戔 吝 終吉 2-85(經)
———— 有慶也 2-144(經), 3-235(經)
———— 有喜也 2-88(經)
———— 離王公也 2-201(經)
六五 出涕沱若 戚嗟若 吉 2-201(經)
六二
—— 艮其腓 不拯其隨 其心不快 3-177(經)
—— 介于石 不終日 貞吉 1-422(經)
—— 係小子 失丈夫 2-19(經)
—— 過其祖 遇其妣 不及其君 遇其臣 无咎 3-332(經)
—— 闚觀 利女貞 2-55(經)
—— 同人于宗 吝 1-376(經)
—— 屯如邅如 4-244
—— 屯如邅如 乘馬班如 匪寇 婚媾 女子貞 不字 十年乃字 1-231(經)
—— 鳴謙 貞吉 1-407(經)
—— 明夷 夷于左股 用拯馬壯 吉 2-285(經)
—— 无攸遂 在中饋 貞吉 2-298(經)
—— 剝牀以辨 蔑貞 凶 2-94(經)
—— 婦喪其茀 勿逐 七日得 3-350(經)
—— 不耕 穫 不菑 畬 則利有攸往 2-124(經)
—— 賁其須 2-82(經)
—— 比之自內 貞吉 1-306(經)
—— 噬膚滅鼻 无咎 2-68(經)
—— 旅卽次 懷其資 得童僕貞 3-243(經)
—— 王臣蹇蹇 匪躬之故 2-326(經)
—— 已日 乃革之 征吉 无咎 3-123(經)
—— 引 吉无咎 孚乃利用禴 3-58(經)
—— 顚頤 拂經于丘 頤征凶 2-150(經)
—— 直方大 不習无不利 1-204(經)
—— 震來厲 億喪貝 躋于九陵 勿逐 七日得 3-158(經)
—— 晉如愁如 貞 吉 受茲介福于其王母 2-271(經)
—— 執之用黃牛之革 莫之勝說 2-244(經)
—— 包承 小人 吉 大人 否 亨 1-362(經)
—— 豐其蔀 日中見斗 往 得疑疾 有孚發若 吉 3-227(經)
—— 咸其腓 凶 居 吉 2-212(經)
—— 或益之 十朋之龜 弗克違 永貞 吉 王用 享于帝 吉 2-376(經)
—— 鴻漸于磐 飮食衎衎 吉 3-191(經)
—— 黃離 元吉 2-198(經)
—— 休復 吉 2-111(經)
六二征凶
六二 顚頤 拂經于丘 頤征凶 2-150(經)
———— 行失類也 2-151(經)
六二之吉
六二 明夷 夷于左股 用拯馬壯 吉 2-285(經)
六二 无攸遂 在中饋 貞吉 2-298(經)
———— 順以巽也 2-298(經)
———— 順以則也 2-286(經)
六子 4-289, 294
六畫
乾體有三畫 坤體有—— 1-111
兼三才而兩之 故易——而成卦 4-279(經)
夫易——成卦 三才必備 2-204
——成卦也 1-105
六爻 1-412, 3-175, 4-101
夫子釋——之象辭 謂之小象 1-147
——發揮 旁通情也 1-183(經)
——之動 三極之道也 4-41(經)
陸績(人) 1-149, 3-153
允升大吉
———— 上合志也 3-72(經)
初六 允升 大吉 3-71(經)
栗陸氏(人) 4-176
殷(國) 2-281
高宗者 —王武丁之號也 3-353
禴 —春祭名也 四時祭之省者也 3-58
禴 —春祭之名也 四時之祭最薄者也 3-59
禴 —春祭之名 祭之薄者也 3-355
易之興也 其當—之末世 周之盛德邪 當文王

與紂之事邪 4-254(經)
禮記又云 一人之棺槨 4-188
一紂 2-291, 3-119
一湯 3-119
陰 二君而一民 小人之道也 4-193(經)
陰康氏(人) 4-176
陰數
陽數有七有九 ——有八有六 1-112
七九 陽數 六八 —— 4-271
陰陽不測之謂神 4-72(經), 73
陰陽相薄
戰乎乾 乾 西北之卦也 言————也 4-286(經)
陰陽之義 配日月 4-80(經)
陰疑於陽 必戰 1-220(經)
飮食衎衎
衎衎 樂也 3-191
六二 鴻漸于磐 ———— 吉 3-191(經)
———— 不素飽也 3-192(經)
飮食宴樂
君子以———— 1-259(經)
飮酒濡首
上九 有孚于飮酒 无咎 濡其首 有孚 失是 3-372(經)
———— 亦不知節也 3-374(經)
邑人不誡
九五 顯比 王用三驅 失前禽 ———— 吉 1-309(經)
———— 上使中也 1-313(經)
泣血漣如
上六 乘馬班如 ———— 1-238(經)
———— 何可長也 1-239(經)
凝命
君子以正位—— 3-136(經)
凝者 嚴整之貌也 3-136
宜建侯 1-228
宜建立諸侯 1-227, 229
天造草昧 宜建侯 而不寧 1-227(經)
倚數
三天兩地而—— 1-111
參天兩地而—— 4-271(經), 273
義以方外
君子敬以直內 ———— 1-217(經)
劓刖
九五 —— 困于赤紱 乃徐有說 利用祭祀 3-92(經)
—— 志未得也 3-94(經)
二繫(書)→繫辭傳
乾坤文言在——之后說卦之前 4-267
二君而一民
陰 ———— 小人之道也 4-193(經)
二簋 2-351
損 有孚 元吉 无咎可貞 利有攸往 曷之用 ——可用享 2-349(經)
——應有時 2-354(經)
—— 質薄之器也 2-353
二女同居
———— 其志不同行 2-305(經)
———— 而有水火之性 近而不相得也 3-116
革 水火相息 ———— 其志不相得 曰 革 3-116(經)
二德 1-197
元亨—— 1-182
有—— 大有蠱漸大畜升困中孚凡七卦 1-156
二人同心 其利斷金 4-92(經)
已事遄往
———— 尙合志也 2-358(經)
初九 ———— 无咎 酌損之 2-357(經)
已日乃孚 1-155, 2-13
———— 革而信之 文明以說 3-117(經)
革 ———— 元亨利貞 悔亡 3-115(經)
已日革之
六二 已日 乃革之 征吉 无咎 3-123(經)
———— 行有嘉也 3-124(經)
以宮人寵

六五 貫魚 ──── 无不利 2-97(經)
──── 終无尤也 2-98(經)
以貴下賤 1-229, 231
──── 大得民也 1-230(經)
以杞包瓜
九五 ──── 含章 有隕自天 3-44(經)
以杞匏瓜 3-45
包瓜爲物 繫而不食者 3-44
以旅與下
九三 旅焚其次 喪其童僕貞 厲 3-244(經)
──── 其義喪也 3-246(經)
以旅在上
上九 鳥焚其巢 旅人 先笑後號咷 喪牛于易 凶 3-250(經)
──── 其義焚也 3-252(經)
以中正也
艮其輔 ──── 3-182(經)
不終日貞吉 ──── 1-423(經)
訟元吉 ──── 1-284(經)
受玆介福 ──── 2-272(經)
酒食貞吉 ──── 1-265(經)
以祉元吉
六五 帝乙歸妹 ──── 1-355(經)
──── 中以行願也 1-356(經)
伊祈
帝堯陶唐氏 伊祈姓 4-179
夷者 傷也 4-320(經)
進必有所傷 故受之以明夷 4-320(經)
利艱貞 2-140
九三 良馬逐 ──── 曰閑輿衛 利有攸往 2-139(經)
明夷 ──── 2-280(經)
──── 晦其明也 2-280(經)
利艱貞吉
九四 噬乾胏 得金矢 ──── 2-71(經)
──── 未光也 2-72(經)
利居貞 4-244
六三 係丈夫 失小子 隨有求得 ──── 2-20(經)
初九 磐桓 ──── 利建侯 1-228(經)
利建侯 1-158, 184, 223, 224(經), 227, 415, 3-157, 4-327
────行師 1-415(經), 416
初九 磐桓 利居貞 ──── 1-228(經)
利建侯行師 1-416
豫 ──── 1-415(經)
利見大人 1-115, 117, 158, 170, 270, 400, 2-322(經), 3-52, 254(經), 256, 4-35
九五 飛龍在天 ──── 1-128(經)
九二 見龍在田 ──── 1-114(經)
飛龍在天 ──── 1-169(經), 4-246
上六 往 蹇 來 碩 吉 ──── 2-331(經)
小亨 利有攸往 ──── 3-257(經)
──── 尙中正也 1-269(經)
──── 往有功也 2-322(經)
──── 唯二五焉 1-114, 115
──── 以從貴也 2-333(經)
──── 亨 利貞 3-51(經), 52
────亨 聚以正也 3-54(經)
終凶 ──── 不利涉大川 1-269(經)
見龍在田──── 1-161(經), 187(經), 4-246
利君子貞 1-158
同人于野 亨 利涉大川 ──── 1-370(經)
不──── 1-157, 359(經)
利女貞
家人 ──── 2-293(經)
六二 闚觀 ──── 2-55(經)
利武人之貞
──── 志治也 3-260(經)
初六 進退 ──── 3-258(經)
利物
─ 足以和義 1-150(經)
利牝馬之貞 1-194, 198
坤卦云 ────及利建侯 利涉大川 皆言所利之事 1-184

坤 元 亨 ——— 1-193(經)
利西南 2-322(經)
利西南 往得中也 不利東北 其道窮也 2-322(經)
利涉大川 1-158, 2-30, 136, 3-283, 284, 368
蠱 元亨 ——— 先甲三日 後甲三日 2-27(經)
坤卦云 利牝馬之貞及利建侯 ——— 皆言所利之事 1-184
大畜 利貞 不家食 吉 ——— 2-132(經)
同人曰 同人于野 亨 ——— 乾行也 1-371(經)
同人于野 亨 ——— 利君子貞 1-370(經)
不——— 1-269(經), 271, 285
上九 由頤 厲吉 ——— 2-156(經)
需 有孚 光亨貞吉 ——— 1-256(經)
——— 木道乃行 2-372(經)
——— 乘木有功也 3-286(經)
——— 乘木舟虛也 3-313(經)
——— 往有功也 1-258(經)
——— 往有事也 2-29(經)
——— 應乎天也 2-135(經)
中孚 豚魚吉 ——— 利貞 3-310(經)
六三 未濟 征凶 ——— 3-367(經)
益 利有攸往 ——— 2-370(經)
渙 亨 王假有廟 ——— 利貞 3-282(經)
利永貞
用六 ——— 1-213(經)
初六 艮其趾 无咎 ——— 3-176(經)
利用禦寇
九三 鴻漸于陸 夫征不復 婦孕不育 凶 利禦寇 3-193(經)
上九 擊蒙 不利爲寇 利禦寇 1-254(經)
——— 上下順也 1-255(經)
——— 順相保也 3-195(經)
利用祭祀
九五 劓刖 困于赤紱 乃徐有說 ——— 3-92(經)
——— 受福也 3-94(經)
利用侵伐
六五 不富以其隣 ——— 无不利 1-410(經)
——— 征不服也 1-411(經)
利用恒无咎
——— 未失常也 1-260(經)
初九 需于郊 利用恒 无咎 1-260(經)
利用刑人 3-260
——— 以正法也 1-247(經)
初六 發蒙 利用刑人 用說桎梏 以往 吝 1-246(經)
利有攸往 2-126, 140, 162, 222, 223(經), 3-52(經), 254(經)
九三 良馬逐 利艱貞 曰閑輿衛 ——— 2-139(經)
旣遭衰難 聖人——— 以拯患難 乃得亨通 2-160
棟橈 ——— 亨 2-159(經)
復 亨 出入无疾 朋來 无咎 反復其道 七日來復 ——— 2-100(經)
上九 弗損 益之 无咎 貞吉 ——— 得臣 无家 2-367(經)
小——— 2-76(經), 77
小亨 ——— 利見大人 3-257(經)
損 有孚 元吉 无咎可貞 ——— 曷之用 二簋可用享 2-349(經)
損而有孚 元吉 无咎可貞 ——— 2-352(經)
陽爻宜有所往 夬道乃成 故曰———也 3-14
用大牲吉 ——— 順天命也 3-54(經)
六二 不耕 穫 不菑 畬 則——— 2-124(經)
——— 剛長乃終也 3-17(經)
——— 剛長也 2-104(經)
——— 乃亨 2-161(經)
——— 上合志也 2-141(經)

———— 終則有始也 2-228(經)
———— 中正有慶 2-371(經)
益 ———— 利涉大川 2-370(經)
夬 揚于王庭 孚號有厲 告自邑 不利卽戎 ———— 3-13(經)
利幽人之貞
九二 眇能視 ———— 3-210(經)
———— 未變常也 3-211(經)
利者 義之和也 1-150(經)
利貞 1-155, 158, 223, 242(經), 245, 415, 2-359, 3-148, 271, 283, 284, 4-247, 327
剛中而柔外 說以—— 3-270(經)
過以—— 與時行也 3-328(經)
九二—— 2-360(經)
九二 —— 征凶 弗損 益之 2-358(經)
旣濟 亨小 —— 初吉終亂 3-344(經)
大壯 —— 2-252(經)
大壯—— 大者正也 正大而天地之情 可見矣 2-253(經)
大畜 —— 不家食 吉 利涉大川 2-132(經)
六五 箕子之明夷 —— 2-290(經)
六五 鼎黃耳金鉉 —— 3-147(經)
保合大和 乃—— 1-138(經)
小過 亨 —— 3-325(經)
小—— 1-156, 2-239(經), 241(經)
柔順—— 君子攸行 1-199(經)
利見大人 亨 —— 3-51(經)
—— 剛柔正而位當也 3-346(經)
—— 亨 1-156, 2-191(經)
——者 性情也 1-181(經)
漸 女歸吉 —— 3-185(經)
中孚 豚魚吉 利涉大川 —— 3-310(經)
中孚以—— 乃應乎天也 3-313(經)
兌 亨 —— 3-270(經)
咸 亨 —— 取女吉 2-204(經), 206
恒 亨 无咎 —— 2-222(經)
恒亨无咎—— 久於其道也 2-227(經)
渙 亨 王假有廟 利涉大川 —— 3-282(經)
利貞 亨 1-156
離 —— — 2-191(經)
利出否
——— 以從貴也 3-139(經)
初六 鼎顚趾 ——— 得妾以其子 无咎 3-137(經)
易簡 4-26, 31, 80
乾坤—— 4-27, 80
乾以易知 坤以簡能 4-24(經)
用使聖人俱行—— 法无爲之化 4-26
——而天下之理得矣 4-30(經)
——之善 配至德 4-80(經)
易則易知 簡則易從 4-26(經), 27
爾雅(書) 1-405, 2-143, 2-366
履
物畜然後有禮 故受之以— 4-312(經)
上天下澤 — 1-142, 335(經)
素—之往 1-336(經)
雖取物象 乃以人事而爲卦名者 卽家人歸妹謙—之屬是也 1-106
亦有一德者 若蒙師小畜—泰謙噬嗑賁復大過震豐節旣濟未濟凡十五卦 1-156
— 德之基也 4-227(經)
— 不處也 4-332(經)
— 柔履剛也 1-333(經)
—而泰然後安 故受之以泰 4-312(經)
—以和行 4-234(經)
—虎尾 1-333(經), 338(經), 340(經)
— 和而至 4-230(經)
因小畜生— 4-308
夬— 1-341(經), 342(經)
兌下乾上 1-333(經)
履卦 1-156, 320, 4-172, 231
——爲德之初基 4-227
——之義 以六三爲主 1-333
履霜 1-202, 214
初六 —— 堅冰至 1-201(經)

——堅冰 1-202, 203(經)
——堅冰至 1-215(經), 1-216, 4-243
履霜堅冰 1-202
———— 陰始凝也 1-203(經)
履霜堅冰至 1-216, 4-243
易曰 ———— 蓋言順也 1-215(經)
履錯之敬
———— 以辟咎也 2-197(經)
初九 履錯然 敬之 无咎 2-196(經)
履虎尾
九四 ——— 愬愬 終吉 1-340(經)
說而應乎乾 是以——— 不咥人 亨 1-333(經)
六三 眇能視 跛能履 ——— 咥人 凶 武人爲于大君 1-338(經)
——— 不咥人 亨 1-333(經)
頤
觀— 2-145(經)
物畜然後 可養 故受之以— 4-316(經)
變者 反覆唯成一卦 則變以對之 乾坤坎離大過—中孚小過之類 4-309
山下有雷 — 1-144, 2-147(經)
由— 2-156(經), 158(經)
— 養正也 4-333(經)
—養之世 1-417
—者 養也 4-316(經)
—貞吉 2-145(經)
— 貞 吉 觀— 自求口實 2-145(經)
顚— 2-153(經), 155(經)
震下艮上 2-145(經)
解之時 革之時 —之時 大過之時 此四卦直云時 1-419
解革及—事已行了 不須言用 1-420
或則以物象而爲卦名者 若否泰剝—鼎之屬是也 1-106
頤貞吉
頤 貞 吉 觀頤 自求口實 2-145(經)
——— 養正則吉也 2-145(經)
羸其瓶
——— 是以凶也 3-104(經)
——— 凶 3-101(經)
離(三畫) 2-64, 4-24
艮止—明 3-242
艮下—上 3-239(經)
坎—象水火 4-282
坎下—上 3-360(經)
剛健 謂乾也 文明 謂—也 1-388
乾燥萬物者 莫熯乎— 4-290
乾下—上 1-386(經)
坤 順也 — 麗也 2-266
坤下—上 2-265(經)
卦之下體爲— 故象云 文明 1-374
文明 —也 以止 艮也 2-79
相見乎— 4-284(經), 4-285
巽在—外 是風從火出 2-296
巽下—上 3-132(經)
陰卦多陽 謂巽—兌—陰而二陽也 4-192
—上坤下 故言明出地上 2-266
—也者 明也 萬物皆相見 南方之卦也 聖人南面而聽天下 嚮明而治 蓋取諸此也 4-285(經)
— 麗也 4-291(經)
— 再索而得女 故謂之中女 4-294(經)
—爲目 4-293(經)
—爲文明 2-317
—爲雉 4-292(經)
—日坎月 運動而行 4-24
—者 麗也 4-317(經)
—下艮上 1-283, 2-76(經)
—下坎上 3-344(經)
—下乾上 1-370(經)
—下坤上 2-280(經)
—下巽上 2-293(經)
—下—上 2-191(經)
—下震上 3-219(經)
—下兌上 3-115(經)

震木一火兌金坎水 各主一時 又巽同震木 乾同兌金 加以坤艮之土爲八卦 4-140
震下一上 2-62(經)
兌下一上 2-305(經)
離
蓋取諸一 4-173(經)
孔子序卦 不以咸繫一 2-205
明兩作 一 1-142, 2-195(經)
變者 反覆唯成一卦 則變以對之 乾坤坎一大過頤中孚小過之類 4-309
先儒以乾至一爲上經 天道也 咸至未濟爲下經 人事也 4-317
亦有三德者 即一咸萃兌渙小過凡六卦 1-155
一坎震兌各主其一方 2-102
一上 而坎下也 4-332(經)
一 麗也 2-193(經)
一 麗也 麗 謂附著也 2-191
一 利貞 亨 2-191(經)
一之九四突如其來如焚如死如棄如之屬 據其文辭 其凶可見 故不言凶也 4-35
一下一上 2-191(經)
日昃之一 2-198(經), 199(經)
陷必有所麗 故受之以一 4-317(經)
黃離 2-198(經)
離卦 4-174
法—— 而爲罔罟 4-172
麗澤 兌 1-142, 2-195, 3-273(經)
益 4-217
蓋取諸一 4-175(經)
莫一之 2-384(經), 385(經), 4-217(經)
損剛一柔有時 2-354(經)
損上一下 2-370(經)
損而不已 必一 故受之以一 4-321(經)
損一 盛衰之始也 4-327(經)
損下一上 2-66, 351(經), 370
一 德之裕也 4-229(經)
一 動而巽 日進无疆 天施地生 其一无方 2-373(經)
一 損上一下 民說无疆 2-370(經)
一用凶事 2-380(經)
一而不已 必決 4-321(經)
一 利有攸往 利涉大川 2-370(經)
一以興利 4-235(經)
一 長裕而不設 4-232(經)
震下巽上 2-370(經)
風雷 一 1-142, 2-374(經)
或一之 2-376(經), 378(經)
益卦 4-284
損卦則損下益上 ——則損上益下 2-370
——所以名益者 正以損上益下 民說无疆者也 2-371
益用凶事
———— 固有之也 2-380(經)
仁者見之 謂之仁 4-64(經)
———— ——— 知者見之 謂之知 4-64(經)
引吉无咎
六二 引 吉无咎 孚乃利用禴 3-58(經)
———— 中未變也 3-59(經)
因而重之 爻在其中矣 4-158(經), 267
吝 无咎
上九 姤其角 一 —— 3-47(經)
吝 終吉
六五 賁于丘園 束帛戔戔 一 —— 2-85(經)
絪縕 1-171
天地—— 萬物化醇 4-214(經)
一君而二民
陽 ————— 君子之道也 4-193(經)
一德 1-157, 158
亦有——者 若蒙師小畜履泰謙噬嗑賁復大過震豐節旣濟未濟凡十五卦 1-156
恒以—— 4-234(經)
一陰一陽之謂道 4-60(經)
一謂无也 无陰无陽 乃謂之道 4-61
一人行
六三 三人行則損一人 ———則得其友 2-360(經)

―――― 三則疑也 2-362(經)
一致而百慮
子曰 天下何思何慮 天下同歸而殊塗 ―――― ―― 4-195(經)
一闔一闢 謂之變 4-137(經)
日新
大畜 剛健篤實 輝光 ――其德 2-133(經)
――之謂盛德 4-70(經)
日月之道
―――― 貞明者也 4-14, 167(經)
日中見斗
九四 豐其蔀 ―――― 遇其夷主 吉 3-233(經)
六二 豐其蔀 ―――― 往 得疑疾 有孚發若 吉 3-227(經)
―――― 幽不明也 3-234(經)
日昃之離
九三 ―――― 不鼓缶而歌 則大耋之嗟 凶 2-198(經)
―――― 何可久也 2-199(經)
任己(人) 4-176
臨
甘― 2-46(經)
故受之以― 4-315(經)
敦― 2-49(經)
復―二卦 1-120
序卦云 ― 大也 2-39
有四德者 卽乾坤屯―隨无妄革七卦 1-155
― 剛浸而長 說而順 剛中而應 大亨以正 天之道也 2-40(經)
―觀之義 或與或求 4-327(經)
― 元亨 利貞 至于八月 有凶 2-39(經)
―爲建丑之月 2-39
―者 大也 4-315(經)
二陽生爲― 4-237
至― 2-47(經)
兌下坤上 2-39(經)
澤上有地 ― 1-143, 2-42(經)
咸― 2-43(經)~45(經)
或其卦當時之義 卽有四德 如乾坤屯―无妄此五卦之時 卽能四德備具 2-13
臨卦 1-120
――亦是陽長而言八月 2-102
入于其宮 不見其妻 4-201(經)
六三 困于石 據于蒺蔾 ―――― ―――― 凶 3-89(經)
―――― ―――― 不祥也 3-90(經)
入于幽谷
―――― 幽不明也 3-84(經)
初六 臀困于株木 ―――― 三歲不覿 3-83(經)
入于左腹
六四 ―――― 獲明夷之心 于出門庭 2-288(經)
―――― 獲心意也 2-290(經)
立人之道曰仁與義 4-279(經)
立地之道曰柔與剛 4-277(經)
立天之道曰陰與陽 4-277(經)

【ㅈ】

子(人)→孔子
―曰 1-159(經), 161(經), 162(經), 168(經), 169(經), 173(經), 4-81(經), 91(經), 92(經), 93, 95(經)~98(經), 117(經), 126(經), 129(經), 147(經), 201, 203, 205(經), 207, 208(經), 212(經), 218(經)
子克家
九二 包蒙吉 納婦吉 ――― 1-248(經)
――― 剛柔接也 1-249(經)
子産(人)→公孫僑
――云 棟折榱崩 僑將壓焉 2-169
子雍(人)→王肅 4-316
子曰 4-15
各引易之後 其文勢已絕 故言―― 4-93

其文少 故不云——也 4-207
既引易文於上 下以解之 故言——也 4-203
既引易辭 前語已絶 故言—— 4-91
同人先號咷而後笑 —— 君子之道 或出或處 或默或語 二人同心 其利斷金 4-92(經)
夫子既引易文 又釋其義 故云—— 4-201
—— 乾坤 其易之門邪 4-218(經)
—— 君子居其室 出其言善 則千里之外應之 況其邇者乎 4-91(經)
—— 君子進德脩業 1-162(經)
—— 貴而无位 高而无民 1-173(經)
—— 貴而无位 高而无民 賢人在下位而无輔 是以動而有悔也 4-96(經)
—— 亂之所生也 則言語以爲階 4-97(經)
—— 勞而不伐 有功而不德 4-95(經)
—— 同聲相應 同氣相求 1-169(經)
—— 夫易 何爲者也 4-129(經)
—— 上下无常 非爲邪也 1-168(經)
—— 書不盡言 言不盡意 4-147(經)
—— 顔氏之子 其殆庶幾乎 有不善 未嘗不知 知之 未嘗復行也 4-212(經)
—— 易 其至矣乎 夫易 聖人所以崇德而廣業也 4-81(經)
—— 易有聖人之道四焉 4-126(經)
—— 龍德而隱者也 不易乎世 1-159(經)
—— 龍德而正中者也 1-161(經)
—— 危者 安其位者也 亡者 保其存者也 亂者 有其治者也 是故 君子安而不忘危 存而不忘亡 治而不忘亂 4-205(經)
—— 作易者 其知盜乎 4-98(經)
—— 知幾其神乎 君子上交不諂 下交不瀆 其知幾乎 4-208(經)
—— 知變化之道者 其知神之所爲乎 4-117(經)
—— 天下何思何慮 天下同歸而殊塗 一致而百慮 4-195(經)
子夏(人) 3-29
子夏易傳(書)←子夏傳 2-218
子夏傳(書)→子夏易傳 1-232, 331, 357, 2-374, 3-29, 46, 108, 111
———云 元 始也 亨 通也 利 和也 貞 正也 1-107
字林(書) 2-250
自求口實
頤 貞 吉 觀頤 ———— 2-145(經)
———— 觀其自養也 2-145(經)
自我西郊 1-318
密雲不雨 ———— 1-316(經), 3-340
六五 密雲不雨 ———— 公弋取彼在穴 3-339(經)
———— 施未行也 1-317(經)
自我致寇
九三 需于泥 致寇至 1-262(經)
———— 敬愼不敗也 1-262(經)
自我致戎
六三 負且乘 致寇至 貞吝 2-342(經)
———— 又誰咎也 2-343(經)
自天祐之 吉无不利 2-367, 4-42(經), 181(經)
上九 ———— ———— 1-397(經)
易曰 ———— ———— 4-146(經)
亦有其吉灼然而稱吉者 若大有上九 ———— ————之類 1-401
資生
萬物—— 乃順承天 1-197(經)
資始 1-135, 1-139, 197
萬物—— 乃統天 1-132(經)
藉用白茅 4-14, 15
———— 柔在下也 2-164(經)
初六 ———— 无咎 2-163(經), 4-94(經)
作易
今言—— 言是伏犧 非文王等 4-269
文王—— 1-154
昔者聖人之——也 幽贊於神明而生蓍 4-269(經)
說卦云 聖人之——也 1-111

聖人—— 本以教人 1-105
聖人—— 與天地相準 謂準擬天地 則乾健以法天 坤順以法地之類是也 4-51
聖人——以戒之 2-39
聖人之—— 4-172
易之興也 其於中古乎 ——者 其有憂患乎 4-226(經)
以——者 本爲立教故也 4-153
子曰 ——者 其知盜乎 4-98(經)
——聖人 本觀察變化之道 象於天地陰陽 而立乾坤等卦 4-274
——者 引此帝乙歸妹以明之也 1-355
——者因自然之神 以垂教 4-59
潛龍 1-136, 159, 160, 176, 185, 186
乾之初九則—— 九二則見龍 4-237
——始起 在建子之月 1-109
初九 潛龍 勿用 1-108(經)
或取天地陰陽之象以明義者 若乾之——見龍 坤之履霜堅冰龍戰之屬 1-202
潛龍勿用 1-110, 151, 159(經), 4-169
乾初九———— 是原始也 4-243
———— 陽氣潛藏 1-179(經)
———— 陽在下也 1-147(經)
潛之爲言也 隱而未見 行而未成 1-185(經)
雜卦(書)→雜卦傳
—— 孔子更以意錯雜而對辨 其次第不與序卦同 4-326
——曰 革去故而鼎取新 3-132
——曰 渙 離也 3-282
——云 節 止也 3-298
雜卦傳(書)←雜卦
丈人
師 貞 —— 吉 无咎 1-286(經)
壯于頄
九三 ——— 有凶 君子夬夬 獨行 遇雨若濡 有慍 无咎 3-22(經)
頄 面權也 謂上六也 3-22
壯于趾
——— 其孚窮也 2-255(經)
初九 ——— 征 凶有孚 2-255(經)
長男 3-205, 208, 217
震爲—— 2-225
震 一索而得男 故謂之—— 4-294(經)
長女 3-215, 4-299(經)
巽爲—— 2-225
巽 一索而得女 故謂之—— 4-294(經)
長子 3-155, 156, 4-298(經)
震卦施之於人 又爲—— 3-152
革物者 莫若鼎 故受之以鼎主器者 莫若—— 故受之以震 4-322(經)
長子帥師 1-297
六五 田有禽 利執言 无咎 ———— 弟子輿尸 貞凶 1-296(經)
———— 以中行也 1-298(經)
張良(人) 2-146
張氏(人)→張譏 1-112, 115
——云 1-108, 177, 4-272
莊(人)→莊子
—說 1-164
—云 馬翦剔羈絆 所傷多矣 4-30
莊氏(人) 1-137, 2-102, 4-157
褚氏——竝云 象 斷也 1-133
褚氏——云 六五應乾九二 九二在乾體 故云應乎天也 1-388
——說 1-415
——云 1-110, 137, 152, 164, 190, 191, 195, 222, 297, 415, 2-261, 286, 3-34
——云 建侯卽元亨也 行師卽利貞也 1-415
——云 文謂文飾 以乾坤德大 故特文飾 以爲文言 1-150
——云 四象謂六十四卦之中 有實象 有假象 有義象 有用象 4-145
——云 三事者 无咎一也 利二也 貞三也 2-222
——云 天地絪緼 和合二氣 共生萬物 1-171
——之說 1-133, 164

——之言 1-222
——之言 得王旨矣 2-351
——之意 1-152
——此言 全不識注意 2-261
莊子(人)←莊
——所言 2-319
莊子內篇齊物論(書) 2-319
莊子大宗師篇(書) 4-75
再三 瀆 瀆則不告
蒙 亨 匪我求童蒙 童蒙求我 初筮 告 —— — ———— 1-240(經)
—— — ———— 瀆蒙也 1-245(經)
在師中吉
九二 在師中 吉 无咎 王三錫命 1-291(經)
———— 承天寵也 1-293(經)
財成 1-146, 344
后以——天地之道 輔相天地之宜 以左右民 1-345(經)
載物
坤厚—— 德合无疆 1-197(經)
君子以厚德—— 1-201(經)
以其廣厚 故能—— 1-197
齎咨涕洟
上六 ———— 无咎 3-65(經)
———— 未安上也 3-66(經)
褚氏(人)→褚仲都 1-115, 188, 226, 2-102, 3-325
——云 1-164, 203, 225, 335, 2-143, 3-256
——云 蠱者 惑也 2-29
——云 三事 謂无咎利貞利有攸往 2-222
——云 順者 心不違也 巽者 外迹相卑下也 1-253
——云 自建寅至建酉爲八月 2-42
——爲長 2-222
——莊氏竝云 彖 斷也 1-133
——莊氏云 六五應乾九二 九二在乾體 故云應乎天也 1-388
——諸儒皆以爲 三面著人驅禽 1-311
——何氏周氏等竝同鄭義 以爲甲者 造作新令之日 2-27
褚仲都(人)←褚氏
赤紱 3-93
九五 劓刖 困于—— 乃徐有說 利用祭祀 3-92(經)
兌 爲西方之卦 —— 南方之物 3-93
積不善之家
————— 必有餘殃 1-215(經)
積善之家
———— 必有餘慶 1-215(經)
寂然无體 4-60, 62
寂然幽靜而无體 4-62
寂然不動 2-105, 106, 4-123, 126, 165, 198, 199
———— 感而遂通天下之故 4-122(經)
寂然而无不應 4-122
寂然至无 2-105~107
田氏(人)→陳乞 3-246
田獲三品
六四 悔亡 ———— 3-264(經)
———— 有功也 3-265(經)
典要 1-157
不可爲典常要會 4-238
不可爲—— 1-106, 4-238(經), 242
前繫辭(書)→繫辭傳 上 4-267
傳(書)→春秋左氏傳
元凱注左傳分經之年 與—相附 1-203
左氏昭十二年—文也 1-210
戰戰兢兢 3-156
戰乎乾 4-284(經), 287
說卦云 ——— 1-212
——— 乾 西北之卦也 言陰陽相薄也 4-286(經)
顓頊(人)
生——於弱水 4-179
——高陽氏 黃帝之孫 昌意之子 4-178

帝舜姚姓 其先出自—— 4-179
顚頤之吉
六四 顚頤 吉 虎視眈眈 其欲逐逐 无咎 2-153(經)
———— 上施光也 2-155(經)
折其右肱
———— 終不可用也 3-232(經)
節 4-97
甘— 3-307(經)
苦— 3-298(經), 299(經), 308(經), 309(經)
物不可以終離 故受之以— 4-324(經)
不—之嗟 3-305(經), 4-45
序卦云 物不可以終離 故受之以— 3-303
安— 3-306(經)
亦有一德者 若蒙師小畜履泰謙噬嗑賁復大過震豐—旣濟未濟凡十五卦 1-156
—而信之 故受之以中孚 4-324(經)
—以制度 3-300(經), 307
— 止也 4-330(經)
—亨 剛柔分而剛得中 3-298(經), 299
— 亨 苦節 不可貞 3-298(經)
兌下坎上 3-298(經)
澤上有水 — 1-143, 301(經)
節以制度 3-307
天地節而四時成 ———— 不傷財 不害民 3-300(經)
占
九五 大人虎變 未— 有孚 3-128(經)
君子居則觀其象而玩其辭 動則觀其變而玩其— 4-42(經)
極數知來之謂— 4-72(經)
易有聖人之道四焉 以言者尙其辭 以動者尙其變 以制器者尙其象 以卜筮者尙其— 4-118(經)
以易—事 1-111
—問其吉凶 而以言命蓍 4-120
周易以變者爲— 故稱九稱六 1-112
春秋傳云先王卜征五年 又云卜以決疑 是動玩其—也 4-43
湯武革命 廣大應人 不勞—決 信德自著 3-129
漸
艮下巽上 3-185(經)
物不可以終止 故受之以— 4-322(經)
木生山上 因山而高 非是從下忽高 故是—義也 3-188
山上有木 — 1-143, 3-188(經)
有二德 大有蠱—大畜升困中孚凡七卦 1-156
— 女歸吉 利貞 3-185(經)
— 女歸 待男行也 4-333(經)
— 以高顯爲美 4-239
— 之進也 3-186(經)
—者 漸進之卦也 3-185
—者 進也 4-322(經)
井
改邑不改— 3-99(經), 103(經)
困乎上者 必反下 故受之以— 4-322(經)
舊—无禽 3-105(經), 106(經)
木上有水 — 1-143, 3-104(經)
巽下坎上 3-99(經)
巽乎水而上水 — 3-102(經)
亦有全无德者 若豫觀剝晉蹇解夬姤—艮歸妹凡十一卦也 1-157
— 改邑不改— 3-99(經)
— 居其所而遷 4-233(經)
—谷射鮒 3-107(經), 108(經)
—泥不食 3-105(經), 106(經)
— 德之地也 4-230(經)
—道 不可不革 4-322(經)
—洌寒泉 3-111(經)
—渫不食 3-108(經), 110(經)
— 養而不窮也 3-103(經)
—以辯義 4-235(經)
—井 3-100(經)
—甃 3-110(經), 111(經)

— 通 4-330(經)
汔至亦未繘— 3-104(經)
井卦
——居得其所 恒住不移 而能遷其潤澤 施惠於外 4-233
井谷射鮒
九二 ———— 甕敝漏 3-107(經)
———— 无與也 3-108(經)
井泥不食
———— 下也 3-106(經)
初六 ———— 舊井无禽 3-105(經)
井洌寒泉
九五 ———— 食 3-111(經)
———— 中正也 3-112(經)
井渫不食
九三 ———— 爲我心惻 可用汲 王明 並受其福 3-108(經)
———— 行惻也 3-110(經)
井渫而不見食 猶人修已全潔而不見用 3-109
井甃无咎
六四 井甃 无咎 3-110(經)
———— 修井也 3-111(經)
井井
往來—— 3-100(經)
—— 絜靜之貌也 3-100
定天下之吉凶
—————— 成天下之亹亹者 4-258(經)
—————— 成天下之亹亹者 莫大乎蓍龜 4-142(經)
征 吉
南— — 3-68(經), 69(經)
以其彙— — 1-347(經)
征吉 3-96, 209
拔茅—— 志在外也 1-348(經)
上六 困于葛藟 于臲卼 曰動悔 有悔 —— 3-95(經)
六二 已日 乃革之 —— 无咎 3-123(經)
初九 歸妹以娣 跛能履 —— 3-208(經)
征 凶
九三 — — 貞 厲 革言三就 有孚 3-124(經)
— — 居 貞吉 3-130(經)
初九 壯于趾 — —有孚 2-255(經)
征凶 2-359, 3-206, 125, 368
君子——1-327(經), 329(經), 330
九二 困于酒食 朱紱方來 利用享祀 —— 无咎 3-85(經)
九二 利貞 —— 弗損 益之 2-358(經)
歸妹 —— 无攸利 3-201(經)
未濟—— 位不當也 3-369(經)
上六 震索索 視矍矍 —— 震不于其躬 于其隣 无咎 婚媾有言 3-166(經)
六三 未濟 —— 利涉大川 3-367(經)
六二—— 2-150(經)151(經)
—— 位不當也 3-205(經)
貞固 足以幹事 1-150(經)
堅固貞正 令物得成 使事皆幹濟 1-153
貞 吉 1-156, 2-322(經)
九四 — — 悔亡 藩決不羸 壯于大輿之輹 2-258(經)
九四 — — 悔亡 震用伐鬼方 三年 有賞于大國 3-369(經)
九二 曳其輪 — — 3-366(經)
九二 履道坦坦 幽人 — — 1-337(經)
六二 晉如愁如 — — 受玆介福于其王母 2-271(經)
初九 咸臨 — — 2-43(經)
頤 — — 觀頤 自求口實 2-145(經)
貞吉 1-194, 3-36, 239, 240
九五 嘉遯 —— 2-249(經)
九五 需于酒食 —— 1-264(經)
九二 田獲三狐 得黃矢 —— 2-340(經)
九二 —— 2-256(經)
旅 小亨 旅—— 3-239(經)
六四 外比之 —— 1-308(經)
六五 —— 无悔 君子之光 有孚 吉 3-370(經)
六五 —— 升階 3-75(經)

六二 介于石 不終日 —— 1-422(經)
六二 鳴謙 —— 1-407(經)
六二 无攸遂 在中饋 —— 2-298(經)
六二 比之自內 —— 1-306(經)
上九 弗損 益之 无咎 —— 利有攸往 得臣 无家 2-367(經)
初九 官有渝 —— 出門交 有功 2-17(經)
初六 繫于金柅 —— 有攸往 見凶 羸豕孚蹢躅 3-35(經)
初六 晉如摧如 —— 罔孚 裕 无咎 2-268(經)
—— 无悔 3-371
貞吉 悔亡 3-266, 370
九四 —— —— 憧憧往來 朋從爾思 2-215(經)
九五 —— —— 无不利 无初有終 先庚三日 後庚三日 吉 3-265(經)
貞吉升階
六五 貞吉 升階 3-75(經)
———— 大得志也 3-76(經)
貞吉悔亡
九四 貞吉 悔亡 憧憧往來 朋從爾思 2-215(經)
九四 貞 吉 悔亡 震用伐鬼方 三年 有賞于大國 3-369(經)
———— 未感害也 2-217(經)
———— 志行也 3-370(經)
貞 大人吉 3-79
貞 大人 吉 无咎 3-78(經)
— ——— 以剛中也 3-81(經)
貞 厲
九四 晉如鼫鼠 — — 2-273(經)
九三 征 凶 — — 革言三就 有孚 3-124(經)
貞厲 1-278, 2-257, 274, 3-125
九三 小人用壯 君子用罔 —— 羝羊觸藩 羸其角 2-256(經)
九五 夬履 —— 1-341(經)
六三 食舊德 —— 終吉 或從王事 无成 1-277(經)
六五 噬乾肉 得黃金 —— 无咎 2-72(經)
上九 既雨既處 尙德載 婦—— 月幾望 君子征凶 1-327(經)
貞厲无咎
六五 噬乾肉 得黃金 貞厲 无咎 2-72(經)
———— 得當也 2-74(經)
貞吝 2-278
九三 不恒其德 或承之羞 —— 2-233(經)
六三 負且乘 致寇至 —— 2-342(經)
上九 晉其角 維用伐邑 厲吉 无咎 —— 2-277(經)
上六 城復于隍 勿用師 自邑告命 —— 1-356(經)
貞夫一
天下之動 ———者也 4-167(經)
貞勝 4-166(經), 167(經)
吉凶者 ——者也 4-164(經)
貞者 事之幹也 1-150(經), 152
貞 凶
上九 巽在牀下 喪其資斧 — — 3-268(經)
六三 拂頤— — 十年勿用 无攸利 2-151(經)
貞凶 2-23, 231
九四 隨有獲 —— 有孚 在道 以明 何咎 2-22(經)
六五 田有禽 利執言 无咎 長子帥師 弟子輿尸 —— 1-296(經)
上九 翰音登于天 —— 3-322(經)
上六 苦節 —— 悔亡 3-308(經)
初六 浚恒 —— 无攸利 2-230(經)
亭長(官)
漢高祖生於暴秦之世 唯隱居爲泗水—— 是勿用也 1-109
鼎
木上有火 — 1-143, 3-136(經)
巽下離上 3-132(經)
雜卦曰 革去故而—取新 3-132
— 象也 3-132, 133(經)
— 元吉 亨 3-132(經)

—有實 3-140(經), 141(經)
—耳革 3-142(經), 144(經)
—顚趾 3-137(經), 139(經)
—折足 3-145(經), 4-207(經)
— 取新也 4-331(經)
—黃耳 3-147(經), 148(經)
革物者 莫若— 故受之以—主器者 莫若長子 故受之以震 4-322(經)
或則以物象而爲卦名者 若否泰剝頤—之屬是也 1-106
鼎卦
引易——九四 4-207
鼎有實
九二 ——— 我仇有疾 不我能卽 吉 3-140(經)
——— 愼所之也 3-141(經)
鼎耳革
九三 ——— 其行塞 雉膏不食 方雨虧悔 終吉 3-142(經)
——— 失其義也 3-144(經)
鼎顚趾
——— 未悖也 3-139(經)
初六 ——— 利出否 得妾以其子 无咎 3-137(經)
鼎折足
九四 ——— 覆公餗 其形渥 凶 3-145(經)
易曰 ——— 覆公餗 其形渥 凶 言不勝其任也 4-207(經)
鼎黃耳
六五 ———金鉉 利貞 3-147(經)
——— 中以爲實也 3-148(經)
精氣爲物 4-15
———— 遊魂爲變 4-53(經)
精義入神
———— 是先靜也 以致用 是後動也 4-198
———— 以致用也 4-197(經)
鄭(國)
鄭(人)→鄭玄
馬—皆案爾雅云十朋之龜者 2-366
褚氏何氏周氏等竝同—義 以爲甲者 造作新令之日 2-27
—云 2-329, 4-287
—引詩云 碩鼠碩鼠 无食我黍 謂大鼠也 2-275
—引堯之末年 四凶在朝 1-130
—注論語云 2-331
—注禮記云 1-276
—注云 1-276, 331
—注周禮 2-250
—注周禮小司徒云 1-276
鄭康成(人)→鄭玄 2-102
———云 天地之數五十有五 4-101
———注易 1-112
———注云 4-190
———之說 1-115
———之義 4-144
鄭玄(人)←鄭, 鄭康成 1-228, 3-29, 4-272, 313, 316
——亦云 天地之數備於十 4-271
——云 1-232, 2-219, 2-17
——之義 3-153
宰予(人)←予
弟子輿尸
六五 田有禽 利執言 无咎 長子帥師 ———— 貞凶 1-296(經)
———— 使不當也 1-297, 298(經)
弟子好生篇(書)
孔子家語————云 1-384
帝嚳(人) 4-179
少皞之孫 蟜極之子代立 是爲—— 4-179
——高辛氏 姬姓也 4-179
帝摯(人) 4-177
帝明(人) 4-176
帝舜→舜
—— 姚姓 其先出自顓頊 4-179
帝承(人) 4-176

帝哀(人) 4-177
帝王世紀(書)←世紀 4-176
皇甫謐———— 4-182
帝堯(人)→堯
——陶唐氏 伊祈姓 4-179
帝榆罔(人) 4-177
帝乙(人) 1-355
——歸妹 1-355(經), 3-201, 214(經), 215, 216(經)
帝乙歸妹 3-201, 215
六五 ———— 其君之袂 不如其娣之袂良 月幾望 吉 3-214(經)
六五 ———— 以祉元吉 1-355(經)
———— 不如其娣之袂良也 其位在中 以貴行也 3-216(經)
帝臨魁(人) 4-176
帝摯(人)→少皥 4-179
帝直(人) 4-177
帝出乎震 4-284(經), 285
齊(國) 2-146, 3-246
齊乎巽 4-284(經)
——— 巽 東南也 齊也者 言萬物之絜齊也 4-285(經)
諸卦 4-23, 85
——之例 2-40
案——之彖 先標卦名 乃復言曰某卦 曰同人 曰大有 曰小畜之類 2-63
易之——及爻 不言吉凶者 義有數等 4-35
——之彖 2-194
——之名 2-175
——之象 1-420, 2-122
諸儒 1-109, 116, 123, 133, 311, 2-87, 4-15, 102, 157, 174
——不顧輔嗣注旨 妄作異端 非也 2-27
——有以四象爲七八九六 4-145
——以爲 1-118, 180, 4-48
曹公(人)→曹操
漢時黃星 後爲——之兆 1-171
曹操(人)←曹公(人)
尊盧氏(人) 4-176
宗廟社稷
君出 則長子留守———— 攝祭主之禮事也 3-156
出 可以守———— 以爲祭主也 3-155(經)
從或戕之
九三 弗過防之 ———— 凶 3-334(經)
———— 凶如何也 3-335(經)
春秋傳曰 在內曰弑 在外曰戕 3-334
終吉 1-278, 2-33, 85, 87
九四 履虎尾 愬愬 —— 1-340(經)
九三 鼎耳革 其行塞 雉膏不食 方雨虧悔 —— 3-142(經)
九二 需于沙 小有言 —— 1-260(經)
六三 食舊德 貞厲 —— 或從王事 无成 1-277(經)
上九 有孚 威如 —— 2-303(經)
上六 入于穴 有不速之客三人來 敬之 —— 1-265(經)
初六 幹父之蠱 有子 考无咎 厲 —— 2-32(經)
初六 不永所事 小有言 —— 1-274(經)
終吝
九三 家人嗃嗃 悔厲 吉 婦子嘻嘻 —— 2-299(經)
終莫之勝吉
九五 鴻漸于陵 婦三歲不孕 終莫之勝 吉 3-197(經)
————— 也 3-198(經)
終萬物始萬物者
——————— 莫盛乎艮 4-289(經), 290
終无咎
幹父之蠱 ———也 2-35(經)
君子夬夬 ———也 3-24(經)
六四 樽酒簋貳 用缶 納約自牖 ——— 2-186(經)
終以譽命

六五 射雉一矢 亡 ———— 3-248(經)
———— 上逮也 3-250(經)
終日乾乾 1-105, 120(經), 121, 124, 163, 4-241
君子———— 1-148, 1-202
君子———— 夕惕 若厲 无咎 1-162(經), 4-35
———— 反復道也 1-147(經)
———— 與時偕行 1-179(經)
終日戒
六四 繻有衣袽 ——— 3-354(經)
——— 有所疑也 3-354(經)
終止則亂
———— 其道窮也 3-346(經), 347
終凶
—— 訟不可成也 1-269(經)
—— 利見大人 不利涉大川 1-269(經)
左氏(書)→春秋左氏傳
——昭十二年傳文也 1-210
左傳(書)→春秋左氏傳 3-46, 356
元凱注——分經之年 與傳相附 1-20
——云 天爲剛德 4-278
左次无咎
六四 師左次 无咎 1-294(經)
———— 未失常也 1-295(經)
坐忘遺照 4-73
————之言 事出莊子大宗師篇也 4-75
朱紱 3-86
九二 困于酒食 ——方來 利用享祀 征凶 无咎 3-85(經)
坎 北方之卦也 —— 南方之物也 3-85
—— 南方之物也 3-85
朱襄氏(人) 4-176
周(國)
若—西伯 內執王心 外率諸侯 以事紂也 1-125
如—之東遷 晉鄭焉依之義也 2-381
易之興也 其當殷之末世 —之盛德邪 當文王與紂之事邪 4-254(經)
殷湯—武 3-119
—武十人 2-146
—時獲麟 乃爲漢高之應 1-171
—王 3-357
—夏正 1-421
周公(人)
周易起於文王及—— 4-226
周宏正(人)←周氏
周西伯
若——— 內執王心 外率諸侯 以事紂也 1-125
周氏(人)→周宏正 2-27, 267, 268, 3-325, 4-15, 4-309, 4-316
褚氏何氏——等竝同鄭義 以爲甲者 造作新令之日 2-27
——云 1-185, 186, 226, 2-205, 222, 4-255
——莊氏並爲九章 4-157
——褚氏云 1-226
——之說 1-186
——就序卦 以六門主攝 4-308
周易(書)←易經 1-111
——起於文王及周公 4-226
——以變者爲占 故稱九稱六 1-112
周禮(書) 1-276, 2-250
——大宗伯 有天產地產 1-171
——五土 動物植物各有所宜 4-172
周易略例(書)←略例, 例
紂(人)
三分事— 2-281
若周西伯 內執王心 外率諸侯 以事—也 1-125
易之興也 其當殷之末世 周之盛德邪 當文王與—之事邪 4-254(經)
殷— 2-291, 3-119
以當—世 憂畏滅亡 故作易辭 4-255
—爲凶惡 以至誅滅 4-256

—作靡靡之樂 4-313
誅—牧野 3-119
酒食貞吉
九五 需于酒食 貞吉 1-264(經)
———— 以中正也 1-265(經)
繇
謙卦之— 1-401
文王旣—六十四卦 4-308
—辭 1-270, 3-106
此謙卦之— 1-400
爻—之辭 4-219
樽酒簋貳
六四 ———— 用缶 納約自牖 終无咎 2-186(經)
———— 剛柔際也 2-188(經)
浚恒之凶
———— 始求深也 2-232(經)
初六 浚恒 貞凶 无攸利 2-230(經)
中古
易之爻卦之辭 起於—— 4-226
易之興也 其於——乎 作易者 其有憂患乎 4-226(經)
中饋
六二 无攸遂 在—— 貞吉 2-298(經)
中男
坎 再索而得男 故謂之—— 4-294(經)
中女 4-303(經)
離 再索而得女 故謂之—— 4-294(經)
中少二女而成一卦 3-116
中孚
變者 反覆唯成一卦 則變以對之 乾坤坎離大過頤——小過之類 4-309
易緯稽覽圖云 卦氣起—— 2-102
有二德 大有蠱漸大畜升困——凡七卦 1-156
節而信之 故受之以—— 4-324(經)
—— 豚魚吉 利涉大川 利貞 3-310(經)
—— 信也 4-331(經)
—— 柔在內而剛得中 說而巽 孚 3-310(經)
——以利貞 乃應乎天也 3-313(經)
此引——九二爻辭 4-90
兌下巽上 3-310(經)
澤上有風 —— 1-143, 3-313(經), 314
中央氏(人) 4-176
中行 1-297, 349, 350(經)
九二 包荒 用馮河 不遐遺 朋亡 得尙于—— 1-348(經)
六四 —— 告公從 利用爲依遷國 2-381(經)
六四 —— 獨復 2-113(經)
長子帥師 以——也 1-298(經)
——獨復 2-114(經)
——无咎 3-27(經), 28, 29(經)
包荒得尙于—— 1-350(經)
中行獨復
六四 中行 獨復 2-113(經)
———— 以從道也 2-114(經)
中行无咎 3-28
九五 莧陸夬夬 ———— 3-27(經)
———— 中未光也 3-29(經)
仲尼(人)→孔子 1-176, 178, 179
重剛而不中 上不在天 下不在田
九四 ———— ———— ———— 中不在人 1-189(經)
九三 ———— ———— ———— 1-187(經)
重卦 1-116, 4-277, 282
重震之卦 3-156
重巽 3-253
——以申命 3-255(經)
重錢 1-112
衆允之
六三 衆允 悔亡 2-272(經)
——— 志上行也 2-273(經)
卽鹿无虞 1-202
六三 ———— 惟入于林中 君子幾不如舍 往吝 1-234(經)
———— 以從禽也 君子舍之 往吝窮也

1-235(經)

摯(人)→少皞 4-179

少皞帝 名— 字青陽 姬姓也 4-178

地道 4-246

謙 亨 天道下濟而光明 ——卑而上行 1-402(經)

不習无不利 ——光也 1-206(經)

易之爲書也 廣大悉備 有天道焉 有人道焉 有 ——焉 兼三材而兩之 4-252(經)

—— 無成 而代有終也 1-218(經)

—— 變盈而流謙 1-402(經)

止而說 2-207(經)

止而巽 動不窮也 3-188(經)

地上有水 比 1-143, 145, 304(經), 305

地勢坤 1-141, 201(經), 2-195

地中生木 升 1-144, 145, 3-70(經)

地中有山 謙 1-144, 404(經)

地中有水 師 1-144, 288(經)

至于八月有凶 2-41(經)

———— 消不久也 2-41(經)

至臨无咎

六四 至臨 无咎 2-47(經)

——— 位當也 2-47(經)

至哉 坤元 1-137, 197(經)

志未得

同人于郊 ———也 1-383(經)

鳴謙 ———也 1-412(經)

劓刖 ———也 3-94(經)

志行

剛巽乎中正而—— 3-255(經)

健而巽 剛中而—— 乃亨 1-317(經)

交孚无咎 ——也 2-314(經)

南征 吉 ——也 3-69(經)

愬愬終吉 ——也 1-341(經)

雖磐桓 ——正也 1-230(經)

豫 剛應而—— 順以動 豫 1-415(經)

有命无咎 ——也 1-365(經)

貞吉悔亡 ——也 3-370(經)

咸臨貞吉 ——正也 2-44(經)

知死生之說 4-44

知幽明之故 原始反終 故———— 4-51(經)

知崇 禮卑 4-82(經)

崇 效天 卑 法地 4-82(經)

知 以崇爲貴 禮 以卑爲用 4-82

知幽明之故

———— 原始反終 故知死生之說 4-51(經)

知者

——見之 謂之知 4-64(經)

——觀其彖辭 則思過半矣 4-245(經)

知者見之 謂之知

仁者見之 謂之仁 ——— ——— 4-64(經)

知終 1-164, 166, 167, 176

脩業則—— 存義也 1-163

——終之 1-162(經)

知終終之

——— 可與存義也 1-162(經)

知至 1-164, 166, 167, 176

——至之 1-124, 162(經)

進德則—— 將進也 1-163

知至至之

——— 可與幾也 1-124, 162(經)

職方(書) 1-347

直方大 4-246

方 其義也 1-217(經)

六二 ——— 不習无不利 1-204(經)

直 其正也 1-217(經)

——不習无不利 則不疑其所行也 1-217(經)

振恒在上

上六 振恒 凶 2-237(經)

——— 大无功也 2-237(經)

晉(國)

如周之東遷 —鄭焉依之義也 2-381

晉

坤下離上 2-265(經)

明出地上 — 1-143, 2-267(經)
物不可以終壯 故受之以— 4-319(經)
亦有卦善而无德者 —解之屬 1-157
亦有全无德者 若豫觀剝—蹇解夬姤井艮歸妹凡十一卦也 1-157
— 康侯用錫馬蕃庶 晝日三接 2-265(經)
—如摧如 2-268(經), 270(經)
—者 進也 4-320(經)
— 晝也 4-330(經)
— 進也 2-265(經))
晉卦 2-66, 281
晉如摧如
———— 獨行正也 2-270(經)
初六 ———— 貞吉 罔孚 裕 无咎 2-268(經)
秦(國)
漢高祖生於暴—之世 唯隱居爲泗水亭長 是勿用也 1-109
陳(國)
哀六年 吳伐— 楚救— 在城父卒 此愛國而致它災也 1-384
陳乞(人)←田氏
進德
——脩業 1-162(經), 168(經), 3-344
——則欲上欲進也 1-169
——則知至 將進也 1-163
忠信 所以——也 1-162(經)
進德脩業 3-344
君子———— 欲及時也 1-168(經)
子曰 君子———— 1-162(經)
進退
文言云 上下无常 ——无恒 1-126
文言云 知——存亡而不失其正者 其唯聖人乎 1-130
變化者 ——之象也 4-38(經), 40
六三 觀我生 —— 2-56(經)
——无恒 非離群也 1-168(經)
—— 志疑也 3-259(經)
初六 —— 利武人之貞 3-258(經)
軫(人)→楚昭王
昭王名—
震(三畫) 4-298(經)
艮下—上 3-325(經)
坎下—上 2-334(經)
剛謂—也 柔謂兌也 2-15
剛柔分 謂—剛在下 離柔在上 2-64
乾剛而—動 2-253
乾下—上 2-252(經)
鼓動萬物者 莫疾乎— 4-290
坤下—上 1-415(經)
萬物出乎— — 東方也 4-285(經)
伏犧初畫八卦 以—象雷 以巽象風 以艮象山以兌象澤 4-274
巽下—上 2-222(經)
陽卦多陰 謂—坎艮—陽而二陰也 4-192
五居尊位 在—爲夫 2-237
謂—也 2-117
以—之剛從外而來 爲主於內 2-118
離下—上 3-219(經)
帝者 生物之主 興益之宗 出—而齊巽者也2-377
帝出乎— 4-284(經), 285
重—之卦 3-156
直云—巽離坎 不云乾坤艮兌者 4-24
—剛而巽柔 —則剛尊在上 巽則柔卑在下 得其順序 所以爲恒也 2-224
—剛而兌柔也 以剛下柔 動而之說 乃得隨也2-14
—雷爲威動 乾天主剛健 2-254
— 動也 4-291(經)
—動而乾健 故能使物无妄也 2-118
—動而乾健也 2-118
—動而巽順 无有違逆 所以可恒也 2-226
—動而兌說 旣能下人 動則喜說 所以物皆隨從也 2-15
—木離火兌金坎水 各主一時 又巽同—木 乾同兌金 加以坤艮之土爲八卦 4-140

—巽象雷風 4-282
— 陽也 巽 陰也 巽 非違—者也 2-371
—爲動 1-225
—爲龍 4-292(經)
—爲長男 2-225
—爲足 4-293(經)
— 一索而得男 故謂之長男 4-294(經)
—在上 是動也 1-416
—處兌下 是剛來下柔 2-15
—下艮上 2-145(經)
—下坎上 1-223(經)
—下乾上 2-117(經)
—下坤上 2-100(經)
—下巽上 2-370(經)
—下離上 2-62(經)
—下—上 3-150(經)
—下兌上 2-13(經)
此因—坎有雷雨之象 以廣明解義 2-337
兌少—長 3-215
兌爲少陰 —爲長陽 少陰而承長陽 說以動 嫁妹之象也 3-201
兌下—上 3-201(經)

震
雷是連續之至 水爲流注不已 義皆取連續相因 故—云洊雷 坎云洊至也 2-195
亦有一德者 若蒙師小畜履泰謙噬嗑賁復大過—豐節旣濟未濟凡十五卦 1-156
離坎—兌各主其一方 2-102
—驚百里 3-151(經), 152, 154(經)
— 起也 4-327(經)
—來厲 3-158(經), 160(經)
—來虩虩 3-150(經), 154(經), 157(經), 158(經)
—无咎者 存乎悔 4-50(經)
—索索 3-166(經), 167(經)
—蘇蘇 3-161(經), 162(經)
—遂泥 3-163(經)
—往來厲 3-165(經)
—者 動也 4-322(經)
—下—上 3-150(經)
— 亨 3-150(經), 154(經)
洊雷 — 1-142, 3-156(經)
革物者 莫若鼎 故受之以鼎主器者 莫若長子 故受之以— 4-322(經)

震驚百里
———— 驚遠而懼邇也 3-154(經)
———— 不喪匕鬯 3-151(經), 152

震卦
——施之於人 又爲長子 3-152

震來厲
六二 ——— 億喪貝 躋于九陵 勿逐 七日得 3-158(經)
——— 乘剛也 3-160(經)

震來虩虩
———— 恐致福也 3-154(經), 158(經)
———— 笑言啞啞 3-150(經)
初九 ———— 後 笑言啞啞 吉 3-157(經)

震索索
上六 ——— 視矍矍 征凶 震不于其躬 于其隣 无咎 婚媾有言 3-166(經)
——— 中未得也 3-167(經)

震蘇蘇
六三 ——— 震行无眚 3-161(經)
——— 位不當也 3-162(經)

震遂泥
九四 震 遂泥 3-162(經)
——— 未光也 3-163(經)

震往來厲
六五 震往來 厲 億无喪 有事 3-163(經)
———— 危行也 其事在中 大无喪也 3-165(經)

執用黃牛
六二 執之用黃牛之革 莫之勝說 2-244(經)
———— 固志也 2-246(經)

懲忿窒欲
君子以———— 2-356(經)

【ㅊ】

參天兩地而倚數 4-271(經), 273
　七九 陽數 六八 陰數 4-271
昌僕(人) 4-179
昌意(人) 4-179
　顓頊高陽氏 黃帝之孫 ——之子 4-178
彰往而察來
　夫易 彰往而察來 而微顯闡幽 4-221(經)
蔡邕(人) 2-274
　——勸學篇云 鼫鼠五能 不成一伎術 2-274
尺蠖之屈 以求信也 4-197(經)
天衢
　上九 何 天之衢亨 2-144(經)
　——之亨 2-140
　天之衢亨 1-158, 2-144(經)
天道 虧盈而益謙
　—— ———— 地道 變盈而流謙 鬼神 害盈而福謙 人道 惡盈而好謙 1-402(經)
天與水違行 訟 1-142, 272(經)
天與火 同人 1-142, 374(經)
天在山中 大畜 1-144, 2-137(經)
天尊地卑
　———— 乾坤定矣 4-15, 16(經)
天地感而萬物化生 2-208(經)
天地交 泰 1-142, 345(經)
天之衢亨 2-144(經)
　上九 何 ———— 2-144(經)
　何———— 1-158, 2-144(經)
天地睽而其事同也
　———————— 男女睽而其志通也 萬物睽而其事類也 2-306(經), 307
天地萬物之情 2-230
　觀其所聚 而———————— 可見矣 3-55(經)
　觀其所恒 而———————— 可見矣 2-229(經)
　聖人 感人心而天下和平 觀其所感 而———————— 可見矣 2-209(經)
天地變化 草木蕃 1-219(經)
天地不交 否 1-142, 360(經)
天地相遇
　———— 品物咸章也 3-33(經)
天地設位
　———— 而易行乎其中矣 4-83(經)
天地養萬物
　————— 聖人養賢 以及萬民 頤之時 大矣哉 2-145(經)
天地以順動
　————— 故日月不過而四時不忒 1-415(經)
天地絪縕
　莊氏云 ———— 和合二氣 共生萬物 1-171
　———— 萬物化醇 4-214(經)
天地定位
　———— 山澤通氣 雷風相薄 水火不相射 八卦相錯 4-280(經)
天地之大德曰生 4-170(經)
天地之大義
　男女正 ————— 2-294(經)
天地之道
　君當翦財 成就———— 1-346
　能彌綸———— 4-51(經)
　———— 貞觀者也 4-14, 166(經)
　———— 恒久而不已也 2-228(經)
　后以財成———— 輔相天地之宜 以左右民 1-345(經)
天地閉 賢人隱 1-219(經)
天且弗違
　———— 而況於人乎 況於鬼神乎 1-190(經)
天下雷行 无妄 1-144
天下雷行 物與无妄 2-121(經)
天下有山 遯 1-144, 2-241(經), 242
天下有風 姤 1-144, 3-35(經)
天下之動
　鼓————者 存乎辭 4-154(經)
　聖人 有以見———— 而觀其會通 以行其典禮 4-86(經), 153(經)

———— 貞夫一者也 4-167(經)
天下之賾
極————者 存乎卦 4-154(經)
聖人 有以見———— 而擬諸其形容 象其物宜 4-85(經), 153(經)
天下之至動
言—————而不可亂也 4-87(經)
天下之至賾
言—————而不可惡也 4-87(經)
天下治 1-151, 177
乾元用九 ———也 1-176(經)
蠱 元亨而———也 2-29(經)
黃帝堯舜 垂衣裳而——— 蓋取諸乾坤 4-182(經)
天下平 1-151
雲行雨施 ———也 1-183(經)
天行
君子尙消息盈虛 ——也 2-90(經)
天行 健 1-140(經), 141, 2-195
洊雷 震 1-142, 3-156(經)
洊者 重也 3-156
遷善改過
見善則遷 有過則改 2-374(經)
———— 益莫大焉 2-374
靑陽(人) 4-178
少皞帝 名摯 字———— 姬姓也 4-178
聽談(人) 4-176
聽訟 吾猶人也 必也使無訟乎 1-272
體仁 1-152
君子—— 足以長人 1-150(經)
體包仁道 汎愛施生 1-153
初九
——居兌之初 3-274
—— 鞏用黃牛之革 3-120(經)
—— 官有渝 貞吉 出門交 有功 2-17(經)
—— 屨校 滅趾 无咎 2-67(經)
—— 歸妹以娣 跛能履 征吉 3-208(經)
—— 同人于門 无咎 1-375(經)
—— 明夷于飛 垂其翼 君子于行 三日不食 有攸往 主人有言 2-283(經)
—— 无交害 匪咎 艱則无咎 1-389(經)
—— 无妄往 吉 2-123(經)
—— 磐桓 利居貞 利建侯 1-228(經)
—— 拔茅茹 以其彙征 吉 1-347(經)
—— 復自道 何其咎 吉 1-321(經)
—— 不遠復 无祗悔 元吉 2-109(經)
—— 不出戶庭 无咎 3-302(經)
—— 賁其趾 舍車而徒 2-81(經)
—— 舍爾靈龜 觀我朶頤 凶 2-148(經)
—— 素履往 无咎 1-336(經)
—— 需于郊 利用恒 无咎 1-260(經)
—— 曳其輪 濡其尾 无咎 3-348(經)
—— 遇其配主 雖旬 无咎 往 有尙 3-225(經)
—— 虞吉 有它 不燕 3-314(經)
—— 有厲 利已 2-138(經)
—— 已事遄往 无咎 酌損之 2-357(經)
—— 利用爲大作 元吉 无咎 2-375(經)
—— 履錯然 敬之 无咎 2-196(經)
—— 潛龍 勿用 1-108(經)
—— 壯于前趾 往不勝 爲咎 3-19(經)
—— 壯于趾 征 凶有孚 2-255(經)
—— 震來虩虩 後 笑言啞啞 吉 3-157(經)
—— 閑有家 悔亡 2-297(經)
—— 咸臨 貞 吉 2-43(經)
—— 和兌 吉 3-273(經)
—— 悔亡 喪馬 勿逐 自復 見惡人 无咎 2-308(經)
初九虞吉
初九 虞吉 有它 不燕 3-314(經)
———— 志未變也 3-316(經)
初吉
旣濟 亨小 利貞 ——終亂 3-344(經)
—— 柔得中也 3-346(經)
初登于天
上六 不明晦 ———— 後入于地 2-291(經)
———— 照四國也 2-292(經)

初筮告
　彖云 ——— 以剛中 1-241
　蒙卦云 蒙 亨 ——— 4-247
　蒙 亨 匪我求童蒙 童蒙求我 初筮 告 再三 瀆 瀆則不告 1-240(經)
　——— 以剛中也 1-245(經)
初六
　—— 艮其趾 无咎 利永貞 3-176(經)
　—— 幹父之蠱 有子 考无咎 厲 終吉 2-32(經)
　—— 謙謙君子 用涉大川 吉 1-406(經)
　—— 繫于金柅 貞吉 有攸往 見凶 羸豕孚蹢躅 3-35(經)
　—— 童觀 小人无咎 君子吝 2-54(經)
　—— 臀困于株木 入于幽谷 三歲不覿 3-83(經)
　—— 遯尾 厲 勿用有攸往 2-243(經)
　—— 鳴豫 凶 1-422(經)
　—— 无咎 2-338(經)
　—— 剝牀以足 蔑貞 凶 2-93(經)
　—— 拔茅茹 以其彙 貞 吉亨 1-361(經)
　—— 發蒙 利用刑人 用說桎梏 以往 吝 1-246(經)
　—— 不永所事 小有言 終吉 1-274(經)
　—— 飛鳥以凶 3-331(經)
　—— 師出以律 否臧 凶 1-289(經)
　—— 習坎 入于坎窞 凶 2-183(經)
　—— 旅瑣瑣斯 其所取災 3-242(經)
　—— 往 蹇 來 譽 2-325(經)
　—— 用拯馬壯 吉 3-287(經)
　—— 濡其尾 吝 3-364(經)
　—— 有孚不終 乃亂乃萃 若號一握爲笑 勿恤 往无咎 3-56(經)
　—— 有孚比之 无咎 有孚盈缶 終來有它吉 1-305(經)
　—— 允升 大吉 3-71(經)
　—— 履霜 堅冰至 1-201(經)
　—— 藉用白茅 无咎 2-163(經)
　—— 藉用白茅 无咎 4-94(經)
　—— 井泥不食 舊井无禽 3-105(經)
　—— 鼎顚趾 利出否 得妾以其子 无咎 3-137(經)
　—— 浚恒 貞凶 无攸利 2-230(經)
　—— 晉如摧如 貞吉 罔孚 裕 无咎 2-268(經)
　—— 進退 利武人之貞 3-258(經)
　—— 咸其拇 2-210(經)
　—— 鴻漸于干 小子厲 有言 无咎 3-189(經)
初六童觀
　———— 小人道也 2-55(經)
　初六 童觀 小人无咎 君子吝 2-54(經)
初六鳴豫
　———— 志窮凶也 1-422(經)
　初六 鳴豫 凶 1-422(經)
初六之吉
　初六 用拯馬壯 吉 3-287(經)
　———— 順也 3-288(經)
楚(國)
　孔子聞之 曰 惜乎 其志不大也 不曰人亡弓 人得之 何必—也 1-384
　左傳云 杞梓皮革自—往 3-46
　—人 1-383, 384
楚人 1-126
　——亡弓 不能忘楚 1-383
　——亡弓 楚得之 又何求焉 1-384
楚昭王(人)←昭王, 軫 1-384
蜀山氏(人) 4-179
觸藩 2-257
　九三 小人用壯 君子用罔 貞厲 羝羊—— 羸其角 2-256(經)
　上六 羝羊—— 不能退 不能遂 无攸利 艱則吉 2-262(經)
聰不明 2-74
　經无凶文 象稱———者 與噬嗑上九辭同 3-27
　聞言不信 ———也 3-26(經)
　何校滅耳 ———也 2-75(經)

秋官(官)
春官主禮——主刑 1-282
樞機
言行 君子之—— 4-91(經)
——之發 榮辱之主也 4-92(經)
樞謂戶樞 機謂弩牙 4-91
畜牝牛
柔麗乎中正 故 亨 是以——— 吉也 2-193(經)
——— 吉 2-192(經)
畜臣妾吉
九三 係遯 有疾 厲 畜臣妾 吉 2-246(經)
———— 不可大事也 2-247(經)
春官(官)
——主禮秋官主刑 1-282
春秋(書)→春秋左氏傳
——云 教子以義方 4-21
春秋緯(書)
———云 河以通乾出天苞 洛以流坤吐地符 河龍圖發 洛龜書感 4-144
春秋傳(書)→春秋左氏傳
———曰 在內曰弒 在外曰戕 3-334
———曰 聚斂積實 不知紀極 謂之饕餮 3-365
———云 先王卜征五年 又云 卜以決疑 是動玩其占也 4-43
春秋左氏傳(書)←傳, 左氏, 左傳, 春秋, 春秋傳
出門交有功
初九 官有渝 貞吉 出門交 有功 2-17(經)
————— 不失也 2-18(經)
出門同人 1-376
初九 同人于門 无咎 1-375(經)
———— 又誰咎也 1-375(經)
出門庭
九二 不——— 凶 3-303(經)
不——— 3-303(經), 304(經)
六四 入于左腹 獲明夷之心 于——— 2-288(經)
出自穴 1-265
六四 需于血 ——— 1-263(經)
忠信
—— 所以進德也 1-162(經)
萃
坤下兌上 3-50(經)
乃亂乃— 3-56(經), 58(經)
物相遇而後聚 故受之以— 4-322(經)
亦有三德者 卽離咸—萃兌渙小過凡六卦 1-155
—有位 3-63(經), 64(經)
—者 聚也 4-322(經)
— 聚 4-328(經)
— 聚也 順以說 剛中而應 故聚也 3-52(經)
— 亨 3-50(經)
澤上於地 — 1-143, 3-55(經), 56
萃有位
九五 ——— 无咎 匪孚 元永貞 悔亡 3-63(經)
——— 志未光也 3-64(經)
取女
姤 女壯 勿用—— 3-32(經)
勿用—— 1-250(經), 251(經), 3-32(經), 33(經)
六三 勿用—— 見金夫 不有躬 无攸利 1-250(經)
——吉 2-207, 204(經)
咸 亨 利貞 ——吉 2-204(經), 206
取女吉 2-207
咸 亨 利貞 ——— 2-204(經), 206
致寇
自我—— 敬愼不敗也 1-262(經)
——至 1-262(經), 2-342(經), 4-98(經), 100(經)
致寇至
九三 需于泥 ——— 1-262(經)
易曰 負且乘 ——— 4-98(經)
易曰 負且乘 ——— 盜之招也 4-100(經)

六三 負且乘 ——— 貞吝 2-342(經)
致命遂志 3-82(經)
蚩尤(人) 4-178
七翼
夫子第——也 1-150
七日得
六二 婦喪其茀 勿逐 ——— 3-350(經)
六二 震來厲 億喪貝 躋于九陵 勿逐 ——— 3-158(經)
——— 以中道也 3-352(經)

【ㅋ】

夬
蓋取諸— 4-190(經)
乾下兌上 3-13(經)
故受之以— 4-321(經)
君子—— 3-22(經), 24(經)
大略唯有凶卦无德者 若剝蹇—姤之屬 1-157
亦有全无德者 若豫觀剝晉蹇解—姤井艮歸妹 凡十一卦也 1-157
— 決也 剛決柔也 健而說 決而和 3-15(經)
— 決也 剛決柔也 君子道長 小人道憂也 4-334(經)
— 揚于王庭 孚號有厲 告自邑 不利卽戎 利有攸往 3-13(經)
— 與剝反者也 3-13
— 以剛決柔 如剝之消剛 3-13
—者 決也 4-321(經)
澤上於天 — 1-143, 3-18(經)
夬卦
同於——九四之失據 3-41
夬履貞厲
九五 夬履 貞厲 1-341(經)
———— 位正當也 1-342(經)

【ㅌ】

它吝
九四 棟隆 吉 有—— 2-168(經)
以有應在初 心不弘闊 故有——也 2-168
涿鹿(地)
戰蚩尤于—— 4-178
湯(人)→湯王
堯—之厄 2-130
殷—周武 聰明睿智 上順天命 下應人心 放桀鳴條 誅紂牧野 革其王命 改其惡俗 3-119
—武 3-118(經), 129
湯武→湯王, 武王
天地革而四時成 ——革命 順乎天而應乎人 革之時大矣哉 3-118(經)
——革命 廣大應人 不勞占決 信德自著 3-129
湯王(人)←湯
太極
老子云 道生一 卽此——是也 4-139
兩儀 以——爲始 4-73
兩儀天地之體 必以——虛无爲初始 4-74
易有—— 4-14, 15, 101, 139(經)
易之—— 4-101
易之——之虛无 4-104
——生兩儀 4-101
——謂天地未分之前 元氣混而爲一 卽是太初太一也 4-139
——者 无稱之稱 4-139
何氏云 上篇明无 故曰易有—— ——无也 4-14
太一 4-106
易由—— 4-105
易從——爲始 4-104
太極謂天地未分之前 元氣混而爲一 卽是太初——也 4-139
——虛无 无形无數 4-104
太蔟

諸儒以爲 九二當——之月 陽氣發見 1-118
太虛 4-116, 123
兌(三畫) 4-305(經)
艮剛而一柔 2-207
艮 陽卦 爲止 一 陰卦 爲說 2-352
艮爲少男而居於下 一爲少女而處於上 2-207
艮止而一說也 2-207
艮一象山澤 4-282
艮下一上 2-204(經)
坎剛居上 一柔處下 是剛柔分也 3-299
坎下一上 3-78(經)
坎險而一說 3-80
剛謂震也 柔謂一也 2-15
乾健而一說 健則能決 說則能和 3-15
乾下一上 3-13(經)
坤下一上 3-50(經)
光說萬物者 莫說乎一 4-290
伏犧初畫八卦 以震象雷 以巽象風 以艮象山 以一象澤 4-274
損剛者 謂損一之陽爻也 2-354
巽下一上 2-159(經)
說言乎一 4-284(經), 4-286(經)
陰卦多陽 謂巽離——陰而二陽也 4-192
以六三在一體 兌爲和說 而應乾剛 1-333
離下一上 3-115(經)
直云震巽離坎 不云乾坤艮一者 4-24
震剛而一柔也 以剛下柔 動而之說 乃得隨也 2-14
震動而一說 既能下人 動則喜說 所以物皆隨從也 2-15
震木離火一金坎水 各主一時 又巽同震木 乾同一金 加以坤艮之土爲八卦 4-140
震處一下 是剛來下柔 2-15
震下一上 2-13(經)
初九居一之初 3-274
一 三索而得女 故謂之少女 4-294(經)
一 說也 4-291(經)
一少震長 3-215
一爲口 4-293(經)
一爲西方 2-25
一爲西方之卦 赤紱 南方之物 3-93
一爲少女 4-306
一爲少陰 震爲長陽 少陰而承長陽 說以動 嫁妹之象也 3-201
一爲羊 4-292(經)
一爲和說 應於上九 上九在乾體 1-334
一柔在上 而艮剛在下 是二氣感應 以相授與 所以爲咸亨也 2-207
一陰卦爲柔 坎陽卦爲剛 坎在兌下 是剛見揜於柔也 3-79
一以說之 4-283(經)
一自和說 應乎乾剛 1-334
一 正秋也 萬物之所說也 故曰 說言乎兌 4-286(經)
一下艮上 2-349(經)
一下坎上 3-298(經)
一下乾上 1-333(經)
一下坤上 2-39(經)
一下巽上 3-310(經)
一下離上 2-305(經)
一下震上 3-201(經)
一下一上 3-270(經)
兌
來一 3-275(經), 276(經)
孚一 3-275(經)
山澤各自爲體 非相入之物 故云兼山艮麗澤 一 是兩物各行也 2-195
亦有三德者 即離咸萃一渙小過凡六卦 1-155
離坎震一各主其一方 2-102
麗澤 一 1-142, 2-195
引一 3-279(經), 280(經)
入而後說之 故受之以一 4-323(經)
一 見 4-329(經)
一 說也 3-270(經)
一者 說也 4-323(經)
一下一上 3-270(經)

— 亨 利貞 3-270(經)
和— 3-273(經), 274(經)
泰
乾下坤上 1-344(經)
夫處下 可以征而无咎者 唯—也則然 1-329
否— 反其類也 4-331(經)
若謙—及復之等 德義旣美 行之不已 久必致此四德 但當初之時 其德未具 故卦不顯四德也 2-13
若坤之六五 及—之六五 竝以陰居尊位 若不行此事 則无吉 若行此事 則得其吉 故竝稱元吉 1-401
亦有卦善而德少者 若—與謙復之類 1-157
亦有一德者 若蒙師小畜履—謙噬嗑賁復大過震豐節旣濟未濟凡十五卦 1-156
履而泰然後安 故受之以— 4-312(經)
天地交 — 1-142, 345(經)
— 小往大來 吉亨 1-344(經)
—小往大來吉亨 1-344(經)
—者 通也 4-312(經)
—則小往大來 吉亨 否則大往小來之類 4-47
—之次否 4-308
八卦相盪 或否或— 4-160
或則以物象而爲卦名者 若否—剝頤鼎之屬是也 1-106
泰卦 2-78
不肯如——坤在於上 順從乾也 1-330
與——反也 1-360
——乾體在下 1-352
——比擬泰之形容 象其泰之物宜 4-85
——三陽之時 三陽在下而成乾體 乾下坤上象天降下 地升上 上下通泰 物通則失正 故不具四德 2-41
——六五云 帝乙歸妹 3-201
——稱 后以財成天地之道 1-146
泰小往大來吉亨
泰 小往大來 吉亨 1-344(經)
———————— 則是天地交而萬物通也 上下交而其志同也 1-344(經)
泰則小往大來 吉亨 否則大往小來之類 4-47
澤滅木 大過 1-143, 2-163(經)
澤无水 困 1-144, 3-82(經)
澤上於地 萃 1-143, 3-55(經), 56
澤上於天 夬 1-143, 3-18(經)
澤上有雷 歸妹 1-143, 3-207(經)
澤上有水 節 1-143, 3-301(經)
澤上有地 臨 1-143, 2-42(經)
澤上有風 中孚 1-143, 3-313(經), 314
澤中有雷 隨 1-144, 2-17(經)
澤中有火 革 1-144, 3-120(經)
通變
夫爻者 效也 效諸物之—— 4-87
——之謂事 4-72(經)
通舍
舍謂—— 1-176
時之—— 1-178
見龍在田 時舍也 1-175(經)
見而在田 必以時之—— 1-176
通幽明之故 則无不知也 4-58
通乎晝夜 4-59
————之道而知 4-58(經)

【ㅍ】

跛能履
六三 眇能視 ——— 履虎尾 咥人 凶 武人爲于大君 1-338(經)
初九 歸妹以娣 ——— 征吉 3-208(經)
——— 吉相承也 3-210(經)
——— 不足以與行也 1-340(經)
八卦 4-157, 159, 174, 288, 289, 291~293, 295
乾生三男 坤生三女 而爲—— 4-150
孔安國以爲 河圖則——是也 洛書則九疇是也 4-144

孔子以伏犧畫—— 後重爲六十四卦 ——爲六十四卦之本 4-267
近取諸身 遠取諸物 於是 始作—— 以通神明之德 以類萬物之情 4-173(經)
伏犧初畫—— 以震象雷 以巽象風 以艮象山 以兌象澤 4-274
四象生—— 4-139(經)
說卦者 陳說——之德業變化及法象所爲也 4-267
小成之—— 4-274
震木離火兌金坎水 各主一時 又巽同震木 乾同兌金 加以坤艮之土爲—— 4-140
天地定位 山澤通氣 雷風相薄 水火不相射 ——相錯 4-280(經)
——相錯 則天地人事莫不備矣 4-282
——相盪 4-23(經), 24, 160
——成列 象在其中矣 1-105, 4-158(經), 267
——小成 但有三畫 於三才之道 陰陽未備 4-278
——而小成 引而伸之 4-113(經)
——定吉凶 4-140(經)
包犧法天地 造作—— 4-172
下繫已云 包犧氏之王天下也 於是始作—— 4-269
八純之卦 4-34
———— 皆六爻不應 3-175
———— 論象不同 2-195
翩翩不富
六四 翩翩 不富以其隣 不戒以孚 1-354(經)
———— 皆失實也 1-354(經)
包瓜
九五 以杞—— 含章 有隕自天 3-44(經)
——爲物 繫而不食者 3-44
包羞
六三 —— 1-363(經)
—— 位不當也 1-364(經)
包有魚
九二 ——— 无咎 不利賓 3-38(經)
——— 義不及賓也 3-40(經)
包荒
九二 —— 用馮河 不遐遺 朋亡 得尙于中行 1-348(經)
——得尙于中行 1-350(經)
包荒得尙于中行
九二 包荒 用馮河 不遐遺 朋亡 得尙于中行 1-348(經)
——————— 以光大也 1-350(經)
包犧(人)→伏羲 4-157, 176
——法天地 造作八卦 4-172
包犧氏(人)→伏羲
古者———之王天下也 仰則觀象於天 俯則觀法於地 4-267
大皡帝——— 風姓 4-176
———沒 神農氏作 4-175(經)
——— 女媧氏代立爲女皇 4-176
———之王天下也 4-172(經)
下繫已云 ———之王天下也 於是始作八卦 4-269
暴虎馮河
———— 孔子所忌 3-20
風雷 益 1-142, 2-374(經)
風姓
大皡帝包犧氏 —— 4-176
風自火出 家人 1-143, 2-296(經)
風行水上 渙 1-143, 3-287(經)
風行地上 觀 1-143, 2-53(經)
風行天上 小畜 1-143, 320(經)
風行草偃 3-35
豐
雷電皆至 — 1-142, 3-224(經)
得其所歸者 必大 故受之以— 4-322(經)
明以動 故— 3-222(經)
亦有一德者 若蒙師小畜履泰謙噬嗑賁復大過震—節旣濟未濟凡十五卦 1-156
離下震上 3-219(經)

—其蔀 3-227(經), 233(經), 234(經)
—其屋 3-236(經), 237(經)
—其沛 3-230(經), 232(經)
— 多故也 4-331(經)
— 大也 3-221(經)
— 以幽隱致凶 4-239, 240
—者 大也 4-322(經)
— 亨 王假之 3-219(經)
豐其蔀
九四 豐其蔀 日中見斗 遇其夷主 吉 3-233(經)
六二 豐其蔀 日中見斗 往 得疑疾 有孚發若 吉 3-227(經)
——— 位不當也 3-234(經)
豐其屋
上六 豐其屋 蔀其家 闚其戶 闃其无人 三歲 不覿 凶 3-236(經)
——— 天際翔也 3-237(經)
豐其沛
九三 豐其沛 日中見沫 折其右肱 无咎 3-230(經)
——— 不可大事也 3-232(經)

【ㅎ】

下經
先儒皆以 上經明天道 ——明人事 2-204
先儒以乾至離爲上經 天道也 咸至未濟爲—— 人事也 4-317
先儒以 易之舊題 分自此以上三十卦爲上經 已下三十四卦爲—— 2-204
下繫(書)→繫辭傳 下
上繫第七 ——第八 文言第九 說卦第十 4-267
——云 天地之道 貞觀者也 日月之道 貞明者 也 4-14
——已云 包犧氏之王天下也 於是始作八卦 4-269
何可長也
冥豫在上 ———— 1-428(經)
否終則傾 ———— 1-368(經)
泣血漣如 ———— 1-239(經)
翰音登于天 ———— 3-324(經)
何校滅耳
上九 ———— 凶 2-74(經)
———— 聰不明也 2-75(經)
何擔枷械 滅沒於耳 以至誅殺 2-74
何咎 2-23
九四 隨有獲 貞凶 有孚 在道 以明 —— 2-22(經)
六五 悔亡 厥宗噬膚 往 —— 2-314(經)
以此毒天下而民從之 吉又——矣 1-287(經)
——之有 2-22, 315
何妥(人)←何氏
何氏(人)→何妥
褚氏——周氏等竝同鄭義 以爲甲者 造作新 令之日 2-27
——云 1-168, 2-41, 144, 269, 3-91, 4-14
——以爲四象 4-145
何晏(人) 2-374
何以守位 曰仁 4-171(經)
聖人之大寶曰位 4-170(經)
何天之衢 1-158
上九 何 ———— 2-144(經)
———— 道大行也 2-144(經)
河(地) 4-179
春秋緯云 —以通乾出天苞 洛以流坤吐地符 —龍圖發 洛龜書感 4-144
—出圖 洛出書 聖人則之 4-143(經), 145
河圖(書)←圖
孔安國以爲 ——則八卦是也 洛書則九疇是 也 4-144
——有九篇 洛書有六篇 4-144
河濱(地)

舜漁於雷澤 陶於―― 1-161
夏(國) 3-119
―桀殷紂 凶狂无度
嗃嗃
家人―― 2-300(經)
九三 家人―― 悔厲 吉 婦子嘻嘻 終吝 2-299(經)
―― 嚴酷之意也 2-299
寒泉 3-112
九五 井洌―― 食 3-111(經)
――之食 3-112(經)
寒泉之食
九五 井洌寒泉 食 3-111(經)
―――― 中正也 3-112(經)
閑邪存其誠
――――― 善世而不伐 1-161(經)
閑邪存誠 3-72, 4-251
閑有家
初九 ――― 悔亡 2-297(經)
――― 志未變也 2-298(經)
漢(國)
―聘隱士 2-87
―時謂令之重者 謂之甲令 2-31
―時黃星 後爲曹公之兆 1-171
漢高(人)→漢高祖
周時獲麟 乃爲――之應 1-171
漢高祖(人)←漢高, 漢帝
―――生於暴秦之世 唯隱居爲泗水亭長 是勿用也 1-109
漢書(書)
――韓信云 兵法欲右背山陵 前左水澤 1-295
漢帝(人)→漢高祖 2-146
翰音登于天
上九 ――――― 貞凶 3-322(經)
――――― 3-324(經)
韓康伯(人)←康伯, 韓氏 1-136, 4-309, 313, 326
―――注繫辭云大演之數五十 用王輔嗣意 4-272
―――注序卦 2-204
―――注云 1-106
韓信(人)
漢書――云 兵法欲右背山陵 前左水澤 1-295
韓氏(人)→韓康伯 4-61, 174, 185, 240316
――云 2-109, 4-54, 127
――注云 4-127
――親受業於王弼 承王弼之旨 4-103
含萬物而化光
彖辭含弘光大 言含養萬物而德化光大 1-214
後得主而有常 ―――――― 1-214(經)
含章 1-208, 209
九五 以杞包瓜 ―― 有隕自天 3-44(經)
九五―― 3-47(經)
六三 ――可貞 或從王事 无成有終 1-206(經)
―可貞 1-202, 207, 208(經), 218
含章可貞 1-202, 207, 218
六三 ―――― 或從王事 无成有終 1-206(經)
―――― 以時發也 1-208(經)
含弘光大 1-198, 214
―――― 品物咸亨 1-197(經)
―――― 和同於人 1-375
咸
艮下兌上 2-204(經)
孔子序卦 不以―繫離 2-205
不言萬物者 壯大之名 義歸天極 故不與―恒同也 2-253
山上有澤 ― 1-143, 2-210(經)
先儒以乾至離爲上經 天道也 ―至未濟爲下經 人事也 4-317
亦有三德者 卽離―萃兌渙小過凡六卦 1-155
六十四卦舊分上下 乾坤象天地 ―恒明夫婦 2-205

— 感也 2-206(經)
—其股 2-213(經), 215(經)
—其脢 2-218(經), 219(經)
—其拇 2-210(經), 212(經)
—其輔頰舌 2-220(經)
—臨 2-43(經)~45(經)
—臨吉无不利 2-45(經)
—臨貞吉 2-44(經)
— 速也 4-330(經)
—亨 2-207
— 亨 利貞 取女吉 2-204(經), 206
咸卦 4-317
——明二少相感 恒卦明二長相承 3-201
咸其股
九三 ——— 執其隨 往吝 2-213(經)
——— 亦不處也 2-215(經)
咸其脢
九五 ——— 无悔 2-218(經)
——— 志末也 2-219(經)
咸其拇
初六 ——— 2-210(經)
——— 志在外也 2-212(經)
咸其輔頰舌
馬融云 輔 上頷也 2-220
上六 ————— 2-220(經)
————— 滕口說也 2-220(經)
咸臨
九二 —— 吉 无不利 2-44(經)
初九 —— 貞 吉 2-43(經)
——吉无不利 2-45(經)
——貞吉 2-44(經)
咸臨吉无不利
九二 咸臨 吉 无不利 2-44(經)
—————— 未順命也 2-45(經)
咸臨貞吉
初九 咸臨 貞 吉 2-43(經)
———— 志行正也 2-44(經)
合禮 1-152
嘉會 足以合禮 1-150(經)
盍簪
九四 由豫 大有得 勿疑 朋—— 1-425(經)
盍 合也 簪 疾也 1-425
亢龍 3-149
上九 —— 有悔 1-130(經)
——有悔 1-148(經), 173(經), 176(經), 180(經), 4-96(經), 220, 243
——之悔 1-120
亢龍有悔 1-148(經), 173(經), 4-96(經), 220
上九———— 是要終也 4-243
———— 窮之災也 1-176(經)
———— 與時偕極 1-180(經)
———— 盈不可久也 1-148(經)
亢之爲言也 知進而不知退 知存而不知亡 知得而不知喪 1-191(經)
恒
雷風 — 1-142, 2-230(經)
夫婦之道 不可以不久也 故受之以— 4-319(經)
不言萬物者 壯大之名 義歸天極 故不與咸—同也 2-253
不—其德 2-233(經), 235(經)
巽下震上 2-222(經)
六十四卦舊分上下 乾坤象天地 咸—明夫婦 2-205
浚— 2-230(經), 231, 232(經)
震剛而巽柔 震則剛尊在上 巽則柔卑在下 得其順序 所以爲—也 2-224
震動而巽順 无有違逆 所以可—也 2-226
振— 2-237(經)
— 久也 2-222, 224(經), 4-330(經)
—其德 2-236(經)
— 德之固也 4-228(經)
—不死 1-426(經), 427(經)
—以一德 4-234(經)
—而亨 以濟三事也 2-222
—者 久也 4-319(經)

— 雜而不厭 4-231(經)
— 亨 无咎 利貞 2-222(經)
—亨无咎利貞 2-227(經)
恒卦
其悔若无 則言悔亡 言其悔已亡也 若——九二悔亡是也 1-130
咸卦明二少相感 ——明二長相承 3-201
——雖與物雜碎並居 而常執守其操 不被物之不正 4-232
恒不死
六五 貞疾 ——— 1-426(經)
——— 中未亡也 1-427(經)
恒亨无咎利貞
恒 亨 无咎 利貞 2-222(經)
—————— 久於其道也 2-227(經)
解
坎下震上 2-334(經)
君子有— 2-346(經)
雷雨作 — 1-142, 2-338(經)
物不可以終難 故受之以— 4-321(經)
三者離散之時 —緩之世 1-417
序卦云 物不可以終難 故受之以— —者 緩也 2-334
亦有卦善而无德者 晉—之屬 1-157
亦有全无德者 若豫觀剝晉蹇—夬姤井艮歸妹凡十一卦也 1-157
引—之上六 4-203
— 緩也 4-330(經)
—而拇 2-344(經), 345(經)
— 利西南 2-334(經), 2-336(經)
—者 緩也 4-321(經)
—之時 革之時 頤之時 大過之時 此四卦直云時 1-419
—之時大矣哉 2-337(經)
— 險以動 動而免乎險 — 2-335(經)
—革及頤事已行了 不須言用 1-420
解卦
引——六三 4-99
解而拇
九四 ——— 朋至斯孚 2-344(經)
——— 未當位也 2-345(經)
解利西南
解 利西南 2-334(經)
———— 往得衆也 2-336(經)
行其典禮 4-87
觀看其物之會合變通 當此會通之時 以施行其典法禮儀也 4-86
聖人 有以見天下之動 而觀其會通 以———— 4-86(經), 4-153(經)
行其庭
其得无咎 艮其背 不獲其身 ——— 不見其人故也 3-170
不獲其身 ——— 不見其人 无咎也 3-174(經)
——— 不見其人 3-169(經)
行師 1-287, 289, 291, 413, 415, 416,
可用—— 征邑國也 1-412(經)
上六 鳴謙 利用——征邑國 1-411(經)
上六 迷復 凶 有災眚 用—— 終有大敗 以其國 君凶 至于十年 不克征 2-115(經)
豫順以動 故 天地如之 而況建侯——乎 1-415(經)
豫 利建侯—— 1-415(經)
行有尙 2-177(經)
——— 往有功也 2-179(經), 180
行人得牛
六三 无妄之災 或繫之牛 行人之得 邑人之災 2-126(經)
———— 邑人災也 2-128(經)
行地无疆 1-193, 198
坤 以馬行地 1-197
牝馬 地類 ———— 1-197(經)
虛无 4-59
道是——之稱 4-61
本其——玄象 謂之聖 據其成功事業 謂之賢 4-29

陽是——爲體 純一不二 君德亦然 4-194
兩儀天地之體 必以太極——爲初始 4-74
易之太極之—— 4-104
盡神之理 唯在—— 4-63
太一—— 无形无數 4-104
——之體 處處皆虛 4-105
軒轅氏(人)→黃帝 4-177
獻可替否 2-45, 3-256
險之時用 大矣哉 2-181(經)
革
故受之以— 4-322(經)
四者改易之時 —變之世 1-417
小人—面 3-129(經), 131(經)
有四德者 卽乾坤屯臨隨无妄—七卦 1-155
已日—之 3-124(經)
離下兌上 3-115(經)
鼎耳— 3-142(經), 144(經)
澤中有火 — 1-144, 3-120(經)
解之時 —之時 頤之時 大過之時 此四卦直云時 1-419
解—及頤事已行了 不須言用 1-420
— 去故也 4-331(經)
—物者 莫若鼎 故受之以鼎主器者 莫若長子故受之以震 4-322(經)
— 水火相息 二女同居 其志不相得 日 — 3-116(經)
—言三就 3-124(經), 126(經)
— 已日乃孚 元亨利貞 悔亡 3-115(經)
黃牛之— 3-120(經), 121
革卦
其—— 已日乃孚 有四德 若不已日乃孚 則无四德 2-13
——云 已日乃孚 元亨利貞 悔亡 1-155
革言三就
九三 征 凶 貞 厲 ———— 有孚 3-124(經)
———— 又何之矣 3-126(經)
赫胥氏(人) 4-176
玄覽 4-73
玄黃 1-222(經)
賢人在下位而无輔 1-174(經)
子曰 貴而无位 高而无民 ———————— 是以 動而有悔也 4-96(經)
顯比 1-310
九五 —— 王用三驅 失前禽 邑人不誡 吉 1-309(經)
比而顯之 則所親者狹矣 1-309
——之吉 1-313(經)
顯比之吉 1-309, 312
九五 顯比 王用三驅 失前禽 邑人不誡 吉 1-309(經)
———— 位正中也 1-313(經)
顯諸仁 藏諸用 4-68(經)
亨者 嘉之會也 1-150(經)
嘉會 足以合禮 1-150(經)
使萬物嘉美集會 足以配合於禮 1-153
亨貞 1-156, 184, 194
大—— 1-224(經), 225, 2-14(經), 4-247
亨通 1-107, 129, 134, 193, 198, 226, 240, 256, 258, 265, 318, 328, 333, 334, 344, 361, 2-13, 27, 39, 62, 76, 117, 160, 176, 191, 206, 240, 3-284, 361
形而上者 謂之道 形而下者 謂之器 4-151(經)
道是无體之名 形是有質之稱 4-152
惠我德
九五 有孚惠心 勿問元吉 有孚 ———— 2-382(經)
———— 大得志也 2-383(經)
互文 1-110, 149, 2-356
好遯
九四 —— 君子 吉 小人 否 2-247(經)
君子—— 小人否也 2-248(經)
虎視耽耽
威而不猛 如———— 2-155
六四 顚頤 吉 ———— 其欲逐逐 无咎 2-153(經)
皞英氏(人) 4-176

或擊之
　上九 莫益之 ——— 立心勿恒 凶 2-384(經)
　易曰 莫益之 ——— 立心勿恒 凶 4-217(經)
　——— 自外來也 2-385(經)
或鼓或罷
　六三 得敵 ———— 或泣或歌 3-317(經)
　———— 位不當也 3-319(經)
或得其桷
　六四 鴻漸于木 ———— 无咎 3-195(經)
　———— 順以巽也 3-197(經)
或躍在淵 4-43
　九四 ———— 无咎 1-124(經)
　———— 乾道乃革 1-180(經)
　———— 无咎 1-168(經)
　———— 進无咎也 1-148(經)
　———— 自試也 1-175(經)
或益之
　六五 ——— 十朋之龜 弗克違 元吉 2-364(經)
　六二 ——— 十朋之龜 弗克違 永貞 吉 王用享于帝 吉 2-376(經)
　——— 自外來也 2-378(經)
或從王事
　坤之六三 ————无成 1-285
　六三 食舊德 貞厲 終吉 ———— 无成 1-277(經)
　六三 含章可貞 ———— 无成有終 1-206(經)
　———— 不敢成也 1-278
　———— 知光大也 1-208(經)
或之者 疑之也 1-189(經)
　九四 或躍在淵 无咎 1-124(經)
混沌氏(人) 4-176
婚媾 2-84
　匪寇—— 2-84(經), 316(經), 318, 4-35
　上六 震索索 視矍矍 征凶 震不于其躬 于其隣 无咎 ——有言 3-166(經)
　六四 賁如皤如 白馬翰如 匪寇 —— 2-83(經)
　六四 乘馬班如 求—— 往 吉 无不利 1-236(經)
　六二 屯如邅如 乘馬班如 匪寇 —— 女子貞不字 十年乃字 1-231(經)
火在水上 未濟 1-143, 3-363(經)
火在天上 大有 1-143, 389(經)
和光同塵 2-309
和光俯仰 1-168
和順於道德 而理於義 4-276(經)
和義
　利物 足以—— 1-150(經)
　利益萬物 使物各得其宜 足以和合於義 1-153
和兌之吉
　初九 和兌 吉 3-273(經)
　———— 行未疑也 3-274(經)
華山(地) 4-176
華胥(人)
　燧人之世 有大人跡出於雷澤 ——履之而生包犧 4-176
華渚(地) 4-178
桓(人)→魯桓公
　杜元凱—二年傳 鞶厲旒纓 1-285
渙
　坎下巽上 3-282(經)
　蓋取諸— 4-183(經)
　序卦曰 說而後散之 故受之以— 3-282
　亦有三德者 卽離咸萃兌—小過凡六卦 1-155
　說而後散之 故受之以— 4-323(經)
　雜卦曰 — 離也 3-282
　此卦承—之後 3-303
　風行水上 — 1-143, 3-287(經)
　—其群元吉 3-294(經)
　—其躬 3-290(經), 291, 292(經)
　—其血 3-295(經), 297(經)
　—奔其机 3-290(經)
　— 離也 4-330(經)

—者 離也 4-323(經)
—亨 3-283(經), 284
— 亨 王假有廟 利涉大川 利貞 3-282(經)
渙卦
——之義 取乘理以散動 4-183
——稱 先王以享于帝立廟 1-146
渙其群元吉
六四 渙其群 元吉 渙 有丘匪夷 所思 3-292(經)
———— 光大也 3-294(經)
渙其躬
六三 ——— 无悔 3-290(經)
——— 无悔 3-291
——— 志在外也 3-292(經)
渙其血
上九 ——— 去逖出 无咎 3-295(經)
——— 遠害也 3-297(經)
渙奔其机
九二 渙奔 其机 悔亡 3-289(經)
———— 得願也 3-290(經)
渙亨 3-284
—— 剛來而不窮 柔得位乎外而上同 3-283(經)
渙 亨 王假有廟 利涉大川 利貞 3-282(經)
皇甫(人)→皇甫謐
——之言 4-182
皇甫謐(人)←皇甫
———帝王世紀 4-182
皇雄氏(人)→伏羲
或謂之伏犧 或謂之虙犧 一號——— 4-176
皇策
易乾鑿度云 垂——者犧 1-111
黃金 2-72(經), 73
六五 噬乾肉 得—— 貞厲 无咎 2-72(經)
黃 中也 金 剛也 2-72, 73
黃裳
垂——以獲元吉 1-210
用——而獲元吉 1-211
六五 —— 元吉 1-210(經)
黃 中之色也 裳 下之飾也 1-210
——元吉 1-158, 211(經), 4-36, 224, 246
黃裳元吉 4-224
坤六五 ———— 1-158
坤之六五———— 以陰居尊位 嫌其不吉 故言吉以明之 4-36
坤之六二云直方大 攝坤卦地道之義 六五——— 亦統攝坤之臣道之義也 4-246
———— 文在中也 1-211(經)
黃牛
鞏用—— 3-120(經), 121, 122(經)
六二 執之用——之革 莫之勝說 2-244(經)
執用—— 固志也 2-246(經)
——之革 2-244(經), 3-120(經)
黃牛之革
六二 執之用黃牛之革 莫之勝說 2-244(經)
初九 鞏用黃牛之革 3-120(經)
黃 中也 牛之革 堅仞 不可變也 3-121
黃離元吉
六二 黃離 元吉 2-198(經)
———— 得中道也 2-198(經)
黃者 中色 離者 文明 2-198
黃帝(人)←軒轅氏 4-181, 189
歸藏起於—— 4-226
神農氏沒 ——堯舜氏作 4-178(經)
顓頊高陽氏 ——之孫 昌意之子 4-178
——堯舜 垂衣裳而天下治 蓋取諸乾坤 4-182(經)
——有熊氏 少典之子 姬姓也 4-178
悔吝 1-234, 236
——无咎 體例與吉凶一也 4-48
——者 4-37(經), 39, 40, 45(經)
悔者 其事已過 意有追悔之也 4-37
悔吝者 言乎其小疵也 1-130, 4-45(經)
悔吝者 憂虞之象 4-39, 40, 45
——— ————也 4-37(經)
——— ———— 是失得輕也 4-40

悔亡 1-155, 2-315, 3-266
九四 臀无膚 其行次且 牽羊—— 聞言不信 3-25(經)
九四 貞 吉 —— 藩決不羸 壯于大輿之輹 2-258(經)
九四 貞 吉 —— 震用伐鬼方 三年 有賞于大國 3-369(經)
九四 —— 有孚改命 吉 3-127(經)
九五 貞吉 —— 无不利 无初有終 先庚三日 後庚三日 吉 3-265(經)
九五 萃有位 无咎 匪孚 元永貞 —— 3-63(經)
九二 孚兌 吉 —— 3-275(經)
九二 渙奔 其机 —— 3-289(經)
九二 —— 2-232(經)
其悔若无 則言—— 言其悔已亡也 若恒卦九二——是也 1-130
上六 苦節 貞凶 —— 3-308(經)
六四 —— 田獲三品 3-264(經)
六三 衆允 —— 2-272(經)
六五 艮其輔 言有序 —— 3-182(經)
六五 —— 厥宗噬膚 往 何咎 2-314(經)
六五 —— 失得勿恤 往 吉 无不利 2-275(經)
貞吉 —— 2-215(經), 3-265(經), 266, 370
初九 閑有家 —— 2-297(經)
初九 —— 喪馬 勿逐 自復 見惡人 无咎 2-308(經)
革 已日乃孚 元亨利貞 —— 3-115(經)
懷萬邦也
王三錫命 ———— 1-293(經)
爻者 言乎變者也 4-44(經)
效法之謂坤 4-71(經)
畫卦效坤之法 擬坤之順 4-72
后
稱— 兼諸侯也 1-146
—以 1-146, 345(經), 3-35(經)
后以
——施命 誥四方 1-146, 3-35(經)
——財成天地之道 輔相天地之宜 以左右民 1-146, 345(經)
后稷(人) 1-421
後夫凶
比 吉 原筮 元永貞 无咎 不寧方來 ——— 1-300(經)
——— 其道窮也 1-303(經)
後入于地
上六 不明晦 初登于天 ———— 2-291(經)
———— 失則也 2-292(經)
休復之吉
六二 休復 吉 2-111(經)
———— 以下仁也 2-111(經)
休否 大人吉 1-401
九五 —— ——— 其亡其亡 繫于苞桑 1-366(經)
汔至
—— 亦未繘井 3-100(經), 101
——亦未繘井 3-104(經)
汔至亦未繘井
—————— 未有功也 3-104(經)
犧(人)→伏羲
易乾鑿度云 垂皇策者— 1-111
姬姓
少皥帝 名摯 字青陽 ——也 4-178
帝嚳高辛氏 ——也 4-179
黃帝有熊氏 少典之子 ——也 4-178
姬水(地) 4-178
嘻嘻
九三 家人嗃嗃 悔厲 吉 婦子—— 終吝 2-299(經)
婦子—— 失家節也 2-300(經)
—— 喜笑之貌也 2-299

卦名索引

【ㄱ】

家人䷤ 2-293~304
—— 內也 4-331(經)
—— 有嚴君焉 父母之謂也 2-294(經)
—— 女正位乎內 2-294(經)
—— 利女貞 2-293(經)
——嗃嗃 2-300(經)
傷於外者 必反於家 故受之以—— 4-320(經)
雖取物象 乃以人事而爲卦名者 卽—— 歸妹 謙 履之屬是也 1-106
離下巽上 2-293(經)
風自火出 —— 1-143, 2-296(經)
艮䷳ 3-169~184
—其背 3-169(經), 170, 171, 174
—其輔 3-182(經)
—其身 3-180(經), 181(經)
—其止 止其所也 3-173(經), 174
—其趾 3-176(經)
—其限 3-179(經), 180(經)
—者 止也 4-322(經)
— 止也 3-172(經), 4-327(經)
— 止也 靜止之義 3-170
—下—上 3-169(經)
兼山 — 1-142
杜元凱注襄九年傳 遇—之八 1-112
亦有全无德者 若豫 觀 剝 晉 蹇 解 夬 姤 井 — 歸妹 凡十一卦也 1-157
坎䷜ 2-175~190
— 4-309
—卦 1-157, 419, 2-175, 4-257
—睽蹇之時 宜用君子 小人勿用 1-418
—不盈 2-188(經), 189(經)
—云洊至也 2-195
—者 陷也 4-317(經)
—下—上 2-175(經)
— 險陷之名也 2-175
睽蹇—此三卦 皆云時用 1-419
物不可以終過 故受之以— 4-317(經)
習— 1-142, 2-175(經), 177(經), 178, 179, 182(經), 184(經)
離—震兌各主其一方 2-102
離 上 而— 下也 4-332(經)
乾䷀ 1-105~192
居在—之初九 而安在勿用 若居在—之九三 而安在乾乾 4-41, 42
— 1-193, 194, 198, 4-42
—剛坤柔 4-85, 326(經)
—卦 2-40, 4-191, 222, 246
—老陽 一爻有三十六策 4-111
—彖云 六位時成 1-182
—彖之文 1-184
—生三男 坤生三女 而爲八卦 4-150
—始能以美利利天下 不言所利 1-183(經)
—是純陽 德能普備 4-78
—是天陽之氣 萬物皆始在於氣 4-25

— 陽物也 坤 陰物也 4-253
— 元亨利貞 1-105(經), 150(經), 175, 4-35
—爲物始 坤爲物生 4-79
—以健爲體 坤以順爲體 4-17
— 以龍御天 1-197
—以易知 坤以簡能 4-24(經), 27
—因陰而得成男 坤因陽而得成女 4-25
—之九四或躍在淵 是動則觀其變也 4-43
—之九二見龍在田利見大人 九五飛龍在天利見大人 是總攝乾卦之義也 4-246
—之四德 1-107, 151, 155, 223
—之上九 趣向亢極之時 4-163
—之少陽 一爻有二十八策 4-111
—之元德 1-197
—之次坤 4-308
—之策 二百一十有六 4-111(經)
—之初九 其辭云 潛龍 勿用 4-169
—之初九 趣向勿用之時 4-163
—之初九則潛龍 九二則見龍 4-237
—之亢龍 3-149
—知大始 坤作成物 4-24(經)
—初九潛龍勿用 是原始也 4-243
— 統天首物 爲變化之元 通乎形外者也 4-78
健是—之訓也 1-141
—下—上 1-105(經)
極二百一十六策 以定—之老陽之象 4-121
大難曰險 —以剛健 故知其大難 4-257
闢戶 謂之— 4-136(經)
變者 反覆唯成一卦 則變以對之 —坤坎離大過頤中孚小過之類 4-309
夫— 其靜也專 其動也直 是以大生焉 4-77(經)
夫— 天下之至健也 德行 恒易以知險 4-257(經)
夫— 確然 示人易矣 4-167(經)
先儒以—至離爲上經 天道也 咸至未濟爲下經 人事也 4-317
成象之謂— 4-71(經)
聖人作易 與天地相準 謂準擬天地 則—健以法天 坤順以法地之類是也 4-51
若剛定體爲— 若柔定體爲坤 4-163
有四德者 卽—坤屯臨隨无妄革七卦 1-155
以龍敍— 以馬明坤 1-174
引—之上九 4-96
此經明— 復兼明坤也 4-78
春秋緯云 河以通—出天苞 洛以流坤吐地符 河龍圖發 洛龜書感 4-144
或其卦當時之義 卽有四德 如—坤屯臨无妄此五卦之時 卽能四德備具 2-13
或以象之所用而爲卦名者 卽—坤之屬是也 1-106
或取天地陰陽之象以明義者 若—之潛龍見龍坤之履霜堅冰龍戰之屬 1-202
蹇䷦ 2-321~333
艮下坎上 2-321(經)
坎睽—之時 宜用君子 小人勿用 1-418
—卦 1-115, 117, 419
— 難也 4-330(經)
— 難也 險在前也 2-322(經)
—難之時 非小人之所能用也 2-323
— 利西南 不利東北 2-321(經)
—者 難也 4-321(經)
—之時用 大矣哉 2-322(經), 323
乖必有難 故受之以— 4-321(經)
睽—坎此三卦 皆云時用 1-419
大略唯有凶卦无德者 若剝—夬姤之屬 1-157
山上有水 — 1-143
亦有全无德者 若豫觀剝晉—解夬姤井艮歸妹凡十一卦也 1-157
謙䷎ 1-400~414
艮下坤上 1-400(經)
— 輕 4 328(經)
—卦 1-401, 2-66, 4095
— 德之柄也 4-228(經)
—以制禮 4-234(經)

— 尊而光 4-231(經)
— 尊而光 卑而不可踰 君子之終也 1-402(經)
— 亨 君子有終 1-400(經)
— 亨 天道下濟而光明 地道卑而上行 1-402(經)
勞— 1-408(經), 4-95(經)
大有須— 4-308
鳴— 1-407(經), 411(經), 412(經), 413
雖取物象 乃以人事而爲卦名者 卽家人歸妹—履之屬是也 1-106
若—泰及復之等 德義旣美 行之不已 久必致此四德 但當初之時 其德未具 故卦不顯四德也 2-13
亦有卦善而德少者 若泰與—復之類 1-157
亦有一德者 若蒙師小畜履泰—噬嗑賁復大過震豐節旣濟未濟凡十五卦 1-156
有大而能— 必豫 故受之以豫 4-312(經), 4-313
有大者 不可以盈 故受之以— 4-312(經)
地中有山 — 1-144, 404(經)
天道 虧盈而益— 地道 變盈而流— 鬼神 害盈而福— 人道 惡盈而好— 1-402(經)
撝— 1-409(經), 410(經)
蠱䷑ 2-27~38
幹母之— 2-34(經), 35(經)
幹父之— 2-31, 32(經), 33(經), 35(經), 36(經)
— 剛上而柔下 2-28(經)
— 元亨 利涉大川 先甲三日 後甲三日 2-27(經)
— 元亨而天下治也 2-29(經)
—者 事也 4-314(經)
—者 事也 有事營爲 則大得亨通 2-27
— 則飭也 4-329(經)
山下有風 — 1-144
序卦云 —者 事也 2-29
巽而止 — 2-28(經)
巽下艮上 2-27(經)
有二德 大有—漸大畜升困中孚凡七卦 1-156
以喜隨人者 必有事 故受之以— 4-314(經)
褚氏云 —者 惑也 2-29
困䷮ 3-78~98
坎下兌上 3-78(經)
— 剛揜也 3-79(經)
—卦 4-233
— 窮而通 4-233(經)
— 德之辨也 4-229(經)
—蒙之吝 1-251(經), 252(經)
— 相遇也 4-330(經)
—于葛藟 3-95(經), 97(經)
—于酒食 3-85(經), 88(經)
—以寡怨 4-235(經)
—之六三 4-201
— 亨 3-78(經)
—乎上者 必反下 故受之以井 4-322(經)
升而不已 必— 故受之以— 4-322(經)
有二德 大有蠱漸大畜升—中孚凡七卦 1-156
澤无水 — 1-144, 3-82(經)
坤䷁ 1-193~222
乾剛—柔 4-326(經)
乾剛—柔 各有其體 4-85
乾—其易之門戶 4-16
乾—其易之門戶邪 1-150
乾— 其易之縕邪 4-149(經)
乾—不論上下之體 直總云天行健地勢— 2-195
乾道成男 —道成女 4-24(經)
乾生三男 —生三女 而爲八卦 4-150
乾 陽物也 — 陰物也 4-253
乾以健爲體 —以順爲體 4-17
乾以易知 —以簡能 4-24(經), 27
乾因陰而得成男 —因陽而得成女 4-25
乾知大始 —作成物 4-24(經)
乾之次— 4-308
— 1-120, 4-157

—卦 1-137, 155, 184, 2-102, 4-243, 246
—道其順乎 承天而時行 1-214(經)
—三 以處下卦之上 故免龍戰之災 1-120
—上—下 1-193(經)
—象辭云 履霜堅冰 陰始凝 4-278
—是陰柔 閉藏翕斂 4-79
—是地陰之形 —能造作以成物 4-25
—元 1-137, 182, 197(經)
— 元 亨 利牝馬之貞 1-193(經)
—六五 黃裳元吉 1-158
— 以馬行地 1-197
— 利在永貞 1-131
—則順以承陽 功盡於己 用止乎形者也 4-78
—之老陰 一爻有二十四策 4-112
—之上六 其血玄黃 1-263
—之少陰 一爻有三十二 4-112
— 至柔而動也剛 至靜而德方 1-214(經)
—之六三 或從王事无成 1-285
—之六五黃裳元吉 以陰居尊位 嫌其不吉 故言吉以明之 4-36
—之六二云直方大 攝坤卦地道之義 六五黃裳元吉 亦統攝—之臣道之義也 4-246
—之策百四十有四 4-112(經)
—厚載物 德合无疆 1-197(經)
窮一百四十四策 以定—之老陰之象 4-121
屯次乾— 4-310
闔戶 謂之— 4-136(經)
變者 反覆唯成一卦 則變以對之 乾—坎離大過頤中孚小過之類 4-309
夫— 其靜也翕 其動也闢 是以廣生焉 4-78(經)
夫— 天下之至順也 德行 恒簡以知阻 4-257(經)
夫— 隤然 示人簡矣 4-167(經)
不顯上體下體 則乾—二卦 是也 1-141, 142
聖人作易 與天地相準 謂準擬天地 則乾健以法天 —順以法地之類是也 4-51
順者—之訓也 1-141
若剛定體爲乾 若柔定體爲— 4-163
若—之六五 及泰之六五 竝以陰居尊位 若不行此事 則无吉 若行此事 則得其吉 故竝稱元吉 1-401
有四德者 卽乾—屯臨隨无妄革七卦 1-155
以龍敍乾 以馬明— 1-174
子曰 乾— 其易之門邪 4-218(經)
作易聖人 本觀察變化之道 象於天地陰陽 而立乾—等卦 4-274
地勢— 1-141, 201(經), 2-195
春秋緯云 河以通乾出天苞 洛以流—吐地符 河龍圖發 洛龜書感 4-144
或其卦當時之義 卽有四德 如乾—屯臨无妄 此五卦之時 卽能四德備具 2-13
或以象之所用而爲卦名者 卽乾—之屬是也 1-106
或直以人事 不取物象以明義者 若乾之九三 君子終日乾乾 —之六三含章可貞之例 1-202
或取天地陰陽之象以明義者 若乾之潛龍見龍 —之履霜堅冰龍戰之屬 1-202
畫卦效—之法 擬—之順 4-72
效法之謂— 4-71(經)
觀䷓ 2-50~61
可—而後有所合 故受之以噬嗑 4-315(經)
坤下巽上 2-50(經)
—盥 2-50(經), 52(經)
—卦 1-146
—國之光 2-57(經), 58(經)
—其生 2-59(經), 61(經)
物大然後可觀 故受之以— 4-315(經)
亦有全无德者 若豫—剝晉蹇解夬姤井艮歸妹 凡十一卦也 1-157
臨—之義 或與或求 4-327(經)
風行地上 — 1-143
姤䷫ 3-32~49
故受之以— 4-322(經)

—卦 1-146, 418
— 女壯 勿用取女 3-32(經)
— 遇也 柔遇剛也 3-32(經), 4-333(經)
—者 遇也 4-322(經)
—之時義大矣哉 3-34(經)
大略唯有凶卦无德者 若剝蹇夬—之屬 1-157
巽下乾上 3-32(經)
若豫旅遯—凡四卦 皆云時義 1-419
亦有全无德者 若豫觀剝晉蹇解夬—井艮歸妹 凡十一卦也 1-157
天下有風 — 1-144, 3-35(經)
歸妹䷵ 3-201~218
—— 女之終也 4-333(經)
——以須 3-211(經), 213(經)
——以娣 3-208(經), 210(經)
—— 征凶 无攸利 3-201(經)
—— 天地之大義也 天地不交 而萬物不興 歸妹 人之終始也 3-203(經)
雖取物象 乃以人事而爲卦名者 卽家人—— 謙履之屬是也 1-106
亦有全无德者 若豫觀剝晉蹇解夬姤井艮—— 凡十一卦也 1-157
帝乙—— 1-355(經), 3-201, 214(經), 215, 216(經)
進必有所歸 故受之以—— 4-322(經)
兌下震上 3-201(經)
澤上有雷 —— 1-143, 3-207(經)
睽䷥ 2-305~320
坎—蹇之時 宜用君子 小人勿用 1-418
蓋取諸— 4-186(經)
故受之以— 4-321(經)
—蹇坎此三卦 皆云時用 1-419
—孤 2-313(經), 316(經), 317
—卦 1-419
— 小事吉 2-305(經)
— 外也 4-330(經)
—者 乖也 4-321(經)
—者 乖異之名 2-305
—之時用 大矣哉 2-306(經)
— 火動而上 澤動而下 2-305(經)
上火下澤 — 1-142, 2-307(經)
若造弧矢 法睽之象 4-118
兌下離上 2-305(經)
旣濟䷾ 3-344~359
故受之以—— 4-325(經)
—— 定也 4-333(經)
——亨 3-345(經)
—— 亨小 利貞 初吉終亂 3-344(經)
水在火上 —— 1-143, 3-348(經)
亦有一德者 若蒙師小畜履泰謙噬嗑賁復大過震豐節——未濟凡十五卦 1-156
離下坎上 3-344(經)

【ㄷ】

大過䷛ 2-159~174
蓋取諸—— 4-188(經)
過 謂過越之過 非經過之過 此衰難之世 唯陽爻乃大能過越常理 以拯患難也 故曰—— 2-159
—— 2-159(經)
——卦 3-325
——九三棟橈凶 九四棟隆吉 是一卦相形也 4-36
——象云 棟橈 本末弱 1-110
—— 大者過也 2-160(經)
——是有用之時 亦直稱時者 取——之名 其意卽盡 更无餘意 1-420
—— 顚也 4-333(經)
——之時 大矣哉 1-417, 2-162(經)
變者 反覆唯成一卦 則變以對之 乾坤坎離——頤中孚小過之類 4-309
不養則不可動 故受之以—— 4-316(經)
巽下兌上 2-159(經)
亦有一德者 若蒙師小畜履泰謙噬嗑賁復——

震豐節旣濟未濟凡十五卦 1-156
二者亂時 ——之世 1-417
歎卦有三體 一直歎時 如——之時大矣哉之例 是也 1-417
澤滅木 —— 1-143, 2-163(經)
解之時 革之時 頤之時 ——之時 此四卦直云時 1-419
大有☲ 1-386~399
乾下離上 1-386(經)
——彖云 柔得 1-137
——上吉 自天祐也 1-399(經)
——須謙 4-308
—— 元亨 1-386(經)
—— 柔得尊位大中 而上下應之 曰—— 1-387(經)
—— 衆也 4-331(經)
——初九 无交害也 1-390(經)
案諸卦之彖 先標卦名 乃復言曰某卦 曰同人曰—— 曰小畜之類 2-63
與人同者 物必歸焉 故受之以—— 4-312(經)
亦有其吉灼然而稱吉者 若——上九 自天祐之 吉无不利之類 1-401
有二德 ——蠱漸大畜升困中孚凡七卦 1-156
引易之——上九爻辭 4-146
尊位大中而上下應之 曰——之例 是也 1-137
此——上九爻辭 4-43
火在天上 —— 1-143, 389(經)
大壯☳ 2-252~264
蓋取—— 4-187(經)
乾下震上 2-252(經)
故受之以—— 4-319(經)
雷在天上 —— 1-143, 2-254(經)
—— 大者 壯也 2-252(經)
——利貞 2-253(經)
—— 利貞 2-252(經)
—— 則止 4-331(經)
以陽稱大 陽長旣多 是大者盛壯 故曰—— 2-252
大畜☶ 2-132~144
乾下艮上 2-132(經)
——艮卦在上 善畜下之乾也 1-330
—— 剛健篤實 輝光 日新其德 2-133(經)
—— 乾在於下 艮在於上 艮是陽卦 又能止物能止此乾之剛健 所畜者大 故稱—— 1-315
—— 時也 4-328(經)
—— 利貞 不家食 吉 利涉大川 2-132(經)
——者 畜之極也 1-329
——初畜而后通 4-243
有无妄然後 可畜 故受之以—— 4-316(經)
有二德 大有蠱漸——升困中孚凡七卦 1-156
此論——義也 1-331
此則艮能止之 故爲——也 2-132
天在山中 —— 1-144, 2-137(經)
畜而不已 謂之—— 1-331
同人☰ 1-370~385
——先號咷而後笑 子曰 君子之道 或出或處或默或語 二人同心 其利斷金 4-92(經)
——曰 1-137, 371(經), 372,
——于野 亨 利涉大川 利君子貞 1-370(經)
——云 ——於野 亨 1-157
—— 柔得位得中而應乎乾 曰—— 1-370(經)
—— 親也 4-331(經)
物不可以終否 故受之以—— 4-312(經)
曰—— 1-137, 370(經), 380, 2-63
離下乾上 1-370(經)
天與火 —— 1-142, 1-374(經)
或有特疊卦名而稱其卦者 則——彖云 ——曰 ——於野 亨 1-137
屯☵ 1-223~239
— 剛柔始交而難生 動乎險中 大亨貞 1-224(經)
— 見而不失其居 4-327(經)
—卦 1-415, 3-157, 4-36, 244, 247
—其膏 1-237(經), 238(經)
—難 1-224~226, 229, 231~233, 237,

4-310
一 難也 1-223
一是屯難 1-232
一如邅如 1-231(經), 232, 233, 4-35, 244
一 元亨利貞 1-223(經), 225
一有二義 一難也 一盈也 1-226
一者 物之始生也 4-310(經)
一者 盈也 4-310(經)
一之四德 1-223
一次乾坤 4-310
覆者 表裏視之 遂成兩卦 一蒙需訟師比之類 4-309
若一之六二一如邅如乘馬班如匪寇婚媾女子貞不字十年乃字 是吉凶未定 亦不言吉凶也 4-35
盈天地之間者 唯萬物 故受之以一 4-310(經)
王肅云 一 剛柔始交而難生 故爲物始生也 4-310
雲雷 一 1-142, 228(經)
有四德者 卽乾坤一臨隨无妄革七卦 1-155
至一 乃剛柔始交 2-205
震下坎上 1-223(經)
或其卦當時之義 卽有四德 如乾坤一臨无妄此五卦之時 卽能四德備具 2-13
或有於小人爲吉 大人爲凶 若一之九五 小貞吉 大貞凶 1-401
或取萬物雜象以明義者 若一之六三卽鹿无虞六四乘馬班如之屬 1-202
遯䷠ 2-239~251
嘉一 2-249(經)
艮下乾上 2-239(經)
係一 2-246(經), 247(經)
一極反壯 4-308
一尾 2-243(經), 244(經)
一世无悶 1-159(經), 2-163(經)
一 以遠時爲吉 4-239
一者 退也 4-319(經)
一 則退也 4-331(經)
一之時義 大矣哉 2-241(經)
一亨 2-240(經)
一 亨 小利貞 2-239(經)
物不可以久居其所 故受之以一 4-319(經)
物不可以終一 4-319(經)
若豫旅一姤凡四卦 皆云時義 1-419
天下有山 一 1-144, 2-241(經), 242
肥一 2-250(經), 251(經)
好一 2-247(經), 248(經)

【ㅁ】

明夷䷣ 2-280~292
箕子一一 4-220
箕子之一一 2-290(經)
一一 1-242
一一 利艱貞 2-280(經)
一一 以處昧利貞 4-239, 240
一一 誅也 4-330(經)
明入地中 一一 1-144, 2-280(經), 282(經)
文王一一 1-176
離下坤上 2-280(經)
進必有所傷 故受之以一一 4-320(經)
此卦與一一正反 一一象云 君子以莅衆 用晦而明 2-267
蒙䷃ 1-240~255
坎下艮上 1-240(經)
擊一 1-254(經)
困一 1-251(經)
童一 1-240(經), 244(經), 252(經), 253(經), 259
物生必一 故受之以一 4-311(經)
一卦 3-260, 4-247
一 山下有險 險而止 一 1-243(經)
一以養正 聖功也 1-245(經)
一者 一也 物之穉也 4-311(經)
一 雜而著 4-327(經)

—之所利 乃利正也 1-242
—亨 1-244(經)
— 亨 1-240(經), 4-247
— 亨 匪我求童蒙 童蒙求我 初筮 告 再三 瀆 瀆則不告 1-240(經)
發— 1-246(經)
覆者 表裏視之 遂成兩卦 屯—需訟師比之類 4-309
山下出泉 — 1-144, 245(經)
亦有一德者 若—師小畜履泰謙噬嗑賁復大過震豐節旣濟未濟凡十五卦 1-156
包— 1-248(經)

无妄䷘ 2-117~131
—— 剛自外來而爲主於內 2-117(經)
—— 元亨 利貞 其匪正 有眚 不利有攸往 2-117(經)
—— 災也 4-328(經)
——之藥 2-120(經), 130(經)
——之往 2-124(經)
——之災 2-126(經)
——之疾 2-129(經)
——之行 2-131(經)
——稱 先王以茂對時育萬物 1-146
復則不妄矣 故受之以—— 4-316(經)
有——然後 可畜 故受之以大畜 4-316(經)
有四德者 即乾坤屯臨隨——革七卦 1-155
震動而乾健 故能使物——也 2-118
震下乾上 2-117(經)
天下雷行 —— 1-144
天下雷行 物與—— 2-121(經)
或其卦當時之義 即有四德 如乾坤屯臨—— 此五卦之時 即能四德備具 2-13

未濟䷿ 3-360~374
坎下離上 3-360(經)
物不可窮也 故受之以—— 終焉 4-325(經)
—— 男之窮也 4-334(經)
——征凶 3-369(經)
——亨 3-361(經)
—— 亨 小狐汔濟 濡其尾 无攸利 3-360(經)
先儒以乾至離爲上經 天道也 咸至——爲下經 人事也 4-317
於未濟之世 終得—— 3-361
亦有一德者 若蒙師小畜履泰謙噬嗑賁復大過震豐節旣濟——凡十五卦 1-156
火在水上 —— 1-143, 3-363(經)

【ㅂ】

剝䷖ 2-90~99
坤下艮上 2-90(經)
大略唯有凶卦无德者 若—蹇夬姤之屬 1-157
物不可以終盡— 窮上反下 故受之以復 4-316(經)
—卦 2-102, 359, 4-238
— 爛也 4-329(經)
— —也 柔變剛也 2-90(經)
— 不利有攸往 2-90(經)
—不利有攸往 離之九四突如其來如焚如死如棄如之屬 據其文辭 其凶可見 故不言凶也 4-35
—牀以辨 2-94(經), 95(經), 4-36
—牀以膚 2-96(經), 97(經)
—牀以足 2-93(經), 4-36
—者 —落也 2-90
—者 —也 4-316(經)
—之无咎 2-95(經), 96(經)
—之爲義 小人道長之謂 3-278
—之六三 以應陽爲善 3-22
—之六三 處陰長之時而應上 是助陽爲善 3-23
—之初六—牀以足蔑貞凶 六二—牀以辨蔑貞凶者 此皆凶狀灼然而言凶也 4-36
賁盡致— 4-308
山附於地 — 1-143, 2-92(經)
小人—廬 2-98(經), 99(經)

亦有全无德者 若豫觀一晉蹇解夬姤井艮歸妹凡十一卦也 1-157
柔而浸大 一之道也 3-329
致飾然後亨則盡矣 故受之以一 4-315(經)
夬 與一反者也 3-13
夬 以剛決柔 如一之消剛 3-13
或則以物象而爲卦名者 若否泰一頤鼎之屬是也 1-106
復☷ 2-100~116
牽一 1-322(經), 323(經)
雷在地中 一 1-144, 2-107(經), 122
敦一 2-114(經)
无往不一 1-351(經), 353(經)
物不可以終盡剝 窮上反下 故受之以一 4-316(經)
迷一 1-319, 2-115(經), 116(經)
一卦 1-120, 130, 146, 282, 319, 2-41, 102, 108, 122, 4-214, 231
一 其見天地之心乎 2-104(經)
一 德之本也 4-228(經)
一 反也 4-330(經)
一 小而辨於物 4-231(經)
一以自知 4-234(經)
一臨二卦 1-120
一自道 1-321(經), 322(經)
一卽命渝 1-279(經), 280, 281(經)
一則不妄矣 故受之以无妄 4-316(經)
一亨 1-319, 2-100(經)
一 亨 出入无疾 朋來 无咎 反復其道 七日來復 利有攸往 2-100(經)
不遠一 2-109(經), 4-214(經)
頻一 2-111(經), 113(經)
若謙泰及一之等 德義旣美 行之不已 久必致此四德 但當初之時 其德未具 故卦不顯四德也 2-13
亦有卦善而德少者 若泰與謙一之類 1-157
亦有一德者 若蒙師小畜履泰謙噬嗑賁一大過震豐節旣濟未濟凡十五卦 1-156
六五亦居一之尊位 爲復卦尊位之主 1-282
一陽生爲一 4-237
震下坤上 2-100(經)
休一 2-111(經)
比☷ 1-300~314
坤下坎上 1-300(經)
覆者 表裏視之 遂成兩卦 屯蒙需訟師一之類 4-309
一卦 1-146, 157, 158, 319
一 吉也 一 輔也 下順從也 1-301(經)
一 吉 原筮 元永貞 无咎 不寧方來 後夫凶 1-300(經)
一樂師憂 4-326(經)
一者 一也 4-311(經)
一之无首 1-313(經), 314(經), 319
一之匪人 1-307(經), 308(經)
一之自內 1-306(經), 307(經)
一之初六 1-306(經)
一必有所畜 故受之以小畜 4-311(經)
若卦由五位 五又居尊 正爲一主也 若一之九五之類 是也 1-282
衆必有所一 故受之以一 4-311(經)
地上有水 一 1-143, 145, 304(經), 305
顯一 1-309(經), 310, 312, 313(經)
否☰ 1-359~369
傾一 1-368(經)
坤下乾上 1-359(經)
大人一亨 1-363(經)
物不可以終一 故受之以同人 4-312(經)
物不可以終通 故受之以一 4-312(經)
一卦 1-157, 2-42, 4-85
一之匪人 1-359(經)
一泰 反其類也 4-331(經)
亦有大人爲吉 於小人爲凶 若一之九五云 休一 大人吉 1-401
引一之九五 4-206
天地不交 一 1-142, 360(經)
八卦相盪 或一或泰 4-160

泰則小往大來 吉亨 —則大往小來之類 4-47
泰之次— 4-308
或有於小人爲吉 大人爲凶 若屯之九五 小貞吉 大貞凶 及—之六三 包承 小人吉之類 1-401
或則以物象而爲卦名者 若—泰剝頤鼎之屬是也 1-106
休— 1-366(經), 401
賁䷕ 2-76~89
物不可以苟合而已 故受之以— 4-315(經)
白— 2-88(經), 89(經)
—卦 1-283
—其須 2-82(經)
— 无色也 4-329(經)
— 飾也 2-76
— 亨 小利有攸往 2-76(經)
—者 飾也 4-315(經)
—盡致剝 4-308
—亨 2-76(經)
山下有火 — 1-144, 2-80(經), 81
亦有一德者 若蒙師小畜履泰謙噬嗑—復大過震豐節旣濟未濟凡十五卦 1-156
離下艮上 2-76(經)

【ㅅ】

師䷆ 1-286~299
坎下坤上 1-286(經)
覆者 表裏視之 遂成兩卦 屯蒙需訟—比之類 4-309
比樂—憂 4-326(經)
—卦 1-413
—者 衆也 4-311(經)
— 貞 丈人 吉 无咎 1-286(經)
— 衆也 貞 正也 1-287(經)
—出以律 1-289(經), 291(經)
—或輿尸 1-293(經), 294(經)
訟必有衆起 故受之以— 4-311(經)
亦有一德者 若蒙—小畜履泰謙噬嗑賁復大過震豐節旣濟未濟凡十五卦 1-156
長子帥— 1-296(經), 297, 298(經)
地中有水 — 1-144, 288(經), 320
行— 1-287, 289, 291, 411(經), 412(經), 413, 415(經), 416, 2-115(經)
噬嗑䷔ 2-62~75
可觀而後有所合 故受之以—— 4-315(經)
蓋取諸—— 4-176(經)
經无凶文 象稱聰不明者 與——上九辭同 3-27
雷電 —— 1-142, 2-66(經)
同於——滅耳之凶 3-26
噬 齧也 嗑 合也 2-62
—— 食也 4-329(經)
——而亨 2-63(經)
——稱 先王以明罰勅法 1-146
—— 亨 利用獄 2-62(經)
亦有一德者 若蒙師小畜履泰謙——賁復大過震豐節旣濟未濟凡十五卦 1-156
頤中有物 曰—— 2-62(經)
引——上九之義 4-205
引易——初九 4-204
震下離上 2-62(經)
嗑者 合也 4-315(經)
小過䷽ 3-325~343
艮下震上 3-325(經)
蓋取諸—— 4-185(經)
變者 反覆唯成一卦 則變以對之 乾坤坎離大過頤中孚——之類 4-309
山上有雷 —— 1-143, 3-330(經)
—— 過也 4-331(經)
—— 小者過而亨也 3-328(經)
—— 亨 利貞 可小事 不可大事 飛鳥遺之音 不宜上 宜下 大吉 3-325(經)
若造杵臼 法——之象 4-118
亦有三德者 卽離咸萃兌渙——凡六卦 1-155
有其信者 必行之 故受之以—— 4-324(經)

小畜䷈ 1-315~332
乾下巽上 1-315(經)
比必有所畜 故受之以—— 4-311(經)
小有所畜 唯畜九三而已 1-315
—— 寡也 4-332(經)
—— 尙往而亨 則不雨也 3-339
—— 柔得位而上下應之 曰—— 1-316(經)
——則巽在乾上 以其巽順 不能畜止乾之剛 2-132
—— 亨 1-315(經)
——亨 密雲不雨 1-328
所畜狹小 故名——
案諸卦之彖 先標卦名 乃復言曰某卦 曰同人 曰大有 曰——之類 2-63
亦有一德者 若蒙師——履泰謙噬嗑賁復大過震豐節旣濟未濟凡十五卦 1-156
因——生履 4-308
風行天上 —— 1-143, 320(經)
巽䷸ 3-253~269
—卦 2-27
— 德之制也 4-230(經)
— 伏也 4-329(經)
— 小亨 3-253(經)
—以行權 4-236(經)
—者 卑順之名 3-253
—者 入也 4-323(經)
—在牀下 3-268(經), 269(經)
— 稱而隱 4-233(經)
—下—上 3-253(經)
隨風 — 1-142, 2-195, 3-258(經)
旅而无所容 故受之以— 4-322(經)
損䷨ 2-349~369
山下有澤 損 1-144, 2-356(經)
弗—益之 2-369(經)
—剛 2-354(經)
—卦 1-157, 2-66, 370, 377, 4-216
—其疾 2-362(經), 364(經)
— 德之脩也 4-229(經)
—上益下 2-370(經), 371
— 先難而後易 4-232(經)
— 有孚 元吉 无咎可貞 利有攸往 曷之用 二簋可用享 2-349(經)
—而不已 必益 故受之以益 4-321(經)
—以遠害 4-235(經)
—而有孚 元吉 无咎可貞 利有攸往 2-352(經)
—益 盛衰之始也 4-327(經)
—益盈虛 與時偕行 2-355(經)
—下益上 2-351(經), 370
緩必有所失 故受之以—— 4-321(經)
兌下艮上 2-349(經)
向秀云 明王之道 志在惠下 故取下謂之— 與下謂之益 2-370
訟䷅ 1-268~285
坎下乾上 1-268(經)
覆者 表裏視之 遂成兩卦 屯蒙需—師比之類 4-309
不克— 1-275(經), 277(經), 279(經)
序卦需爲飮食 飮食必有— 1-413
—卦 1-115, 117, 320, 413, 4-36
— 不親也 4-333(經)
— 上剛下險 險而健 — 1-269(經)
—元吉 1-283, 284(經)
— 有孚 窒惕 中吉 1-268(經)
—必有衆起 故受之以師 4-311(經)
飮食 必有— 故受之以— 4-311(經)
天與水違行 — 1-142, 272(經)
需䷄ 1-256~267
乾下坎上 1-256(經)
物稺 不可不養也 故受之以— 4-311(經)
覆者 表裏視之 遂成兩卦 屯蒙—訟師比之類 4-309
—卦 1-156, 413
— 不進也 4-333(經)
—上六有 不速之客三人來 1-283
— 須也 1-256(經), 257

―于郊 1-260(經)
―于泥 1-262(經)
―于沙 1-260(經), 261(經)
―于血 1-263(經), 264(經)
―有孚 光亨貞吉 1-256(經)
― 有孚 光亨貞吉 利涉大川 1-256(經)
―六四云 需於血 1-325
―者 飮食之道也 4-311(經)
雲上於天 ― 1-143, 259(經)
隨䷐ 2-13~26
蓋取諸― 4-184(經)
故受之以― 4-314(經)
大亨貞 无咎 而天下―時 2-14(經)
― 剛來而下柔 動而說 ― 2-14(經)
―卦 1-419
― 无故也 4-329(經)
― 元亨 利貞 无咎 2-13(經)
―時之義 大矣哉 1-419, 2-14(經), 16
―有獲 2-22(經), 23(經)
―之一卦亦言義 1-419
豫必有― 4-312(經)
有四德者 卽乾坤屯臨―无妄革七卦 1-155
以喜―人者 必有事 故受之以蠱 4-314(經)
震剛而兌柔也 以剛下柔 動而之說 乃得―也 2-14
震下兌上 2-13(經)
澤中有雷 ― 1-144, 2-17(經)
升䷭ 3-67~77
冥―在上 3-77(經)
巽下坤上 3-67(經)
― 不來也 4-328(經)
― 元亨 用見大人 勿恤 3-67(經)
―而不已 必困 故受之以困 4-322(經)
―虛邑 3-73(經), 74(經)
實象者 若地上有水 比也 地中生木 ―也 1-145
有二德 大有蠱漸大畜―困中孚凡七卦 1-156
允―大吉 3-72(經)
貞吉―階 3-76(經)
地中生木 ― 1-144, 3-70(經)
聚而上者 謂之― 故受之以― 4-322(經)

【ㅇ】

旅䷷ 3-239~252
艮下離上 3-239(經)
窮大者 必失其居 故受之以― 4-322(經)
山上有火 ― 1-143, 3-241(經)
失其本居而寄他方 謂之爲― 3-239
若豫―遯姤凡四卦 皆云時義 1-419
―卦 1-156
― 小亨 旅貞吉 3-239(經)
―焚其次 3-244(經), 246(經)
―小亨 3-239(經)
―瑣瑣 3-242(經), 243(經)
―于處 3-247(經), 248(經)
―而无所容 故受之以巽 4-322(經)
―之時義 大矣哉 3-241(經)
以―與下 3-246(經)
以―在上 3-252(經)
親寡 ―也 4-331(經)
豫䷏ 1-415~428
蓋取諸― 4-184(經)
坤下震上 1-415(經)
雷出地奮 ― 1-143, 420(經)
冥― 1-428(經)
鳴― 1-422(經)
若―旅遯姤凡四卦 皆云時義 1-419
亦有全无德者 若―觀剝晉蹇解夬姤井艮歸妹 凡十一卦也 1-157
― 剛應而志行 順以動 豫 1-415(經)
―卦 1-137, 146, 4-313
―順以動 故 天地如之 而況建侯行師乎 1-415(經)
― 利建侯行師 1-415(經)

一之時義大矣哉 1-137, 415(經), 417
一 怠也 4-328(經)
一必有隨 4-312(經)
盱一 1-424(經)
有大而能謙 必豫 故受之以一 4-312(經)
由一 1-425(經), 426(經)
引一之六二 4-208
履☰ 1-333~343
物畜然後有禮 故受之以一 4-312(經)
上天下澤 一 1-142, 335(經)
素一之往 1-336(經)
雖取物象 乃以人事而爲卦名者 卽家人歸妹謙一之屬是也 1-106
亦有一德者 若蒙師小畜一泰謙噬嗑賁復大過震豐節旣濟未濟凡十五卦 1-156
一卦 1-156, 320, 333, 4-172, 227, 231
一 德之基也 4-227(經)
一 不處也 4-332(經)
一 柔履剛也 1-333(經)
一而泰然後安 故受之以泰 4-312(經)
一以和行 4-234(經)
一虎尾 1-333(經), 338(經), 340(經)
一 和而至 4-230(經)
因小畜生一 4-308
夬一 1-341(經), 342(經)
兌下乾上 1-333(經)
頤☶ 2-145~158
觀一 2-145(經)
物畜然後 可養 故受之以一 4-316(經)
變者 反覆唯成一卦 則變以對之 乾坤坎離大過一中孚小過之類 4-309
山下有雷 一 1-144, 2-147(經)
由一 2-156(經), 158(經)
一 養正也 4-333(經)
一養之世 1-417
一者 養也 4-316(經)
一貞吉 2-145(經)
一 貞 吉 觀一 自求口實 2-145(經)
顚一 2-153(經), 155(經)
震下艮上 2-145(經)
解之時 革之時 一之時 大過之時 此四卦直云時 1-419
解革及一事已行了 不須言用 1-420
或則以物象而爲卦名者 若否泰剝一鼎之屬是也 1-106
離☲ 2-191~203
蓋取諸一 4-173(經)
孔子序卦 不以咸繫一 2-205
明兩作 一 1-142, 2-195(經)
變者 反覆唯成一卦 則變以對之 乾坤坎一大過頤中孚小過之類 4-309
先儒以乾至一爲上經 天道也 咸至未濟爲下經 人事也 4-317
亦有三德者 卽一咸萃兌渙小過凡六卦 1-155
一坎震兌各主其一方 2-102
一卦 4-172, 174
一上 而坎下也 4-332(經)
一 麗也 2-193(經)
一 麗也 麗 謂附著也 2-191
一 利貞 亨 2-191(經)
一之九四突如其來如焚如死如棄如之屬 據其文辭 其凶可見 故不言凶也 4-35
一下一上 2-191(經)
日昃之一 2-198(經), 199(經)
陷必有所麗 故受之以一 4-317(經)
黃離 2-198(經)
益☴ 2-370~386
蓋取諸一 4-175(經)
莫一之 2-384(經), 385(經), 4-217(經)
損剛一柔有時 2-354(經)
損上一下 2-370(經)
損而不已 必一 故受之以一 4-321(經)
損一 盛衰之始也 4-327(經)
損下一上 2-66, 351(經), 370
一 4-217
一卦 2-370, 371, 4-284

— 德之裕也 4-229(經)
— 動而巽 日進无疆 天施地生 其—无方 2-373(經)
— 損上—下 民說无疆 2-370(經)
—用凶事 2-380(經)
—而不已 必決 4-321(經)
— 利有攸往 利涉大川 2-370(經)
—以興利 4-235(經)
— 長裕而不設 4-232(經)
震下巽上 2-370(經)
風雷 — 1-142, 2-374(經)
或—之 2-376(經), 378(經)
臨䷒ 2-39~49
甘— 2-46(經)
故受之以— 4-315(經)
敦— 2-49(經)
復—二卦 1-120
序卦云 — 大也 2-39
有四德者 卽乾坤屯—隨无妄革七卦 1-155
— 剛浸而長 說而順 剛中而應 大亨以正 天之道也 2-40(經)
—觀之義 或與或求 4-327(經)
—卦 1-120, 2-102
— 元亨 利貞 至于八月 有凶 2-39(經)
—爲建丑之月 2-39
—者 大也 4-315(經)
二陽生爲— 4-237
至— 2-47(經)
兌下坤上 2-39(經)
澤上有地 — 1-143, 2-42(經)
咸— 2-43(經)~45(經)
或其卦當時之義 卽有四德 如乾坤屯—无妄此五卦之時 卽能四德備具 2-13

【ㅈ】

節䷻ 3-298~309
甘— 3-307(經)
苦— 3-298(經), 299(經), 308(經), 309(經)
物不可以終離 故受之以— 4-324(經)
不—之嗟 3-305(經), 4-45
序卦云 物不可以終離 故受之以— 3-303
安— 3-306(經)
亦有一德者 若蒙師小畜履泰謙噬嗑賁復大過震豐—旣濟未濟凡十五卦 1-156
— 4-97
—而信之 故受之以中孚 4-324(經)
—以制度 3-300(經), 307
— 止也 4-330(經)
—亨 剛柔分而剛得中 3-298(經), 299
— 亨 苦節 不可貞 3-298(經)
兌下坎上 3-298(經)
澤上有水 — 1-143, 301(經)
漸䷴ 3-185~200
艮下巽上 3-185(經)
物不可以終止 故受之以— 4-322(經)
木生山上 因山而高 非是從下忽高 故是—義也 3-188
山上有木 — 1-143, 3-188(經)
有二德 大有蠱—大畜升困中孚凡七卦 1-156
— 女歸 待男行也 4-333(經)
— 女歸吉 利貞 3-185(經)
— 以高顯爲美 4-239
— 之進也 3-186(經)
—者 漸進之卦也 3-185
—者 進也 4-322(經)
井䷯ 3-99~114
改邑不改— 3-99(經), 103(經)
困乎上者 必反下 故受之以— 4-322(經)
舊—无禽 3-105(經), 106(經)
木上有水 — 1-143, 3-104(經)
巽下坎上 3-99(經)
巽乎水而上水 — 3-102(經)
亦有全无德者 若豫觀剝晉蹇解夬姤—艮歸妹

凡十一卦也 1-157
— 改邑不改— 3-99(經)
— 居其所而遷 4-233(經)
—谷射鮒 3-107(經), 108(經)
—卦 4-233
—泥不食 3-105(經), 106(經)
— 德之地也 4-230(經)
—道 不可不革 4-322(經)
— 養而不窮也 3-103(經)
—洌寒泉 3-111(經)
—渫不食 3-108(經), 110(經)
—以辯義 4-235(經)
—井 3-100(經)
—甃 3-110(經), 111(經)
— 通 4-330(經)
汔至亦未繘— 3-104(經)
鼎䷱ 3-132~149
木上有火 — 1-143, 3-136(經)
巽下離上 3-132(經)
雜卦曰 革去故而—取新 3-132
—卦 4-207
— 象也 3-132, 133(經)
— 元吉 亨 3-132(經)
—有實 3-140(經), 141(經)
—耳革 3-142(經), 144(經)
—顚趾 3-137(經), 139(經)
—折足 3-145(經), 4-207(經)
— 取新也 4-331(經)
—黃耳 3-147(經), 148(經)
革物者 莫若— 故受之以—主器者 莫若長子 故受之以震 4-322(經)
或則以物象而爲卦名者 若否泰剝頤—之屬是也 1-106
中孚䷼ 3-310~324
變者 反覆唯成一卦 則變以對之 乾坤坎離大過頤——小過之類 4-309
易緯稽覽圖云 卦氣起—— 2-102
有二德 大有蠱漸大畜升困——凡七卦 1-156
節而信之 故受之以—— 4-324(經)
—— 豚魚吉 利涉大川 利貞 3-310(經)
—— 信也 4-331(經)
—— 柔在內而剛得中 說而巽 孚 3-310(經)
——以利貞 乃應乎天也 3-313(經)
此引——九二爻辭 4-90
兌下巽上 3-310(經)
澤上有風 —— 1-143, 3-313(經), 314
晉䷢ 2-265~279
坤下離上 2-265(經)
明出地上 — 1-143, 2-267(經)
物不可以終壯 故受之以— 4-319(經)
亦有卦善而无德者 —解之屬 1-157
亦有全无德者 若豫觀剝—蹇解夬姤井艮歸妹凡十一卦也 1-157
— 康侯用錫馬蕃庶 晝日三接 2-265(經)
—卦 2-66, 281
—如摧如 2-268(經), 270(經)
—者 進也 4-320(經)
— 晝也 4-330(經)
— 進也 2-265(經)
震䷲ 3-150~168
雷是連續之至 水爲流注不已 義皆取連續相因 故—云洊雷 坎云洊至也 2-195
亦有一德者 若蒙師小畜履泰謙噬嗑賁復大過—豐節旣濟未濟凡十五卦 1-156
離坎—兌各主其一方 2-102
—驚百里 3-151(經), 152, 154(經)
—卦 3-152
— 起也 4-327(經)
—來厲 3-158(經), 160(經)
—來虩虩 3-150(經), 154(經), 157(經), 158(經)
—无咎者 存乎悔 4-50(經)
—索索 3-166(經), 167(經)
—蘇蘇 3-161(經), 162(經)
—遂泥 3-163(經)
—往來厲 3-165(經)

—者 動也 4-322(經)
—下—上 3-150(經)
— 亨 3-150(經), 154(經)
洊雷 — 1-142, 3-156(經)
革物者 莫若鼎 故受之以鼎主器者 莫若長子 故受之以— 4-322(經)

【ㅊ】

萃䷬ 3-50~66
坤下兌上 3-50(經)
乃亂乃— 3-56(經), 58(經)
物相遇而後聚 故受之以— 4-322(經)
亦有三德者 卽離咸—萃兌渙小過凡六卦 1-155
—有位 3-63(經), 64(經)
—者 聚也 4-322(經)
— 聚 4-328(經)
— 聚也 順以說 剛中而應 故聚也 3-52(經)
— 亨 3-50(經)
澤上於地 — 1-143, 3-55(經), 56

【ㅋ】

夬䷪ 3-13~31
蓋取諸— 4-190(經)
乾下兌上 3-13(經)
故受之以— 4-321(經)
君子—— 3-22(經), 24(經)
大略唯有凶卦无德者 若剝蹇—姤之屬 1-157
亦有全无德者 若豫觀剝晉蹇解—姤井艮歸妹凡十一卦也 1-157
—卦 3-41
— 決也 剛決柔也 健而說 決而和 3-15(經)
— 決也 剛決柔也 君子道長 小人道憂也 4-334(經)
— 揚于王庭 孚號有厲 告自邑 不利卽戎 利有攸往 3-13(經)
— 與剝反者也 3-13
— 以剛決柔 如剝之消剛 3-13
—者 決也 4-321(經)
澤上於天 — 1-143, 3-18(經)

【ㅌ】

兌䷹ 3-270~281
來— 3-275(經), 276(經)
孚— 3-275(經)
山澤各自爲體 非相入之物 故云兼山艮麗澤— 是兩物各行也 2-195
亦有三德者 卽離咸萃—渙小過凡六卦 1-155
離坎震—各主其一方 2-102
麗澤 — 1-142, 2-195
引— 3-279(經), 280(經)
入而後說之 故受之以— 4-323(經)
— 見 4-329(經)
— 說也 3-270(經)
—者 說也 4-323(經)
— 亨 利貞 3-270(經)
—下—上 3-270(經)
和— 3-273(經), 274(經)
泰䷊ 1-344~358
乾下坤上 1-344(經)
夫處下 可以征而无咎者 唯—也則然 1-329
否— 反其類也 4-331(經)
若謙—及復之等 德義既美 行之不已 久必致此四德 但當初之時 其德未具 故卦不顯四德也 2-13
若坤之六五 及—之六五 竝以陰居尊位 若不行此事 則无吉 若行此事 則得其吉 故竝稱元吉 1-401
亦有卦善而德少者 若—與謙復之類 1-157
亦有一德者 若蒙師小畜履—謙噬嗑賁復大過

震豐節旣濟未濟凡十五卦 1-156
履而泰然後安 故受之以― 4-312(經)
天地交 ― 1-142, 345(經)
―卦 1-146, 330, 352, 360, 2-41, 78, 3-201, 4-85
― 小往大來 吉亨 1-344(經)
―小往大來吉亨 1-344(經)
―者 通也 4-312(經)
―則小往大來 吉亨 否則大往小來之類 4-47
―之次否 4-308
八卦相盪 或否或― 4-160
或則以物象而爲卦名者 若否―剝頤鼎之屬是也 1-106

【ㅍ】

豐䷶ 3-219~238
雷電皆至 ― 1-142, 3-224(經)
得其所歸者 必大 故受之以― 4-322(經)
明以動 故― 3-222(經)
亦有一德者 若蒙師小畜履泰謙噬嗑賁復大過震―節旣濟未濟凡十五卦 1-156
離下震上 3-219(經)
―其蔀 3-227(經), 233(經), 234(經)
―其屋 3-236(經), 237(經)
―其沛 3-230(經), 232(經)
― 多故也 4-331(經)
― 大也 3-221(經)
― 以幽隱致凶 4-239, 240
―者 大也 4-322(經)
― 亨 王假之 3-219(經)

【ㅎ】

咸䷞ 2-204~221
艮下兌上 2-204(經)
孔子序卦 不以―繫離 2-205
不言萬物者 壯大之名 義歸天極 故不與―恒同也 2-253
山上有澤 ― 1-143, 2-210(經)
先儒以乾至離爲上經 天道也 ―至未濟爲下經 人事也 4-317
亦有三德者 卽離―萃兌渙小過凡六卦 1-155
六十四卦舊分上下 乾坤象天地 ―恒明夫婦 2-205
― 感也 2-206(經)
―卦 3-201, 4-317
―其股 2-213(經), 215(經)
―其脢 2-218(經), 219(經)
―其拇 2-210(經), 212(經)
―其輔頰舌 2-220(經)
―臨 2-43(經)~45(經)
―臨吉无不利 2-45(經)
―臨貞吉 2-44(經)
― 速也 4-330(經)
―亨 2-207
― 亨 利貞 取女吉 2-204(經), 206
恒䷟ 2-222~238
雷風 ― 1-142, 2-230(經)
夫婦之道 不可以不久也 故受之以― 4-319(經)
不言萬物者 壯大之名 義歸天極 故不與咸―同也 2-253
不―其德 2-233(經), 235(經)
巽下震上 2-222(經)
六十四卦舊分上下 乾坤象天地 咸―明夫婦 2-205
浚― 2-230(經), 231, 232(經)
震剛而巽柔 震則剛尊在上 巽則柔卑在下 得其順序 所以爲―也 2-224
震動而巽順 无有違逆 所以可―也 2-226
振― 2-237(經)
―卦 1-130, 3-201, 4-232
― 久也 2-222, 224(經), 4-330(經)

—其德 2-236(經)
— 德之固也 4-228(經)
—不死 1-426(經), 427(經)
—以一德 4-234(經)
—而亨 以濟三事也 2-222
—者 久也 4-319(經)
— 雜而不厭 4-231(經)
— 亨 无咎 利貞 2-222(經)
—亨无咎利貞 2-227(經)
解☳ 2-334~348
坎下震上 2-334(經)
君子有— 2-346(經)
雷雨作 — 1-142, 2-338(經)
物不可以終難 故受之以— 4-321(經)
三者離散之時 —緩之世 1-417
序卦云 物不可以終難 故受之以— —者 緩也 2-334
亦有卦善而无德者 晉—之屬 1-157
亦有全无德者 若豫觀剝晉蹇—夬姤井艮歸妹 凡十一卦也 1-157
引—之上六 4-203
—卦 4-99
— 緩也 4-330(經)
—而拇 2-344(經), 345(經)
— 利西南 2-334(經), 2-336(經)
—者 緩也 4-321(經)
—之時 革之時 頤之時 大過之時 此四卦直云時 1-419
—之時大矣哉 2-337(經)
— 險以動 動而免乎險 — 2-335(經)
—革及頤事已行了 不須言用 1-420
革☱ 3-115~131
故受之以— 4-322(經)
四者改易之時 —變之世 1-417
小人—面 3-129(經), 131(經)
有四德者 卽乾坤屯臨隨无妄—七卦 1-155
已日—之 3-124(經)
離下兌上 3-115(經)
鼎耳— 3-142(經), 144(經)
澤中有火 — 1-144, 3-120(經)
解之時 —之時 頤之時 大過之時 此四卦直云時 1-419
解—及頤事已行了 不須言用 1-420
— 去故也 4-331(經)
—卦 1-155, 2-13
—物者 莫若鼎 故受之以鼎主器者 莫若長子 故受之以震 4-322(經)
— 水火相息 二女同居 其志不相得 曰 — 3-116(經)
—言三就 3-124(經), 126(經)
— 已日乃孚 元亨利貞 悔亡 3-115(經)
黃牛之— 3-120(經), 121
渙☴ 3-282~297
坎下巽上 3-282(經)
蓋取諸— 4-183(經)
序卦曰 說而後散之 故受之以— 3-282
亦有三德者 卽離咸萃兌—小過凡六卦 1-155
說而後散之 故受之以— 4-323(經)
雜卦曰 — 離也 3-282
此卦承—之後 3-303
風行水上 — 1-143, 3-287(經)
—卦 1-146, 4-183
—其群元吉 3-294(經)
—其躬 3-290(經), 291, 292(經)
—其血 3-295(經), 297(經)
—奔其机 3-290(經)
— 離也 4-330(經)
—者 離也 4-323(經)
—亨 3-283(經), 284
— 亨 王假有廟 利涉大川 利貞 3-282(經)

書名索引

【ㄱ】

康誥(書)
——云 大傷厥考心 2-33
乾鑿度(書)→易乾鑿度
———云 水土二行 兼信與知也 1-153
繫辭(書)→繫辭傳 1-182, 242, 4-274, 283
——具焉 1-397
——所云 大演之數五十 其用四十有九 明用蓍之數 4-271
——又云 井 德之地 3-106
——云 无咎者 善補過也 1-121
——云 三與五同功 1-393
——云 上下无常 剛柔相易 不可爲典要 1-106
——云 生生之謂易 2-56
——云 善不積 不足以成名 3-70
——云 蓍之德 員而神 4-270
——云 二篇之策 2-205
——云 八卦成列 象在其中矣 1-105
——云 悔吝者 言乎其小疵也 1-130
——云 爻也者 效此者也 1-111
上—— 1-136
謂之——者 凡有二義 4-13(經)
前—— 4-267
韓康伯注——云大演之數五十 用王輔嗣意 4-272
繫辭傳(書)←繫辭, 易繫, 二繫
繫辭傳 上(書)←上繫, 前繫辭
繫辭傳 下(書)←下繫
曲禮(書)
——云 三賜不及車馬 1-292
孔子家語(書)
————弟子好生篇 1-384
勸學篇(書)
蔡邕———云 鼫鼠五能 不成一伎術 2-274
歸藏(書) 4-326
——起於黃帝 4-226

【ㄴ】

洛書(書)←書
孔安國以爲 河圖則八卦是也 ——則九疇是也 4-144
河圖有九篇 ——有六篇 4-144
老子經(書)→道德經
有德司契之文 出———也 1-273
論語(書)
——曰 鳥之將死 其鳴也哀 3-327
——云 於予與何誅 2-234
爲仁由己 ——文 1-280
鄭注——云 同門曰朋 同志曰友 2-331

【ㄷ】

大司徒(書)
———云 其動物植物 1-347
———云 動物植物 1-171
大象(書)→大象傳 1-140, 141, 320
象天地雷風日月山澤 於——略盡 4-114
大象傳(書)←大象
圖(書)→河圖
河出— 洛出書 聖人則之 4-143(經)
道經(書)→道德經
引老子——之文 以結成此義 4-66
道德經(書)←老子經, 道經

【ㅁ】

孟子(書)
——曰 吾君不游 吾何以休 吾君不豫 吾何以助 4-313
文言(書)→文言傳 1-159, 174, 176, 180, 185, 202
乾坤——在二繫之后說卦之前 4-267
——論乾元之德 1-182
—— 備矣 1-108
——云 九二德博而化 1-115
——云 德博而化 1-117
——云 上下无常 進退无恒 1-126
——云 雖危无咎 1-123
——云 因時而惕 1-124
——云 知進退存亡而不失其正者 其唯聖人乎 1-130
——云 直 其正也 1-204
輔嗣以——分附乾坤二卦 故說卦爲第九 4-267
備在—— 1-107
上繫第七 下繫第八 ——第九 說卦第十 4-267
以乾爲四德之主 —— 1-175
莊氏云 文謂文飾 以乾坤德大 故特文飾 以爲 —— 1-150
文言傳(書)←文言

【ㅂ】

本草經(書)
———云 螻蛄 一名鼫鼠 謂此也 2-275

【ㅅ】

上繫(書)→繫辭傳 上 4-181
——辭云 夫乾 其靜也專 其動也直 是以大生焉 1-136
——云 君子出其言善 則千里之外應之 出其言不善 則千里之外違之 4-14
——第七 下繫第八 文言第九 說卦第十 4-267
劉瓛爲十二章 以對——十二章也 4-157
尙書(書)→書經
——云 高明柔克 4-278
象(書)→象傳 1-140, 147, 150, 205, 210, 248, 292, 312, 320, 344, 413, 420, 2-71, 73, 74, 81~83, 86~88, 94, 111~113, 115, 131, 138~140, 142, 144, 145, 148, 157, 159, 164, 166~168, 173, 184, 186, 190, 197~200, 244, 267, 281, 3-20, 24, 27, 260, 4-160, 161, 267, 278
— 各言一爻之德 1-317
—辭 1-203, 149, 283, 297, 2-244, 3-85, 3-157
—載經文 多從省略 1-425
象傳(書)←象
書經(書)←尙書

序卦(書)→序卦傳 1-413, 4-317
孔子—— 4-309
孔子—— 不以咸繫離 2-205
孔子就上下二經 各序其相次之義 故謂之—— 4-308
彖及—— 皆以大訓豐也 3-219
——曰 說而後散之 故受之以渙 3-282
——云 蠱者 事也 2-29
——云 物不可以終難 故受之以解 解者 緩也 2-334
——云 物不可以終離 故受之以節 3-303
——云 臨 大也 2-39
—— 依文王上下而次序之 4-326
——至此 又別起端首 2-204
周氏就—— 以六門主攝 4-308
韓康伯注—— 2-204
序卦傳(書)←序卦
書(書)→洛書
河出圖 洛出— 聖人則之 4-143(經)
釋詁(書)
——云 亹亹 勉也 4-143
爾雅——云 裒 聚也 1-405
說卦(書)→說卦傳 1-105, 3-270
乾坤文言在二繫之后——之前 4-267
輔嗣以文言分附乾坤二卦 故——爲第九 4-267
上繫第七 下繫第八 文言第九 ——第十 4-267
——備矣 4-252
——曰 說萬物者 莫說乎澤 3-270
——云 乾 健也 1-105
——云 坤也者 地也 萬物皆致養焉 1-196
——云 動萬物者 莫疾乎雷 說萬物者 莫說乎澤 2-17
——云 聖人之作易也 1-111
——云 巽 入也 3-253
——云 戰乎乾 1-212
——者 陳說八卦之德業變化及法象所爲也 4-267
說卦傳(書)←說卦
說文(書)→說文解字 2-250
——云 脢 背肉也 2-219
說文解字(書)←說文
世紀(書)→帝王世紀 4-178
小司徒(書)
鄭注周禮———云 1-276
小象(書)→小象傳
夫子釋六爻之象辭 謂之—— 1-147
——文謂 周而普徧 1-117
——云 潛龍勿用 陽在下也 1-110
小象傳(書)←小象
小雅(書) 1-247
詩(書)→詩經 2-319
—云 威儀孔時 3-357
—云 有捄棘匕 3-153
鄭引—云 碩鼠碩鼠 无食我黍 謂大鼠也 2-275
詩經(書)←詩
詩傳(書)
——則爲鬯是香草 3-153

【ㅇ】

略例(書)→周易略例 3-206
——論彖 4-161
——无咎有二 4-45
——云 1-133, 182, 206
——云 卦者 時也 4-163
——云 爻者 趣時者也 4-163
易乾鑿度(書)←乾鑿度
————云 垂皇策者犧 1-111
易經(書)→周易 1-176, 400, 4-244, 266
易繫(書)→繫辭傳 4-1822
易緯(書)
——云 卦者 掛也 1-105

——六日七分之義 2-102
易緯稽覽圖(書)
————云 卦氣起中孚 2-102
連山(書)
——起於神農 4-226
例(書)→周易略例
王氏之一 4-160, 161
禮記(書)
——又云 殷人之棺槨 4-188
鄭注——
王度記(書)
———云 天子鬯 諸侯薰 大夫蘭 3-153
二繫(書)→繫辭傳
乾坤文言在——之后說卦之前 4-267
爾雅(書) 1-405, 2-143, 2-366

【ㅈ】

子夏易傳(書)←子夏傳 2-218
子夏傳(書)→子夏易傳 1-232, 331, 357, 2-374, 3-29, 46, 108, 111
———云 元 始也 亨 通也 利 和也 貞 正也 1-107
字林(書) 2-250
雜卦(書)→雜卦傳
—— 孔子更以意錯雜而對辨 其次第不與序卦同 4-326
——曰 革去故而鼎取新 3-132
——曰 渙 離也 3-282
——云 節 止也 3-298
雜卦傳(書)←雜卦
莊子內篇齊物論(書) 2-319
莊子大宗師篇(書) 4-75
前繫辭(書)→繫辭傳 上 4-267
傳(書)→春秋左氏傳
元凱注左傳分經之年 與一相附 1-203
左氏昭十二年一文也 1-210
弟子好生篇(書)
孔子家語————云 1-384
帝王世紀(書)←世紀 4-176
皇甫謐———— 4-182
左氏(書)→春秋左氏傳
——昭十二年傳文也 1-210
左傳(書)→春秋左氏傳 3-46, 356
元凱注——分經之年 與傳相附 1-20
——云 天爲剛德 4-278
周易(書)←易經 1-111
——起於文王及周公 4-226
——以變者爲占 故稱九稱六 1-112
周易略例(書)←略例, 例
周禮(書) 1-276, 2-250
——大宗伯 有天產地產 1-171
——五土 動物植物各有所宜 4-172
職方(書) 1-347

【ㅊ】

春秋(書)→春秋左氏傳
——云 教子以義方 4-21
春秋緯(書)
———云 河以通乾出天苞 洛以流坤吐地符 河龍圖發 洛龜書感 4-144
春秋傳(書)→春秋左氏傳
———曰 在內曰弒 在外曰戕 3-334
———曰 聚斂積實 不知紀極 謂之饕餮 3-365
———云 先王卜征五年 又云 卜以決疑 是動玩其占也 4-43
春秋左氏傳(書)←傳, 左氏, 左傳, 春秋, 春秋傳

【ㅎ】

下繫(書)→繫辭傳 下

上繫第七 ——第八 文言第九 說卦第十 4-267
——云 天地之道 貞觀者也 日月之道 貞明者也 4-14
——已云 包犧氏之王天下也 於是始作八卦 4-269
河圖(書)←圖
孔安國以爲 ——則八卦是也 洛書則九疇是也 4-144
——有九篇 洛書有六篇 4-144
漢書(書)
——韓信云 兵法欲右背山陵 前左水澤 1-295

人名索引

【ㄱ】

葛天氏(人) 4-176
康伯(人)→韓康伯 4-255, 284, 309
桀(人)
放一鳴條 3-119
夏一 3-119
京房(人)
——云 五十者 謂十日十二辰二十八宿也 4-101
敬康(人) 4-179
慶都(人) 4-179
高宗(人)←武丁(人)
——伐鬼方 三年乃克也 3-352
——者 殷王武丁之號也 3-353
九三 ——伐鬼方 三年克之 小人勿用 3-352(經)
瞽瞍(人)←瞍 4-179
顧懽(人)
——同王弼此說 4-102
鯀(人)
一之不成 以災未息也 2-130
堯遭洪水 使一禹治之者 2-130
公孫僑(人)←子産
孔安國(人)
———以爲 河圖則八卦是也 洛書則九疇是也 4-144
孔子(人)←夫子, 子, 仲尼 3-33, 223, 256
——聞之 曰 惜乎 其志不大也 不曰人亡弓人得之 何必楚也 1-384
——序卦 2-205, 4-309
——雖有聖德 而无其位 1-129
——十翼 4-267
——曰 禘自既灌而往者 吾不欲觀之矣 2-50
——以伏犧畫八卦 後重爲六十四卦 八卦爲六十四卦之本 4-267
——就上下二經 各序其相次之義 故謂之序卦 4-308
雜卦 ——更以意錯雜而對辨 其次第不與序卦同 4-326
暴虎馮河 ——所忌 3-20
郭象(人)
——注 2-319
管仲(人) 2-146
蟜極(人) 4-179
蟜牛(人) 4-179
句芒(人) 4-179
窮蟬(人) 4-179
箕子(人)
——之明夷 2-290(經), 291
——之貞 2-291(經)
內難而能正其志 ——以之 2-280(經)
惟——能用之 故云——以之 2-281
六五 ——之明夷 利貞 2-290(經)

【ㄴ】

老子(人)
——曰 不見可欲 使心不亂 3-170
——曰 王侯得一 以爲天下貞 4-164
——曰 自知者明 2-267
——云 道生一 卽此太極是也 4-139
——云 水至淸則無魚 人至察則無徒 4-30
——云 爲而不宰 功成不居 4-66
——云 一生二 4-139
——云 寵辱若驚 4-133
引——道經之文 以結成此義 4-66
魯哀公(人)←哀
魯襄公(人)←襄
魯桓公(人)←桓

【ㄷ】

大庭氏(人) 4-176
大皡帝包犧氏(人)→伏羲
———————— 風姓 4-176
董遇(人)
——云 莧 人莧也 陸 商陸也 3-29
姚信——云 天地之數五十有五者 4-102
杜預(人)←杜元凱, 元凱
杜元凱(人)→杜預
———注襄九年傳 遇艮之八 1-112
———桓二年傳 鞶厲旒纓 1-285

【ㅁ】

馬(人)→馬融 2-329, 366, 3-37, 46
馬季長(人)→馬融 1-232, 3-192, 4-15
———云 易有太極 謂北辰也 4-101
馬融(人)←馬,馬季長 2-219, 220, 3-29, 4-271, 272
馬鄭(人)→馬融, 鄭玄
——皆案爾雅云十朋之龜者 2-366
孟僖(人) 2-374
无懷(人)→无懷氏 4-176
无懷氏(人)←无懷 4-176
武(人)→武王
殷湯周— 3-119
周—十人 2-146
湯— 3-118(經), 129
武王(人)←武
明箕子能保其貞 卒以全身 爲——師也 2-291
武丁(人)→高宗
高宗者 殷王——之號也 3-353
文王(人)←西伯 1-179, 193
今言作易 言是伏犧 非——等 4-269
內文明而外柔順 以蒙大難 ——以之 2-280(經)
彖辭謂——卦下之辭 4-246
——係小亨之辭 3-256
——卦下彖辭 擧明立此卦象之綱統也 4-247
——拘在羑里 1-129
——旣繇六十四卦 4-308
——明夷 1-176
——又於爻卦之下 繫之以辭 明其爻卦之中吉凶之義 4-274
——作易 1-154
配祀明堂五方之帝 以考——也 1-421
事同——岐山之會 3-74
序卦 依——上下而次序之 4-326
易之興也 其當殷之末世 周之盛德邪 當——與紂之事邪 4-254(經)
惟——能用之 故云文王以之 2-281
以蒙大難 ——有天下 4-256
周易起於——及周公 4-226

【ㅂ】

放勛(人)→堯
攀立不肖而崩 弟——代立 是爲帝堯 4-179
柏黃氏(人) 4-176
輔嗣(人)→王弼 1-115, 116, 182, 194, 203, 222, 283, 2-66, 87, 102, 166, 219, 4-316
——又云 甲庚皆申命之謂 2-27
——以文言分附乾坤二卦 故說卦爲第九 4-267
——以通解舍 1-178
——注 甲者 創制之令 2-27
——之意 4-284
——之義 4-144
諸儒不顧——注旨 妄作異端 非也 2-27
伏羲(人)←大皞帝包犧氏, 伏犧, 虙犧, 包犧, 包犧氏, 皇雄氏, 犧
伏犧(人)→伏羲
古之聰明叡知神武之君 謂——等 4-134
孔子以——畫八卦 後重爲六十四卦 八卦爲六十四卦之本 4-267
今言作易 言是—— 非文王等 4-269
——初畫八卦 以震象雷 以巽象風 以艮象山 以兌象澤 4-274
易之爻卦之象 則在上古——之時 4-226
或謂之—— 或謂之虙犧 一號皇雄氏 4-176
虙犧(人)→伏羲
或謂之伏犧 或謂之—— 一號皇雄氏 4-176
夫子(人)→孔子 1-159, 182, 188, 189, 190, 203, 2-63, 194, 4-192, 207, 211, 216, 247
——旣引易文 又釋其義 故云子曰 4-201
——但贊明易道 1-150
——本作十翼 申說上下二篇經文 4-13(經)
——釋六爻之象辭 謂之小象 1-147
——釋此卦之所象 故言 象曰 1-140
——釋含章之義 1-208
——所作彖辭 統論一卦之義 或說其卦之德 或說其卦之義 或說其卦之名 1-133
——爲象之體 斷明一卦之義 體例不同 1-137
——自發其問 4-147
——第七翼也 1-150
——解潛龍之義 1-186
——還自釋聖人之意 4-149
——還自釋易之體用之狀 4-129
若——敎於洙泗 1-114
附寶(人) 4-178
奔水氏(人) 4-176
比干(人)
龍逄—— 憂時危亂 不懼誅殺 直言深諫 2-173

【ㅅ】

向秀(人) 2-370
——云 明王之道 志在惠下 故取下謂之損 與下謂之益 2-370
西伯(人)→文王
周—— 1-125
薛虞(人) 3-46
——記云 杞 杞柳也 杞性柔韌 宜屈橈 似匏瓜 3-46
城父(人) 1-384
昭(人) 1-210
少典(人) 4-176, 178
少皞(人)←少皞帝, 帝摯, 摯 4-178
——之孫 蟜極之子代立 是爲帝嚳 4-179
少皞帝(人)→少皞
—— 名摯 字青陽 姬姓也 4-178
昭王(人)→楚昭王
——名軫 1-384
宋襄公(人)
——與楚人戰而致敗亡 1-126

瞍(人)→瞽瞍
　—之妻握登 見大虹 意感而生舜於姚墟 故姓姚氏 4-179
燧人(人) 4-176
荀爽(人) 4-15
　——云 卦各有六爻 六八四十八 加乾坤二用 凡有五十 4-101
舜(人)←帝舜 3-119
　瞍之妻握登 見大虹 意感而生—於姚墟 故姓姚氏 4-179
　—始漁於雷澤 1-109
　—漁於雷澤 陶於河濱 1-161
　堯— 4-178(經), 179, 182(經), 189
神農(人)←神農氏, 烈山氏, 炎帝, 炎帝神農氏
　——取卦造器 4-176
　連山起於—— 4-226
神農氏(人)→神農
　———沒 黃帝堯舜氏作 4-178(經)
　包犧氏沒 ———作 4-175(經)

【ㅇ】

握登(人)
　瞍之妻—— 4-179
晏嬰(人)←晏子
晏子(人)→晏嬰
　——狐裘之比 3-325
顔氏(人)→顔回
　——之子 4-212(經), 213
顔子(人)→顔回 4-212
　——亞聖 4-213
顔回(人)←顔氏, 顔子
哀(人)→魯哀公
　—六年 吳伐陳 楚救陳 在城父卒 此愛國而致它災也 1-384
襄(人)→魯襄公
　杜元凱注—九年傳 遇艮之八 1-112
女登(人)
女媧氏(人)
　包犧氏沒 ———代立爲女皇 4-176
女節(人) 4-178
女樞(人) 4-179
予(人)→宰予
　論語云 於—與何誅 2-234
盧氏(人)
　——云 物之始生 故屯難 4-310
驪連氏(人) 4-176
列子(人)
　——云 不生而物自生 不化而物自化 4-30
烈山氏(人)→神農
　本起烈山 或稱—— 4-176
炎帝(人)→神農 4-178
　游華山之陽 有神龍首感女登於尙羊 生—— 4-176
炎帝神農氏(人)→神農 4-176
　————— 姜姓也 4-176
王(人)→王弼 2-136, 275, 3-325, 4-280
　—本意 1-228
　—不用象 直取況喩之義 3-286
　—意 2-351
　—注 2-221, 267, 351, 3-37, 257, 354
　—之本意 1-222
　—之注意 2-268, 4-284
王輔嗣(人)→王弼 1-115, 2-319, 4-272, 284, 316
王肅(人)←子雍 3-29, 37, 4-271, 300, 313, 316
　——云 1-277, 2-219, 4-310
王氏(人)→王弼 4-294
　——言 1-331
　——云 生於肥地 蓋以杞爲今之枸杞也 3-46
　——注意 1-384
　——之例 4-160, 161
王廙(人) 2-213, 4-292, 295
王弼(人)←輔嗣, 王, 王輔嗣, 王氏 4-49,

101~103, 332
堯(人)←放勛, 帝堯 1-109, 130
生―於丹陵 4-179
―舜 4-178(經), 179, 182(經), 189
―遭洪水 使鯀禹治之者 2-130
堯舜→堯, 舜 4-179, 189
神農氏沒 黃帝――氏作 4-178(經)
黃帝―― 垂衣裳而天下治 蓋取諸乾坤 4-182(經)
姚信(人) 1-149, 228, 4-15, 102, 179
龍逄(人)
――比干 憂時危亂 不懼誅殺 直言深諫 2-173
禹(人) 3-119
堯遭洪水 使鯀―治之者 2-130
―能治救 災欲盡也 2-130
虞翻(人)←虞氏 4-15
虞氏(人)→虞翻
――云 雜卦者 雜六十四卦以爲義 其於序卦之外 別言也 4-326
元凱(人)→杜預
――注左傳分經之年 與傳相附 1-203
有蟜氏(人) 4-176, 178
有巢氏(人) 4-176
劉表(人) 1-141, 228
劉瓛(人)
――爲十二章 以對上繫十二章也 4-157
陸機(人) 2-275
陸績(人) 1-149, 3-153
栗陸氏(人) 4-176
陰康氏(人) 4-176
任己(人) 4-176

【ㅈ】

子(人)→孔子
―曰 1-159(經), 161(經), 162(經), 168(經), 169(經), 173(經), 4-81(經), 91(經), 92(經), 93, 95(經)~98(經), 117(經), 126(經), 129(經), 147(經), 201, 203, 205(經), 207, 208(經), 212(經), 218(經)
子産(人)→公孫僑
――云 棟折榱崩 僑將壓焉 2-169
子雍(人)→王肅 4-316
子夏(人) 3-29
張良(人) 2-146
張氏(人)→張譏 1-112, 115
――云 1-108, 177, 4-272
莊(人)→莊子
―說 1-164
―云 馬翦剔羈絆 所傷多矣 4-30
莊氏(人) 1-137, 2-102, 4-157
褚氏――竝云 彖 斷也 1-133
褚氏――云 六五應乾九二 九二在乾體 故云應乎天也 1-388
――說 1-415
――云 1-110, 137, 152, 164, 190, 191, 195, 222, 297, 415, 2-261, 286, 3-34
――云 建侯卽元亨也 行師卽利貞也 1-415
――云 文謂文飾 以乾坤德大 故特文飾 以爲文言 1-150
――云 四象謂六十四卦之中 有實象 有假象 有義象 有用象 4-145
――云 三事者 无咎一也 利二也 貞三也 2-222
――云 天地絪縕 和合二氣 共生萬物 1-171
――之說 1-133, 164
――之言 1-222
――之言 得王旨矣 2-351
――之意 1-152
――此言 全不識注意 2-261
莊子(人)←莊
――所言 2-319
褚氏(人)→褚仲都 1-115, 188, 226, 2-102,

3-325
——云 1-164, 203, 225, 335, 2-143, 3-256
——云 蠱者 惑也 2-29
——云 三事 謂无咎利貞利有攸往 2-222
——云 順者 心不違也 巽者 外迹相卑下也 1-253
——云 自建寅至建酉爲八月 2-42
——爲長 2-222
——莊氏竝云 彖 斷也 1-133
——莊氏云 六五應乾九二 九二在乾體 故云應乎天也 1-388
——諸儒皆以爲 三面著人驅禽 1-311
——何氏周氏等竝同鄭義 以爲甲者 造作新令之日 2-27
褚仲都(人)←褚氏
田氏(人)→陳乞 3-246
顓頊(人)
生——於弱水 4-179
——高陽氏 黃帝之孫 昌意之子 4-178
帝舜姚姓 其先出自—— 4-179
鄭(人)→鄭玄
馬—皆案爾雅云十朋之龜者 2-366
褚氏何氏周氏等竝同—義 以爲甲者 造作新令之日 2-27
—云 2-329, 4-287
—引詩云 碩鼠碩鼠 无食我黍 謂大鼠也 2-275
—引堯之末年 四凶在朝 1-130
—注論語云 2-331
—注禮記云 1-276
—注云 1-276, 331
—注周禮 2-250
—注周禮小司徒云 1-276
鄭康成(人)→鄭玄 2-102
———云 天地之數五十有五 4-101
———注易 1-112
———注云 4-190
———之說 1-115
———之義 4-144
鄭玄(人)←鄭, 鄭康成 1-228, 3-29, 4-272, 313, 316
——亦云 天地之數備於十 4-271
——云 1-232, 2-219, 2-17
——之義 3-153
宰予(人)←予
帝嚳(人) 4-179
少皥之孫 蟜極之子代立 是爲—— 4-179
——高辛氏 姬姓也 4-179
帝釐(人) 4-177
帝明(人) 4-176
帝舜→舜
—— 姚姓 其先出自顓頊 4-179
帝承(人) 4-176
帝哀(人) 4-177
帝堯(人)→堯
——陶唐氏 伊祈姓 4-179
帝榆罔(人) 4-177
帝乙(人) 1-355
——歸妹 1-355(經), 3-201, 214(經), 215, 216(經)
帝臨魁(人) 4-176
帝摯(人)→少皥 4-179
帝直(人) 4-177
曹公(人)→曹操
漢時黃星 後爲——之兆 1-171
曹操(人)←曹公(人)
尊盧氏(人) 4-176
朱襄氏(人) 4-176
周公(人)
周易起於文王及—— 4-226
周宏正(人)←周氏
周氏(人)→周宏正 2-27, 267, 268, 3-325, 4-15, 4-309, 4-316
褚氏何氏——等竝同鄭義 以爲甲者 造作新令之日 2-27

——云 1-185, 186, 226, 2-205, 222, 4-255
——莊氏並爲九章 4-157
——褚氏云 1-226
——之說 1-186
——就序卦 以六門主攝 4-308
紂(人)
三分事— 2-281
若周西伯 內執王心 外率諸侯 以事—也 1-125
易之興也 其當殷之末世 周之盛德邪 當文王與—之事邪 4-254(經)
殷— 2-291, 3-119
以當—世 憂畏滅亡 故作易辭 4-255
—爲凶惡 以至誅滅 4-256
—作靡靡之樂 4-313
誅—牧野 3-119
中央氏(人) 4-176
仲尼(人)→孔子 1-176, 178, 179
摯(人)→少皥 4-179
少皥帝 名— 字青陽 姬姓也 4-178
陳乞(人)←田氏
軫(人)→楚昭王
昭王名—

【ㅊ】

昌僕(人) 4-179
昌意(人) 4-179
顓頊高陽氏 黃帝之孫 ——之子 4-178
蔡邕(人) 2-274
——勸學篇云 鼫鼠五能 不成一伎術 2-274
青陽(人) 4-178
少皥帝 名摯 字——— 姬姓也 4-178
聽談(人) 4-176
楚昭王(人)←昭王, 軫 1-384
蜀山氏(人) 4-179
蚩尤(人) 4-178

【ㅌ】

湯(人)→湯王
堯—之厄 2-130
殷—周武 聰明睿智 上順天命 下應人心 放桀鳴條 誅紂牧野 革其王命 改其惡俗 3-119
—武 3-118(經), 129
湯武→湯王, 武王
天地革而四時成 ——革命 順乎天而應乎人 革之時大矣哉 3-118(經)
——革命 廣大應人 不勞占決 信德自著 3-129
湯王(人)←湯
包犧(人)→伏羲 4-157, 176
——法天地 造作八卦 4-172
包犧氏(人)→伏羲
古者———之王天下也 仰則觀象於天 俯則觀法於地 4-267
大皥帝——— 風姓 4-176
———沒 神農氏作 4-175(經)
——— 女媧氏代立爲女皇 4-176
———之王天下也 4-172(經)
下繫已云 ———之王天下也 於是始作八卦 4-269

【ㅎ】

何妥(人)←何氏
何氏(人)→何妥
褚氏——周氏等竝同鄭義 以爲甲者 造作新令之日 2-27
——云 1-168, 2-41, 144, 269, 3-91, 4-14
——以爲四象 4-145

何晏(人) 2-374
漢高(人)→漢高祖
周時獲麟 乃爲——之應 1-171
漢高祖(人)←漢高, 漢帝
———生於暴秦之世 唯隱居爲泗水亭長 是勿用也 1-109
漢帝(人)→漢高祖 2-146
韓康伯(人)←康伯, 韓氏 1-136, 4-309, 313, 326
———注繫辭云大演之數五十 用王輔嗣意 4-272
———注序卦 2-204
———注云 1-106
韓信(人)
漢書——云 兵法欲右背山陵 前左水澤 1-295
韓氏(人)→韓康伯 4-61, 174, 185, 240316
——云 2-109, 4-54, 127
——注云 4-127
——親受業於王弼 承王弼之旨 4-103
軒轅氏(人)→黃帝 4-177
赫胥氏(人) 4-176
皥英氏(人) 4-176
混沌氏(人) 4-176
華胥(人)
燧人之世 有大人跡出於雷澤 ——履之而生包犧 4-176
桓(人)→魯桓公
杜元凱—二年傳 鞶厲旒纓 1-285
皇甫(人)→皇甫謐
——之言 4-182
皇甫謐(人)←皇甫
———帝王世紀 4-182
皇雄氏(人)→伏羲
或謂之伏犧 或謂之虙犧 一號——— 4-176
黃帝(人)←軒轅氏 4-181, 189
歸藏起於—— 4-226
神農氏沒 ——堯舜氏作 4-178(經)
顓頊高陽氏 ——之孫 昌意之子 4-178
——堯舜 垂衣裳而天下治 蓋取諸乾坤 4-182(經)
——有熊氏 少典之子 姬姓也 4-178
后稷(人) 1-421
犧(人)→伏羲
易乾鑿度云 垂皇策者— 1-111

〔附錄 2〕

1. 參考圖版 目錄 및 出處

(1) 〈孔子〉, 田琦(朝鮮) 畫, ≪萬古際會圖像≫ / 81
(2) 〈伏羲氏〉, 田琦(朝鮮) 畫, ≪萬古際會圖像≫ / 175
(3) 〈神農氏〉, 田琦(朝鮮) 畫, ≪萬古際會圖像≫ / 175
(4) 〈耒耜〉, 王圻(明) 撰, ≪三才圖會≫ / 175
(5) 〈耨〉, 王圻(明) 撰, ≪三才圖會≫ / 175
(6) 〈黃帝〉, 田琦(朝鮮) 畫, ≪萬古際會圖像≫ / 178
(7) 〈堯〉, 田琦(朝鮮) 畫, ≪萬古際會圖像≫ / 178
(8) 〈舜〉, 田琦(朝鮮) 畫, ≪萬古際會圖像≫ / 178
(9) 〈杵臼〉, 王圻(明) 撰, ≪三才圖會≫ / 185
(10) 〈蒺藜〉, 岡元鳳(日) 纂輯, ≪毛詩品物圖攷≫ / 201
(11) 〈隼〉, 王圻(明) 撰, ≪三才圖會≫ / 202
(12) 〈顔回〉, 田琦(朝鮮) 畫, ≪萬古際會圖像≫ / 212
(13) 〈周 文王〉, 田琦(朝鮮) 畫, ≪萬古際會圖像≫ / 254
(14) 〈駮〉, 蔣應鎬·武臨父(明) 畫, ≪山海經圖繪全像≫ / 295

2. '≪周易≫의 이해' 강의

QR코드를 스캔하면 '≪周易≫의 이해'에 대한 譯者(成百曉)의 강의를 들을 수 있습니다.

≪周易≫의 이해

3. ≪周易正義≫ 總目次

QR코드를 스캔하면 ≪周易正義≫ 總目次를 볼 수 있습니다.

≪周易正義≫ 總目次

責任飜譯者

成百曉

忠南 禮山 出生
家庭에서 父親 月山公으로부터 漢文 修學
月谷 黃璟淵, 瑞巖 金熙鎭 先生 師事
民族文化推進會 國譯硏修院 修了
高麗大學校 敎育大學院 漢文敎育科 수료
韓國古典飜譯院 부설 고전번역교육원 名譽漢學敎授(現)
傳統文化硏究會 副會長(現) 해동경사연구소 소장(現)
古典國譯賞 受賞

論文 및 譯書
〈艮齋의 性理說小考〉〈燕岩의 學問思想硏究〉
四書集註 ≪詩經集傳≫ ≪書經集傳≫ ≪周易傳義≫
≪古文眞寶≫ ≪牛溪集≫ 등 數十種 國譯
≪宣祖實錄≫ ≪宋子大全≫ ≪茶山集≫ ≪退溪集≫ 등 共譯

共同飜譯者

申相厚

梨花女子大學校 哲學科 졸업
梨花女子大學校 대학원 철학과 석사과정 졸업
梨花女子大學校 대학원 철학과 박사과정 수료
韓國古典飜譯院 부설 교육원 연수과정 졸업
韓國古典飜譯院 부설 교육원 전문과정(구 상임연구원) 졸업
誠信女子大學校 古典硏究所 연구원

論文 및 譯書
〈朱熹의 未發 知覺論 연구〉
〈四書의 經文 및 註文 해석에서 懸吐 논란 사례에 관한 고찰〉
〈梅山 洪直弼의 心說 연구 - 心體本善說과 明德說을 중심으로 -〉
共譯 ≪陶谷集≫, ≪梅山集≫

十三經注疏
譯註 周易正義 4 附 索引　　44,000원

2019년 12월 30일 초판 발행
2025년 12월 31일 초판 3쇄

責任飜譯　成百曉
共同飜譯　申相厚
索　　引　申相厚
企劃編輯　東洋古典飜譯編輯委員會
常任原文校閱　吳圭根
潤文校訂　南賢熙 田炳秀

發 行 人　金 炫
發 行 處　社團法人 傳統文化硏究會

서울 종로구 삼봉로 81 두산위브파빌리온 1332호
전화 : (02)762-8401　전송 : (02)747-0083
전자우편 : juntong@juntong.or.kr
홈페이지 : juntong.or.kr
사이버書院 : hm.cyberseodang.or.kr
온라인서점 : book.cyberseodang.or.kr
등록 : 1989. 7. 3. 제1-936호
총판 : 한국출판협동조합(070-7119-1750)

ISBN 979-11-5794-256-5 94140
　　978-89-91720-93-0 (세트)

※ 이 책은 2019년도 교육부 고전문헌 국역지원사업 지원비에 의해 초판 간행.

전통문화연구회 도서목록

범례 : ① 毛詩正義 1~8〔全15〕- 전체 15책 계획, 현재 1~8책만 간행된 경우. 별도 표시 없는 경우는 완간.

② 저자명 우측에 별도 표시 없는 경우는 '역주'를 의미함.(예시 - 원주용 편역, 함현찬 등)

신편 기초한문교재

신편 사자소학·추구 고전교육연구실 편역 11,000원
신편 계몽편·동몽선습 고전교육연구실 편역 11,000원
신편 명심보감 이지곤·원주용 15,000원
신편 격몽요결 함현찬 12,000원
신편 주해천자문 이충구 12,000원
신편 원문으로 읽는 故事成語 원주용 편역 15,000원
신편 당음주해선 권경상 22,000원

한문독해첩경시리즈

(개정판) 漢文독해기본패턴 이지곤 外 저 20,000원
한문독해첩경 - 문학편 박상수·이화춘 外 저 17,000원
한문독해첩경 - 사학편 박상수·이화춘 外 저 17,000원
한문독해첩경 - 철학편 박상수·이화춘 外 저 17,000원
논어독해 첫걸음 이지곤 外 저 17,000원
맹자독해 첫걸음 이지곤 外 저 17,000원

오서오경독본

논어집주 上·下 정태현 合 49,000원
맹자집주 上·下 전병수·김동주 合 60,000원
대학·중용집주 이광호·전병수 15,000원
소학집주 上·下 이충구 外 合 50,000원
시경집전 上·中·下 박소동 合 90,000원
서경집전 上·中·下 김동주 合 90,000원
주역전의 元·亨·利·貞 최영진 外 合 120,000원
상설 고문진보대전후집 上·下 이상하 外 合 64,000원
춘추좌씨전 上·中·下 허호구 外 合 109,000원
예기 上·中·下 성백효 外 合 90,000원

동양고전국역총서

대학·중용집주 - 개정증보판 성백효 12,000원
논어집주 - 개정증보판 성백효 30,000원
맹자집주 - 개정증보판 성백효 30,000원
시경집전 上·下 성백효 合 70,000원
서경집전 上·下 성백효 合 66,000원
주역전의 上·下 성백효 合 80,000원
소학집주 성백효 32,000원
고문진보 후집 성백효 32,000원

동양고전역주총서

〈經部〉

〔십삼경주소〕

주역정의 1~4 성백효 外 合 147,000원
상서정의 1~7 김동주 合 241,000원
모시정의 1~8〔全15〕 박소동 外 合 288,000원
예기정의 1~3, 中庸·大學〔全20〕 이광호 外 合 117,000원
논어주소 1~3 정태현 外 合 117,000원
맹자주소 1~5 최채기 外 合 157,000원
효경주소 정태현 外 35,000원
주례주소 1~4〔全15〕 김용천 外 合 132,000원
춘추좌전정의 1~2〔全18〕 허호구 外 合 59,000원
춘추공양전주소 1〔全7〕 송기채 外 合 37,000원

춘추좌씨전 1~8 정태현 合 262,000원
예기집설대전 1~6〔全10〕 신승운 外 合 211,000원
동래박의 1~5 정태현 外 合 172,000원
한시외전 1~2 허경진 外 合 65,000원
설문해자주 1~6〔全20〕 이충구 外 合 207,000원

〈史部〉

사정전훈의 자치통감강목 1~23〔全39〕 신승운 外 合 719,000원
통감절요 1~9 성백효 合 316,000원
당육선공주의 1~2 심경호 外 合 88,000원
정관정요집론 1~4 이충구 外 合 109,000원
열녀전보주 1~2 최병준 外 合 68,000원
역대군감 1~4 홍기은 外 合 140,000원

〈子部〉

공자가어 1~2 허경진 外 合 79,000원
관자 1~4〔全5〕 이석명 外 合 130,000원
근사록집해 1~3 성백효 合 122,000원
노자도덕경주 김시천 45,000원
대학연의 1~5〔全7〕 신승운 外 合 151,000원
묵자간고 1~7 이상하 外 合 282,000원
설원 1~2 허호구 合 50,000원
세설신어보 1~5 김진옥 外 合 181,000원
순자집해 1~7 송기채 合 247,000원
심경부주 성백효 46,000원
안씨가훈 1~2 정재서 外 合 59,000원
양자법언 1~2 박승주 52,000원
열자권재구의 최병준·공근식·권헌준 40,000원
이정전서 1~7〔全8〕 최석기 외 合 253,000원
장자 1~4 안병주·전호근 合 143,000원
정경·목민심감 홍기은·전백찬 27,000원
한비자집해 1~5 허호구 外 合 202,000원

〔무경칠서직해〕

손무자직해·오자직해 성백효 外 45,000원
육도직해·삼략직해 성백효 外 26,000원
울료자직해·이위공문대직해 성백효 外 26,000원
사마법직해 성백효 外 26,000원